Santa Teresa de Lisieux

Guy Gaucher

Santa Teresa de Lisieux
1873-1897
Biografia

Tradução:
Frei José Gregório Lopes Cavalcante Júnior, OCD

Título original:
Sainte Thérèse de Lisieux (1873-1897)
© Les Éditions du Cerf, 2010
24, rue des Tanneries, 75013 — Paris, France
ISBN 978-2-204-09270-8

Dados Internacionais de Catalogação na Publicação (CIP)
(Câmara Brasileira do Livro, SP, Brasil)

Gaucher, Guy, 1930-2014
    Santa Teresa de Lisieux (1873-1897) : biografia / Guy Gaucher ; tradução José Gregório Lopes Cavalcante Júnior. -- São Paulo : Edições Loyola : Edições Carmelitanas, 2023. -- (Mestres da tradição cristã)

    Título original: Sainte Thérèse de Lisieux (1873-1897)
    Bibliografia.
    ISBN 978-65-5504-276-4

    1. Santas cristãs - Biografia 2. Espiritualidade 3. Teresinha do Menino Jesus, Santa, 1873-1897 I. Cavalcante Júnior, José Gregório Lopes. II. Título. III. Série.

23-164315   CDD-282.092

Índices para catálogo sistemático:
1. Santas : Igreja Católica : Biografia e obra   282.092

Eliane de Freitas Leite - Bibliotecária - CRB 8/8415

Preparação: Fernanda Guerriero Antunes
Capa: Ronaldo Hideo Inoue
Santa Teresa de Lisieux (c. 1885) sobre fundo (imagens geradas por IA pelos seus respectivos autores) de © Ton Photographer4289 (capa) e © mhebub (quarta capa). © Adobe Stock.
Diagramação: Sowai Tam
Revisão: José Gregório Lopes Cavalcante Júnior, OCD

Edições Carmelitanas
Rua Quebec nº 255 – João Pinheiro
30530-540 Belo Horizonte, MG
T 55 11 97673 8085
atendimento@edicoescarmelitanas.com.br
www.edicoescarmelitanas.com.br

Edições Loyola Jesuítas
Rua 1822 nº 341 – Ipiranga
04216-000 São Paulo, SP
T 55 11 3385 8500/8501, 2063 4275
editorial@loyola.com.br
vendas@loyola.com.br
www.loyola.com.br

Todos os direitos reservados. Nenhuma parte desta obra pode ser reproduzida ou transmitida por qualquer forma e/ou quaisquer meios (eletrônico ou mecânico, incluindo fotocópia e gravação) ou arquivada em qualquer sistema ou banco de dados sem permissão escrita da Editora.

ISBN 978-65-5504-276-4

© EDIÇÕES LOYOLA, São Paulo, Brasil, 2023

*Em homenagem aos membros de nossa equipe, que realizou a
Nouvelle Édition du Centennaire (Cerf-Desclée de Brouwer, 1968-1992):
Irmã Geneviève, dominicana de Clairefontaine († 1980),
Padre Bernard-Bro, dominicano, à época diretor das Éditions du Cerf,
Jeannette e Jacques Longchampt[1],
E, muito especialmente, Irmã Cécile da Imaculada, carmelita de Lisieux, de quem a
competência, a intuição e o imenso trabalho permitiram a realização dessa edição em oito volumes.
E em agradecimento fraterno às arquivistas do Carmelo de Lisieux.*

---

1. Obrigado a Jacques, que releu meu manuscrito com sua fraterna competência.

SUMÁRIO

Siglas utilizadas 15

Introdução à edição brasileira 17

Introdução 19

I. A família Martin em Alençon (1858-1877) 25
A caçula (quinta-feira, 2 de janeiro de 1873) 25
Luís Martin, relojoeiro 27
O círculo Vital Romet 29
Zélia Guérin, rendeira 31
Um lar comum 34
Alençon, capital da renda 34
Uma família numerosa 36
"Deus, primeiro servido" 38
Rue Saint-Blaise, 36 40
A "pequena Teresa" 42
Vida rural em Semallé (março de 1873 – 2 de abril de 1874) 46
Volta à cidade (2 de abril de 1874) 51
Preocupações de saúde 56
Uma professora zelosa 58
"Ajuizada quando dorme" (Ms A, 8rº) 63
Duas irmãs muito doentes 68
Operável?... tarde demais! 71
A caçula vista no dia a dia 73
"Uma viagem tão infeliz…" (17-23 de junho de 1877) 81
"Curada ou morta?" 82
"Não tendes mais mãe…" (agosto de 1877) 88

II. Mudança de Alençon para Lisieux (15 de novembro de 1877 – 3 de outubro de 1881) — 93

Lisieux nos anos 1880 — 93
Isidoro Guérin, farmacêutico — 97
Nos *Buissonnets*: viúvo com cinco filhas menores — 100
A Rainha e seu Rei — 107
"A visão profética" — 108
Descobrindo Paris — 109
O mar — 110
"Uma vida tranquila e feliz" (Ms A, 22r°) — 112
Primeira Comunhão de Celina (13 de maio de 1880) — 114
As alegrias das férias — 116

III. Aluna na Abadia (outubro de 1881 – março de 1886) — 123

A abadia *Notre-Dame-du-Pré* — 123
"Paulina está perdida para mim" (Ms A, 41v°) [agosto de 1882] — 129
"Morrer ou ficar louca" (Ms A, 28r°) [25 de março – 13 de maio de 1883] — 135
"A Santíssima Virgem sorriu para mim" (13 de maio de 1883) — 140
"Uma linda menina" (CF 220) — 145
O "pequeno doutor" — 147
Quatro anos de preparação para a primeira Comunhão — 151
"Um beijo de amor" (Ms A, 35r°) [8 de maio de 1884] — 155
"Esse sacramento de amor" (Ms A, 36v°) [14 de junho de 1884] — 159
Férias no campo — 160
"Não estou passando muito bem…" (CETL, p. 90) — 163
"A terrível doença dos escrúpulos" (Ms A, 39r°) [maio de 1885 – outubro de 1886] — 168
De Lisieux a Constantinopla… (verão de 1885) — 171
Em Trouville (20-30 de setembro de 1885) — 173
Teresa é tirada da Abadia (março de 1886) — 174
"Na casa da senhora Papinau" — 178
"Eu não podia viver sem ela…" (Ms A, 41v°) — 181
Três filhas religiosas (outubro de 1886) — 184
"A paz veio inundar minha alma" (Ms A, 44r°) — 186

IV. "…Minha completa conversão…" (Ms A, 45r°) [Natal de 1886] — 189

O belo ano de 1887 — 193
"Crimes horríveis…" (Ms A, 45v°) — 197
"Meu primeiro filho…" (Ms A, 46v°) — 200
"A sentença misericordiosa" (Ms A, 46r°) — 203
"Tenho sede" (Ms A, 45v°) — 205
"À ponta de espada" (C 201) — 206

"Em um século de invenções" (Ms C, 2vº) 208
"Quero combater por Jesus" (RP 3, 12vº) 211
Uma "invencível" oposição (Ms A, 52rº) 214
Última ofensiva 215

V. "Ah, que viagem aquela!" (Ms A, 55vº) [4 de novembro – 2 de dezembro de 1887] ... 217

"A maravilha: Nossa Senhora das Vitórias" (Ms A, 56vº) 218
Em Montmartre (domingo, 6 de novembro de 1887) 220
"As belezas da natureza" (Ms A, 57vº) 221
Milão, o *Duomo* e o *Campo Santo* 224
A "triste" Veneza (Ms A, 59rº) 225
Santo Antônio de Pádua e a "insuportável" Bolonha 226
"Loreto me fascinou" (Ms A, 59vº) 228
"Roma!" (Ms A, 60vº) 229
"Um fiasco" (20 de novembro de 1887) 234
Ver Nápoles e Pompeia 238
Adeus a Roma (24 de novembro de 1887); Assis, Florença, Pisa, Gênova ... 240
Volta à França (28 de novembro de 1887) 241
"Todas as maravilhas da arte e da religião" (Ms A, 55vº) 243
Teresa no país dos homens 244
"Compreendi minha vocação na Itália…" (Ms A, 56rº) 245
Teste para uma vocação 250
"Abandono!" (Ms A, 68rº) 250
"Jesus dorme" (Ms A, 68rº) 252
"Uma tão longa demora…" (Ms A, 68rº) 254
"O valor do tempo" (Ms A, 68vº) 256
"O momento tão ardentemente desejado" (Ms A, 68vº) 258

VI. "A solidão do Carmelo" (Ms A, 53vº) [9 de abril de 1888 – 30 de setembro de 1897] ... 261

O Carmelo de Lisieux em 1888 261
Vinte e seis carmelitas 263
A vida diária 265
"É para sempre, sempre…" (Ms A, 69vº) 268
Casamento para Celina?… Tomada de véu para Maria 269
Papai desapareceu! 272
Primeiros passos 273
Natal no Carmelo (1888) 281
"Jesus não me diz absolutamente *nada*" (C 75) 282
"Que bela festa!" (Ms A, 72rº) 285
NOVIÇA (11 de janeiro de 1889 – 24 de setembro de 1890) 287

Matrícula 14449: "Nossa grande provação" (Ms A, 73v°)	289
"O sofrimento estendeu-me os braços" (Ms A, 69v°)	290
"Minhas filhas estão me abandonando!"	294
"Comunga muitas vezes" (C 92)	295
"Estás aqui, Jesus? Responde-me"	297
"Jovem demais para compromissos irrevogáveis" (CCor 131)	299
Um jovem na casa dos Guérin	302
"Rezemos pelos padres!" (C 108)	303
"Que eu salve muitas almas…" (O 2)	306
PROFESSA (8 de setembro de 1890 – 30 de setembro de 1897)	310
"Um rio de paz" (Ms A, 76v°) [8 de setembro de 1890]	310
"Um dia inteiramente velado de lágrimas" (Ms A, 77r°) [24 de setembro de 1890]	312
A vida no dia a dia	313
Na escuridão do deserto	316
O padre renegado: "nosso irmão"	318
Os combates de Celina "no mundo"	320
Os retiros de Teresa	322
"Nas ondas da *confiança* e do amor…" (Ms A, 80v°)	324
Isidoro Guérin, jornalista engajado	325
"A morte reinava em toda parte" (Ms A, 79r°) [inverno de 1891-1892]	328
O baile fracassado de Celina (20 de abril de 1892)	330
O retorno do pai humilhado (10 de maio de 1892)	332
"O que temos a invejar aos sacerdotes?" (C 135)	335
"É meu dever falar"	337
"Uma velha de vinte anos" (C 139)	338
Estreia na poesia (fevereiro de 1893)	339
"Duas vezes minha mãe": o priorado de Madre Inês de Jesus (2 de fevereiro de 1893 – março de 1896)	340
"Mística, cômica, tudo lhe cai bem…"	344
"Investir no banco do Amor" (C 142)	345
"Seu rosto estava escondido" (C 145)	347
"Joana, minha irmã querida" (Ms B, 3r°)	351
"A santa do abandono" (C 161)	354
Dores de garganta	357
Celina entre Los Andes e o Canadá…	360
"Papai está no Céu!" (29 de julho de 1894)	363
O "clã Martin" reforçado	365
"Loucas aos olhos do mundo" (C 169)	368
Um grande desejo realizado	370
Os "escritos" de Irmã Teresa	374

Natal de 1894: diálogos de anjos (RP 2)	375
"Uma pequena via [...] toda nova" (Ms C, 2vº)	377
"Elevador" para a santidade	378
"Cantar as misericórdias do Senhor!" (Ms A, 1rº)	382
O martírio de Joana (RP 3) [21 de janeiro de 1895]	384
Celina toma hábito (5 de fevereiro de 1895)	387
Viver e morrer de amor (26 de fevereiro de 1895)	388
Oferta ao Amor misericordioso (festa da Trindade – 9 de junho de 1895)	392
"Mergulhada inteiramente no fogo" (CA 7.7.2)	399
"A pobre Leônia"	403
Jesus em Betânia (RP 4) [29 de julho de 1895]	405
Chegada da prima (15 de agosto de 1895)	406
"Desse lado, minha alma estava nova" (Ms C, 32rº)	410
Maurice Bellière, seminarista	412
"Jesus, meu bem-amado, lembra-te!" (P 24) [21 de outubro de 1895]	413
Irmã São Pedro	416
"Jesus, mendigo de amor" (RP 4) [Natal de 1895]	417
Os dois lírios ceifados	420
Missão cumprida (21 de janeiro de 1896)	421
Uma história de salteadores (RP 6) [janeiro de 1896]	423
Preparação das eleições	424
"A Intrépida" finalmente carmelita (24 de fevereiro de 1896)	426
Sete escrutínios (21 de março de 1896)	429
"Era sangue..." (Ms C, 4vº)	431
"A noite do nada" (Ms C, 6vº) [Páscoa de 1896]	432
Tal como Joana d'Arc... (30 de abril de 1896)	434
"O bom Deus está muito contente" (Ms B, 2vº) [10 de maio de 1896]	438
Um segundo irmão missionário: Adolphe Rouland (30 de maio de 1896)	439
"Lançar flores" (P 34)	443
"A noiva de Lúcifer" (RP 17) [21 de junho de 1896]	445
Diálogo de carmelitas (RP 7)	447
Que a pastora escute a verdade (C 190) [29 de junho de 1896]	448
"Não estou mais tossindo" (C 191) [12 de julho de 1896]	450
No Su-Tchuen oriental	453
Consagradas à Santa Face (O 12) [6 de agosto de 1896]	456
"O martírio... o sonho de minha juventude" (Ms B, 3rº)	459
"O estatuto da pequena via"	460
Carta a Jesus (Ms B, 2rº-5vº) [8 de setembro de 1896]	460
"Nada além da confiança..." (C 197) [17 de setembro de 1897]	464
"Meus dois irmãos" (Ms C, 33vº)	467

"O pobre mendigo" (CCor 1201) [4 (?) de dezembro de 1896] — 469
"Mestra de noviças" até o final — 471
"Que me importam a morte ou a vida?" (P 45) [21 de janeiro de 1897] — 476
"Trabalhar ainda no Céu pela salvação das almas" (RP 80) [8 de fevereiro de 1897] — 479
"Cantando, morrerei... com as armas na mão" (25 de março de 1897) — 483
"Gravemente doente" (CG II, p. 1189) — 487
A impostura do século (19 de abril de 1897) — 488
"Meu querido irmãozinho" (C 224) [25 de abril de 1897] — 493
Dar-se "para desaparecer" (P 51) [19 de maio de 1897] — 495
"Mãe, chegou a noite..." (P 54) [maio de 1897] — 497
Um caderninho preto (3 de junho – 8 de julho de 1897) — 502
Amar "todos os que estão em casa" (Ms C, 12rº) — 505
Na noite, "sentada à mesa dos pecadores" (Ms C, 6rº) — 509

VII. Na enfermaria da Santa Face (8 de julho – 30 de setembro de 1897) — 517

O tempo dos "a Deus!" e dos *Últimos Colóquios* — 519
"Minha missão vai começar..." (CA 17.7) — 523
A extrema-unção, finalmente... (30 de julho de 1897) — 530
"Sou uma menininha muito doente..." (CA 17.8.2) — 534
"O que é a agonia?" (CA 21.9.6) — 541
"Nunca saberei morrer" (CA 29.9.2) — 542
No cemitério de Lisieux (4 de outubro de 1897) — 546

Etapas da história póstuma — 551

Cronologia póstuma — 553

Mapa do Carmelo de Lisieux em 1897 — 561

Cronologia geral — 565

Glossário dos termos religiosos utilizados — 603

Bibliografia/Fontes — 607

As edições da *História de uma alma* — 607
Obras de Santa Teresa do Menino Jesus da Santa Face — 607
Documentos — 608
Alençon — 610
Lisieux — 610
O Carmelo de Lisieux — 610

A doença da infância (1883)	611
O caso Pranzini	611
No teatro	611
A viagem à Itália (1887)	612
Padre Almire Pichon (1843-1919)	612
Monsenhor Hugonin e Padre Révérony	612
Hyacinthe Loyson (1827-1912)	612
Padre Godefroy (ou Godefroid) Madelaine (1842-1932)	613
Padre Maurice Bellière (1874-1907)	613
Padre Adolphe Roulland (1870-1934)	613
Caso Léo Taxil (Gabriel Jogand-Pagès) (1854-1907)	614
Ato de oferecimento ao Amor Misericordioso (9 de junho de 1895)	614
A provação da fé e da esperança (1896-1897)	615
A última enfermidade	615
Irmãs contemporâneas de Teresa	616
Obras históricas	617

SIGLAS UTILIZADAS

ACL	Arquivos do Carmelo de Lisieux.
AL	*Annales de sainte Thérèse de Lisieux*.
BT	*La Bible avec Thérèse de Lisieux*, Paris, Éd. du Cerf — Desclée De Brouwer, 1970.
C	Cartas de Teresa, numeradas.
CA	"Caderno amarelo" de Madre Inês de Jesus (UC).
CCor	Cartas dos correspondentes de Teresa, numeradas, publicadas em CG.
CD	Cartas diversas dos correspondentes ou contemporâneos de Teresa entre si (em CG e VT).
CETL	*Les Cahiers d'école de Thérèse de Lisieux*, Paris, Éd. du Cerf, 2008.
CF	*Correspondance familiale, 1863-1888*, Paris, Éd. du Cerf, 2009.
CG	*Correspondance générale* de Thérèse de Lisieux, Paris, Éditions du Cerf — Desclée De Brouwer, 1972-1974, 2 tomos: CG I e CG II; revisão e reedição na NEC.
CLG	*Conselhos e lembranças* relatados por Irmã Genoveva (Celina), Carmelo de Lisieux, 1952; Paris, Éd. du Cerf, 1973.
CLM	*Conselhos e lembranças* relatados por Irmã Maria da Trindade, publicados em VT, n. 73, janeiro de 1979 e n. 77, janeiro de 1980.
CMG	*Carnets manuscrits de soeur Geneviève* I
CV	*Cadernos verdes* em UC, *Anexos*.
CrG	Crônica de Isidoro Guérin (ACL).
DCL	Documentação do Carmelo de Lisieux.
DLTH	Pierre Descouvemont e Helmuth Nils Loose, *Thérèse et Lisieux*, Álbum ilustrado, OAA-OCL-Novalis-Éd. du Cerf, 1991.
DLVI	Pierre Descouvemont e Helmuth Nils Loose, *Sainte Thérèse de Lisieux. La vie en images*, OAA-OCL-Novalis-Éd. du Cerf, 1995.
G	Irmã Genoveva.

HA, 98 etc.	*História de uma alma*, edição 1898 (07=1907; 72 = 1972 etc.).
IJ	Irmã Inês de Jesus.
MA	Manuscritos autobiográficos, na edição da NEC (1992 e 2005).
Ms A	Manuscrito autobiográfico, dedicado à Madre Inês de Jesus (1895).
Ms B	Carta "à" Irmã Maria do Sagrado Coração, Manuscrito autobiográfico (1896).
Ms C	Manuscrito autobiográfico, dedicado "à" Madre Maria de Gonzaga (1897).
MSC	Maria do Sagrado Coração.
Mss I etc.	Três volumes do Padre François de Sainte-Marie, acompanhando a edição fac-símile dos *Manuscritos autobiográficos* (OCL, 1956).
MTr	Maria da Trindade.
NEC	*Nouvelle Édition du Centenaire* das *Œuvres Complètes* de Teresa de Lisieux, Paris, Éd. du Cerf-Desclée De Brouwer, 1992, em 8 volumes.
NPHF	Notas preparatórias à *História de uma família*.
NPPA	Notas das carmelitas, preparatórias ao Processo apostólico.
NPPO	Notas preparatórias ao Processo do ordinário.
NV	*Novissima Verba*, edição dos *Últimos Colóquios* publicada em 1927.
O	As 21 Orações de Teresa, numeração da *Édition du Centenaire* (1988).
OC	*Œuvres Complètes* em um volume, Paris, Éd. du Cerf-DDB, 1992.
OCL	*Office Central de Lisieux*.
P	As 54 poesias de Teresa, numeração da *Édition du Centenaire* (1979).
PA	*Processo Apostólico*, 1915-1917 (publicação: Roma, Teresianum, 1973).
PO	*Processo do Ordinário*, 1910-1911 (publicação: Roma, Teresianum, 1973).
Poesias	Poesias de Teresa; I. *Introdução e textos*; II. *Notas*, Paris, Éd. du Cerf — Desclée De Brouwer, 1979; reedição em um único volume na NEC.
Prières	*Orações*, Paris, Éd. du Cerf — Desclée De Brouwer, 1988; reedição na NEC com as *Recreações*.
PS	Poesias "suplementares" de Teresa.
RP 1, 2 etc.	As oito *Recreações piedosas* de Teresa.
TrH	*O Triunfo da Humildade*, fascículo analisando em detalhes RP 7, Paris, Éd. du Cerf — Desclée De Brouwer, 1975; reedição parcial na NEC, volume *Théâtre (Récréations pieuses) et Prières*.
UC	*Últimos Colóquios*.
UC, *Anexos*	Volume de anexos dos *Últimos Colóquios* (1971), revisado e retomado com o título *Dernières Paroles* na NEC.
VT	*Vie thérésienne*, Lisieux (revista trimestral, desde 1961).
VTL	Padre François de Sainte-Marie, *Visage de Thérèse de Lisieux*, OCL, 1961, 2 volumes.

INTRODUÇÃO À EDIÇÃO BRASILEIRA

Dom Guy Gaucher foi um carmelita descalço apaixonado pelo Carmelo e por Santa Teresa do Menino Jesus. Escolhido pela Igreja como bispo auxiliar de Bayeux-Lisieux, dedicou toda a sua vida a conhecer e tornar conhecida essa grande santa do Carmelo, da Igreja e da França. Trabalhou para que tivéssemos em nossas mãos a edição crítica dos escritos e, com amor incansável, lutou para que Teresa fosse proclamada Doutora da Igreja. Poucas pessoas no mundo tiveram a alegria de dedicar-se a dar a conhecer de maneira científica e divulgar a pequena via de simplicidade e abandono da *Petite Thérèse*.

O livro a que Dom Guy Gaucher se dedicou de corpo e alma é, sem dúvida, aquilo que podemos chamar não de uma biografia, mas A BIOGRAFIA. Acredito que, depois desta, seja difícil ter outra mais comentada, na qual apareçam documentos escondidos em bibliotecas. A beleza desta obra, que tem um estilo doce, delicado, leve — quase perfumado de rosas, diria eu —, que nos prende e seduz, faz com que não queiramos parar a leitura, desejosos de conhecer o que há na página seguinte.

Quando falava de Santa Teresa do Menino Jesus, Monsenhor Guy — que conheci pessoalmente e com o qual tive uma razoável amizade — assumia uma tranquilidade e uma capacidade de comunicação única. Ele sabia prender os ouvintes como ninguém. E, quando escrevia sobre a padroeira das missões, era capaz de tomar-nos pela mão e conduzir-nos pelos caminhos mais inesperados, em que descobríamos coisas difíceis de ser pensadas.

Trata-se de um livro com mais de seiscentas páginas!!! Mas, mesmo que fossem trezentas páginas, não nos cansaríamos de ler e sentir-nos felizes. Ao final, encontramos a referência às fontes, que são uma riqueza para conhecer a vida e a espiritualidade de Santa Teresa e sua difusão; as etapas da história póstuma; um plano geral do Carmelo de Lisieux no ano de 1897; uma cronologia geral; um pequeno dicionário de palavras do universo religioso e carmelitano; uma bibliografia quase completa.

No Brasil, temos várias biografias de Santa Teresa do Menino Jesus, mas que na verdade não chegam nem mesmo aos pés deste monumento biográfico da santa de Lisieux.

Faço votos de que este livro possa ser um *best-seller* no Brasil e ajude todos a conhecer a santa das rosas e Doutora da Ciência do Amor.

Que o Senhor recompense Frei Gregório e Frei José Cláudio por seu trabalho de tradução e revisão. Agradeço às Edições Loyola pela parceria com as Edições Carmelitanas. São mais de trinta anos de cooperação na difusão da espiritualidade dos autores do Carmelo.

Que uma chuva de rosas desça abundantemente sobre o nosso povo do Brasil e sua Igreja. Que Maria, aquela que sorriu para Santa Teresinha e a curou, sorria para cada um de nós e nos cure da epidemia do egoísmo, que nos impede de amar a todos e ter um coração ardente de amor missionário.

Abuna Patrício Sciadini, OCD
Cairo (Egito), 13/05/2020
aniversário do sorriso de Nossa Senhora a Santa Teresinha

INTRODUÇÃO

Em 1979, Padre Paul Gires, reitor da basílica de Lisieux, me pediu para escrever uma biografia de Santa Teresa de Lisieux como livro de bolso: *Histoire d'une vie: Thérèse de Lisieux*, publicado em 1982. Há mais de dez anos eu estava participando do trabalho da equipe diretora das obras completas de Teresa, que sucedeu a edição dos *Manuscrits autobiographiques* do Padre François de Sainte-Marie falecido acidentalmente em 30 de agosto de 1961.

Descrevi meu método da seguinte maneira:

> Este livro fundamenta-se única e escrupulosamente sobre documentos autênticos[1]. Nada aqui é romanceado. Estas páginas querem ser fiéis a Teresa, que em seu leito de agonia dizia: "Gosto somente da simplicidade; tenho horror ao fingimento"[2]. Ela protestava contra as vidas de santos de seu tempo: "Não se deveria dizer coisas inverossímeis ou que não se sabe. É preciso que eu veja sua vida real, não sua vida imaginada"[3].

Por quase trinta anos, esse livrinho continuou seu caminho[4]. Mas hoje somos beneficiados com um contributo histórico considerável, devido às notas dos oito volumes da Nova Edição do Centenário, publicada em 1992[5], e aos *Arquivos de família* publicados na revista *Vie thérésienne* entre 1969 e 1984, o que equivale a 1.800 cartas e documentos

---

1. "[…] a história deve ser feita com textos mais que com conjecturas" (André COMBES, *Introduction à la spiritualité*, Paris, Vrin, 1948, p. 421).
2. CA 7.7.4.
3. UC, p. 390.
4. *Histoire d'une vie: Thérèse Martin (1873-1897)*, Paris, Éd. du Cerf, 1982; reed. Col. "Trésors du christianisme", 2000, com um posfácio integrando o doutorado de Teresa, de 19 de outubro de 1997; traduzido em 21 línguas.
5. Paris, Éd. du Cerf — Desclée De Brower. Edição coroada pelo grande prêmio Cardeal Grente, da Academia Francesa, em 1993.

diversos, editados de acordo com os mesmos critérios científicos que regeram a Edição citada. Como admirar-se, já que foi Irmã Cécile da Imaculada, do Carmelo de Lisieux, protagonista da Nova Edição do Centenário, que as publicou?

Também não se deve esquecer a contribuição dos dois Processos, das biografias dos membros das famílias Martin e Guérin, das circulares necrológicas das carmelitas contemporâneas e dos diferentes documentos dos Arquivos do Carmelo de Lisieux.

Desejando que a *História de uma vida* seja uma introdução à *História de uma alma*, esta biografia não tem outra ambição senão ir muito mais longe, graças a essa riquíssima documentação que permite encontrar "a verdade da vida" (Ms A, 31v°) cotidiana de Teresa, do nascimento em Alençon à morte na enfermaria do Carmelo de Lisieux.

Meu método continua a ser o mesmo: cronológico[6], deixando de lado todo comentário psicológico, teológico ou espiritual, sem cair no sonho ingênuo de uma reconstituição histórica exaustiva. Muitas zonas de sombra permanecem — e, sem dúvida, para sempre. Teresa nos preveniu ao concluir seu primeiro manuscrito: "Tudo o que acabo de escrever em poucas palavras exigiria muitas páginas detalhadas, mas tais páginas jamais serão lidas na terra" (Ms A, 75r°).

Evidentemente, o livro não ensinará nada aos teresianos experimentados, numerosos ao redor do mundo. Foi escrito para tantos apaixonados e apaixonadas por Teresa, que não têm nem o tempo, nem os meios, nem a ocasião de consultar essa massa de documentos disponíveis. Por que privá-los dessas contribuições consideráveis, que permitem apreciar melhor o ambiente cotidiano de Teresa — aquele de sua família, de seu Carmelo, da Igreja de seu tempo — e, portanto, compreender melhor seus escritos e palavras?

Trata-se aqui de tentar escrever uma biografia, deixando a Teresa sua autobiografia parcial, tal como a redigiu "por obediência" (Ms C, 6r°). Sabemos bem que, por um lado, a memória é seletiva e, por outro, a carmelita fixou claramente seu objetivo: "Não é minha vida propriamente dita que vou escrever, são meus pensamentos sobre as graças que o bom Deus Se dignou conceder-me" (Ms A, 3r°). Ela quer "começar a cantar o que devo repetir eternamente — As Misericórdias do Senhor!!!..." (Ms A, 1r°, citando Sl 88,2). Teresa vai narrar alguns acontecimentos de sua vida relidos à luz do Amor Misericordioso, que descobriu, maravilhada, no belo ano de 1895, aquele de seus vinte e dois anos. O caderno destinado à sua priora, Madre Inês de Jesus, é uma anamnese, um *Magnificat* no qual ela pode retomar as palavras de Maria: "Ele se inclinou sobre sua

---

6. "A cronologia é uma das formas da inteligência, deve-se lamentar seu desaparecimento em nossos dias" (Pierre EMMANUEL, *France catholique-Ecclesia*, 24 de outubro de 1982). "A história é, em primeiro lugar, estritamente cronologia" (Georges DUBY, *Saint Bernard. L'art cistercien*, Paris, Flammarion, 1979).

humilde serva [...]. O Poderoso fez por mim maravilhas" (Lc 1,48-49). É uma pena que não tenha dado a seu relato este belo título: *História de Deus em minha vida*, como fez Stanislas Fumet ao escrever suas memórias[7]!

Mas, como dispomos agora de uma documentação excepcional, deve ser possível narrar uma vida, a fim de permitir ao leitor situar melhor a autobiografia de Teresa em relação ao seu contexto e, em definitivo, entrar melhor em sua espiritualidade.

Como bem destacou o Padre André Combes, a partir de 1947: em Teresa, vida e doutrina são indissociáveis. É necessário tentar "captar, com um mesmo olhar, movimento vital, crescimento vital, infusões de graças, acontecimentos exteriores e reações mútuas desses diversos elementos"[8]. Daí as numerosas citações de Teresa, tiradas de todos os seus escritos.

São abundantes os exemplos do modo de agir de Teresa para avançar em sua "corrida de gigante" (Ms A, 44vº): confronta o acontecimento com a Palavra de Deus, fundamentando-se no versículo do Salmo 118: "Vossa Palavra é uma luz que ilumina meus passos" (v. 105)[9]. Mais profundamente, Teresa Martin quis "assemelhar-se" ao seu Bem-Amado Jesus, "Divino Prisioneiro de Amor"[10], tornando-se ela mesma "a florzinha do Divino Prisioneiro"[11], "prisioneira no Carmelo"[12].

Lendo, porém, esta biografia, constata-se que Teresa foi triplamente prisioneira e que lutou muito para conquistar sua liberdade e sua verdade. Foi prisioneira em família, com seu *status* de caçula, que a acompanhará da *rue Saint-Blaise*, em Alençon, até o Carmelo, passando pelos *Buissonnets*, com a formação formatada de suas sucessivas mães, reencontradas na clausura, sem esquecer os laços íntimos com a família Guérin.

Foi, evidentemente, prisioneira no Carmelo, mas não, em primeiro lugar, por causa da estrita clausura. Sendo a mais nova, reencontrando suas irmãs mais velhas e Celina, Teresa precisará lutar para não continuar a vida de família e, principalmente, para achar sua estrada, seu caminho, sozinha, em uma comunidade humanamente pobre.

Prisioneira, finalmente, do ambiente da Igreja de sua época, de uma teologia medíocre, petrificada em um moralismo estreito, em permanente defensiva diante das ascensões do anticlericalismo e da já configurada descristianização das massas, mas também diante dos consideráveis progressos das ciências.

---

7. Paris, Fayard-Mame, 1978; reed. Paris, Éd. du Cerf, 2002, prefácio do cardeal Jean-Marie Lustiger.

8. *Introduction à la spiritualité de sainte Thérèse de l'Enfant-Jésus*, Paris, Vrin, ²1948, p. 40.

9. Ms C, 4rº, ver Guy GAUCHER, introdução a BT, p. 21-26, onde se encontram alguns exemplos decisivos.

10. C 289; C 201; P 19, 1, 4. Ver "O Divino Prisioneiro" (Ms A, 32vº; 34vº).

11. Ms A, 31vº; 34vº.

12. Ms A, 58vº; 67vº; 81vº; C 106; C 201; P 18, 32, 1; P 31, 5, 1; Or 17, 11.

Quantas decepções (não expressas) vindas por parte do clero! Padre Domin a aterrorizou com seus retiros de preparação para as Comunhões na abadia; Padre Delatroëtte, superior do Carmelo, desprezou-a durante muito tempo; o capelão, Padre Youf, enfermo e escrupuloso, não a ajudou; Padre Pichon encontrava-se muito distante. Quanto aos setenta e cinco "santos" sacerdotes ao lado dos quais esteve durante a peregrinação a Roma, viu neles apenas "homens fracos e frágeis" (Ms A, 56r°). No que se refere ao seu bispo, ela não desejou receber sua visita quando estava morrendo na enfermaria. E o encontro com Leão XIII foi, nas palavras de Celina, um "fiasco"[13].

Quem lhe restava? Jesus, seu "Diretor", "o Diretor dos diretores"[14], seu "único Amor"[15], seu "Esposo"[16], seu "Irmão"[17], seu "amigo"[18]... Como romper o cerco desse tríplice encarceramento? Como tornar-se livre para amar "até à loucura"[19]?

Tal foi o seu combate. Quase desde sua entrada, ela entreviu uma saída possível: partir para o Carmelo de Saigon, fundado pelo de Lisieux em 1861. Ali poderia viver "o exílio do coração"[20]. Mais tarde, terá a perspectiva de partir para o Carmelo de Hanói, fundado em 1895 pelo de Saigon. Mas sua saúde cederá. Para partir, "seria necessário que a bainha fosse tão sólida quanto a espada, e talvez (acredita nossa Madre) a bainha seja lançada ao mar antes de chegar ao Tonkin" (C 221). Seu grito: "É preciso partir!", a exemplo de Joana d'Arc[21], não encontrará eco. Ela não partirá.

Ou, antes, sim, ela vai partir. Deixando suas três prisões a céu aberto, fugirá para o alto, finalmente livre para "começar sua missão":

> Sinto que minha missão vai começar, minha missão de fazer amar o bom Deus como eu O amo, de dar minha pequena via às almas. Se o bom Deus atender meus desejos, meu Céu se passará na terra até ao fim do mundo. Sim, quero passar meu Céu a fazer o bem na terra[22].

Mas não esqueçamos que Teresa empreendeu com constância esse combate por sua liberdade durante o curto período de sua existência terrestre. Primeiramente, para seguir sua vocação: enfrentará cinco obstáculos até ir falar com o Papa Leão XIII. Em

---

13. Essa apreciação geral a respeito de um ambiente social e de uma época não implica nenhum julgamento sobre as pessoas.
14. Ms A, 34v°; 70r°; 71r°; 74r°; 80v°; C 142.
15. P 15, 4, 2; 45, 3, 6.
16. Jesus é qualificado como "Esposo" 109 vezes nos escritos.
17. C 212; P 1, 4, 1; 23, 4, 8; 24, 4, 6; 31, 5, 8; 43, 3, 1; 54, 10, 4; RP 5, 15.5.
18. Ms A, 40v°; Ms B, 4v°; Ms C, 12r°; C 57; C 108 etc.
19. Ms A, 39r°; 82v°.
20. Ms C, 10r°.
21. Ver RP 1.
22. CA 7.7. Ver C 254; RP 8, cena 8, 6r°.

três circunstâncias simbólicas, Teresa ultrapassou os limites de seu ambiente e dos preconceitos de seu tempo. No caso Pranzini — fato chocante e excepcional, em que se cruzam o dinheiro, o sexo e o assassinato —, ela se recusa a gritar com a multidão: "que seja morto" e quer salvar seu "primeiro filho" (Ms A, 46vº). Quando o Padre Hyacinthe Loyson — carmelita que deixou o sacerdócio, casado, pai de família — torna-se um fora da lei no mundo carmelitano e eclesial, a jovem carmelita reza todos os dias por seu "irmão" até ao dia de sua morte e oferece por ele sua última Comunhão. Por fim, quando Léo Taxil-Diana Vaughan ridicularizar o Papa, cardeais, bispos, padres e fiéis, mesclando a blasfêmia ao sacrilégio, Teresa, também ela enganada, aceitará sentar sozinha à mesa dos pecadores, dos "ímpios", na noite da fé e da esperança, para que estes encontrem a luz. Nesses três acontecimentos, reveladores de um mundo em curso de laicização, a carmelita enclausurada está profundamente envolvida e mostra-se à frente de seu tempo.

A isso se deve acrescentar a liberdade na escrita de suas poesias, peças de teatro e manuscritos. Principalmente quando ela opera uma revolução escondida ao recusar oferecer-se como vítima à Justiça de Deus, mas escolhendo a oferta ao Amor Misericordioso, cuja emergência, em 1895, iluminou sua vida e libertou-a de todo medo. "Ah, depois desse dia feliz, parece-me que o Amor me penetra e envolve, parece-me que a cada instante esse Amor Misericordioso me renova…" (Ms A, 84rº). Teresa não contesta, não critica. Coloca-se em outro ponto e segue o caminho que Jesus lhe indica[23], "caminho de confiança e de amor", caminho de liberdade interior. Mas, enquanto está sobre a terra, essas libertações permanecem escondidas.

Antes de conhecer o total e definitivo esplendor, ser-lhe-á necessário enfrentar e atravessar uma terrível provação da fé e da esperança, que cercará de escuridão os últimos dezoito meses de sua curta existência — minada pela tuberculose —, viver uma *compaixão* em união com a Paixão de seu Bem-Amado Jesus.

A partir de 30 de setembro de 1897, tudo parece ter terminado… Tudo começa! Tudo será revelado… de acordo com suas promessas:

> Ah, apesar de minha pequenez, gostaria de esclarecer as almas como *os Profetas, os Doutores*, tenho a *vocação de Apóstolo*… gostaria de percorrer a terra, pregar teu nome e plantar no solo infiel a tua Cruz gloriosa. Mas, ó meu *Bem-Amado*, uma única missão não seria suficiente para mim: ao mesmo tempo, gostaria de anunciar o Evangelho nas cinco partes do mundo e até nas ilhas mais distantes… (Ms B, 3rº).

Tenhamos a esperança de que esta biografia permitirá aos leitores entrar mais na compreensão dos escritos da jovem Doutora da Igreja, Teresa, inesgotável e misteriosa.

---

23. C 247, 21 de junho de 1897; CG II, p. 1021: "Só posso retomar o conselho do salmista: Há algum sábio? Que ele observe essas coisas e compreenda o Amor do Senhor!" (Sl 106,43).

I
A FAMÍLIA MARTIN EM ALENÇON
(1858-1877)

Hoje estou tão feliz com o pensamento de reencontrar-te, que não consigo trabalhar.
Tua mulher, que te ama mais que sua vida
(C 46).
Teu marido e verdadeiro amigo, que te ama por toda a vida
(C 2bis).

A caçula (quinta-feira, 2 de janeiro de 1873)

Ano de mil oitocentos e setenta e três, sexta-feira, 3 de janeiro, às dez horas da manhã. Diante de nós, Germain Victor Chamby, cavaleiro da legião de honra, primeiro adjunto do prefeito da cidade de Alençon (Orne), oficial delegado do estado civil, compareceu o senhor Luís Martin, quarenta e nove anos, fabricante de Ponto de Alençon residente nesta cidade (*rue Saint-Blaise*, 36), o qual nos apresentou uma criança reconhecida como do sexo feminino, nascida em seu domicílio ontem, às onze e meia da noite, que declaramos ser filha dele e da senhora Azélia Maria Guérin, sua esposa, com quarenta e um anos de idade, também fabricante de Ponto de Alençon, que vive com ele (casados nesta prefeitura em 12 de julho de 1858), a cuja filha ele deu os nomes de Maria Francisca Teresa; as ditas declaração e apresentação, feitas em presença do senhor René Jean Gautier, cinquenta e três anos, e Eugène Mathurin Lequinio, trinta e cinco anos, ambos empregados desta prefeitura, domiciliados nesta cidade. [...] lavramos ata, que o pai e as testemunhas assinaram conosco após leitura.

Luís Martin   Gautier
Lequinio   Chamby
2 de janeiro   n. 2[1].

---

1. Ata oficial, prefeitura de Alençon, registro de 1873.

Esse é o anúncio oficial do nascimento de Teresa Martin.

Em família, a própria mãe comunicou a notícia ao irmão e à cunhada, Isidoro e Celina Guérin, que moram em Lisieux, nos seguintes termos:

> Minha filhinha nasceu ontem, quinta-feira, às 11 e meia da noite. Ela é muito forte e saudável, dizem-me que pesa oito libras, ponhamos seis, já não está mal; parece muito graciosa. Estou muito contente. Mas fiquei surpresa no primeiro momento, pois estava esperando um menino! Fazia dois meses que pensava nisso, porque a sentia muito mais forte que meus outros filhos. Não sofri mais que uma meia hora, o que senti antes não se pode exprimir. Ela será batizada amanhã, só faltareis vós para tornar a festa completa. Maria será a madrinha; como padrinho, um garoto quase de sua idade[2].

De acordo com os costumes da época, o casal católico não espera muito tempo para batizar a filha:

> No sábado, 4 de janeiro de mil oitocentos e setenta e três, por nós, Vigário abaixo-assinado, foi batizada Maria Francisca Teresa, nascida em 2 de janeiro, do legítimo matrimônio de Luís José Aloísio Estanislau Martin e Zélia Maria Guérin, ambos desta paróquia (*rue Saint-Blaise*, 36). O padrinho foi Paul Albert Boul[3] e a madrinha, Maria Luísa Martin, irmã da criança, que assinaram conosco, assim como o pai da menina.
>
> Maria Martin   Paul Albert Boul
> Luís Martin   P. Boul   J. Boul
> Paulina Martin   Leônia Martin   Louise Marais
> Léontine Boul   L. Dumaine[4].

A menina que acaba de nascer no lar dos Martin ocupa o nono lugar na lista de seus filhos, mas somente o quinto entre os sobreviventes, já que quatro morreram.

Luís Martin casou-se com Zélia Guérin em 13 de julho de 1858, nessa mesma igreja de *Notre-Dame* de Alençon. Ele era relojoeiro-joalheiro, dono de uma loja na *rue Pont-Neuf*; ela dirigia uma empresa de Ponto de Alençon. Ele tinha trinta e cinco anos; ela, vinte e sete.

---

2. CF 84, de Zélia Martin a Celina Guérin, 3 de janeiro de 1873. Trata-se de Paul-Albert Boul.

3. Filho de um amigo de Luís Martin, nascido em 29 de novembro de 1863, empregado nas estradas vicinais, morava à *rue des Tisons*, 149, e faleceu em 17 de fevereiro de 1883, aos dezenove anos.

4. Registro da paróquia *Notre-Dame*, onde Padre Louis Dumaine é vigário de 1868 a 1876. Nascido em 8 de setembro de 1842, morrerá em 25 de setembro de 1926. Ver P. LEVALLET, "*M. l'abbé Dumaine. Le prêtre qui baptisa Thérèse*", VT, n. 4, outubro 1961, p. 36-40.

Luís Martin, relojoeiro

Luís nasceu em 22 de agosto de 1823, em Bordeaux (*rue Servandoni*); seu pai, Pierre, era capitão na Espanha, combatendo pelo 19º *Léger*[5]. Ministraram-se os primeiros ritos do batismo e, quando o pai retornou de viagem, Padre Martegoutte procedeu aos ritos complementares do sacramento na igreja Santa Eulália, no dia 28, data em que o capitão Pierre Martin foi nomeado ao estado-maior. Casado com Fannie Boureau, filha de um capitão, em 7 de abril de 1818, ele teve cinco filhos, dos quais Luís Martin é o último. Todos os irmãos e irmãs deste morreram prematuramente. Entrando para a reserva em 12 de dezembro de 1830, o ex-militar quis retornar à sua amada Normandia (nascera em Athis-de-l'Orne) e instalou-se em Alençon, à *rue des Tisons*, em seguida à *rue du Mans*.

O jovem Luís foi educado na atmosfera militar das casernas, das recordações de seu pai evocando suas campanhas napoleônicas (Prússia, Polônia). Soldado mirim aos seis anos, ele conheceu os rigores da disciplina, as exigências do esporte. A carreira das armas poderia seduzi-lo, mas a época não era propícia: estamos no período dos parcos soldos, após os tempos atormentados do Império. Luís faz seus estudos com os Irmãos das Escolas Cristãs de Alençon. Em 1842-1843, passa uma temporada em Rennes, na casa de um primo relojoeiro, Luís Bohard. A Bretanha, sua atmosfera, suas tradições e seus cantos o seduzem. Às vezes, adota o traje típico da região.

Durante esses anos, anotou em dois cadernos, para uso próprio, uma antologia dos mais diversos textos poéticos, completada por textos em prosa e orações. Dominam os clássicos de sua época romântica: Lamartine, Chateaubriand, Victor Hugo, mas também Fénelon e textos espirituais. Mais tarde, riscará textos de Voltaire e alguns outros.

Tentado pela relojoaria, trabalho de precisão, ele será iniciado na Suíça. Em 13 de setembro de 1843, Luís encontra-se em Berna. É nessa ocasião que vai visitar o Grande São Bernardo, o mais alto dos mosteiros da Europa (2.500 metros de altitude), convento conhecido pelo socorro prestado com seus cães na montanha[6]. Em 14 de setembro, a assinatura "L. Martin" no registro dos visitantes atesta sua passagem. De lá, ele se dirige a Estrasburgo, onde a família de Aimé Mathey, amigo de seu pai, vai acolhê-lo calorosamente. Durante dois anos, Luís trabalha no ofício de relojoaria no ateliê de seus amigos, visita a Alsácia, aprende alemão. Certo dia, salva o filho dos Mathey, prestes a afogar-se durante um banho de rio.

---

5. Expedição criada por Luís XVIII com a finalidade de "conservar o trono da Espanha para um neto de Henrique IV". Entre os 75 mil soldados franceses encontrava-se Alfred de Vigny. O episódio mais célebre foi a tomada de Trocadero, seguida da de Cádiz, pelas tropas francesas, em 31 de agosto de 1823, sendo Chateaubriand ministro das Relações Exteriores.

6. Construído por Bernard de Menthon por volta de 1050, para ajudar os viajantes.

Aos vinte e dois anos, chega o tempo de dar um rumo à sua vida. Ele se recorda da Ordem dos Cônegos Regulares de Santo Agostinho, que encontrou em Mont-Joux, onde saboreou a beleza da natureza, a oração, o silêncio. No outono de 1845, certamente, deixa Estrasburgo e dirige-se ao convento de Mont-Joux. Mas o prior não pode aceitar seu pedido de ingresso: Luís não conhece o latim, língua indispensável para celebrar a liturgia. Ele não completou o ciclo dos estudos clássicos.

Decepcionado, o jovem retorna a Alençon, decidido a aprender o latim e aperfeiçoar seus estudos. De outubro de 1845 a janeiro de 1847, um caderno descreve com precisão suas compras de livros, as cento e vinte lições que recebeu na casa do senhor Wacquerie, com seu valor. Mas tudo isso acabará pouco a pouco. Luís passa por um período de cansaço, espécie de "depressão leve"[7], causada, sem dúvida, por um esgotamento resultante de seus estudos, aos quais não estava habituado. É então que ele decide voltar à relojoaria e completar a formação iniciada em Rennes e Estrasburgo, indo para Paris. Não ficará muito isolado, pois sua avó — senhora Boureau-Nay, setenta e quatro anos — mora lá, assim como Louis-Henry de Lacauve, coronel da reserva, cujo filho Henry, aluno da Escola militar, ser-lhe-á um amigo muito querido.

O jovem camponês descobre a capital e suas diferentes tentações durante uma estadia de dois (ou três?) anos. Uma seita tenta recrutá-lo, sua juventude chama a atenção das mulheres. A revolução estoura em junho de 1848, após a demissão de Guizot e a abdicação de Louis-Philippe em favor de seu neto, o conde de Paris. Monsenhor Affre, arcebispo de Paris, morre em uma barricada. Luís Napoleão Bonaparte é eleito presidente da República em 10 de dezembro de 1848.

Voltando a Alençon graças à ajuda financeira da senhorita Félicité Beaudoin, pessoa piedosa e generosa, presidente da obra da Adoração do Santíssimo Sacramento da paróquia São Leonardo, ele compra em 9 de novembro de 1850, em presença de um notário, uma casa (*rue du Pont-Neuf*, 17) de propriedade do senhor e senhora François-Joseph Houdou de La Billardière, no valor de 6 mil francos, pagáveis em quinze anos. Seus pais vão morar com ele nessa casa e Luís abre uma relojoaria, à qual não demorará a anexar uma joalheria. Seu sobrinho, Adolphe Leriche, órfão de quinze anos, mora com eles, assim como uma criada e duas jovens da escola de rendeiras. Durante oito anos, ele trabalhará sozinho. Sua competência e rigor lhe atraem uma clientela. Luís respeita escrupulosamente o repouso dominical, recusando abrir sua loja nesse dia em que clientes afluiriam.

---

7. Alain Assailly, psiquiatra, nascido em 1909, que estudou especialmente a saúde de Luís Martin (DCL).

O círculo Vital Romet

A família Romet é muito conhecida em Alençon. Pierre (1819-1904), dotado de talento para os negócios do comércio, fundou uma loja moderna, batizada *Gagne-Petit* (*rue du Pont-Neuf*, 22), que se estende a Mans, a Bernay, a Caen etc., onde podem ser encontradas roupas, artigos de seda, tapetes, quadros[8]... Com sete irmãos e irmãs, Vital Romet (1830-1916) é farmacêutico. Permanecerá solteiro, como sua irmã Paulina. Ambos serão o instrumento da Providência para muitas pessoas necessitadas. O farmacêutico apoiará diversas obras sociais da época[9]. O "senhor Vital" e a "senhorita Paulina" eram conhecidos por sua disponibilidade permanente. Compreende-se melhor por que um círculo de diferentes amigos se formou ao redor de Vital, entre os quais Luís Martin, que permanecerá fiel a esse grupo por toda a vida.

Em torno do Padre Frédéric Hurel[10], jovens se reúnem para aprofundar sua fé, participar de obras sociais, divertir-se juntos. Ao lado de Vital Romet encontram-se seus dois irmãos, Augustin Adrien (1824-1880), mercador de madeira; Adrien (1836-?), que trabalhava com o irmão; três irmãos da família Desroziers: Cantien (1826-1913), professor no liceu de Alençon; Gustave (1833-1891), agente de inspeção de estradas[11]; um terceiro irmão (não identificado); Pierre Barré (1825-1867), empregado da prefeitura; Arsène Rattier (1829-1904), professor no liceu de Alençon; senhor Duteste, farmacêutico; Modeste Boul (1822-?), tecelão, irmão de Paul-Albert Boul (29 de novembro de 1863 – 17 de fevereiro de 1883), empregado nas estradas vicinais, que será padrinho de Teresa Martin; Jacques Tifenne (1838-1905), farmacêutico que sucederá Vital Romet na *Grande-Rue*, 83[12]; Honoré Barbet (1827-?), notário assistente e, sucessivamente, secretário da justiça de paz de Alençon; Jules Barbet (1834-1872), primo do anterior.

Esse grupo se reunirá durante uns vinte anos, manifestando uma diversidade social que não impedirá a amizade e a fidelidade de seus membros uns para com os outros.

---

8. Em Alençon e em Mans, os ateliês de confecção chegarão a empregar até duzentas e quinze pessoas. A *Gagne-Petit* fechará as portas ao final de 1965.

9. Entre outras, ele foi secretário da Sociedade de socorro mútuo dos operários de Alençon, a partir de 1876.

10. Nascido em L'Aigle (18 de dezembro de 1795), ordenado sacerdote (31 de outubro de 1820), vigário em Argentan, pároco de Saint-Sulpice-sur-Rille (1823), pároco de Saint-Pierre-de-Montsort.

11. Condutor das Pontes e Calçadas.

12. Casar-se-á com Léonie Gilbert (1866). Quando se aposentar, o casal, sem filhos, morará à *place de Plénitre*, 4. Fotógrafo amador a partir de 1870, criou a Sociedade fotográfica do Orne (1898). Será ele, sem dúvida, que iniciará Celina Martin na arte da fotografia. Farmacêutico estagiário no estabelecimento de Vital Romet, ele conhecera Isidoro Guérin. Os vínculos entre as famílias Martin, Guérin e Tifenne permanecerão muito estreitos.

Compreende-se por que Luís Martin, mais tarde, escolherá aí padrinhos e madrinhas para seus filhos. Paulina Romet foi madrinha de sua segunda filha; Vital Romet, padrinho de Celina; Leônia Tifenne, madrinha de Leônia. As filhas Martin jogarão *croquet* no jardim dos Romet (*rue du Mans*)[13].

Uma das distrações preferidas de Luís Martin é a pesca; daí o nome que lhe deram os Rabinel: "martim-pescador". Leva o produto da pesca às irmãs clarissas (*rue de la Demi-Lune*, 7). Não rejeita a caça e cria um pequeno galgo. Revela-se um bom jogador de bilhar[14].

Seu desejo de solidão o leva a comprar o "Pavilhão", pequena propriedade sita à *rue des Lavoirs*, com uma torre hexagonal de dois andares no meio de um jardim. À vista, paga 1500 francos ao proprietário, senhor Guibé. Retirar-se-á aí muitas vezes para ler, escrever, rezar. No jardim, instalou uma estátua da Virgem, que lhe foi oferecida pela senhorita Beaudouin. É uma cópia de uma imagem que Bouchardon (1698-1762) fizera em prata para a igreja Saint-Sulpice de Paris[15]. Nas paredes do "Pavilhão", Luís inscreveu sentenças: "Deus me vê"; "A eternidade está chegando e não pensamos nisso"; "Bem-aventurados os que guardam a lei do Senhor".

Certa jovem de uma abastada família amiga se interessa pelo rapaz de bela aparência[16]. Luís descarta tal perspectiva. Sua mãe, porém, se preocupa: o filho permanecerá solteiro? Ela insiste junto a ele. O relojoeiro-joalheiro, que se confessa regularmente com Padre Hurel, pede-lhe conselho. Este passa-lhe livros sobre o casamento. Neles seu dirigido descobre, entre outras coisas, que a castidade total pode existir no matrimônio. Alguns exemplos históricos — raros —[17] revelam a ele essa possibilidade. Eis aí uma solução que lhe permitiria casar-se e perseguir seu desejo de vida semimonástica. Em seus cadernos de anotações, foi encontrado um texto: "Da doutrina da Igreja sobre o sacramento do matrimônio":

---

13. Uma testemunha contou que, num domingo de verão, uma criança colhera uma bela rosa no jardim de Vital, apesar de sua proibição. Ele perdoou e colocou a rosa no vestido de Teresa Martin, sentada aos pés de suas irmãs mais velhas, sobre uma almofada na qual havia um bordado representando um cão de caça, sua longa cabeleira loira sobre os joelhos de uma delas. A pequena desfolhou a rosa sobre todas as jovens presentes (Myriam THELEN, *Agenda 1926 du "Gagne-Petit"*, 22, *rue du Pont-Neuf*).

14. CG I, p. 520, nota c.

15. Sobre a história dessa estátua, ver S. PIAT, *La Vierge du sourire de sainte Thérèse de l'Enfant-Jésus*, Lisieux, 1951.

16. Sem dúvida, Paulina Romet.

17. Citados por Robert CADÉOT, *Louis Martin, "père incomparable" de sainte Thérèse de l'Enfant-Jésus*, VAL, 1985, p. 44.

O vínculo que constitui esse sacramento é independente de sua consumação. Encontramos uma prova clara dessa verdade na Santíssima Virgem e em São José que, embora verdadeiramente casados, guardaram uma continência perpétua. Os ilustres esposos tiveram por imitadores vários santos que viveram virgens no casamento, limitando-se à união pura do coração, renunciando de comum acordo ao comércio carnal que lhes era permitido. Esses casamentos tiveram todo o essencial necessário à sua validade, tiveram mesmo a vantagem sobre os outros de representar de maneira mais perfeita a união casta e toda espiritual de Jesus Cristo com sua Igreja[18].

É então que Zélia Guérin surge na vida de Luís.

Zélia Guérin, rendeira

Ela nascera em 23 de dezembro de 1831, em Saint-Denis-sur-Sarthon (Orne), a doze quilômetros a oeste de Alençon, em uma família de três filhos: Maria Luísa, a mais velha, e Isidoro, nascido nove anos mais tarde. Foi batizada na véspera de Natal de 1831.

Seu pai, Isidoro Guérin, nascido em Saint-Martin-l'Aiguillon em 6 de julho de 1789, era agente de polícia; incorporado ao 96º Regimento de infantaria de linha, participara durante dez anos nas guerras napoleônicas. Desposou Louise-Jeanne Macé em 5 de setembro de 1828. Depois de frequentar a escola em Saint-Denis-sur-Sarthon, suas filhas continuaram a ser educadas em Alençon, onde os pais se estabeleceram em setembro de 1844. Depois de trinta anos de serviço ativo, Isidoro comprou uma casa (*rue Saint-Blaise*, 36) em frente à prefeitura, não longe da igreja *Notre-Dame*.

Luísa e Zélia estudaram nas religiosas dos Sagrados Corações de Jesus e de Maria (de Picpus), à *rue Cancrel*, onde receberam uma boa formação, em uma atmosfera de fé profunda. Aí a adoração ao Santíssimo Sacramento era perpétua. A aposentadoria do pai — que participara de campanhas militares na Alemanha, em Portugal, na Espanha e na França — era muito magra. Ele se tornou carpinteiro ocasional e sua esposa abriu um bar, que rapidamente teve que fechar as portas, pois ela não tinha nenhum talento para semelhante comércio.

Esse lar cristianíssimo (a mãe e as duas filhas pertenceram às confrarias do Escapulário de Nossa Senhora do Carmo e do Sagrado Coração de Jesus) não é muito estimulante para Maria Zélia. As relações com a mãe, austera e rude, marcarão sua sensibilidade. Ela nunca teve uma boneca. Zélia escreverá um dia ao irmão Isidoro: "Minha infância e minha juventude foram tristes como uma mortalha, pois, se minha mãe te mimava,

---

18. Autógrafo, DCL.

para comigo — tu o sabes — era muito severa; embora tão bondosa, ela não sabia me cativar, por isso sofri muito do coração"[19].

É verdade que sua mãe foi vítima dos rigores de um jansenismo latente e os transmitiu aos filhos. A mais velha, Elisa, tem um único desejo: consagrar-se a Deus. A própria ideia do casamento a deixa triste. De brincadeira, certas vizinhas propõem à mãe que lhes dê Elisa como noiva de seus filhos. Gritos e soluços da mais velha! "Sua irmã intervém: 'Oh, não a façais chorar, vós me tomareis em seu lugar!'"[20].

Apesar da falta de repugnância ao casamento, Zélia também pensa em ser religiosa. Seu lado ativo a faz orientar-se para as Irmãs de São Vicente de Paulo, que cuidam dos doentes na Santa Casa de Alençon. Ela chega a antecipar-se à irmã mais velha para pedir sua entrada. A mãe a acompanha. Rapidamente, a superiora não detecta nenhuma vocação nessa postulante e lho diz claramente. Decepcionada, Zélia não insiste e não procura outra congregação. Faz a seguinte oração: "Meu Deus, já que não sou digna de ser vossa esposa, como minha irmã, entrarei no estado do matrimônio para cumprir vossa santa vontade. Então, peço-vos: dai-me muitos filhos e que todos eles vos sejam consagrados"[21].

Ela não era do tipo a permanecer ociosa. Além do mais, o lar dos Guérin tinha poucos recursos. Tendo aprendido os rudimentos do trabalho de renda do ponto de Alençon — que, desde o século XVII, dava fama à cidade —, Zélia inscreveu-se na escola de rendeiras. Em 1851, "a rainha das rendas" tornava-se "a renda das rainhas" na Exposição de Londres. Em 1853, a imperatriz Eugênia, ao casar-se com Napoleão III, usara um vestido em ponto de Alençon. Técnica difícil, que exige operárias especializadas e horas de trabalho[22]. Cada uma faz pedaços de renda de quinze a vinte centímetros. Em seguida, estes são entregues a uma ensambladora, que deve juntar todas as partes para o trabalho mais delicado, o qual deve permanecer invisível. Zélia será ensambladora, depois de ter feito uma novena à Imaculada Conceição[23]. O dia 8 de dezembro de 1851 sempre será uma data memorável para Zélia: nesse dia, ela recebe a inspiração de fazer ponto de Alençon. Mais tarde, escreverá ao irmão Isidoro: "Se soubesses como 8 de dezembro é um dia memorável para mim! Duas vezes alcancei grandes graças nesse dia!"[24].

Sua mãe exigiu que Luísa estivesse à frente da empresa e abriu um "escritório" na *rue Saint-Blaise*. As duas irmãs começaram a trabalhar para a *Maison* Pigache, recebendo

---

19. CF 15 — 17 de novembro de 1865.
20. Notícia necrológica de Irmã Maria Dositeia.
21. Irmã GENOVEVA DE SANTA TERESA, *La Mère de sainte Thérèse de l'Enfant-Jésus, 1831-1877*, Carmelo de Lisieux, 1954.
22. Por volta de 1855, o ponto de Alençon emprega 1.200 operárias na cidade.
23. Pio IX promulgará o dogma da Imaculada Conceição de Maria em 1854.
24. CF 16 — 3 de dezembro de 1865. A segunda graça será o nascimento de sua filha Paulina em 7 de setembro de 1861, que ela pedira em 8 de dezembro de 1860.

as operárias em casa todas as quintas-feiras. Na Exposição industrial, agrícola, hortícola e artística que aconteceu em Alençon no domingo, 20 de junho de 1858, uma medalha de prata é atribuída à *Maison* Pigache pela beleza de suas rendas. Zélia, encarregada dos rendimentos em Alençon, recebe a medalha no mercado de telas. Georges Vilers, relator do júri, exalta as rendas da *Maison* Pigache e evoca "a direção inteligente da senhorita Zélia Guérin, encarregada, em Alençon, dos interesses desse industrial"[25].

Apesar de sua saúde, frágil a partir de 1853 (com sintomas de tuberculose), Elisa[26] pôde finalmente realizar sua vocação e entrar, em 7 de abril de 1858, na Visitação de Mans. A união das duas irmãs era muito forte e continuará a sê-lo. A partida da mais velha marca profundamente a mais jovem. Dezenove anos mais tarde, ela contará à sua filha Paulina:

> Eu amava tanto essa pobre irmã querida! Não podia ficar sem ela. Um dia, pouco tempo antes que ela fosse para o convento, eu estava trabalhando no jardim, mas ela não estava comigo; não pude ficar sem ela e fui procurá-la. Ela me disse: "Como farás quando eu não estiver mais aqui?". Respondi-lhe que eu também partiria. Com efeito, eu parti três meses depois, mas não pelo mesmo caminho[27].

Desejosa de casar-se — tendo recusado as investidas insistentes de um diretor da escola de renda — e formada em uma atmosfera moralista, na qual as jovens não têm nenhuma preparação para as realidades da vida conjugal, Zélia vai encontrar Luís Martin. A mãe dele não teve culpa: tendo frequentado aulas na escola de renda, a senhora Martin apreciara essa jovem séria, cristã, encantadora, e falou dela ao filho. A tradição familiar se recordará que o encontro aconteceu na ponte *Saint-Léonard*: Zélia, ao cruzar com Luís, ficou muito impressionada com seu porte. Diante das diferentes qualidades da jovem, o rapaz finalmente se decidiu. As coisas não demoraram a acontecer. Luís tinha trinta e cinco anos; Zélia, vinte e sete. Três meses de noivado e o casamento foi marcado. Depois de passar pela prefeitura de Alençon, às 22 horas do dia 12 de julho de 1858, os esposos receberam o sacramento do matrimônio na igreja *Notre-Dame*, à meia-noite[28], na presença do Padre Hurel, diretor espiritual de Luís. Ele recebera delegação do Padre Jamet, pároco-arcipreste de *Notre-Dame*.

Luís oferece à esposa uma medalha que representa Tobias e Sara.

---

25. Marius DARGAUD, *L'Enfance alençonnaise de Thérèse Martin, Alençon en 1873*, p. 4.
26. Apelido familiar de Maria Luísa Guérin. [N. do T.]
27. CF 192 — 4 de março de 1877.
28. Tratava-se de um costume da época, escolhido por numerosos casais que desejavam casar-se em um ambiente mais íntimo.

Um lar comum

No mesmo dia, os recém-casados vão encontrar Elisa, postulante na Visitação, em Mans. Voltando a ver sua irmã, Zélia rompe em prantos:

> Posso dizer que chorei naquele dia todas as minhas lágrimas, mais do que tinha chorado em minha vida e como nunca chorarei; a pobre irmã não sabia como consolar-me.
>
> Mas eu não estava triste por vê-la ali, não, pelo contrário, mas gostaria de estar lá também; comparava minha vida à sua e as lágrimas redobravam. Enfim, durante muito tempo meu coração e meu espírito estavam somente na Visitação; eu ia muitas vezes ver minha irmã e ali respirava uma calma e uma paz que não saberia explicar. Quando voltava de lá, achava-me tão infeliz por estar no meio do mundo, gostaria de esconder minha vida com a sua.
>
> Tu, que amas tanto teu pai, minha Paulina, vais pensar que eu fazia teu pai sofrer e que o fizera no dia de meu casamento. Mas não, ele me compreendia e me consolava da melhor forma que podia, pois tinha gostos parecidos aos meus; até acredito que nossa afeição recíproca cresceu, nossos sentimentos estavam sempre em uníssono e ele foi sempre um consolador e um apoio para mim[29].

Pode ser que suas lágrimas tenham sido motivadas também pela descoberta do que Luís lhe propôs, em conformidade ao seu desejo de viver "uma vida perfeita" no casamento, ou seja, viver como irmão e irmã. A revelação repentina das realidades da procriação foi um choque para Zélia. Ela aceitou a proposta de Luís. Mas, então, não terá filhos... Contudo, deseja ter muitos... Compreende-se sua confusão diante de tantas emoções diferentes.

O jovem casal se instala à *rue du Pont-Neuf*, 5. Os pais de Luís habitam no mesmo andar. Zélia instala seu "escritório" de rendeira ao lado da relojoaria. Cada um vai consagrar-se ao seu trabalho. A situação financeira melhorou muito. O contrato de casamento de 24 de junho de 1858[30] mostra que Luís fez seu negócio prosperar: ele leva para o casamento 22 mil francos e duas casas, enquanto Zélia, além do dote de 5 mil francos, acumulou 7 mil francos de economias.

Alençon, capital da renda

Durante dezenove anos, o casal Martin viverá na pequena cidade de Alençon, "a Cidade dos Duques", que conta à época pouco mais de 14 mil habitantes[31]. Ela é atra-

---

29. CF 192, a Paulina — 4 de março de 1877.
30. O contrato de casamento é estabelecido sob o regime de comunhão parcial de bens.
31. Eram 16.037 no recenseamento de 1872.

vessada pelos rios Briante e Sarthe. A primeira paróquia dos Martin situa-se no bairro de Montsort: paróquia São Pedro. A cidade também conta com um mosteiro de beneditinas e um convento de visitandinas.

No centro da cidade erguem-se os monumentos de destaque. A igreja *Notre-Dame*, a atual, data do século XV. O portal (1506-1508) chama a atenção por suas rendas de pedra. Indo em direção ao norte, descobre-se o *hôtel de Guise*, transformado em prefeitura a partir de 1800, exatamente em frente à casa de Pierre Martin, representando o estilo arquitetônico de Luís XIII na Normandia, com seus tijolos vermelhos e pedras brancas. Do castelo dos duques restam edifícios sólidos com duas torres. Bem perto dali, a igreja São Leonardo. À *rue de la Demi-Lune*, encontramos o convento das clarissas. A leste da cidade está a estação de trem. Algumas velhas ruas conferem um estilo mais antigo (a *rue aux Juifs*, a *rue aux Sieurs*).

Cidade cercada por um ambiente rural, sua riqueza vem de sua renda, o ponto de Alençon, cuja fama ultrapassa os limites da França. Em 1873, ele é coroado na cidade e em Viena (Áustria), como o será na Exposição internacional da Filadélfia (1876) e na Exposição universal de Paris (1878). As telas de cânhamo de Alençon também são muito conhecidas. A manufatura industrial de Émile-Eugène Richer dá emprego a numerosos operários que moram no bairro de Montsort, na fábrica de Ozé. Nove fabricantes de telas estão patenteados em Alençon. No mesmo ano de 1873 acontece na cidade — de 31 de maio a 15 de junho — uma grande exposição industrial. Milhares de visitantes chegam em trens especiais, dobrando a população de Alençon[32].

Três vezes por semana, a cidade é afetada pela atividade dos mercados: às segundas-feiras, quintas-feiras e sábados. Ao longo do ano, nada menos que oito feiras animam as ruas e praças. A principal é a Feira da Candelária, muito famosa. Zélia Martin aí levará suas filhas em 4 de fevereiro de 1877[33]. Três jornais mantêm informados os habitantes de Alençon: o mais antigo, o *Journal d'Alençon* (três vezes por semana), o *Courrier de l'Ouest* (diário) e o *Le Progrès de l'Orne*, republicano (três vezes por semana)[34]. No teatro são representadas as peças *Horácio, Andrômaca, O genro do senhor Poirier* etc., em 1873. O *Alcazar*, café-concerto de Alençon, sobreviverá até à Primeira Guerra mundial. A seu modo, a cidade conheceu o que foi chamado de "a *Belle Époque*".

---

32. Zélia Martin fala do assunto em CF 102, de 22 de maio, e CF 103, de 29 de maio de 1873.
33. CF 187. Ver sua carta de 30 de janeiro de 1876 (CF 151).
34. Zélia faz alusão a este em 13 de dezembro de 1873 (CF 113).

Uma família numerosa

Amo as crianças com loucura. Nasci para tê-las[35].

Foi, sem dúvida, Padre Hurel que recordou a Luís que acolher um garotinho de cinco anos para dar alívio a um parente distante — viúvo com onze filhos para criar — era certamente uma boa obra, mas que seria desejável que seu lar tivesse os próprios filhos. A proposta de Luís Martin a Zélia durou mais ou menos dez meses. A mudança de atitude dos esposos foi radical: entre 1860 e 1873, eles conceberam nove filhos.

A primeira gravidez de Zélia foi laboriosa, mas chegou ao feliz nascimento de Maria Luísa, em 22 de fevereiro de 1860, depois de preocupações da mãe, ainda inexperiente: "[...] à minha primeira filhinha, eu acreditava que estivesse tudo perdido, e chorei, eu que desejava tanto um filho! Mas isso não impediu que a pequena tivesse chegado bem ao seu termo, e ela era muito forte!"[36]. No batismo, em São Pedro de Montsort, o vigário ouviu a interpelação do pai: "É a primeira vez que me vedes para um batismo, mas não é a última!"[37]. O padrinho era o avô Guérin[38] e a madrinha, a avó Martin. Luís sempre terá um fraco pela primogênita, que ele chamará de seu "Diamante". Independente, ela receberá outro apelido: "Eu sou livre".

Um ano e meio mais tarde, nasce Maria Paulina, no dia 7 de setembro de 1861. Paulina Romet é sua madrinha e Isidoro Guérin o padrinho, que será sempre muito ligado à afilhada. Em 3 de junho de 1863, aparece Leônia. Tanto as duas primeiras são morenas e vigorosas, tanto esta — loira de olhos azuis — tem uma constituição frágil. Durante muito tempo, ela vai preocupar os pais e aqueles que a cercam. Sua madrinha, Leônia Gilbert, casará com o senhor Tifenne em 15 de maio de 1866. Eles serão sempre fiéis amigos.

É a partir do nascimento de Maria Helena (13 de outubro de 1864) que Zélia não consegue mais amamentar seus filhos, sem dúvida por causa da glândula no seio, da qual falará ao irmão farmacêutico apenas no ano seguinte. Helena é "bela como um anjo"[39], mas contrai sarampo, febres e dores de ouvido. É preciso levá-la à ama de leite. É a primeira vez que os Martin são obrigados a separar-se de uma das filhas.

A seguir, tiveram a alegria de finalmente acolher um menino, Maria José Luís, em 20 de setembro de 1866. Mas também este deve ser entregue a uma ama de leite, em

---

35. Zélia, CF 83 — 15 de dezembro de 1872.
36. CF 21 — 13 de janeiro de 1867.
37. Irmã GENOVEVA DE SANTA TERESA, *Le Père de sainte Thérèse de l'Enfant-Jésus*, Carmelo de Lisieux, 1954, p. 35.
38. Sua esposa falecera em 9 de setembro de 1859.
39. CF 11, a seu irmão — 12 de janeiro de 1865.

Semallé (oito quilômetros a nordeste de Alençon), na casa da família Taillé, composta por agricultores. Atingido por uma erisipela, ele morre em 14 de fevereiro de 1867, aos cinco meses, levando consigo a esperança que os pais têm de vê-lo um dia sacerdote e missionário[40].

Outro Maria José João Batista o sucede em 19 de dezembro de 1867. Seu nascimento quase termina em tragédia. "Passei um momento terrível e o menino correu os maiores perigos. Durante quatro horas sofri as mais cruéis dores que já senti. O pobrezinho estava quase asfixiado e o médico ministrou os primeiros ritos do batismo antes do nascimento"[41]. Dois dias depois, José partia para a casa da ama de leite, Rosa Taillé, em Semallé. Mas, estando com a mãe doente, esta não pôde ficar com ele. O menino voltou a Alençon em 11 de julho de 1868. Uma doença intestinal o leva em 24 de agosto.

É compreensível que a criança seguinte seja esperada com ansiedade: trata-se novamente de uma menina, Maria Celina, nascida em 28 de abril de 1869. Tendo recebido os primeiros ritos do batismo, este será adiado até setembro, sendo Vital Romet seu padrinho e Céline Guérin a madrinha. Celina mudará de ama de leite por três vezes até finalmente encontrar uma mulher forte, chamada "senhora Georges". Delicada e inteligente, Celina terá dez meses quando Helena vier a morrer, aos cinco anos e meio. Golpe terrível para todos. Pois, se a mortalidade infantil continuava a suscitar medo, pensava-se na época que seria possível salvar as crianças mais crescidas.

É em plena guerra franco-alemã que nasce Maria Melânia Teresa, em 16 de outubro de 1870. É uma causalidade que seu padrinho — o comandante Henry de Lacauve, ferido na batalha de Saint-Privat — seja um militar? Mais uma vez, o bebê recebe os primeiros ritos do batismo. Mas, entregue aos cuidados de uma ama de leite (*rue de la Barre*, em Alençon), a pequena é malcuidada. Outra nutriz, em Héloup, recusa-se a ficar com a menina doente. Zélia se resigna a alimentar pessoalmente essa pequena Teresa, que vive apenas dois meses e morre em 8 de outubro de 1870.

Desse modo, a enfermidade atingiu duramente essa família. Mas é preciso acrescentar outros lutos. Luís Martin perdera seu irmão Pierre, morto no mar. Sua irmã Marie-Anne, casada em 1838, faleceu em 1846, aos vinte e seis anos. Sua outra irmã, Anne-Sophie, morreu em 1842, aos nove anos. Anne-Françoise, casada duas vezes, morreu em outubro de 1853, aos vinte e sete anos. Quanto ao pai, morreu em Alençon em 26 de junho de 1865. Do lado dos Guérin, sabemos que a mãe de Zélia morreu em Alençon no dia 9 de setembro de 1859 e o pai, Isidoro, em 3 de setembro de 1868. Sua filha cuidou

---

40. CF 21. Ver C 226 — 9 de maio de 1897 —, CG II, p. 985.
41. CF 23, ao irmão e à cunhada — 21 de dezembro de 1867.

dele durante meses, trocando seus curativos duas vezes por dia. O casal Martin assumira seu aluguel.

Em outras palavras: desde que se casaram, em doze anos, os Martin viveram sete falecimentos.

"Deus, primeiro servido"

Antes de seguir a evolução de Teresa, a última filha, cujo nascimento mencionamos, façamos o resumo da história de sua família e de suas condições de vida durante esses anos, reportando-nos às cartas de Zélia Martin (*Correspondência familiar*) de 1858 a 1877, que são abundantes em detalhes variados para reconstituir a atmosfera do lar.

A coisa mais evidente é o lugar eminente ocupado pela fé em Deus na vida diária. Não devemos nos espantar quando recordamos que os dois esposos postularam ingresso na vida religiosa. Sua união se estabelece sobre o eixo da fé e da esperança, sobretudo nas repetidas provações dos lutos de seus filhos. Sua primeira preocupação é batizá-los ou ministrar os primeiros ritos do batismo em caso de perigo e orientá-los para a santidade.

A oração diária é feita em família. As festas são celebradas com fervor e a estátua de Maria é honrada, principalmente durante o mês de maio. Todos os dias, às 5h30, os pais vão à "missa dos pobres", a princípio em São Pedro de Montsort e, a partir de 1871, em *Notre-Dame*. Não sendo a Comunhão diária autorizada, eles comungam o mais frequentemente possível e em todas as primeiras sextas-feiras do mês. O domingo é escrupulosamente respeitado. Até mesmo o confessor estimula Luís a abrir sua loja no dia do Senhor, pois os clientes seriam numerosos; mas ele, como sabemos, sempre se recusará a fazê-lo[42]. Com o mesmo rigor, o casal pratica as abstinências e jejuns então prescritos pela Igreja. Embora muito doente, Zélia se submete a eles: "Levanto-me bem cedinho, às cinco e meia, todas as manhãs. É duro para mim, com o jejum da quaresma, aspiro pela Páscoa"[43].

Desde 1858, Luís faz parte da Sociedade do Santíssimo Sacramento, que exige uma visita diária à igreja e a participação em diferentes procissões. Zélia está inscrita na "Arquiconfraria do Coração Agonizante de Jesus", que dá assistência aos agonizantes[44]. Ela frequenta assiduamente as clarissas da *rue de la Demi-Lune*. Ambos portam o escapulário de Nossa Senhora do Carmo. Nessa época da grande epopeia missionária, que vê partir

---

42. CF 140, à cunhada — 29 de setembro de 1875.
43. CF 156, a Paulina — 12 de março de 1876.
44. CF 140, à cunhada — 29 de setembro de 1875.

da França tantos jovens sacerdotes e religiosas, eles desejaram ter um filho missionário. Apoiam financeiramente as obras da Propagação da Fé.

Luís tem um gosto especial pelas peregrinações: percorrerá vinte e um quilômetros a pé para ir a *Notre-Dame de Séez* implorar a cura da filha Leônia, que esteve muito doente em 1865. Em maio de 1872[45] e maio de 1873, ele se une a milhares de católicos franceses reunidos em Chartres, rezando noite e dia pelo Papa, espoliado dos seus Estados, e pela França. Aqui religião e política se misturam[46]. Em 1873, irá a Lourdes com sua diocese. Em maio do mesmo ano, voltará a fazer — a pé e em jejum — vinte e cinco quilômetros em direção à *Butte-Chaumont* (perto de Saint-Denis-sur-Sarthon) para pedir a cura de sua filha Maria, atingida por uma grave febre tifoide. Ver-se-á que Zélia, muito menos inclinada a viagens, irá a Lourdes pouco antes de sua morte[47], em um estado que já não permite ter esperança.

Sua vida religiosa vai muito além de todos esses atos de piedade. Diferentes situações de emergência testemunham seu comprometimento em auxílios eficazes. Zélia, apesar de seus temores, chega a arrancar Armandine, uma menina de doze anos, das mãos de falsas religiosas que a maltratavam[48]. Luís se ocupa em dar entrada no asilo a um idoso abandonado. Zélia alivia numerosas famílias necessitadas com ajudas em espécie.

Com seu trabalho absorvente, todos os filhos e os avós, ela se faz secundar por criadas, como Luísa Marais[49], que lhe dará dissabores e da qual deverá cuidar quando a empregada estiver enferma. Malgrado a influência tirânica exercida por Luísa sobre Leônia, Zélia a conservará em sua casa, em vez de demiti-la. Os Martin se ocuparão de seu pai agonizante, pois estão sempre prontos a prestar serviço.

A vida familiar, em conexão com Isidoro Guérin, casado em Lisieux, é das mais afetuosas. A correspondência mostra-o amplamente. Festas, aniversários, viagens, tudo é bom para encontrar-se, trocar presentes, emprestar dinheiro ao farmacêutico, que está

---

45. Ler a descrição em CF 79, ao irmão — maio de 1872.

46. Essa peregrinação nacional, de 26 a 28 de maio, reúne milhares de peregrinos, uma dúzia de bispos e arcebispos (entre os quais Monsenhor Pie, de Poitiers; Monsenhor Dupanloup, de Orléans; Monsenhor de Guibert, de Paris) e cerca de cento e trinta deputados (ver carta de Luís Martin a Paulina — CF 102 *bis*, maio de 1873). Em 24 de maio, Thiers renuncia. Os monarquistas saúdam a eleição do marechal Marc-Mahon à presidência da República. A aproximação do conde de Paris e do conde de Chambord (3 de agosto de 1873) dá-lhes a esperança de uma restauração e do advento de Henrique V. Mas, em 27 de outubro de 1873, uma declaração deste último dissipa essa esperança. Em novembro, Mac-Mahon é reeleito para um mandato de sete anos.

47. Ver André DEROO, "La famille Martin et les pèlerinages", em *Lumières sur sainte Thérèse de l'Enfant-Jésus la famille Martin*, Paris, Téqui, 1974, p. 101-115.

48. CF 146, a Paulina — novembro de 1875.

49. 5 de maio de 1849 — 10 de dezembro de 1923. Nascida em Merlerault (Orne).

se estabelecendo (a princípio, 7 mil francos, sem juros). Uma rede de amizades os une ao meio social de Alençon: os Romet (e seu círculo), os Tifenne, a senhora Tessier e outros. Os encontros da obra dos Círculos católicos, fundados em 1871 por Albert de Mun e René de la Tour du Pin, a Conferência de São Vicente de Paulo (de Ozanam) também ampliam o círculo de relações.

Mas os Martin — comerciantes artesãos — não têm relações mundanas. Não se envolvem em política, mesmo inclinados a apoiar o partido monarquista. Os acontecimentos da Comuna comovem Zélia[50]. Pouco tempo antes, a ocupação de Alençon por 25 mil soldados alemães impõe-lhes que alojem nove deles. Ela não os acha "perigosos", mas fica indignada por vê-los devorar carne e queijo "sem pão". Luís inscrevera-se entre os franco-atiradores para defender Alençon. Eles foram varridos pelos prussianos, com perdas consideráveis. Os vencedores impuseram um tributo de 3 mil francos a ser pago, mais uma grande quantidade de material e alimentação[51].

A derrota será muito dura para toda a economia, inclusive para o ponto de Alençon. Zélia não desistirá e Luís vai vender a loja da *rue du Pont-Neuf* ao seu sobrinho Adolphe Leriche[52], em 22 de novembro de 1871. Doravante, o marido vai trabalhar com a esposa para promover sua empresa de renda. Eles se mudarão para a *rue Saint-Blaise*, em uma casa recebida em herança do lado dos Guérin. A avó Martin continuará no apartamento da relojoaria-joalheria com seu neto, que já morava ali.

Rue Saint-Blaise, 36

A mudança aconteceu em julho de 1871. Implicava também uma mudança de paróquia: de São Pedro de Montsort a *Notre-Dame*. A casa de dois andares — que pode ser visitada ainda hoje no n. 50 — dá para a rua, em frente à prefeitura. No andar térreo está o "escritório" de Zélia, aonde as operárias vão levar seu trabalho todas as quintas-feiras. É certo que Zélia dedicou forças consideráveis para honrar suas encomendas. O trabalho minucioso exige bons olhos e dedos de fada. Sua correspondência é pontuada por queixas referentes aos trabalhos, que a obrigam a nunca perder tempo[53]. Essa época

---

50. CF 62, à cunhada — 30 de novembro de 1870. Ver CF 66 — 29 de maio de 1871 —, após a morte de Monsenhor Darbois, arcebispo de Paris, fuzilado com sessenta e quatro padres e outros reféns.

51. CF 64 — 17 de março de 1871.

52. Filho único de François Leriche e Fanny Martin, irmã de Luís, falecida aos vinte e sete anos em 9 de outubro de 1853. Luís vendeu-lhe a casa e os fundos de comércio ao preço que pagara vinte anos antes: 6 mil francos, pagáveis em dez anos, com juros.

53. Por exemplo, CF 15, ao irmão — 7 de novembro de 1865.

testemunha o culto do trabalho bem-feito. Zélia também se preocupa com o futuro das cinco filhas: será preciso constituir-lhes um dote. Seja como for, é uma mulher ativa, que cuida de tudo na casa.

Ao lado do "escritório", estão a sala de jantar e a cozinha. Sobe-se ao primeiro andar para chegar aos três quartos; e, ao segundo, ocupado por um quarto e um sótão. Um pequeno pátio interno dá acesso a uma lavanderia, um jardim minúsculo, um pomar, uma casa de ferramentas, uma rouparia — que pode servir de quarto e um depósito. Esse será o universo da caçula durante quatro anos e meio, até novembro de 1877.

Depois de vinte e um anos de trabalho como relojoeiro famoso pela precisão — os clientes apreciaram sua consciência profissional —, Luís vai consagrar-se à vida familiar e viajará em nome da empresa, cuja porta de entrada é ornada por uma placa: "Luís Martin, fabricante de ponto de Alençon"[54]. Ele participará dos trabalhos da esposa escolhendo modelos, mandando realizar desenhos. Ocupa-se das contas e faz questão de pagá-las pontualmente. A recíproca não é sempre verdadeira e Zélia às vezes fica preocupada com dívidas que demoram a ser pagas. Algumas jamais o serão.

Essa época ignorará os impostos sobre a renda até o ano de 1913. As despesas habituais são reduzidas e as pessoas são naturalmente econômicas e prudentes. Não podemos esquecer que a ascendência é de origem camponesa e militar, o que implica uma vida difícil[55]. Luís reprovará a mulher por gastar muito com as roupas das filhas. Mas é somente no começo, pois ele está feliz por vê-las tão belas. Sua mulher cuida dessa parte. As cartas de Zélia, que esboçam com humor as diversas categorias sociais de Alençon, mostram suas origens. Em Alençon, os Martin não são "burgueses", no sentido social da palavra, mas artesãos comerciantes que venceram na vida por seu trabalho e sua visão dos negócios.

A educação das filhas se dá na Visitação de Mans, por causa, evidentemente, da "santa" Irmã Maria Dositeia, que tem muita influência sobre Zélia. Maria e Paulina adquirirão aí um conhecimento sólido e uma piedade profunda. Leônia, mais difícil, não terá êxito, apesar de todos os esforços da tia[56]. Durante anos, a terceira filha será a preocupação dos pais.

---

54. Não patenteado, ele trabalha por conta própria, sob encomenda, para duas principais firmas especializadas no ponto de Alençon (ver Marius DARGAUD, *L'Enfance alençonnaise...*, p. 5).

55. Ver M.-R. SOUTY, *L'Ascendance blaisoise de sainte Thérèse de l'Enfant-Jésus*, Nantes, Société nantaise de presse, 1954.

56. Construído em 1822, o mosteiro contava com cerca de cinquenta visitandinas. O capelão era o Padre Boulangé, amigo de Dom Guéranger. O pensionato era frequentado por cinquenta alunas, egressas principalmente de um ambiente aristocrático. Maria (oito anos e meio) e Paulina (sete anos) entraram aí em outubro de 1868.

A "pequena Teresa"

A primeira menção a Teresa Martin se encontra em uma carta de Zélia aos Guérin, datada de 21 de julho de 1872. Ela está grávida de quatro meses e vai completar quarenta e um anos. Seu marido tem cinquenta.

> Devo anunciar-vos um acontecimento que se dará provavelmente no fim do ano, mas no momento só interessa a mim e ainda não dá alegria a ninguém. No entanto, eu ficaria muito contente se soubesse que poderei educar esse pobre serzinho que virá instalar-se em nossa casa, este não irá embora daqui enquanto ele e eu estivermos vivos. Estou melhor que da última vez, tenho bom apetite e nunca sinto febre. Tenho esperança de que a criança virá bem, a infelicidade não bate sempre à mesma porta; enfim, que a vontade de Deus seja feita[57]!

Dois meses mais tarde, ela já está pensando no batismo da "Teresinha", que deve substituir aquela que morreu em 8 de outubro de 1870. Zélia está, portanto, convencida de que espera uma menina:

> Peço ao meu irmão que não esqueça os dois quilos de bombons finos de que preciso para o batismo da "Teresinha". [...] Já estou pensando no fim do ano, por causa da criança que virá para as festas de ano novo. Como a criarei? Tenho pesadelos todas as noites. Enfim, devo esperar que me sairei melhor do que penso e que não terei a dor de perdê-la[58].

O nascimento se aproxima. A busca por uma ama de leite é novamente posta em questão, não sem angústia:

> Agora estou esperando meu anjinho todos os dias e estou muito perplexa, pois ainda não encontrei ama de leite. Vi várias, mas que me convinham muito imperfeitamente, e meu marido nunca se decidiu a contratar uma. Não é pelo preço, é porque temos medo de introduzir em nossa casa pessoas pouco convenientes, como o são em geral todas as nutrizes de hoje. Quanto a contratar uma segunda empregada, que me daria dores de cabeça e não cuidaria de minha filha como eu gostaria, prefiro continuar tranquila. Se o bom Deus me desse a graça de poder amamentá-la, seria um prazer criá-la. Eu amo crianças até à loucura, nasci para tê-las, mas logo chegará o tempo em que isso vai acabar. Completarei quarenta e um anos no dia 23 deste mês, é a idade em que se é avó. Provavelmente não vos escreverei antes do nascimento do meu bebê, tenho esperança de que isso acontecerá pelo tempo do Natal e estou contando que serei eu que vo-lo anunciarei[59].

---

57. CF 80 — 21 de julho de 1872.
58. CF 82, aos Guérin — 29 de setembro de 1872.
59. CF 83, à cunhada — 15 de dezembro de 1872. Sobre a opinião a respeito das amas de leite, ver Henri Cozic, "La mortalité du nourrisson en France", *L'Illustration*, 1870-1875, t. IV, p. 228-229,

Ninguém pode descrever melhor os primeiros dias de "Teresinha" que sua mãe. Suas angústias se mesclam à alegria:

> Estou completamente restabelecida agora, a pequena também vai bem, promete ser muito forte, mas não ouso contar com isso, estou sempre com medo da enterite. Eu tinha começado a amamentá-la e, temendo que não fosse suficiente, queria recorrer à ajuda da mamadeira. Isso deu certo até o domingo, mas a famosa mamadeira estragou tudo, foi impossível fazê-la voltar ao peito. Empreguei todos os meios, deixei-a em jejum, ela gritava de fazer dó, tive que ceder.
> Ela bebe perfeitamente. Dou-lhe água misturada com metade de leite, essa é toda a sua alimentação e estou decidida a não lhe dar outra coisa até daqui a três ou quatro meses, apesar de todos os conselhos que me dão, pois todo mundo está contra mim, até o médico, que quer que eu a faça tomar uma taça de chocolate todas as manhãs! Dizei-me se uma criança tão jovem tem força para suportar semelhante regime! Nessas condições, não demoraria muito para que eu a fizesse ficar doente da enfermidade que tanto temo. Quando eu tentar fazê-la comer, pedirei que me digais que alimento dáveis às vossas filhas para começar.
> A pequena não é difícil durante o dia, mas à noite nos faz pagar caro por seu dia tranquilo. Ontem à noite, fiquei com ela nos braços até onze e meia, eu não aguentava mais de cansaço; depois, felizmente, ela só dormiu.
> A criança se chama Teresa, como a última que tive; todo mundo me diz que ela será bonita, ela já está rindo. Percebi pela primeira vez na terça-feira. Acreditei que estivesse enganada, mas ontem não era possível duvidar; ela olhou para mim com muita atenção, depois me deu um sorriso maravilhoso. Enquanto eu a levava, notei uma coisa que nunca sucedeu com meus outros filhos: quando eu cantava, ela cantava comigo... Revelo isso a vós, ninguém poderia acreditar[60].

Pouco depois do nascimento, um garoto bateu à porta da casa. Ele entregou a Luís um papel que trazia estes versos:

> *Sorri e cresce rapidamente,*
> *À felicidade tudo te convida:*
> *Ternos cuidados, terno amor...*
> *Sim, sorri à aurora,*
> *Botão que acaba de desabrochar,*
> *Tu serás rosa um dia*[61]*!*

---

que denuncia "a especulação alimentícia", "o aleitamento mercenário mortal" e os "tráficos de crianças". Devido à gravidade, a questão será levada à Assembleia nacional.
60. CF 85, à cunhada — 16 de janeiro de 1873.
61. Texto original nos ACL.

Essa mensagem de boas-vindas provinha de um casal de nobres que, junto com o filho, fora atingido pela miséria e encontrado na porta da prefeitura. Zélia os convidara a entrar em sua casa, oferecera-lhes comida e Luís procurara trabalho para o pai. O poema expressava a gratidão da família.

Mas, no dia seguinte, um SOS partia em direção ao farmacêutico de Lisieux: os sintomas do mal que tinham levado os outros filhos voltaram a aparecer.

> Estou extremamente atormentada a respeito de minha Teresinha. Tenho medo de que ela esteja doente dos intestinos. Noto os mesmos sintomas alarmantes que vi em meus outros filhos que morreram. Seria preciso perder essa mais uma vez? Diz-me como devo alimentá-la, se a água misturada com leite é conveniente.
>
> Ela só dorme desde as três e meia da manhã de hoje. Fazem-na beber enquanto dorme, por isso ela quase não tomou nada. Não sei se é a fraqueza que provoca esse sono e estou muito angustiada. Quanto a mim, não durmo mais que duas horas, pois estou quase constantemente ao lado da pequena que, já faz algum tempo, está muito agitada uma boa parte das noites. Se pudesses escrever-me e encorajar-me com teus conselhos, isso me daria muita satisfação, pois estou precisando muito[62].

Isidoro foi a Alençon, mas sua irmã voltou a escrever-lhe no sábado, dia 1º de março:

> Desde que partiste de Alençon, minha Teresinha ficou perfeitamente bem. Ela se fortalecia a olhos vistos e eu estava me sentindo na glória. Mas hoje as coisas mudaram muito, ela está muito mal e não tenho nenhuma esperança de salvá-la. A pobrezinha está sofrendo horrivelmente desde ontem, vê-la é de partir o coração. No entanto, dorme bem; na noite passada, tirei-a do berço uma única vez, ela bebeu e depois dormiu até as dez da manhã de hoje. Mas agora, eis-nos até as dez horas desta noite[63].

Aqui enxerta-se um episódio surpreendente. Tendo enviado outro SOS à sua irmã visitandina, pensando que Teresa não tinha mais que dois dias de vida, Irmã Maria Dositeia rezou a São Francisco de Sales e fez a promessa de que, se a criança fosse curada, seria chamada Francisca. Isso não agrada a Zélia: ela quer manter o nome escolhido. Mas a religiosa escreveu que, se a criança não se chamasse Francisca, não haveria outra alternativa, "senão mandar fazer o caixão". Daí a perplexidade angustiada da mãe, que a leva a consultar Isidoro para perguntar "como devo chamá-la, para que ela não morra". Mas a mãe acrescenta: "Desta vez, ela [Maria Dositeia] está me assustando". Zélia conclui: "Muitas vezes, penso nas mães que têm a alegria de alimentar pessoalmente seus filhos; quanto a mim, devo ver todos morrerem, uns após os outros!"[64].

---

62. CF 86, ao irmão — 17 de janeiro de 1873.
63. CF 87, ao irmão — 1º de março de 1873.
64. CF 87, ao irmão — 1º de março de 1873.

Uma semana mais tarde, Zélia escreve à cunhada:

> Estou tão ocupada e triste há quinze dias, que não tenho repouso nem de dia nem de noite: minha filhinha está doente, com enterite, e sinto medo de perdê-la. Mas está sempre alegre; assim que tem um pequeno momento de descanso, ela ri de todo o coração. Apesar disso, sua cara mudou, estou achando-a muito pálida desde quinta-feira e, no entanto, ela não emagreceu [...]. Pedi ao bom Deus que ele deixe minha Teresinha comigo; tenho um pouco de esperança, pois ainda não está doente o bastante para não curar. Dizei a Joana e Maria que rezem por sua priminha; Deus escuta as orações das crianças[65].

Alguns dias mais tarde, a situação se agrava. Zélia manda chamar um novo médico, senhor Belloc. Faz quinze dias que a criança não toma mais leite, mas água de cevada. O médico estima que o bebê precisa de leite. Zélia pensa em Rosa Taillé, a nutriz que tem quatro filhos e que ainda está alimentando um deles. Às 19 horas, ela corre ao médico, que lhe aconselha ir atrás dessa ama de leite. Depois de uma longa noite, a mãe parte ao amanhecer e percorre oito quilômetros para chegar a Semallé, tendo "a morte na alma".

Rosa aceita ir à casa dos Martin. As duas mulheres chegam à *rue Saint-Blaise* às 10h30.

> A empregada nos disse: "Não consegui fazê-la beber, ela não quer tomar nada". A ama de leite olhou para a criança, balançando a cabeça, com uma cara que parecia dizer: "Fiz uma viagem inútil!" Subi rapidamente ao meu quarto, ajoelhei-me aos pés de São José e pedi-lhe, por misericórdia, que a pequena fosse curada, resignando-me à vontade de Deus, se Ele quisesse levá-la. Não choro com frequência, mas eu chorava ao rezar.
> Eu não sabia se devia descer... por fim, resolvi fazê-lo. E o que vejo? A criança mamava com toda força. Só deixou de fazê-lo mais ou menos à uma da tarde; ela rejeitou alguns tragos e caiu como morta em cima de sua nutriz. Éramos cinco ao redor dela. Todos estávamos impressionados; havia uma operária chorando, eu sentia meu sangue gelar. A criança não tinha nenhum sopro de vida aparente. Era inútil inclinar-se para tentar descobrir um sinal de vida, não se via nada, mas ela estava tão calma, tão serena, que eu agradecia a Deus por tê-la feito morrer tão docemente.
> Finalmente, passam-se quinze minutos, minha Teresinha abre os olhos e se põe a sorrir. A partir desse momento, ficou completamente curada, a carinha boa voltou, assim como a alegria; a partir daí, tudo está melhor[66].

---

65. CF 88, à cunhada — 9 de março de 1873. Joana e Maria Guérin têm, respectivamente, cinco e três anos.
66. CF 89, à cunhada — março de 1873.

Rosa Taillé salvou Teresa, mas vai fazer mais, levando-a para sua casa: vai fortalecer a menina, dar-lhe o gosto de viver e desenvolver-se em plena zona rural. Foi preciso vencer a resistência de seu marido: ao voltar do trabalho, este fica sabendo que a esposa foi a Alençon. Ele envia o filho Auguste para trazer a mãe de volta, mas não a menina. Rosa não se incomoda. Seu marido, resmungando, deixará agir livremente essa mulher enérgica[67].

Vida rural em Semallé (março de 1873 – 2 de abril de 1874)

Mudança de cenário para a garotinha de três meses: da cidade para o mais solitário dos campos, de uma casa grande a uma pequenina: duas peças de andar térreo. De um lado, a família Taillé: o pai, Louis-Moïse, Rosa (trinta e sete anos), duas filhas (Rosa e Maria) e dois meninos (Auguste e Eugène), que têm de doze a dois anos. A outra peça está reservada ao estábulo da vaca Roussette. Atrás da casinha, um poço, um pequeno jardim. A aldeia conta com algumas casas, uma igreja. Tal é o universo de Teresa durante um ano; ela aí haurirá o gosto pela natureza, o céu, as flores, os animais. Cercada por quatro filhos, a caçula dos Martin conhece a vida rústica de uma família pobre e acolhedora, que vai cuidar dela muito bem.

No entanto, a saúde do bebê não melhorará imediatamente. Sua mãe vai vê-la. Ao final de março[68], novo alerta:

> Ontem, ao ir, acompanhada do médico, ver minha Teresinha que está muito doente, eu contemplava um belo castelo e propriedades magníficas, eu pensava que tudo isso não é nada; só seremos felizes quando todos, nós e nossos filhos, estivermos reunidos no Céu, e fazíamos o sacrifício de minha filha.
>
> Desde que está na casa da ama de leite, ela cresceu bastante, chegou a engordar muito, mas a irritação dos intestinos apenas diminuiu, chegou à garganta e ao peito a partir da sexta-feira. Quando o médico a viu, ela estava com febre muito forte, mas ele me disse que não acreditava que estivesse em perigo. Hoje está melhor, mas tenho temores sérios, creio que não poderemos criá-la. Meu primeiro garotinho estava assim, ia muito bem, mas tinha uma enterite tenaz, que não conseguiu vencer[69].

Três dias antes, os Martin ficaram sabendo do incêndio da drogaria de Isidoro, situada em frente à sua farmácia, em Lisieux. Os Guérin tinham investido muito nessas instalações.

---

67. André Declais, "Petite Thérèse et Petite Rose, souvenirs d'enfance", AL, n. 6, junho de 1973.
68. Sábado, 29 de março.
69. CF 90, à cunhada — 30 de março de 1873.

A essa preocupação familiar acrescenta-se um novo problema para o casal Martin. Em 5 de abril, sua filha mais velha (treze anos) é levada de volta a Alençon por Vital Romet, pois contraiu, no pensionato de Mans, uma febre tifoide que lhe ocasiona momentos de delírio. Essa doença impedirá Paulina de voltar em casa para o feriado da Páscoa. Celina foi mandada à casa da senhora Philomène Tessier, uma amiga. Uma religiosa cuida de Maria, cujas noites são povoadas de pesadelos, enquanto seus pais permanecem de pé ao lado dela. Zélia, então, muito cansada, contrai uma febre forte[70].

Todas as quintas-feiras, Rosa vai vender leite, manteiga e ovos no mercado de Alençon. Mas ela faz outras visitas. Assim, no domingo, 20 de abril: "A nutriz trouxe hoje nossa Teresinha, que está muito crescida e muito forte"[71]. Todo contato com Maria é evitado: muito fraca, ela vai finalmente iniciar uma longa convalescença, com febres reincidentes. Na segunda-feira, 5 de maio, Luís parte em peregrinação "a pé e em jejum" (quinze quilômetros) para implorar a intercessão de um santo curador da febre na colina de Chaumont[72]. Somente na metade do mês de maio Maria ficará melhor e poderá levantar-se.

No domingo, 4 de maio, visita de Rosa Taillé, que leva Teresa:

> Não a estávamos esperando; a ama de leite chegou com seus quatro filhos, às onze e meia, no momento em que estávamos nos sentando à mesa. Ela colocou o bebê em nossos braços e partiu imediatamente para a missa. Sim, mas a pequena não quis assim, gritou até quase desmaiar! Teu pai saiu quase sem comer. Todo mundo em casa estava desconcertado; foi preciso mandar Luísa[73] dizer à nutriz que viesse imediatamente após a missa, pois ela tinha que ir comprar calçados para os filhos. A ama de leite deixou a missa pela metade e veio correndo, fiquei chateada com isso, a pequena não morreria de gritar. Por fim, ficou instantaneamente consolada; ela é muito forte, todos estão surpresos. Passeei tanto com ela e balancei-a tanto para fazê-la calar-se, que fiquei com dor nas costas o dia todo. Não a acham tão bela quanto a pequena Celina, mas ela é muito bonita; enfim, é Celina que, no momento, ocupa o primeiro lugar de beleza, mas ainda não se pode julgar Teresa, ela é muito pequena, um bebezinho de quatro meses não se desenvolveu[74].

De acordo com seu costume, Rosa foi ao mercado de Alençon na quinta-feira, 15 de maio:

---

70. CF 90, 91, 92, 93, 94, 95.
71. CF 94, à cunhada — 20 de abril de 1873.
72. CF 97, ao irmão — 4 de maio de 1873.
73. Louise Marais (1849-1923), empregada dos Martin durante doze anos.
74. CF 98, à filha Paulina — 5 de maio de 1873.

Teresa está forte agora... mas não quer mais ficar conosco e solta gritos agudos quando não vê mais sua nutriz. Por isso, Luísa foi obrigada a levá-la ao mercado, onde "Rosinha" estava a vender sua manteiga, não havia como segurá-la. Assim que viu a ama de leite, olhou para ela sorrindo, depois não falou mais nada; ela ficou assim, vendendo manteiga com as bondosas mulheres, até meio-dia! Quanto a mim, não consigo segurá-la por muito tempo sem ficar muito cansada; ela pesa quatorze libras. Será muito boa, até mesmo muito bonita, mais tarde[75].

Em Semallé, a vida simples continua ao ritmo da primavera. A presença da menina da cidade na casa dos Taillé impele os garotos, amigos de Auguste, a ver essa pequena maravilha. Léon Royer[76] recorda:

Depois da aula, meu irmão Albert e eu, guiados por Augustin, tomávamos o caminho dos alunos da escola, o caminho mais longo, para voltar pela casa dos Taillé. Por volta das cinco horas da tarde, chegávamos à casa de Rosinha. Ela estava justamente no campo, deixando-nos como senhores do lugar.

O rapazinho é o primeiro a aproximar-se da casinhola: devagar ele dá uma volta na chave, ergue um pouco a porta para impedi-la de ranger, e escuta algo, olhando para a esquerda, em direção ao berço. Depois, sorrindo, volta-se para o lado da estrada e nos diz, em voz baixa: "Teresinha está dormindo... Deixai vossos tamancos fora, entrai sem fazer barulho". Como ladrõezinhos, três ou quatro, um após o outro, penetramos silenciosamente na casa, pés descalços, aproximamo-nos do berço, instalado perto da grande chaminé: um instante de pausa... em seguida, a cortina branca é delicadamente aberta. Erguido na ponta dos pés e prendendo minha respiração, elevo-me à altura da pequena cama de vime e contemplo uma diminuta criança que dormia profundamente, protegida pelas piedosas estampas que sua mãe e suas irmãs tinham fixado acima de sua cabeça: "Ela está dormindo! Teresinha está dormindo!". Afasto-me para permitir que nossos companheiros a vissem. Com precaução, a cortina é fechada sobre as cobertas brancas e azuis da menina e nos afastamos.

Os filhos da ama de leite pegam as torradas colocadas sobre a mesa pela mãe: eles aguçam os ouvidos uma última vez e fecham a porta devagar, bem devagar. Enquanto voltamos à casa de La Fontaine, nossos amiguinhos permanecem no umbral e partem seu pão, velando o sono da pequena Teresa. A ama de leite gritava de longe: "Chamai-me se ela acordar". Eles eram bons guardiões[77].

---

75. CF 102, à filha Paulina — 22 de maio de 1873.
76. Ordenado sacerdote em Séez no dia 15 de junho de 1899, tornou-se Oblato de Maria Imaculada em 1899. Relatou suas recordações ao Carmelo de Lisieux em 1912.
77. AL, n. 6 — junho de 1973, p. 27-28.

Maria se restabelece, Paulina finalmente volta de Mans no dia 31 de maio e toda a família pode ir a Semallé na segunda-feira, 26 de maio. Grande alegria geral dessa expedição familiar. Maria se recordará:

> Levávamos à casa de Rosinha nossas provisões para o dia, mas tínhamos preferência por muito pão preto e leite fresco. Ela não conseguia acreditar no que seus olhos viam. Seus filhos devoravam avidamente nosso pão branco e nós suplicávamos a mamãe que nos desse o pão preto, que nos parecia delicioso, porque nunca o tínhamos[78].

Zélia anota: "Teresa se desenvolve a olhos vistos. Está pesando quase quinze libras. A nutriz começou a fazê-la comer há oito dias somente; estou muito satisfeita com essa ama de leite, não se encontram muitas como ela"[79].

As férias são tanto mais apreciadas em Alençon porque, em razão de uma exposição, grandes festas acontecem a partir de 1º de junho (Pentecostes), com fogos de artifício, balões, procissão luminosa, durante uma semana[80].

Eis um retrato da caçula por volta dos seis meses, em junho:

> A ama de leite trouxe Teresa quinta-feira[81]. Ela só sorriu; era principalmente a Celininha que a agradava. Teresa morria de rir com Celina. Dir-se-ia que ela já está com vontade de brincar. Isso acontecerá em breve; ela já fica em pé sobre suas perninhas, rígida como uma estaca, e acredito que começará a caminhar cedo. Neste momento, ela está comendo garanto-te que ela acha minha papinha boa! Na quinta-feira, eu tinha feito muita papa para que Celininha também comesse, mas Teresa achou pouco, só sobrou o fundo da panela[82].

Em suas cartas aos Guérin — escritas habitualmente aos domingos —, Zélia dá notícias regularmente sobre cada uma de suas filhas. Isso permite seguir a feliz evolução de Teresa e seus progressos. Em pleno verão de 1873, encontramos algumas linhas sobre a garotinha de sete meses: "Teresa é um bebê grande; está bronzeada pelo sol; sua nutriz a leva a passear pelos campos no carrinho de mão, sobre pilhas[83] de planta; ela quase nunca grita. 'Rosinha' diz que não se pode ver uma criança mais encantadora"[84]. A alegria das quatro filhas reunidas é ir a Semallé rever a irmãzinha. É assim em setembro

---

78. VT, n. 44 — outubro de 1971, p. 240, n. 3. Ver VT, n. 47 — julho de 1972, p. 229, n. 29. Ver CF 98.
79. CF 103, à cunhada — 29 de maio de 1873.
80. CF 102, à filha Paulina — 22 de maio de 1873.
81. Em 26 de junho.
82. CF 104, à filha Paulina — 1º de julho de 1873.
83. Cargas, fardos.
84. CF 106, à cunhada — 20 de julho de 1873.

de 1873. Chegando ao lugar, cada uma se ocupa de acordo com seus gostos: Maria se interessa pelas flores, Paulina desenha Teresa em seu caderno de colegial, Leônia não deixa Roussette — a vaca da casinha — em paz, Celina sobe nas árvores[85]. O lanche rústico reúne o grupo antes do retorno à *rue Saint-Blaise*.

Enquanto Luís volta de uma peregrinação a Lourdes com um grupo de peregrinos da diocese, que é insultado por manifestantes anticlericais na estação de trem de Alençon[86], Zélia escreve aos Guérin. Sua crônica engloba as notícias mais variadas. "Teresa vai sempre muito bem; está muito forte e grande; fica em pé apoiada nas cadeiras, acredito que caminhará quando completar um ano"[87]. Ao mesmo tempo, preocupa-se com Celina, quatro anos, "tão delicada", "ardendo em febre muitas vezes". Terá ela a sorte da pequena Helena?

Escrevendo às filhas — Maria e Paulina, que voltaram ao pensionato no Mans — na festa de Todos os Santos, ela lamenta por não ter "visto Teresinha desde o dia em que foram juntas até lá [...]. Estou sentindo muita falta dela; no entanto, será preciso que eu me determine ir até lá, mas isso me custa muito, é tão longe! Felizmente, ela já não ficará ali por muito tempo"[88]. É o primeiro anúncio de um retorno próximo da menina ao lar. De fato, ela ainda permanecerá cinco meses em Semallé, ainda que, ao final de novembro, sua mãe tenha em mente tirá-la da casa de Rosa no dia 11 de março de 1874. O bebê "cresce sempre maravilhosamente bem".

Por ocasião de uma visita de quinta-feira a Alençon — em 27 de novembro —, sabe-se que aquela que vem da roça tem dificuldade para habituar-se à cidade e aos seus habitantes:

> Vi Teresa na quinta-feira, apesar do mau tempo, e ela esteve mais comportada que da última vez. Mas Luísa não estava contente, a pequena não queria nem vê-la, nem ir com ela, eu estava muito embaraçada; operárias vinham a mim a todo instante, eu a entregava a uma e outra. Ela queria vê-las, até mais que a mim, e as beijava várias vezes. Mulheres do campo, vestidas como sua nutriz: eis o mundo do qual ela tem necessidade.
> A senhora T.[89] chegou enquanto uma operária a estava segurando. Assim que a vi, eu lhe disse: "Vejamos se o bebê vai querer ir convosco". Ela, surpresa, me responde: "Por que não? — Bem, tentai!...". Ela estendeu os braços à pequena, mas esta se

---

85. FIAT (pseudônimo do Padre Charles Mercier, da diocese de Séez), "Colligite fragmenta", Almanach des *Annales*, 1948.
86. Os acontecimentos políticos preocupam Zélia. Ela escreve no dia em que o conde de Chambord renunciou. Rumores circulam: uma revolução seria possível.
87. CF 109, ao irmão e à cunhada — 27 de outubro de 1873.
88. CF 110, a Maria e Paulina — 1º de novembro de 1873.
89. Sem dúvida, a senhora Tifenne, madrinha de Leônia.

escondeu, soltando gritinhos, como se tivessem batido nela. Não queria sequer que a senhora T. olhasse para ela. Riram muito disso; enfim, tem medo das pessoas vestidas de acordo com a moda! Tenho esperança de que minha filha caminhará sozinha daqui a cinco ou seis semanas. Basta colocá-la de pé perto de uma cadeira, ela fica muito bem ereta e não cai nunca. Toma suas pequenas precauções para isso e parece muito inteligente. Acredito que terá um bom caráter, sorri continuamente e tem um aspecto de predestinada[90].

O encontro seguinte acontecerá em 1º de janeiro de 1874 e a família reunida poderá festejar o primeiro aniversário de Teresa[91]. Pouco tempo antes do Natal — que a pequena vai passar em Semallé —, Zélia faz a lista detalhada dos presentes a oferecer às filhas Guérin e daqueles a ser recebidos para as suas. Para Teresa, nada nesse ano. Na metade de dezembro de 1873, ela "está caminhando quase sozinha; só tem dois dentes, é muito alegre e muito linda"[92].

Na quinta-feira, 8 de janeiro, os Martin puderam ver Teresa caminhar. "Ela é doce e linda como um anjinho. Tem um caráter encantador, já se vê isso; tem um sorriso tão doce. Tenho pressa de tê-la em nossa casa"[93].

Volta à cidade (2 de abril de 1874)

A estadia no campo chega ao fim na quinta-feira santa, 2 de abril de 1875, após pouco mais de um ano de ausência. A mãe preparou "uma roupinha azul-celeste", "sapatinhos azuis, um cinto azul e um lindo gorro branco, ficará lindo. Alegro-me por vestir aquela bonequinha"[94]. A mudança de ambiente se mostra considerável para o bebê: habituar-se à casa na cidade, descobrir seus pais e irmãs, encontrar as operárias de sua mãe na quinta-feira, as clientes, os amigos.

As duas mais velhas, Maria (quatorze anos) e Paulina (treze anos), só a encontram nas férias escolares. Leônia vai voltar à *rue Saint-Blaise*: apesar de todos os esforços, sua tia Maria Dositeia não pôde ficar com ela. A aluna voltará na segunda-feira de Páscoa, 6 de abril. Zélia está comovida com isso, não sabe mais o que fazer com Leônia:

> Assim que se vê acompanhada, ela não se possui mais e se mostra de uma dissipação sem igual. Enfim, só tenho fé em um milagre para mudar essa natureza. É verdade,

---

90. CF 112, a Maria e Paulina — 30 de novembro de 1873.
91. Ibid.
92. CF 113, aos Guérin — 13 de dezembro de 1873.
93. CF 114, aos Guérin — 11 de janeiro de 1874.
94. CF 115, aos Guérin — março de 1874.

não mereço milagre e, contudo, espero contra toda esperança. Mais a vejo difícil, mais persuadida fico de que o bom Deus não permitirá que ela permaneça assim. Rezarei tanto, que Ele se deixará dobrar. Ela foi curada, aos dezoito meses de idade, de uma doença da qual devia morrer; por que o bom Deus a salvaria da morte, se não tivesse planos de misericórdia sobre ela[95]?

Felizmente, a mãe tem consolações:

> Maria e Paulina estão tão bem quanto possível. Celina e Teresa prometem muito [...]. Quanto à minha gorda Teresa [...] nunca tive criança tão forte, com exceção da primeira; parece muito inteligente, estou muito feliz por tê-la, creio que será a última. Ela será bela, já é graciosa; admiro sua boquinha, que a ama de leite me dizia ser "grande como um olho"[96]!

Quanto a Celina (cinco anos), será a companheira de brincadeiras de Teresa, criando laços sólidos, principalmente porque a mais jovem faz rápidos progressos:

> Teresa está começando a falar tudo. Está ficando cada vez mais linda, mas não é um pequeno embaraço, eu vos garanto, pois a menina está continuamente ao meu lado e para mim é difícil trabalhar, também, para recuperar o tempo perdido, permaneço na minha renda até as dez horas da noite e me levanto às cinco horas[97]. É preciso, ainda, que eu me levante uma ou duas vezes por causa da pequena. Enfim, mais dificuldades tenho e melhor me sinto[98].

Luís instalou um balanço atrás da casa, para grande alegria das duas pequenas. Amarram Teresa para que não caia, ela grita porque não a empurram o bastante. Zélia, na mesma carta às duas pensionistas de Mans, faz-lhes esta confidência:

> Aconteceu-me ultimamente uma aventura estranha com a pequena. Tenho o costume de ir à missa das cinco e meia; nos primeiros dias, não ousava deixá-la, mas, vendo que nunca despertava, terminei por decidir-me a deixá-la só. Deito-a em minha cama e puxo o berço para perto, tão perto que é impossível que ela caia.
> Um dia, esqueci-me de colocar o berço. Chego, e a pequena não estava mais em minha cama; no mesmo instante, ouço um grito, olho e vejo-a sentada em uma cadeira que se encontrava diante de minha cama; sua cabecinha estava encostada sobre o travesseiro, e ali ela dormia um mau sono, pois estava em uma posição desconfortável.

---

95. CF 117, à cunhada — 1º de junho de 1874.
96. Ibid.
97. Apesar do pagamento de 5 milhões à Alemanha, Alençon vive uma retomada das encomendas do famoso ponto. "Desde a guerra, o luxo se tornou maior que nunca", escreve Zélia (CF 114). Daí uma sobrecarga de trabalho.
98. CF 118, à cunhada — 24 de junho de 1874.

> Não pude me dar conta de como ela caíra sentada sobre a cadeira, já que estava deitada. Agradeci ao bom Deus por não lhe ter acontecido nada. Foi verdadeiramente providencial; ela devia ter caído por terra. Seu bom anjo velou e as almas do purgatório, às quais faço todos os dias uma pequena oração pela menina, a protegeram. Eis como entendo isso... entendei-o como quiserdes!...
>
> Soube hoje que haverá uma peregrinação da diocese de Séez a Paray-le-Monial; deve partir de Alençon na segunda-feira, 13 de julho. Estou quase decidida a ir. Leônia não sabe como expressar sua alegria por viajar, porque vamos de trem!
>
> Eis o bebezinho que vem passar sua mãozinha sobre meu rosto e me abraçar. A pobrezinha não quer me deixar, está continuamente comigo; gosta muito de ir ao jardim; mas, se não estou lá, não quer ficar e chora até que a tragam de volta... Estou muito contente por ver que ela sente tanta afeição por mim, mas às vezes é constrangedor[99]!

As férias de verão de 1874 anunciam-se felizes. As pensionistas retornam na segunda-feira, 3 de agosto, cobertas de prêmios, e a família Guérin anuncia sua ida a Alençon. Logo após sua passagem, Teresa fica doente:

> Minha Teresinha esteve muito doente esta semana. É verdade que não eram apenas os dentes, mas em que estado ela ficou! Dava pena ver sua boca e a língua me preocupava, estava inflamada e cheia de grandes botões, não podia tomar mais nada, impossível fazê-la beber alguma coisa. Vi o médico, que me disse para, mesmo assim, forçá-la a tomar leite. É impossível dizer-vos as dificuldades que tive. Era preciso estar perto dela dia e noite, ela sofria horrivelmente, isso durou oito dias. Está bem melhor e começa a comer um pouco de mingau; mas está muito fraca e só dorme. É muito bom que isso não tenha acontecido durante vossa estadia aqui, teríamos tido um triste prazer[100]!

O restante das férias não teve muito êxito. Estando a criada, Luísa, atingida por reumatismos articulares, Zélia teve que cuidar dela e não encontrou ninguém para substituí-la. Passando noites ao lado da enferma, ela foi atingida por dores de garganta e febre. Maria e Paulina, então, voltaram cansadas à Visitação de Mans[101]. A mais velha — que, na Páscoa, esperava ainda ter outras irmãzinhas — mudou de opinião: "Ela nunca se casará, porque isso é uma fonte de muitos sofrimentos!"[102].

Luísa vai voltar à casa dos Martin perfeitamente restabelecida, retomando seu serviço ("desde que eu a ajude como no passado", sublinha Zélia). "Minha pequena Teresa

---

99. CF 119, a Maria e Paulina — 25 de junho de 1874.
100. CF 121, aos Guérin — 9 de agosto de 1874.
101. De Irmã Maria Dositeia aos Guérin — 12 de outubro de 1874, VT, n. 45, janeiro de 1972, p. 74.
102. CF 121, aos Guérin — 9 de agosto de 1874.

torna-se cada vez mais gentil, gorjeia da manhã à noite; canta-nos cançõezinhas, mas é preciso estar habituado a elas para compreendê-las; é muito inteligente e faz suas orações como um anjo, é perfeito!"[103]

Segundo um ritual bem estabelecido agora, as duas famílias Martin e Guérin combinam os presentes de fim de ano. Para seu segundo Natal, Teresa ganhará uma arca de Noé. "Isso a divertirá [...]. Ela não deita antes das oito horas. Não sei o que fazer, ela não me deixa trabalhar"[104]. A chegada dos presentes enche a casa de gritos de alegria:

> Sempre fizestes Teresa e Celina muito felizes. Queria que vísseis Teresa quando o pai desembrulhou os brinquedos! Tinham-lhe dito: "Há lindos brinquedos ali dentro, que a tia de Lisieux está mandando". Ela batia as mãozinhas! Eu estava apoiada sobre a caixa para ajudar meu marido a abri-la, ela soltava gritinhos angustiados, dizendo-me: "Mamãe, vais quebrar meus lindos brinquedos!". Ela me puxava pelo vestido para me fazer parar. Mas, quando viu sua linda casinha, ficou muda de prazer. Celina também ficou encantada; ela se divertirá muito com seu jogo de cubos, mas não fica contente quando a irmãzinha estraga seus brinquedos, o que a obriga a recolhê-los[105].

O ano de 1874 termina debaixo de neve em Alençon[106]. Teresa completa três anos. Em janeiro, Zélia fica profundamente alterada com a impostura de duas religiosas que davam aulas a Leônia, dispensada da Visitação de Mans: na verdade, são professoras particulares que usurparam o hábito religioso e exploram uma mãe que lhes entregou Armandine, sua filha de oito anos. Esta é privada de alimentação, agredida. Será necessário que Zélia as denuncie à polícia — o que lhe custa muito — e consiga devolver a criança à mãe. Longas cartas às pensionistas e aos Guérin relatam em detalhes o incidente, que lhe tira o sono[107].

As notícias das filhas são eclipsadas por essas preocupações:

> Gostaria de divertir-vos com as pequenas reflexões de Teresa, mas isso ficará para uma outra vez. Ela não para de falar de Maria e Paulina[108], que estão em Mans. Ontem, a pequena Teresa caiu sobre o pé da mesa, abrindo na testa uma fenda que ia até o osso. Há uma fenda considerável, que ficará para o resto da vida, creio eu, estou muito desolada por isso[109].

---

103. CF 124, à cunhada — 8 de novembro de 1874.
104. CF 125, à cunhada — 13 de dezembro de 1874.
105. CF 126, à cunhada — 24 de dezembro de 1874.
106. Ibid.
107. CF 127, 128, 129 — 13, 17 e 24 de janeiro de 1875.
108. Estas estiveram em casa durante quatro dias de folga do pensionato (CF 127 — 13 de janeiro de 1875).
109. CF 128, às suas filhas — 17 de janeiro de 1875. A cicatriz desaparecerá.

Como sempre, os Martin respeitam escrupulosamente os jejuns da quaresma e assistem as pregações de dois missionários que falam três vezes por dia, em honra do jubileu da Igreja universal. Zélia destaca que

> um não prega melhor que o outro. Mesmo assim, vamos escutá-los por dever e, ao menos para mim, é uma penitência a mais. [...] A pequena Teresa vai sempre bem, tem uma cara de prosperidade; é muito inteligente e tem umas conversas muito divertidas. Ela já sabe rezar ao bom Deus. Todos os domingos, vai a uma parte das Vésperas e se, por infelicidade, deixassem de levá-la, choraria inconsoladamente. Há algumas semanas tinham-na levado para passear no domingo. Teresa não tinha ido à "mita", como ela diz. Na volta, dava gritos agudos, dizendo que queria ir à "mita"; abriu a porta e foi embora debaixo de água, que caía torrencialmente, na direção da igreja. Correram atrás dela, para trazê-la de volta, e seus gritos duraram uma boa hora.
>
> Ela me diz bem alto na igreja: "Eu fui à 'mita', aqui! Eu rezei ao bom Deus". Quando seu pai volta à noite e ela não o vê fazer sua oração, a menina lhe pergunta: "Papai, por que não fazes tua oração? Foste à igreja com as senhoras?"[110]. Desde o começo da quaresma, vou à missa das seis horas e muitas vezes a deixo acordada. Quando saio, ela me diz: "Mamãe, serei bem comportadinha". Efetivamente, ela não se mexe e volta a dormir[111].

Para a garotinha, o grande acontecimento é sua primeira viagem de trem, em 29 de março, segunda-feira de Páscoa, com a mãe, que vai ver a tia visitandina.

> Minha irmã está muito bem neste momento. Levei a pequena Teresa, que estava muito feliz por viajar de trem. Quando chegamos a Mans, ela estava cansada, chorou. Ficou o tempo todo no locutório, comportada como uma menina crescida; sua tia não fez nenhuma observação, mas não é seu costume. Não sei o que ela tinha, seu coraçãozinho estava apertado, por fim as lágrimas caíram sem fazer barulho. Ela estava sufocada. Não sei se foram as grades que lhe deram medo. Depois, tudo ficou bem. Ela respondia a todas as perguntas, como se tivesse feito uma prova!
>
> A superiora veio vê-la e lhe deu alguns presentinhos. Eu lhe disse: "Pede à bondosa Madre que te dê sua bênção". Ela retrucou: "Minha Madre, quereis ir à nossa casa?" Isso fez todo mundo rir[112].

No dia 4 de abril, Irmã Maria Dositeia transmitirá suas impressões a Celina Guérin:

> Recebi uma bela visita na segunda-feira de Páscoa, a qual não estava esperando! Zélia trouxe-me sua Teresinha, ela pensou que vê-la me daria prazer; é uma menina tão

---

110. Confirmação da pouca prática religiosa dos homens nessa época.
111. CF 130, à cunhada — 14 de março de 1875.
112. CF 131, aos Guérin — 29 de abril de 1875.

lindinha e de uma rara obediência, fez tudo o que lhe pediram, sem que fosse preciso insistir, e ficou tão tranquila, que poderiam tê-la deixado o dia todo sentada sem se mexer, fiquei muito contente por vê-la[113].

Exatamente um mês depois dessa grande viagem, Zélia escreve aos Guérin: "Neste momento estou sozinha com ela, a empregada e as outras crianças foram levar Leônia ao catecismo. Dei-lhe minha caixinha de moedas para que me deixe tranquila, pois choraria alto se visse as outras saindo sem ela. Mas, escutando seu pai, ela me disse: 'Mamãe, olha o papai que está chegando, recolhe rápido todas as moedas!'"[114].

Preocupações de saúde

Mas os estados de saúde se degradarão em Alençon e em Lisieux. Isidoro Guérin está sofrendo a ponto de inquietar toda a família[115]. Grandes preocupações vêm de sua drogaria. Suas atividades como cristão o ocupam muito. Ataque de fadiga e cansaço? Zélia lhe escreve na quarta-feira, 19 de maio, dizendo que está preocupada com ele e acrescenta: "Minha Teresinha está doente, tem uma tosse persistente, acompanhada de febre; não me parece ser um resfriado, temo que seja sarampo, enfim, tudo se prepara para que a primeira Comunhão de Leônia seja um dia de luto"[116].

Teresa se recordou que "no dia seguinte, ou poucos dias depois, fomos com mamãe à casa da coleguinha de Leônia[117]; creio que foi nesse dia que essa boa mãezinha nos levou atrás de um muro para nos dar vinho após o jantar (que nos servira a pobre senhora Dagorau), pois não queria desgostar a bondosa senhora, mas também não queria que nada nos faltasse"[118]. Teresa escreve ainda: "Minha querida Leônia ocupava também

---

113. 4 de abril de 1875, VT, n. 46, abril de 1972, p. 137. Teresa se recordará dessa viagem em Ms A, 7vº, acrescentando o episódio dos bombons e dos anéis que caíram de seu cesto na rua, de suas lágrimas e gritos.

114. CF 131, aos Guérin — 29 de abril de 1875.

115. Ver carta de Irmã Maria Dositeia aos Guérin — 27 de junho de 1875, VT, n. 46, abril de 1972, p. 140.

116. CF 132, à cunhada — 19 de maio de 1875. Vinte anos mais tarde, Teresa evocará a primeira Comunhão de Leônia, no domingo da Santíssima Trindade, 23 de maio. Tinham-na feito dormir bastante cedo e o pai foi ao seu quarto levar-lhe pedaços do grande bolo (Ms A, 6vº).

117. Trata-se de Armandine Dagorau, que Zélia arrancara ao poder das falsas religiosas que davam aulas para Leônia.

118. Ms A, 6vº. HA 98 acrescenta: "Recordo-me também da pobre menininha, sua companheira [de Leônia], a quem minha mãe presenteara com um vestido, de acordo com o costume das famílias abastadas de Alençon. A menina não deixou Leônia um só instante desse belo dia; e à noite, no jantar solene, colocaram-na em lugar de honra".

um grande lugar em meu coração. Gostava muito de mim; era ela que ficava comigo à tarde, quando toda a família ia passear... Parece-me ainda ouvir as belas canções que entoava para me fazer dormir..." (Ms A, 6rº).

Mas as preocupações de saúde continuam:

> Minha Teresinha está sempre resfriada, isso volta a acontecer a cada quinze dias. Desde que nasceu, não sai de um resfriado sem pegar outro, a ama de leite tinha me alertado, mas o pior é que está muito doente. Neste momento, tem febre há dois dias e não come nada. Quanto a mim, não estou muito bem, faz três meses que tenho uma rouquidão que não acaba mais, mas não sofro muito e é por isso que não faço nada para ser curada, persuadida de que todos os remédios do mundo só servem para fazer exercitar as pessoas na paciência, mas nunca para curá-las[119]!

Zélia escreve isso à mulher de um farmacêutico... Este fará uma peregrinação a Lourdes para obter sua cura[120]. Mas, antes de partir, os Martin irão a Lisieux (que acaba de sofrer inundações catastróficas). Toda a família se alegra com a viagem (Teresa não estará presente), que vai começar no sábado, véspera da Assunção (durante mais ou menos cinco horas), para terminar na quarta-feira, 18. Maria e Paulina ficam alguns dias na casa dos tios. Voltando de uma estadia na grande Trapa de Soligny com dois amigos durante três dias, Luís Martin vai buscar as filhas em Lisieux, via Paris. Mas, na volta a Alençon, Luís não desceu a Mézidon com as duas filhas mais velhas. Eles se encontraram em Caen, enquanto Zélia se inquietava. Na sexta-feira, 3 de setembro, toda a família Martin saúda o peregrino Isidoro, que voltava de Lourdes, enquanto o trem faz uma pausa na estação de Alençon.

Na volta às aulas, Paulina regressa sozinha à Visitação de Mans. Tendo terminado seus estudos, Maria — dezesseis anos —, fica ao lado da mãe para ajudá-la em suas diversas e pesadas tarefas. À partida de Maria, sua tia redigiu-lhe um "Regulamento para a educação de minhas irmãs", de uma grande precisão e o rigor digno de uma religiosa. Ela deverá ser professora de leitura, escrita, gramática e catecismo para Leônia e Celina, com um horário diário inalterável. Deverá formá-las também na oração, na piedade, nos sacrifícios, em diferentes virtudes, com paciência. No que diz respeito a si mesma, exercícios de piedade são cumpridos em detalhes e Maria deverá levantar-se às 5 da manhã e deitar-se às 21 horas[121].

---

119. CF 133, à cunhada — 4 de julho de 1875.
120. Provavelmente de crises de gota, das quais mais tarde sofrerá outra vez.
121. VT, n. 47, julho de 1972, p. 235-236. O texto traz a data de sexta-feira, 30 de julho de 1875. Ver CD 230, de Irmã Maria Dositeia a Maria e Paulina — 15 de agosto de 1875; VT, n. 46, abril

Instaurar-se-á, então, uma correspondência entre Zélia e Paulina, sendo esta muito próxima da mãe, que não lhe esconde a forte afeição que sente por ela. Para distraí-la, Zélia vai encher sua correspondência com o máximo de detalhes. São abundantes as notícias sobre todas as irmãs: "Teresa está adoentada há dois dias, tem febre à noite e um desarranjo no estômago, espero que não seja nada. Ela sempre pergunta onde está Paulina; diz: 'Gostaria que ela viesse ter conosco, em nossa casa'. Em seguida, é um monte de porquês que não acabam mais"[122]. Na semana seguinte, "A pequena Teresa está bem recuperada; a doença só lhe fez bem, agora come melhor que de costume e, com a saúde, voltou-lhe o bom humor"[123].

Uma professora zelosa

Em seu desejo de ajudar a mãe e ocupar-se das irmãs mais novas, Maria se excede:

> Quanto à minha Teresinha, sem ser muito forte, ela tem um bom temperamento, alimenta-se perfeitamente; nada lhe faz mal. Ontem à noite, no entanto, Maria a trouxe a mim, muito doente. Ela a fazia comer contando-lhe uma história. Vendo que o conto não acabava e a menina não parava de comer, disse a Maria: "Não lhe dês muito, tenho medo de que lhe faça mal". Eu estava ocupada em meu escritório e não via o que se passava. Maria não levou em conta a minha recomendação. Por isso, por volta de meia-noite, a pobre pequena ficou doente, segurei-a em meus braços durante uma hora. Eu peguei uma gripe forte, pois não tomei a precaução de me vestir. Eis uma boa lição para Maria[124].

Mas esta, fiel ao seu Regulamento, leva muito a sério a formação de Celina, cujos pais julgam sua saúde frágil demais para mandá-la ao pensionato. A uma amiga da Visitação, Maria descreve como se passam as lições:

> Já está chegando a hora em que precisarei ocupar-me de Celina, pois sou eu que estou encarregada de instruí-la... somente por algum tempo. Ela ainda é jovem e delicada demais para ir ao pensionato, e garanto-vos que estou muito feliz e orgulhosa de minha missão. Ela já sabe ler e escrever satisfatoriamente. Agora está aprendendo um pouco de catecismo e história santa, diverte-me muito mostrar-lhe isso, é uma verdadeira distração para mim quando ela está comportada. Mas, muitas vezes, Teresa vem atrapalhar, com

---

de 1972, p. 143-144. Maria irá todas as manhãs à missa das 6 horas, apesar de sua mãe achar cedo demais (CF 146 — 21 de novembro de 1875).
122. CF 141, a Paulina — 10 de outubro de 1875.
123. CF 143, a Paulina — [24] de outubro de 1875.
124. CF 144, a Paulina — 31 de outubro de 1875.

sua presença, nossos sérios estudos. Ela entra em meu quarto, sem fazer barulho, para derrubar meu tinteiro ou minhas penas, apodera-se dos livros — que caem de sua mão — e escapa como uma ladrazinha. Quando volta, é para gracejar de sua irmã, repetindo com uma vozinha zombeteira cada uma das palavras que a pobre Celina aprende com tantos sacrifícios. Enfim, o nosso bebê é um diabinho. A engraçadinha da Teresa é gentil, astuta e encantadora ao mesmo tempo[125].

É o mesmo eco que ressoa nas cartas da mãe, que confirma a vivacidade da benjamina:

> A pequena Teresa é muito graciosa; está estreando hoje um lindo chapéu azul. Teu pai a mima e faz todas as suas vontades. Há dois dias, Maria a colocara para dormir sem fazer sua oração, ela a deitara na cama grande. Quando fui para meu quarto, coloquei-a no seu, sem aquecê-la, não tinha fogo. Sonolenta como estava, embora bem agasalhada em sua roupa de dormir, ela percebeu e se pôs a gritar, dizendo que queria uma caminha quente. Ouvi aquela música durante todo o tempo em que fiz minha oração. Cansada disso, dei-lhe um tapinha e, por fim, ela se calou.
> Quando fui deitar, ela me disse que não tinha feito sua oração. Respondi-lhe: "Dorme, tu a farás amanhã". Mas Teresa não abriu mão. Para acabar com a história, seu pai a fez rezar. Mas ele não a fazia dizer tudo, era preciso pedir a graça de?... Ele não entendia do que se tratava. Enfim, ele disse alguma coisa e tivemos paz até a manhã do dia seguinte[126].

No domingo, 21 de novembro, na costumeira carta a Paulina, Zélia escreve que é melhor não levar Teresa às Vésperas:

> A pequena está ao meu lado; as outras acabam de sair para Vésperas. Ela está me perguntando por que sempre escrevo, se vamos sair logo. Domingo, levei-a às Vésperas e ela não me deu descanso, por isso só iremos ao final. Ela me pede para dizer a Paulina que volte para casa, que já faz muito tempo que ela está em Mans, que isso é muito chato. Eis que também está me fazendo censuras porque não a levei a Lisieux, digo-lhe que é porque ela é muito turbulenta; isso não a deixa lisonjeada, ela se põe a chorar. Digo-lhe que ela não é muito comportada na igreja.

Instantes mais tarde, Zélia acrescenta:

> Interrompi minha carta inutilmente para vestir Teresa, que queria sair. Quando nós duas estávamos prontas, a água caía tão forte que fui obrigada a desarrumá-la. Isso dá quarenta e cinco minutos de interrupção, Maria voltou agora das Vésperas, está

---

125. CD 242, a Marie-Louise Morel — 24 de outubro de 1875, VT, n. 47, julho de 1972, p. 228. Isso pode ser situado pouco tempo antes de Teresa ter completado três anos.
126. CF 145, a Paulina — 7 de novembro de 1875.

divertindo a pequena; elas formam uma bela dupla. [...] Escuto a bebê que chama "mamãe", ao descer a escada. A cada degrau, ela diz "mamãe!" e, se não respondo todas as vezes, ela fica lá, sem avançar nem recuar[127].

O fim do ano está próximo: Paulina voltará para as férias de Natal. Sua mãe evoca Teresa, um "duende sem igual":

> Ela acaba de me acariciar, desejando-me a morte: "Oh! Como gostaria que morresses, minha pobre mãezinha". Repreendem-na. Ela diz: "Mas é para que vás ao Céu, porque dizes que é preciso morrer para ir para lá". Do mesmo modo, deseja a morte a seu pai quando está em seus excessos de amor[128]. [...] Eis Celina, que se diverte com a pequena no jogo de cubos. Elas brigam de tempos em tempos. Celina cede para ter uma pérola em sua coroa. Sou obrigada a corrigir a pobre bebê, que se mete em fúrias espantosas quando as coisas não saem como ela quer, rola pelo chão como uma desesperada, acreditando que está tudo perdido. Há momentos em que é mais forte que ela, que fica sufocada. É uma criança muito nervosa, mas muito delicada e muito inteligente, lembra-se de tudo[129].

Preparam-se os presentes: no dia de Natal, os da família Martin; no ano novo, os da família Guérin. Zélia anuncia a Lisieux: "A pequena Teresa já está começando a ler. Ela quer absolutamente que Maria lhe dê aulas, como a Celina, e desde segunda-feira já sabe quase todas as suas letras"[130].

No mesmo dia, a professora Maria confirma, escrevendo à tia:

> Acredito que Teresa quer tornar-se culta, pois faz três dias que não para de vir atrás de mim para que eu lhe ensine a ler. Anteontem, tomei o alfabeto e diverti-me mostrando-lhe as letras, convencida de que era algo inútil. Mas qual não foi minha surpresa quando, no dia seguinte, vi-a chegar com seu livro, lendo para mim, sem cometer um único erro, todas as letras que lhe designei ao acaso. Essa pequena tem verdadeiramente uma facilidade incrível; creio que em seis meses ela saberá ler corretamente, pois é de uma inteligência extremamente precoce[131].

Sobre sua missão de "educadora", Maria deixou algumas recordações:

---

127. CF 146, a Paulina — 21 de novembro de 1875. Para o bebê, não se trata de subir, mas descer, pois Zélia trabalha no andar térreo e as crianças brincam no primeiro andar. A interpolação de Madre Inês de Jesus em HA 98, p. 8, inverte, portanto, o sentido.
128. CF 147, a Paulina — 5 de dezembro de 1875. Teresa citará esta carta em Ms A, 4rº.
129. Ibid. Citada por Teresa em Ms A, 8rº.
130. CF 148, à cunhada — 28 de dezembro de 1875.
131. CD 250, à tia Guérin — 28 de dezembro de 1875, VT, n. 47, julho de 1972, p. 234.

> Ocupava-me muito de minhas irmãzinhas, passava todas as minhas manhãs dando aulas a Celina. Dedicava a isso uma aplicação sem igual, a ponto de não fazer nenhum trabalho manual durante aquele tempo, querendo estar toda inteira em meu ofício. Se eu tivesse tido vinte alunos, não teria me esforçado mais[132].

Continuando sua carta do dia 28 de dezembro aos Guérin, Zélia escreve:

> Eu estava escrevendo a Paulina, ela veio me perguntar se era para seu tio, depois me disse: "Por que, pois, mamãe, não me levaste à sua casa para ver minhas priminhas e a pequena Celina Maudelonde?"[133]. Respondi-lhe que ela era muito pequena; ela se pôs a soluçar, era de dar pena; não adiantava prometer levá-la da próxima vez, ela dizia que estava muito longe, era preciso ir imediatamente[134]!

Mais uma vez a festa é grande no Natal de 1875! Dois dias depois, Maria descreve o ambiente da *rue Saint-Blaise* na manhã do grande dia:

> Houve também pessoas felizes em casa no dia de Natal! Teresa e Celina receberam numerosos presentes do Menino Jesus, que nunca deixa de fazer sua visita em todas as noites de Natal e trazer bonecas e bombons às crianças comportadas! Todas essas belas coisas não faltaram às nossas duas filhinhas e seria difícil descrever-vos sua felicidade e entusiasmo. Na manhã de Natal, ainda dormindo, elas saem do quarto, de pijamas, não se preocupando com nada, mas correndo como duas louquinhas pela casa para procurar seus sapatinhos. Finalmente, terminaram por encontrá-los enfileirados diante de uma chaminé. Havia ao menos uma meia dúzia, pantufas, botinas, botas, tudo estava cheio de sacos de bombons, de tamanquinhos de açúcar, de biscoitos em forma de pequenos Jesus! Mas o que parecia mais cômico era ver uma linda boneca saindo de uma das botinas e esperando pacientemente a chegada das mamães. Foi também o que deu prazer a Teresa; e, quando percebeu a famosa boneca, deixou tudo de lado para voar em direção a ela. Infelizmente, seus transportes de alegria duraram pouco e, agora que ela conhece sua encantadora filha, começa a desprezá-la. Hoje, cansada de ver que a boneca não caminhava rápido o bastante, quebrou-lhe a ponta dos dois pés, um braço já está deslocado e em breve, creio eu, será o fim da pobre boneca. Mas engano-me: quando esta estiver completamente morta, Teresa fará seu enterro

---

132. *Souvenirs autobiographiques*, p. 32-33, VT, n. 47, julho de 1972, p. 228, n. 28. Ver Ms A, 4vº, 62rº.

133. Nascida em 25 de fevereiro de 1873, ela tem, na época, a idade de Teresa. Marie Maudelonde, em solteira Fournet (26 de junho de 1843 — 14 de novembro de 1926), irmã de Céline Guérin, casou-se com César Maudelonde em 7 de julho de 1861. Terão cinco filhos, primos de primeiro grau de Joana e Maria Guérin. As famílias Guérin e Maudelonde se frequentavam muito.

134. CF 148 — 28 de dezembro de 1875.

e, verdadeiramente, o enterro de uma boneca é algo muito divertido. Teresa fez a experiência mais de uma vez[135].

Teresa está no início de seu quarto ano de vida, na alegria de ter recebido um lindo carrinho vindo de Lisieux. Quer a todo custo dar à sua boneca o nome de Joana Guérin ou Jeanne Fournet. "Era o último nome que lhe dava essa manhã, não sei onde ela foi achar isso", comenta sua mãe, agradecendo à cunhada pela abundância dos presentes recebidos de Lisieux[136]. Ela pode também rejubilar-se por constatar que seu irmão, depois de anos de esforço, enfim teve lucro com a farmácia e a drogaria em 1875[137].

Para ela, é totalmente o contrário. O comércio do ponto de Alençon não vai muito bem. Seu marido viaja a Paris com Maria, atrás de encomendas. A preocupação de Zélia continua a ser constituir um dote para as cinco filhas e também não ser obrigada a demitir as operárias:

> O que me move não é o desejo de amontoar uma grande fortuna; tenho mais do que desejei, mas acredito que seria loucura minha deixar essa empresa, tendo cinco filhas para criar. Devo ir até o fim por elas e me vejo no embaraço, tendo que dar trabalho às operárias, e não podendo dar-lhes, ao passo que isso vai muito bem nos outros. Essa é minha maior pena! A pobre Maria está muito triste; amaldiçoa o ponto de Alençon e declara que preferiria viver em uma água-furtada a fazer sua fortuna ao mesmo preço que eu. Acho que ela tem razão. Se eu fosse sozinha e tivesse que voltar a enfrentar tudo o que sofri há vinte e quatro anos, preferiria morrer de fome, pois só pensar nisso já me dá aflição! Digo muitas vezes que, se eu tivesse feito a metade disso tudo para ganhar o Céu, seria uma santa digna de ser canonizada[138]!

Zélia se obriga a escrever cartas de quatro páginas a Paulina, donde brotam notícias sobre todos os assuntos possíveis a respeito da família, dos diferentes fatos de Alençon, sobre os próprios sentimentos, e uma copla sobre cada uma de suas filhas. Dessa vez, trata-se dos dons de imitação da caçula:

> Amanhã vem a nós um jardineiro; as crianças estão muito alegres, pois o bom homem lhes agrada muito. Ele conta histórias curiosas sobre sua bondosa esposa que, depois de morta, veio congelá-lo, "afligi-lo", como ele diz, e pediu-lhe para fechar a porta. Quando a pequena Teresa o vê, ela repete, ao seu modo, as palavras do bom homem: "Tu me 'afriges', minha boa esposa, tu me 'afriges'". Somos obrigados a fazê-la calar-se! [...] a

---

135. CD 248, a Marie-Louise Morel — 27 de dezembro de 1875, VT, n. 47, julho de 1972, p. 233.
136. CF 149, à cunhada — 9 de janeiro de 1876.
137. CD 254, de Isidoro Guérin a Zélia — 7 de janeiro de 1876, VT, n. 48, outubro de 1972, p. 289-290.
138. CF 152, à cunhada — 26 de fevereiro de 1876.

pequena Teresa vai muito bem, é sempre muito comportada, dizia-me essa manhã que queria ir ao Céu e que, para isso, seria comportada como um anjinho[139].

"Ajuizada quando dorme" (Ms A, 8r°)

Mas Teresa também pode ser agitada e ansiosa:

> Essa noite, ela nos despertou chamando pelo pai, para dizer que tinha se machucado. Seu pai lhe respondia: "Dorme, minha Teresa"; depois a mesma coisa: "Papai, eu me machuquei". Por fim, ele se levantou para ver o que era o machucado. Com efeito, sua cabecinha tocava a madeira da cama e, toda vez que se mexia, acabava se machucando; essa noite, arrumei sua cama de modo que não se fira mais. Ela não para de perguntar se amanhã é Páscoa, para ver o Paulininho[140]; anteontem, pôs-se a gritar no jardim, dizendo-me que estava muito longe, que ela queria que fosse imediatamente[141].

A versão de Teresa em 1895 dará mais detalhes, mostrando que "machucar-se" foi algo que lhe aconteceu mais de uma vez:

> [...] pois durante a noite era ainda mais irrequieta do que de dia; mandava todas as cobertas passearem e depois (dormindo) batia-me contra a madeira de meu bercinho. A dor me despertava e, então, dizia: "Mamãe, estou machucada..." A pobre mãezinha era obrigada a se levantar e via que, com efeito, eu tinha galos na testa e estava machucada. Cobria-me bem e ia deitar-se, mas dali a pouco eu voltava a me machucar, de tal modo que foram obrigados a amarrar-me em meu berço. Todas as noites, a Celinazinha ia prender os numerosos cordões destinados a impedir a pequena travessa de se machucar e despertar sua mãe. Tendo este meio dado bom resultado, mostrei-me, desde então, ajuizada ao dormir[142]...

As encomendas de renda voltaram, mas Zélia perdeu sua "ensambladora" — senhora Vallet, cinquenta e um anos —, falecida na segunda-feira, 21 de fevereiro. As roupas de primavera e verão das filhas devem ser preparadas. Zélia se queixa das exigências da moda, mas quer que suas filhas estejam "bonitas". Ela se desgasta, portanto, no trabalho.

"Celina trabalha sempre com Maria. Teresa aprende com muita facilidade, é muito inteligente, creio que a amo mais que todas as outras, sem dúvida porque é a menorzinha."[143]

---

139. CF 156, a Paulina — 12 de março de 1876.
140. "O Paulininho", apelido de Paulina.
141. CF 157, a Paulina — 26 de março de 1876.
142. Ms A, 8r°.
143. CF 158, à cunhada — 7 de maio de 1876.

As cartas de domingo partem regularmente para Paulina. Sua mãe lamenta não ter muito a contar para distraí-la:

> A vida é muito uniforme entre nós [...]. Quanto ao pequeno furão [Teresa], não sabemos muito como vai ser, é tão pequeno, tão atordoado, tem uma inteligência superior à de Celina, mas bem menos doce. E, principalmente, uma teimosia quase invencível. Quando ela diz não, nada pode fazê-la ceder, seria mais fácil colocá-la um dia inteiro na adega antes que fazê-la dizer sim. Tem, no entanto, um coração de ouro, é muito carinhosa e muito franca. É curioso vê-la correr atrás de mim para fazer-me sua confissão: "Mamãe, empurrei Celina uma vez, mas não vou mais fazer isso". E é assim para tudo o que faz.
>
> Quinta-feira à noite fomos passear pelos lados da estação, ela quis entrar na sala de espera para ir buscar Paulina. Corria à minha frente com uma alegria que dava gosto, mas, quando viu que era preciso voltar sem subir ao trem para ir buscar Paulina, chorou ao longo de todo o caminho.
>
> Neste momento ela está muito ocupada cortando papéis, é sua maior diversão. Escolhe entre todos os papéis que caem perto do escritório. Eu tinha jogado cartas fora, o que a agradava muito, mas ela não tem o bom costume de me perguntar se isso pode servir; antes de tocar nas cartas, ela vem mostrá-las todas a mim, para estar segura de que pode cortá-las. Está agora bem instalada em sua cadeirinha, cortando e cantando de todo o coração.
>
> Nada pode fazê-la decidir-se a ler, tudo estava bem enquanto só tinha que nomear as letras, mas agora, que é preciso soletrá-las, não há meios de convencê-la. Prometem-lhe tudo, nada feito. Mas ela é tão pequena! Esperarei que complete quatro anos e serei eu que a farei ler. [...] Outra coisa: a pobre Teresa está sofrendo muito. Ela quebrou um vasinho, grande como um polegar, que eu lhe dera essa manhã. Como de costume, quando lhe acontece algo, veio logo me mostrar; pareci um pouco descontente, seu coração ficou apertado. Ela estava sufocando. Um momento depois, correu a encontrar-me, dizendo: "Não fiques triste, minha mãezinha, garanto que, quando eu ganhar dinheiro, comprarei outro para ti"[144].

Chega o mês de Maria, com as orações na igreja e em casa, os passeios em família no campo aos domingos. É uma das alegrias de toda a família. Os arredores de Alençon propiciam múltiplos lugares de distensão. Mas existem outros mais privilegiados. A senhora Tifenne (que Celina chama de "tia Bombom") levou um dia a família à casa de sua irmã, senhora Monnier, que morava no castelo de Grogny, às margens do Sarthe, a alguns quilômetros de Alençon. Teresa se recordou, acrescentando a isso uma lembrança pessoal:

---

144. CF 159, a Paulina — 14 de maio de 1876.

> Outra vez, devíamos ir a Grogny, à casa da senhora Monnier. Mamãe disse a Maria que me pusesse meu lindo vestido azul celeste, enfeitado de rendas, mas que não me deixasse com os braços nus, para que o sol não os queimasse. Deixei-me vestir com a indiferença que deveriam ter as crianças de minha idade, mas, interiormente, pensava que teria ficado bem mais engraçadinha com os meus bracinhos de fora (Ms A, 8vº).

Uma Helena acaba de nascer — em 9 de maio — na casa dos Maudelonde. Depois de seu batismo, uma caixa de bombons chegou a Alençon, vinda de Lisieux. Teresa pula de alegria e bate as mãos:

> Ontem à noite, falávamos de um rico proprietário e Luísa, que sempre tem inveja dos ricos, dizia: "Se eu tivesse isso para mim!". Mas a pequena disse logo que ela preferia a caixa de bombons a tudo isso. Como se é feliz nessa idade! Pena que tenhamos que sair da infância!
> Maria gosta muito de sua irmãzinha, acha-a bem educadinha, ela seria muito difícil, pois a pobrezinha tem pavor de contrariá-la. Ontem, quis dar-lhe uma rosa, sabendo que isso a faz feliz, mas ela suplicou-me que não a cortasse: Maria tinha proibido, Teresa estava ruborizada de emoção. Apesar disso, colhi duas para ela, mas Teresa não ousava mais aparecer em casa. Não adiantava dizer-lhe que as rosas eram minhas: "Não, dizia ela, são de Maria". É uma criança que se emociona facilmente. Assim que ela causa o menor acidente, é preciso que todo mundo o saiba. Ontem, tendo rasgado um pedaço de papel de parede, ficou em um estado de fazer pena; em seguida, era preciso dizer logo a seu pai. Quando ele voltou, quatro horas depois, ninguém estava mais pensando nisso; mas ela correu para Maria, dizendo-lhe: "Conta logo ao papai que eu rasguei o papel". Ela estava ali como um criminoso que espera sua condenação; mas tem em sua cabecinha que vão perdoá-la mais facilmente se ela se acusar[145].

Na *História de uma alma* (1898), Madre Inês de Jesus acrescentou a história do balanço:

> Teresa estava se divertindo ali e seu pai lhe disse: "Vem dar-me um beijo, minha rainhazinha!". Esta respondeu: "Vem, papai!". Ele não fez nada e Maria repreendeu a irmã. "Pequena mal-educada, como é feio responder desse jeito a seu pai". Teresa faz ressoar pela casa seus gritos de contrição e sobe a escada para ir reconciliar-se com seu pai[146].

Os problemas de saúde continuam em Lisieux, onde Isidoro, sofrendo dos rins[147], vai consultar o doutor Guyon em Paris, no dia 8 de maio. Em Mans, tia Maria Dositeia,

---

145. CF 160, a Paulina — 1º de maio de 1876. Teresa retomará essa carta em Ms A, 5vº.
146. HA 98, p. 10.
147. CrG, p. 30.

que enche Maria de bons conselhos, vê sua tuberculose progredir: febre e escarros de sangue. O doutor Dugué manda que lhe apliquem seis vesicatórios e sinapismos nas costas e no peito. Mas é necessário algo mais para abater essa enérgica combatente. Ela se preocupa principalmente com a saúde de Paulina, "magra e pálida", sofrendo de dores de cabeça quase perpétuas: "Se isso continuar — escreve a tia —, será necessário não mandá-la mais ao pensionato". Em Alençon, o pai e as duas pequenas quase são mordidos por um cachorro raivoso, que fez duas vítimas antes de ser abatido[148].

Maria participou de um retiro[149] pregado pelo Padre Cartier, jesuíta, na Visitação de Mans, de 28 de junho a 2 de julho. Ela toma boas resoluções, mas resiste a toda ideia de vida religiosa. Tímida e selvagem, também não quer casar-se. Os vestidos que a colocam em evidência a deixam de cabelo em pé. Se algum jovem olha para ela de modo diferente, Maria chora. "Não gosto de parecer devota… em primeiro lugar, quero ser livre". Não é à toa que o pai a chama "a boêmia"[150].

Zélia foi buscar Maria em Mans na segunda-feira, 3 de julho, e pôde ver Paulina, sempre sofrendo com dores de cabeça. Isso não a impediu de seguir o retiro e encontrar o pregador, que lhe disse: "Minha filha, creio que vossa vocação é que sejais religiosa". Ela tem quinze anos. Mas o principal é que Zélia viu sua irmã, cujo estado de saúde piorou rapidamente. Irmã Dositeia está muito emagrecida e escarrando sangue ao menor esforço[151].

Escrevendo a Paulina, Zélia lhe diz ter mandado entregar as fotografias de Celina e Teresa[152], tiradas por um profissional de Alençon. Foi necessária uma sessão de três poses. "A pobrezinha estava com medo do fotógrafo. Ela, que sempre sorri, fez 'beicinho', como quando as lágrimas estão a ponto de cair; foi preciso tranquilizá-la"[153].

Muito esperada, a família Guérin foi passar cinco dias em Alençon — do sábado, 5, à quinta-feira, 10 de agosto. Alegria das crianças, que estão em número de sete. Os projetos de Zélia se concretizaram e eles foram a Saint-Denis-sur-Sarthon, onde ela e o irmão nasceram, e à peregrinação de *Sainte-Anne*, muito perto dali.

---

148. CD 273, a Maria Martin — 4 de junho de 1875, VT, n. 48, outubro de 1972, p. 305-306 (ver CF 162).

149. Ver o relatório que Maria faz a Céline Guérin, CD 277 — 10 de julho de 1876, VT, n. 49, janeiro de 1973, p. 58-59.

150. Ver CF 161 e VT, n. 48, outubro de 1972, p. 307, n. 42, tirada dos *Souvenirs autobiographiques* de Maria, p. 3.

151. CF 163, à cunhada — 9 de julho de 1876.

152. É a primeira fotografia conservada de Teresa (VTL 1). Ela tem três anos e meio.

153. CF 164, a Paulina — 16 de julho de 1876.

Mas os Guérin voltaram a Lisieux sem levar Maria e Paulina, como esperavam. Luís e Zélia preferiram manter as duas filhas mais velhas consigo[154]. Isidoro foi a Mans ver sua irmã, cujo estado se torna sem esperança. Com uma energia pouco comum, ela se levanta às cinco horas para ir à missa, passeia pelo jardim apoiada ao braço de outra Irmã, apesar dos pés inchados, com fortes acessos de febre. Embora com mão trêmula, a visitandina continua a escrever longas cartas a Alençon[155]. No início de outubro, Zélia foi vê-la e ficou muito edificada com sua paz e alegria contagiante[156].

No dia 21 de setembro, Irmã Maria Dositeia, cujas noites são muito ruins — passa-as a tossir —, escreve à irmã: "Minha vida é apenas uma questão de tempo, mas ninguém, nem o médico, saberia dizer com precisão, nem mesmo algo em torno de seis meses". É melhor, por isso, que Paulina não regresse ao pensionato na volta às aulas[157]. Madre Marie de Chantal Fleuriot também pensa que seria melhor assim, tendo em vista a sensibilidade de Paulina[158]. Ela também escreve a Isidoro que não demore a ir ver sua irmã, se ainda quiser encontrá-la no locutório[159]. Ele se dirige ao mosteiro no domingo, 15 de outubro, e passa algumas horas em Alençon.

Na verdade, Paulina retornará ao pensionato — como o desejou. Preocupada com essa situação, que a afeta profundamente, Zélia — da qual se conhece a profundidade da ligação com a irmã — não tem mais tempo de dar notícias de Teresa durante algumas semanas. Alguém, contudo, trouxe um esboço da criança, datado de outubro de 1876: Vital Gautin, à época caçador de solo, cujas primas Rouzières trabalhavam no ponto de Alençon para Zélia. Ele viu esta e Teresa vir à casa delas. Também as acompanhou à *rue Saint-Blaise*. A criança se divertia muito com a borla de seu quepe, que ele tirara para entregar-lhe.

> Ela me parecia tão linda, que não pude deixar de dizer: "Esta pequena é tão graciosa, dir-se-ia que é uma santinha!". A senhora Martin era extremamente bondosa com suas operárias e ainda me lembro que minhas primas ficaram inconsoláveis por ocasião de sua morte[160].

---

154. CF 166, à cunhada — 20 de agosto de 1876.
155. CD 282, à irmã — 8-10 de setembro de 1876, VT, n. 49, abril de 1973, p. 62-63.
156. CF 167, ao irmão — início de outubro de 1876.
157. CD 283, à irmã — 21 de setembro de 1876, VT, n. 49, janeiro de 1973, p. 64-65.
158. CD 284, a Zélia — 21 de setembro de 1876, ibid.
159. CD 286 — 9 de outubro de 1876, ibid., p. 66.
160. AL, 1927, p. 125. Em 1922, Vital Gautin foi atingido por uma paralisia e fez tratamento no hospital durante quatorze meses, em vão. Tendo lido a *História de uma alma*, reencontrando toda a família Martin — que ele conhecera —, fez uma novena a Santa Teresa e foi curado, para espanto

A correspondência mostra claramente a franqueza e o bom senso de Zélia. Celina se recordou de uma das tiradas que a mãe dirigiu à sogra, que a reprovava por "colocar manteiga demais na sopa": "Sim, mas sou eu que a ganho".

Duas irmãs muito doentes

Não somente Zélia está muito afetada pela enfermidade da irmã, mas uma glândula que ela tem no seio faz com que sofra "pequenas pontadas". Falou sobre o assunto com o irmão e a cunhada por ocasião da estadia destes em Alençon. Isidoro deu-lhe pomadas.

O mal vem de longe. Ainda jovem, o seio de Zélia se chocou contra a quina de uma mesa. Já na época, há onze anos, ela falou ao irmão farmacêutico dessa glândula no seio direito, que a faz sofrer. É preciso operar[161]? Em 1876, o mal progrediu. Zélia não acredita muito nos remédios do irmão: "Enfim, será como a bênção da qual falava a criada do bispo de Séez: 'Se não te fizer bem, não te fará mal'". Quanto à glândula, "acredito que não será nada ou, se for grave, só o será bem mais tarde, quando chegar o tempo de morrer"[162]. Em uma carta a Paulina, ela diz simplesmente: "Estou fazendo alguns remédios que meu irmão enviou, ele garante que é infalível; em todo caso, não há nada de preocupante".

Ela continua sua crônica habitual sobre as filhas: está preocupada principalmente com "a pobre Leônia", sempre instável e imprevisível.

> Teresa é sempre o mesmo duendinho, fala muito de Paulina e diz que está muito aborrecida por não vê-la voltar do Mans. Essa noite, ela achava que iam esperar-te na estação, porque teu pai estava saindo para levar Maria à casa da senhorita Paulina; ela se debateu "para também ir buscar Paulina". Ontem de manhã, Celina atormentava teu pai para que a levasse com Teresa ao Pavilhão, como fizera na véspera. Ele lhe disse: "Estás brincando, crês que te levarei todos os dias?". A pequena estava ali, divertindo-se com uma vareta, com cara de quem não estava entendendo a discussão, estava muito ocupada; fazendo seu servicinho, ela disse à sua irmã: "Não botar na veneta que papai nos levará todos os dias". Teu pai riu de todo o coração[163].

O domingo seguinte traz um novo esboço:

---

dos que o cercavam. Ele foi contar sua história à Madre Inês de Jesus no locutório do Carmelo, em 13 de junho de 1927.
161. CF 13, ao irmão — 23 de abril de 1865.
162. CF 162, à cunhada — 20 de outubro de 1876.
163. CF 169, a Paulina — 22 de outubro de 1876.

Celina faz sempre "práticas", fez 27 hoje, isso lhe é fácil com sua irmãzinha. Esta é, às vezes, verdadeiramente divertida. Outro dia, ela me perguntava se iria para o Céu. "Sim, se fores bem-comportada", respondi-lhe. — "Ah, mamãe — retorquiu ela —, se eu não fosse boazinha, iria, então, para o inferno? Mas eu sei o que faria: voaria contigo, que estarias no Céu; tu me segurarias forte em teus braços. Como o bom Deus faria para me pegar?" Vi em seu olhar que estava convencida de que o bom Deus não podia nada contra ela se estivesse nos braços de sua mãe[164].

As respostas de Paulina mencionam uma melhora (relativa) a respeito da saúde de sua tia, que ela vê às quintas-feiras e domingos[165]. A enferma acrescentou a lápis: "Posso ir muito tempo desse jeito, eu não imaginava que poderia ser tão duro para matar; enfim, sinto sempre alegria e felicidade, o bom Deus é muito bom!"[166]. Paulina responde a uma carta de sua mãe, da sexta-feira, 3 de novembro:

> Até Teresa quer meter-se a fazer práticas. Essa pequenina é uma criança encantadora, é fina como a sombra[167], muito viva, mas tem um coração sensível. Celina e ela se amam muito, elas se bastam uma à outra para entreter-se. A ama de leite deu a Teresa um galo e uma galinha anões; imediatamente, a criança deu o galo à irmã. Todos os dias, depois do jantar, Celina vai pegar seu galinho, agarra-o de uma vez só; a galinha não é fácil de prender, mas Celina é tão esperta que a captura no primeiro pulo. Depois, as duas chegam com seus bichinhos, sentam junto à lareira e se divertem durante muito tempo. Domingo, Teresa considerou sair de sua caminha para ir deitar com Celina; a criada a procurava para vesti-la, termina encontrando-a e a pequena lhe diz, abraçando a irmã e apertando-a em seus braços: "Deixai-nos, minha pobre Luísa, vedes bem que nós duas somos como as galinhazinhas brancas, não podemos nos separar!". À noite, Leônia e Celina foram com seu pai ao Círculo Católico e deixaram a pobre Teresa, que entende bem que era muito pequena para ir. Ela dizia: "Se somente quisessem me deitar na cama de Celina". Mas não, não quiseram. Ela não disse nada e ficou com sua lampadazinha; quinze minutos depois, estava dormindo um sono profundo[168].

À cunhada, Zélia revela suas angústias: a saúde da irmã e a iminência de sua morte, as preocupações com a filha caçula.

---

164. CF 170, a Paulina — 29 de outubro de 1876. Teresa citará essa passagem em Ms A, 5vº.
165. CD 290 — 31 de outubro de 1876 e CD 293 — 5 de abril de 1876, VT, n. 49, janeiro de 1973, p. 68 e 69-71.
166. CD 294, a Zélia — 6 de novembro de 1876, ibid., p. 71.
167. Em vez de: "fina como âmbar".
168. CF 172, a Paulina — 3 de novembro de 1876. Teresa citará essa passagem, com algumas variantes, em Ms A, 8vº-9rº. Ela afirma: "Fora a Rosinha [sua ama de leite] que me dera de presente a galinha e o galo; eu dera o galo a Celina".

> Estou preocupada com minha Teresinha; há alguns meses ela está sentindo uma opressão que não é natural; assim que caminha um pouco mais rápido, ouve-se uma espécie de assobio estranho em seu peito. Levei-a ao médico; disseram-me para dar-lhe um expectorante, eu o fiz e ela está pior. Creio que um vesicatório lhe faria bem, mas me assusta pensar nisso. Meu Deus, se eu perdesse essa filha, como sofreria! E meu marido, que a adora!... É incrível tudo o que ele faz de sacrifícios por ela, de dia e de noite. Vou voltar ao médico, mas Luís não quer que lhe ponham vesicatório, mas é o melhor, parece-me, pois ela está muito doente neste momento.

Como sempre, Zélia conserva sua franqueza e liberdade. As filhas mais velhas estão crescendo e, malgrado os longos sermões da tia visitandina, ela quer que as filhas estejam muito apresentáveis.

> Maria contou a Paulina que ela ia todos os dias à casa da senhora X., isso desagrada à tia. Mas não há problema, lá elas são umas dez moças, todas bem-educadas, que se divertem entre si. É preciso, pois, encerrar-se em um claustro? No mundo, não se pode viver como lobos! Em tudo o que a "santa mulher" nos diz, há coisas a pegar e a deixar de lado[169]. É também a atitude de Maria ao receber longas epístolas da tia, enchendo-a de bons conselhos. A princípio, não me irrita que Maria encontre um pouco de distração, isso a torna menos selvagem, ela já o é tanto[170].

A perda de quatro filhos afetou Zélia de tal maneira que, se uma das meninas adoece, a mãe vê a morte imediatamente. Esta, aliás, está por toda parte: falecimentos súbitos de vizinhos e crianças. A medicina é, muitas vezes, impotente:

> Há quinze dias, Teresa, que achava Celina muito feliz por estar doente e desejava tanto estar em seu lugar, foi, como ela, tomada por uma febre muito forte, com todos os sintomas de rubéola; graças a Deus, depois de quatro dias estava curada. Nesse momento, todas as crianças estão doentes e muitas estão morrendo. A pequena Moisy foi atingida como tuas irmãs; domingo, ela estava melhor, pois quis que a descessem à mesa e, na quarta-feira à noite, estava morta; tinha a idade de Teresa. Perguntavam a Teresa se se sentia contente por estar doente como Celina, mas não, sua vontade tinha passado. Ela dizia: "Eu queria estar tão doente como a cabeça de um alfinete, mas não assim". E no-lo dizia chorando. Eu tinha muitas coisas engraçadas de Teresa a contar para divertir-te, mas não me lembro mais, seria necessário anotá-las na mesma hora[171].

O Natal já se aproxima, com as listas de presentes a ser enviados a Lisieux. Para Teresa, tudo estará bem. "No que se refere a brinquedos, ela tem carros e bonecas". Quanto a ela, que Isidoro lhe envie pomadas, mesmo que estas pareçam agravar o mal,

---

169. É também a atitude de Maria ao receber longas epístolas da tia, enchendo-a de bons conselhos.
170. CF 173, à cunhada — 12 de novembro de 1876.
171. CF 175, a Paulina — 3 de dezembro de 1876.

"pois agora está vermelho. Para dizer a verdade, estou um pouco preocupada, mas não digo nada em casa; se for perigoso, eles terão tempo para saber"[172].

Operável?... tarde demais!

De fato, "eles" vão saber, pois é muito perigoso e tudo se precipita. Lendo a carta da cunhada sobre o estado da esposa, Luís descobre a situação e começa a se preocupar. Ele vai procurar seu amigo, o farmacêutico Vital Romet, que aconselha a operação. Na sexta-feira, 15 de dezembro, Zélia finalmente decide consultar o doutor Prévost. Seu diagnóstico é categórico: o "tumor fibroso" é de natureza muito grave. A operação seria duvidosa. À pergunta de Zélia, querendo saber se tem uma chance em cem, o médico responde evasivamente e propõe uma receita. "Isso servirá para quê?" — questiona a paciente. "Para nada — responde ele —, é para agradar o doente".

Voltando à *rue Saint-Blaise*, Zélia revela a verdade. Todos ficam consternados. Luís está destroçado: nada mais de pesca, nada mais de círculo Romet. Sua mulher encara a situação de frente: mais uma vez, passa as cinco filhas em revista, mas para pensar sobre o futuro delas em sua ausência. Zélia faz um apelo à cunhada: "Elas ficarão muito felizes por ter a vós quando eu não estiver mais aqui, vós as ajudareis com vossos bons conselhos e, se elas tivessem a infelicidade de perder seu pai, vós as levaríeis para vossa casa"[173].

Seu irmão a aconselha vivamente a fazer a operação. Zélia resiste, afirmando que a cirurgia abreviará seus dias, de acordo com o médico de Alençon. Todavia, ela cede ao seu convite de passar as festas de Natal em Lisieux e consultar o doutor Notta, célebre cirurgião de Lisieux e amigo dos Guérin[174]. Chegando a Lisieux no sábado, 23 de dezembro, Zélia escreve ao marido. Na manhã do dia seguinte, o doutor Notta foi examiná-la e concordou com a opinião do colega de Alençon: ele desaconselha a operação, pois é tarde demais.

Zélia se entrega a Deus. Ela irá em peregrinação a Lourdes, segundo o desejo de Luís. Enquanto isso, vai à missa da meia-noite na catedral de São Pedro com a família Guérin e a senhora Maudelonde. Voltará a Alençon na manhã de 26 de dezembro[175]. Põe-se a caminho com o irmão, alertado pela superiora da Visitação de Mans: sua irmã

---

172. CF 176, à cunhada — 7 de dezembro de 1876.
173. CF 177, à cunhada — 17 de dezembro de 1876.
174. Alphonse-Henri Notta (1824-1914), médico-chefe do hospital de Lisieux até 1891. Publicara *Médecins et clients* (segunda edição em 1877). Cuidará de Teresa em abril-maio de 1883 e de Luís Martin de 1887 a 1889.
175. CF 179, a Luís Martin — 24 de dezembro de 1876.

recebeu a extrema-unção na véspera de Natal. Sempre coerente, Irmã Maria Dositeia fez o capelão e a comunidade esperarem na enfermaria. Chegando à sua cela, declara: "Penso que a cerimônia não se fará sem mim!"[176]. Dois dias depois, ela encontra Isidoro pela última vez. Este tem consciência de tudo que lhe deve. O farmacêutico é agora irmão de duas irmãs que caminham para a morte.

Em Alençon, é a primeira vez que o Natal é passado sem a mãe. Mas ela está de volta para festejar os quatro anos de Teresa. Paulina retornou para um período de férias entre os dias 27 de dezembro e 7 de janeiro de 1877. Nesse dia, Zélia a leva de volta a Mans e pode passar duas horas com sua irmã. Ela lhe fez pedidos para o Céu, confiando-lhe especialmente Leônia, sua preocupação permanente.

Na volta, encontra Teresa doente (já o estava antes de sua partida):

> Minha pequena Teresa está doente, estou preocupada, ela tem resfriados contínuos, que lhe dão opressão; isso dura habitualmente dois dias. É uma criança que não pode caminhar rápido nem brincar como as outras sem se sentir sufocada. Devo consultar o doutor, mas ele vai me dizer para ministrar-lhe vesicatórios, isso me assusta. Achei-a quase curada essa noite. [...] Quero tirar-te da inquietude a respeito de tua irmãzinha, que deixaste tão doente. Quando cheguei, na segunda-feira à noite, ela veio à nossa frente com a empregada, mas não até a estação; comeu conosco e estava muito alegre, afinal, o mal tinha desaparecido. Não consigo explicar esse mal, que a atinge com bastante frequência e não dura mais de um ou dois dias. Logo depois, não aparece mais[177].

Zélia continua a pensar que os medicamentos enviados pelo irmão são inúteis. Ela os toma para agradar-lhe: "Para que serve? Fizeram tudo que deviam fazer, deixemos o resto nas mãos da Providência"[178]. "Quase não estou sofrendo, só os gânglios do pescoço estão inflamados". Sabendo da morte do prefeito de Alençon, atingido por uma congestão e em uma espécie de coma, ela comenta: "É muito triste morrer dormindo; quanto a mim, prefiro estar desperta e ver a morte chegar"[179].

Os Martin cogitam vender seus fundos de comércio. Mas o negócio, feito com compradoras pouco honestas, não é concluído.

Em 28 de janeiro, Irmã Maria Dositeia escreve aos Martin e aos Guérin uma carta de adeus (pedindo perdão ao irmão por não ter sabido dedicar-se à sua educação) e também de agradecimento a todos "por seu amor e suas orações"[180].

---

176. Sua Notícia necrológica, p. 56.
177. CF 182, a Paulina — 8 de janeiro de 1877 e CF 183, a Paulina.
178. CF 181, à cunhada — 5 de janeiro de 1877.
179. CF 184, à cunhada — 18 de janeiro de 1877.
180. CD 319, aos Guérin e a Zélia — 28 de janeiro de 1877, VT, n. 53, janeiro de 1974, p. 74-75.

Zélia fica comovida com as novenas que fazem por ela: em casa, nas clarissas. Ela bebe água de Lourdes antes de ir até lá em peregrinação. "Se eu for necessária à minha família, serei curada, pois não é a fé que me falta. Também não me falta a vontade de viver; faz algum tempo que o futuro sorria para mim"[181]. Mas é inútil ir rever o doutor Prévost. Isso não a impede de levar as filhas à praça do palácio de justiça, no domingo, para uma feira — "uma festa", escreve. O carnaval da quarta-feira gorda desfila pela *rue Saint-Blaise* em um "alvoroço infernal", com procissão das tochas e fantasias.

A caçula vista no dia a dia

Está acontecendo um retiro na paróquia. Os Martin participam.

> Até a pequena Teresa, que se enfadou passavelmente, dizia: "Está mais bonito que de costume, mas mesmo assim me cansa". Tivemos um sermão excelente, pena que ela não entendesse nada, era hebraico para a pobre bebê, ela deixou escapar alguns suspiros! É realmente muito pequena para passar tanto tempo na igreja, mas é bem mais aborrecido ficar por causa dela num dia como este. Por fim, ela ficou compensada com a procissão luminosa.
> São nove horas, as pequenas subiram para deitar-se. Isso parece bom, pois elas fizeram uma bagunça... Até teu pai estava no meio; só Leônia e eu estávamos tranquilas como estátuas.
> Outro dia, eu queria dar um beijo em Teresa antes de descer; ela parecia estar dormindo profundamente, não ousava despertá-la, quando Maria me disse: "Mãe, ela está fingindo que dorme, tenho certeza". Então, inclinei-me sobre seu rosto para beijá-la; mas ela se escondeu imediatamente debaixo do lençol, dizendo-me, com ar de menina mimada: "Não quero que me vejam". Eu estava nada menos que descontente e lhe fiz senti-lo.
> Dois minutos depois, escutei-a chorar e logo em seguida, para minha grande surpresa, percebo-a ao meu lado! Saíra sozinha de sua caminha, descera a escada com os pés descalços, embaraçada em sua camisola mais longa que ela. Seu rostinho estava coberto de lágrimas: "Mamãe — disse-me ela, lançando-se ao meu colo —, fui má, perdoa-me!". O perdão foi concedido. Tomei meu querubim em meus braços, apertando-o contra meu coração e cobrindo-o de beijos.
> Quando se viu tão bem acolhida, ela me disse: "Oh, mamãe, se quisesses me enfaixar como quando eu era pequena! Eu comeria meu chocolate aqui na mesa". Dei-me o trabalho de ir buscar sua colcha, em seguida a enfaixei, como quando era pequena. Parecia que eu estava brincando de boneca[182].

---

181. CF 186, à cunhada — 28 de janeiro de 1877.
182. CF 188, a Paulina — 13 de fevereiro de 1877.

Chega, finalmente, a notícia ao mesmo tempo esperada e temida: Madre Marie de Chantal Fleuriot, superiora da Visitação, anuncia a morte de Irmã Maria Dositeia, acontecida no sábado, 24 de fevereiro, às 7 da manhã, aos quarenta e oito anos de idade, após uma "agonia muito lenta. Ela tinha comungado na véspera. Será enterrada no dia seguinte"[183]. O choque é muito duro para Zélia, tão ligada à irmã. Muito mais tarde, Madre Inês de Jesus testemunhará: "Foi depois da morte de minha tia que seu mal piorou"[184].

No momento, ela está às voltas com uma encomenda de quinze metros de renda para dar conta em quatro meses e com as visitas ocasionadas por seu luto. Zélia deseja voltar a ver o doutor Notta em Lisieux. Está sofrendo um pouco mais, "mas ainda não é agudo"[185].

Para distrair Paulina, que está na enfermaria da Visitação com uma dor nas costas, sob o choque da morte da tia, Zélia insiste nas façanhas de Teresa e Celina. As crianças beijaram as lembranças de sua tia, enviadas pela superiora: terço, crucifixo, cabelos etc.:

> Teresa é sempre muito comportadinha e inteligente, tanto quanto é possível. Ela quer saber em que dia está vivendo; de manhã, assim que abre os olhos, me pergunta que dia é. Ainda nessa manhã, ela me dizia: "Hoje é domingo, amanhã é segunda-feira, depois é terça-feira" e assim sucessivamente. Ela conhece todos os dias e não se engana.
>
> Mas o mais curioso é seu terço de práticas, que não a deixa um minuto; marca até mesmo um pouco demais, pois outro dia, achando em sua cabecinha que Celina merecera uma reprovação, ela disse: "Disse uma besteira a Celina, preciso marcar uma prática". Mas logo depois viu que estava enganada, fizeram-lhe notar que, ao contrário, era preciso tirar uma. Ela retorquiu: "Bem, não consigo encontrar meu terço".
>
> Anteontem, ela estava na mercearia com Celina e a criada; falava de suas práticas e discutia alto com Celina. A senhora pergunta a Luísa: "O que ela quer dizer?". Quando brinca no jardim, só se ouve falar de práticas, a senhora Gaucherin[186] levanta a cabeça para tentar compreender o que significa esse debate de práticas.
>
> A querida caçula faz nossa felicidade, ela será boa, já se vê o germe, só fala do bom Deus, não deixaria por nada de fazer suas orações. Gostaria que a visses recitar pequenas fábulas; nunca vi nada tão lindo, ela encontra sozinha a expressão e o tom que é preciso dar, mas é principalmente quando diz:
>
> *"Pequena criança de cabeça loira,*
> *Onde achas que está o bom Deus?*

---

183. CD 328, a Zélia Martin — 24 de fevereiro de 1877, VT, n. 54, abril de 1974, p. 145-146. Ela também escreveu a Isidoro (CD 330, ibid., p. 146-147).
184. *Souvenirs intimes*, p. 33 (VT, n. 53, janeiro de 1974, p. 67).
185. CF 191, à cunhada — 4 de março de 1877.
186. Uma vizinha da *rue Saint-Blaise*.

> *Ele está em toda parte do mundo,*
> *Ele está lá em cima, no céu azul"*

Quando chega a estas palavras: "Ele está lá em cima, no céu azul" —, ela volta seu olhar para o alto com uma expressão angélica, não nos cansamos de fazê-la falar de tão bonito que é; há algo de tão celeste em seu olhar, que ficamos encantados[187].

De Teresa aluna, sua "professora" deixou algumas recordações, que coincidem com a descrição da mãe e a completam:

> Ela acabava de instalar-se em meu quarto, ao lado de Celina, e não se mexia durante todo o tempo que durava a lição. Eu lhe dava pérolas para enfiar ou um pedaço de pano para coser. Desde que esteja com Celina, ela está feliz. Algumas vezes sua agulha se desenfiava e ela tentava, em vão, colocá-la de volta no lugar, era pequena demais para uma operação tão difícil! Mas não ousava pedir nada, com medo de que outra vez não lhe abrissem a porta. Então, grossas lágrimas caíam sobre as bochechas, porém ela não levantava os olhos, temendo que eu percebesse. Mas eu notava e reenfiava a agulha, um sorriso de anjo vinha iluminar seu doce rostinho. Que querubim! Não, não consigo dizer o quanto amo minha Teresinha. Certo dia, eu a encontrei à porta do meu quarto, ela tinha chegado antes da hora da aula; fiz de conta que não podia abrir a porta; então, para testemunhar sua profunda dor, ela se deitou no chão, para meu grande espanto, sem dizer uma só palavra, sem dar um grito. Duas ou três vezes, em circunstância semelhante, ela recorreu a esse meio para expressar sua dor; mas eu lhe disse que isso deixava triste o Menino Jesus e ela nunca mais voltou a fazê-lo[188].

A mãe viu essa cena à sua maneira:

> Celina e ela são inseparáveis, não se pode ver duas crianças amar-se tanto. Quando Maria vem buscar Celina para suas lições, Teresa fica em prantos. O que vai ser dela? Sua amiguinha se vai... Maria tem pena, leva-a também e o pobre bebê fica sentado em uma cadeira durante 2 ou 3 horas. Dão-lhe pérolas para enfileirar ou retalhos para coser; ela não ousa se mover e solta muitas vezes grandes suspiros, principalmente quando sua agulha sai do lugar, pois não consegue reenfiar e não se atreve a incomodar Maria. Veem-se então duas grossas lágrimas que correm sobre suas bochechas. Maria a consola rapidamente, reenfia a agulha e o pobre anjinho sorri por trás de suas lágrimas[189].

---

187. CF 192, a Paulina — 4 de março de 1877.
188. *Souvenirs autobiographiques*, p. 32-33 (VT, n. 47, julho de 1972, p. 234).
189. CF 192, a Paulina — 4 de março de 1877. Teresa citará esta carta em Ms A, 9rº e 11rº.

Na Visitação, Paulina tem um sonho no qual via sua falecida tia sorridente, caminhando em direção a ela: a sobrinha escreveu-o à sua irmã Maria, que informou a família[190]. Muito tocada por esse sonho, Zélia envia a carta de Maria a Lisieux. Os Guérin, também impressionados, a copiam.

Mas, principalmente, Zélia acredita que sua irmã lhe concedeu outra graça: a transformação de Leônia, desobediente e sempre difícil. No sábado, 10 de março, a mãe descobriu que sua filha estava sob a dominação de Luísa, a empregada, que a aterrorizava. Sabendo disso, Zélia quis demiti-la imediatamente. Luísa chorou e suplicou, conseguiu ficar ainda por algum tempo, com a ordem de não dirigir mais a palavra a Leônia. Esta está transformada, não deixa mais a mãe, mostra-se delicada e obediente, desdobra-se para agradá-la, prestando todos os serviços possíveis.

Essa mudança súbita dá a Zélia um gosto de viver como jamais teve para continuar a educação de Leônia. A mãe não se preocupa com as outras quatro filhas: Maria e Paulina se ocuparão das duas menores, "são naturezas escolhidas, certamente serão boas". Agora, ela tem a esperança de ficar curada. Está ansiosa para fazer a peregrinação a Lourdes, da qual espera muito. Prevê ir até lá com Maria, Paulina e Leônia.

Ela acrescenta o seguinte:

> Ontem à noite, por volta das 10 horas, indo deitar-me, fui ao quarto de Luísa, que pensei que estivesse dormindo, já que fazia duas horas que tinha subido. Encontro-a lendo livros da biblioteca. Repreendo-a alto, acordando Celina. Quando, depois da tempestade, Luísa foi deitar-se, a pequena lhe disse: "Sobretudo, minha Luísa, eu te peço, não esqueças de dar teu coração ao bom Deus". É bom para uma criança tão jovem, por isso agradeço a Deus de todo o meu coração. Celina nunca comete a menor falta voluntária; quanto a Teresa, ela não mentiria por todo o ouro do mundo, tem espírito como nunca vi em nenhuma de vós[191].

Orações são feitas em Mans e Lisieux pela cura de Zélia. Celina Guérin foi ao locutório do Carmelo pedir à Madre Maria de Gonzaga uma novena pela cunhada. Esta continua no centro da vida da casa: visitas frequentes da sogra no domingo à noite, retorno de Paulina para as férias, com dores de cabeça (de 2 a 17 de abril), alarido das pequenas ao voltar dos passeios, Vésperas a seguir na paróquia e sempre o ponto de Alençon. Ela se dá conta do lugar central que ocupa e deseja viver para continuar essas tarefas. Zélia faz a seguinte reflexão à cunhada:

---

[190]. CD 337, a Maria Martin — 11 de março de 1877, VT, n. 54, p. 150-153.
[191]. CF 195, a Paulina — 22 de março de 1877 (ver Ms A, 11rº). ver CF 193, aos Guérin — 12 de março de 1877, na qual Zélia narra a transformação de Leônia, liberta do domínio da empregada.

Parece-me que é impossível que eu possa ir embora; então, creio que devo ficar e que ficarei. Sou como todas as outras pessoas que conheci, não vendo elas mesmas seu estado; só os outros o veem com clareza e ficamos estupefatos pelo fato de que elas se prometem um tempo indefinido, quando seus dias estão contados. É verdadeiramente curioso, mas é assim, e sou como os outros[192].

É mais ou menos nesse período que se situa o sonho de Teresa referente aos "*horríveis diabinhos*" que, na rouparia do jardim, fugiam do olhar de uma criança (Ms A, 10vº). Ela está em pleno desenvolvimento.

Paulina, quinze anos e meio, assume as crônicas da mãe, escrevendo a uma amiga que ficou na Visitação de Mans. Ela começa com um esboço familiar:

> Teresa e Celina estão no jardim, divertindo-se em fazer bolas de sabão. Mamãe está ocupada, dando sermões a Leônia, Maria acaba de sair nesse instante para ir trabalhar em baixo com minha mãezinha, papai está no pavilhão; enfim, estou numa solidão completa e não ouço nada além de minha pena, que corre sobre o papel.

A sequência revela já o temperamento de sua irmãzinha, que declara querer ser religiosa:

> Eis os motivos que a conduzirão. Ontem à noite, ela me fez todas as suas confissões, havia coisas para morrer de rir. "Eu serei religiosa em um claustro porque Celina quer ir para lá, e também, minha Paulina, é preciso ensinar as pessoas a ler — tu não vês? —, mas não serei eu que lhes darei aula, porque isso me aborreceria muito; será Celina, eu serei a madre, passearei sozinha pelo claustro, depois irei com Celina. Nós brincaremos na areia e, depois, de boneca…" Não demorei a derrubar seus castelos na Espanha. "Tu acreditas, minha pobre Teresa, que falarás o dia inteiro, sabes que será preciso que te cales?" — Verdade… Ah, bem, que azar, não direi nada… — O que farás, então? — É um pouco complicado. Vou pedir ao bom Jesus. Mas como rezar sem dizer nada? Não sei. Quem me mostrará, já que serei a madre? Eu sentia uma vontade espantosa de rir. Contudo, mantive-me séria. Ela olhava para mim com uma cara pensativa. Sua pessoinha tinha uma expressão tão cândida, tudo o que ela me dizia partia do fundo do coração, era impossível não se interessar pelo assunto. Enfim, depois de ter refletido alguns instantes, ela fixa seus grandes olhos azuis sobre mim e, sorrindo de um jeito malandro, gesticula seus bracinhos como uma pessoa adulta e me diz: "Depois de tudo, meu Paulininho, não é o caso de já se atormentar, sou pequena demais; quando eu for grande, como tu e Maria, antes de entrar no claustro, me dirão como fazer?… — É isso, meu bebê querido — respondi-lhe, cobrindo-a de beijos —, agora é tarde,

---

192. CF 197, à cunhada — 12 de abril de 1877.

vamos para a cama, vou trocar tua roupinha... Passa ainda algumas boas noites antes que te chames Irmã Maria-Aolysia[193] (foi o nome que ela escolheu), ainda tens tempo para pensar". Subimos as duas, eu a deitei e, sem se lembrar mais do que me dissera, ela adormeceu em paz e sem pensar mais no assunto[194]...

À sua carta, Paulina vai juntar a primeira carta de sua irmã, inspirando-lhe o texto e segurando sua mão:

> Minha querida Luisinha,
>
> Eu não vos conheço, mas mesmo assim vos amo muito. Paulina me disse para vos escrever. Estou em seu colo, porque não sei sequer segurar uma pluma. Ela quer que eu vos diga que sou uma preguiçosazinha, mas isso não é verdade, pois trabalho o dia inteiro fazendo traquinagens com minhas pobres irmãzinhas. Enfim, sou uma menininha travessa que está sempre rindo. Adeus, minha Luisinha. Mando-vos um grande beijo; abraçai bem forte por mim a Visitação, isto é, minha Irmã Maria Aolysia [Aloysia] e minha Irmã Luísa de Gonzaga, pois não conheço mais ninguém.
>
> Teresa[195]

Por outra parte, Paulina escreveu na capa de um livro de apontamentos escolares as seguintes linhas, destinadas à sua irmã Maria:

> O 2º curso é composto por uma encantadora alunazinha chamada Teresa, que ri e se diverte da manhã à noite... Todavia, os cuidados devotados que a senhorita Maria Martin lhe prodigaliza todos os dias terminarão — espero — por fazer progredir sua inteligência, a qual, depois de ter produzido apenas as travessuras de criança, será ornada de todas as qualidades próprias a um *gênio superior*...[196].

Durante essas alegres férias, na segunda-feira, 9 de abril, a família vai à casa dos Taillé, em Semallé. As meninas aproveitam ao máximo, subindo as árvores, brincando, divertindo-se no balanço, bebendo o leite de Roussette. Infelizmente, o retorno a casa acontece debaixo de uma terrível tormenta, em um carro sem cobertura: todos voltaram "ensopados"[197].

---

193. Teresa escolheu esse nome, alterando-o: trata-se de Marie Aloysia Vallet, mestra do pensionato de Paulina, da qual a filha dos Martin fala muitas vezes, sendo muito ligada a ela. Notemos que, no início do ano de 1877, Paulina já está pensando em ser religiosa, Leônia também. Maria se questiona e Teresa se diverte, brincando de viver no convento.

194. CD 342, a Louise Magdelaine — 4 de abril de 1877, CG I, p. 96-97.

195. C 1, CG I, p. 98.

196. CD 243, de Paulina a Maria — abril (ou princípio de agosto) de 1877, VT, n. 55, julho de 1974, p. 225.

197. CD 345, de Céline a Jeanne Guérin, 12-17 de abril de 1877, CG I, p. 99. Isso é confirmado por Zélia — CF 197. Teresa acrescentou algumas linhas para suas primas Guérin, sob a condução de Maria (C 2).

Paulina, sempre sofrendo com suas enxaquecas, recebe cuidados na Visitação e é dispensada das aulas. Sua mãe se preocupa. Quanto a ela, deseja aposentar-se, "abandonar o ponto de Alençon e viver de suas rendas", pensando que não viverá muito tempo[198]. Ela continua a alegrar-se com a mudança radical de Leônia.

> Nossas queridas pequenas Celina e Teresa são sempre anjos de bênção, pequenas naturezas angélicas. Teresa é a alegria e a glória de Maria; é incrível como ela está orgulhosa de tua irmãzinha. É verdade que Teresa tem tiradas bem raras para sua idade. Outro dia, Celina dizia: "Como é possível que o bom Deus esteja em uma pequena hóstia?". Teresa lhe respondeu: "Não é tão impressionante, já que o bom Deus é todo-poderoso!". — "E o que quer dizer Todo-poderoso?" — "Quer dizer que faz tudo o que Ele quer!"[199].

À medida que Teresa cresce, ocupa mais espaço na casa. Maria, por sua vez, narra anedotas à pensionista Paulina. É o mês de Maria e a estátua da Virgem está muito enfeitada:

> Meu mês de Maria está tão bonito que faz concorrência ao de *Notre-Dame*. É um problema arrumar o mês de maio em casa, mamãe é difícil demais, mais difícil que a Santíssima Virgem. Ela precisa de espinheiros brancos que subam até o teto, paredes atapetadas de plantas etc.
> Teresa está maravilhada. Todas as manhãs, vai ali fazer sua oração, saltando de alegria. Se soubesses como ela é esperta e nada boba. Estou admirada diante desse "buquezinho". Todo mundo em casa a devora com beijos, é uma pobre pequena mártir! Mas ela está tão habituada às carícias, que não dá muita atenção a isso; por isso, quando Celina vê seus ares de indiferença, ela lhe diz, em um tom de reprovação: "As pessoas diriam que todos esses carinhos são devidos à senhorita". E é preciso ver a cara de Teresa!

A educadora Maria, como sua mãe, sublinha a inteligência de sua aluna:

> Domingo, ela recitou para nós uma pequena fábula que sabe de cor. É incrível a facilidade que ela tem para aprender. Mas o mais curioso é quando ela faz, gesticulando, o sermão!... e quando nos diz, com uma cara impossível de imitar, seus "ni son motte"[200] que não acabam.
> Algumas vezes, ela assiste as aulas de Celina e grava imediatamente as explicações que dou. Vê-se que sua imaginaçãozinha trabalha sem parar. Ela é de uma inteligência extraordinária. Outro dia, eu lhe dizia: "Meu pobre pequeno Patira". Celina, que questiona

---

198. CF 200, à cunhada — 10 de maio de 1877.
199. CF 201, a Paulina — 10 de maio de 1877. Teresa citará essa carta em Ms A, 10r°.
200. Trata-se da expressão *ni son ni moute*, isto é, *ni son ni mouture* (literalmente: *nem som nem moenda* [resíduo do cereal triturado]) e que significa "absolutamente nada".

sempre, mesmo sobre coisas que ela sabe muito bem, pergunta o que queria dizer "Patira"; Teresa, então, responde na mesma hora: "É uma menininha que está triste".

A criança não ignora os problemas de saúde de sua família:

> Agora há pouco ela estava no balcão e olhava, com ar pensativo, o caminho que leva à estação. Eu lhe perguntei em que ela estava pensando: "Ah, estou pensando que é por aqui que o Paulininho volta de Mans!". Assim, vês que o bebezinho também não te esquece. Na semana passada, ela estava jogando damas com uma amiguinha e, como esta lhe pedisse, sorrindo, notícias de sua mãe, de seu pai, de toda a família, a pobrezinha se acreditou obrigada a responder. E sabes o que ela disse? "Mamãe está dodói aqui (querendo falar de sua doença) e papai está dodói na orelha"[201]. Repeti isso à mamãe diante de Teresa e a pobre lindinha pôs-se a soluçar. Ela é totalmente sensível, quando diz uma palavra a mais ou faz uma bobagem, dá-se conta na mesma hora e, para repará-lo, o bebezinho recorre às lágrimas; em seguida, pede perdão sem parar. Não adianta dizer-lhe que lhe perdoam, ela chora mesmo assim[202].

Dessa vez, a tão esperada peregrinação é marcada. Embora sofra agora "continuamente"[203], Zélia espera sua cura. Ela teme que o tumor se espalhe antes do mês de agosto e há um mês também sente dor no braço[204].

A *Semaine religieuse* da diocese de Séez anuncia uma peregrinação que partirá de Angers na segunda-feira, 18 de junho, às 7h50, e que voltará na sexta-feira, 22, por volta das 20h. Luís está agora de acordo que ela parta com as três mais velhas.

No princípio de junho, o mal progride rapidamente. Aos Guérin, confessa que "isso vai cada vez pior. Não é mais possível tocar no lugar doente, está sensível demais. Não ficaria nem um pouco surpresa se este rebentasse antes de minha partida"[205]. Ela teme uma hemorragia. Mas continua com esperança de ser curada. Repete que a graça da mudança de Leônia, que ela acredita dever à sua irmã falecida, dá-lhe ganas de viver para suas filhas, principalmente a terceira. "Sem isso, a morte não me daria medo." Cercada pelas orações feitas em sua família, em Lisieux, na Visitação de Mans (religiosas e alunas),

---

201. Luís Martin foi picado detrás da orelha esquerda por uma mosca carbunculosa e isso degenerará em um epitelioma muito doloroso, que só será curado após sua estadia no *Bon Sauveur* de Caen. Ele sofreu disso durante quinze anos. Pouco a pouco o ponto preto estendeu-se até se tornar "grande como a palma da mão". Diversos médicos consultados deram-lhe medicamentos que o fizeram sofrer muito, mas sem resultado. Ver Irmã GENOVEVA DA SANTA FACE, *Le Père de sainte Thérèse de l'Enfant-Jésus*, p. 67-68.
202. CD 350, a Paulina — 9 de maio de 1877, CG I, p. 100-101.
203. CF 202, a Paulina — 13 de maio de 1877.
204. CF 203, à cunhada — 29 de maio de 1877.
205. CF 205, aos Guérin — 7 de junho de 1877.

ela vai começar três novenas: uma ao Sagrado Coração, uma a Nossa Senhora e uma a São José. "Se eu for curada, eu vos enviarei um telegrama."[206]

À espera desses dias, que ela tanto teme (não gosta de viajar aos domingos), no dia 10 de junho leva Maria à Visitação de Mans, para que esta participe, mais uma vez esse ano, do retiro das ex-alunas do pensionato. Antes de viajar para Lourdes, Zélia vai consultar o doutor Prévost em Alençon. Ela sempre o temeu e o encontro se revela inútil. De volta à casa, lança ao fogo a receita médica[207] e continua seu ponto de Alençon, do qual recebeu encomendas.

"Uma viagem tão infeliz…" (17-23 de junho de 1877)

Chegando com Leônia a Mans no domingo — 17 de junho —, Zélia encontrou Maria e Paulina na Visitação. Toda a comunidade vai rezar e fazer uma Comunhão geral por ela, enquanto o capelão já está prevendo, no retorno, uma missa de ação de graças pela cura alcançada. Em seguida, vão a Angers, base de saída da peregrinação. Às 7h30 da segunda-feira — 18 —, o grupo parte em direção a Lourdes.

O relato que Zélia fará na volta retraça a sequência de dissabores desses dias ricos em tribulações diferentes e, sobretudo, em sofrimentos para a enferma. De fato — escreve —, ela deve cuidar das filhas no trem, cada uma com seus problemas. Chegando a Lourdes às 5 da manhã, um erro sobre a hospedagem as fez caminhar demasiado. Na missa na gruta, Zélia, no fim de suas forças, está "prostrada" antes de ir lançar-se na água fria da piscina.

Ela tinha encontrado o Padre Martignon, que se ocupou de seu pequeno grupo e queria celebrar uma missa para Zélia na quarta-feira, no altar do Sagrado Coração da basílica, mas uma série de contratempos não o permitiu: "Só me aconteceram infelicidades e misérias sem conta": os cantis de água de Lourdes vazaram, ela perdeu o terço de sua irmã visitandina, Paulina também perdeu o dela — com medalhas da tia —, Leônia ficou doente, ela mesma rasgou seu vestido…

Voltando para Angers na sexta-feira, 22, sem estar curada, ela tomou o trem para Le Mans. No hotel, dão-lhe horários equivocados de trem. As Irmãs visitandinas a acompanham para rezar em *Notre-Dame-de-Sous-Terre*. Ela contará que mergulhou quatro vezes na piscina em Lourdes e viu doentes em estados bem piores que o seu. Zélia não para de sofrer, tanto mais que, saltando sem querer dois degraus da escada, sentiu uma dor tão intensa que não conseguia mais mexer-se na cama.

---

[206]. CF 205.
[207]. CF 207, à cunhada — 14 de junho de 1877.

Ela conclui seu relatório aos Guérin: "Não me arrependo de ter ido a Lourdes, apesar de o cansaço ter me deixado mais doente; pelo menos, não posso me culpar se não ficar curada. Enquanto isso, esperemos". Ela volta a fazer novenas. "Não descansarei, mesmo que não seja curada ou morra". Na volta, é alvo dos sorrisos de incredulidade daqueles que nunca acreditaram nos milagres de Lourdes[208] e encontra seu marido, que em vão esperou o telegrama anunciando a cura. Ele fica surpreso ao ver o ânimo da esposa e sua esperança de ser curada. "O bom humor voltou à casa" — escreve ela a Paulina, que está novamente em Le Mans[209]. Ela cita-lhe a palavra da Virgem a Bernadette: "Eu vos farei feliz, não neste mundo, mas no outro"[210]. "Sobretudo, coragem e confiança". Com efeito, Paulina separara-se da mãe estando "muito chateada com a Santíssima Virgem". "Não fico nem um pouco atormentada, colocando tudo nas mãos de Deus."[211]

"Curada ou morta?"

Oito dias mais tarde, o agravamento do mal é manifesto. À noite, os sofrimentos são tais que, por pouco, Zélia passa mal: "Parecia-me que a cabeça ia separar-se do corpo". Ajudada por Maria, ela quer vestir-se para ir à primeira missa do domingo. Mas não voltará para a missa solene.

Luísa, a criada, deve partir. "É preciso que eu veja dissipar-se o sonho de toda a minha vida no momento em que ia tornar-se realidade. Estamos tão em paz quando não temos pessoas de fora em casa." Mais uma vez, sua única preocupação é deixar Leônia, que tem tanta necessidade de seu carinho. Ela prevê uma estadia em Lisieux a partir de 18 de agosto, mas sem levar as duas filhas mais novas. A última "seria a mais desejosa. Ela se lembrará por toda a vida que a deixaram em Alençon, há dois anos; e, quando fala do assunto, as lágrimas correm imediatamente. Minha Teresa é uma criaturinha encantadora. E vos garanto que ela tirará de letra"[212].

Isidoro sugeriu ao cunhado que fosse morar em Lisieux. Zélia responde:

> isso me consola grandemente, quando intuo minha partida deste mundo, pensar na ajuda que encontrarei em vós para minhas queridas filhas. Quanto a ir morar em Lisieux, meu marido não diz nem sim nem não, é preciso deixar passar o tempo.

---

208. CF 209, aos Guérin — 24 de junho de 1877.
209. CF 210, a Paulina — 25 de junho de 1877.
210. Por ocasião da terceira aparição, em 18 de fevereiro de 1858.
211. CF 211, a Paulina — 29 de junho de 1877.
212. CF 212, à cunhada — 8 de julho de 1877.

Zélia está decidida a afastar-se da empregada. Mas esta, vendo-a cada vez mais incapacitada, quer permanecer até o fim e cuidar dela.

A enferma responde de maneira franca às perguntas que vêm de Lisieux:

> Infelizmente, o que posso dizer, senão que o mal se agrava dia a dia? Não consigo me vestir nem me despir sozinha, o braço — do lado doente — se recusa a todo serviço, mas a mão ainda quer segurar uma agulha!
>
> Além do mais, sinto um mal-estar geral, dores nos intestinos e febre há quinze dias; enfim, não posso ficar de pé, é necessário que permaneça sentada. Quanto ao pescoço, não está curado, mas também não enfrentei tão grandes sofrimentos como aqueles sentidos no domingo em que vos escrevi. Quase não tenho crises de dia, só à noite, quando meus nervos se enrijecem e são necessárias precauções incríveis para me mudar de posição. No entanto, aprendi meu negócio e começo a saber como fazer para me levantar, de modo que termino por evitar as crises. Durmo muito bem há três noites; as outras noites foram muito ruins, porque eu estava muito agitada.

Ela acrescenta: "um milagre me parece muito duvidoso agora. Fiz minha parte e trato de fazer como se tivesse que morrer"[213].

A vida normal continua. No domingo, 15 de julho, a família foi à missa e às compras. As meninas vão ao Pavilhão com o pai colher morangos e groselhas. As pequenas vão brincar com Jenny Béchard — a filha do prefeito, que tem a idade de Celina — e sua irmã mais velha. Basta atravessar a rua para descobrir um outro mundo, que encanta as duas irmãzinhas: o grande parque atrás da prefeitura, onde, acima de uma geladeira, Jenny montou um minúsculo oratório ornado de estampas e estatuetas de santos; e um pomar. O trio brinca principalmente no vasto balcão do primeiro andar, que dá acesso a todos os quartos. Elas descobrem os grandes salões que se comunicam uns com os outros. Jenny tem uma governanta. À hora do lanche, serve-se *moka*[214]. Outras vezes, elas vão brincar com Thérèse Lehoux, da idade de Celina, que mora no alto da rue Saint-Blaise, a mais ou menos cem metros do número 36. É aí que, um dia, um grande cavalo estava bloqueando a entrada do jardim dos Lehoux. Sem hesitar, sua filha segurou Celina pela mão e esta, pegando a irmã pela mão, passou entre as patas do animal[215].

---

213. CF 213, à cunhada — 15 de junho de 1877.
214. Lembranças de Celina. Na casa dos Martin, nos grandes jantares, o bolo era sempre um pedaço de *nougat* (ACL). Ver a carta de Celina à sua irmã Maria: "Anteontem [quinta-feira, 11 de outubro], fui brincar com a prefeitinha, ela tem um lindo balanço, brincamos de balançar e também fui ao quarto da senhora filha do prefeito". CD 384 — 13 de outubro de 1877, CG I, p. 106.
215. "Colligite fragmenta", Almanach des *Annales*, 1948, p. 49. Thérèse Lehoux é mencionada em uma carta de Celina a Maria — CD 383, início de outubro (?) de 1877, VT, n. 60, outubro de 1975, p. 295. Teresa tirará um ensinamento espiritual desse pequeno incidente. Ver CLG.

Paulina se prepara, não sem lágrimas de dor, para deixar definitivamente o pensionato da Visitação. Seu pai irá buscá-la na quarta-feira, 1º de agosto[216].

Depois de uma calma muito passageira, a situação da senhora Martin se agrava mais uma vez:

> Tinha passado uma boa semana: a dor no pescoço, sem ter desaparecido, diminuíra muito. Domingo de manhã, após uma noite muito ruim, levanto-me às cinco horas para ir à primeira missa. Enquanto Maria me penteava, de repente, soltei um grito estridente, meu pescoço começou a retorcer-se. Acreditei que fosse passar, quis ir à missa mesmo assim, mas só podia dar um passo com uma precaução extrema. Quando era preciso descer uma calçada, era todo um negócio. Felizmente não havia muita gente na rua. Prometi-me nunca voltar à missa nesse estado. A noite seguinte foi das piores, por causa de uma horrível dor de dente[217].

Isidoro repreende sua irmã por ainda ter preocupações com o ponto de Alençon. Ela responde que tinha encomendas antes de ter ido ao médico pela primeira vez. As quatro últimas deveriam ser despachadas naquela semana, se ela não estivesse doente. Ela retomou, porém, onze metros, logo concluídos. Ainda restam vinte e quatro metros começados. Zélia lamenta muito que os tenha, mas estão avançados demais para deixá-los de lado[218]. Acrescenta: "[...] a Santíssima Virgem não me curou em Lourdes. O que quereis? Meu tempo está concluído e Deus quer que eu repouse em um lugar diferente da terra"[219].

A antepenúltima carta de Zélia — da sexta-feira, 27 de julho — é um apelo desesperado ao irmão:

> Ontem eu te chamava em altos brados, crendo que só tu poderias aliviar-me. Sofri durante vinte e quatro horas mais do que sofri em toda a minha vida. Essas horas passaram entre gemidos e gritos. Eu implorava a todos os santos do Céu, uns após os outros, ninguém me respondia! Enfim, só pedi, não podendo fazer outra coisa, que pudesse passar a noite em minha cama; não fora possível ficar ali à tarde, estava em uma posição horrível, sem poder apoiar minha cabeça em lugar algum. Tinham tentado tudo, mas minha pobre cabeça não podia tocar em nada, nem eu podia fazer o menor movimento, sequer para engolir líquido. O pescoço estava tomado por todos os lados e mexer o mais suavemente que fosse me punha em dores atrozes. Enfim, pude ficar

---

216. CF 215, aos Guérin — 24 de julho de 1877.
217. Ibid.
218. Ibid.
219. Essas linhas foram deslocadas por engano para o final da carta CF 217. De fato, a passagem autógrafa situa-se ao final do quarto parágrafo da carta CF 215, de 24 de julho (ver VT, n. 55, julho de 1974, p. 233, n. 9).

na cama, com a condição de permanecer sentada ali. Quando o sono queria vir, o movimento imperceptível que eu fazia despertava todos os sofrimentos. Passei toda a noite gemendo; Luís, Maria e a empregada se mantiveram perto de mim. O pobre Luís, de tempos em tempos, me tomava em seus braços como uma criança. O médico veio essa manhã, às onze horas, e prescreveu uma poção calmante[220].

Diante da urgência da situação, Isidoro e sua esposa estão prontos para ir a Alençon. Zélia lhes pede que esperem a semana de 19 de agosto, após a Assunção, pois sua casa está em desordem. As Irmãs da Misericórdia vão cuidar dela e passar a noite ao seu lado. Durante todos esses dias, entregam Celina e Teresa aos cuidados da senhora Leriche, cujo marido (sobrinho de Luís Martin), dirige a joalheria em frente ao grande armazém Romet (*rue du Pont-Neuf*). Dezoito anos mais tarde, Teresa se recordou:

> Todos os detalhes da doença de nossa querida mãe ainda estão presentes em meu coração; lembro-me sobretudo das últimas pobres exiladas. A senhora Leriche vinha nos buscar todas as manhãs e passávamos o dia em sua casa. Um dia, não tivemos tempo de fazer nossa oração antes de partir e, durante o trajeto, Celina me disse baixinho: "Devo dizer-lhe que não fizemos nossa oração?". "Oh, sim" — respondi-lhe. Ela, então, o falou timidamente à senhora Leriche, que nos respondeu: "Pois bem, minhas filhinhas, ireis fazê-la" — e depois, deixando-nos num grande quarto, saiu… Celina olhou-me, então, e dissemos: "Ah, não é como a mamãe… Ela sempre nos ajudava a fazer nossa oração!…". Brincando com as crianças, o pensamento de nossa querida mãe nos acompanhava. Certa vez, tendo Celina recebido um belo damasco, inclinou-se para mim e disse em voz baixa: "Não vamos comê-lo, vou dá-lo a mamãe" (Ms A, 12rº).

Maria transmite más notícias a Lisieux no sábado, 28 de julho, confirmando os "gritos atrozes" de sua mãe ao menor movimento.

> E, no entanto, com que paciência e resignação ela suporta essa triste doença! Não larga seu terço, reza sempre, apesar de seus sofrimentos, estamos todas admiradas, pois ela tem uma coragem e uma energia que não é igual à de ninguém[221].

É assim que ela dá indicações para confeccionar as vestes de luto que as filhas usarão após sua morte.

Luísa Marais, querendo, sem dúvida, redimir-se de sua atitude para com Leônia — atitude que tanto ofendeu Zélia —, cuida da patroa com grande dedicação. O doutor

---

220. CF 216, ao irmão — 27 de julho de 1877.
221. CD 372, de Maria à sua tia Guérin — 28 de julho de 1877, VT, n. 55, julho de 1974, p. 233-234.

Prévost, que veio prescrever um calmante, mostra-se muito mais amável. Isidoro anuncia que não esperará para estar ao lado da irmã. Na segunda-feira, 30 de julho, toda a família Guérin chega à *rue Saint-Blaise*. Não se sabe nada sobre essa visita, que foi, sem dúvida, breve[222].

Na quinta-feira, 9 de agosto, Maria lhes escreve: "Desde que partistes, mamãe está sofrendo cada vez mais, são novos sofrimentos todos os dias". Ela chora algumas vezes: no sábado, é por causa de Leônia, sempre imprevisível e resistente a Maria, que se ocupa dela.

Zélia motiva o marido a fazer as filhas saírem para um passeio de barco. Mas o coração não está ali. Em 3 de agosto, a enferma quis assistir à missa da primeira sexta-feira do mês, às sete horas. Sem a ajuda de Luís, ela não teria conseguido. A matriarca deseja que a vida familiar continue, custe o que custar. Também a distribuição dos prêmios da "Visitação Santa Maria de Alençon" aconteceu no quarto de Maria, enfeitado com guirlandas de pervincas e rosas. Um tapete estendia-se até perto de duas poltronas para os presidentes: Luís e a esposa. Eles distribuirão os prêmios e as coroas às duas ganhadoras, vestidas de branco, após um discurso de Maria. Para Celina e Teresa, as férias estão começando[223]...

É na quinta-feira, 16 de agosto, que Zélia reúne suas derradeiras forças para escrever sua última carta a Lisieux:

> ...Vi o médico no dia em que recebi tua última carta. Mostrei-lhe os pacotes, ele me disse que estava bem, mas como... [sic] eu pedira para minhas dores de estômago e de intestino. Estava na expectativa de um tratamento que me aliviaria, mas ele só me ordenou uma garrafa de água de Vals! Entretanto, parece-me que se poderia fazer qualquer coisa para me aliviar, pois não posso mais ficar de pé. Quase não desço, vou da minha cama para a poltrona e da poltrona para a cama; acabo de passar dois minutos bem cruéis. Há dois dias, eu tinha me lavado com a água de Lourdes, sofri muito a partir desse momento, sobretudo debaixo do braço. Decididamente, a Santa Virgem não quer me curar. Não posso escrever mais, minhas forças estão no fim. Fizestes bem em vir a Alençon, enquanto eu ainda podia permanecer convosco[224].

No sábado, 25 de agosto, o boletim médico enviado por Maria a Lisieux é muito alarmante:

---

222. Até 1º ou 2 de agosto (ibid., p. 238, n. 15). Paulina voltou de Mans na quarta-feira, 1º de agosto.
223. CD 374, de Maria à sua tia Guérin — 9 de agosto de 1877, ibid., p. 236-238.
224. CF 217, ao irmão — 16 de agosto de 1877. É a última carta escrita por Zélia.

> Tenho tristes notícias a dar-vos. Mamãe está muito mal, sua doença faz progressos terríveis, percebemos isso de dia para dia. Ela passa noites horríveis, tem que se levantar a cada quinze minutos, não conseguindo ficar em sua cama, tão grande é o seu sofrimento. O menor barulhinho lhe causa crises terríveis, não adianta falar baixo, caminhar de pés descalços para que ela não escute nada, seu sono é tão fraco que o menor barulho a desperta.
>
> Faz dois dias que está menos agitada, seus sofrimentos são menos intensos, menos agudos que no começo da semana, pois segunda-feira e terça-feira não sabíamos o que seria feito dela. Seus sofrimentos eram atrozes, não podíamos chegar a aliviá-la, nenhum remédio pôde acalmá-la. A essas dores tão fortes sucede agora uma fraqueza extrema. Não a ouvimos mais gemer, ela não tem força, quase não a ouvimos falar. Só ao movimento de seus lábios se pode compreender o que ela nos diz. Estava fraca ontem, mas hoje está ainda pior. Essa noite, teve uma hemorragia, o que aumentou mais uma vez sua fraqueza. Papai passou a noite toda de pé; estava muito angustiado[225].

No dia seguinte, ela expõe um quadro ainda mais sombrio e, principalmente, transmite o apelo de seu pai: que os Guérin venham o mais rápido possível:

> Ontem, esqueci de dizer à minha tia que mamãe estava com as pernas inchadas e papai quer que vos escreva sem tardar. Mas eu vos escreveria de qualquer jeito, estou muito aflita. Faz oito dias que o inchaço começou! Só fui perceber essa manhã, não tinha prestado atenção antes. Seu braço está muito inchado também e ela quase não pode usá-lo mais. Com isso, caiu em uma prostração completa; hoje, está ainda pior que ontem, só pode falar por sinais e, se a deixassem sozinha em seu quarto, ela morreria ali antes de pedir socorro. Acaba de ter uma hemorragia mais uma vez; nossa pobre mamãe está muito mudada e emagrecida! Papai está de tal modo preocupado, que acaba de dizer-me que vos peça que venhais o mais cedo possível, para que a encontreis ao menos em plena consciência[226].

Naquela noite, Luís vai buscar um padre em *Notre-Dame*; na volta, escolta o portador do Santíssimo Sacramento. Toda a família está reunida ao redor da agonizante. Teresa se recordou com precisão: "A cerimônia tocante da extrema-unção também se imprimiu em minha alma, ainda vejo o lugar onde eu estava, ao lado de Celina, todas [as cinco] por ordem de idade e o pobre paizinho também estava lá, soluçando..." (Ms A, 12rº-vº).

---

225. CD 376, de Maria à sua tia — 25 de agosto de 1877, VT, n. 55, julho de 1974, p. 239.
226. CD 377, de Maria ao seu tio — 26 de agosto de 1877, ibid., p. 239.

"Não tendes mais mãe…" (agosto de 1877)

Os Guérin chegaram a Alençon na noite de segunda-feira, dia 27. Zélia não pôde falar-lhes, mas fixou longamente o olhar sobre a cunhada, que viu em seus olhos um apelo para que se ocupasse de suas filhas[227]. À 00h30, produz-se uma nova hemorragia, que é fatal: Zélia falece na terça-feira, 28 de agosto de 1877, aos quarenta e cinco anos e oito meses de idade. Pouco antes, a religiosa enfermeira chamou Luís, os Guérin, as filhas mais velhas e Leônia: eles podem estar presentes ao último suspiro[228].

Pela manhã, as duas mais novas são informadas:

> No dia da morte de mamãe ou no dia seguinte, papai me tomou em seus braços, dizendo-me: "Vem beijar, pela última vez, tua pobre mãezinha". Sem dizer palavra, aproximei meus lábios da fronte de minha mãe querida… Não me lembro de ter chorado muito, não falava a ninguém dos sentimentos profundos que experimentava… Olhava e escutava em silêncio… Ninguém tinha tempo de ocupar-se de mim; assim, via muitas coisas que teriam querido ocultar-me. Uma vez, achei-me em face da tampa do caixão… Detive-me a considerá-lo durante muito tempo; jamais tinha visto um, mas eu compreendia… Era tão pequena que, apesar de mamãe ser de baixa estatura, eu era obrigada a levantar a cabeça para ver o alto do caixão, e ele me parecia muito grande… muito triste… (Ms A, 12v°).

Esses instantes permanecerão sempre gravados na memória da menina.

As exéquias aconteceram na quarta-feira, 29 de agosto, às 9 horas, na igreja *Notre-Dame*.

Pouco tempo depois, vai passar-se um pequeno acontecimento, que terá grandes consequências na vida de Teresa:

> No dia em que a Igreja benzeu os despojos mortais de nossa mãezinha do Céu, o bom Deus quis dar-me outra sobre a terra e quis que eu a escolhesse livremente. Nós cinco estávamos juntas, olhando-nos tristemente; Luísa também estava presente e disse, olhando para Celina e para mim: "Pobres pequenas, não tendes mais mãe!…". Então Celina lançou-se nos braços de Maria, dizendo: "Pois bem, serás a mamãe!". Eu estava

---

227. Quatorze anos mais tarde, Céline Guérin escreverá a Teresa: "Só respondi ao último olhar de uma mãe que eu amava *muito, muito*. Acreditei ter compreendido esse olhar, que nada poderá me fazer esquecer. A partir desse dia, procurei substituir aquela que Deus vos tirara, mas, infelizmente, nada substitui uma mãe!" (CCor 148 — 16 de novembro de 1891, CG II, p. 656).

228. A exumação do corpo de Zélia — na segunda-feira, 26 de maio de 2008, em Lisieux —, com a ajuda de uma comissão de três médicos, confirmou a intensidade de seus sofrimentos: metástases perfuraram as duas omoplatas e o osso ilíaco, além de tocar a coluna vertebral, particularmente as vértebras cervicais.

habituada a fazer como Celina; nesse meio-tempo, voltei-me para vós, minha Mãe, e, como se o futuro já tivesse rasgado seu véu, lancei-me em vossos braços, exclamando: "Pois bem, para mim, será Paulina[229] a mamãe!" (Ms A, 12v°/13r°).

Dezoito anos mais tarde, Irmã Teresa do Menino Jesus da Santa Face fará um breve balanço dos quatro anos de sua infância em Alençon: "Aprouve ao bom Deus cercar-me de *amor* durante toda a minha vida, minhas primeiras lembranças estão impregnadas de sorrisos e das mais ternas carícias!…" (Ms A, 4v°). "Ah, como passaram rapidamente os anos ensolarados de minha infância, mas que doce impressão deixaram em minha alma!" (Ms A, 11v°). "Oh! Em verdade, tudo me sorria sobre a terra; encontrava flores a cada passo e meu bom caráter contribuía também para tornar minha vida agradável…" (Ms A, 12r°). A morte da mãe ia ocultar esse saldo positivo durante dez anos. Ela não podia apagá-lo.

Sabe-se que a família Guérin, antes mesmo da morte de Zélia, propusera aos Martin que fossem morar em Lisieux. Após a morte de sua mulher, Luís ainda hesita: seus vínculos com Alençon são antigos e profundos. Isidoro tenta secretamente associar Maria a essa solução. Os amigos de Alençon e até o confessor de Luís o incitam a permanecer na *rue Saint-Blaise* e colocar suas filhas no pensionato. Alguns dias após o enterro, ele confessa às duas mais velhas sua resolução de partir para Lisieux, mas acrescenta: "Peço vossa opinião, minhas filhas, pois é unicamente por vós que estou fazendo esse sacrifício e não gostaria de impor-vos um". Maria responde que suas filhas querem também sua felicidade e não poderiam suportar que ele se sacrificasse assim por elas. Mas ele viu que elas não tinham nenhuma repugnância em deixar Alençon. Decidiu, de imediato, que a família se mudaria.

Maria escreve à tia, que voltou a Lisieux no dia 30 (ou 31) de agosto, que, em sua grande provação, houve "uma boa surpresa":

> Sim, desde ontem papai está completamente decidido, certamente foi o bom Deus que o inspirou, pois nada pode mudar sua decisão. Por nós — disse-me —, ele faria todos os sacrifícios possíveis, sacrificaria sua felicidade, sua vida — se fosse preciso — para nos fazer felizes; ele não volta atrás diante de nada, não hesita um só instante, crê que é seu dever e o bem de todas nós, e isso lhe basta.
>
> Estou verdadeiramente muito tocada por tal abnegação. Pobre pai, ficaria muito contristada se ele tivesse que ser infeliz em Lisieux, tenho medo de que não se acostume. Em Alençon, ele tinha seus amigos de infância, seu Pavilhão, sua pesca; em Lisieux, não terá nada disso. Foi inútil fazê-lo notar, para que não se arrependa mais tarde, nada

---

229. Paulina tem dezesseis anos.

pôde fazê-lo mudar de opinião. Ele já está se ocupando em desembaraçar-se o mais prontamente possível de tudo que o prende a Alençon[230].

Uma semana mais tarde, ela confirma a boa notícia:

> Para nós, é uma consolação pensar que, em alguns dias, estaremos convosco. Estou tocada pelos sacrifícios que papai está fazendo para realizar esse desígnio. Obviamente, esse bondoso pai será recompensado pela afeição e os ternos cuidados com que amaremos cercar sua velhice. E Deus, sem dúvida, coroará nossa impotência, cumulando-o de bênçãos e dando-lhe a felicidade que ele está sacrificando por nós. Vejo com prazer que Joana e Maria se alegram com nossa chegada, dizei-lhes que as amamos como duas irmãzinhas.
>
> Nossas roupas pretas estão feitas. Teresa terá um véu de luto, a modista acha que ela é grande o bastante para usar. Ontem, fomos rezar no túmulo de mamãe. Não saberia dizer o aperto no peito que tomou conta de mim na presença desse túmulo bem-amado. Ah, sem a esperança de uma vida melhor, de uma reunião eterna, como seria difícil suportar com coragem as separações desta terra. Foi o único passeio que fizemos ontem, vivemos agora como verdadeiras eremitas.
>
> Minha tia querida, eu vos peço que digais a meu tio, da parte de meu pai, que ele venha a Alençon na segunda-feira, 17 de setembro[231]. Se ele não pudesse, a reunião do conselho de família seria adiada para o próximo mês, porque o juiz de paz estará viajando na última semana de setembro e papai não gosta de tratar com seu suplente[232].

O conselho de família aconteceu no dia 16; o inventário, em 17 e 18 de setembro[233]. Os últimos dias das filhas Martin em Alençon são entristecidos pela partida da criada Luísa Marais, na sexta-feira, 19 de outubro[234], depois de onze ou doze anos a serviço da família, e por um novo luto: todas as filhas — salvo Teresa — assistiram ao enterro da pequena Jeanne Charon, morta aos sete anos, que morava na *rue Saint-Blaise*, 16[235].

---

230. CD 378, de Maria à sua tia, 3 (?) de setembro de 1877, VT, n. 60, outubro de 1975, p. 292-293.

231. De fato, Isidoro vai no domingo, 16 de setembro.

232. CD 379, de Paulina à sua tia — 10 de setembro de 1877, VT, n. 68, outubro de 1975, p. 293-294.

233. Conforme a ata lavrada do senhor Racinet, CG I, p. 114, n.i.

234. Celina — oito anos e meio — escreveu em seu Diário: "Sexta-feira: fiquei muito triste ontem, Luísa (minha babá) foi embora. Teresa chorou um pouco em minha presença; eu não chorei, mas mesmo assim senti muita tristeza; ao dizer isso, ainda sinto" (CD 384 — 19 de outubro de 1877, CG I, p. 106).

235. 5 de dezembro de 1870 – 11 de outubro de 1877. "Hoje irei ao enterro da pequena Jeanne Charon. Estou muito triste que ela tenha morrido, pois ela era muito lindinha!" (CD 384, de Celina a Maria, 13 de outubro de 1877, CG I, p. 106).

O último retrato de Teresa em Alençon é feito por Celina, que escreve na mesma carta (conserva-se o texto original):

> Teresa está aqui, às minhas costas, falando-me de sua Irmã Maria Aloisia, mas eu lhe disse que se calasse. Ela já não se diverte mais com as conchas. Acabo de emprestar-lhe meu "totó", ela está se divertindo muito. Se eu tiver tempo, vou fazer uma pequena cópia para agradar-te. Por isso, minha carta não será muito longa. Agora que emprestei meu "totó" a Teresa, ela não me atormenta mais[236].

E em seu Diário se encontram as últimas palavras escritas em Alençon: "Partimos para Lisieux após a festa de Todos os Santos. Ontem, papai já mandou levar barris pela ferrovia".

Teresa só voltará a Alençon seis anos mais tarde. Noventa quilômetros separam as duas cidades.

---

236. Ibid.

II
MUDANÇA DE ALENÇON PARA LISIEUX
(15 de novembro de 1877 – 3 de outubro de 1881)

> *Foi a partir dessa época da minha vida que tive que entrar no segundo período da minha existência, o mais doloroso dos três, sobretudo a partir da entrada no Carmelo daquela a quem escolhera para minha segunda "Mamãe". Esse período se estende desde a idade de quatro anos e meio até aos quatorze...*
> (Ms A, 13rº)

A família Guérin se prepara para acolher Luís Martin, cinquenta e quatro anos, e suas cinco filhas, com idades entre dezessete e quatro anos e meio. A tarefa mais urgente é encontrar uma casa suficientemente grande para sete pessoas, pois será necessário que uma empregada resida com eles, sem esquecer um jardim para as crianças.

Lisieux nos anos 1880

Essa pequena cidade conta, na época, com algo em torno de 12.500 habitantes, mas o decreto de 5 de abril de 1875 acrescentou a ela as comunas de Saint-Jacques e Saint-Désir, elevando a população a 18396 habitantes. Após a derrota de 1870, a emigração e a queda da natalidade — as mortes ultrapassam regularmente os nascimentos — farão recuar esse número a 16.260 em 1896.

Os Martin se instalam nessa cidade da região de Auge, "a Normandia pastoril, luminosa e pantanosa"[1], situada na confluência de três rios: o Touques, o Orbiquet e o Cirieux. O clima é habitualmente bastante úmido. As colinas, os pastos, as macieiras em

---

1. De acordo com a expressão de Lucie Delarue-Mardrus (1874-1945); nascida em Honfleur, escreveu quarenta e seis romances e dois livros sobre Teresa de Lisieux: *Sainte Thérèse de Lisieux*, Paris, Fasquelle, 1926, e *La Petite Thérèse de Lisieux*, Paris, Fasquelle, 1937 (encontra-se aí o artigo do Padre Ubald, OFM, de Alençon e a resposta do Carmelo de Lisieux).

flor compõem uma paisagem serena, rica em história. A própria cidade se impõe como uma das mais antigas da França (Noviomagus, mais de 2 mil anos), que forneceu um contingente de três mil homens a Vercingétorix.

Em 1877, os Martin a descobrem como uma cidade do Medievo, com suas casas entramadas (dos séculos XIV a XVI):

> uma rua estreita, casas estranhas, imponentes, verdadeiras gaiolas de madeira, preenchidas com alvenaria, pisos sobressalentes com cornijas entalhadas, frontões de todas as formas possíveis com mansardas duplas ou simples, pequeninas ou enormes, erguidas uma sobre as outras em tetos de telhas de um vermelho envelhecido, cobertas de placas musgosas[2].

Espécie de "museu a céu aberto", com ruas célebres: a *rue au Char*, a *Grande-Rue*, as ruas *d'Ouville* e *d'Orbiquet* e, principalmente, a *rue aux Fèvres*, com o famoso solar *de la Salamandre* (1530-1540)[3]. O sol, quando brilha, encontra dificuldade para penetrar nas ruas estreitas[4]. Os incêndios são frequentes e os serviços de emergência conseguem apagá-los com muito custo. Isidoro Guérin viu o fogo consumir sua drogaria em 27 de maio de 1873. Mais tarde, uma casinhola pertencente a uma irlandesa arderá em chamas em frente aos *Buissonnets*. Luís Martin controlou o incêndio[5].

Monumentos imponentes dominam essa região administrativa (a partir de 1802): a catedral São Pedro (séculos XII-XIII), com a capela dedicada à Virgem, edificada por Monsenhor Pierre Cauchon, juiz de Joana d'Arc, bispo de Lisieux (1432-1442). Ela será restaurada em 1878. Bem próxima do centro, a igreja São Tiago, construída entre 1496 e 1501. Um palácio episcopal, contíguo à catedral, possui um jardim desenhado por Le Nôtre. Em 1713, o prédio da prefeitura foi construído nesse mesmo lugar. Um magnífico parque, criado em 1778, readquirido em 1824 por quarenta acionistas, na estrada de *Pont-l'Évêque*, é chamado "jardim da Estrela". Este é reservado aos sócios (300 francos por ano).

Mas não se deve idealizar demasiadamente a "cidade-museu". Uma testemunha, que viveu sua infância em Lisieux antes da Segunda Guerra mundial, escreveu:

> Cada um repete clichês lisonjeiros: "joia da Normandia", "capital da madeira esculpida", inclusive! Não era um conjunto preservado de casas com pedaços de madeira, mas antes uma aterradora desordem de casas de todas as idades, de todos os tipos. O pior

---

2. ROBIDA, *La Vieille France*, ver VT, n. 47, julho de 1972, p. 185.
3. Daí o apelido de Lisieux: "a capital da madeira esculpida".
4. Os bombardeios de junho de 1944 destruíram 80% da cidade de Lisieux.
5. Irmã GENOVEVA DA SANTA FACE, *Le père de sainte Thérèse de l'Enfant-Jésus*, p. 22.

fazia vizinhança ao melhor e nesse último, infelizmente, as habitações mais antigas terminaram por assemelhar-se às litografias de Contel ou Robida. Paisagem pitoresca, abundante em engastes, soleiras arqueadas, telhados sinuosos. De perto, eram edifícios frágeis, enviesados, estropiados, decrépitos, remendados, deteriorados. Frequentemente deixavam que desmoronassem, alhures chapeavam-nos com uma fachada de estuque sustentada por um imóvel de ladrilhos. Tantas ruelas, alamedas, antiquários, trapeiros, taxidermistas, funileiros. Quantos saguões, rincões sórdidos de odor nauseabundo. Minha cidade não era amável para todos. As butiques alinhavam uma uniformidade monótona e obsoleta[6].

Nada de esgotos ou eletricidade antes de 1898.

É em junho de 1855 que a diocese de Lisieux é vinculada à diocese de Bayeux por um decreto do Papa Pio IX. Quando os Martin chegam a Lisieux, seu bispo é Monsenhor Flavien-Abel-Antoine Hugonin, nascido em 1823, titular de um doutorado em letras e teologia, superior da escola dos Carmelitas em Paris, ordenado bispo de Bayeux e Lisieux em 13 de julho de 1866. Autor de numerosas obras filosóficas, ele recusou uma nomeação ao arcebispado de Lyon para permanecer fiel à sua diocese: "Um bispo ama somente uma vez"[7].

Numerosas comunidades religiosas existem em Lisieux: a abadia *Notre-Dame-du-Pré*, das beneditinas (fundada em 1046, com o apoio de Guilherme, o Conquistador); um Carmelo à *rue de Livarot*, as Irmãs da Providência, as Irmãs de Nossa Senhora da Misericórdia e do Refúgio, as Irmãzinhas dos Pobres. Os Irmãos das Escolas Cristãs animam escolas rurais até 1884. Padre Frémont, bom pedagogo, dirigiu um seminário-colégio durante quarenta e nove anos.

Lisieux foi uma grande cidade manufatureira: fabricação de lençóis, tecelagens artesanais de algodão, curtumes. A população operária é importante: 3 mil pessoas no setor têxtil. Mas o desastre de 1870, o incêndio e o fechamento de cinco fábricas[8] foram um

---

6. Pierre-Jean PENAULT, "Lisieux-Nostalgie", *Lisieux. Art de Basse-Normandie*, n. 89-90-91, 1984-1985, p. 7. Trata-se, certamente, da Lisieux de trinta anos após a morte de Teresa, mas a atmosfera geral devia ser muito semelhante. Em uma carta à sua prima Maria Guérin, Celina Martin, em tom de brincadeira, evoca "essa pobre Lisieux, que está num buraco…" (CD 895, 3 de setembro de 1891, VT, n. 104, outubro de 1886, p. 249).

7. Ver François de SAINT-LOUVENT, *L'Évêque de Thérèse de Lisieux, Mgr Flavien Hugonin (1823-1898)*, Paris, Parole et Silence, 2000.

8. Em 1874, mencionam-se diárias de 2,25 a 3,50 francos para os homens; 1,60 a 2,30 francos para mulheres; 0,90 a 1,50 francos para as crianças (algumas trabalhavam dez horas por dia). Em 1885, em Beuvillers, na fabricação de tecidos, os encarregados da produção ganham entre 4 e 6,75 francos; os operários, entre 2,25 e 4,50 francos; as mulheres, de 2 a 3,50 francos (por doze horas de trabalho); as crianças, entre 1,25 e 1,75 francos (por dez horas de trabalho). Em 1891, na fábrica de

golpe muito duro para essas indústrias. Os trabalhos referentes à lã e ao linho declinam. Nomes de industriais atravessaram décadas. Em 1860, Jean Fournet mandou construir uma das maiores manufaturas da França. Paul Duchesne-Fournet (1845-1906) sucedeu seu avô. Ele será conselheiro geral, deputado, senador. Deve-se contar com as fábricas Fleuriot, Méry-Samson, Bocage etc. Em 1875, Lisieux possui doze fiações de lã e três de tecido, com tinturarias, curtumes, lavanderias.

Os trabalhos em domicílio desaparecem. O desemprego aumenta rapidamente. Inundações catastróficas em 1878 e 1880 agravam a situação. A isso devem-se acrescentar os estragos do alcoolismo, da tuberculose e das epidemias de cólera, tifo, varíola... Como espantar-se com o aumento da delinquência e dos suicídios? Apesar de tudo, Lisieux não será muito tocada pelos conflitos sociais. Mas, em 7 de julho de 1873, a usina Méry-Samson tomou a decisão de demitir parte dos funcionários: seguiu-se um motim, com prisões e condenações. Duas companhias do 20º Batalhão de caçadores foram enviadas aos lugares das manifestações[9].

O exército é muito presente em Lisieux. Em 1875, constrói-se o quartel Delaunay, na *route de Pont-l'Évêque* (600 homens), e o quartel Chazot, à *rue Bouteiller*, para o 119º Regimento de infantaria (600 homens). Eles garantem a solenidade do desfile de 14 de julho, com música, mas principalmente mantendo a ordem. A presença de 1.200 homens, aos quais deve-se acrescentar aqueles que estão ali por um tempo, acarreta, com a miséria social, uma prostituição regulamentada pelas autoridades locais e a polícia. Várias casas de Lisieux são conhecidas como lugares "de tolerância"[10]. Compreende-se a missão do "Refúgio" das Irmãs da Misericórdia, que recolhe e educa jovens prostituídas. Fundado em 1873 pelo Padre Rolau, abriga em torno de 200 internas.

É em 1852 que se pensa em uma linha de trem entre Paris e Cherbourg, *via* Lisieux e Caen. Em 22 de maio de 1855, a primeira locomotiva a vapor, contando com vários vagões e proveniente de Paris, entrou na estação de trem de Lisieux, acolhida pela multidão. O trajeto durou 5 horas e 37 minutos. Três anos mais tarde, a linha ligava Lisieux a Trouville, *via* Pont-l'Évêque, e, em 1870, até Orbec. Em julho de 1863, inaugurou-se a linha Pont-L'Évêque — Trouville, que facilitou o afluxo dos parisienses à costa, especialmente

---

panos de Lisieux, os homens ganham entre 3 e 3,75 francos; as mulheres, entre 1,75 e 2,25 francos; as crianças, entre 1,25 e 2 francos. O quilo do pão vale 0,36 francos; o quilo de batatas, 0,07 francos; o quilo de carne, 3,50 francos (S. PIAT, VT, n. 47, julho de 1972, p. 188-189).

9. *Le Lexovien*, 12 de julho de 1873 e 20 de agosto de 1873. Ver PERROT, *Aperçu du mouvement ouvrier et socialiste dans le Calvados, 1871-1914*.

10. Daniel DESHAYES, "La prostitution à Lisieux sous la monarchie constitutionnelle", *Le Pays d'Auge*, dezembro de 1999, p. 19 e 24. Ver Valérie CARRION, "La prostitution lexovienne, 1854-1900", tese (2 vol.).

a Deauville, criada pelo duque de Morny[11]. A cidade toca consideráveis impostos graças aos direitos de outorga. Nove postos aduaneiros a rodeiam.

Mas não se pode esquecer que a região do Calvados continua a ser essencialmente rural. Todo sábado, na praça *Saint-Pierre*, acontece um grande mercado, no qual os moradores do campo vão vender seus produtos. No dia 1º de agosto acontece a feira dos *picots* (perus). Também há o mercado das árvores, dos animais, dos cavalos. A animação é extrema, todas as corporações profissionais se reúnem, misturando-se à população do Auge.

Isidoro Guérin, farmacêutico

Na bela praça *Saint-Pierre*, diante da catedral[12], na esquina da *Grande-Rue*, n. 74, eleva-se, sobre quatro andares, a farmácia de primeira classe de Isidoro Guérin. Ele venderá sua drogaria em 1883. A profissão de farmacêutico fez dele um homem notável. Sua competência e honestidade o convertem em uma personagem importante: tratamentos, conselhos, prescrição de receitas. Isidoro foi designado como especialista químico pelo tribunal e membro do Conselho de higiene (1878). Em seu consultório do segundo andar, ele trabalha em análises diversas, evocadas eventualmente nas conversas familiares. Celina Martin se recordará:

> Éramos proibidas de ir até lá. Era ali que meu tio trabalhava ao microscópio e fazia análises criminais para o tribunal. Ele nos fez entrar uma vez, entre outras, em que havia um par de botas manchadas de sangue (de um assassino) e o estômago envenenado de uma mulher. Esse aposento levava a pensar no do Barba Ruiva[13].

Sua mulher, Elisa-Émilie Céline, é filha de Pierre Fournet, o grande industrial citado anteriormente.

Notável no plano civil, Isidoro Guérin também se tornou conhecido no plano religioso. Foi-se o tempo em que sua irmã Zélia se preocupava com sua indolência religiosa. A outra irmã, visitandina em Mans, o repreendia ainda mais severamente. Ele não comungou ao lado da esposa no dia da festa de Todos os Santos de 1866. Será ele "o único da

---

11. Ver "Le rail en pays d'Auge", *Le Pays d'Auge*, março-abril de 2002, n. 2, p. 2-21. Quatro trens por dia, três classes de 11,70 a 21,30 francos. Trouville torna-se "a Biarritz do norte" e, em 1884, são inaugurados trens de luxo vindos de Paris.

12. Desde o século XV, essa praça mudou de nome quatorze vezes. Em 1880, tornou-se *place Thiers*.

13. S. Piat, artigo inédito, ACL, 1967. Será que o misterioso gabinete fez crescer os temores da pequena Teresa quando, sentada ao colo do tio, cantava para ela "Barba Ruiva com uma voz assombrosa" (Ms A, 18rº)?

família a ficar longe do bom Deus?"[14]. Irmã Maria Dositeia envia-lhe a *Introdução à vida devota*, de São Francisco de Sales. Isidoro evoluirá pouco a pouco. Respeita estritamente o repouso dominical. Em suas dificuldades financeiras, fará novenas com a esposa e adotará o seguinte lema: "Farei os negócios do bom Deus e Ele fará os meus". Pouco a pouco, ele vai engajar-se. O altar que ergue diante de sua casa para a procissão de *Corpus Christi* de 1876 traz esta inscrição: "Mais a ultrajam, mais ela resplandece" (trata-se de uma cruz). Assumindo a direção da biblioteca paroquial[15], Isidoro será admitido ao Círculo literário da cidade. Em 2 de março de 1874, é admitido como membro da Sociedade histórica de Lisieux. Em 4 de setembro de 1876, será membro correspondente e secretário desta.

Em 4 de março de 1874, fundou a Conferência São Vicente de Paulo e, em 12 de abril seguinte, o Conselho de fábrica da paróquia São Pedro e será seu tesoureiro (apresentará demissão em 29 de julho de 1884). Ajuda Charles Puchot na criação de um Círculo católico no espírito de Albert de Mun, que os fundara em 1871 para ajudar os operários. A questão da escola está no coração dos debates[16].

Somente mais tarde Isidoro se lançará com ardor no jornalismo, engajando-se ao mesmo tempo no combate político. Burguesia e classes medianas alinharam-se à República após o desastre de 1870, que fez submergir o segundo Império. Mas uma parte dos católicos permaneceu ligada à monarquia. Em Lisieux, homens como Paul Banaston, Fleuriot, Duchesne-Fournet fazem parte dos dirigentes. De 1871 a 1894, os prefeitos foram Prat, Michel, Penlevez, partidários de um conservadorismo moderado, no espírito dos governos Ribot[17], Méline[18] e Dupuis, com uma tendência anticlerical, face a uma direita católica e monarquista. O jornal *Le Lexovien*, fundado em 1816 (publicado às terças-feiras e sábados), reflete essa tendência. Com quatro páginas, sua tiragem chega a 2050 exemplares (dezembro de 1874).

A ferrovia não salvará Lisieux do declínio industrial. Os dirigentes adotaram técnicas modernas apenas tardiamente. A guerra americana de Secessão (1862) bloqueia a chegada

---

14. Ver S. Piat, "Le pharmacien de la place Saint-Pierre", VT, n. 90, abril de 1983, p. 129 s.

15. Irmã Maria Dositeia enviar-lhe-á doze volumes de oitocentas páginas intituladas *L'Année sainte de la Visitation*, reembolsados ao preço de 90 francos.

16. O Círculo católico de Lisieux convida M. Chesnelong para uma conferência em 26 de fevereiro de 1877, sobre "O trabalho e a fé", retraçando a história dos Círculos católicos. O número de ouvintes ultrapassou quatrocentas pessoas (ver J.-F. Six, *Lisieux au temps de Thérèse*, Paris, Desclée de Brouwer, 1997, p. 20).

17. Alexandre Ribot (1842-1923), um dos chefes do partido republicano moderado, ministro das Relações Estrangeiras, artífice da Aliança franco-russa. Cinco vezes presidente do Conselho entre 1892 e 1917.

18. Jules Méline (1838-1925), ministro, presidente do Conselho em 1896.

do algodão à Normandia. Entre 1864 e 1869, contam-se vinte e sete falências na indústria têxtil. Em 1880, restarão cinco tecelagens de linho e dez de lã, ao passo que eram setenta em 1825. Em seis anos, Lisieux perdeu 2 mil habitantes. A cidade está em decadência.

Tal é, em resumo, o contexto da Lisieux na qual vão habitar os seis membros da família Martin. Mas Luís, viúvo, longe dos amigos de Alençon, apaixonado pela solidão, se envolverá muito pouco a vida da cidade. Preferirá o campo e seus rios. A casa que o cunhado encontrará para ele, um pouco fora do centro, favorecerá esse isolamento. A única abertura para o mundo se dará graças às relações com os Guérin, que moravam no coração da cidade e tinham vínculos permanentes com as mais variadas camadas da população que frequentavam a farmácia e o lugar de destaque que seu proprietário vai ocupando. As relações familiares não cessarão de aprofundar-se ao longo dos anos, das alegrias e das provações.

A crise do mercado imobiliário não parece afetar Lisieux em 1877. Pondo-se à procura, o tio Isidoro visita nada menos que vinte e cinco casas disponíveis, mas todas apresentam alguns inconvenientes. Enfim, no bairro chamado *village du Nouveau Monde*, na paróquia São Tiago, ele pensa ter encontrado o que está procurando. Ninguém pode descrever a casa melhor que ele, com sua precisão habitual:

> Bela porta para a via pública.
> — Encontra-se um pequeno canteiro arranjado à inglesa — Bosques de ambos os lados — Casa encantadora, encimada por um mirante.
> — No andar térreo, 4 aposentos, entre os quais uma bela sala de jantar revestida de carvalho — Atrás desse aposento, um sótão dividido em adega e depósito para frutas.
> — Acima do andar térreo, um primeiro piso ao mesmo nível do grande jardim situado atrás da casa.
> — 3 quartos magníficos e um menor.
> — 2 banheiros.
> Acima: mirante com chaminé e três pequenas mansardas, iluminadas e decoradas. — Tudo está em perfeito estado, pintado e recentemente decorado.
> Ao lado da casa, poço com bomba para puxar a água. — Atrás da casa, um vasto jardim. Bela cisterna. Portão para a entrada de mercadorias (madeira-cidra), que dá para outra via. — Alpendre — lavanderia — Estufa — um pavilhão para aves e coelhos, muito confortável — um cercado com pavilhão e tina para patos etc. Tudo está cercado por paredes e domina uma parte da cidade, com localização atrás do jardim da Estrela.
> Distância da igreja: 700 passos — da minha casa, 764. Mas há um problema, e um problema considerável, que é o acesso: do jardim da Estrela, que está na avenida, são exatamente 100 passos para chegar à casa por um caminho estreito e

escarpado, mas limpo, iluminado, pois um sistema de iluminação a gás está diante da porta.

Da casa, não se é visto de lugar nenhum e não se vê o caminho, mas somente um encantador panorama da cidade[19].

Paulina reagirá a esse entusiasmo, escrevendo à tia:

> Alegro-me muito por ir a Lisieux. Segundo a descrição que meu tio nos fez, a casa me parece agradável e poderemos nos ver com frequência, o que é ainda melhor. Tenho certeza de que mamãe, do alto do Céu, está abençoando essa iniciativa e sentindo-se feliz [...]. Papai acha inútil que vamos a Lisieux ver a casa, é verdade que usaremos seus gostos como referência, que seguramente serão os nossos[20].

Paulina escreve às duas primas: "Celina e Teresa, principalmente, não sabem como expressar sua alegria" [por ir morar em Lisieux][21].

Nos *Buissonnets*: viúvo com cinco filhas menores

Na quarta-feira, 19 de setembro, despedindo-se de Alençon, Luís Martin chega sozinho à casa do cunhado e visita "a *Maison Levallois aux Bissonnets*". Acha-a ao seu gosto e decide alugá-la sem demora. Dois dias antes, um inventário foi feito de acordo com ata lavrada pelo senhor Racinet. Essa casa existia em 1784 e pertencia à senhora de Bourcheville. Em 1877, tem por proprietário membros da família Consort Carré (?) e é com eles que o contrato de aluguel é assinado[22].

Em seguida, Luís volta a Alençon para ocupar-se da mudança e da conclusão de todos os seus negócios: deve apressar as operárias a finalizar as últimas encomendas de ponto de Alençon. Mas deve, sobretudo, separar-se de sua velha mãe, que não quis ir com ele para Lisieux. Ele a acompanha da *rue du Pont-Neuf*, onde ela morava, a Valframbert, sob os cuidados de Rose Taillé, a ama de leite de Teresa. Irá vê-la até 1883. É porque, se abandona a casa da *rue Saint-Blaise*, conserva o Pavilhão, parada obrigatória útil para seus deslocamentos.

Em 25 de setembro de 1877, vende os fundos de comércio do ponto de Alençon (que compreende clientela e fornecedores) por 3 mil francos, pagáveis em cinco anos a

---

19. A Luís Martin — 10 de setembro de 1877, CG I, p. 112-113.
20. CD 381, de Paulina à senhora Guérin — 11 (ou 16?) de setembro de 1877, VT, n. 60, outubro de 1975, p. 294.
21. CD 382, de Paulina a Joana e Maria Guérin — 16 de setembro de 1877, ibid., p. 295.
22. Em março de 1878, a casa será comprada pela família Levallois. O aluguel é de 750 francos ao ano.

contar do dia da ata, com juros a 5% a partir de 15 de outubro, às irmãs Marie-Françoise e Céleste-Marie-Louise Persehaye[23].

Isidoro vai buscar as meninas e elas passam a primeira noite em Lisieux em sua casa, na esquina da praça *Saint-Pierre* e da *Grande-Rue*, na noite da quinta-feira, 15 de novembro. No dia seguinte, elas se instalam nos *Buissonnets* e descobrem a pequena propriedade. As impressões gerais são expressas em uma carta de Maria ao pai, datada do mesmo dia:

> Instalamo-nos nos *Buissonnets*. É uma casa encantadora, risonha e alegre, com o grande jardim no qual Celina e Teresa poderão brincar. Só a escada deixa a desejar e também o caminho, "caminho do Paraíso", como tu o chamas, pois, com efeito, ele é estreito, não é o "caminho largo e espaçoso". Que importa? Tudo isso importa pouco [...]. Enquanto isso, meu querido paizinho, gostaríamos muito que estivesses no meio de nós, tua ausência já está nos parecendo longa [...]. As pequenas se alegram por ir divertir-se com suas primas. Leônia, principalmente, está encantada. Percebo que faz algum tempo que ela está mudando dia após dia. Não notaste, meu paizinho? Meu tio e minha tia já estão percebendo. Tenho certeza de que é nossa mãe querida que está alcançando essa graça para nós e estou convencida de que nossa Leônia nos dará consolação um dia.

Às considerações práticas, Maria mescla pensamentos religiosos. Nota-se a insistência sobre o progresso de Leônia, cujo caráter difícil preocupava a mãe[24]. Sublinhemos também que, desde o primeiro dia, os *Bissonnets* tornam-se os *Buissonnets* para as filhas Martin. De fato, elas reencontravam o nome primitivo, deformado pelo cadastro no século XIX[25].

Nesse universo cercado por paredes, em um bairro distante do centro da cidade, Teresa vai viver quase onze anos — dos quatro anos e meio aos quinze anos e três meses. Ela se recordará:

> Não senti nenhuma pena ao deixar Alençon, as crianças gostam da mudança e foi com alegria que vim para Lisieux. Lembro-me da viagem, da chegada — à noite — à casa de minha tia, ainda vejo Joana e Maria nos esperando à porta... Eu estava muito feliz por ter priminhas tão gentis... (Ms A, 14r°).

Estas têm, respectivamente, onze e sete anos.

---

23. VT, n. 60, outubro de 1975, p. 293, n. 2.
24. Ver CF 202 — 13 de maio de 1877; CF 210 — 25 de junho de 1877. Ver CG I, p. 115, n.c.
25. E. DEVILLE, "À propos des Buissonnets", *Journal de Rouen*, 29 de abril de 1924.

Nos *Buissonnets*, a vida se organiza: no andar térreo, a cozinha com a chaminé na entrada, onde serão passadas as noites em família, um aposento de trabalho que dá para a sala de jantar; no primeiro andar, o quarto de Maria e Paulina e, ao lado, o do pai. Leônia fica em um pequeno aposento e, ao lado, o quarto das duas pequenas, que dá para o jardim. No segundo andar, o belvedere com quatro janelas, onde Luís se retirará muitas vezes para escrever, meditar, rezar, tendo diante de si uma vasta paisagem da cidade. O jardim — à inglesa — se torna horta na frente e pomar atrás. Será povoado por um galinheiro, por coelhos e diversos animais. Ao fundo, um alpendre abriga a madeira utilizada para a calefação, um balanço. Uma porta dá para um caminho, permitindo o acesso para entregas diversas, entre as quais barris de cidra.

De Alençon, o pai escreve às filhas no dia 25 de novembro[26], falando sobre a ansiedade de unir-se a elas. Espera chegar na quinta-feira, 29. Na verdade, chega somente no dia 30, encontrando Teresa "muito resfriada". Ela será a primeira a receber os cuidados do tio farmacêutico: xarope para a tosse, pasta de malva. Isso não a impediu de contar "suas fabulazinhas de um modo encantador" na casa da tia, que recebia "muita gente". Mas, no dia seguinte, a pequena narradora deve ficar de cama o dia todo[27].

Tendo feito o inventário de seus bens com o senhor Racinet em Alençon, Luís, estabelecendo-se como aposentado em Lisieux, pode fazer uma avaliação de suas economias. Dispõe de 138.919 francos (em móveis, valores líquidos, créditos, rendas, títulos) e um patrimônio imobiliário que chega a 58 mil francos[28]. No entanto, não compra os *Buissonnets*, contentando-se com um aluguel.

O saldo humano dessa mudança se revela muito menos positivo. A morte da esposa atingiu Luís profundamente. Sua fé está intacta, mas Zélia ocupava uma posição capital. Certamente, as duas filhas mais velhas vão organizar a casa sob sua vigilância. Os Guérin vão ceder-lhes sua criada, Vitória Pasquer (1857-1825), que começa a trabalhar nos *Buissonnets* a partir de novembro de 1877 e ficará por sete anos, até 1884. Mas ele está em

---

26. CF 218.
27. CMG III, p. 55; ver CG II, p. 1133.
28. Uma ponte basculante (*route de Paris*, 2), vendida por 7 mil francos, no dia 5 de dezembro de 1894, à viúva Prévost; a casa da *rue de l'Ile*, 35 será vendida por 5 mil francos no dia 10 de dezembro de 1879 a Joseph Vittoz; a casa da *rue Saint-Blaise*, 36, vendida por 12 mil francos a Jean-Achille Isambart em 15 de julho de 1880; um terreno rural em Roulle (Sarthe), gerando um lucro de 1450 francos anuais; terras em Hesloup, compradas em 11 de maio de 1862 (preço desconhecido); uma fazenda em Hesloup (15 hectares), por 22 mil francos; o Pavilhão (vendido em 29 de outubro de 1894 a Henri Rabinel por 2 mil francos); o fundo de comércio (ponto de Alençon), vendido em 25 de setembro de 1877 às senhoritas Persehaye por 3 mil francos. Ao falecer, Zélia tinha dois créditos: ao todo, 2.110 francos (cifras fornecidas por Marius DARGAUD, *L'Enfance alençonnaise...*, p. 3-6).

Lisieux, longe dos amigos, em uma casa isolada, privado de suas atividades habituais, sem conhecer ninguém. O único sinal de abertura em Lisieux provém do parentesco com os Guérin. Em Alençon, Luís se mostrava mais aberto a relações de amizade, sendo fiel aos amigos. Sua viuvez e essa mudança brutal não o estimulavam a voltar a gastar energias na vida social, a recriar um círculo de amigos. Ele não tem nenhum gosto pela vida mundana. O Pavilhão de Alençon será doravante substituído pelo belvedere dos *Buissonnets*, aonde ele se retira de bom grado. O pai de Teresa vai ocupar-se das necessidades da casa (ele tem uma boa adega), do jardim (um jardineiro trabalha a terra) e reencontrar seu passatempo favorito: a pesca. Ele não é mais exatamente o mesmo homem. Para Luís Martin, de agora em diante, o essencial é ocupar-se das cinco filhas. Em troca, elas vão cercá-lo de cuidados carinhosos.

De acordo com seus testemunhos, Luís teria gostado da carreira militar. Dela conservou o sentido da ordem, da pontualidade (a "hora militar" a ser respeitada), o senso prático. Dorme às 21 horas e se levanta às 5 horas. Nada de pantufas em casa; desce do belvedere sempre depois de colocar as botas.

A caçula, "a Órfã da Bérésina", será privilegiada. "Eu continuava a ser cercada pela mais delicada *ternura*. O coração tão *terno* de papai acrescentara ao amor que já possuía um amor verdadeiramente maternal!..." (Ms A, 13rº). Uma das razões de sua grande cumplicidade provém dos passeios à tarde, nos quais percorrem Lisieux e os arredores, se o tempo o permite (o clima da Normandia muda com frequência). Teresa acompanha o pai à pesca. Eles fazem uma pausa às margens do rio Touques. A menina se interessa pouco pela vara de pescar que o pai confeccionou para ela: prefere os campos, pássaros, flores, paisagens de Ouilly-le-Vicomte, Rocques, Beuvillers, Hermival-les-Vaux... e, sobretudo, a oração.

Se a intenção é não se cansar muito, pode-se ir ao jardim da Estrela, perto dos *Buissonnets*, belo parque reservado aos sócios que pagam sua mensalidade. Luís Martin é um deles. Teresa gosta desse lugar, mas sofre com a proibição de colher flores. Não é porque Pierre-Célestin Fournet (sogro de Isidoro) é o presidente do parque que se pode deixar de obedecer a essa lei[29]. Contudo, nem sempre ela a respeitará (Ms A, 23rº). Às vezes, vão até o refúgio das Irmãs da Misericórdia. Enquanto o pai dá o produto de sua pesca às religiosas, Teresa vai até a cisterna e grita seu nome no abismo obscuro, esperando que o eco lhe mande de volta seu chamado. O passeio termina com uma oração em alguma igreja: elas não faltam nesses lugares, às quais acrescentam-se as da cidade, a catedral (paróquia habitual), São Tiago, o *Petit-Lourdes* e o Carmelo... Na volta, uma

---

29. Carta de Paulina à senhora Guérin — 4 de junho de 1879, CG I, p. 119.

pausa diante dos mercadores de castanhas, favos de mel ou crepes, de acordo com as estações. Os encontros familiares noturnos[30] nos *Buissonnets* fazem crescer essa intimidade. Neles, o pai recita poesias, canta árias antigas, lê a vida de algum santo. Teresa termina sempre em seu colo (Ms A, 18rº) antes da oração final e do último beijo. É Maria quem dirige a oração em seu quarto do primeiro andar.

No dia seguinte, é preciso voltar às lições e deveres. Será necessário algum tempo para que a vida da caçula se organize tal como ela a descreveu em seu primeiro caderno 1895 relatando sua vida nos *Buissonnets* antes de ingressar na escola. Sem dúvida, é a sua educação que deve ser mais rapidamente ordenada. Sabe-se que Teresa escolheu Paulina, seu "ideal" (Ms A, 6rº), como segunda mãe. Esta se torna também sua professora até outubro de 1881, ano da entrada de Teresa (oito anos e meio) na abadia Saint-Désir.

A pequena aluna descreverá o que foram esses quatro anos de escola doméstica:

> Depois vinha a lição de leitura, a primeira palavra que consegui ler sozinha foi esta: "Céus". Minha querida madrinha se encarregou das lições de escrita e vós, minha mãe, de todas as outras; eu não tinha uma grande facilidade para aprender, mas tinha muita memória. O catecismo e, principalmente, a história santa tinham minhas preferências, estudava-os com alegria, mas a gramática fez minhas lágrimas correrem muitas vezes... Recordai-vos do masculino e do feminino! (Ms A, 13vº).

Celina se recorda:

> A pequena Teresa chorou muitas vezes porque não podia compreender que "uma" maçã seja feminino. Ela achava que, por sua forma simples, polpa seca e apertada, um pouco ácida, diferente da pera, que é mais graciosa, cujo gosto é mais açucarado e [palavra ilegível] a polpa mais tenra, a maçã, que representava para ela o sexo masculino, devia ser "o" maçã [...]. Paulina a repreendia por não compreender o que ela lhe ensinava (ACL).

As dificuldades de ortografia não são uma fonte menor de lágrimas. Não foram conservados os cadernos dos *Buissonnets*, nem aqueles dos tempos de escola. Mas as sete cartas de Teresa que possuímos desses anos (1877-1881) revelam não poucos erros — quando escreve sozinha. Por muito tempo, ela conservará uma ortografia insegura, como o mostram seus cadernos escolares e os escritos posteriores.

Bem compreendido, o ambiente familiar encoraja a caçula. O pai não será o último a felicitá-la quando ela lhe anuncia suas boas notas ao subir até o belvedere. Ele se mostra

---

30. Estes acontecem no pequeno aposento que se encontra à esquerda da porta de entrada, no andar térreo.

mais indulgente. Sem verdadeiramente mimar a última filha, está muito disponível a todos os seus desejos: "Ele fazia tudo o que eu queria" (Ms A, 14rº). Ele tem "todas as ternuras por ela" (ibid.).

O trabalho é sério o bastante para que a aluna goste de ser interrompida. Em primeiro lugar, ao fim de cada dia:

> Tão logo terminava minha aula, subia para o belvedere, levando ao papai minha medalha e a nota. Como ficava contente quando podia dizer-lhe: "Tenho 5 com louvor! Foi Paulina a primeira a dizê-lo!". Pois, quando era eu a perguntar-vos se tinha 5 com louvor e me dizíeis que sim, aos meus olhos era um ponto a menos. Vós me dáveis também bônus de pontos e, quando tinha conseguido um certo número, ganhava uma recompensa e um dia de folga (Ms A, 13vº).

Ao voltar dos passeios, Paulina não deixa de velar para que a aluna faça seus deveres. Tendo dezesseis anos ao chegar a Lisieux, ela leva seu papel muito a sério.

O regime alimentar não favorece a gula. No café da manhã, as pequenas começaram pelo chocolate. Crescendo, porém, dividem a sopa das maiores, muitas vezes de cebola, pois Vitória não varia muito o cardápio. Na manhã de domingo, reencontra-se o chocolate. Na escola, Celina (e, mais tarde, Teresa) só tem pão seco e água no intervalo do lanche, quando suas companheiras exibem chocolate e geleias.

A presunção não era encorajada. Celina não gosta muito de ir à escola com sapatos manchados[31]. Paulina não deixa passar nenhuma imperfeição (Ms A, 18vº), nunca volta atrás na decisão que tomou (salvo, algumas vezes, quando o pai vai pleitear a causa de sua Rainhazinha — Ms A, 19rº).

Ainda mais apreciadas são as interrupções devidas às quintas-feiras, domingos e festas. Teresa cantará com lirismo o dia do Senhor. "Que dia o domingo!... Era a festa do Senhor, a festa do *repouso*!" (Ms A, 17rº). Cada uma das filhas se revezava para tomar café na casa dos Guérin. Mas a brevidade desse dia feliz traz à noite um "tom de *melancolia*". Depois de Vésperas, durante o ofício de Completas, a felicidade se dissipa: "Eu pensava que o dia do repouso ia acabar, que no dia seguinte seria preciso recomeçar a vida, trabalhar, aprender as lições... E meu coração sentia o exílio da terra..." (Ms A, 17rº). Esse sentimento será uma constante em sua vida.

Felizmente, um dia chegam as grandes férias e a distribuição dos prêmios. Ao fundo do jardim, sob o alpendre, o ritual é imutável e solene: em roupas brancas, a (única) premiada escuta, com o coração a bater forte, os resultados do ano, os prêmios conquistados; em seguida, põem a coroa sobre seus cabelos loiros. Toda a família está presente, com

---

31. *Souvenirs autobiographiques* (1909), p. 46-47.

as primas Guérin e Maudelonde. Começa, então, a *"grande representação"* (Ms A, 19vº): são os primeiros passos de Teresa na arte do teatro e seus disfarces. A peça é composta pela preceptora Paulina, que às vezes lamenta que os papéis não são decorados: "Nossas meninas tão preguiçosas aqui… Gostam tanto de fantasiar-se, mas não se poderia dar-lhes o mínimo de trabalho"[32]. Aquelas que são objeto desse comentário são Joana Guérin e Celina.

Esta guardou uma recordação um pouco amarga das "festas", descrevendo-as muito bem:

> Todos os anos, na distribuição dos prêmios "de Teresa", dava-se um espetáculo, uma tarde inteira de deleite! Nossas priminhas e nós éramos chamadas a representar um papel diante da reunião de nossos amigos. O alpendre estava enfeitado para a circunstância, um cenário era montado ali, e lugares para os espectadores. Mas, infelizmente, a peça infantil era uma peça moral, onde entravam bons e maus sujeitos, o vício era evocado para ressaltar a virtude e… era sempre eu que ficava com o papel ruim! Isso era compreensível, não se podia dar essa função a uma convidada. Teresa era muito comportada e, depois, era a rainha da festa; então era eu, sempre eu. Resultou daí que várias pessoas guardaram realmente uma impressão lamentável de mim. Com delicadeza, faziam-me pequenas indiretas. Durante aquele tempo, outras eram louvadas e eu ficava com o coração apertado… Por isso, conservei um horror instintivo por esse tipo de diversão. Sim, eu sofria muito por aquela bagatela que, renovando-se todos os anos, renovava também meu sacrifício[33].

A escolaridade no seio da família dará bons frutos, graças à firme vigilância de Paulina: ao entrar na escola da Abadia, aos oito anos e meio, sua aluna estará em um bom nível para acompanhar as aulas.

Mais profundamente, é preciso considerar com seriedade o que Teresa escreverá em suas lembranças. Com grande lucidez, ela se recorda:

> […] a partir da morte de mamãe, meu feliz caráter mudou completamente: eu, tão viva, tão expansiva, tornei-me tímida e delicada, excessivamente sensível. Bastava um olhar para fazer-me desatar a chorar, era preciso que ninguém se ocupasse de mim para que eu estivesse contente, não podia suportar a companhia de pessoas de fora e só reencontrava minha alegria na intimidade da família… (Ms A, 13rº).

---

32. Lisieux, 9 de agosto de 1880, VT, n. 61, janeiro de 1976, p. 67.
33. CELINA, *Souvenirs autobiographiques*, p. 25, VT, n. 61, janeiro de 1976, p. 67.

A Rainha e seu Rei

Encontram-se aqui os primeiros sinais desse longo período de fechamento em si mesma — dez anos —, que deverá, aliás, ser atravessado por numerosas provações. É necessário dizer, para empregar os termos contemporâneos, que Teresa não "fez o luto" de sua mãe? O trauma foi muito profundo e vai durar quase a metade de sua curta vida[34]. Com todas as forças, ela se apega ao pai, ao seu amor paterno e materno[35]. Daí a forte cumplicidade entre a criança, a menina — dos quatro anos e meio aos quinze anos — e o pai. Pode-se falar de uma verdadeira veneração, constantemente expressa: "Não consigo dizer o quanto amava papai, tudo nele me causava admiração…" (Ms A, 21rº).

Sim, ele é seu "Rei"[36]. A morte, presente desde o ano anterior, atormenta os pensamentos da garotinha: "Não podia nem mesmo pensar, sem tremer, que papai *pudesse morrer*…" (Ms A, 21rº). Pensamento intolerável! Daí a anedota seguinte, no jardim dos *Buissonnets*:

> Certa vez, ele subira no alto de uma escada e, como eu estivesse justamente embaixo, gritou: "Afasta-te, pequerrucha; se eu cair, vou te esmagar". Ouvindo isso, senti uma revolta interior. Em vez de afastar-me, colei-me à escada, pensando: "Se papai cair, ao menos não terei a dor de vê-lo morrer, porque vou morrer com ele" (Ms A, 21rº).

Uma multidão de pequenos detalhes exprime esse amor recíproco. Luís é muito disponível às filhas, mas principalmente à caçula: Teresa sai com ele e segura sua mão, estando o mais possível em sua companhia. Vai ao seu encontro no belvedere, gosta de sentar-se em seu colo quase diariamente. A ternura paterna é expressa por todos os apelidos dados a Teresa: "pequena Rainha", "Besouro loiro", "Órfã da Bérésina", "Lobinho cinzento", "Rainhazinha"…

O pai, somente com sua presença, inspira a piedade da filha. A missa do domingo ocupa um lugar de destaque na semana. Vão em família à catedral São Pedro, onde reencontram com alegria a família Guérin[37]. O tio Isidoro ocupa o lugar de honra nos

---

34. Sobre essa ferida, ver as obras dos médicos e psicanalistas Gayral, Maître, Dubois, Masson, Thomas-Lamotte, na bibliografia, infra.

35. Reminiscência de um "cumprimento" composto por Paulina, carmelita, e dirigido ao pai por Teresa na festa de ano novo de 1887: "Desde a partida de Maria/ Teu coração é mais que paterno/ Um doce raio da Pátria/ Fez com que ele se tornasse materno". Nessa data, Teresa perdeu Maria, sua "terceira mãe", que entrou no Carmelo em 15 de outubro de 1886.

36. Nos escritos de Teresa, a menção à mãe ocorre setenta e quatro vezes; ao pai, duzentas e setenta e cinco vezes.

37. No plano territorial, a família Martin deveria frequentar a igreja São Tiago. Mas a atração pela família Guérin, próxima da catedral, venceu. Isso não impedia Luís Martin e suas filhas mais

bancos dos proprietários de fábricas. Mas Teresa não larga o pai e fica sempre ao seu lado, disposta a mudar cadeiras de lugar para isso.

> Eu olhava para papai muito mais que para o pregador, sua bela figura me dizia tantas coisas!... Por vezes, seus olhos se enchiam de *lágrimas* que, em vão, ele se esforçava em conter, parecia já não estar mais preso à terra, tanto sua alma gostava de mergulhar nas verdades eternas... (Ms A, 17v°). Eu amava muito o bom Deus (Ms A, 15v°).

Ela, que já era inclinada a fazer oração em seu quarto (Ms A, 33v°), no campo (Ms A, 14v°), recebe as primeiras iniciações do pai bem-amado: "Subíamos para fazer a oração em comum e a rainhazinha estava só ao lado de seu Rei, bastando olhar para ele para saber como rezam os santos..." (Ms A, 18r°). A palavra está dita. Muito cedo, ela aprende a preocupar-se com os outros, especialmente os pobres. O que viveu em Alençon a preparara para isso. Nos *Buissonnets*, segundo um ritual (que pode ser encontrado em outras famílias), pobres vão fazer fila diante da casa, todas as segundas-feiras. Os Martin dão-lhes algo para comer e algum trocado. É Teresa, a menor, que é encarregada de acolhê-los e, às vezes, ajoelha-se para receber a bênção de um mendigo.

"A visão profética"

Pode-se entender por que a "visão verdadeiramente extraordinária" que ela terá "um dia" ocupará quase três páginas de suas memórias. A extensão do relato dá testemunho do choque sentido, que marcará a menina de maneira profunda e durável: "Não estava em meu poder não pensar mais nisso, muitas vezes minha imaginação me representou a cena misteriosa que eu vira..." (Ms A, 20v°).

Em pleno dia, no princípio da tarde, Teresa vê, da janela de uma mansarda na parte de trás da casa, um personagem com a cabeça coberta atravessar o fundo do jardim. Ela acredita reconhecer o pai e grita: "Papai, papai!" Mas "o misterioso personagem" desaparece atrás das árvores... Alertadas, Maria e Paulina acorrem e tentam tranquilizar a irmã, muito confusa: "Papai está em viagem a Alençon". Teria a empregada Vitória Pasquer simulado uma brincadeira estúpida? Esta afirma não ter deixado a cozinha. É melhor esquecer isso, aconselha Maria[38]. Em que data ocorreu esse acontecimento insólito? Escrevendo em 1895, Teresa não se recorda: devia ter seis ou sete anos, o que remete

---

velhas de assistir à missa em São Tiago durante a semana. Essa paróquia era mais popular. Seus fiéis eram chamados os "Jacqueux".

38. Será preciso esperar "14 anos" para que essa cena revele seu mistério, escreve Teresa. Era uma "visão profética" da doença do pai (Ms A, 21r°).

aos anos 1879 ou 1880. Ela diz ainda que se, nessa idade, tivesse adivinhado o sentido da "visão", esta "me teria feito morrer de dor" (Ms A, 21rº).

Paulina está sempre vigilante: Teresa não deve ceder aos seus temores quando cai a noite (Ms A, 18vº). Jamais um cumprimento que pudesse levar a irmãzinha a envaidecer-se, enquanto na praia de Trouville um casal admira uma "tão linda menininha" loira (Ms A, 21vº).

Descobrindo Paris

Durante o verão de 1878 — muito quente —, Luís Martin, que gosta de viajar, leva as duas filhas mais velhas para visitar Paris por ocasião da Exposição. Há tantas coisas a ver que a estadia, iniciada em 17 de junho, será prolongada até 2 de julho. A mais nova é confiada a Céline Fournet, enquanto Leônia e Celina ficam no pensionato de sua escola da Abadia. A descoberta da capital: que acontecimento para duas meninas do interior, de 18 e 17 anos! As cartas que escrevem aos Guérin testemunham seu entusiasmo e suas fadigas, pois, apesar das carruagens, é preciso caminhar muito.

A partir do primeiro dia, oração em *Nossa Senhora das Vitórias*, o santuário mariano preferido dos Martin; em seguida, visita à *Madeleine*, à *Bourse*, aos *Champs-Élysées*, à coluna *Vendôme, place de la Concorde, Tuileries, Palais-Royal*, às lojas do Louvre, o Obelisco, as estátuas de Luís XIV e Joana d'Arc, a *Opéra*. Uma tentativa para aí encontrar entradas fracassa, pois tudo está alugado com muita antecedência... No dia 18, visita à Exposição, mas Paulina sai dessa "maravilha" completamente "aturdida, prestes a desmaiar, deslumbrada, estupefata". Ela o escreve à meia-noite, ao sair "da *Ménagerie Bidel*, onde o célebre domador enfrenta os animais ferozes"[39]. Maria retoma a atividade epistolar em 22 de junho. Anuncia que a estadia se prolongará e pede desculpas por deixar Teresa na casa da tia por mais uma semana. Mas como não sucumbir a tal tentação? Tantas maravilhas parisienses a deixam "aturdida, deslumbrada, estupefata"[40].

Durante esse tempo, a tia Guérin escreve à sua mãe, senhora Elisa Fournet, que passa alguns dias em sua casa de Saint-Ouen-le-Pin, a dez quilômetros de Lisieux, aonde "nossas filhinhas", Joana e Maria, a acompanharam. Ela cuida de Teresa, que "me faz fielmente companhia. Ela não é difícil de cuidar; enquanto trabalho, diverte-se com bobagens"[41].

Em 25 de junho, Paulina envia novamente uma longa carta à tia: anuncia que "amanhã" seu pai as levará ao *Théâtre-Français*. O domingo, 23, foi um dia cheio: assistência à

---

39. Carta aos Guérin — 18 de junho de 1878, VT, n. 60, outubro de 1975, p. 296-297.
40. Carta aos Guérin — 22 de junho, ibid., p. 298.
41. 25 de junho de 1878, ibid., p. 300.

missa solene em *Notre-Dame*, celebrada pelo cardeal Guibert e seu coadjutor. A seguir, visita ao palácio da Indústria e ao seu "Panorama". Curiosamente, os Martin assistem às Vésperas em um templo protestante. No dia seguinte — segunda-feira —, sob um calor sufocante, visita a Versailles, inesquecível, porém exaustiva. Terça-feira: segunda visita a *Saint-Germain-l'Auxerrois, Sainte-Clotilde, hôtel des Invalides*, museu de Antiguidades do Louvre e *Saint-Germain-des-Prés*. "Após o jantar 'capenga', fizemos nossas pobres pernas caminharem até Nossa Senhora das Vitórias para a bênção do Santíssimo Sacramento".

A resposta da tia transmite algumas notícias de Teresa. Ela segura sua mão para que a menina escreva à irmã que está se divertindo muito com pérolas, nesse dia 26 de junho de 1878[42]. A tia acrescenta: "Teresa não fica entediada comigo [...] ela é alegre, totalmente alegre, ri de todo o coração, tanto que me ganha com seu bom sorriso"[43].

O mar

Corrijamos uma imprecisão nas memórias de Teresa: é somente aos cinco anos e oito meses, na quinta-feira, 8 de agosto de 1878, que ela conhece o mar em Trouville. Acontecimento assaz marcante para que Teresa — que irá várias vezes de férias à costa da Normandia e fará uso frequente dos símbolos marítimos (barcos, portos, velas...) — nele se prolongue.

Essa visita de algumas horas é explicada pela estadia da tia Guérin e suas duas filhas em Trouville, de 1º a 30 de agosto, "na residência dos Leroux, na *Grande-Rue*". Parece que foi o frágil estado de saúde de Maria que convenceu seus pais a proporcionar-lhe um mês de férias no mar. Uma carta da senhora Guérin ao marido narra como Joana e Maria tomaram banho de mar. As filhas Martin — Maria e Paulina — alternam-se para passar alguns dias. Maria chegou no domingo, 4 de agosto, e retorna no dia 8. Paulina irá no domingo, 11, acompanhada do tio. Indo buscar Maria, Luís está acompanhado por Teresa na quinta-feira, 8. Mas, quando a menina de cinco anos e meio está prestes a maravilhar-se pela primeira descoberta do mar, o pai insiste com ela para ir pescar no rio Touques. O resultado será escasso: uma enguia e dois caranguejos, dos quais um desaparecerá na cozinha dos Fournet. A tia sublinha o contraste entre a atitude da menina ("fiquei muito feliz [...] por ver a cara de felicidade da pequena Teresa ao contemplar a grandeza do mar") e de seu pai ("Não podíamos compreender — Maria, principalmente — como ela dava tão pouca atenção ao mar")[44].

---

42. C 5 — 26 de junho de 1878.
43. CD 396 — 26 de junho de 1878, CG I, p. 116.
44. Carta ao seu marido — 9 de agosto de 1878, VT, n. 60, outubro de 1975, p. 306.

O certo é que essa primeira descoberta será marcante para Teresa: "Nunca esquecerei a impressão que me causou o mar, não conseguia parar de olhá-lo; sua majestade, o bramido das ondas, tudo falava à minha alma da Grandeza e do Poder do bom Deus" (Ms A, 21vº).

Mas a meditação sobre "o sulco dourado", que segue imediatamente no manuscrito, inscreve-se, sem dúvida, entre 1879 e 1881, por ocasião de outras férias em Trouville[45]:

> À noite, à hora em que o sol parece banhar-se na imensidão das ondas, deixando à sua frente um sulco luminoso, eu ia sentar-me sozinha sobre um rochedo com Paulina... Então me recordava da comovente história "Do sulco dourado!...". Durante muito tempo, eu ficava contemplando esse sulco luminoso, imagem da graça a iluminar o caminho que o barquinho de velas brancas deve percorrer... Junto a Paulina, tomei a resolução de nunca afastar minha alma do olhar de Jesus, para que ela navegue em paz em direção à Pátria dos Céus!... (Ms A, 22rº).

Pode-se notar que essa solidão ("sentar-me sozinha") é relativa ("com Paulina")!

Não podemos limitar as visitas ao mar ao tempo das grandes férias, pois Celina anotou: "Independentemente das temporadas na casa de minha tia Guérin, íamos todos juntos [a Trouville] com papai para ali passar dias muito agradáveis e voltávamos aos *Buissonnets* à noite"[46]. A moda dos banhos de mar[47] é própria de toda essa época. De trem, a distância entre Lisieux e Trouville não passa de trinta quilômetros.

As férias dos Guérin vão terminar. Celina, por sua vez, pôde aproveitar um tempo na casa deles para pescar o peixe-agulha e pegar o barquinho que une Trouville a Deauville para fazer uma visita à família Maudelonde, onde se encontram seus filhos Ernest e Henry. Ela voltará a Lisieux no dia 28, no trem da noite, com a senhora Maudelonde, irmã de Céline Fournet.

O ano escolar vai recomeçar. Na abadia das beneditinas, Joana, Maria Guérin e as primas Leônia Martin (pensionista) e Celina (semipensionista) se reencontram, enquanto Teresa continua sua escolarização em casa.

---

45. CD — 2 de agosto de 1878, ibid., p. 304. A prova disso é que, no dia 8 de agosto de 1878, Paulina não estava em Trouville. Ora, nas *Roches-Noires*, Teresa está "com Paulina" (Ms A, 22rº).

46. NPHF, p. 551. Ver CG I, p. 118, n.c.

47. Em sua carta de 9 de agosto, Celina Guérin fala da decepção de Maria, que não pode tomar banho de mar. Ela indica também que haverá maré alta pela manhã e às 8 da noite, o que tornará os banhos impossíveis (VT, n. 60, outubro de 1975, p. 306).

"Uma vida tranquila e feliz" (Ms A, 22rº)

Desses anos, ela escreverá mais tarde que foram "tranquilos e felizes" e que o carinho com que era cercada nos *Buissonnets* a fazia, "por assim dizer, crescer" (Ms A, 22rº). A fonte dessa paz provém também, sem dúvida, de sua fé: "Eu amava muito o bom Deus e lhe entregava muitas vezes o meu coração, servindo-me da formulazinha que minha mãe me ensinara" (Ms A, 15vº): "Meu Deus, eu vos dou meu coração: tomai-o, por favor, para que nenhuma criatura possa possuí-lo, mas somente vós, meu bom Jesus"[48].

Para além das fórmulas, Teresa gosta de fazer oração, mesmo sem o saber: ela arrumou um canto de oração em seu quarto, entre a cama e a parede, escondido por uma cortina. As longas sessões de pesca do pai lhe davam também tempo para rezar no esplendor da criação. Suas meditações a levam a "sonhar com o Céu" (Ms A, 14rº). Imitando a missa dominical, ocupa-se solicitamente dos pequenos altares feitos no jardim, perto do alpendre (Ms A, 14rº). O primeiro sermão que ela realmente entendeu "me tocou profundamente". Fora proferido por Padre Ducellier e tratava da Paixão de Jesus (Ms A, 17vº). A partir desse dia, Teresa diz que entendeu todos os sermões.

A realidade de seu fervor se revela principalmente em sua primeira confissão, cuja data não é indicada com exatidão: final de 1879, início de 1880? Teresa tem por volta de sete anos. Graças à ajuda de Paulina, foi bem preparada para confessar-se com Padre Ducellier, na catedral São Pedro. Muito pequena e de joelhos nesse grande confessionário, o vigário, a princípio, não a enxerga. Pede-lhe que se ponha de pé para acusar seus pecados, mas ela não lhe dirá que "o amava de todo o meu coração" (Ms A, 16vº), como previra em sua lógica (se Padre Ducellier é Jesus que perdoa os pecados, então ela quer dizer-lhe que o ama). Paulina a dissuadiu de chegar a esse ponto. Teresa sai do confessionário alegre e aliviada[49].

Esse conjunto de disposições não chegou a fazer dela uma menina modelo. Com certeza, desde que seu caráter mudou, Teresa está menos sujeita a cóleras e teimosias, como em Alençon, mas conserva sua dignidade diante das brincadeiras de Vitória, "batendo com o pé com todas as forças" e chorando de cólera (Ms A, 15vº). Em outra circunstância em que se sente ofendida, ela chama a empregada de "pirralha", o que lhe parece a injúria suprema (Ms A, 16rº) e provoca os gritos da funcionária. A menina fica irrequieta o suficiente para cair dentro de um balde e ficar encurralada ali (Ms A, 16rº) ou tombar na chaminé (apagada) para dela sair coberta de cinzas (Ms A, 16vº).

---

48. S. PIAT, *Histoire d'une famille*, OCL, 1946-1965, p. 189, ver IJ/PO, p. 156.
49. Pode-se ver esse confessionário na catedral São Pedro.

De acordo com o costume mencionado, todas as segundas-feiras pobres vão bater à porta dos *Buissonnets* para receber alguma ajuda. A cada toque da campainha, a caçula se precipita e anuncia a Paulina quem é o visitante: "É um pobre ancião aleijado! É uma pobre mulher com filhos pequenos, um deles está pobremente vestido, a mulher está muito pálida. O que devemos dar-lhe?". Ela voltava correndo para levar ajuda em espécie ou em dinheiro[50].

Muito mais calma também quando chega a sua vez de ser convidada à casa dos Guérin, no domingo à noite, mesmo que o tio Isidoro lhe cause um pouco de medo. Mas ela precisa dele e de seus medicamentos em todos os invernos, porque fica regularmente doente, com resfriados que acabam evoluindo para "bronquites"[51]. Os laços entre as famílias Martin e Guérin ficam mais estreitos com o passar dos anos e as estadias das filhas de Luís na casa dos tios se sucedem e multiplicam. Evidentemente, elas participam das festas de família, principalmente quando se trata de algum acontecimento como a primeira Comunhão de Joana, no dia 29 de maio, na abadia das beneditinas. Como cristão fervoroso, seu pai lhe escreve, no dia anterior, uma carta cheia de recomendações e uma lista impressionante de intenções de oração que, como ele tem consciência, a menina de doze anos terá dificuldade para gravar. Entre elas, não esquecer "nossa pobre França tão doente, a religião tão ultrajada"[52] e o avô Fournet, que não é religioso. Mas, adoentado, Isidoro lamenta não poder comungar ao lado da filha no dia seguinte.

Com efeito, na "crônica familiar" que conserva zelosamente, o farmacêutico de trinta e oito anos anota sobriamente no começo de agosto: "Surgimento de minha doença" (p. 32). Se ignoramos sua natureza, podemos observar que ele escreve em 10 de outubro: "1ª cauterização". A natureza do mal é preocupante o bastante para que ele vá consultar o doutor Guyon em Paris, alguns meses mais tarde, em 3 de fevereiro de 1880[53].

Isso não impede a família Guérin de encontrar-se novamente de férias em Saint-Ouen-le-Pin, na casa da "bondosa vovó" Fournet, nem os Martin (Luís e as duas filhas mais velhas) de retornar a Alençon e a Mans. Em Alençon, um *tour* de visitas se impõe. Com alegria, encontram alguns amigos. Em primeiro lugar, a família Romet (Paulina é madrinha da segunda filha dos Martin). Obviamente, vão ao cemitério para rezar com emoção sobre o túmulo da mãe e cobri-lo de flores. No dia seguinte, partem às

---

50. Inês/NPPA, p. 159.
51. Nota de Madre Inês de Jesus (ACL).
52. Alguns meses mais tarde, acontecerão a dissolução dos jesuítas e o êxodo das congregações religiosas que não tiverem obtido reconhecimento legal.
53. CD 407, de Celina Guérin ao seu marido — 2 de fevereiro de 1880 — e a de Paulina ao padrinho, no mesmo dia, VT, n. 61, janeiro de 1976, p. 64-65.

7 horas para Le Mans, onde as filhas Martin foram educadas na Visitação, no tempo de sua tia, Irmã Maria Dositeia. Ainda ali, a emoção é grande ao reencontrar as antigas professoras.

Em uma carta de Alençon, Paulina manifesta preocupação com as irmãzinhas:

> Como estais, meus bons parentes e todas as nossas garotinhas? Teresa é muito linda, pobrezinha, amo-a tanto que sua cabecinha loira está sempre presente em minha memória, estou sentindo falta de colar alguns beijos em suas bochechinhas rosadas[54].

De Mans, Paulina volta a escrever e é a preceptora que fala mais alto:

> Teresa está se comportando? Que ela aproveite bem seus últimos dias de férias, na segunda-feira será preciso retomar o catecismo, a história santa, a leitura, a escrita etc. etc. Coitadinha, como ela sofre com sua malvada irmã Paulina! Espero que meu Celininho esteja sempre aplicado também, amo muito minha pequena Celina e minha grande Leônia também[55].
>
> Todo o trabalho será proveitoso, já que, na distribuição dos prêmios do "Pensionato das Senhoritas Martin", a aluna Teresa conquista o "1º prêmio de aplicação; o 1º prêmio de catecismo; o 2º prêmio de História Santa; o 1º prêmio de leitura; o 1º prêmio de Pontos com um *Accesit* de boa vontade. A volta às aulas foi marcada para segunda-feira, 18 de agosto de 1879. Assinado: Paulina Martin"[56].

Primeira Comunhão de Celina (13 de maio de 1880)

O ano de 1880 — Teresa tem sete anos — não é abundante em informações históricas. O que vai marcar a menina é a primeira Comunhão de Celina. As "duas pequenas" sempre foram muito ligadas em relação às "duas grandes" e a Leônia, um pouco isolada entre os dois grupos. O vínculo das duas mais novas não é suficiente para explicar o lugar impressionante que a primeira Comunhão de Celina, 11 anos, vai assumir na vida de Teresa. Esta contou em detalhes como tentava recolher alguns trechos da preparação feita por Paulina. A caçula ouve explicar que, a partir da primeira Comunhão, é preciso "começar uma vida nova". Para ela, então, não é o caso de esperar a própria Comunhão: é a mesma coisa que começar a preparar-se de imediato, mesmo que sejam necessários três anos de preparação. A Celina, que faz um retiro na Abadia, Paulina enviou uma infindável lista de intenções de oração. Tal era o costume. Como não esquecer?

---

54. CD 405 — junho (?) de 1879, ibid., p. 61
55. Junho (?) de 1879, ibid., p. 61, et CG II, p. 1134.
56. DCL.

A quinta-feira, 13 de maio de 1880, marca uma grande data na vida de Celina... mas também de Teresa: "Parecia-me que era eu que ia fazer minha primeira Comunhão. Creio que recebi grandes graças naquele dia e o considero um dos mais *belos* da minha vida..." (Ms A, 25vº). O amor à Eucaristia, tão forte durante toda a sua vida, parece ter suas raízes aqui. Ela vai sofrer com a longa espera de sua primeira Comunhão. Sua irmã Maria dará testemunho de tal ardor:

> No Natal [de que ano?], vendo-nos ir à missa e ficando Teresa em casa, porque era muito pequena, ela me dizia mais uma vez: "Se quisesses levar-me, eu também iria comungar, eu me enfiaria no meio dos outros, não perceberiam. Eu poderia fazer isso?" E estava muito triste quando lhe disse que era impossível[57].

Na tarde do grande dia, nas Vésperas, Celina recita, em nome de suas companheiras, o Ato de consagração à Santíssima Virgem. Alguns dias mais tarde, na sexta-feira, 4 de junho, festa do Sagrado Coração, recebe o sacramento da Confirmação pelas mãos de Monsenhor Hugonin, bispo de Bayeux-Lisieux. É do dia seguinte uma tarefa de ditado de Teresa — composta, sem dúvida, por Paulina — que menciona o acontecimento. Apesar de sua incoerência, revela algo dos pensamentos e ocupações da aluna de sete anos e meio e de sua família:

> Celina foi confirmada ontem. Li hoje a história da ressurreição de Lázaro e a cura do centurião. Gosto das grandes margaridas, das centáureas azuis e das papoulas. As grandes aranhas me dão muito medo. Hoje está chovendo muito, não gosto do mau tempo. Quando fizer sol, iremos ao campo. Há um encantador ninhozinho de pintarroxos no jardim, são pintarroxos brilhantes. Celina e Leônia terão uma folga na sexta-feira e eu também, se for comportada. Tem cerejas doces no jardim. Leônia está cortando papel Bristol. O tapete é verde, a noite é escura, a tinta é preta. A gravata de Paulina é vermelha e sua gola é branca.
>
> A Santíssima Virgem ia ao templo aos três anos de idade. No meio de suas companheiras, ela se fez notar por sua piedade, sua angélica doçura, todo mundo a amava, admirava, mas muito mais os anjos, que a consideravam sua irmãzinha. Os Céus narram a glória de Deus. Ontem fui ao campo com papai, diverti-me muito, colhi um lindo buquê de grandes margaridas para fazer uma coroa para mim e trouxe em meu cestinho outras lindas flores para Celina. Logo chegarão as grandes férias. Gosto dos morangos, framboesas, cerejas, groselhas, groselhas pretas, peras, maçãs, ameixas, pêssegos, damascos, da uva, dos figos etc. Tenho uma boneca grande e muito graciosa, mas prefiro o bebezinho que minha tia me deu nas festas do início do ano. Também tenho todos os tipos de bonequinhas que me divertem muito.

---

57. PO, p. 241.

Quero ser uma menina muito boazinha. Nossa Senhora é minha mãe querida e, em geral, as criancinhas se parecem com sua mãe. Papai está em Trouville, talvez traga caranguejos, fico feliz com isso, é muito divertido ver bichinhos pretos tornar-se vermelhos quando os colocam para cozinhar[58].

As alegrias das férias

O verão conduz os Guérin a Saint-Ouen-le-Pin, a partir de 8 de agosto. Dos *Buissonnets*, Paulina escreve à tia e dá algumas notícias da vida comum, em plenas férias. Maria limpa o jardim inglês, ela mesma ensaia pintar alguma coisa enquanto Celina e Teresa leem-lhe *La Sœur de Gribouille*, da condessa de Ségur. A *Bibliothèque rose* ilustrada ocupa lugar de destaque na família, com *Les Deux Nigauds* (publicado em 1862) e as obras do cônego alemão Von Schmid (1768-1854), autor de uma abundante literatura para crianças. Pode-se acrescentar *Oncle Boni*, da senhorita de Martignat, publicado recentemente[59].

No dia 7 de setembro, Paulina vai festejar seu aniversário em Saint-Ouen-le-Pin. Tem agora dezenove anos, mas sua altura não ultrapassará 1,54 metros, o que leva sua irmã Maria a chamá-la de "anãzinha". Tendo em vista o mau tempo, só lhe resta ler *Paul et Virginie*[60] enquanto espera a festa familiar durante a qual as primas Guérin vão cantar para ela *La Charbonnière et la Meunière*. Em breve, Paulina voltará com o pai a Alençon e a Mans. A nostalgia é forte ao percorrer a *rue Saint-Blaise*. A seguir, depõem uma coroa sobre o túmulo da mãe. Em uma carta a Maria, ela medita: "Mas a morte é triste, sentimos que não fomos feitos para isso. No caminho, pensava na visão do profeta Ezequiel no campo dos mortos[61] e isso me dava alegria ao coração".

Maria responde-lhe em 1º de dezembro, da casa dos Guérin, para transmitir algumas notícias dos *Buissonnets*, onde Vitória, na ausência do único homem da casa, faz uma verdadeira barricada e tranca as portas todas as noites, por medo dos ladrões. Por essa razão, fazem com que Celina e Teresa durmam no quarto das mais velhas, que pode ser fechado à chave. A mais nova não se assusta: "Oh — diz Teresa —, se vier um ladrão, eu aperto o nariz dele com um quebra-nozes!". E faz a mímica da cena[62]. No mesmo dia, da casa de sua tia, escreve sozinha à professora. É a primeira vez: esse documento bruto merece ser lido, mesmo que faça tremer a irmã preceptora:

---

58. 5 de junho de 1880. Ver CETL, p. 50.
59. Carta de Paulina à senhora Guérin — 9 de agosto de 1880, CG I, p. 120 s.
60. Do Padre Bernardin de Saint-Pierre; romance de 1784.
61. Ez 37, sobre os ossos dos mortos que se erguem ao sopro do Espírito. CD 413 — 30 de novembro de 1880, VT, n. 61, janeiro de 1976, p. 70.
62. C 6 — 1º de dezembro de 1880, CG I, p. 121-122.

Minha querida Paulina,

Estou muito feliz por te escrever; eu o pedi à minha tia. Cometo muitos erros, mas tu conheces bem a tua Teresinha e sabes que não sou muito habilidosa. Dá um abraço bem forte ao papai por mim. Tive quatro "bons" no primeiro dia e cinco no segundo.

Dá um abraço bem forte por mim na senhorita Paulina[63]. Estou muito contente porque, como sabes, estamos na casa de minha tia. Enquanto Maria faz as contas[64], eu me divirto pintando belas imagens que minha tia me deu.

Até mais, querida Paulinazinha. Tua Teresinha, que te ama.

Ainda não chegou o tempo de afrouxar o esforço escolar a respeito da ortografia... Alguns dias mais tarde, Maria e Paulina são admitidas como "Filhas de Maria" na paróquia São Pedro. Essa será uma tradição seguida por suas irmãs.

A cada início de ano, o ritual de família compreende um "cumprimento" composto por Paulina para o pai e declamado pela caçula. Sobem todos ao belvedere, decorado com guirlandas e flores. A Rainhazinha, com os cabelos frisados, vestiu seu mais belo vestido. Ela "gorjeia seu cumprimentozinho"[65]. Eis o de 1º de janeiro de 1881:

Paizinho querido, queres um cumprimento,
Conheço um lindo, novo e velho ao mesmo tempo,
Que te agradará, oh, sim, certamente;
Escuta, não é longo como um código de leis.

Eu te amo, todas nós te amamos muito, meu paizinho,
És tão bom, tão doce, tão amável, tão piedoso!
Tens feito tanto por nós desde que nossa mãe,
Infelizmente, voou aos Céus para sempre!

A Lisieux guiaste nossa pobre barquinha
E isso, ó pai, deve ter te custado muito.
Meu Deus, prometei que fareis muito bela
A coroa que papai terá merecido.

Mas adornai-a por muito tempo, muito tempo ainda,
Deixai-nos, ó meu Deus, provar algumas alegrias
Depois de ter privado dos raios da aurora
Nosso céu entristecido por uma nuvem de lágrimas!

Meu paizinho querido, não desejas
Permanecer, permanecer muito tempo conosco na terra?

---

63. Pauline Romet, que vive na casa de seu irmão Vital. A família Martin se hospeda em sua casa (ou na casa da senhora Tifenne) quando vai a Alençon.

64. As contas de fim de ano da farmácia.

65. De Viena, o pai se recordará desse acontecimento com emoção. Ver CF 223.

Nós te faremos felizes, nós te faremos sorrir,
Nós te amaremos sempre, oh, não nos deixes!

É meu maior desejo, com ele, paizinho,
Por esse ano, por outros, recebe o amor de meu coração,
Que Jesus te abençoe hoje na terra
Que ele encha teus dias de paz e alegria[66].

A foto de Teresa criança[67] data de alguns meses após esse poema. Veem-na na plenitude de seus oito anos e meio. Ela vai participar de um novo acontecimento da vida familiar dos Guérin, ao qual mais uma vez os Martin serão estreitamente associados: a primeira Comunhão de Maria, em 2 de junho de 1881, em *Notre-Dame-du-Pré*, a abadia das beneditinas. Embora os laços de Teresa com a prima de primeiro grau, a quem ela chama de "Lulu", não tenham tido a intensidade daqueles que a uniam a Celina, pode-se pensar que a primeira Comunhão dessa parente próxima renovou seu desejo de receber Jesus em breve. Por pouco, a cerimônia não foi adiada: de saúde frágil, "Lulu" esteve ausente por ocasião de várias sessões de catecismo. Além do mais, suas distrações fizeram crescer uma certa reserva por parte das educadoras.

Tudo se arranjará. As condições explicam, talvez, o cuidado que a mãe teve para prepará-la para "o mais belo dia de sua vida". Em um documento de oito páginas, Celina Guérin compôs um verdadeiro retiro para a filha, que vai viver um mês como interna na Abadia. Trata-se de meditações diárias, de acordo com os dias da semana santa, e conselhos para corrigir diversos defeitos observados nas atitudes de Maria. Encontra-se um resumo de tais páginas em uma carta na qual a menina, turbulenta e espontânea, é convidada a "tornar-se obediente, respeitosa, delicada com suas colegas"[68].

O dia 2 de junho de 1889 continuará a ser uma data importante na vida de Maria Guérin, que escreverá mais tarde a Marcelline Husé, a criada, que entrou como Irmã conversa nas beneditinas de Bayeux: "Ninguém melhor que eu para vos dizer que nesse dia, o mais belo de minha vida, Jesus me chamou à vida religiosa, e prometemos fidelidade

---

66. Restam onze desses cumprimentos, poesias compostas por Paulina. Seu valor literário é pobre, mas alguns marcaram Teresa, futura "poetisa" da comunidade. Certas imagens e reminiscências podem ser encontradas em suas cartas. Foram conservadas umas sessenta poesias de Paulina. Pode-se compreender a observação de Teresa: "Tendo sempre visto a vós, Madre querida, como meu *ideal*, eu desejava parecer-me convosco em tudo; vendo-vos fazer belas pinturas e arrebatadoras poesias, eu pensava: 'Ah, como ficaria feliz se soubesse pintar, se soubesse expressar meus pensamentos em verso...'" (Ms A, 81rº). Isso foi escrito ao final de 1895 — princípio de 1896.

67. VTL 2.

68. CD 415 — 6 ou 13 de maio de 1881, VT, n. 62, abril de 1976, p. 132.

um ao outro"[69]. Pouco tempo antes do grande dia, Maria foi recebida como "aspirante" na associação dos Santos Anjos (maio de 1881)[70].

O verão traz as férias. Uma amiga de pensionato de Paulina — Marie-Thérèse Pallu du Bellay (que veio a tornar-se, pelo casamento, Feydeau) — convidou-a à sua casa de férias em Houlgate, no mês de julho. Enquanto ela passa luxuosas férias no litoral da Normandia, Maria tem muito a fazer. Na Abadia, festeja-se uma jovem mártir romana, Santa Domícia. Em 1879, a Abadia recebeu uma relíquia da jovem santa, venerada em um relicário, no dia 27 de junho de 1880. Era necessário estar presente à missa das 6h30 da manhã no dia 3 (?) de julho e, portanto, arrumar as duas mais novas, pouco habituadas a acordar tão cedo. Teresa, feliz por estar de folga durante a ausência de sua mestra, escreve-lhe: "Se soubesses: no dia de Santa Domícia, minha tia colocou-me um cinto cor-de-rosa e eu joguei rosas para Santa Domícia. Não mostres minha carta a ninguém"[71].

O pai foi buscar Paulina em Houlgate, em seguida dirige-se a Valframbert para reencontrar a mãe, entregue à família Taillé, da ama de leite de Teresa. O quarto filho de Rosa — Eugène, nascido em 14 de dezembro de 1871 — quis dar uma lembrança à sua irmã de leite. A surpresa é levada por Luís Martin: uma gralha! Celina se recorda do presente, que deixou sobressaltados os habitantes dos *Buissonnets*, habitualmente mais calmos. Elas começaram a ensinar — com sucesso — a gralha engaiolada a falar. Mas Luís Martin quis deixá-la partir: "Ali começaram nossos temores. Se estivéssemos sentadas, a gralha vinha clandestinamente arrancar os botões de nossas botinas. Se estivéssemos de pé, ela mordia as minhas panturrilhas e as de Teresa. Enfim, não era possível sair do jardim".

Justamente naquele tempo, Teresa e Celina calcularam que eram necessárias quarenta voltas no jardim para completar uma légua e colocaram-se a caminho, como o Judeu errante[72]. Também como ele,

> Elas se muniam de paus, dos quais uma provisão estava situada à entrada do jardim para defender-se da gralha, que nos seguia sem descanso, chamando: "Teresa"! E o grito era repetido por um formoso papagaio, que pertencia a um de nossos vizinhos. Em uma linguagem clara e vibrante, ele repetia o dia inteiro: "Teresa! Teresa!", tão bem que a pobre Teresa se via chamada, não somente por suas irmãzinhas, mas pelos pássaros dos arredores. Voltando à gralha e ao seu trágico final, colocaram-na na estufa

---

69. S. PIAT, *Marie Guérin, 1870-1905*, OCL, 1953, p. 22.
70. CD 416, do senhor Guérin a Maria — maio de 1881, VT, n. 62, abril de 1976, p. 133.
71. C 7 — 4 (?) de julho de 1881. Uma tradição oral relata que Teresa teria servido de modelo para a confecção das vestes da efígie funerária — em cera — da santa (CG I, p. 125, n.d.).
72. Imagem de Épinal do "Judeu errante", que traz 24 estrofes dessa lenda (ACL).

para subtrair-se às suas perseguições. Certo dia, ela encontrou a porta aberta e — por desespero, sem dúvida — só aproveitou de sua liberdade para afogar-se em uma tina que se encontrava ali[73].

A generosidade do pai se expressou de modo diferente em outra circunstância. Ele resolveu dar certa soma de dinheiro a cada uma das filhas, para que elas começassem a ter um pequeno capital, e não somente algumas moedas, em seu cofrinho. Fez cinco rolos de moedas de ouro e os escondeu em diferentes lugares do jardim. As mais velhas foram as primeiras a encontrar: eram 100 francos! "Estávamos fora de nós, tão grande era nossa alegria, parecia-nos possuir todos os tesouros do universo". As páginas de caligrafia escritas por Teresa naquele dia foram as confidências dessa alegria. Ela escreveu mais de cem vezes: "Tenho cem francos, tenho cem francos, papai me deu cem francos hoje!"[74].

O ritual do "cumprimento" a tal pai por motivo do dia 1º de janeiro se renova no dia de sua festa: a festa de São Luís, todo dia 25 de agosto. A poesia composta por Paulina e recitada por Teresa (citamos cinco de dez estrofes) descreve um dia desses. Encontrar-se-ão sinais desses acontecimentos em suas memórias, como destacamos (Ms A, 14rº; Ms A, 13vº; Ms A, 18rº). É tanto mais revelador que o texto conservado é uma cópia da mão de Teresa:

> *Pai querido, minha jovem idade*
> *Transcorre sorridente ao teu lado*
> *De minha vida, cada bela página*
> *Se dobra com contentamento.*
>
> *Pela manhã, quando desperto*
> *Depois de Deus, oh, penso em ti*
> *Depois, à noite, quando adormeço*
> *Em meus sonhos te revejo.*
>
> *No dia em que brilha o belo sol,*
> *Ao grande jardim te acompanho.*
> *Ali, junto a ti, saltito*
> *Tagarelando até à noite[75].*
>
> *Durante meus estudos, penso*
> *No prazer de fazer-te feliz*

---

73. Conforme ao original, CMG II, p. 61-62. Ver CG I, p. 127.
74. CELINA, CMG III, p. 61 (ACL). Teresa "depositou" sua fortuna nas mãos do pai para dele receber os juros. Por ocasião de sua enfermidade, ela mandou dizer 100 missas por ele no Carmelo.
75. Ver Ms A, 13vº.

*Para isso, o Completo me mergulha
Em um transporte delicioso*[76].

*No belvedere ocupo meu lugar,
Brincando em teu colo
E nenhuma alegria pode substituir
Essa felicidade, esse prazer tão suave.*

*Ao terminar o dia,
É preciso finalmente dizer adeus:
Nossa oração, em harmonia,
Se confunde para subir até Deus*[77].

*Disseram-me que o anjo da guarda
Não abandona a criança, é seu maior apoio
Já que, sempre ao meu lado,
Velas sem cansar
Pai, ah, sem dúvida, para mim,
Meu bom anjo da guarda és tu! (25 de agosto de 1881)*

Teresa conclui esse período de sua vida com as seguintes linhas: "Sem dúvida, eu estava crescida o bastante para começar a lutar, para começar a conhecer o mundo e as misérias de que ele está cheio..." (Ms A, 22rº).

---

76. O "Completo" significa a nota da melhor aluna. Paulina herdara essa palavra da Visitação de Mans.

77. Ver Ms A, 18rº.

III
ALUNA NA ABADIA
(outubro de 1881 – março de 1886)

Os cinco anos que passei ali foram os mais tristes de minha vida
(Ms A, 22rº).

Lendo a epígrafe acima, pode-se compreender a comoção futura das beneditinas de *Notre-Dame-du-Pré*, pois essa frase deu a volta ao mundo, sob o impulso do sucesso de *História de uma alma* (1898). A pequena frase poderia dar a entender que Teresa fora mandada a uma escola onde teria encontrado somente o sofrimento sob todas as formas. Não é nada disso. Os problemas não vinham da escola das beneditinas, mas da própria Teresa Martin.

Em primeiro lugar, que escola era essa[1]?

A abadia *Notre-Dame-du-Pré*

Essa antiga abadia — *Notre-Dame-du-Pré-lès-Lisieux* — foi fundada por volta de 1050 pela senhora Lesceline, condessa de Exmes, parente de Guilherme, o Conquistador[2]. Isso ilustra sua longa história. A Revolução Francesa dispersou as monjas, que voltaram a agrupar-se em 1809, mas sua igreja abacial se tornara a igreja paroquial *Saint-Désir*. Elas recuperaram os edifícios em 1825 e construíram uma capela em 1846.

Ao final do século XIX, o pensionato contava com mais ou menos oitenta alunas divididas em cinco classes, cada uma tendo duas ou três divisões. Em geral, passava-se

---

1. Ver Anne-Marie ROUÉ, OSB, *Thérèse de Lisieux élève de l'Abbaye*, Paris, Médiaspaul, 1993, p. 21-48 e 53-64.
2. Seu filho Hugues se tornou bispo de Lisieux. Ela morreu em 26 de janeiro de 1058. A abadia foi destruída por ocasião dos bombardeios de 6 de junho de 1944 (desembarque na Normandia). Vinte religiosas perderam a vida nesse dia.

dois anos na mesma classe. As alunas usavam um uniforme. A única coisa que as distinguia eram cintas com cores que indicavam as classes. Classe infantil: vermelha; quarta classe: verde; terceira classe: violeta; segunda classe: laranja; primeira classe: azul. Após o diploma elementar, para aquelas que continuavam os estudos: cinta branca.

Quanto ao espírito e funcionamento da escola, é preciso interrogar o "Boletim de admissão do Pensionato das Damas beneditinas da abadia *Notre-Dame-du-Pré*":

> O Pensionato de Moças da Abadia de Saint-Désir é o mais antigo estabelecimento escolar do distrito de Lisieux; foi fundado no século XVI; desde então, sempre gozou da confiança do público.
>
> Esse estabelecimento, por mais antigo que seja, vive em seu tempo e ministra o ensino moderno: por um lado, deseja-se hoje que as jovens recebam uma instrução vasta e diversificada; por outro lado, faz-se questão que as moças sejam formadas para a vida prática, a organização e a economia.
>
> Do ponto de vista material, o Pensionato da Abadia oferece condições excepcionais; as salas de estudo e de aula, espaçosas e arejadas, são providas — há um ano — de mobiliário novo e confortável. Ao lado dos dormitórios, igualmente vastos e bem apresentados, um lavabo foi recentemente instalado nas condições mais favoráveis. As alunas têm à sua disposição uma sala de banhos quentes e frios, um chuveiro, tudo em conformidade aos novos sistemas.
>
> A alegre colina do *Mont-Cassin*, muito conhecida por todo mundo, com uma área de oito hectares, propicia às alunas passeios animados e higiênicos.
>
> As mestras se mantêm atualizadas quanto aos progressos realizados cada dia no ensino público; têm tradições às quais são fiéis, o que não as impede de tomar emprestado da Universidade, quando há oportunidade, seus métodos, até mesmo seus professores. Elas preparam para o Diploma Elementar e o Diploma Superior, quando os pais das alunas manifestam o desejo. As classes superiores se inspiram nos últimos programas oficiais do Ensino Secundário das Moças.
>
> A Língua inglesa e as Belas-Artes — desenho, pintura, piano, violino, bandolim — são cuidadosamente cultivadas no Pensionato e ensinadas tanto pelas Religiosas quanto por professores estrangeiros, tanto quanto for necessário.
>
> Em geral, ao sair do pensionato, as alunas sabem fazer todos os trabalhos com agulha, quer os trabalhos de utilidade quanto de fantasia. Cursos de corte, costura e de como passar roupa serão organizados a partir do próximo semestre, para permitir mais tarde que as próprias meninas se ocupem de seu vestuário.
>
> A educação preocupa as mestras, tanto quanto a instrução. A religião, bem compreendida, tal como será praticada mais tarde no mundo, é para elas, sob esse ponto de vista, um poderoso auxílio.
>
> As professoras procuram formar jovens que sejam, ao mesmo tempo, cristãs e distintas.

Três vezes por ano, um boletim informa aos pais sobre a conduta, os trabalhos e êxitos de suas filhas.

Os lugares nas composições, as notas semanais e mensais, a inscrição no quadro de honra, as provas trimestrais, seguidas de proclamações e recompensas, são os meios que empregamos, de preferência às punições, para manter a boa ordem e estimular o trabalho.

Condições financeiras

O preço do pensionato está fixado como segue:

Para as crianças abaixo de oito anos, 470 francos; de 8 a 10 anos, 500 francos; e após a primeira Comunhão, 530 francos.

Também há três preços para o semipensionato; 250 francos, abaixo de 8 anos; de 8 a 10 anos, 295 francos; após a primeira Comunhão, 325 francos.

Paga-se igualmente em três parcelas.

É preciso acrescentar 30 francos de gastos generosos para as pensionistas[3].

De 1882 a 1886, a escola é dirigida por Madre São Plácido. O mosteiro conta quarenta e oito religiosas, das quais vinte são Irmãs conversas.

Quando Teresa toma o caminho da escola, não está chegando a um país desconhecido: suas irmãs Leônia e Celina, as primas Joana e Maria foram — e ainda são — alunas da Abadia. Quantas vezes não se falou, em família, dessa escola, de suas mestras, dos diversos acontecimentos que aí sucedem! Tanto mais que, para duas famílias profundamente católicas, o pensionato ministra a educação cristã e é ali que são conferidos os sacramentos às crianças.

A caçula precisará deixar regularmente o casulo familiar. Acompanhadas por Vitória, a empregada, às vezes pelo pai, Celina e Teresa, passando pelo jardim do bispado, pegam de passagem as primas Joana (treze anos) e Maria (onze anos) na farmácia da *place Thiers* antes de chegar ao pensionato por volta das 8h-8h30. Vestem o uniforme escolar até à saída, às 18h.

A criada dos Guérin, Marcelline Husé, vai buscar o grupinho. A volta é, talvez, mais ruidosa e pontuada por alguns incidentes. Assim, Teresa e Lulu "brincam" de ser cegas e terminam chocando-se com a banca de um comerciante, furioso por ver suas mercadorias espalhadas pelo chão. Doravante, caminharão de duas em duas: Celina com Maria e Joana com Teresa, o que evita as brigas entre as mais velhas, que nunca estão de acordo (Ms A, 23v°). O que não quer dizer que seja absolutamente fácil com "Lulu", cuja saúde frágil a expõe às variações de humor de uma garotinha mimada. Certo dia, brincando

---

3. Anne-Marie ROUÉ, OSB, *Thérèse de Lisieux élève de l'Abbaye*, p. 58-61.

com ela, Teresa chama a tia de "mamãe". Maria protesta: "É minha mãe, não tua. Tu não tens mais mãe". Teresa rompe em prantos[4].

Não é o nível escolar que preocupa a nova semipensionista: "Vós me instruístes tão bem, minha querida mãe, que, chegando ao colégio, era a mais adiantada das crianças de minha idade" (Ms A, 22r°). Teresa integra a quarta classe, simbolizada pela cinta verde. Cada turma conta com várias divisões. As dificuldades vêm da difícil adaptação de Teresa à vida comunitária, depois de ter vivido e sido mimada em "uma *terra escolhida*" (Ms A, 22r°). A descoberta de uma "terra comum" a perturba.

Mais tarde, a própria Teresa se explicou:

> Fui colocada em uma turma cujas alunas eram todas maiores do que eu. Uma delas, com a idade de treze a quatorze anos, era pouco inteligente, mas sabia impor-se às alunas e mesmo às mestras. Vendo-me, tão pequenina, ser quase sempre a primeira da classe e benquista por todas as religiosas, sentiu, sem dúvida, inveja — coisa bem compreensível numa aluna — e me fez pagar, de mil maneiras, meus pequenos sucessos... Com minha natureza tímida e delicada, não sabia defender-me e me contentava em chorar sem nada dizer, não me queixando nem a vós dos meus sofrimentos, mas eu não tinha bastante virtude para elevar-me acima dessas misérias da vida e meu pobre coraçãozinho sofria muito... (Ms A, 22v°-23r°).

Os recreios não trazem necessariamente momento de verdadeira distensão: Teresa não gosta das brincadeiras violentas e isola-se. Ou conta histórias às menorzinhas: ela se destaca na arte de apaixonar seu jovem público. Mas isso não é sempre do agrado das responsáveis pela vigilância do recreio: seria melhor "correr" que "discorrer" (Ms A, 37r°). A quinta-feira, dia de folga, representa um corte feliz na semana. Mas, se é preciso passar uma tarde inteira dançando quadrilhas com as primas Guérin e Maudelonde, Teresa fica muito entediada, "não sabendo brincar como as outras crianças" (Ms A, 23r°).

Celina, apelidada de "a Intrépida", apesar de seu entusiasmo, também não aprecia muito a escola, que frequentou de outubro de 1878 a junho de 1885:

> Eu só sonhava com as ocasiões que pudessem dispensar-me do pensionato — confessa. Todas as manhãs, ao ir para lá, eu olhava se o rio estava cheio, esperando sempre alguma inundação; espiava se não ia acontecer alguma epidemia ou se algum cão raivoso deixaria a cidade em estado de alerta...

Mas, em oito anos de estudo, só se pôde contar em seu favor três dias de ausência[5]. Mas sua presença é preciosa para a irmã mais nova, pois ela a defende das invejas e

---

4. Irmã Francisca Teresa (Leônia), PO, p. 352.
5. S. Piat, *Céline*, OCL, 1954, p. 24-26.

agressões verbais das alunas mais velhas. Celina não hesita em contestar uma professora de origem inglesa que chamou Joana d'Arc de "aventureira". Ela não somente protesta, mas vai ao encontro da diretora e exige — sob pena de fazer intervir o pai — que a professora seja obrigada a retratar-se.

Ao contrário, Leônia, a menos talentosa das cinco filhas Martin, que foi aluna da Abadia de 1878 a 1881, gostou de lá. Em família, chamavam-na "a Amante da Abadia". Cercada por religiosas dedicadas, ela guardou uma boa lembrança de sua escolarização, mesmo que os resultados não fossem brilhantes. Que contraste com os fracassos na Visitação de Mans, de onde, por duas vezes — em 1871 e 1874 —, tinham-na mandado de volta para casa!

O que pode consolar Teresa é o lugar da vida religiosa na escola. Na quinta-feira, 22 de janeiro de 1882, ela é inscrita na obra da Santa Infância (fita vermelha). Em 31 de maio seguinte, será recebida como "filha dos Santos Anjos", depois de ter usado a fita violeta de aspirante. Essas associações têm por finalidade estimular as alunas que se distinguem por sua sabedoria e piedade. No ponto mais alto dessas graduações acha-se o grupo das "filhas de Maria". Mas tudo isso não preenche o coração profundo de Teresa. Espontaneamente, do que ela brinca com Maria Guérin? De ser "solitária" em um deserto, unindo oração e trabalho, recitação do terço (Ms A, 23r°-v°).

A atração pela solidão e o silêncio não é somente uma fantasia lúdica:

> Um dia, disse a Paulina que gostaria de ser eremita e ir com ela para um deserto longínquo. Respondeu-me que meu desejo era o seu e que esperaria que eu ficasse suficientemente grande para partir. Sem dúvida, isso não fora dito seriamente, mas Teresinha o levara a sério. Por isso, qual não foi a sua dor ao ouvir, um dia, sua querida Paulina falar com Maria sobre sua próxima entrada para o Carmelo... Não sabia o que era o Carmelo, mas compreendia que Paulina ia me deixar para entrar num convento, compreendia que ela não me esperaria e que ia perder minha segunda mãe!... Ah! Como poderia exprimir a angústia do meu coração?... Num instante, compreendi o que era a vida. Até ali, não a encarara tão triste, mas então apareceu-me em toda a sua realidade; vi que não era senão um sofrimento e uma contínua separação. Derramei lágrimas bem amargas, pois ainda não compreendia a alegria do sacrifício; era fraca, tão fraca que considero como grande graça ter podido suportar uma prova que parecia muito acima de minhas forças!... Se tivesse vindo a saber aos poucos da partida de minha Paulina querida, talvez não tivesse sofrido tanto, mas tê-lo sabido de surpresa foi como se uma espada se enterrasse no meu coração... (Ms A, 25v°-26r°).

É o princípio de um drama. Paulina não se deu conta da confiança total que Teresa depositava nela. Ela prometeu o impossível, como uma adulta fala a uma criança sem verdadeiramente levá-la a sério. Mais tarde, arrepender-se-á disso amargamente.

Há muito tempo Paulina aspira a tornar-se religiosa. Está completando vinte anos em 1881. Tudo a orientava para a Visitação, onde recebera os fundamentos de sua educação humana e cristã, sob a vigilância carinhosa da tia, Irmã Maria Dositeia. Tendo perguntado com que idade poderia pedir ingresso no postulantado das visitandinas, responderam-lhe: "Aos vinte e dois ou vinte e três anos". Sem dúvida, ela está disposta a esperar. Mas acontece algo imprevisto na quinta-feira, 16 de fevereiro de 1882, que vai mudar o rumo da vida da jovem:

> Eu estava assistindo à missa das seis horas, em São Tiago, na capela de Nossa Senhora do Monte Carmelo, com papai e Maria. De repente, fez-se uma luz muito grande em minha alma: o bom Deus me mostrou claramente que não era na Visitação que ele me queria, mas no Carmelo... Devo dizer também que a lembrança de uma amiga, que no ano anterior morrera como uma predestinada, veio-me à memória. Certamente, ela devia estar rezando por mim. Tinham-me garantido que ela pensava em entrar no Carmelo e que ali tomaria o nome de Inês de Jesus. Recordo que me senti corar de emoção e, ao ir e voltar para a Comunhão, tinha medo de que essa emoção fosse percebida pelos outros. Eu nunca tinha pensado no Carmelo e, em um instante, eis que me via impelida a ele por uma atração irresistível.
>
> Assim que voltei aos *Buissonnets*, revelei meu segredo a Maria. Ela me fez notar somente a austeridade do Carmelo, dizendo que eu não tinha uma saúde forte o bastante para abraçá-la. Papai, a quem eu iria fazer meu pedido no mesmo dia, enquanto estava no belvedere, falou-me quase a mesma coisa que me dissera Maria. Mas eu vi que, no fundo, ele se sentia orgulhoso de ver em mim essa vocação. À tarde, encontrei-o enquanto subia a escada, ele tinha uma expressão um pouco triste. "Não acredites, minha Paulina — disse-me ele —, que, se estou feliz por entregar-te ao bom Deus, não sofrerei por separar-me de ti." E me abraçou com uma ternura cheia de emoção[6].

Deve-se notar que, no ano de 1882, a Igreja e a Ordem do Carmelo estão celebrando o terceiro centenário da morte de Santa Teresa de Jesus d'Ávila (1515-1582), fundadora da reforma carmelitana na Espanha[7]. Resta a Paulina entrar em uma comunidade. Existe uma em Lisieux, mas ela acredita que não há mais lugar disponível. Planeja, então, entrar no Carmelo de Caen. Mas, ao ir pedir uma recomendação à priora de Lisieux, Madre Maria de Gonzaga, Paulina fica sabendo que pode entrar como postulante ali. Assim Paulina orientou toda a família para o Carmelo de Lisieux.

---

6. *Mère Agnès de Jésus (1861-1951)*, OCL, 1953, p. 31-32.

7. Esse centenário é festejado em Caen e em Lisieux, e a santa espanhola é homenageada ao longo daquele ano (ver *Semaine religieuse de Bayeux*, n. 30, 41, 42, 43, 45, 46 do ano de 1882). Não esqueçamos que ela é a patrona da pequena Martin.

"Paulina está perdida para mim" (Ms A, 41vº) [agosto de 1882]

É durante o verão de 1882 que Teresa fica sabendo bruscamente que sua segunda mãe vai entrar no Carmelo. O golpe é terrível. Sua irmã não somente não a esperou, mas não lhe falou nada de seus projetos, enquanto todos da família já estavam a par da novidade. Se o anverso da medalha é negativo, o reverso é positivo. Paulina explica à sua filhinha o que é o Carmelo. Essa revelação transmite uma forte luz à menina:

> Senti que o Carmelo era o deserto onde o bom Deus queria que eu fosse me esconder também… Senti-o com tamanha força, que não houve a menor dúvida em meu coração. Não era um sonho de criança que se deixa arrastar, mas a certeza de um apelo divino; queria ir ao Carmelo, não por causa de Paulina, mas só por Jesus… Pensei muitas coisas que as palavras não conseguem traduzir, mas que deixaram uma grande paz em minha alma. No dia seguinte, confiei meu segredo a Paulina… (Ms A, 26rº).

Num domingo, as duas irmãs encontram a madre priora e a menina de nove anos manobra habilmente as coisas para ficar a sós com Madre Maria de Gonzaga e falar-lhe de sua vocação. Esta não duvida, mas será preciso esperar a idade de dezesseis anos, de acordo com o direito canônico. Irmã Teresa de Santo Agostinho — aquela que, mais tarde, despertará a antipatia de Teresa — não deixa de extasiar-se diante da bela garotinha. No torno, Teresa encontra uma carmelita que partiu para ajudar na fundação do Carmelo de Coutances e que está de volta ao Carmelo de Lisieux — Madre Coração de Jesus — acompanhada de uma Irmã veleira, Irmã Verônica… Uma "graciosa menina vestida de azul, com seus belos cabelos loiros sobre as costas" é-lhe apresentada como "uma futura noviça". Ao abraçá-la, Irmã Verônica lhe disse: "Minha pequena senhorita, precisareis comer ainda muitos pratos de sopa antes de entrar no Carmelo!"[8].

É necessário sublinhar o que Teresa escreve em 1895: "Eu queria ir ao Carmelo, não por causa de *Paulina*, mas por *Jesus só*…" (Ms A, 26rº). Treze anos depois, ela não teme em insistir. A caçula dos Martin ouviu pessoalmente essa objeção, retomada com frequência pelos futuros comentadores? Sua motivação inconsciente era reencontrar a mãe. Certamente, cinco anos mais tarde a reencontrará, mas com a pureza de intenção que ela sempre afirmará: "Jesus só!"[9].

A segunda-feira, 2 de outubro, é a data marcada para a entrada de Paulina. Nas semanas que restam, Teresa e Celina enchem a postulante de bombons e bolos: ela será totalmente privada deles na clausura! O dia 2 de outubro de 1882 se anuncia como um dia terrível para Teresa Martin. Apesar do sol, as famílias Martin e Guérin, em lágrimas,

---

8. ACL.
9. Será o título de uma poesia sua (P 36), escrita em 15 de agosto de 1896.

assistem à missa no Carmelo para a entrada de Paulina na clausura. Cúmulo da infelicidade para Teresa é o dia da volta às aulas e, com as duas primas, de retomar o bem conhecido caminho para entrar na terceira classe (fita violeta), segunda divisão (Teresa saltou uma).

Todas as noites, ela leva tarefas para fazer. Sua irmã Maria assume o posto de Paulina e se torna — sem ter sido verdadeiramente escolhida — a terceira mãe da caçula. A aluna se dá bem com o francês (mesmo que sua ortografia continue hesitante) e em história. O catecismo e a história santa a encantam. Duas vezes por semana (quinta-feira e domingo), Padre Louis-Victor Domin[10], trinta e nove anos, ministra as aulas de catecismo. Ele vai ser o confessor de Teresa durante seus cinco anos escolares.

Para a "pobre" Teresa, uma fagulha de esperança: fazer a primeira Comunhão nesse ano. Ela o deseja muito! A partir da Páscoa, Padre Domin vai preparar as futuras comungantes por meio de instruções diárias. Três vezes por semana, uma mestra completa a intensa preparação. Em 2 de janeiro de 1883, Teresa completará dez anos. Mas um sínodo diocesano de 1875, que entrou em vigor dois anos mais tarde, ordenou que as crianças deverão ter dez anos *antes* de 1º de janeiro para ser admitidas à primeira Comunhão. Amarga decepção para Teresa, que será adiada por um ano, quando só lhe faltam dois dias! Diante de sua decepção, o tio, personagem importante da paróquia São Pedro de Lisieux, irá ao bispado de Bayeux solicitar uma dispensa de Monsenhor Hugonin. Este se mostrou inflexível[11]. Voltando a Lisieux, o anúncio do resultado negativo da iniciativa provoca em Teresa uma torrente de lágrimas: será preciso esperar ainda um ano.

Da parte do Carmelo, ela também não encontra muitas consolações. Todas as semanas, na quinta-feira, a família vai ao locutório para ver Paulina. De fato, pode-se *vê-la*, já que a cortina — habitualmente atrás das grades da clausura — pode ser aberta para os membros mais próximos da família. Esses locutórios, longe de ser momentos de reconforto, aumentam a dor da menina. Ela confessará: "Ah, como sofri *no locutório* do Carmelo!". Justamente porque não pode falar à sua *"mãe"*. "Os sofrimentos que precederam sua entrada não foram nada em comparação com aqueles que vieram depois..." (Ms A, 27rº).

Bem mais tarde, Maria e Paulina se darão conta dos sofrimentos da irmã e lamentarão amargamente sua atitude.

---

10. Sacerdote da diocese, nascido em Caen no dia 1º de outubro de 1843. Primo de primeiro grau da senhora Guérin. Ordenado em 19 de dezembro de 1868, capelão do asilo *Saint-Louis* em Caen, capelão das beneditinas de Lisieux de 1874 até sua morte (13 de junho de 1918).

11. Ver *La Petite Thérèse à l'Abbaye*, ¹1930, lembranças de Madre São Francisco de Sales, p. 30 (suprimido na segunda edição).

> Todas as semanas eu voltava ao Carmelo como à fonte de toda a minha felicidade. Ah, quanto me arrependo hoje por não ter dividido com minhas irmãzinhas esse locutório, que eu achava, porém, muito curto para mim. Se eu soubesse que minha pobre Teresinha sofrera tanto! Eu estava longe de suspeitá-lo. Recordo-me, todavia, que um dia ela vos disse: "Olha, Paulina, estou com a saiazinha que fizeste para mim". Não se prestou muita atenção ao seu gorjeio infantil e depois vi lágrimas em seus olhos. Pobrezinha! Ela pensava nisso mais do que eu imaginava[12]!

Mesmos pesares de Paulina:

> Meu coração ficava muito apertado quando Teresa chorava ao final dos locutórios de Maria. Mas como consolá-la? Eu não imaginava o abismo de tristeza aberto em sua alma quando saí de casa. Agora compreendo muito bem que os 5 minutos que lhe davam só podiam angustiá-la mais. Depois, eu era tão tola com todas as minhas cortesias para com minha tia quando ela vinha com minhas priminhas! Celina e Teresa não contavam mais, toda a minha atenção estava voltada para o outro lado e, se dissesse uma palavra às minhas irmãzinhas, a Teresa, era para [duas linhas e meia rasuradas] e outras reflexões desse tipo. Eis tudo o que ela recebia de mim nos locutórios de família! E ainda acreditava estar agindo muito bem e que Maria me compreenderia e faria minha Teresinha, a quem eu sempre via com os olhos marejados de lágrimas, me entender! E uma caretinha que mostrava que ela estava fazendo força para não chorar mais. Ah, mais uma vez, se eu soubesse[13]!

A queixa de Teresa resume sua angústia: "Paulina estava perdida para mim!!!" (Ms A, 27rº).

Do fundo do ser, inconscientemente, ressurgem os sofrimentos da morte de sua mãe. Como ela chora com frequência, recebe ainda mais repreendas da jovem carmelita: "Minha querida Teresinha, deixaste-me triste essa manhã ao chorar como *um bebê*! Mas, como já te falei e *repeti*, tenho que fazer o papel da irmãzinha chata, não é?"[14]. Como admirar-se que a escolaridade seja perturbada por todos os sofrimentos de uma criança hipersensível? Sua professora e suas colegas a veem muitas vezes em lágrimas. Ela reconhecerá que era "excessivamente *chorona*" (Ms A, 24rº).

O primeiro trimestre de 1882 não termina bem. Suas correspondentes estão preocupadas, sobretudo Irmã Inês de Jesus, que soube das "dores nas costas, na cabeça, no

---

12. Irmã Maria do Sagrado Coração, *Souvenirs autobiographiques*, p. 74.
13. Madre Inês de Jesus, *Souvenirs intimes*, p. 59-60.
14. CCor 4, novembro de 1882 (?), CG I, p. 130.

coração", com "espinhas e cataplasmas..."¹⁵. Mesma preocupação em Madre Maria de Gonzaga ao escrever à sua "Teresita"¹⁶:

> Soube que minha filhinha Teresa do Menino Jesus não estava dormindo muito e que estava adoentada; venho dizer ao meu anjo de menina que ela não deve ficar pensando em minha Inês de Jesus o dia inteiro, isso cansaria nosso coraçãozinho e poderia fazer mal à nossa saúde!... Permito à minha futura filhinha pensar em sua santa irmãzinha carmelita diante de Jesus do seu coração, mas nunca durante a noite; Teresa dormirá a noite toda, comerá tudo o que sua bem-amada irmã Maria quiser que ela coma; e, a partir de agora, para preparar-se à sua primeira Comunhão, ela vai ser muito obediente.
> Se minha filhinha querida seguir o que lhe aconselho, fortalecerá sua saúde e poderá vir encontrar sua Inês de Jesus e, como ela, tornar-se uma boa e fervorosa Esposa de Jesus!!! Eu vos beijo de todo o meu coração, anjo de menina, e peço a Jesus que abençoe sua noivinha¹⁷.

A priora colocou o dedo na causa dos males de Teresa: a tristeza desde a partida de Paulina. Notemos também que Madre Maria de Gonzaga chama a menina de "Teresa do Menino Jesus". É o nome que escolheu para a futura postulante. Em sua noite, essa feliz coincidência foi uma graça de luz.

> Na manhã do dia em que devia ir ao locutório, refletindo sozinha em minha cama (pois era lá que fazia minhas mais profundas orações e, ao contrário da esposa dos Cânticos, aí sempre encontrava o meu Amado), pensava que nome haveria de ter no Carmelo. Sabia que havia uma Irmã Teresa de Jesus; entretanto, meu belo nome de Teresa não me podia ser tirado. De repente, lembrei-me do Menino Jesus, a quem eu tanto amava, e disse a mim mesma: "Oh, como seria feliz se me chamasse Teresa do Menino Jesus!". No locutório, não disse nada do sonho que tivera bem acordada, mas a bondosa Madre Maria de Gonzaga, perguntando às Irmãs que nome me havia de dar, pensou em me chamar com o nome que eu tinha sonhado... Minha alegria foi grande e essa feliz coincidência de pensamentos me pareceu uma delicadeza de meu Bem-Amado Menino Jesus (Ms A, 31rº-vº).

Irmã Inês de Jesus vai continuar a se preocupar com a saúde da irmãzinha: "Minha pobre doentinha, como estás hoje? A dor de cabeça passou um pouco? Diz-me que sim,

---

15. CCor 5, a Teresa, por volta de 20 de dezembro de 1882, CG I, p. 134.
16. Nome dado a Teresa pelas carmelitas em lembrança de Teresita de Jesus, sobrinha de Santa Teresa d'Ávila, que entrou no claustro aos nove anos. Alguns escrevem Theresita.
17. CCor 6, final de dezembro de 1882 ou janeiro de 1883, CG I, p. 135. Mesma recomendação em CCor: "Durmamos bem e comamos muito!" CG I, p. 139.

por favor. Querido Bebê, não fiques mais doente desse jeito, sabes bem que isso me faz sofrer e me deixa apreensiva". Na mesma carta, ela deplora a "cara sempre pálida" da irmãzinha[18]. O caderno de Teresa confirma esse estado de saúde: "Ao final do ano, fui tomada por uma dor de cabeça contínua, mas que quase não me fazia sofrer, eu podia continuar meus estudos e ninguém se preocupava comigo" (Ms A, 27v°).

Parece que Teresa, nessa última observação, alude às suas professoras, pois os trechos de cartas que acabamos de ler mostram, ao contrário, as preocupações de seu ambiente familiar. A prova é que Maria, dirigida pelo padre jesuíta Almire Pichon[19], renuncia a ir vê-lo em Vimoutiers, onde ele está pregando (tão perto de Lisieux!) de 10 a 27 de dezembro, para ficar ao lado de sua "filha". É um grande sacrifício para ela, mas Maria não pode deixar a enferma. Em janeiro de 1883, o jesuíta responde a Maria: "Vossa amada Teresa está curada? Estou rezando muito nessa intenção"[20].

Não se trata somente de problemas físicos. O caráter de Teresa, habitualmente tão suave, está um pouco perturbado. Teresita é a primeira a reconhecê-lo quando escreve, com toda confiança, a Madre Maria de Gonzaga:

> Paulina me disse que estáveis de retiro e venho pedir-vos que supliqueis ao pequeno Jesus por mim, pois tenho muitos defeitos e gostaria de me corrigir deles. Devo fazer-vos minha confissão. Há algum tempo respondo sempre, quando Maria me diz para fazer alguma coisa...[21].

É verdade que as relações de Teresa com Maria são menos fáceis que com Paulina. A mais velha é um pouco mais rude e, às vezes, complicada. Marguerite-Marie Maudelonde, que tinha quinze anos à época, interviera junto à prima Teresa para que obedecesse mais a Maria. Esta recusa que Teresa consagre uma meia-hora à oração, nem mesmo quinze minutos: Maria acha-a "piedosa demais". Aliás, algumas desavenças opõem Teresa à sua inseparável Celina. Do Carmelo, Irmã Inês de Jesus prodigaliza milhares de conselhos às duas. A Celina, que em breve completará quatorze anos, ela pede para "ceder à tua irmãzinha"[22]. A Teresa, escreve:

> Queridinha, deves ser muito boa também durante a quaresma. Será preciso que todos os dias ofereças ao Menino Jesus um lindo buquê de atos de virtude. Desejo sobretudo

---

18. CCor 7, final de dezembro de 1882 ou janeiro de 1883, CG I, p. 136.
19. Ver [Sœur Cécile], *Le Père Pichon et la famille Martin (1882-1897)*, suplemento a VT, abril de 1968. Trabalho de Irmã Cécile, OCD. Maria o encontrou pela primeira vez em 17 de abril de 1882 e o apresentou à família, ver S. PIAT, *Marie*, OCL, p. 66-68.
20. VT, n. 28, outubro 1967, p. 193.
21. C 9, novembro-dezembro de 1882, CG I, p. 132.
22. VT, n. 65, janeiro 1977, p. 66.

que as flores sejam colhidas no jardim tão lindo da doçura, pois neste momento penso nos pequenos desentendimentos com Celina. Oh! Trabalharás para corrigir isso, não é, minha filhinha querida?[23]

Mais tarde, Teresa reconhecerá que com Celina "às vezes havia algumas pequenas discussões", mas acrescenta: "não era grave e, no fundo, elas eram sempre da mesma opinião" (Ms A, 24rº). No Carmelo, Celina assumirá sua parcela de culpa nessas brigas, assumindo seu caráter "possessivo". Deve-se dizer que "a Intrépida" tem, às vezes, ideias belicosas, pouco de acordo com o temperamento de sua irmã.

Para sua festa (15 de outubro de 1882?), ela decide oferecer-lhe, não um presente de 10 centavos — de acordo com seu costume —, mas uma surpresa que vale 4 francos: uma pistola com várias caixas de cápsulas. Impaciente, Teresa esperava uma maravilha: desembrulhada a pistola, põe-se a chorar. É em vão que Celina mostra como atirar com essa arma, nada dá resultado. Só resta ao pai dar o brinquedo a um garotinho que se encontrava à entrada da igreja e oferecer o valor equivalente a Teresa, para que esta compre para si um presente mais conforme aos seus gostos[24].

Passado o Natal de 1882[25], as aulas recomeçam. Celina abandonou o estudo de inglês para privilegiar o curso de desenho, pelo qual sente atração e facilidade. Um pouco mais tarde, Irmã Inês de Jesus, sempre vigilante, a prevenirá contra o orgulho, pois sua professora de desenho, senhorita Godard, está contente com a aluna, que recebe "mil cumprimentos"[26].

O contraste é eloquente com a lembrança dessa conversa de família:

> Eu tinha treze anos e meio quando meu pai me levou a ter aulas de desenho. Teresa tinha dez. Quando me comunicou essa decisão, minha felicidade foi grande e o manifestei com explosões de alegria. Teresinha estava ali, olhando, e papai lhe disse: "E a ti, minha rainhazinha, isso te agradaria?". Seus olhos brilhavam de desejo, mas Maria fez notar imediatamente que já bastava uma para aprender o desenho em nossa casa, que a casa ficaria cheia de quadros sem valor, que já fora preciso emoldurar todos os desenhos de Paulina etc. Não demorou para que ela tivesse ganho de causa[27].

---

23. CCor 8, por volta de 7 de janeiro de 1883, CG I, p. 137.
24. Irmã Genoveva, CLG III, p. 104-105. Ver VT, n. 123, julho 1991, p. 154-155.
25. Teresa recebeu de Madre Maria de Gonzaga uma estampa que trazia um poema de dez estrofes, assinado pelo Menino Jesus (CG II, p. 1088).
26. Janeiro de 1883 (?), VT, n. 65, janeiro 1977, p. 78.
27. "Só soube desse detalhe mais tarde, no Carmelo. Foi a própria Teresa que mo contou, dizendo: 'Eu desejava com tanto ardor aprender a arte do desenho que, diante da proposta de papai, pergunto-me como pude guardar silêncio. Eu pensava, na época, que ia oferecer ao bom Deus esse sacrifício, que tanto me custava, e não reclamava.'"

Deve-se situar aqui a lembrança de Irmã Genoveva a respeito do desejo perseverante de Teresa de fazer a primeira Comunhão, frustrado pela recusa do bispo por ocasião das gestões do tio Guérin?

> Certo dia em que íamos aos *Buissonnets*, vimos Monsenhor Hugonin na rua, acompanhado de vários padres. Maria disse a Teresa: "E se fosses pedir ao Monsenhor para não retardar tua primeira Comunhão?". Seus olhos imediatamente brilharam de alegria e, reprimindo sua timidez natural, já estava caminhando em direção ao bispo quando Maria a chamou[28].

"Morrer ou ficar louca" (Ms A, 28rº) [25 de março – 13 de maio de 1883]

A quaresma de 1883 começa no dia 7 de fevereiro. Os locutórios no Carmelo são suprimidos até a Páscoa, assim como toda correspondência. Salvo o dia 13 de março, quando Irmã Inês de Jesus anuncia alegremente ao pai que foi admitida a receber o hábito de sua Ordem na sexta-feira, 6 de abril, festa de São José[29]. Uma carta de Madre Genoveva de Santa Teresa (fundadora considerada como a santa do Carmelo, eleita priora em 31 de janeiro) confirma a boa nova: "Doravante, senhor, e mais que nunca, vossa simpática família e a do senhor Guérin estarão unidas à família do Carmelo"[30].

Luís Martin, sempre disposto a viajar, vai levar novamente as filhas a Paris. Mas, dessa vez, trata-se de viver a semana santa na capital. Pouco antes, em 2 de fevereiro, Paul-Albert Boul — padrinho de Teresa — morreu, com aproximadamente vinte anos. Curiosamente, jamais se faz menção a ele e Teresa não fala dele em seus escritos.

Na sexta-feira santa, 23 de março, os três Martin partem para Paris e se dirigem ao hotel das Missões católicas, à *rue Chomel*. No dia da Páscoa, assistem à missa em *Notre-Dame*, celebrada por Monsenhor Joseph-Hippolyte Guibert, arcebispo de Paris, na qual são distribuídas oito mil Comunhões. O sermão foi proferido pelo Padre Louis Monsabré, célebre pregador dominicano. Para a alegria de Maria, encontram o Padre Pichon, que está pregando uma quaresma. Luís Martin dá os detalhes e acrescenta: "Passamos ali cinco dias muito agradáveis"[31]. Mas os fatos seguintes vão ser dramáticos.

Como de costume, Celina e Teresa se hospedam na casa dos tios. No estado de saúde frágil em que se encontra há meses, a ausência do pai toca muito a pequena.

---

28. CLG I, p. 106, VT 123, 1991, p. 154.
29. Habitualmente festejado em 19 de março, mas em 1883 esse dia era segunda-feira da Semana Santa. A festa foi adiada para 6 de abril.
30. CD 449, 13 de março de 1883, VT, n. 65, janeiro 1977, p. 73.
31. C 220, 1883, p. 374.

Desgraçadamente, embora animado por um bom sentimento, Isidoro Guérin fala da senhora Martin à sobrinha, recorda-lhe o passado em Alençon, o que provoca as lágrimas da garotinha. Será necessário propiciar-lhe distrações durante essas férias. Por exemplo, ir em família ao Círculo católico na noite de Páscoa (25 de março). Mas Teresa não está bem, sua tia a põe para dormir. A menina está trêmula e é violentamente agitada durante toda a noite. Ao voltar, o farmacêutico julga esse estado "muito grave" e, no dia seguinte, manda chamar seu amigo, o doutor Notta. Este fica perplexo: seu diagnóstico é vago, mas confirma que "é muito grave". Ele prescreve uma hidroterapia (banhos, pano molhado), que causa repugnância à enferma.

É melhor chamar os Martin em Paris. Eles voltam precipitadamente e, ao chegar, a cozinheira Aimée Roger faz uma cara tal, que Maria crê que a irmã está morta. Não é possível transportar Teresa aos *Buissonnets*. Para dar um alívio à tia, Maria vai instalar-se em sua casa e aí permanecerá até o dia 6 de abril.

Teresa descreveu seus sintomas com precisão e as testemunhas os relataram mais tarde no Processo, entre elas Marcelline Husé, a criada dos Guérin, e Joana Guérin, presente na farmácia:

> Ela foi atingida por um tremor nervoso, ao qual sucederam crises de pavor e alucinações que se repetiam várias vezes por dia. Nos intervalos, ficava reduzida a uma grande fraqueza e não podiam deixá-la só. Parece-me que ela conservava a consciência, mesmo durante as crises; e, passada a crise, conservava a lembrança do que se tinha passado[32].

Depois se manifesta, com a depressão, um estado de semialucinação que a fazia ver sob formas espantosas os diferentes objetos ou as atitudes daqueles que a cercavam. No período mais intenso, houve também várias crises motoras, durante as quais ela realizava movimentos rotatórios com todo o corpo, dos quais era absolutamente incapaz em estado saudável[33].

Os que a cercavam entenderam que é melhor evitar falar de Paulina, que estava se preparando para sua tomada de hábito. Mas esta escreve à "pobre doentinha" com um tom que se pretende descontraído, para disfarçar a preocupação:

> Vamos, senhorita banhista[34], senhorita trêmula, senhorita febril, senhorita dorminhoca, senhorita beberrona, não preciso dizer-vos que na sexta-feira deveis todos esses títulos de nobreza terrena e corrompida na[35]... Precisais ficar curada rápido para vir abraçar a

---

32. Irmã Maria José da Cruz, OSB (Marcelline Husé), PO, p. 363.
33. Joana La Néele, PA, p. 515.
34. Alusão às duchas prescritas pelo Doutor Notta.
35. 6 de abril, dia de sua tomada de hábito.

pobre emburrada e devolver-lhe a alegria, pois sabeis que ela não está mais sorrindo, mas cheia de sonhos e lágrimas, desde o começo de vossa enfermidade. Sim, bebezinho querido, quero ver-te recuperada no dia de minhas núpcias e alcançarei esse querer da bondade de Deus, de Nossa Senhora e também da tua boa vontade. Come muito, muito, é assim que se fica curado; a sobrinhazinha de tua Madre Maria de Gonzaga estava doente como tu, exatamente como tu, e boas fatias de carne assada a curaram e tornaram fresca como uma rosa[36].

Dois dias mais tarde, Paulina escreve ao seu "Celininho querido" (Celina): "Alegro-me por poder abraçar-te sexta-feira, tenho esperança de que estarás feliz também e que esse dia se passará sem lágrimas nem tristezas, já que nossa Teresa está melhor. Como é amável da parte do bom Deus curá-la nesses dias"[37]. De fato, Teresa se diz pronta para ir ao Carmelo nesse grande dia, mas não assistirá à cerimônia durante a qual a noviça, saindo da clausura vestida de noiva e nos braços do pai, permaneceu na assembleia antes de retornar ao coro das carmelitas para revestir o hábito marrom e a capa branca. Padre Ducellier proferiu o sermão da vestição. É ao final da celebração, no locutório exterior, que Teresa pode finalmente abraçar sua mãezinha, "*sentar-se* ao seu colo e enchê-la de carícias" (Ms A, 28rº).

Alegria e cura efêmeras. Voltando aos *Buissonnets* de carro, ela acredita estar curada. Mas, a partir do dia seguinte, a doença redobra e se amplifica cada vez mais. Instalam Teresa no quarto de Maria. Esta — a terceira mãe — torna-se a personagem principal, que dirige a casa, e a testemunha privilegiada da segunda fase da enfermidade. Teresa não para de chamá-la quando ela se afasta um pouco. Situação tanto mais tensa quanto, dois dias depois da vestição de Paulina, Luís deve ir enterrar sua mãe[38], falecida no domingo, 8 de abril, em Valframbert.

A tia Guérin vai aos *Buissonnets* todos os dias, mas a enferma não suporta outros visitantes. Marcelline Husé foi vê-la várias vezes, Teresa não a reconheceu[39]. Os sintomas se acentuaram e diversificaram. Maria deu testemunho:

> Nunca a ouvi falar uma palavra que não tivesse sentido e ela nunca esteve, nem por um instante, em delírio. Mas tinha visões terríveis, que deixava petrificados todos aqueles que ouviam seus gritos de dor. Alguns buracos nas paredes do quarto apareciam-lhe subitamente sob a forma de grossos dedos carbonizados, e ela exclamava: "Tenho medo, tenho medo!" Seus olhos, tão calmos e doces, tinham uma expressão de horror

---

36. CCor 10, meados de 2 de abril de 1883, CG I, p. 141.
37. CD 451, 3-4 (?) de abril de 1883, VT, n. 65, janeiro 1977, p. 73-74.
38. Fanie Boureau (12 de janeiro de 1800 — 8 de abril de 1883).
39. PA, p. 510.

impossível de descrever. Outra vez, meu pai foi sentar-se ao lado de sua cama; na mão, estava segurando seu chapéu. Teresa olhava para ele sem dizer uma única palavra, pois falava muito pouco durante essa doença. Em seguida, como sempre, em um piscar de olhos, mudou de expressão. Seus olhos fixavam o chapéu e ela lançou um grito lúgubre: "Oh, a grande fera negra!". Meu pai levantou-se no mesmo instante e saiu chorando. Depois me disse: "Minha filhinha está louca, ela não me reconhece mais".

Seus gritos tinham algo de sobrenatural; é preciso tê-los ouvido para fazer uma ideia. Um dia, o médico estava presente a uma dessas crises e disse a meu pai: "A ciência é impotente diante desses fenômenos: não há nada a fazer". Sua cama estava instalada em uma grande alcova, à cabeceira e aos pés havia um espaço vazio onde ela tentava se jogar. Isso chegou a acontecer-lhe algumas vezes e me pergunto como não quebrou a cabeça no chão; mas ela não apresentava sequer um arranhão. Outras vezes, batia a cabeça contra a madeira da cama. Às vezes, queria falar comigo e nenhum som se fazia ouvir[40].

Muitas vezes — conta ainda Maria — eu chegava a detê-la [em seus momentos violentos], não sem dificuldade, pois sentia uma força extraordinária que a transportava contra a minha vontade. Vendo isso, eu usava de ardis, fingindo não ter nenhum medo de vê-la cair quando a via tranquila; mas, se eu manifestasse o menor pavor, ela recomeçava com força ainda maior[41].

A enferma se recusa a comer e trava os dentes se lhe oferecem alimento.

Por sorte — continua Maria —, faltava-lhe um dente e disse, sempre recorrendo à minha habitual astúcia: "Não me preocupa mais que os dentes estejam travados, poderei alimentar-te com caldo através desse buraquinho. É muita sorte, minha Teresinha, que te falte um dente!". Imediatamente seus dentes destravaram[42].

Doze anos depois, Teresa se recordará:

Quase sempre parecia estar em delírio, dizendo palavras que não tinham sentido e, contudo, estou certa de não ter sido privada um só instante do uso da razão... Muitas vezes, parecia estar desmaiada, sem fazer o menor movimento; deixaria, então, fazerem de mim tudo o que quisessem, até me matarem. E, no entanto, ouvia tudo o que se dizia ao meu redor e ainda me lembro de tudo... Aconteceu-me, uma vez, ficar por muito tempo sem poder abrir os olhos e abri-los, por um instante, enquanto estava sozinha... (Ms A, 28vº).

---

40. PO, p. 240-241. Ver lembranças de Maria, S. Piat, *Marie*, p. 74-76.
41. NPPO, 1908, p. 4, CG I, p. 139. Ver o testemunho de Leônia, que encontrou Teresa no chão, entre a cama e a parede, PO, p. 344.
42. NPPO, 1908, p. 5, CG I, p. 139.

Ao redor de Teresa, a mobilização é geral. Com Maria, põem mãos à obra Celina, que sacrifica seus domingos para ficar ao lado da irmã; Leônia, que quer ajudar Maria; o pai, que sofre terrivelmente por ver sua Rainha nesse estado inteiramente contrário ao que conhece dela. No Carmelo, Irmã Inês de Jesus quer ajudar por meio de presentinhos, como a boneca vestida de carmelita, que encanta a doente, e um escapulário "milagroso". Inês anuncia que vai começar uma novena. Tudo isso irrita o tio Isidoro, que intuiu que orientar a sobrinha para o Carmelo — e, principalmente, para Paulina — só pode retardar sua cura. Várias cartas traduzem o envolvimento das carmelitas nessa enfermidade: "No Carmelo, amam Teresa como nos *Buissonnets*, rezam por ela, ocupam-se dela, não param de falar dela. Eu espero com grande impaciência o formoso dia de sua cura [...]"[43]. Teresa lê e relê essas cartas cheias de carinho e as aprende de cor (Ms A, 29vº).

Maria também recebe da carmelita cartas de encorajamento, pois sua missão é pesada: "Parece que Teresa não está melhor, que estás com muitas dificuldades; essa manhã, ao pensar em ti, eu estava triste"[44]. Por sua parte, Padre Pichon (que viu os Martin por ocasião de sua passagem por Paris) anima sua dirigida: "Estou convosco também em vosso doloroso Calvário, à cabeceira de vossa Teresinha. Dizei-lhe que estou rezando por ela, como se eu fosse seu avô [...]. Dividi com vossa Teresa todas as bênçãos que hauro para vós no Coração de Jesus"[45].

A medicina se revelou impotente. Em toda parte, redobram-se as orações. Luís Martin manda dizer uma novena de missas no tão venerado santuário mariano de Nossa Senhora das Vitórias. No quarto de Teresa, sobre a cômoda ao lado da cama, encontra-se a estátua da Virgem que sempre acompanhou a família Martin e que consideram como "milagrosa", pois falara à mãe, Zélia[46]. É o mês de Maria. Quando está mais calma, a jovem enferma confecciona presentinhos para Paulina, coroas de margaridas e miosótis para a Virgem, e se volta para ela muitas vezes. Chega o domingo de Pentecostes, 13 de maio de 1883, quadragésimo nono dia da doença. Uma crise mais forte sobrevém a Teresa:

> Um domingo (durante a novena de missas), Maria saiu para o jardim, deixando-me com Leônia, que estava lendo junto à janela. Passados alguns minutos, pus-me a chamar, baixinho: "Mamãe... Mamãe...". Leônia, acostumada a ouvir-me chamar sempre assim, não me deu atenção. Isso durou muito tempo; então, chamei mais forte e, por fim, Maria voltou. Eu vi perfeitamente que ela entrou, mas não podia dizer que a reconhecia,

---

43. CCor 12, início de maio de 1883 (?), CG I, p. 145.
44. Abril de 1883, VT, n. 64, outubro 1976, p. 304.
45. CD 454, a Maria, 17 de abril de 1883, VT, n. 65, janeiro 1977, p. 74, CG I, p. 144.
46. Ms A, 29vº. "Duas vezes", escreve Teresa. "Uma vez", corrigirá Madre Inês.

e continuei a chamar cada vez mais forte: "Mamãe...". Eu sofria muito com essa luta forçada e inexplicável, e Maria sofria, talvez ainda mais do que eu (Ms A, 30rº).

Maria deu testemunho: "Mas a crise mais terrível de todas foi aquela que ela narra em sua 'Vida'. Acreditei que Teresa fosse sucumbir. Vendo-a esgotada nessa luta dolorosa, quis dar-lhe de beber, mas ela exclamou aterrorizada: 'Eles querem me envenenar'"[47]. Tendo Maria descido ao jardim e Teresa não parando de chamar por ela, Leônia toma a irmãzinha nos braços e a leva até a janela. Maria volta ao quarto.

Como dirá Teresa, apenas um *"milagre"* (Ms A, 30rº) podia curá-la e Maria só vê uma solução: põe-se de joelhos, com Leônia e Celina, diante da Virgem e reza a ela "com o fervor de uma *Mãe* que pede a vida de seu filho" (Ms A, 30rº). "Por três vezes, fiz a mesma oração. Na terceira vez, vi Teresa fixar os olhos na estátua da Santíssima Virgem. Seu olhar estava radiante e como em êxtase. Ela me confessou que vira a própria Nossa Senhora. Essa visão durou de 4 a 5 minutos, em seguida seu olhar fixou-se sobre mim com ternura"[48].

"A Santíssima Virgem sorriu para mim" (13 de maio de 1883)

A versão da interessada é um pouco diferente:

> Não encontrando nenhum auxílio sobre a terra, a pobre Teresinha voltara-se também para sua Mãe do Céu; suplicava-lhe de todo coração que, enfim, tivesse piedade dela... De repente, a Santíssima Virgem me pareceu bela, tão bela como jamais tinha visto algo tão belo. Seu rosto respirava uma bondade e uma ternura inefáveis, porém o que me penetrou até o fundo da alma foi o "encantador sorriso da Santíssima Virgem". Então, todos os meus males se desvaneceram, duas grossas lágrimas brotaram de minhas pálpebras e caíram silenciosamente pelas minhas faces, mas eram lágrimas de uma alegria sem mescla... Ah, pensei, a Santíssima Virgem sorriu para mim, como sou feliz... Sim, mas nunca o direi a ninguém, pois então minha felicidade desapareceria. Sem nenhum esforço, baixei os olhos e vi Maria, que olhava para mim com amor; ela parecia estar emocionada e não acreditar no favor que a Santíssima Virgem me concedera... Ah, era a ela, às suas orações tocantes, que eu devia o sorriso da Rainha dos

---

47. PO, p. 241, ver PA, p. 228.
48. PO, p. 241. Em PA, p. 228, Maria completa: "Compreendi que ela estava vendo a própria Nossa Senhora. Essa visão pareceu-me durar quatro ou cinco minutos; em seguida, duas grossas lágrimas correram de seus olhos e seu olhar doce e límpido fixou-se em mim com ternura. Eu não me enganara, Teresa estava curada. Quando fiquei a sós com ela, perguntei-lhe por que tinha chorado. Ela hesitou em revelar-me seu segredo, mas, percebendo que eu o adivinhara, disse-me: 'É porque eu não a via mais'".

Céus. Vendo meu olhar fixado sobre a Virgem Santa, ela pensara consigo: "Teresa está curada!" (Ms A, 30rº-vº).

É interessante ouvir outro testemunho de Maria — que se tornou Irmã Maria do Sagrado Coração —, presente por ocasião da instalação da Virgem do Sorriso na enfermaria (em 8 de julho de 1897), quando a irmã, enferma, aí viveu seus últimos meses. Esta está muito emocionada e chora diante da estátua que lhe traz tantas lembranças. Irmã Maria do Sagrado Coração também se recorda desse dia 13 de maio de 1883. Na época, Teresa lhe disse: "'Não é como da primeira vez, não, é a estátua, mas como me parece bela! Outrora, vede... Ela não estava instalada desse jeito no quarto, eu só a via de lado, vós vos lembrais?... Outrora, não era assim... Não era a estátua!' Ela não concluiu, mas compreendi"[49].

A boa nova vai espalhar-se rapidamente. O Carmelo será avisado de imediato. A partir de 14 ou 15 de maio, Irmã Inês de Jesus escreve à irmã:

> Minha pequena Teresita, que felicidade que estejas melhor! Como Nossa Senhora é boa! [...] Pobre querida, tarda-me voltar a ver teu rostinho tão caro ao meu coração. [...] Enfim, a Santíssima Virgem nos mantém juntas sob seu manto, guarda-nos em seu coração, nos abençoa, nos ama e nos acaricia com a mesma mão[50].

O Padre Pichon foi, evidentemente, informado por Maria. Ele lhe escreve em 21 de maio:

> Convosco e de todo o coração, eu proclamo o milagre. Sabeis que tenho um carinho muito forte por vossa querida Teresinha [...]. Minha alegria é pensar que Deus lhe reserva um futuro privilegiado e que a S[antíssima] V[irgem] vela por ela com uma ternura maternal [...]. A estampa em anexo é para nossa querida ressuscitada[51].

Marcelline Husé declarou: "Não fui testemunha direta da cena da cura. Mas suas irmãs chegaram à casa do senhor Guérin e disseram: 'Teresinha está curada, foi a Virgem Santa que a curou'. No dia seguinte, Teresa foi à casa do tio e constatei que, de fato, ela estava perfeitamente bem..."[52]. Por sua vez, Maria Martin declarou: "No dia seguinte, ela retomou sua vida normal..."[53].

---

49. Caderneta A, p. 7. Memórias redigidas em 1898. UC, p. 455-456. Irmã Maria do Sagrado Coração atribuiu a esse texto a data de 7 de julho de 1897. Ora, Teresa deu entrada na enfermaria em 8 de julho.
50. CCor 13, CG I, p. 147.
51. CD, 21 de maio de 1883, CG I, p. 148-149.
52. PA, p. 510.
53. PO, p. 241.

Que Teresa tenha sido curada de todos os sintomas indicados, é um fato reconhecido por todas as testemunhas. Que tenha retomado sua vida normal "a partir do dia seguinte" — segunda-feira, 14 de maio —, não parece muito plausível. Essa vida ordinária implicava também um retorno à escola. Ora, para ela o ano escolar 1882-1883 parou no início das férias de Páscoa, na metade de março. Por causa dessa longa ausência, a aluna será declarada *hors concours*[54] ao final do ano escolar. Não resta, aliás, nenhum caderno escolar do ano de 1883. O doutor Notta recomendou que lhe evitassem as emoções violentas. Após tal choque, ela continua frágil.

É preciso notar, de acordo com o testemunho de Maria, que, fora "uma ou duas quedas que se produziram sem causa aparente, ao passear no jardim durante a semana que sucedeu sua cura[55], não se viu mais nenhum acidente desse tipo pelo resto de sua vida"[56]. Leônia é mais exata e chega a atribuir a si a causa dessas quedas:

> No mês que seguiu à cura, aconteceu-me duas vezes de contrariá-la, por minha culpa. Ela caiu e ficou estendida durante um curto espaço de tempo (vários minutos), com um estado de rigidez dos membros e do tronco, que parou por si mesmo. Não houve, então, estado delirante, como durante a doença, nem movimentos violentos. Esses dois fenômenos foram os únicos que se produziram. Em seguida, não apareceram mais sinais desse mal[57].

A convalescente sente, evidentemente, grande desejo de ir ao Carmelo para ver sua irmã. É difícil datar com exatidão o primeiro locutório depois da doença[58]. Seja como for, os encontros suscitam efusões apaixonadas. Paulina está usando o hábito da Santíssima Virgem[59], aquela que acaba de curar sua irmãzinha. Madre Maria de Gonzaga — que não é mais priora — mostra-se cheia de carinho. Esse locutório foi "muito doce", anotará mais tarde Irmã Inês de Jesus. "Recordo-me que ela estava de luto por nossa avó[60] e que o preto a deixava ainda mais linda".

A alegria desse locutório íntimo com Paulina será contrabalançada pelo encontro com as carmelitas. O rumor sobre o "milagre" de sua cura faz de Teresita uma "vidente

---

54. *Hors-concours*: relativo a ou pessoa que não pode participar de um concurso por já ter sido laureada, por ser membro do júri ou por ser tida como muito superior aos demais competidores. [N. do T. Fonte: Dicionário *Houaiss*.]
55. De 14 a 20 de maio.
56. PO, p. 241.
57. PO, p. 344.
58. Na quinta-feira, 17 de maio, de acordo com Padre François de Sainte-Marie (Mss II, p. 20), ou na quinta-feira, 31 de maio, segundo Irmã Cécile. CG I, p. 148, n.b.
59. A Ordem do Carmelo é "toda mariana".
60. A avó falecida em 8 de abril de 1883. CG I, p. 148, n.b.

miraculada". Que sorte! No momento do "sorriso da Virgem", em seu quarto, ela pensara: "A Santíssima Virgem sorriu para mim, como sou feliz… sim, mas nunca o direi a ninguém, pois então minha *felicidade desapareceria*" (Ms A, 30rº-vº). Mas como resistir às perguntas "tão ternas e insistentes" de Maria, que adivinhou o que acabava de se passar?

> Espantada por ver meu segredo descoberto sem que o tivesse contado, revelei-o inteiramente à minha querida Maria… Infelizmente, senti muito, minha felicidade ia desaparecer e transformar-se em amargura; durante quatro anos, a lembrança da graça inefável que eu recebera foi para mim um verdadeiro *sofrimento de alma*…[61] (Ms A, 30vº).

Tudo poderia ter ficado entre a madrinha e sua afilhada. Mas Maria lhe pede "permissão" para falar do assunto no Carmelo. Como resistir ainda? Mas isso representa agora ver-se entregue às perguntas curiosas das carmelitas. Total desconcerto da pobre "vidente":

> Perguntaram-me a respeito da graça que recebera, se a Santíssima Virgem trazia o Menino Jesus ou se havia muita luminosidade etc. Todas essas perguntas me perturbaram e fizeram sofrer; não podia dizer senão uma única coisa: "A Santíssima Virgem pareceu-me muito bela… E eu a vi sorrir para mim". Era apenas o seu rosto que me tinha impressionado; por isso, vendo que as carmelitas imaginavam coisa bem diferente (tendo já minhas penas de alma começado a respeito da doença), parecia-me ter mentido… Sem dúvida, se eu tivesse guardado meu segredo, teria conservado também minha felicidade. Mas Nossa Senhora permitiu esse tormento para o bem de minha alma; sem ele, talvez tivesse tido algum pensamento de vaidade, ao passo que, sendo a humilhação minha partilha, não podia olhar para mim mesma sem um sentimento de profundo horror… Ah, só no Céu poderei dizer o quanto sofri (Ms A, 31rº).

É assim que não somente uma alegria se transforma em tristeza, uma felicidade em "amargura", mas também uma "graça inefável" se torna fonte de humilhação durante anos. É necessário mensurar, se possível, os sofrimentos da menina entre 1883 e 1886, até mesmo 1887. A cura engendrou dois "sofrimentos de alma" muito profundos, que vão freá-la, atá-la durante anos. Ao medo de ter mentido no que se referia ao sorriso da Virgem vão acrescentar-se dúvidas sobre a realidade de sua doença, "tão estranha" (Ms A, 28vº). Não teria ela fantasiado?

> Por muito tempo depois de minha cura, acreditei ter ficado doente de propósito e isso foi um verdadeiro martírio para minha alma… Falei-o a Maria, que me tranquilizou do

---

61. Esse sofrimento chegará ao fim em novembro de 1887, na igreja de *Notre-Dame-des-Victoires* em Paris, por ocasião da peregrinação a Roma.

melhor modo possível com sua costumeira bondade; disse-o ainda em Confissão e aí também meu confessor procurou tranquilizar-me, dizendo que não era possível fingir estar doente até o ponto em que eu estivera. O bom Deus, que queria, sem dúvida, purificar-me e, sobretudo, humilhar-me, deixou-me nesse martírio íntimo até minha entrada no Carmelo, onde o Pai de nossas almas tirou, como que com a mão, todas as minhas dúvidas (Ms A, 28vº)[62].

As duas "penas de alma" se entrecruzam, fazendo com que a criança de dez anos viva um "martírio". Somente doze anos mais tarde Irmã Teresa do Menino Jesus da Santa Face, relendo a própria vida em seu primeiro manuscrito, poderá atribuir um sentido purificador a esses anos tão dolorosos: "Mas Nossa Senhora permitiu esse tormento para o bem de minha alma; sem ele, talvez, tivesse tido algum pensamento de vaidade..." (Ms A, 31rº)[63].

Mas qual será, mais tarde, a interpretação de Teresa a respeito da doença em si mesma? Para ela, não há dúvida: "A doença por que fui atingida vinha certamente do demônio" (Ms A, 27rº). Em seu relato, a menção ao demônio retorna quatro vezes: "Estou convencida agora de que ela [a doença] era obra do demônio" (Ms A, 28vº); "Creio que o demônio recebera um poder exterior sobre mim, mas que ele não podia aproximar-se de minha alma nem de meu espírito" (Ms A, 28vº-29rº); "[...] se o bom Deus permitia ao demônio que se aproximasse de mim..." (Ms A, 29rº). Mas por que o demônio se voltava com tanta violência contra essa menina? Irmã Teresa terá uma resposta. O demônio "estava furioso" com a entrada de Paulina Martin no Carmelo, "ele quis vingar-se em mim do prejuízo que nossa família[64] devia causar-lhe no futuro..." (Ms A, 27rº).

A medicina, há mais de cem anos, interrogou-se sobre essa doença e trouxe vários diagnósticos. É evidente que, salvo o doutor Notta, todos os médicos tiveram consciência de fazer diagnósticos retrospectivos históricos muito posteriores ao fato, fundados unicamente sobre testemunhos.

---

62. Antecipação: alusão à Confissão geral feita ao Padre Pichon em 28 de maio de 1888.

63. Em outras palavras, trata-se de uma purificação espiritual, conforme a linguagem da vida mística.

64. Deve-se sublinhar esta palavra profética — "nossa família" após a beatificação do casal Martin (19 de outubro de 2008). [Luís e Zélia foram canonizados pelo Papa Francisco em 18 de outubro de 2015 — N. do T.]

"Uma linda menina" (CF 220)

Após um restabelecimento que se consolida pouco a pouco, o melhor será permitir à convalescente uma mudança de ambiente — em uma palavra, boas férias. Luís Martin, habituado a viajar, decide levar as quatro filhas a Alençon para reencontrar os lugares e as pessoas conhecidas de sua infância. Ele assume um risco em relação à sua Rainha: por exemplo, como ela reagirá ao visitar o túmulo da mãe? Mas Teresa parece ir bem, está crescendo, ficando bonita. Ao amigo Nogrix, Luís responde com uma carta calorosa e fala da família, que conta cinco falecimentos. Ele acrescenta: "Declarar-te-ei que Teresa, minha Rainhazinha — é assim que a chamo, pois é uma linda menina, garanto-te —, está totalmente curada; as numerosas orações finalmente tomaram o Céu de assalto e Deus, tão bom, quis capitular"[65].

A viagem acontece na segunda quinzena do mês de agosto de 1883. Faz quase seis anos que Teresa não voltou a ver Alençon e seus arredores. Guardará desses reencontros uma lembrança feliz:

> Minha alegria foi muito grande ao rever os lugares em que se passou minha infância, sobretudo por poder rezar no túmulo de mamãe e pedir-lhe que me protegesse sempre [...]. Poderia dizer que, durante minha permanência em Alençon, fiz minha primeira entrada no mundo. Tudo ao redor de mim era alegria e felicidade; era festejada, mimada, admirada; numa palavra, durante quinze dias minha vida não foi semeada senão de flores… Confesso que essa vida tinha encantos para mim (Ms A, 32r°-v°).

Luís se hospeda no Pavilhão. Os reencontros emocionam todos os amigos Romet (Celina reencontra seu padrinho, que as hospeda); a senhora Tifenne acolhe as jovens em sua grande casa (*place de Plénitre*, 4). Teresa se recordará do belo quarto atapetado de vermelho, que ela chama "quarto cardeal". "Tia Bombom" leva os Martin à casa de sua irmã, senhora Monnier, ao castelo de Grogny (Arçonnais); elas podem montar a cavalo. Com Paulina Romet (madrinha de Paulina), visitam Pierre Romet em seu solar de Saint-Denis-sur-Sarthon, cercado por um valado, com uma lagoa e uma pequena ilha: Teresa se diverte dando pão aos cisnes, enquanto Celina, com Maria Romet (que segue cursos de pintura em Paris), inicia-se na arte das cores e da perspectiva. Os Martin encontram os Rabinel[66], o castelo de Lanchal e seu pombal em Semallé.

---

65. CF 220, p. 375. Essa carta poderia ser do fim de maio-início de junho de 1883. M. Nogrix, amigo de sua juventude, completou sessenta anos em 23 de maio de 1883.

66. Louis Rabinel (†1° de novembro de 1897), comerciante de vinhos e licores em Alençon, amigo de Luís Martin, passava metade do ano em Alençon e a outra metade em seu castelo de Lanchal, comprado em 1866, que ele mandou reconstruir. Luís Martin ia muitas vezes tomar café na casa

Em toda parte admiram Teresa, que se tornou uma bela jovem: reencontro tanto mais emocionante quanto ela esteve tão gravemente enferma. Gastam a criatividade para distraí-la. Ela participa de passeios, recepções. É possível que Luís Martin tenha ido a Valframbert, ao túmulo de sua mãe, falecida há quatro meses. Nesse caso, a família encontrou a nutriz Rosa Taillé e seus familiares[67].

As cartas da carmelita de Lisieux, recebidas pelo correio, confirmam essas afirmações. A Celina:

> Meu Celininho querido, estou muito feliz que tenhas sentido tanta alegria em Alençon, vejo como és mimada — tu e Teresa! —, pois muitas garotinhas não passam férias tão belas. Aproveita bem, minha querida, esses dias de felicidade, diverte-te e sê sempre doce com Teresa, com Leônia, não falo de Maria, que deve ser tratada como uma mãezinha[68].

E a Teresa:

> Meu pequeno Benjamim, obrigada por tua gentil cartinha[69], vejo tanto de longe como de perto que estão pensando em sua professorinha de outrora, que a amam, que sempre a veem com o coração. E eu também penso muito em minha aluninha querida. Eu a amo e a vejo com contentamento no meio dos prazeres dessa incomparável viagem. Diverte-te muito, bebezinho, o bom Deus o quer e o Céu abençoa Teresa e suas alegrias[70].

Nesse ambiente feliz, a visita ao túmulo da mãe se passa sem incidentes.

Acontece que o Padre Pichon, originário de Carrouges, no Orne, também está na região, pois um de seus tios — Augustin-Louis Pichon — acaba de morrer no dia 18 de agosto. O jesuíta marca encontro com Maria Martin em 22 de agosto, às 16 horas, na Providência de Alençon. Ele declara: "Principalmente, trazei-me a pequena Teresa e vossa encantadora sapeca [Celina]"[71]. De fato, toda a família Martin comparece ao encontro. Desde a Páscoa de 1883, o sacerdote conhece o pai e Leônia, a quem encontrou em Paris. Ele é apresentado, portanto, às duas mais novas. Só a carmelita, Paulina, ainda lhe

---

da família Rabinel. Louis Rabinel casara-se com Henriette Esnaut, com quem teve uma filha, Marie-Louise, que fez seus estudos na Providência de Alençon. Maria Martin era muito amiga daquela que ela chamava de Louise.

67. Note-se que, em suas lembranças e cartas, Teresa nunca fala de Rose Taillé.
68. CD 463, 24 de agosto de 1883, VT, n. 70, abril 1978, p. 140.
69. Perdida.
70. CCor 14, 24 de agosto de 1883, CG I, p. 151.
71. CD 460, carta do Padre Pichon a Maria, de Vitré, 20-21 de agosto de 1883, VT, n. 70, abril 1978, p. 139.

é desconhecida. Com toda probabilidade, foi nesse dia que Luís Martin sugeriu a Teresa, dez anos e meio, que abraçasse o Padre Pichon, seu "vovô", como ele mesmo se definia em relação a ela[72].

O retorno a Lisieux acontecerá no sábado, dia 1º, ou na segunda-feira, 3 de setembro. Por causa da viagem, a tradicional festa de São Luís, do dia 25 de agosto, teve que ser adiada[73] e, do Carmelo, Irmã Inês compôs o "cumprimento" ritual, lido solenemente pela Rainhazinha[74]. Madre Genoveva de Santa Teresa envia os votos de boas-festas do Carmelo[75].

Estando os Guérin de férias em Saint-Ouen-le-Pin com a família Maudelonde, Leônia vai passar uma semana com eles. Sua filha Joana foi solicitada pela priora do Carmelo a pedir esmola para a tomada de hábito de Irmã Maria de Jesus, vinda de Rouen. As famílias Martin e Guérin são convidadas para o dia de Santa Teresa — 15 de outubro —, às 15h. Isso se justifica, pois Irmã Inês de Jesus foi designada como "Anjo" da noviça[76]. As mostras de generosidade, as ofertas *in natura* das famílias Martin e Guérin não vão mais parar. Para um Carmelo muito pobre, é um montante considerável.

Não se sabe se Teresa assistiu à cerimônia. De acordo com a carta de felicitações pela festa, que lhe foi enviada por Irmã Inês de Jesus, não parece[77]. Aliás, esse 15 de outubro é uma segunda-feira, dia de aula.

O "pequeno doutor"

Teresa entrou em seu primeiro ano nas beneditinas de *Notre-Dame-du-Pré*. Ei-la na terceira classe, segunda divisão, fita violeta. Não esqueçamos que o ano anterior foi amputado em um semestre por causa de sua saúde. O único pensamento que a consola por ocasião do retorno à escola é que para ela esse será, finalmente, o ano de sua primeira Comunhão. Ela sempre pensa nisso, mas, nos meses que seguem, a preparação

---

72. Ver VT, n. 70, abril 1978, p. 139. [Sœur Cécile], *Le Père Pichon et la famille Martin*, p. 8-9.
73. Ver a carta de Irmã Inês de Jesus do dia 24 de agosto de 1883 cumprimentando o pai por sua festa (VT, n. 57, janeiro 1975, p. 60).
74. Ver o texto de nove estrofes em quartetos, VT, n. 58, abril 1975, p. 146-147.
75. 3 de setembro de 1883, VT, n. 70, abril 1978, p. 148.
76. CD 408, carta de Madre Genoveva a Luís Martin, 3 de outubro de 1883, VT, n. 70, abril 1978, p. 143. Irmã Maria de Jesus (13 de setembro de 1862 — 25 de novembro de 1938), profissão em 5 de dezembro de 1884.
77. CCor 15, 14 de outubro de 1883, CG I, p. 152. Aí pode-se ler em *post-scriptum*: "Madre Maria de Gonzaga manda um abraço bem forte para sua filhinha querida, Nossa Madre [a priora] envia-lhe esse cestinho, cheio de todo o carinho do Carmelo por sua Teresita". É, portanto, a festa.

vai tornar-se mais intensa. A partir de outubro, as semipensionistas, preparando-se para "o mais belo dia de suas vidas" — de acordo com a fórmula estereotipada —, deviam assistir à missa dominical na Abadia e permanecer no pensionato até a bênção do Santíssimo Sacramento, por volta das 15h30. E, um mês antes do grande dia, tornavam-se pensionistas. Evidentemente, a família Martin fez recomendações à diretora e às mestras da filha mais nova. Após sua grave enfermidade, é preciso poupá-la, evitar-lhe emoções e velar por sua saúde.

Por ora, continuando uma escolaridade sem incidentes, Teresa atribui grande importância ao catecismo, estudado sob a forma de perguntas e respostas[78]. Padre Domin também faz questionamentos e Teresa lhe responde tão bem que o sacerdote a chama de seu "pequeno doutor". Mas as afirmações do catecismo sobre a morte das crianças não batizadas parecem muito severas à aluna: então elas não verão a Deus? Isso lhe parece injusto. Ela conclui: "Pois bem, já que o bom Deus pode tudo, eu me apresentarei em seu lugar"[79]. Do mesmo modo, desejaria que todos os homens fossem salvos e não podia pensar que sua liberdade humana pudesse resistir à onipotência do Amor[80].

A garotinha que não gosta de tomar parte em folguedos um pouco violentos, nem mesmo de ocupar-se de suas bonecas, prefere contemplar estampas durante horas. Naquele tempo, estas são abundantes. O Carmelo as fornece muitas vezes e todas as cerimônias (Comunhões, Confirmações, tomadas de hábito, festas e aniversários) são ocasião de recebê-las e dá-las. "Devo às belas estampas [...] uma das mais doces alegrias e mais profundas impressões que me excitaram à prática da virtude... Contemplando-as, esquecia-me das horas. A *florzinha* do divino Prisioneiro, por exemplo, dizia-me tantas coisas, que eu aí ficava mergulhada" (Ms A, 31v°)[81]. Nos volumes de sua correspondência, foram encontradas em torno de sessenta estampas com dedicatória ou enviadas a Teresa com uma assinatura[82].

Outro passatempo que alimenta seu lado contemplativo é a leitura: "Gostava muito da leitura e nela teria passado minha vida...". Teresa deve somente moderar seu desejo.

---

78. Ver seu *Catéchisme à l'usage du diocèse de Bayeux* dado por Monsenhor Hugonin, 1882.

79. *La Petite Thérèse à l'Abbaye*, 1930, recordações de Madre São Francisco de Sales, p. 29. Na época, ensinava-se a existência dos "limbos", teoria abandonada posteriormente (Comissão teológica internacional, 4 de maio de 2007).

80. Ibid.

81. Profundamente absorvida. Maneira de falar usada na época, no Carmelo de Lisieux (Mss II, p. 20). Essa imagem representa Jesus por trás das grades de um tabernáculo, contemplando uma florzinha. Celina lha oferecera para sua primeira Comunhão (8 de maio de 1884). Mas Teresa possuía vários exemplares dessa estampa.

82. Ver CG II, p. 1087-1099; ver DLVI (coleção completa de novecentas imagens, estátuas, quadros e vitrais que Teresa conheceu), p. 57-59.

Seja como for, ela lê somente livros escolhidos por suas irmãs. "Essa atração pela leitura durou até minha entrada no Carmelo. Dizer o número de livros que passaram por minhas mãos não me seria possível..." (Ms A, 31vº). No que diz respeito às leituras recreativas, podem-se citar *Fabiola ou l'Église des catacombes*, do cardeal Wiseman[83]; *La Tirelire aux histoires*, leituras selecionadas por Madame Louise S.-W. Belloc[84]; *Le Journal de la jeunesse*[85], publicação semanal ilustrada, oferecida todos os anos às primas Guérin, que em seguida as passavam aos *Buissonnets*. Padre Descouvemont também deu uma lista de uma dúzia de livros — muitas vezes eram prêmios recebidos por suas irmãs[86] —, além das obras da condessa de Ségur. É preciso acrescentar ao elenco seus prêmios e todas as leituras feitas por ocasião dos encontros familiares noturnos nos *Buissonnets*, entre os quais *L'Année liturgique* de Dom Guéranger (Paris, 2ª ed., 1858-1879); os nove primeiros volumes eram conhecidos dos Martin desde 1877.

Quanto aos livros de piedade, destaquemos a importância da *Imitação de Cristo*[87], que virá a ser seu livro de cabeceira e cujos capítulos Teresa sabe de cor. É necessário acrescentar a leitura que a ocupará até sua entrada no Carmelo e que a marcará profundamente. Ela recebeu "como recompensa" (de quem? quando?) *L'Histoire de sainte Thérèse d'après les Bollandistes, ses divers historiens et ses œuvres complètes*[88], que vai fazê-la descobrir a vida, as obras da Madre, sua santa patrona, e será a base de seu conhecimento do Carmelo teresiano[89].

Lendo as obras que mais exigem imaginação — livros de cavalaria —, a jovem é, às vezes, tentada a distanciar-se da *"realidade da vida"* (Ms A, 31vº). Mas ela é fascinada, principalmente, pela história de Joana d'Arc. Ao final do século XIX, a heroína francesa está em evidência. Fala-se dela por todos os lados. Nos combates anticlericais, Joana é reivindicada por republicanos, que veem nela uma "livre-pensadora" condenada à fogueira pela Igreja. Inversamente, no mundo católico, encaminham-se em direção a um reconhecimento de sua santidade. Somente dez anos mais tarde, em 27 de janeiro de 1894, o Papa Leão XIII a declarará "Venerável", primeira etapa rumo à beatificação,

---

83. Tradução da senhorita Nettement, Paris, Garnier, s.d.
84. Paris, 1870. É aí que Teresa vai ler a história do *Sulco dourado* sobre o mar.
85. Paris, Hachette, 10 vol.
86. *Sainte Thérèse de l'Enfant-Jésus et son prochain*, Paris, Lethielleux, 1962, p. 247.
87. "Nova tradução com reflexões ao final de cada capítulo", pelo Padre F. de Lamennais, Tours, 1879.
88. Paris, Retaux-Bray, livraria-editora, 82, *rue Bonaparte*, 1882, 2 t., num total de 1039 páginas, por uma carmelita de Caen (Irmã Maria do Sagrado Coração Lecornu). Teresa leu a quarta edição.
89. Ver Emmanuel RENAULT, *L'influence de sainte Thérèse d'Avila sur Thérèse de Lisieux*, Éd. du Carmel, 2009.

em 1909. A jovem Teresa, em busca da santidade, apega-se fortemente à mártir morta aos dezenove anos. A leitura de sua história provoca nela uma grande graça, "uma das maiores de minha vida":

> Pensava que nascera para a glória e, procurando o meio de consegui-la, Deus me inspirou os sentimentos que acabo de escrever. Fez-me compreender ainda que minha glória não apareceria aos olhos mortais, que consistiria em me tornar uma grande santa!!!... (Ms A, 32v°).

De agora em diante, Joana será sua "irmã querida", que a acompanhará até à morte[90].

O primeiro dia do ano de 1884 vê chegar o ritual familiar do "cumprimento" ao pai: sempre composto por Irmã Inês de Jesus, sempre recitado pela Rainhazinha. O desse ano, no qual Teresa completa onze anos, tem apenas cinco estrofes e expressa mais uma vez o amor paterno e filial, tão importante para a caçula:

> *Como te amo, meu paizinho*
> *Esse é meu canto de todos os dias*
> *Deste ano a hora primeira*
> *O ressoa como sempre*
>
> *Papai, amar-te é tão suave*
> *Oh, só peço como presente*
> *Meu belo posto de rainha*
> *Em teu coração e em teu colo*
>
> *Um beijo à noite e pela manhã*
> *Essa é toda a minha felicidade no mundo*
> *Esses são os brinquedos, o festim*
> *Para mim, Teresita, a loira*
>
> *Infelizmente, quantas pobres famílias*
> *Não têm, como eu, esse prazer*
> *Como lastimo as menininhas*
> *Que não têm mais um pai para querer bem!*
>
> *Obrigada, meu Deus! Sois Pai*
> *E no meu, ah, eu vos vejo*
> *Obrigada, por muito tempo na terra*
> *Conservai aquele que devo a vós*[91]*!*

---

90. Ver seus trabalhos escolares, CETL, p. 196, 301, 438-440.
91. VT, n. 58, abril 1975, p. 146. O original é da mão de Irmã Inês.

A última estrofe merece atenção, sugerindo a identificação do pai terreno ao Pai dos Céus. Todos esses cumprimentos — obras de Paulina/Inês de Jesus — modelaram de alguma forma a representação paterna de Teresa.

Nesse mesmo mês de janeiro, o tio Guérin acolhe em sua farmácia, como aprendiz, o jovem Henry Chéron, quinze anos, que será um político afamado, totalmente oposto às ideias do antigo patrão! Mais tarde, ele contará que a jovem Teresa o escutava tocar acordeão na farmácia[92].

No Carmelo, diante da degradação da capela, por iniciativa de Madre Maria de Gonzaga, sob o priorado de Madre Genoveva, um sorteio na loteria foi lançado para recolher fundos. Todos os Carmelos franceses foram solicitados e as somas recebidas permitiram renovar as duas fachadas da capela, colocar piso no santuário e no meio da nave, reparar todo o exterior das paredes, pintar e dourar a grade de Comunhão. Mudaram os degraus de pedra para mármore. O coro das carmelitas e os forros de madeira foram pintados inteiramente e o antecoro recebeu um novo assoalho[93].

Esses trabalhos compensavam as preocupações das carmelitas. As caixas de esmola da capela foram destruídas duas vezes. A priora fica desolada, pois "os crimes e escândalos vêm aterrorizar-nos [...]. O mundo penetra até em nossos espaços de solidão[94]. Rezemos, querida filha, por nossa infeliz pátria, os sacrilégios nas igrejas estão se multiplicando"[95].

Quatro anos de preparação para a primeira Comunhão

Sabemos que já faz quatro anos (desde a Comunhão de Celina) que Teresa está se preparando para a primeira Comunhão. Nesse início do ano de 1884, o grande dia se aproxima. Uma intensa preparação vai conjugar diversas contribuições. A preparação remota, feita por Irmã Inês de Jesus, vai começar no sábado, 1º de março. Continuando,

---

92. CrG, p. 33. Henry Chéron nasceu em Lisieux em 1867. Seus pais são negociantes de boinas, na rua principal de Lisieux. Hoje esta se chama *rue Henry Chéron*. Ele será prefeito de Lisieux entre 1894 e 1908 e de 1932 a 1936. Deputado de Caen (1906-1913), senador do Calvados (1913-1936), presidente do Conselho geral (1911-1936), dez vezes ministro. Falecido em Lisieux no dia 15 de abril de 1936.

93. *Livre des fondations*, III, p. 146-147. Ver VT, n. 70, abril 1978, p. 147-148.

94. Alusão ao ataque às carmelitas de Évreux e seus jardineiros, esfaqueados por dois jovens que saíram da prisão na manhã do mesmo dia, 21 de novembro de 1883. Em 21 de janeiro de 1884, foram condenados à morte. A priora obteve um indulto em seu favor. Eles foram condenados à prisão perpétua.

95. CD 478, de Madre Genoveva a Madre Santo Efrém, 29 de janeiro de 1884, VT, n. 70, abril 1978, p. 147-148.

da clausura, seu papel de "Mãezinha" e mestra espiritual, ela confeccionará para a irmã "um caderninho", que lhe tomou "um tempo infinito"[96]. Ferramenta pedagógica de uma época, esse caderno vai ajudar diariamente a menina a fazer esforços de orações, sacrifícios, sob a forma simbólica de flores a ser colhidas e orações a dizer a Jesus, a Maria, a São José, ao anjo da guarda. Ele compreende noventa e seis páginas cuidadosamente enfeitadas, com o enunciado de flores, diante do qual a futura comungante deve escrever o número de atos de oração feitos durante o dia[97]. Além disso, para estimular o ânimo, Irmã Inês escreve uma carta todas as quintas-feiras (que Teresa lê na sexta-feira). Onze foram conservadas[98]. Elas exortam Teresita à generosidade e se tornam mais imperiosas à medida que "o mais belo dia da vida se aproxima".

A ligação com a carmelita é tanto mais forte quanto Paulina obteve fazer profissão no mesmo dia da primeira Comunhão de sua irmã. O que não deixou de trazer algumas dificuldades práticas, pois a data da Comunhão foi fixada, a princípio, para 29 de maio, antes de ser remarcada para a quinta-feira, 8. Um exame final de catecismo aconteceu e Teresa foi aprovada. Ela escreveu na primeira página de seu catecismo: "No dia 2 de abril de 1844 [sic] T. Martin é aprovada para a primeira Comunhão às 4 horas da tarde".

Cada uma vai, portanto, preparar-se para o "grande dia". Duas cartas chegam aos *Buissonnets* para Luís Martin: uma de 28 de março, de sua filha, que lhe anuncia que é admitida "ao Carmelo para toda a vida!"[99] e outra da priora, de 28 e 29 de março, para confirmar a boa notícia e agradecer ao pai pelos 8 mil francos que deu como dote de sua segunda filha[100].

A jovem Teresa vai entrar com ardor nessa preparação diária. Estimulada pela carmelita, repetirá todas as fórmulas e orações com uma generosidade perseverante:

> Minha querida Paulininha, pensei muito em te escrever para agradecer teu maravilhoso livrinho, mas julgava que isso não fosse permitido durante a quaresma. Como agora sei que é permitido, agradeço-te de todo o coração. Não sabes a alegria que experimentei quando Maria me mostrou teu gracioso livrinho. Achei encantador! Nunca vi nada tão belo e não me cansava de olhá-lo. Que belas orações estão no início! Eu as rezei ao

---

96. CCor 2, de 7 (?) de fevereiro de 1884, CG I, p. 157.
97. Ver a descrição detalhada do caderninho e sua reprodução em VT, n. 76, outubro 1979, p. 310-318.
98. CCor 18 a CCor 31 (CG I, p. 154-171). A priora deu uma autorização especial, porque o tempo da quaresma (27 de fevereiro – 13 de abril) interrompe, normalmente, toda correspondência.
99. VT, n. 57, janeiro 1975, p. 61.
100. CD 483, VT, n. 70, abril 1978, p. 150. O dote é um bem que uma religiosa leva consigo ao entrar num mosteiro. Tal soma era uma contribuição considerável para esse Carmelo pobre e em reforma.

pequeno Jesus com todo o meu coração. Todos os dias procuro fazer o maior número de práticas que posso e faço o possível para não deixar escapar nenhuma ocasião. Recito do fundo do coração as pequenas orações que dão o perfume às rosas, e o mais frequentemente que posso[101].

Onze anos mais tarde, em seu primeiro manuscrito, Irmã Teresa se recordará do "maravilhoso livrinho", com as mesmas palavras: "Todos os dias, fazia um grande número de práticas[102] que constituíam outras tantas flores; fazia um número ainda maior de aspirações, que tínheis escrito em meu livrinho para cada dia…" (Ms A, 33rº). No dia 7 de maio, véspera do "grande dia", o resultado é edificante: em sessenta e oito dias, a menina fez 1949 sacrifícios ou atos de virtude (ou seja, vinte e oito por dia) e repetiu 2.773 vezes as invocações propostas por Irmã Inês (ou seja, quarenta vezes por dia). Isso dá uma média de sessenta e oito atos de orações por dia. Vultosa contabilidade para uma criança de onze anos e meio, que exigiu dela uma atenção quase permanente, uma espécie de oração contínua.

A isso deve-se acrescentar a preparação feita pela terceira mãe, Maria, que, tomando Teresa no colo, ensina-lhe diversas grandes verdades espirituais[103], entre outras, "o meio para ser *santa* pela fidelidade às mínimas coisas" (Ms A, 33rº). Exemplos minuciosos de uma rigorosa ascese são dados à garotinha pelo folheto "Caminho da santa renúncia ou Máxima dos santos e que faz os santos"[104]. Esse inventário ascético, destinado a religiosas, fora enviado a Maria pelo Padre Pichon. Mas Maria acabava de completar vinte e quatro anos no dia 22 de fevereiro. Pode-se medir o contraste entre a preparação de Irmã Inês, que subestima a idade de sua irmã com orações infantis, e a de Maria, que propõe a Teresa que vença a si mesma como uma adulta. "Vencei a vós mesma", propõe, com efeito, o "Caminho da santa renúncia". Trata-se de "recusar à natureza o que ela vos pede sem necessidade" e superar-se em todas as ocasiões. Teresa dirá que o "meditava com prazer…" (Ms A, 33rº). De fato, o livro apresenta um programa completo de ascese, que será próximo daquele proposto no Carmelo. A isso acrescenta-se a leitura do livro de Madame Bourdon, *Agathe ou la première communion*[105].

A preparação imediata será feita na Abadia com um retiro de três dias (5-8 de maio, chegada no dia 4, à noite). Como Celina, Teresa deveria permanecer um mês

---

101. C 11, 1-6 de março de 1884, CG I, p. 163. É a única carta que resta de Teresa diante das onze de Irmã Inês.
102. Ato de piedade, oração e/ou sacrifício.
103. Maria faz com Teresa o que Paulina fizera para Celina em maio de 1880.
104. Ver CG II, p. 1167-1168.
105. Bibliothèque Saint-Germain, Paris, 1869.

como pensionista, mas sua saúde frágil obteve-lhe ser isenta dessa regra. Sabe-se que as professoras receberam recomendações familiares precisas para cuidar da saúde daquela que ficou tão gravemente doente. Isso lhe valerá alguns privilégios: ocupam-se de modo particular da sua toalete (a menina não sabe pentear-se sozinha); recebe todos os dias a visita do pai, de Maria e Leônia, até de Celina, que vai vê-la na enfermaria, onde Teresa está em repouso. Pois, se tosse, fica pálida ou sente uma pequena dor de cabeça, cuidam dela tanto quanto é possível e a isolam.

Chega, enfim, a preparação imediata: o retiro pregado pelo Padre Louis-Victor Domin, quarenta e um anos, capelão das beneditinas há dez anos. O retiro da segunda-feira, 5, à quinta-feira, 8 de maio, é seguido por sete meninas de aproximadamente onze anos: J. Lesforgettes, Jeanne Raoul, L. Delaure, Félicie Malling, duas sobrinhas do pregador — Marie e Alexandrine Domin. Em suas memórias, Irmã Teresa fará uma descrição feliz das instruções do pregador, afirmando tê-las escutado "com muita atenção" e ter "escrito o resumo" destas. "Quanto aos meus pensamentos, não quis escrever nenhum, dizendo que os lembraria muito bem, o que foi verdade…" (Ms A, 34rº). A realidade foi, sem dúvida, menos fácil de viver, a julgar pela leitura das notas tomadas por Teresa. É preciso lê-las integralmente para dar-se conta da atmosfera geral dessas instruções[106].

> Retiro da minha primeira Comunhão
> 5 de maio. Manhã, meditação
> O Padre nos disse que éramos como os servidores do Evangelho e que, ao final de nossa vida, o bom Deus nos pediria contas das graças que nos concedeu e que deveríamos apresentá-las à proporção do que ele nos dera de graças. Pensei que eu teria muito a prestar contas a Deus, que era tão bom para mim e me concedia tantas graças, que prometi fazer esforços para ser boa e ter muitas boas obras para apresentar ao bom Deus.
> 2ª instrução
> O Padre nos falou da morte e nos [...] que não tinha meio de nos iludirmos, que era certo que morreríamos e talvez houvesse uma que não terminaria o seu retiro.
> Ele nos contou que, quando era jovem, um padre missionário estava pregando o retiro e lhes dizia que talvez no dia seguinte viesse a faltar um. Com efeito, no dia seguinte, um estava morto. Quero ser muito boa para não ser surpreendida por minha morte.
> 3ª instrução
> Essa noite, a instrução era sobre o inferno. O Padre apresentou para nós as torturas que se sofrem no inferno. Ele nos disse que de nossa primeira Comunhão ia depender se iríamos ao Céu ou ao inferno. Estou me preparando bem, espero ir para o Céu.

---

106. Caderneta de capa azul. 18 folhas, das quais as 5 primeiras escritas a lápis. O retiro ocupa as folhas 1 e 2 (frente e verso). Podemos encontrá-las em Mss II, p. 22; em VT, n. 74, abril 1979, p. 132-133 e em OC, p. 1199-1200.

7 de maio – 1ª instrução

O Padre nos falou da 1ª Comunhão sacrílega, ele nos disse coisas que me deram muito medo.

De fato, as instruções aterradoras não parecem ter perturbado a retirante. Elas foram, aliás, brutalmente interrompidas. A possibilidade de uma morte evocada pelo pregador se realizou. As notas de Teresa terminam com estas palavras: "Faltaram muitas palestras durante o nosso retiro, porque a madre priora morreu e o padre não pôde ocupar-se muito de nós". Trata-se da Madre Saint-Exupère[107], falecida no domingo, 4 de maio. O sacerdote deve, pois, presidir suas exéquias no dia 7 de maio. Ele tivera o tempo de dar a absolvição a Teresa por ocasião de uma confissão geral, que a deixou em "uma grande paz". Ela notou que, durante esse ano de preparação, "minhas penas de alma me deixaram durante quase um ano" (Ms A, 32vº).

O retiro compreende também a presença em todos os ofícios de oração das beneditinas. Teresa exibe um grande crucifixo atravessado em sua cintura (dado por Leônia). Ela não passa despercebida no grupo das retirantes. Segundo o costume, pediu perdão a toda a família. Paulina enviou-lhe uma carta e uma bela estampa[108] e recebeu uma carta do Padre Pichon, em resposta à sua. Esta se perdeu, mas o manuscrito A recorda seu conteúdo: em pouco tempo, Teresa será carmelita e tomará o jesuíta como diretor (Ms A, 34vº). Ele lhe responde: "No santo altar, oferecerei a adorável vítima por vós e vossa Paulina"[109].

Ao fim desses meses de preparação, Teresa poderá escrever, fazendo memória:

> A época de minha primeira Comunhão ficou gravada em meu coração como uma lembrança sem nuvens; parece-me que não podia estar mais bem-disposta do que estava e, além disso, minhas penas de alma me deixaram durante quase um ano, Jesus queria fazer-me gozar de uma alegria tão perfeita quanto é possível neste vale de lágrimas... (Ms A, 32vº).

"Um beijo de amor" (Ms A, 35rº) [8 de maio de 1884]

Chega, enfim, "o mais belo dos dias" (Ms A, 34vº), tão esperado. As meninas usam vestes brancas, que evocam "*flocos de neve*" (Ms A, 35rº). Pode-se tentar reconstruir esse

---

107. Modeste Enguchard (1816-4 de maio de 1884). Falecimento atestado por Irmã Inês de Jesus, CCor 31, de 6 de maio de 1884, CG I, p. 170.
108. CCor 31, 6 de maio de 1884, CG I, p. 170-171.
109. Ibid., p. 172. Isso é confirmado por sua carta a Maria, CD 486, de 6 de maio de 1884, VT, n. 70, abril 1978, p. 152.

acontecimento como o viveram as testemunhas e compará-lo com a descrição que dele fará Irmã Teresa em 1895.

É certo que se trata aqui de um acontecimento espiritual capital e fundante[110]. Testemunhas se recordam dele, especialmente as Irmãs beneditinas: "[Naquele dia] um fervor todo celeste brilhava em seus olhos e em toda a sua atitude, e notei isso todas as vezes que ela recebia o Santíssimo Sacramento, seu rosto tinha como que um reflexo da profundidade de sua fé e da intensidade de seu amor" (a priora).

> Depois da missa, tive a alegria de dar um beijo em seu rosto. Nunca esquecerei esse encontro totalmente fortuito. Aproximando-me da pequena comungante, não sei que impressão de respeito me invadiu, ela me pareceu transbordante de graças. Envolvi-a com meu braço, nossos véus brancos se confundiram. Eu lhe disse: "Minha Teresa, estais feliz? — Oh, sim", respondeu-me, com uma flama no olhar e um tom de voz que revelava a imensidade de sua alegria (uma de suas professoras, à época noviça).
> Solicitaram-me a que fosse ajudar no refeitório no dia da primeira Comunhão, o que me deu o prazer de ver Teresa de perto. Ela veio lanchar às 2 horas com suas companheiras. Uma menina me disse: "Se soubésseis, minha Irmã, o que ela pediu ao bom Deus durante sua ação de graças... pediu para morrer, minha Irmã. Como teríamos medo!...". Mas Teresa olhava para elas com pena, sem nada dizer. Eu, tomando a palavra, disse-lhes: "Vós não entendestes, com certeza Teresa pediu, como sua santa patrona, para morrer de amor". Ela, então, aproximou-se de mim e, olhando-me no fundo dos olhos: "Vós, minha Irmã, entendeis, mas elas..." (Irmã Henriette)[111].

A releitura, em 1895, de sua primeira Comunhão por uma carmelita em sua maturidade, utilizando uma linguagem inspirada pelo Cântico dos Cânticos (um de seus textos preferidos), não tem mais nenhuma relação com as instruções aterrorizantes do Padre Domin.

> Foi um beijo de amor. Sentia-me amada e, por minha vez, dizia: "Eu vos amo, dou-me a vós para sempre". Não houve pedidos, nem lutas, nem sacrifícios. Há muito tempo Jesus e a pobre Teresinha se tinham olhado e compreendido... Naquele dia, não era mais um olhar, mas uma fusão; já não eram mais dois; Teresa desaparecera como a gota d'água que se perde no seio do oceano. Só ficava Jesus; ele era o Senhor, o Rei. Não tinha Teresa pedido a Ele que lhe tirasse sua liberdade, pois essa liberdade lhe causava medo? Ela se sentia tão fraca, tão frágil, que queria unir-se para sempre à Força divina!... (Ms A, 35r°).

---

110. A importância do acontecimento é expressa pelo fato de que Irmã Teresa lhe consagrará seis páginas de seu caderno (Ms A, 32r°-36r°). O sermão foi proferido por Padre Varin, pároco de Ouilly-le-Vicomte, com o tema: "Tudo o que é meu é teu!" (Lc 15,31).

111. LPTA, p. 35-37.

Essa alegria provoca lágrimas, incompreendidas pelas companheiras. Não, nada a "perturbava" nesse dia de paz; não, ela não estava chorando a ausência de sua mãe nem a de Paulina. Com um senso agudo do vínculo que une a Igreja da terra e a do Céu — a comunhão dos santos —, Teresa está unida à mãe. Recebendo Jesus ("o Céu", onde se encontra a falecida), recebia também a visita da mãe[112]. Quanto a Paulina, Teresa aceitou a separação. Mas nesse mesmo dia sua irmã se entrega "irrevogavelmente" a Jesus, ela não pode senão estar unida à comunidade, que responde totalmente ao amor de Jesus. Por um lado, uma professa perpétua; por outro, uma jovem que se dá a Jesus "para sempre" (Ms A, 35r°). Nenhuma diferença. Daí nasce uma união íntima com Paulina-Inês.

À tarde, ao final de vésperas, acontece o ato de consagração à Virgem Maria. Habitualmente, são as primeiras no catecismo ou as órfãs que a fazem em nome do grupo das comungantes. Era lógico, era "justo" (Ms A, 35v°) que Teresa lesse o ato de consagração, pois era a primeira no catecismo e, além disso, perdera a mãe. Em 1880, Celina, pelas mesmas razões, recitara esse ato. Mas querendo, sem dúvida, honrar a família Domin, das quais duas meninas estavam fazendo a primeira Comunhão, as beneditinas tinham designado uma delas para esse ofício. Forte decepção para Teresa, sempre apaixonada pela justiça. Sua família teme que essa grande contrariedade faça Teresa adoecer outra vez. Além disso, não fora ela curada pela Virgem? A senhora Guérin e Maria Martin fazem, pois, uma delicada gestão junto à Madre São Plácido, diretora. Pode-se imaginar o embaraço desta diante do capelão.

Não resta outra saída senão ir vê-lo em grande delegação. Celina se recorda:

> Fomos todas [Maria, Leônia, Celina, com a senhora Guérin, sem dúvida]. Ainda vejo o lugar que eu ocupava no aposento onde nos recebeu Padre Domin, a expressão suplicante de Teresa, sua tez pálida; a cena ficou gravada em minha memória[113].

Padre Domin cedeu e Teresa pôde falar a Maria em nome das companheiras. Após a renovação das promessas batismais e antes da bênção do Santíssimo Sacramento, a órfã de mãe leu o seguinte texto, que reconstitui a atmosfera da cerimônia:

> Santíssima Maria, Mãe de Deus, Soberana Senhora dos Anjos e dos homens, aquelas que vedes prostradas aos vossos pés são tantas crianças cristãs que vosso querido Filho alimentou pela primeira vez com seu Corpo adorável, que inebriou com seu Sangue precioso e às quais inspirou a resolução de amar somente a Ele. São filhas cuja

---

112. LPTA, p. 37.
113. CMG; Mss II, p. 23. Padre Domin deve ter-se lembrado também do episódio ao declarar no Processo do Ordinário: "Eu pensava, como muitas outras pessoas — creio —, que ela era mimada demais, adulada demais pelos membros de sua família..." (p. 531).

primeira Comunhão tornou particularmente vossas, elas vêm render homenagem às vossas grandezas, reconhecer vossos benefícios e reclamar vossa proteção.

Encarregada de expressar os sentimentos dos quais elas estão penetradas, desejando responder à sua piedade e realizar um desejo de meu próprio coração, eu vos ofereço seus corações e o meu: é o penhor de nosso respeito, de nosso amor por vós e da terna confiança que temos em vossas misericórdias. Recebei o propósito que vos fazemos de viver e morrer em vosso serviço.

Como recompensa, pedimo-vos que cumuleis nossa felicidade e torneis este dia o mais feliz de nossa vida, concedendo-nos vossa santa proteção e atendendo aos pedidos que vos dirigimos de todo o nosso coração, por nossos pais, mestres, amigos, benfeitores e, principalmente, pelo caridoso ministro que se esforçou, com suas instruções, para fazer de nós dignas filhas da melhor de todas as mães. Assim seja[114].

A jovem miraculada da Virgem só poderia dizer esse texto com todo o seu coração.

Tais momentos fortes e inesquecíveis não impedem Teresa de alegrar-se com o banquete de festa que, à noite, reúne a família nos *Buissonnets*, e com os presentes tradicionais para uma primeira Comunhão, entre outros um belo relógio, escolhido, sem dúvida, pelo pai relojoeiro[115]. Naquela noite, outra alegria: Maria leva Teresa para dormir em seu quarto.

O locutório em família no Carmelo, no dia 8 de maio, com Irmã Inês de Jesus, que fez profissão, foi dos mais emocionantes. Teresa, toda de branco, reencontra sua mãezinha com véu branco. Esta registrou em suas memórias íntimas que vivera anteriormente alguns momentos difíceis, regados por lágrimas devidas aos saltos de humor de sua mestra de noviças, Madre Maria de Gonzaga. A cerimônia acontecia, não no capítulo do primeiro andar, mas no oratório, já que a priora, Madre Genoveva, estava enferma e não podia subir as escadas. Mais tarde, a professa dirá que esse locutório com Teresa a reconfortara[116].

A primeira Comunhão desencadeou em Teresa uma fome eucarística, que durará por toda a vida: "Só Jesus podia me contentar. Aspirava pelo momento em que o pudesse receber pela segunda vez" (Ms A, 36rº). Ora, no ambiente da época, a Comunhão é rara. Depende da permissão do confessor e está muitas vezes ligada ao sacramento da Penitência. Felizmente para Teresa, no dia da Ascensão — quinta-feira, 22 de maio de 1884 —, confessando-se ao Padre Domin, ela obtém a permissão de comungar. A segunda Comunhão vai revelar-se muito importante. A menina novamente chora de alegria

---

114. Mss II, p. 23.

115. Pode-se vê-lo, com outros objetos e trajes da primeira Comunhão, no quarto dos *Buissonnets*.

116. Memórias dedicadas às suas irmãs Maria e Celina, em 1932, a partir de notas escritas em 1905 (destruídas).

e uma frase de São Paulo não a deixa em paz: "Não sou mais eu que vivo, é Cristo que vive em mim" (Gl 2,20). Como seu desejo de comungar não para de crescer, o confessor aceita que ela comungue em todas as grandes festas. Teresa fez questão de anotar com precisão em seu caderno bege as datas dessas Comunhões: de 8 de maio de 1884 a 28 de agosto de 1885, contam-se 22[117].

Na véspera de todas as Comunhões, Teresa é preparada por sua irmã e "mamãe" Maria. Certa noite, esta fala do sofrimento à comungante, mas para acrescentar que não seria nessa via que ela caminharia, pois "o bom Deus me carregaria como uma criança" (Ms A, 36rº). É difícil enganar-se mais. Aliás, depois dessa predição, a menina tem uma forte intuição de que seria justamente pelo sofrimento que ela cresceria, que "Jesus [lhe] reservava um grande número de cruzes". Mas Teresa vai mais longe, sente nascer em si "um grande desejo do sofrimento", o que a fará escrever em 1895:

> Senti-me inundada de tão grandes consolações, que as considero como uma das maiores graças de minha vida. O sofrimento se tornou meu atrativo; tinha encantos que me arrebatavam, sem bem os conhecer. Até então, tinha sofrido sem amar o sofrimento, mas a partir desse dia senti por ele um verdadeiro amor. Sentia, também, o desejo de não amar senão a Deus, de não encontrar alegria senão n'Ele. Muitas vezes, durante minhas Comunhões, repetia estas palavras da Imitação: "Oh, Jesus, doçura inefável, mudai para mim em amargura todas as consolações da terra!...". Essa oração saía dos meus lábios sem esforço e sem constrangimento; parecia-me que as repetia, não por minha vontade, mas como uma criança que repete as palavras que uma pessoa amiga lhe inspira... (Ms A, 36rº-vº).

"Esse sacramento de amor" (Ms A, 36vº) [14 de junho de 1884]

Entre as dez Comunhões desse ano está a de sua Confirmação, mas, nessa circunstância única, ela assumirá um alcance excepcional. O sacramento é conferido na escola, pelo bispo de Bayeux-Lisieux, Monsenhor Flavien Hugonin. A preparação consiste em um dia de retiro. Teresa não compreende que um acontecimento tão importante não seja celebrado com mais solenidade. Ela se explica:

> Eu tinha me preparado com muito cuidado para receber a visita do Espírito Santo; não compreendia que não se desse toda a atenção à recepção desse sacramento de Amor. Normalmente, fazia-se apenas um dia de retiro para a Confirmação, mas, não tendo o senhor bispo podido vir no dia marcado, tive a consolação de fazer dois dias de solidão. Para nos distrair, nossa mestra nos conduziu ao Monte Cassino e lá colhi, a

---

117. OC, p. 1203. Isso dá dez Comunhões em 1884.

mancheias, grandes margaridas para a festa do Corpo de Deus. Ah, como minha alma estava alegre! Tal como os apóstolos, esperava com alegria a visita do Espírito Santo... Sentia-me feliz com o pensamento de ser, em breve, perfeita cristã e, sobretudo, por ter eternamente sobre a fronte a misteriosa cruz que o bispo traça ao impor o sacramento... Enfim, chegou o feliz momento! Não senti um vento impetuoso no momento da descida do Espírito Santo, mas antes essa suave brisa, cujo murmúrio o profeta Elias ouviu no monte Horeb... Recebi, nesse dia, a força de sofrer, pois, pouco tempo depois, devia começar o martírio de minha alma... Minha querida Leoniazinha foi minha madrinha; estava tão emocionada que não conseguiu impedir que suas lágrimas corressem durante todo o tempo da cerimônia. Recebeu comigo a santa Comunhão, pois tive a felicidade de me unir a Jesus nesse belo dia (Ms A, 36v°-r°).

Por sua vez, Celina testemunhará a alegria da irmã no momento da sua Confirmação:

> Os poucos dias que precederam [...] Teresa, costumeiramente tão calma, não era mais a mesma: uma espécie de entusiasmo e emoção se revelava em seu exterior. Num dia de seu retiro preparatório, em que lhe manifestei meu espanto por vê-la nessas disposições, ela me explicou o que entendia da virtude desse sacramento, da tomada de possessão do Espírito de amor. Havia tal veemência em suas palavras, tal flama em seu olhar, que eu mesma fui penetrada por uma impressão totalmente sobrenatural e me afastei dela profundamente emocionada. Esse fato marcou de tal modo a minha memória que ainda vejo seu gesto, sua atitude, o lugar que ocupava. E essa lembrança nunca se apagará de meu espírito[118].

Férias no campo

Pouco tempo depois, é preciso descer das alturas para retomar a vida diária, sobretudo aquela da Abadia, onde as outras alunas não honram por muito tempo as boas resoluções de retiro. Felizmente, no dia 26 de junho, nos *Buissonnets*, a chegada de um lindo presente do pai rompe a monotonia dos dias. Tom, um belo cão de caça branco, é dado a Teresa. Ele vai tornar-se seu fiel companheiro de brincadeiras no momento em que se aproximam as grandes férias.

Um acontecimento familiar importante está prestes a acontecer: Irmã Inês de Jesus receberá o véu preto (no Carmelo) na quarta-feira, 16 de julho, na festa de Nossa Senhora do Carmo. O capítulo a aceitou por unanimidade[119].

---

118. PO, p. 266-267. No *Cahier autobiographique* (1909), Celina é mais precisa e diz que era em uma sala de aula da escola (p. 30).
119. VT, n. 70, abril 1978, p. 153.

Maria, a mais velha, está vivendo momentos difíceis. O tão apreciado Padre Pichon a prepara para a partida ao Canadá, marcada para o dia 4 de outubro. Ela vai participar em um último retiro pregado por ele em Vitré, de 23 a 29 de junho[120]. Neste, a primogênita dos Martin aprofunda sua devoção ao Sagado Coração. Para a mais nova, as grandes férias começam mal: ela contraiu coqueluche, como Leônia e Maria Guérin. Precisará de tempo para recuperar-se totalmente.

No dia 21 de junho, no Carmelo, festeja-se Madre Maria de Gonzaga. Irmã Inês de Jesus compôs um cumprimento versificado para sua mestra de noviças, em nome de sua irmã Teresita. O texto, escrito pela mão de Paulina, foi conservado e não tem grande valor poético. Em contrapartida, encontra-se ao final do poema de 24 versos um autógrafo da mão de Teresa, assim redigido: "Minha boa Santíssima Virgem, fazei que vossa Teresinha não se atormente nunca mais"[121]. Esse "tormento" diz respeito, sem dúvida, ao "sofrimento de alma" que a torturou depois da cura de 13 de maio de 1883, quando acreditou "ter mentido"; trata-se da mesma palavra que ela escreverá em 1895: "[...] Mas Nossa Senhora permitiu esse *tormento* [grifo nosso] para o bem de minha alma" (Ms A, 31rº). No entanto, após sua primeira Comunhão, "durante mais de um ano", houve uma calma que lhe permitiu respirar (Ms A, 32vº). Ela vai poder fazê-lo suficientemente durante o tempo de férias em Saint-Ouen-le-Pin.

A profissão de Irmã Inês se aproxima. Em 12 de julho, Madre Genoveva de Santa Teresa agradece a Luís Martin por sua generosidade. Ele fez uma oferta de 500 francos ao Carmelo, dos quais 100 serão destinados à compra de uma alva nova para o padre superior (Padre Delatroëtte). A priora formula o desejo de que Teresa se recupere para poder fazer a coleta[122]. A missa solene de Comunhão, na qual toda a família Martin poderá comungar — esclarece a priora — acontecerá às 8 horas[123]. A cerimônia de tomada de véu é fixada para as 15 horas.

Em 4 de agosto, na conclusão do ano escolar, Teresa Martin — aluna da terceira classe, primeira divisão — recebe o prêmio de história santa (*Marie offerte à la jeunesse. Mois de Marie de la jeune chrétienne*, por Padre Dumax) e o prêmio de boa conduta (*La Théologie des plantes*, 1882, por Padre Chaudé). Sem dúvida, a boa aluna os levou a Saint-Ouen-le-Pin, durante o mês de agosto, onde fica hospedada na casa da senhora Fournet, mãe da tia Guérin.

---

120. CD 490, do Padre Pichon a Maria Martin, 15 de junho de 1884, VT, n. 71, julho 1978, p. 215.
121. O I, OC, p. 957.
122. CD 493, a Luís Martin, 12 de julho de 1884, VT, n. 71, julho 1978, p. 215.
123. Teresa não devia estar presente, pois essa data não figura na lista das Comunhões.

A seis quilômetros de Lisieux, em plena região do Auge, a casa de campo fica próxima de uma fazenda que Teresa vai desenhar — na sexta-feira, 8 de agosto —, enquanto Celina reproduz o conjunto da paisagem e faz o retrato de Joana Guérin, que também está desenhando. Vê-se aí o magro cão Biribi, muito menos bonito que Tom, o qual permaneceu nos *Buissonnets*. Os vales e colinas da Normandia, os caminhos sombrios, os pastos, as lagoas e o rio permitem agradáveis passeios. "Percorríamos os campos dos arredores, pontilhados por castelos que víamos de longe", recordará Celina[124]. O mais célebre encontra-se perto da casa dos Fournet. A propriedade de Val-Richer conhecera uma abadia cisterciense no século XII, restaurada no século XVII e que se tornou o castelo do protestante François Guizot (nascido em 1787), antigo ministro de Louis-Philippe. Ele aí redigiu livros de história e morreu em 12 de setembro de 1874.

Os Guérin frequentam a pequena igreja paroquial. Celina Guérin dá notícias de todo o grupo ao marido, que ficou em Lisieux:

> [...] Estamos todas muito felizes aqui. O rosto de Teresa está sempre radiante de felicidade. Ela se diverte muito desenhando. Ela e Maria cuidam da casa da fazenda [...]. Estamos muito felizes por ter encontrado essa distração encantadora, pois o calor é tal que não podemos sonhar em ir muito longe. Ontem de manhã fomos à missa das sete horas. Era encantador. Assistíamos, parece-me, ao despertar da natureza. À tarde, fomos a Mourerie com Ernest e à noite assistimos à ordenha das vacas. Vamos lá todas as noites. Cada uma bebe seu copo de leite quente. Acredito que seja um bom remédio contra a coqueluche. Mas ainda não percebo uma grande mudança em todas as nossas doentinhas. Teresa, todavia, está tossindo, acredito eu, com menos frequência. Ela vomita muitíssimo pouco e só teve dois acessos de tosse; por exemplo, teve um bem forte. Ela dormiu muito bem. Seu apetite é sempre muito bom. Joana também aparenta estar muito melhor. É Leônia que me parece a mais rebelde, mesmo que sua noite tenha sido muito boa. Recebemos ontem a palavrinha do senhor Martin, assim como os anzóis e linhas. Agradeça-lhe muito em nosso nome, por favor, por sua atenção. Celina pegou uma pequena truta [...] essa manhã, a senhora Grip fez-nos uma dissertação completa sobre as moscas do mel. Chegou a dar às crianças células de cera nas quais as abelhas depositam seu mel. Esse pedaço caíra por terra. Ela o recolhera. As crianças estavam admiradas diante do trabalho das abelhas[125].

As férias no campo foram muito proveitosas para Teresa. Curada, ela retorna aos *Buissonnets*, onde constata o nascimento de seus peixinhos[126].

---

124. CG I, p. 177.
125. CG I, p. 178-179.
126. OC, p. 1203.

Mais marcante é sua inscrição na Confraria do Santíssimo Rosário, na quinta-feira, 25 de setembro de 1884, nos registros da catedral São Pedro. Observou ela as recomendações de recitar o rosário "ao menos uma vez por semana", meditando os quinze mistérios da vida de Cristo?

No sábado, 4 de outubro, Luís Martin levou a filha mais velha, desconsolada, para despedir-se do Padre Pichon em Rouen. Eles foram até Havre para acompanhá-lo, chegando a subir em seu barco. No dia seguinte, ao arrumar o cabelo de Teresa, como de costume, Maria não conteve os soluços. Essa partida a emociona. Em 18 de outubro, o padre jesuíta lhe escrevia sobre a chegada a Nova York, antes de dirigir-se a Montréal, no Canadá.

"Não estou passando muito bem…" (CETL, p. 90)

A segunda-feira, 6 de outubro, não pode ser um dia feliz para Teresa: é a volta às aulas na Abadia. Ela está na segunda classe, primeira divisão, com a cinta laranja. Sua principal professora é Madre São Leão, que testemunhará: "Senti um verdadeiro prazer em contar a pequena Teresa Martin no número de minhas alunas. Sua reputação de menina muito estudiosa, inteligente e de conduta irrepreensível, era motivo para dar alegria a uma jovem professora" (de vinte e quatro anos)[127].

O que não quer dizer que tudo seja simples. Madre São Leão contou:

> Não fiquei decepcionada. A mais nova da classe (Teresa ainda não tinha doze anos, enquanto suas companheiras eram garotas de treze a quatorze anos) não teve nenhuma dificuldade em colocar-se ao nível do curso e nele manter-se. Ela se distinguiu imediatamente por seus êxitos. Todas as semanas outorgávamos uma condecoração: de prata para a aluna que tivesse alcançado o primeiro lugar em composição; a insígnia era de prata dourada para aquela que tivesse alcançado o máximo de pontos; e a mesma distinção recompensava, ao final do mês, a aluna que tivesse levado, por quatro semanas seguidas, a condecoração de prata. Era muito raro que Teresa Martin não trouxesse uma ou outra dessas condecorações em sua fita. Às vezes, no entanto, uma grande decepção: ela não era a primeira… O que acontecia, então? Chegou o momento de responder à pergunta feita acima: Teresa não tinha defeitos? Ela se desfazia em lágrimas e era impossível consolá-la. A mesma coisa acontecia por causa de uma nota simplesmente medíocre ou se, fazendo-lhe uma observação, a professora

---

127. Marie Loutrel, nascida em Lisieux aos 31 de janeiro de 1861, fez profissão nas beneditinas em 24 de julho de 1884. Falecida em 28 de abril de 1938. Em 1930 publicou *La Petite Thérèse à l'Abbaye*.

elevasse um pouco a voz e parecesse um pouquinho descontente, o que acontecia, aliás, demasiado raramente, sendo sua conduta exemplar [...].

Se, para ser sinceros, não devemos esconder esse lado menos feliz do caráter de Teresa Martin, apressemo-nos a dizer que foi o único. Esse defeito chegou a dar-nos a ocasião de constatar a virtude de nossa querida menina, pois, apesar da dor expressa por essa abundância de lágrimas, ela permanecia doce e calma, não se mostrava de modo algum amargurada e nunca se desculpava. Tentei corrigi-la dessa imperfeição, que suas companheiras notavam com a severidade de sua idade. Cheguei a repreendê-la um pouco por causa disso[128].

Isso corresponde aos testemunhos de antigas alunas da Abadia, que estiveram lado a lado com Teresa. Algumas delas a chamavam "a chorona". Mas nenhuma, nem mesmo sua professora, podia suspeitar seus sofrimentos interiores. Seja como for, sua sabedoria habitual fez com que fosse nomeada, em 14 de dezembro, "Conselheira da associação dos Santos Anjos", o que lhe vale uma fita violeta a ornar sua blusa.

Um de seus deveres de estilo de janeiro de 1885 narra a missa da meia-noite do Natal de 1884. Ela vai completar doze anos. O interesse do texto vem de algumas confidências que ela deixa escapar em um relato convencional e fictício:

> À noite, eu não sentia alegria, falava o tempo todo do dia seguinte, e desejaria que este já tivesse chegado; Maria quis que eu me deitasse enquanto esperava, embora lhe garantisse que não conseguiria dormir; com efeito, senti muita dificuldade para dormir e não me fiz de rogada para levantar-me quando Maria foi me despertar, às onze e meia. Levantei-me muito rápido e saímos. Pelo caminho, eu pensava nos pastores que, há mil oitocentos e oitenta e quatro anos, puseram-se a caminho para adorar o divino Menino Jesus que acabava de nascer; como eles, eu ia, não para vê-lo com os olhos do corpo, mas com os olhos da alma, e ouvi-lo falar em meu coração. Oh, como ele me disse coisas suaves após a Comunhão[129]...

Em uma redação sobre o dia 1º de janeiro, ela se permite entregar-se a verdadeiras confidências em forma de carta:

> Querida amiga, [...] Agora que tenho doze anos, não tenho mais os mesmos sentimentos que tinha quando era pequena, pois por que eu ficava contente com o dia do ano novo? Porque sabia que iam dar-me presentes. Agora isso me dá ainda mais alegria e posso declarar-te francamente que eu me rejubilava com os presentes de ano

---

128. LPTA, p. 45-46. "Ela era muito chorona", confirmará o Padre Domin (PO, p. 532).
129. Nessa noite, Teresa não comungou. O repertório de suas Comunhões não indica o Natal de 1884, mas o dia 1º de janeiro de 1885. CETL, p. 64.

novo que iam regalar-me, mas o que tomava conta de mim era o amor que sentia por papai, por minhas irmãs e meus outros parentes. No dia de ano novo, todo mundo é feliz, os pobres e os ricos têm uma cara feliz e contente. Papai me deu dinheiro; minha tia, um lindo broche. Maria me deu uma corrente de relógio; Leônia, uma roupinha; e Celina, peixinhos vermelhos. Vês, querida Yvonne, como tive alegria no dia de ano novo. Desejo que tenhas tanto quanto eu. Abraço-te de todo o meu coração. Tua amiga Teresa, filha dos Santos Anjos[130].

O ritual dos votos de felicidade ao pai permanece imutável: poema composto por Paulina no Carmelo, recitado no Belvedere pela caçula. Fiquemos com as seguintes estrofes:

3. Do dia em que entrei na terra
Já doze anos se passaram
Para crescer é muito tempo, paizinho
Mas, para amar-te, não muito...

4. Quando poderei, como Maria,
Passear sozinha, de braços dados contigo[131]
De cuidados, de amor cumular tua vida
Ser tua felicidade nesta terra?

5. Então serei grande Rainha
E te chamarei meu Rei
Não te farei sofrer
Pois serás tão bom para mim!...

6. Meu Deus, que alegria sem igual
Dai-a a mim em pouco tempo
Fizestes outra maravilha
Ah, dai-me logo 20 anos!

Uma outra redação tem a pretensão de ser realista, dando testemunho dos esforços da aluna, que se julga com lucidez:

[...] Tenho muita dificuldade para o cálculo, mas, aplicando-me, tenho esperança de que conseguirei. Madre São Leão é muito boa para nós, encoraja-nos da melhor forma que pode, mas não consegue disfarçar que somos muito pouco avançadas. Ela nos diz que, com boa vontade, consegue-se tudo; eu me empenho tanto quanto posso. No

---
130. Ibid.
131. Após a partida de Maria para o Carmelo (1876), Teresa era chamada a andar de braços dados com o pai, não Celina (ver Ms A, 57vº), VT, n. 58, abril 1975, p. 141.

cálculo, sou a menos avançada, assim como tenho dificuldade com as outras ciências, mas menos; tenho dificuldade principalmente com a geografia, com a história da França não tanto, mas o que me parece difícil é procurar todas as cidades; acredito, porém, que, quando tiver o costume, isso me parecerá menos difícil. Eu me esforçarei para que isso aconteça rápido, pois Madre São Leão quer que procuremos todas as cidades que encontramos até mesmo na gramática e nas poesias. Vês que sinto dificuldade, mas, como não se chega a lugar nenhum sem dor, espero que, com a perseverança, eu também chegarei.

Até breve, querida mãezinha.

Tua filhinha cheia de boa vontade te abraça de todo o seu coração

Teresa

Filha dos Santos Anjos[132].

Conforme a piedade católica dessa época, Teresa Martin será inscrita em três associações ao longo do ano de 1885. Primeiramente, ela se tornará membro da Confraria da Santa Face, em 26 de abril de 1885. A sede desta está no oratório da Santa Face em Tours, onde desde 1852 se presta culto especial a uma imagem de Cristo, considerada a reprodução autêntica do véu de Verônica honrado em São Pedro de Roma. A partir da Revolução Francesa, o culto da Santa Face de Cristo se espalhou amplamente, com uma conotação reparadora. Irmã Maria de São Pedro (4 de outubro de 1816 – 8 de julho de 1848), que entrou no Carmelo de Tours em 1839, foi beneficiada, em 1843-1849, com revelações sobre esse culto, orientado por uma adoração reparadora: "Nosso Senhor me disse: 'Procuro Verônicas para enxugar minha divina Face, que tem poucos adoradores'" (27 de outubro de 1845).

Não esqueçamos que em 1846 as aparições de Nossa Senhora em lágrimas em La Salette serão conhecidas na França. Monsenhor Parisis, bispo de Langres, erige em Saint-Dizier uma "Confraria reparadora das blasfêmias e da profanação do domingo". Teresa é inscrita nesta em 1885. Em 15 de outubro do mesmo ano, ela adere ao Apostolado da Oração.

Um leigo, Léon Papin-Dupont, originário da Martinica (nascido em janeiro de 1797), casado, viúvo em 1833, instala-se em Tours com a mãe e a filha. Em 22 de julho de 1837, ele vive uma conversão radical e se torna um apóstolo ardente da oração reparadora, da adoração noturna, da ajuda eficaz aos pobres. Um ícone da Santa Face, dado pela priora do Carmelo de Tours ao senhor Dupont, é instalado em sua casa, iluminado por uma lâmpada a óleo. Esta vai operar curas e as multidões se comprimirão na sala do "santo homem de Tours" (500 mil em vinte e cinco anos). Ele morre em 18 de março

---

132. CETL, p. 90.

de 1876. Seu oratório tornar-se-á lugar de peregrinação e o culto da Santa Face, ligado à Obra da reparação, vai se espalhar por todos os cantos da França e fora dela com a ajuda do Carmelo de Tours. Irmã Maria de São Pedro morreu de tuberculose aos trinta e três anos, em 8 de julho de 1848.

As carmelitas de Lisieux acolheram muito positivamente essa devoção. Madre Genoveva de Santa Teresa — a fundadora — mandou colocar uma imagem da Santa Face na capela, diante da qual brilha uma lâmpada. Ela transmitiu essa devoção a Irmã Inês de Jesus e a outras Irmãs[133]. A família Martin, seguindo os Guérin — membros da Arquiconfraria da Santa Face em 19 de março de 1885 — inscreve-se em 26 de abril. A carta de adesão de Teresa traz o número 7382. Mais tarde, em maio de 1890, Celina terá a graça de ir em peregrinação, com Leônia e os Guérin, ao oratório do senhor Dupont em Tours. Tudo isso terá grandes consequências espirituais na vida de Teresa como carmelita.

Por ora, a jovem pensa principalmente nas férias que passará na casa dos Guérin, em Deauville. Estes estão passando uma temporada no *Chalet des Roses*, que lhes foi emprestado pelo senhor Auguste Colombe (*quai de la Touques*, 17). Ela ficará aí por uma semana, de 3 a 10 de maio de 1885. Casa grande, com balcões que dão para o rio Touques, a algumas centenas de metros da estação de trem, defronte a Trouville, dominada pela igreja *Notre-Dame-des-Victoires*. Celina Guérin assume a responsabilidade por quatro jovens: Joana (dezessete anos), Maria (quase quinze), Teresa (doze anos e meio), Marcelline, a criada (apenas dezenove). Isidoro, o pai, une-se à família no domingo e aproveita para acompanhar uma ou outra das irmãs Martin: todas as quatro irão para lá. Para Teresa, será no domingo, 3 de maio, que ela chegará à estação às 9h15. A menina dividirá o quarto com a tia.

"Ela parece muito feliz aqui e não fica enfastiada", escreve a senhora Guérin a Maria Martin. As atividades não faltam. O domingo foi preenchido pela missa solene em *Notre-Dame-des-Victoires* de Trouville e as vésperas na igreja do *Bon-Secours*, com terço meditado. Durante a semana, passeios nas praias, coleta de conchas. Conhecemos o amor de Teresa pelo mar e as idas e vindas dos barcos. Nos dias de chuva, desenha-se muito. Teresa deixou um croqui da casa, enquanto Maria Guérin fez o primeiro retrato de sua prima. Esta também pinta imagens. Única sombra dessa semana: suas dores de cabeça. Tia Celina a proíbe de responder as cartas de Maria, dona de casa nos *Buissonnets*, para não se cansar.

É durante essa estadia que Teresa ensaia um capricho para atrair a compaixão e o carinho da tia, como acontecia com sua prima Maria? É possível. De qualquer modo,

---

133. *La Fondation du carmel de Lisieux et sa fondatrice, la révérende mère Geneviève de Sainte-Thérèse*, Carmel de Lisieux, imprimerie Saint-Paul, 1912, p. 72-73.

sua tentativa fracassa e lhe servirá de lição: esse pequeno fato "curou-me para sempre do desejo de chamar a atenção" (Ms A, 42rº)[134].

No domingo, 10 de maio, Teresa volta a Lisieux, sempre com dores de cabeça. Nos *Buissonnets*, encontrou o pai, Maria (que está se preparando — em segredo — para entrar no Carmelo) e Leônia, "a apaixonada pela Abadia", que sonha tornar-se beneditina. Era preciso regressar a Lisieux, pois Teresa vai entrar em retiro na Abadia na noite de domingo, 17 de maio, até o dia 20, para preparar sua "segunda Comunhão" (dizia-se também "Renovação").

"A terrível doença dos escrúpulos" (Ms A, 39rº) [maio de 1885 – outubro de 1886]

O retiro foi marcado para a quinta-feira, 21 de maio. Como no ano anterior, é o Padre Domin, capelão, que o prega. Ao todo, há dezoito "renovandas"[135]. Apresentamos o texto integral das anotações de Teresa:

2º Retiro
Noite de domingo

Essa noite, o padre nos disse que, quando queria converter uma alma, ele a levava à solidão e lhe mandava fazer um retiro.

Meditação Manhã de segunda-feira

Só há uma coisa importante: a salvação. Todo o resto é inútil.

2ª instrução

O que o padre nos declarou era muito assustador. Falou-nos do pecado mortal, descreveu o estado da alma em pecado mortal e quanto Deus a odeia. Comparou-a a uma pombinha a quem mergulham na lama e que, por causa disso, não pode mais voar. Somos a mesma coisa quando estamos em estado de pecado mortal e não podemos mais elevar nossa alma a Deus.

3ª instrução

A morte.

Quarta-feira Meditação

Julgamento particular.

2ª instrução

Sobre a Confissão, a necessidade de fazer uma boa Confissão.

---

134. Paira uma incerteza sobre a data desse fato curioso: deve-se adiá-la para a estadia de setembro de 1885? Sobre essas férias, ver CG I, p. 184-190, e VT, n. 71 e 72 (julho e outubro 1978).

135. As duas irmãs Domin, J. Lesforgettes, F. Malling, E. Pinçon, J. Leprince, M. Coupey, L. Verrier, I. Castelain, J. Gosset, J. Raoul, L. Delarue, S. Delaval, M. Pottier, C. Lepeltier, N. Chrétien e T. Gosset.

3ª instrução

O padre nos disse para preparar uma bela morada ao bom Jesus e erguer para ele um lindo altar em nosso coração; que era preciso, em primeiro lugar, varrê-lo, quer dizer, tirar dele tudo que desagrada ao pequeno Jesus, e depois colher todas as flores que pudermos, ou seja, as boas ações, para ornar nosso coração e erguer nosso belo altar florido; quanto mais flores houver, melhor será.

Manhã de quarta-feira Meditação

A agonia de Jesus no Jardim das Oliveiras.

2ª instrução

A Santíssima Virgem é nossa mãe e não nos abandonará nunca, em qualquer estado que estejamos. Desanimar seria fazer-lhe injúria, pois, se não a esquecermos, podemos ter certeza de ser salvos. O padre nos fez tomar resoluções. Eu mantive as da minha primeira Comunhão, que são: 1ª Não desanimarei; 2ª Recitarei todos os dias um "Lembrai-vos" à Santíssima Virgem; 3ª Eu me esforçarei para humilhar meu orgulho[136].

Não é preciso fazer longos comentários para entender que o teor desse retiro vai provocar na frágil Teresa uma crise de escrúpulos muito séria, que durará dezessete meses, até ao final de outubro de 1886. Ela descreveu muito bem o que passou:

> Foi durante o retiro para a segunda Comunhão que me vi assaltada pela terrível doença dos escrúpulos… É preciso ter passado por esse martírio para compreendê-lo; dizer o quanto sofri durante um ano e meio seria impossível para mim… Todos os meus pensamentos e ações mais simples se tornavam para mim motivo de perturbação; só tinha sossego falando-os a Maria, e isso me custava muito, pois me julgava obrigada a declarar-lhe os pensamentos extravagantes que tinha a seu respeito. Tão logo depunha meu fardo, gozava de um instante de paz, mas essa paz passava como um relâmpago e meu martírio logo recomeçava (Ms A, 39rº).

A madrinha de batismo se torna sua referência vital. Desde a partida de Paulina, Maria se transforma na terceira mãe de sua afilhada, desempenhando seriamente esse papel, com um temperamento muito diferente daquele da segunda mãe. Teresa não a escolheu. É possível que ela avalie interiormente as diferenças.

Depois da segunda Comunhão da afilhada (21 de maio), chega a vez de Maria tirar alguns dias de férias em Deauville, na casa dos Guérin (de 24 a 29 de maio), assim como Leônia. Teresa poderia ter aproveitado essa ausência para ter locutórios mais longos com Paulina. Infelizmente, Celina aproveita mais, o que a faz ser chamada de "ladra" por Maria, que está a par de tudo que se passa em Lisieux. Teresa se queixa de tal "roubo"[137].

---

136. OC, p. 1200-1202.
137. 26 de maio de 1885, CG I, p. 192.

A irmã mais velha tende a continuar tratando Teresa como um "bebê"[138], o que não ajuda a pequena a sair do que ela mais tarde chamará "as faixas da infância" (Ms A, 44vº). Após sua segunda Comunhão, não parece possível que ela tenha voltado à Abadia. De 29 de abril a 8 de outubro de 1885, constata-se uma interrupção em seus cadernos escolares. É preciso dizer que Maria é polarizada pela realização de sua própria vocação e orientada em direção ao Canadá: escreve ao Padre Pichon todas as semanas. Sobrecarregado pela pregação dos retiros, ele não consegue responder todas as cartas[139].

As grandes férias já despontam no horizonte. Os Guérin deixaram o mar para voltar a encontrar a casa da senhora Fournet em Saint-Ouen-le-Pin. Logicamente, as primas Martin vão aproveitar. Teresa e Leônia chegam no domingo, 26 de julho. Cronista infatigável, a tia Guérin escreve ao seu "bom maridinho":

> Acabo de deixar todas as quatro [Joana, Maria, Leônia e Teresa] dar uma volta na propriedade, passando pelo prado, o pasto e o Theil. Elas partiram encantadas. As aulas da senhora Papinau[140] continuam um pouco atrasadas, mas, enfim, é preciso aproveitar o campo, e faz dois dias que tarefas e lições são deixadas de lado. De resto, Teresa e Maria estão se divertindo muito. Teresa é de uma animação encantadora. Mamãe me dizia que nunca vira Teresa tão alegre, com uma cara tão claramente feliz. Ontem, ela e Maria chegaram enfeitadas com pequenos buquês. Maria, com flores de centáureas; e Teresa, de miosótis. Tudo estava muito bem arrumado. Trajavam seu avental bretão; em todas as pontas, pequenos buquês muito bem-feitos, na cabeça, na ponta de suas tranças e até em seus sapatos. Uma era Rosinha e a outra era a Centaureazinha[141].

Na terça-feira, 4 de agosto, termina o ano escolar na Abadia, com a distribuição dos prêmios. Celina Martin é nomeada a primeira da classe ao receber seu último boletim: tem agora dezesseis anos e terminou seus estudos. Com 32 pontos em 42, é a primeira da turma e recebe três prêmios de primeiro lugar, sete prêmios diversos e quatro *accessits*[142]. Conclui-se uma etapa de sua vida de adolescente, o que trará consequências dolorosas para Teresa.

---

138. CCor 40, 3 de maio de 1885, CG I, p. 187.

139. No dia 4 de julho de 1885, ele está na casa dos Padres carmelitas, diante das cataratas do Niágara. Sobre sua escrivaninha, sete cartas de Maria, escritas entre 19 de maio e 30 de junho. Ele se alegra por saber que Leônia sonha tornar-se beneditina; VT, n. 72, outubro 1978.

140. Senhora Valentine Papinau (? junho 1835 – 22 de janeiro de 1898). Nascida Cochain, casou-se com Jules Papinau; não tem filhos. Antes de ser professora particular de Teresa, ela o foi de Maria Guérin. Esta, "quase sempre adoentada" (Ms A, 42rº), deixará definitivamente a Abadia no mês seguinte (agosto de 1885).

141. 29 de julho de 1885, CG I, p. 195.

142. Distinção, recompensa atribuída àqueles que, sem ter atingido o primeiro lugar, obtiveram um resultado próximo a este. [N. do T.]

De Lisieux a Constantinopla… (verão de 1885)

Luís Martin sempre gostou de viajar. Aspirante militar na juventude, mudou-se muitas vezes com os pais. Retorna a Alençon a cada três meses e aí permanece dois ou três dias, visitando a mãe e os amigos. Sente-se tentado pelo périplo que Padre Charles-Marie, vigário de São Tiago, vai fazer e pede permissão à filha mais velha, que não pode recusar. No sábado, 22 de agosto de 1885, fará a viagem de sua vida: Constantinopla, via Munique, Viena, Budapeste, Bucareste, Varna, o mar Negro, o Bósforo. Na volta, os dois companheiros passarão por Atenas, Nápoles, Roma, Milão, Turim. O objetivo original era ir até a Terra Santa, mas este será abandonado ao longo do caminho, por razões práticas. Evidentemente, o viveiro dos *Buissonnets* fica um pouco preocupado com esse distanciamento. Corresponder-se-ão tanto quanto possível. A primeira carta do viajante é enviada de Paris, para tranquilizar as filhas. Ele ousa qualificar sua viagem de "escapadinha"[143], quando esta vai durar sete semanas.

Como a caçula, tão apegada ao pai, não ficaria preocupada? Dessa vez, ela deve celebrar a festa de São Luís de longe e recopiar o poema escrito, como todos os anos, por Irmã Inês sobre o tema: "Se eu fosse…" (uma pomba, uma andorinha, um rouxinol etc.), que se desdobra em quatorze estrofes. Guardemos os seguintes versos:

> *Mas não tenho asa que brilhe*
> *Não sou um serafim*
> *Sou uma garotinha*
> *A quem ainda tomam pela mão.*
>
> *Sou uma tímida aurora*
> *Um modesto botão de flor*
> *O raio que me faz desabrochar*
> *Querido paizinho, é teu coração!*
>
> *Crescendo, vejo tua alma*
> *Cheia do Deus de amor*
> *Esse exemplo bendito me inflama*
> *E quero, por minha vez, te seguir.*

Sabe-se que todos os poemas de Paulina (uma dezena deles foram conservados), aprendidos de cor por Teresa, favoreceram nesta uma visão de seu "Papai-Rei"[144]. Mas agora ela tem quase treze anos. A poesia é acompanhada por uma cartinha, da qual apresentamos aqui um trecho: "Espero, paizinho querido, que estejas divertindo-te muito e

---

143. CF 221, 1º agosto de 1885, p. 376.
144. C 18, 25 de agosto de 1885, CG I, p. 196-198.

que estejas muito contente por viajar. Penso continuamente em ti e peço ao bom Deus que te conceda muito alegria e que retornes depressa, com boa saúde"[145].

Padre Godefroy Madelaine, prior premonstratense de Mondaye, deu aos viajantes uma carta de recomendação para o abade dos premonstratenses de Schläg, na Áustria. Na quinta-feira, 27 de agosto, de Munique, Luís — que fala alemão — transmite boas notícias ao pessoal de sua casa. Os viajantes visitaram muitas belas cidades, subiram em direção à Baviera, descobriram diversos museus. Chegando a Viena, admiraram a cidade, foram magnificamente recebidos pelos premonstratenses e encontraram carmelitas. Luís está emocionado por ter lido o cumprimento de Teresa por sua festa, o que lhe deu saudade dos *Buissonnets*. Ele manifesta alguns sinais de cansaço. Às vezes, tem dificuldade para acompanhar seu "incansável" companheiro, mais jovem que ele. Está com sessenta e dois anos. Recomenda a Maria que dirija seu "pequeno batalhão" e conclui: "Sê mais razoável que teu velho pai, que já está farto de todas as belezas que o cercam e sonha com o Céu e o infinito. 'Vaidade das vaidades, tudo é vaidade, fora amar Deus e servi-Lo!'"[146]

Nas cartas que recebe de Lisieux, também se fala do cachorro Tom, que procura o dono e perde o apetite por causa dele. Tendo evocado as viagens de Tobias, a filha carmelita escreve ao pai: "[...] na volta, o amigo Tom seguramente se apressa a fazer seu papel, mexendo a cauda à maneira do cão de Tobias"[147]. De sua parte, Celina escreve ao pai em 3 de setembro, dizendo que no dia anterior Teresa levou o cachorro para passear no jardim durante "mais de uma meia hora" — para consolá-lo, sem dúvida.

A grande viagem continua nas melhores condições: assim, em 7 de setembro, a bordo de um navio que atravessa o mar Negro, a caminho para Constantinopla, sem sentir enjoo. No dia anterior, foram recebidos em Verna (hoje Varna) por um jovem padre que fala oito línguas. Luís ficou maravilhado com este, bem como com a qualidade da acolhida. Em 11 de setembro, o pai escreve finalmente de Constantinopla (Istambul), cidade que acha "maravilhosa", merecendo o incômodo, "mas é muito longe". Tendo subido com o companheiro à torre de Galata, que domina toda a cidade, eles admiram uma paisagem "única neste mundo". Chegaram a ver o sultão e seus três filhos. Mas os dervixes giratórios pareceram-lhe um pouco "diabólicos". Estão bem alojados na casa de uma certa senhora Matich, recomendada pelos padres lazaristas. Enquanto Padre Marie foi descobrir Scutari, Luís passeia pela cidade, visita mesquitas — entre as quais Santa

---

145. Ibid.
146. Citação da *Imitação de Cristo*, livro I, cap. I, § 3.
147. Carta de Irmã Inês de Jesus ao pai, 24 de agosto de 1885, VT, n. 57, janeiro 1975, p. 64; episódio tirado de Tb 11, 9, mas somente na Vulgata. Teresa retomará o episódio bíblico em um dever (carta ao pai) do dia 15 de outubro. Ver CETL, p. 208.

Sofia, que o encanta —, o grande bazar e seus labirintos, a cisterna de Aspares a repousar sobre sessenta e quatro colunas. Mas é preciso renunciar à Terra Santa, pois o serviço dos barcos para Esmirna está desorganizado. Ele volta sempre à sua pequena família, já evocando a alegria do retorno, preocupando-se com cada uma e com os presentes a levar-lhes, sem esquecer Tom: "O bravo cão fiel ainda chora por mim?"[148].

Nos *Buissonnets*, o tempo parece longo. Uma temporada no mar, na casa dos Guérin, será bem-vinda.

Em Trouville (20-30 de setembro de 1885)

Dessa vez, Isidoro alugou a casa de praia *Marie-Rose* em Trouville (*rue Charlemagne*)[149], da quinta-feira, 3 de setembro, à sexta-feira, 2 de outubro. Celina e Teresa se juntarão às primas de 20 a 30 (?) de setembro. A mais jovem ficará alojada no segundo andar, em um quarto com vista para a rua. Ela conservou uma boa lembrança desses dias.

> Uma vez, entretanto, senti-me muito contente em Trouville. Foi no ano da viagem de papai a Constantinopla. Para distrair-nos um pouco (pois estávamos muito tristes por papai estar tão longe), Maria nos mandou, a Celina e a mim, passar quinze dias à beira-mar. Diverti-me muito, porque Celina estava comigo. Minha tia nos proporcionava todos os prazeres possíveis: passeios em jumentinhos, pesca de enguias etc. (Ms A, 41v°).

As informações sobre esse passeio são raras. Restam um desenho de Celina, com data de 20 ou 23 de setembro, e uma carta de Joana Guérin ao pai, do dia 30 de setembro, não muito entusiasmada:

> Trouville não está alegre neste momento, todos os estrangeiros estão indo embora e a praia começa a ficar abandonada. Ontem passamos duas horas em uma cabine, estávamos não muito mal ali; Celina, Maria e Teresa tiraram os sapatos para divertir-se um pouco à beira-mar...

O tempo está chuvoso. Restam os jogos de cartas, a degustação de tortas de cereja trazidas pela senhora Maudelonde em uma "festa encantadora", para a qual foram convidadas as senhoritas de Neuville, como o complemento uma carta da senhora Guérin. Mas é tempo de voltar a Lisieux, onde Isidoro Guérin "se sacrificou, ficando um mês sozinho"[150].

Na festa de São Miguel, a família comungou na missa da paróquia[151].

---

148. CF, p. 382 s.
149. Hoje casa *Les Roses* (*rue Victor Hugo*, 25).
150. CD 542, 30 de setembro de 1885; VT, n. 73, janeiro 1979, p. 71.
151. Teresa estava lá? Em todo caso, ela não mencionou sua Comunhão em sua caderneta.

O retorno aos *Buissonnets* não é dos mais agradáveis para Teresa. O pai continua viajando. A volta às aulas está marcada para a segunda-feira, 5 de outubro. A caçula sabe que, a partir de agora, estará sozinha na Abadia. Maria Guérin tem aulas particulares e Celina concluiu sua escolarização, ganhando o prêmio de instrução religiosa (único em todo o estabelecimento). Ela foi nomeada presidente das Filhas de Maria, mas não ousou apresentar-se para receber o diploma.

O que Teresa não sabe — felizmente — é que Maria, seu "oráculo", também está se preparando para entrar no Carmelo. Ela inunda de cartas seu pai espiritual, que, pregando sete retiros no Canadá entre 6 de setembro e 20 de outubro, recebeu seis missivas em um mês, mas não consegue responder a todas[152]. No dia 5 de outubro, a priora do Carmelo de Lisieux — Madre Genoveva de Santa Teresa — oferece um crucifixo a Maria, chamando-a já por seu nome de carmelita, "Maria da Cruz"[153]. Ela manda um beijo e um presentinho para "minha querida pequena Teresita".

Felizmente chegaram as últimas cartas do feliz viajante. Em 25 de setembro, ele escreveu às pressas em Nápoles, "cidade encantadora" (onde pululam os convites); visitou "igrejas magníficas". No dia anterior, estava em Pompeia. Dois dias mais tarde, conhece Roma. Luís vai rezar na basílica São Pedro, "o que há de mais belo no mundo"; mas não pôde ver Leão XIII (Papa entre 1878 e 1903), às voltas com as vexações do governo italiano. A carta é curta, pois o Padre Marie o apressa: é preciso ver o máximo possível das belezas da Cidade Eterna, entre outras, as catacumbas de Santa Inês. Os dois peregrinos encontraram Frei Simeão, superior dos Irmãos das Escolas Cristãs, que os recebeu muito bem[154]. Essa amizade se revelará preciosa e durável, importante para a família Martin. Na terça-feira, 6 de outubro, última carta do pai, enviada de Milão. Com alegria, ele anuncia o retorno para o sábado, 17 de outubro, às 9 e meia da manhã, na estação de Lisieux, vindo de Alençon, aonde deve ir primeiro, a partir do dia 13[155].

Teresa é tirada da Abadia (março de 1886)

O ano escolar de 1885 começa com um retiro. É o terceiro ano que Teresa vai estudar na Abadia. Quando conhecemos os desgastes nela provocados pelos ensinamentos do Padre Domin (os escrúpulos estão sempre martirizando-a), podemos imaginar os temores

---

152. CD 545, do Padre Pichon a Maria, 4 de outubro de 1885; VT, n. 73, janeiro 1979, p. 72-73.
153. Na verdade, ela se chamará Maria do Sagrado Coração; CD 546, VT, n. 73, janeiro 1979, p. 73-74.
154. Dois anos mais tarde, Luís voltará a encontrá-lo em Roma.
155. CF 229, p. 386.

da adolescente, tanto mais que é o mesmo padre que deve pregar da noite de terça-feira, 6 de outubro, até sábado seguinte, dia 10. Mas ele só ministrará a primeira instrução. É substituído, a partir da quarta-feira, 7, por outro pregador (cujo nome desconhecemos), que fala três vezes por dia. Pela terceira vez, Teresa tomará notas a lápis em seu caderno azul. Apresentamo-las integralmente:

Retiro de 1885

Foi Padre Domin que deu a primeira instrução. Desse retiro anotarei somente as principais coisas; por causa da impressão que me causam, recordarei bem delas.

Manhã de quarta-feira

Sobre o bom pastor. O bom pastor dá a vida por suas ovelhas; quando perdeu uma, vai à sua procura e só retorna depois que a encontrou.

11 horas

Sobre o Sagrado Coração de Jesus. O desejo de uma filha do Sagrado Coração deve ser o de fazer bater o coração de seu Jesus.

2 horas

Os principais defeitos de uma jovem são a frivolidade e a impressionabilidade.

6 horas

Sobre o pecado. O pecado nos torna horrendos aos olhos de Deus, mas ele quer muito nos perdoar.

Quinta-feira

Como se fazia meditação.

11 horas

Sobre as almas do purgatório. Podemos libertar as almas do purgatório e não o fazemos. Hoje há um túmulo para mim, como amanhã o haverá para ti. Essa palavra faz refletir.

2 horas

Sobre o julgamento. Logo depois de nossa morte, compareceremos diante de Deus, que nos (enviará?) ao Céu ou ao inferno ou, antes, ao Purgatório.

6 da noite

Sobre a morte. Podemos morrer em um minuto, em um segundo.

Manhã de sexta-feira

Sobre o inferno.

11 horas

Seremos uma obra para o Sagrado Coração de Jesus.

2 horas

Somos apóstolos do coração de Jesus. Ofereceremos a cada manhã todas as nossas ações: é o primeiro grau. Recitar todos os dias uma ou duas dezenas do terço com os mistérios é o segundo. Depois, uma Comunhão por mês.

6 horas
Nosso Senhor quis receber um batismo de sangue para pagar nossos pecados.
Sábado
Contrição de nossos pecados. Nosso Senhor quis tomar todos os nossos pecados por nós.

Constata-se que todos os ensinamentos do "substituto" do Padre Domin permanecem no mesmo tom que aqueles do capelão da Abadia: entre outros, o juízo final, a morte, o inferno. Caíam na consciência e no coração de uma garotinha de treze anos que estava sofrendo de escrúpulos há cerca de cinco meses. Estes só podiam agravar-se.

Dois dias antes do retorno de Luís Martin[156], a aluna Teresa escreveu uma redação em forma de carta dirigida ao pai. Lê-la integralmente lança algumas luzes sobre as preocupações da jovem a respeito de sua saúde e dos perigos que ele deve ter encontrado:

> Meu querido paizinho,
> Já faz três semanas que nos deixaste. Três é muito longo para tua filhinha quando ela se separou de ti. Se soubesses como desejo que voltes. Muitas vezes imagino tua chegada: todo mundo está contente, apressando-se para chegar à estação, com medo de não chegar a tempo e, afinal, chegamos uns quinze minutos mais cedo; finalmente chega o trem e te abraçamos, estás em boa saúde e estamos encantadas. Mas, com ainda mais frequência, o quadro não é nada bom: imagino que te atrasaste e que, em vez de quinze dias que temos a esperar, será um mês ou ainda mais. Ou que estás doente, porque não te cuidas o bastante. Meu paizinho querido, vais dizer-me que não sou razoável, que estou criando quimeras. É, talvez, um pouco verdadeiro, mas, enfim, o que queres, já que sou assim e acredito que não estou completamente enganada? Pois, finalmente, não podes demorar e devo dizer, meu paizinho, que nunca tomas suficiente precaução para não ficares doente; sempre dizes que não há perigo, mas existe um provérbio que diz: "Ajuda-te, e o Céu te ajudará". Eis que percebo que estou no caminho de dar-te lições de moral, mas perdoa-me, pai querido, é o medo que tua filhinha sente de que estejas doente que a faz falar desse jeito.
> Todo mundo em casa deseja também que voltes. És crivado de orações, invocamos não sei quantos santos e, entre outros, São Rafael, para que ele guie tua viagem como guiou a de Tobias, que te traga de volta a nós em boa saúde.
> Todas nós desejamos que regresses o mais cedo possível, tenho certeza de que Tom é da minha opinião, pois ele fica triste com tua ausência e estou certa de que, em tua

---

156. Resta uma dúvida quanto à data da volta de Luís Martin: sábado, 10 ou 17 de outubro (ver CG I, p. 201, n.b.)? Inclino-me à hipótese do dia 17. Mesmo que o dever de estilo em forma de carta seja parcialmente fictício, não parece plausível que tenha sido redigido após o retorno do pai.

chegada, ele se prepara para balançar a cauda ao modo do cão de Tobias e festejar com seus saltos alegres.

Até breve, meu paizinho bem-amado.

Abraço-te de todo o meu coração.

Tua filha, que te ama tanto quanto se pode amar um pai como tu.

Teresa

Filha dos Santos Anjos[157]

Nesse mesmo dia, o dia de sua festa, Teresa é admitida na associação do Apostolado da Oração (Liga do Coração de Jesus).

Essa obra, cuja sede está em Toulouse, "tem por finalidade fazer de todos os cristãos verdadeiros apóstolos", propondo-lhes uma consagração diária às intenções do Coração de Jesus, uma Comunhão reparadora semanal ou, pelo menos, mensal, "para consolar o Coração de Jesus e desviar os flagelos da cólera divina por meio dessa Comunhão perpétua e verdadeiramente reparadora" (Breve de 24 de setembro de 1882).

Durante o primeiro trimestre, Teresa redige regularmente "deveres de estilo" que podem ser lidos em seus cadernos de estudante[158].

Começa o ano de 1886: Teresa completa treze anos. No dia da Purificação de Maria, 2 de fevereiro, ela se torna "Aspirante na associação das Filhas de Maria". Pode ostentar a cinta verde, símbolo dessa etapa.

Madre São Leão, em suas memórias, fazendo alusão à "pesada cruz dos escrúpulos" de sua aluna (que ela descobriu mais tarde, ao ler a *História de uma alma*), testemunha:

> [...] em tais condições, o estudo e a vida do pensionato, com suas exigências, longe de ser para ela um alívio, só aumentavam seu fardo. Por isso, recordo-me que, com muita frequência, a fisionomia da menina expressava uma melancolia que me deixava surpresa. No entanto, ela continuava a ser uma boa aluna, mas mais propensa às lágrimas do que nunca. A saúde da pobrezinha começava a debilitar-se, tinha dores de cabeça contínuas, seguidas de ausências muito frequentes[159].

O único recurso de Teresa continua a ser a irmã Maria, confidente de seus escrúpulos, dos quais ela mesma, na Visitação de Mans, conhecera crises desse tipo[160]:

> Que paciência Maria precisava ter para me escutar sem jamais demonstrar aborrecimento!... Assim que eu voltava da Abadia, ela se punha a enrolar meus cabelos para o dia seguinte (pois todos os dias, para alegrar o papai, a rainhazinha devia ter os

---

157. LTS 18ª, 15 de outubro de 1885, CG I, p. 200-201. Ver CETL, p. 206-208.
158. Ver CETL. É útil recorrer a eles.
159. PTA, 1, p. 51.
160. S. Piat, *Marie*, p. 21 e 23.

cabelos cacheados, causando grande admiração às suas companheiras e, sobretudo, às mestras, que nunca viam meninas tão bem cuidadas por seus pais) e, durante a sessão, não parava de chorar, contando todos os meus escrúpulos. Tendo terminado seus estudos, Celina, no fim do ano, voltou para casa e a pobre Teresa, obrigada a retornar sozinha, não tardou a cair doente. O único encanto que a prendia ao colégio era viver com sua inseparável Celina; sem ela, jamais sua "filhinha" poderia continuar ali… Saí, pois, da Abadia com a idade de treze anos… (Ms A, 39r°-v°).

Um dos últimos deveres de estilo escritos na Abadia traz a data de 11 de fevereiro de 1886: uma carta fictícia a uma amiga, mas que transmite alguns ecos da realidade de uma "quinta-feira" da aluna nesse primeiro trimestre. Pouco tempo depois, Luís Martin informará à diretora, Madre São Plácido, da saída definitiva da filha, em razão da fragilidade de sua saúde. A diretora e Irmã São Leão, mestra da menina, lamentam essa partida imposta. Estão perdendo uma boa aluna: "A brusca interrupção dos estudos de Teresa, a perda de uma aluna que dava tão belas esperanças, foram seguramente muito dolorosas"[161].

"Na casa da senhora Papinau"

A saída da Abadia inaugura uma nova maneira de viver para Teresa. Nos *Buissonnets*, volta a encontrar o pai e as três irmãs ao longo do dia. Aproveita essa mudança importante para organizar um canto para si, em uma idade onde esse desejo é frequente. Trata-se do "antigo quarto de pintura de Paulina", que ela arranjará a seu gosto, no segundo andar, que dá para o jardim de trás. Com alguma minúcia nostálgica e uma ponta de humor, Teresa descreverá dez anos depois o que ela chama "um verdadeiro bazar, um conjunto de objetos de piedade e curiosidades, um jardim e um viveiro" (Ms A, 42v°): um crucifixo de madeira preto sem Cristo, desenhos selecionados na parede, o retrato de Paulina aos dez anos, um viveiro cheio de pássaros barulhentos, livros, cadernos, flores, caixas, conchas, bonecas, uma ampulheta etc. Só esqueceu seu aquário e os peixes vermelhos, nascidos em 18 de setembro de 1884[162].

"Verdadeiramente, essa pobre mansarda era um mundo para mim […]. Era nesse quarto que eu gostava de ficar, sozinha, horas inteiras, estudando e meditando diante da bela vista que se estendia diante de meus olhos…" (Ms A, 43r°).

Mas ela só tem treze anos, seu pai quer tentar continuar sua educação. Ele vai confiá-la à senhora Valentine Papinau, professora particular da prima Maria Guérin[163].

---

161. LPTA, p. 52.
162. Ver VT 74, abril 1979, p. 131.
163. Sabemos que a professora — de cinquenta e um anos de idade — fora casada. A senhora Cochain era a mãe da senhora Papinau. A gata chamava-se Monoti (MA, p. 126, nota).

A descrição que Teresa faz das aulas amplifica o humor das páginas anteriores de seu "caderno de obediência". Seria uma pena privar-se da leitura desse esboço:

> Era uma boa pessoa, muito instruída, mas que tinha ares de solteirona. Vivia com sua mãe e era engraçado ver a vidinha que levavam a três (pois a gata fazia parte da família e eu devia suportar que ela ronronasse sobre meus cadernos e, ainda, admirar seu belo porte). Tinha o privilégio de viver na intimidade da família, pois, ficando os *Buissonnets* longe demais para as pernas um tanto envelhecidas de minha professora, ela pedira que fosse receber as lições em sua casa. Quando chegava, encontrava, ordinariamente, a velha senhora Cochain, que me olhava "com seus grandes olhos claros" e, depois, chamava com uma voz calma e sentenciosa: "Senhora Papinau... a se...nhorita Te...resa está aqui!...". A filha respondia-lhe prontamente, com uma voz infantil: "Já vou, mamãe". E logo a aula começava. Essas aulas tinham ainda a vantagem (além da instrução que recebia) de me fazer conhecer o mundo... Quem o poderia crer?!... Nessa sala, mobiliada à moda antiga, cercada de livros e cadernos, assistia muitas vezes a visitas de toda espécie: sacerdotes, senhoras, moças etc. A senhora Cochain mantinha, tanto quanto possível, a conversa, a fim de deixar sua filha dar-me a aula. Nesses dias, porém, não aprendia grande coisa. Com o nariz metido num livro, ouvia tudo o que se dizia, mesmo o que teria sido preferível não escutar, pois a vaidade penetra muito facilmente no coração!... Uma senhora dizia que eu tinha belos cabelos... Outra, ao sair, perguntava, pensando não ser ouvida, quem era aquela menina tão bonita, e essas palavras, ainda mais lisonjeiras por não serem ditas diante de mim, deixavam em minha alma uma impressão de contentamento, que me mostrava claramente o quanto eu estava cheia de amor-próprio (Ms A, 39v°-40r°).

Duas vezes por semana, habitualmente na terça-feira e na sexta-feira, Teresa se dirige à casa da senhora Papipau, que mora na *Grande-Rue*, a qual contorna a *place Thiers*. Possuímos um quadro recapitulativo das aulas mês a mês, de setembro de 1886 a julho de 1887, ou seja, sessenta e quatro lições pelo preço de 81 francos[164].

Evidentemente, a jovem adolescente goza de muito mais tempo livre. Sempre escrupulosa, uma coisa a preocupa: ao deixar a escola, ela não pôde ter acesso ao título de "filha de Maria", como suas irmãs. As condições que a diretora impõe à sua admissão a repugnam: ir à tarde, duas vezes por semana, ao curso de costura na Abadia. Ela não conhece mais muitas alunas e se sente terrivelmente sozinha ao fazer seu trabalho. Resta-lhe ir falar com Jesus, seu "único amigo", na tribuna da capela (Ms A, 40v°).

É ali que vamos encontrá-la muitas vezes. Acompanhada pelo pai, a menina chega à Abadia às 13 horas e o senhor Martin irá buscá-la às 17 horas. Irmã Joséphine, auxiliar

---

164. Mss II, p. 27.

da portaria há muito tempo, começa a procurar Teresa por toda parte. Em vão. Toca-se o sino. Finalmente encontram a desaparecida rezando na tribuna. Ninguém subia ali, sendo a escadaria da torre íngreme e o corredor escuro. A partir daí, Irmã Joséphine saberá onde se esconde Teresa Martin[165]. A perseverança desta será recompensada, já que em 31 de maio, sob a presidência do Padre Domin e da Madre São Plácido, o escritório da associação das Filhas de Maria vota a admissão da antiga aluna. Por ocasião da cerimônia na capela onde, dois anos antes, ela se consagrara à Santíssima Virgem, Teresa recebe a fita azul e a medalha das filhas de Maria.

Na semana seguinte, os Guérin partem mais uma vez de férias para Trouville (*rue de la Cavée*, 29), ao *chalet des Lilas*, pertencente à senhora Mazurier, dessa vez de 15 de junho a 31 de julho. Joana e Maria Guérin agradecem ao pai pela "encantadora casa" de férias, tão agradável. Um jardim permite partidas de *badminton*. A vista para o mar é esplêndida. A ladeira que dá acesso à casa é pequena, mas "que diferença de ar, de dia, de alegria, de tudo enfim" em relação às ruelas de Trouville[166]. Em 23 de junho, Joana detalha para Teresa, com entusiasmo, tudo o que vê de seu quarto. Pobre prima, que deve dar continuidade às suas aulas particulares: "Como vai a senhora Papinau? Ela continua monótona? E as aulas, estão indo bem? [...] Espero ver-te em breve"[167].

Três dias mais tarde, Teresa responde à prima:

> A senhora Papinau [...] vai muito bem e muitas vezes pede informações de tua saúde; quanto às aulas, vão sempre muito bem, aumentaram há algum tempo, por isso não pude escrever-te domingo. Estou muito contente, pois amanhã estarei vestida de branco para a procissão[168]. Maria me fez provar minhas roupas e elas estão caindo muito bem em mim.

Em 15 de julho, Teresa responde mais uma vez à prima Maria, que lhe relatou um passeio feito a *Notre-Dame-des-Grâces*, o famoso santuário perto de Honfleur. Por sua parte, a jovem Martin contenta-se em brincar no balanço e prendia-se aos aros no alpendre dos *Buissonnets*. De acordo com sua irmã Maria, esse exercício tem a finalidade de lutar contra sua propensão a encurvar-se.

Teresa vai juntar-se às primas em Trouville no fim de julho? Sua visita será, porém, muito breve. Mesmo de férias, junto ao mar — que ela ama —, a jovem continua

---

165. PTAL 1, p. 56-57.
166. CD 560, de Maria Guérin a seu pai, 16 de junho de 1886; VT, n. 76, outubro 1979, p. 302, e carta de Joana Guérin ao mesmo destinatário, p. 303.
167. Carta de 23 de junho de 1886, CG I, p. 204.
168. C 19, 26 de junho de 1886, CG I, p. 205. Procissão de *Corpus Christi* do dia 24 de junho, celebrada com solenidade no domingo, 27.

perturbada. Assim que chega, a nostalgia dos *Buissonnets* continua a ser muito forte. Ela adoece, é preciso levá-la de volta a Lisieux... onde, como por encanto, fica curada (Ms A, 42vº). Não por muito tempo, pois um novo drama está se preparando.

"Eu não podia viver sem ela…" (Ms A, 41vº)

> *E era a essa criança que o bom Deus ia arrebatar*
> *o único apoio que a prendia à vida!…*
> (Ms A, 42vº)

É nessa situação psicológica e espiritual que Teresa vai sofrer um novo choque, que vai levá-la ao maior dos sofrimentos: ela fica sabendo que sua madrinha e terceira mãe vai entrar no Carmelo! Quando recordamos as consequências que decorreram para ela da entrada de Paulina — a segunda mãe — em outubro de 1882 (quase quatro anos já), podemos temer as que podem trazer a partida de Maria, "único apoio" da alma de Teresa. "Era Maria que me guiava, me consolava, me ajudava a praticar a virtude; ela era meu único oráculo" (Ms A, 41rº).

Essa partida significa para Teresa a mais horrível solidão, pois a experiência lhe mostrou que, ao entrar no Carmelo, Maria estará perdida para ela, como aconteceu com Paulina:

> Paulina estava perdida para mim, quase da mesma maneira como se estivesse morta. Ela continuava a me amar, rezava por mim, mas, a meu ver, minha Paulina querida tornara-se uma santa que não devia mais compreender as coisas da terra e as misérias de sua pobre Teresa; se ela as soubesse, haveriam de chocá-la e a impediriam de amá-la tanto… E, além disso, mesmo que eu quisesse confiar-lhe meus pensamentos, como nos *Buissonnets*, não o teria podido, pois as visitas ao locutório eram só para Maria. Celina e eu não tínhamos permissão de entrar, a não ser no fim, o tempo justo para sentirmos o coração apertado… Por isso, na verdade, só tinha Maria; ela era, por assim dizer, indispensável para mim. Falava somente com ela sobre meus pequenos escrúpulos e era tão obediente que jamais meu confessor soube da minha triste doença. Dizia-lhe somente o número de pecados que Maria me permitia confessar, nenhum a mais. Assim, teria podido passar pela alma menos escrupulosa do mundo, embora o fosse até o último grau… Maria sabia, portanto, tudo o que se passava em minha alma; sabia também dos meus desejos de entrar no Carmelo, e eu a amava tanto que não podia viver sem ela (Ms A, 41vº)[169].

---

169. Ver a carta de Celina a Madre Maria de Gonzaga (que voltou a ser priora a partir do dia 3 de fevereiro), na qual lamenta também "a nova perda de uma Mãe" (15 de agosto de 1886, CG I, p. 210).

Tem-se a impressão de um colapso, de uma perda do gosto de viver: "Assim que soube da determinação de Maria, resolvi não procurar mais nenhum prazer sobre a terra…" (Ms A, 42vº).

A vocação de Maria não foi um rio de tranquilidade. A adolescente, que dizia à mãe que não queria casar-se nem ser religiosa[170], tinha um temperamento independente. Aos dezesseis anos, sentia horror às preocupações com vestuário, não suportava a moda de seu tempo. Se não queria ser religiosa, era para "não tirar poeira dos altares", o que a desgostava muito. Quanto ao casamento, lamentava "as moças entregues à escravidão". "E eu não queria vender minha nobre liberdade a um mortal"[171].

Nove anos mais tarde, nos *Buissonnets*, Maria atinge a idade de vinte e cinco anos. Constatamos o forte apego que nutre por seu diretor, o Padre Pichon. Ela lhe escreve muito, todas as semanas[172]. Maria entrou em contato com a priora do Carmelo de Lisieux, que já lhe atribuiu um nome religioso. Sua irmã, Inês de Jesus, a quem vê regularmente no locutório e que lhe escreve com frequência, motiva-a a entrar sem tardar: "Se soubesses como te desejo, como sinto cada vez mais teu lugar marcado ao meu lado, nesse pequeno claustro abençoado!"[173].

Mas Maria continua a não se decidir e resiste: "Entrarei quando o bom Deus mo disser, mas ele ainda não me mostrou a sua vontade com suficiente clareza". Paulina replica: "Não acredites que Deus vai aparecer-te para isso. Vais completar vinte e seis anos; é tempo de tomar uma decisão". Maria retruca: "Não o farei por mim mesma. Como Deus sabe que quero fazer sua vontade, ele me enviará um anjo para mo dizer"[174]. Inês de Jesus vai, portanto, suscitar a intervenção desse "anjo". Ela não hesita em escrever ao Padre Pichon, cuja influência sobre a irmã mais velha ela conhece. Este envia uma espécie de ultimato à sua dirigida, para convencê-la a finalmente tomar uma decisão: "Quando sereis Maria do Sagrado Coração? Estais vendo que minha escolha está feita. Que pensais de vossa presença na família? Ela ainda é necessária? Quero uma palavra vossa para resolver essas questões"[175].

Cinco meses mais tarde, o jesuíta se faz imperativo, a hora chegou:

> Eis-me armado do gládio de Abraão, pronto a sacrificar seu Isaac. Acreditais que o Isaac de outrora era o mais amado? Oh, não!… Bem, depois de ter rezado muito, creio

---

170. CF, VT, n. 48, outubro 1973, p. 307, n. 42.
171. Ibid., p. 308, n. 43.
172. Ele chegará a contar quatorze cartas sobre sua escrivaninha, ainda não respondidas.
173. Carta a Maria Martin, janeiro de 1886; S. Piat, *Marie*, p. 89.
174. Ibid.
175. CD 558, a Maria Martin, 1º de abril de 1886; VT, n. 76, outubro 1979, p. 300.

ser o intérprete de Nosso Senhor ao vos dar o sinal de partida, da saída do Egito. Ide depressa, com o coração aberto, esconder-vos em seu coração[176].

Maria se declara vencida... e disposta:

> A hora do sacrifício chegara para mim! Ah, estou vivendo essa hora sem entusiasmo. Teria que dizer adeus a um pai que eu amava! Teria que abandonar minhas irmãzinhas! Mas não hesitei um só instante e contei tudo a papai. Ele suspirou ao ouvir tal revelação! Estava muito longe de esperar por isso, pois nada podia fazer supor que eu queria ser religiosa. Ele sufocou um soluço e me disse: "Ah!... Ah!... Mas sem ti!...". Não conseguiu terminar. E eu, para não emocioná-lo, disse com convicção: "Celina é grande o bastante para me substituir; verás, papai, que tudo ficará bem". Então o pobre paizinho me disse: "O bom Deus não podia me pedir um sacrifício maior. Eu acreditava que nunca fosses me deixar". E me abraçou para esconder sua emoção[177].

Sua decisão não é levada a sério na família Guérin. O tio Isidoro a conhece, tão independente, senão conformista. Por exemplo, ela não admite as coletas na igreja, as cadeiras nominais ("ter que pagar para sentar-se!") e se rebela contra o membro do Conselho de fábrica da catedral São Pedro, que sabe o preço das coisas. Mas, para ela, a escolha está feita. Uma felicidade inesperada acontece: no dia 2 de outubro, Padre Pichon estará de volta! Ele passará de Douvres a Calais. Luís Martin não pode recusar nada à sua "grande", que vai deixá-lo para sempre, e aceita acompanhá-la no encontro com o jesuíta. Infelizmente, em consequência de mal-entendidos, resultado de intercâmbios epistolares equivocados a respeito de datas, os dois viajantes não veem o barco chegar. Voltam à capital. Grande decepção de Maria, que não entende que Deus não a tenha deixado gozar de sua última alegria. Seu pai está mais sereno e lhe diz que ela precisava dessa provação[178]. Só vão encontrar o jesuíta em... Paris[179].

A data de entrada no Carmelo é marcada para 15 de outubro de 1886, festa de Santa Teresa de Jesus d'Ávila e festa da caçula. Mas, logo após o encontro em Paris, convém despedir-se dos amigos de Alençon e ir ao túmulo da mãe uma última vez. Luís Martin acompanha todas as filhas. Para Teresa, a viagem se revela catastrófica:

> Mas, longe de assemelhar-se à primeira, nessa viagem tudo foi tristeza e amargura para mim. Impossível dizer as lágrimas que derramei sobre o túmulo de mamãe, porque me

---
176. CD 565, do Padre Pichon a Maria, 1º de agosto de 1886; VT, n. 75, outubro 1979, p. 304.
177. S. Piat, *Marie*, p. 90.
178. Ibid., p. 92.
179. Ver [Sœur Cécile], *Le Père Pichon et la famille Martin*, p. 12.

esquecera de levar um ramalhete de centáureas, colhidas para ela. Verdadeiramente, ficava triste por tudo… (Ms A, 43rº).

Uma reviravolta não vai ajudar Teresa a sair de sua hipersensibilidade e torna ainda mais sombria a volta da família a Lisieux: falta uma filha!

Três filhas religiosas (outubro de 1886)

No dia 7 de outubro, Leônia entra bruscamente nas clarissas de Alençon (*rue de la Demi-Lune*, próxima à antiga casa da família, na *rue Saint-Blaise*). Recordamos que Zélia frequentava essas contemplativas e era membro da Ordem Terceira Franciscana. Como Leônia — vinte e três anos —, que algum tempo antes sonhara ser beneditina, mudou de direção tão rapidamente? Durante uma grande missão pregada por franciscanos em São Tiago, Leônia foi a única dos Martin a escutá-los. O Padre Déodat de Basly, de modo especial, deve ter tido alguma influência sobre sua decisão de entrar nas clarissas[180]. Ela amava São Francisco. Será que o exemplo das duas irmãs mais velhas a motivou a realizar um ato heroico?

Seja como for, quando os Martin voltam para buscar Leônia, que quis prolongar um locutório com a abadessa das clarissas, reencontram-na na clausura, por trás de uma grade, vestida com o hábito das postulantes, de cabelos cortados. Estupor! Leônia convida os familiares a olhar bem para seus olhos, pois doravante não os verão mais. Como a abadessa pôde ceder a essa decisão súbita? Maria não consegue conter sua cólera. Seu pai tenta acalmá-la. Ele ficará muito embaraçado por anunciar às duas mais jovens o que mais tarde Teresa chamará de "entrada extraordinária" (Ms A, 43vº). Ela guardará uma lembrança muito triste da atmosfera desse mosteiro: sentimento devido, evidentemente, a essa estranha aventura.

De volta a Lisieux, o espanto manifestado pela família Guérin será rapidamente atenuado por tio Isidoro: "Leônia não ficará lá por muito tempo". Enquanto isso, após a partida de Maria, apenas uma semana depois do "desaparecimento" de Leônia, os *Buissonnets* abrigarão somente o pai e as duas irmãs mais novas. Compreendemos sua angústia, principalmente a de Teresa, sofrendo sempre com seus escrúpulos.

Na festa de Teresa d'Ávila — 15 de outubro, portanto —, nova e cruel separação com a partida de Maria. Adoentado, Padre Pichon não pôde ir. Nenhum texto descritivo

---

180. Esse franciscano recoleto, nascido em Basly (Calvados) [1862-1937], entrou na vida religiosa em 2 de agosto de 1879, foi ordenado sacerdote em 22 de março de 1885, pregará o tríduo do centenário de São João da Cruz no Carmelo de Lisieux (23-25 de novembro de 1891) e o retiro comunitário em novembro de 1892. É um especialista em Duns Scotus.

desses momentos dolorosos chegou até nós; mas uma carta solene, de acordo com o estilo da época, do tio Guérin a Maria sublinha o heroísmo de seu sacrifício (renúncias a "tua juventude, tua família, tua beleza, teus gostos, teu bem-estar, tua liberdade"...), unido ao de Paulina e Leônia (clarissa). Termina com uma homenagem ao cunhado, "novo Abraão [...] somos pigmeus diante desse homem!"[181].

Mas o sonho da "pobre Leônia" não durou mais que sete semanas e foi desfeito pelas austeridades da vida das clarissas. Em 1º de dezembro, o pai vai buscá-la na *rue de la Demi-Lune*. Coberta de eczemas, com glândulas debaixo dos braços, ela esconde os cabelos cortados sob uma mantilha e vai consultar o doutor Notta. Reconhece seu erro e confessa ter sido "pega como um rato em uma ratoeira"[182]. A vida recomeça para ela nos *Buissonnets*. Logicamente, deveria substituir Maria como dona de casa, mas prefere deixar essa responsabilidade para Celina, que tem dezessete anos. Esta escreverá mais tarde: "Leônia era bondosa, delicada e humilde; não procurava aparecer". Suas duas jovens irmãs a apelidam "a solitária", pois ela gosta de refugiar-se em seu quarto, onde suas orações às vezes terminam em sesta, para grande alegria de Celina e Teresa, sempre brincalhonas. Mas isso não a impede de preocupar-se com os outros e sepultar os mortos das famílias pobres de Lisieux. Ela, que tem vinte e três anos, não recua diante da humilhação de pedir a Teresa, treze anos, que deixou a Abadia, que a ajude a aperfeiçoar seus estudos[183].

Celina vai conhecer as mesmas preocupações que a mãe em Alençon no que se refere às empregadas a ser contratadas. Victoire Pasquer deixara os Martin em 1884, depois de sete anos de serviço, para ser lavadeira em Lisieux. "Félicité" — cujo verdadeiro nome era Marie Hubert —, "amável e dedicada", que a sucedera, casara-se no início de 1887. Ao longo desse ano, nada menos que quatro pessoas foram contratadas. A primeira ficou apenas quinze dias, pois — disse ela — "vivia-se nos *Buissonnets* como em um convento e ela queria ver a rua". Rose Harel a sucedeu, mas, depois de quatro dias de estágio, foi demitida, pois acumulava erros culinários. Depois de semanas procurando, chegou "Maria dos pequenos tamancos", com quarenta anos; mas esta pediu para ir embora depois de quatro ou cinco meses, achando o lugar "forte demais". Veio, então, a jovem Maria, chamada "Rondela", que ficou até sua demissão, em 1º de janeiro de 1888, porque embriagara-se com os amigos! Algumas semanas depois, Pascaline chegou do campo. Tinha quarenta anos, não sabia ler nem escrever e ignorava tudo da religião. Celina tentou em vão dar-lhe lições de catecismo, que não deram muitos frutos, pois a criada acreditava que São José era o filho da Virgem Maria! Após alguns meses, foi necessário demiti-la,

---

181. 15 de outubro de 1886, CG I, p. 213-214.
182. S. Piat, *Léonie*, p. 65-66.
183. Irmã Francisca Teresa, PA, p. 374.

pois ela enganara os Martin. Maria Cosseron, vinte e dois anos, só será contratada por volta de Pentecostes, após a partida de Teresa para o Carmelo. Leônia chamava-a "Maria adormecida". Em 1889, Celina não tinha mais necessidade de criada e ela foi contratada pelos Guérin. Ficou na casa destes por vários anos, antes de deixá-los por razões de saúde (morreu em Lisieux no dia 20 de novembro de 1945).

Todas essas preocupações domésticas refletem o ambiente social da época.

"A paz veio inundar minha alma" (Ms A, 44rº)

Os sofrimentos que Teresa experimentava outrora nos locutórios do Carmelo para encontrar Paulina atualizam-se nos breves encontros com Maria. Uma carta desta a Teresa, em novembro, confirma os momentos difíceis vividos pela caçula:

> Não quero que minha querida chore desse jeito, mas que se torne comportada e ajuizada. Não se diria hoje que era a última vez que ela estava me vendo em sua vida? E quando se pensa que na manhã de quinta-feira o bebê voltará ao locutório e outra vez na sexta-feira? Não teremos tempo para falar muitas coisas. Vamos, diz-me logo que não estás mais sofrendo e abraçai-vos todas as duas, Celina e Teresa. Sois minhas joias. Joias queridas, embelezai-vos para o Céu com as lágrimas e os pequenos sacrifícios da terra. É isso que se torna diamante quando sabeis tirar proveito. Até logo, meu amor... Mas não quero que minha querida se desespere quando o bom Deus a... mimou tanto. Que ela reflita um pouco sobre os mimos do bom Deus. Aí estão motivos para secar todas as suas lágrimas. Tua madrinha que te quer bem[184].

Teresa, que vai completar quatorze anos, tornou-se uma jovem bela e alta, com longos cabelos loiros caindo nas costas. Na praia, as primas Guérin dão-lhe o apelido de "a grande inglesa". De fato, a "pequena Teresa" é a maior das irmãs Martin, com 1,62m[185]. Teresa descreverá sua situação com lucidez:

> Sendo a menor, não estava acostumada a me servir. Celina arrumava o quarto onde dormíamos juntas e eu não fazia nenhum trabalho de casa. Depois da entrada de Maria, acontecia-me às vezes, para dar prazer ao bom Deus, tentar arrumar a cama ou, na ausência de Celina, recolher à tarde seus vasos de flores. Como disse, era unicamente por Nosso Senhor que fazia essas coisas e, assim, não deveria esperar o agradecimento das criaturas. Ai... dava-se exatamente o contrário se Celina, por infelicidade, não se mostrasse feliz e surpresa com meus pequenos serviços. Não ficava contente e o demonstrava com minhas lágrimas... Tinha-me tornado verdadeiramente insuportável

---

184. Novembro de 1886, CG I, p. 217.
185. Paulina media 1,54 m.

devido à minha extrema sensibilidade. Se me acontecesse causar, involuntariamente, algum pequeno desgosto a uma pessoa a quem eu queria bem, ao invés de reagir e não chorar — o que aumentava a falta, ao invés de diminuí-la —, chorava como uma Madalena e, quando começava a consolar-me pela coisa em si, chorava por ter chorado… Todos os raciocínios eram inúteis; não conseguia corrigir-me desse terrível defeito (Ms A, 44vº).

No mês de dezembro de 1886, a jovem Martin acaba de chegar ao seu pior momento. Em sua profunda solidão, a situação lhe parece sem saída humana. Com quem desabafar? A quem pedir socorro? Certamente, ela ama Jesus apaixonadamente — e tem a esperança de consagrar-se totalmente a Ele —, ama sua "Mãe do Céu", que a curou há três anos… e, no entanto, não se voltará para eles, mas para seus quatro "irmãozinhos e irmãzinhas do Céu", mortos em tenra idade. Ela jamais os conheceu, mas vai rezar a eles com fervor — ela, a caçula tão "amada", tão "cumulada"… para que lhe deem "a paz" e mostrem "que no Céu ainda se sabe amar". Por que eles não fariam o bem na terra, especialmente à sua irmãzinha em apuros? "A resposta não se fez esperar, logo a paz veio inundar minha alma com suas ondas deliciosas e entendi que, se eu era amada na terra, era-o também no Céu…" (Ms A, 44rº).

Assim, pela segunda vez, Teresa recebe uma cura em uma situação das mais difíceis. Ei-la fortalecida por essas duas experiências — a de 13 de maio de 1883 e a de dezembro (?) de 1886. Sim, ela é amada na terra como no Céu. Ninguém poderá tirar-lhe essa certeza nascida da experiência.

IV
"...MINHA COMPLETA CONVERSÃO..."

(Ms A, 45rº)

[Natal de 1886]

A graça de sair da infância...
(Ms A, 45rº)
Comecei, por assim dizer, uma "corrida de gigante"
(Ms A, 44vº).

Teresa vai muito melhor, o que não quer dizer que tudo esteja resolvido. Se os escrúpulos desapareceram, a jovem conserva sua hipersensibilidade e a propensão a chorar com facilidade. Ela, que pensa em entrar no Carmelo, como sonhar com isso quando ainda permanece presa às "faixas da infância" (Ms A, 44vº)? Seria necessário nada menos que um "milagre" para tirá-la destas e fazê-la "crescer".

Chega o Natal de 1886. De acordo com a antiga tradição, Luís Martin e as três filhas se dirigem à catedral São Pedro para assistir à missa da meia-noite. Eles recebem a Comunhão. Em seguida, voltam para casa à noite e caminham rumo aos *Buissonnets* pelo estreito "caminho do Paraíso". Luís Martin dá sinais de cansaço. Diante da perspectiva do ritual dos sapatos na chaminé para uma jovem de quatorze anos, ele murmura: "Enfim, felizmente é o último ano!..." (Ms A, 45rº). Teresa sempre teve os ouvidos apurados. Em lágrimas, sobe a pequena escada com Celina, para que tirem seus chapéus. Esta, conhecendo a irmã, prevê um *réveillon* regado por lágrimas e a aconselha a adiar sua volta ao *hall* de entrada. Mas, para seu espanto, Teresa desce alegremente, desembrulha os presentes, reencontra a alegria comum.

O que se passou? "Teresa não era mais a mesma, Jesus tinha mudado seu coração!" No plano psicológico, é certo — constatou-se até aqui — que a adolescente (a eterna caçula) sempre foi tratada pelas irmãs como um "bebê". As atitudes das sucessivas mães — Paulina e, depois, Maria — foram adotadas por Celina, que "queria continuar a tratar-me como um bebê, já que eu era a mais nova da família" (Ms A, 45rº). Nessa atmosfera rarefeita, Teresa não consegue crescer. Mas a palavra do pai, constatando sua idade, toca

Teresa no coração. Terminou o tempo das infantilidades, agora é preciso entrar em uma vida de adulta, tomar-se nas mãos, não depender mais da cálida atmosfera familiar. Por sinal, com a partida das três irmãs (embora Leônia tenha regressado... por um tempo), a segurança dos *Buissonnets* pertence ao passado.

O choque é profundo. Mas, em vez de desabar, Teresa reage com força. Sua verdadeira natureza não é nem o desânimo, nem a resignação. Até à morte de sua mãe, aos quatro anos e meio, ela tivera uma força de vida, de caráter. Perdera-a há dez anos. O plano psicológico[1] não elimina o plano espiritual. Na missa de meia-noite, Teresa recebeu o Deus *forte e poderoso*. O Natal celebra "o admirável intercâmbio" entre a força de Deus e a fraqueza do homem. Em Jesus, Deus se faz frágil criancinha para que a pequena e débil Teresa se torne forte. "Nessa noite em que se fez fraco e sofredor por amor a mim, Ele me tornou forte e corajosa".

Teresa se vê subitamente transformada por dentro. "Sai da infância" por uma "completa conversão" (Ms A, 45rº). Ei-la pronta para o combate que a conduzirá ao Carmelo, e começa uma nova vida, "uma corrida de gigante" (Sl 18,6) [Ms A, 44vº]. As lágrimas da hipersensibilidade secarão.

O caráter repentino dessa terceira cura — uma das mais importantes — depois de dez anos de lutas se apoia também no que ela chama de sua "boa vontade", que nunca lhe faltou (Ms A, 45vº). Ela não se conformou a esse estado infantilizante e sempre desejou sair dele. Um testemunho sobre essa transformação decisiva aparece na comparação de duas fotografias de Teresa nessa idade: uma é de fevereiro de 1886. Nela se vê a adolescente sorrindo um pouco tristemente, os cabelos para trás, o olhar um pouco vago. É o momento em que Teresa vai deixar a escola[2]. A outra foto — de abril de 1888 — mostrará uma jovem de quinze anos com os cabelos em coque, ar decidido, olhar profundo e desafiador, expressão facial determinada. A jovem excessivamente sensível se transformou em uma mulher forte, pronta para o combate espiritual[3]. A transformação interior da noite de 25 de dezembro de 1886 acontece no momento em que Teresa crescerá em diversos planos. A foto mencionada o mostra. "Meu bebê cresceu" — Irmã Maria do Sagrado não poderá deixar de constatar, vendo a afilhada nos locutórios[4].

Em 2 de janeiro de 1887, ela completa quatorze anos. Os cumprimentos pelo aniversário chegam do Carmelo, trazendo como presente de Paulina um tercinho vindo de Jerusalém. Mais importante é a seguinte frase: "Eis que estás grande. Coragem! O menino

---

1. Ver as diferentes apreciações de psicanalistas e médicos na Bibliografia.
2. VTL 3.
3. VTL 4.
4. 31 (?) de maio de 1887, CG I, p. 228.

Jesus colherá em breve sua florzinha, mas é preciso ser paciente e corajosa…". No dia anterior, o ritual foi escrupulosamente respeitado. No primeiro dia do ano, o cumprimento composto por Paulina carmelita é recitado por Teresa ao pai. É tocante perceber o quanto, do Carmelo, a segunda filha continua presente e atuante nos *Buissonnets* graças às correspondências e, principalmente, aos locutórios semanais[5]. Citemos algumas estrofes:

> 1º de janeiro de 1887
>
> Venho dizer-te, paizinho
> Sempre o mesmo cumprimento
> Neste ano, como no último,
> Te amo e te amo ternamente.
>
> O coração de tua filhinha,
> Cumulado de tão ternos benefícios
> Como uma estrela que cintila
> Por ti não se apagará jamais.
>
> É verdade que tua barba está embranquecida
> Mas isso só me agrada mais
> Jamais tua face querida
> Jamais teu nome envelhecerá.
>
> Quero ser uma pérola fina
> Para ornar tua fronte nos Céus
> Com minha companheira Celina
> Fazemos nossos planos todas duas
>
> Mas o futuro ainda está longe
> E o presente parece bem doce
> Papai, teu amor lhe dá cores
> De alegria e felicidade para nós
>
> Desde a partida de Maria,
> Teu coração é mais que paternal
> Um doce raio da Pátria
> Fê-lo tornar-se maternal
>
> Ó tu, que guardas nossa infância
> Tu, que nos abençoas cada dia
> Pai, nossa gratidão
> Só é igual ao nosso amor.

---

5. Por sua parte, Maria escreve à prima Sophie Bohard: "Vêm ver-me no locutório todas as semanas. Deixei a família, sem deixá-la". CD 584, n. 81, janeiro 1981, p. 76.

Vê-se a rosa primaveril
Perder o frescor em uma manhã
Teus cinco diamantes da terra
Serão guardados em seu estojo

Eles guardarão suas centelhas
Farão aumentar seu brilho
E às margens eternas
Uma onda divina as levará.

Então, com voz enternecida
Cantando o cântico novo
Em um prado eterno
Tu as verás seguindo o Cordeiro

Tu o verás! Teu coração de Pai
Será recompensado
De uma separação eterna
Pelas alegrias da Eternidade[6].

Pode-se detectar em um dever de estilo sobre o Natal, redigido para a senhora Papinau, um eco da graça de Natal — que continua a ser secreta, salvo, talvez, para Celina? A dificuldade é a datação do texto, escrito entre 19 de dezembro de 1886 e 6 de janeiro de 1887. Um indício poderia inclinar a preferir essa última data: o título está enfeitado com iluminuras e uma guirlanda margeia todo o papel. É o sinal da alegria desse Natal de 1886? Seja como for, o texto apresenta um reflexo de sua via interior:

Natal!!!
A bela festa de Natal é o aniversário da natividade de Jesus, nosso redentor, que veio ao mundo na noite de 25 de dezembro de 4004. Jesus quis salvar os homens, nascer mais pobre que os pobres, enquanto ser-lhe-ia suficiente, para salvar o gênero humano, derramar somente uma gota de seu sangue; ele quis fazer-se criancinha e nasceu em um estábulo, tendo somente faixas emprestadas e, para cobri-lo e aquecer seus pequenos membros delicados, um boi e um asno. Quem poderá compreender esse mistério de amor? Um Deus desce do Céu, onde é adorado e louvado, para salvar uma criatura ingrata e culpável. Como poderemos louvar e agradecer essa criancinha que vem a nós e nos pede, em recompensa de tudo o que fez por nós, apenas que nos demos a Ele sem reserva. Ó Jesus, quem ousará vos recusar esse coração que ganhastes, que amastes até fazer-vos semelhante a ele, a deixar-vos crucificar pelos carrascos implacáveis? Depois, não achastes que era suficiente, foi necessário que ficásseis sempre ao

---

6. VT, n. 58, abril 1975, p. 150-151.

lado da vossa criatura, e há mil e oitocentos anos sois prisioneiro de amor na santa e adorável Eucaristia⁷.

O belo ano de 1887

O ideal da felicidade...
(Ms A, 49v°)

No mês de janeiro, seis aulas se sucedem na casa da senhora Papinau, habitualmente na sexta-feira, durante uma hora. Os cadernos dão testemunho das composições da aluna. Seus desenhos também. Contam-se quatro até o princípio de fevereiro. É uma pena que Maria, antes de entrar no Carmelo, tenha impedido bruscamente as lições que o pai estava disposto a pagar à sua Rainha⁸. É, portanto, Celina — a artista da família — que dá aulas de desenho à irmã: "minha hábil professora encontrava em mim muitas disposições para sua arte", confessa (Ms A, 52r°).

Esse dom é confirmado por Madre São Leão, que relata:

> Teresa não aprendeu nenhuma arte de ornamentação, mas seguiu durante dois anos os cursos de desenho. Mostrava reais aptidões para este. Eu me lembro de uma "Santa Genoveva" copiada pela garotinha e na qual ela se saiu particularmente bem. Depois de ter examinado o trabalho, o professor me chamou e disse-me: "Olhai isso"; e, à meia voz: "Está melhor que o modelo". Teresa tinha ouvido ou adivinhado o que acabava de ser dito. Ela pareceu embaraçada e timidamente ergueu para mim um olhar interrogativo, que parecia perguntar: "Posso acreditar nisso?"⁹.

Celina também a convida a fazer esculturas em barbotina, espécie de terra argilosa. Tais impulsos artísticos não impedem uma filha de comerciantes de anotar, no dia 17 de dezembro de 1885, suas receitas e despesas em uma agenda vermelha que Maria lhe deu. Entre essas, os grãos para alimentar os pássaros chamados "Verver, Fifi, Chéri, Mignon". Ela sabe situar seus ingressos: "Janeiro 1887. Renda 3,10 francos. Depositei 150 francos, que me renderam, por 6 meses, 4,22 francos; e, por um ano, 8,45 francos. Em caixa: 10,40 francos". A mistura de orações jaculatórias e precisões financeiras mostra que a espiritualidade teresiana continua realista. Assim: "Empréstimo de 20 francos a Celina. Ó Jesus, só vós, e basta. Meu Deus, dai-me a graça de fazer sempre o que mais

---

7. CETL, p. 368. É interessante repetir já aqui os três graus das "aniquilações" de Jesus que Irmã Teresa ressaltará mais tarde: o Presépio, a Cruz e a Eucaristia.
8. PO, p. 250.
9. PTAL 1, p. 48.

me custa e o que mais amais. Deve a Celina 8 centavos à vista e 2,22 a prazo. Maria me deve 28 centavos para Celina. Celina me deve 20 francos e, de seu dinheiro, 2 francos". A página é tachada com uma conclusão: "pago". E termina do seguinte modo: "Recordai-vos de que tendes somente uma alma"[10].

O ano de 1887, que a liberta, traz-lhe também um florescimento intelectual. As quatro ou seis lições semanais na casa da senhora Papinau lhe deixam tempo de sobra. Sua verdadeira natureza, libertada pela transformação do Natal anterior, vai revelar-se. Desaparece a aluna da Abadia, tímida, fechada, sensível demais:

> Liberto dos escrúpulos, de sua excessiva sensibilidade, meu espírito se desenvolveu. Sempre amei o grande, o belo, mas nessa época fui tomada por um desejo extremo de saber. Não me contentando com as aulas e lições que minha professora me dava, apliquei-me sozinha a estudos especiais de História e Ciência. Os outros estudos me deixavam indiferente, mas essas duas matérias atraíam toda a minha atenção. Assim, em poucos meses adquiri mais conhecimento do que durante os anos de estudo (Ms A, 46v°).

No entanto, sob a influência de outras leituras, ela não quer ceder ao "desejo demasiado forte de saber" (Ms A, 47r°). Trata-se, em primeiro lugar, do livrinho da *Imitação de Cristo*, que não a larga e do qual há muito tempo sabe longas passagens de cor. O que nos orienta para seu crescimento espiritual, que, sob diversos pontos de vista, revela-se considerável.

Outro livro terá uma influência dominante para esse momento de sua vida: as conferências do cônego Charles Arminjon, proferidas na catedral de Chambéry — *Fin du monde présent et mystères de la vie future*[11]. Esse livro foi emprestado a Luís Martin pelas carmelitas e Teresa, excepcionalmente, pede para lê-lo. Seu entusiasmo explodiu:

> Essa leitura foi também uma das maiores graças de minha vida. Eu a fiz junto à janela do meu quarto de estudos e a impressão que me causou é por demais íntima e doce para que eu possa expressá-la... Todas as grandes verdades da religião, os mistérios da eternidade mergulhavam minha alma numa felicidade que não era da terra... Já pressentia o que Deus reserva aos que o amam (não com os olhos do homem, mas com os do coração) e, vendo que as recompensas eternas não tinham nenhuma proporção com os leves sacrifícios da vida, quis amar, amar Jesus com paixão, dar-lhe mil

---

10. *Les carnets de Thérèse enfant*, VT, n. 74, abril 1979, p. 135-137.

11. Paris — Bar-le-Duc-Fribourg, editoras-livrarias de *Œuvre de Saint-Paul*, 1881; ²1883. Reimpresso por OCL em 1964 e 1970. Padre Charles Arminjon (1824-1885), jesuíta, educador, deixou a Companhia de Jesus para consagrar-se à pregação em toda a França. Ver Gabriel ARMINJON, *Charles Arminjon, ce prêtre qui inspira Thérèse de Lisieux*, Paris, Beauchesne, 1972.

provas de amor, enquanto ainda o podia… Copiei várias passagens sobre o perfeito amor e a acolhida que Deus dará a seus eleitos no momento em que ele mesmo se tornar sua grande e eterna recompensa. Repetia sem cessar as palavras de amor que tinham abrasado meu coração… (Ms A, 47vº)[12].

Foi sobretudo a sétima conferência — "Beatitude eterna e visão sobrenatural de Deus" — que cativou Teresa e abriu-lhe horizontes novos. Ela lera o caderno de Celina (espécie de catecismo de perseverança escrito na Abadia), mas, no momento em que seu espírito se desenvolve, Padre Arminjon, citando a Escritura e os Padres, a inicia em uma vasta teologia[13]. Teresa copiou várias passagens em 30 de maio, nos dias 4 e 5 de junho.

A essas importantes aberturas intelectuais e espirituais é preciso acrescentar sua sempre presente fome eucarística, que poderá ser saciada um pouco no mês de maio. Seu confessor, Padre Louis-Marie Pelletier[14], permite quatro Comunhões por semana, até mesmo cinco nos meses seguintes. Quanto a Celina, seu confessor — Padre Baillon — autoriza-a a comungar nas festas e várias vezes por semana. As duas irmãs, em todos os tempos, são fiéis à missa das 7 horas.

Teresa se aproximou muito de Celina nesses meses, a ponto de ter-se tornado "irmãs de alma". Elas partilham seus sentimentos, suas aspirações. Com uma certa linguagem romântica, a mais jovem evocou esses momentos de intimidade entre duas moças:

> Quão doces eram as conversas que tínhamos todas as noites no belvedere! Com o olhar mergulhado ao longe, contemplávamos a branca lua elevando-se docemente por detrás das grandes árvores… Os reflexos prateados que espalhava sobre a natureza adormecida… As estrelas brilhantes, cintilando no azul profundo… O sussurrar ligeiro da brisa da noite, fazendo flutuar as nuvens de neve… Tudo elevava nossas almas para o Céu, o belo Céu do qual admirávamos apenas o "límpido anverso"… Não sei se estou enganada, mas parece-me que a expansão de nossas almas assemelhava-se à de Santa Mônica com seu filho quando, no porto de Óstia, perdiam-se em êxtase à vista

---

12. Pode-se ler essas cópias em OC, p. 1210-1211. Ver VT, n. 79, julho 1980, p. 219-220 e VT, n. 110, abril-junho 1988, p. 106-128.

13. Padre André Combes foi o primeiro a mostrar a importância dessa leitura em *Introduction à la spiritualité de sainte Thérèse de l'Enfant-Jésus*, Paris, Vrin, ²1948, p. 135-138. Padre Blaise ARMINJON — *Une soif ardente*, Paris, Desclée de Brouwer, 1980 (prefácio de A.-M. Carré) — estudou essa influência. Retomou seu estudo em *Thérèse et l'au-delà*, Paris, Desclée de Brouwer, 1996. Em 1976, uma polêmica nasceu a respeito da reimpressão das conferências do cônego Arminjon e relativa à sua segunda conferência — *Persécution de l'Antéchrist et conversion des juifs* —, que contém passagens antissemitas. Felizmente, Teresa não ficou marcada por isso.

14. Vigário na catedral São Pedro (1853-1918), confessor de Luís Martin entre 1878 e 1888. Amigo da família, era convidado ao almoço de primeira Comunhão de Teresa.

das maravilhas do Criador!... Parece-me que recebíamos graças de uma natureza tão elevada quanto as concedidas aos grandes santos (Ms A, 48rº).

Celina, por sua vez, sublinhou a profundidade dessas confidências:

> As conversas no belvedere deixaram-me uma lembrança tão profunda, tão clara, que me lembro delas como se fosse ontem. O que Teresa escreveu a respeito na "História de uma alma" não só não parece exagerado, mas antes aquém da verdade. Vivemos verdadeiramente horas de consolação celeste. Que palavras poderiam traduzi-las? Muitas vezes começávamos repetindo com incrível ardor as seguintes palavras de São João da Cruz: "Senhor, sofrer e ser desprezado por vós!". Sim, aspirávamos a isso com todas as nossas forças. Depois, pensávamos no Céu e repetíamos uma à outra a palavra do Padre Arminjon: "E o Deus grato exclama: 'Agora é minha vez'". Então, de alguma forma, deixávamos a terra pela vida eterna. Como escreveu nossa santa, a fé e a esperança desapareciam, era a possessão de Deus no amor. Depois de tantos anos, posso afirmar que não era um fogo de palha, um entusiasmo passageiro, mas um impulso irresistível para Deus. Parece-me que não éramos mais deste mundo[15].

Mais tarde, em seu primeiro manuscrito, Irmã Teresa do Menino Jesus da Santa Face evocará esses meses felizes em termos fortíssimos, inspirados pela Escritura. Por exemplo, Ezequiel 16,8-13, que ela leu, sem dúvida, em São João da Cruz (*Cântico espiritual*, estrofe 33):

> [...] Estava na idade mais perigosa para as jovens, mas o bom Deus fez por mim o que Ezequiel relata em suas profecias: "Passando ao meu lado, Jesus viu que chegara para mim o tempo de ser amada; fez aliança comigo e tornei-me sua... Estendeu sobre mim o seu manto, lavou-me em perfumes preciosos, revestiu-me com vestes bordadas e deu-me colares e joias de inestimável valor... Nutriu-me com a mais pura farinha, com mel e azeite em abundância... Então, tornei-me bela a seus olhos e ele fez de mim uma poderosa rainha!". Sim, Jesus fez tudo isso por mim. Poderia retomar cada palavra que acabo de escrever e provar que se realizou em meu favor (Ms A, 47rº). Era dessa maneira que se dignava manifestar-se às nossas almas, mas quão transparente e tênue era o véu que escondia Jesus a nossos olhos!... A dúvida não era mais possível; a fé e a esperança já não eram mais necessárias; o amor nos fazia achar na terra aquele a quem procurávamos. "Tendo-o encontrado sozinho, dera-nos o seu beijo, a fim de que no futuro ninguém pudesse nos desprezar" (Ct 8,1; Ms A, 48rº).

Principalmente a passagem de Lc 10,21 (que Teresa cita dez vezes em seus escritos):

---

15. Citado por Padre Combes, *Introduction à la spiritualité de sainte Thérèse de l'Enfant-Jésus*, p. 153. Ver G/PO, p. 269.

> Ele [Jesus] que, nos dias de sua vida mortal, exclamava num transporte de alegria: "Meu Pai, eu vos dou graças porque escondestes estas coisas aos sábios e prudentes e as revelastes aos pequeninos", queria fazer resplandecer em mim sua misericórdia; por ser pequena e fraca, abaixava-se até mim, instruía-me em segredo sobre as coisas de seu amor. Ah, se os sábios que passaram a vida a estudar viessem me interrogar, ficariam, sem dúvida, admirados por ver uma menina de quatorze anos compreender os segredos da perfeição, segredos que toda a ciência deles não lhes pode revelar, pois para possuí-los é preciso ser pobre de espírito!... (Ms A, 49r°).

Esses textos audaciosos, escritos em 1895, expressam bem em que estado de espírito se encontra Teresa no primeiro semestre de 1887. Evidentemente, o desejo de entrar no Carmelo se faz mais imperioso. Terminará dividindo seu segredo com Celina, que, apesar da dor, a apoiará em seu combate. As duas, libertas em certo sentido da tutela um pouco meticulosa das mais velhas — principalmente de Maria[16] —, vivem o período mais feliz de sua vida. Teresa tem consciência disso:

> Era, por assim dizer, a mesma alma que nos fazia viver; desde alguns meses, gozávamos juntas da vida mais doce que as jovens podem sonhar; tudo ao redor de nós correspondia aos nossos gostos; a maior liberdade nos era concedida; enfim, dizia que nossa vida era o ideal da felicidade... (Ms A, 49v°).

Durante esse tempo, a hora da tomada de hábito de Maria no Carmelo chegou, marcada para o sábado, 19 de março, após o canto das vésperas, às 14 horas. Vestida de noiva, nos braços do pai, Maria sairá da clausura, de acordo com o ritual. Em seguida, entrará para revestir o hábito carmelitano. A cerimônia, que reúne as famílias Martin, Guérin e seus amigos, só pode estimular o desejo que Teresa tem de entrar nesse Carmelo, mesmo que tenha pensado por algum tempo em unir-se a uma Congregação missionária[17].

"Crimes horríveis..." (Ms A, 45v°)

Nesse mesmo dia 19 de março, lendo o jornal *La Croix*[18], Luís Martin fica sabendo, através de quatro linhas, que um crime horrível fora cometido em Paris, à

---

16. MA, p. 157, n. 49v°.
17. Ver Celina, CLG, p. 101.
18. Pode-se ler no jornal *Le Normand* de 13 de abril de 1886: "Anuncia-se todas as manhãs em nossas ruas [Lisieux] um pequeno jornal parisiense vendido a cinco centavos e que traz em destaque a imagem de Cristo, que tem por título: *La Croix*". Não é, portanto, por acaso que em uma redação escrita a pedido da senhora Papinau, Teresa escreve: "*Jornalista*: Aquele que produz o jornal *La Croix* é um bom jornalista. *Diário*: o jornal *La Croix* é tanto mais agradável quanto é

rue Montaigne, 17, onde duas mulheres foram degoladas. No dia seguinte, o jornal dá alguns detalhes sobre "as três assassinadas". Trata-se de Claudine-Marie Regnault[19], quarenta anos, cortesã conhecida pela alcunha de Régine de Montille; de sua camareira Anne Gremeret, chamada Annette (menos de quarenta anos); e da filha desta, Marie-Louise, onze anos. Marie Regnault era sua madrinha e, por disposição testamentária de 9 de fevereiro de 1887, constituíra-a sua herdeira universal.

Na manhã de 17 de março, ao entrar no apartamento do terceiro andar, depois de ter forçado a porta com a ajuda de um serralheiro, Théodore Créneau, comissário de polícia, ficou horrorizado com o que descobriu: um massacre. Em primeiro lugar, barrando a entrada de seu quarto, o corpo de Annette Gremeret em decúbito ventral, a garganta cortada. Em seguida, sobre a cama, a pequena Marie-Louise, praticamente decapitada. Finalmente, em sua câmara atapetada de cetim vermelho, Marie Regnault jazia de bruços sobre um tapete escarlate, a garganta cortada até a coluna vertebral, os olhos abertos e plenos de estupor. Alguém lavara as mãos ensanguentadas no banheiro. O caso foi entregue a M. Guillot, juiz de instrução. Trata-se certamente de um "caso" que provocará grande rumor em toda a França e até mesmo no exterior. É acompanhado apaixonadamente, dia após dia, por todos os jornais da época e permanecerá nos anais judiciários, suscitando livros e peças de teatro até o século XX. Em 21 de março, a cerimônia do enterro acontece na igreja Saint-Philippe-du-Roule e os três corpos serão sepultados no cemitério de Saint-Ouen.

Dois dias depois, a polícia prende um tal Henri Pranzini, suposto assassino, depois de persegui-lo até Marseille. Joias de Marie Regnault foram encontradas em uma fossa séptica. Ele negou tudo. Encarcerado em Marseille, cometeu uma tentativa de suicídio em sua cela. No dia 25 de março, foi levado a Paris de trem, acompanhado por dois inspetores e dois guardas. Interrogado, nega tudo, repetindo: "Não tenho nada a ver com o caso". Um de seus álibis cai por terra. Ele afirmou ter passado a noite de quarta-feira para quinta-feira na casa de sua amante, Madame Antoinette Sabatier, modista, cinquenta anos. Ora, em sua acareação, no dia 27 de março, as provas contra ele se revelam contundentes. Pranzini acumula mentiras, nega os fatos (a compra de uma faca, o fato de

---

diário" (CETL, p. 409). Um dia, voltando aos *Buissonnets* pelo *boulevard de Pont-l'Évêque*, Celina e Teresa ouviram um rapaz gritando: "Eis o caminho da glória! Apenas 5 centavos!". Elas dispararam a rir e Teresa comentou: "Deve-se convir que não é caro! Uma ninharia para tomar o caminho da glória!". De fato, o menino gritava: "Eis o jornal *La Croix*! 5 centavos apenas!" (AL, n. 611, março 1983, p. 10).

19. Claudine-Marie Regnault, nascida em Chalon-sur-Saône (4 de fevereiro de 1848) em um família que caiu na miséria, começou uma vida fácil e partiu para Paris em 1866, tornando-se aí uma cortesã rica, sustentada por numerosos amantes.

ter feito a barba etc.). Em maio (16, 17, 18 e 20) acontece o interrogatório definitivo, sempre conduzido por M. Guillot.

Quem é Prazini?

Henri-Jacques-Ernest Pranzini nasceu em Alexandria, de pais italianos, em 7 de julho de 1856. Após estudos feitos nos Irmãs da Doutrina Cristã, ele fala várias línguas[20]. Aos dezoito anos, trabalha na administração dos postos egípcios, em seguida embarca a bordo de um navio com destino a Constantinopla. Toma gosto pelo luxo e seu físico, seu charme atraem as mais diferentes mulheres. Ele tem preferência pelas mais ricas, mas é demitido por roubo. A partir de então, percorre o mundo como intérprete, mas principalmente como aventureiro. Encontramo-lo em Odessa, Bombaim, Singapura. Ele retorna a Alexandria, onde perde seu dinheiro no jogo. Em Marseille, é condenado a 15 meses de prisão por roubo, mas já tinha partido para Nápoles. Nomeado cobrador dos vagões-leito na linha Bolonha-Brindisi, é despedido por roubo. Em Monte-Carlo, onde vive luxuosamente, é mais uma vez expulso por malversação. Em 1884, é contratado como intérprete no exército inglês e se encontra no Sudão. Perde tudo no jogo. Voltando a Alexandria como crupiê, é mais uma vez despedido e encontra-se em Paris em julho de 1886, acompanhando um jovem pintor em uma galeria de arte (*boulevard Malesherbes*, 11 *bis*).

Pranzini — trinta e um anos, loiro, barbudo, de grande força — sempre viveu de golpes, empréstimos e roubos. O charme típico de um levantino, os olhos azuis e o sorriso cativante seduziram numerosíssimas mulheres de toda sorte, de operárias a mulheres da alta sociedade. Também frequenta prostitutas (o que lhe valerá ser preso em Marseille). Tem presença e muitas vezes encena o papel de homem da sociedade, assumindo os nomes e endereços mais extravagantes: far-se-á passar pelo Doutor Pranzini, hospedando-se em hotéis de luxo. Acumula as mentiras. Pierre Bouchardon, conselheiro da Corte Suprema, descreve-o assim: "Frequentador assíduo de antros, pederasta ocasional, procurado pela justiça, ladrão, degolador de mulheres"[21].

Como ele se tornou assassino? Até a noite de 16 de março de 1884, Pranzini nunca chegara ao crime. Contudo, no domingo, 20 de março, em Marseille, ameaçava com um revólver a prostituta Clotilde Massard, chamada "Argentina", a fim de reaver o dinheiro que lhe dera. Em Paris, conhecera *miss* Edith D., jovem americana de Nova York, ingênua e romântica, a quem fizera promessas de casamento. Ela lhe escreveu muitas cartas inflamadas, esperando impacientemente sua vinda de além do Atlântico. Pranzini pensou que tinha finalmente encontrado o negócio de sua vida. Mas sempre lhe faltava dinheiro.

---

20. Padre Faure dirá que eram oito línguas, entre as quais o russo, o árabe e o "hindu" [sic].
21. Pierre BOUCHARDON, *L'Affaire Pranzini*, Paris, Albin Michel, 1934, p. 157.

Não era sua velha amante, a pequena modista Antoinette Sabatier, que podia pagar tal viagem. Era na casa desta (*rue des Martyrs*, 40) que ele morava.

Foi então que conheceu Régine de Montille em uma exposição de pintura. Embora fosse desconfiada e prudente, ela o convidou à sua casa (*rue Montaigne*). Tendo sido abandonada por um de seus amantes a quem mais amou, estava à beira da depressão, pusera-se a beber absinto e, contrariamente aos seus hábitos anteriores, a receber qualquer pessoa. Na sexta-feira da terceira semana da quaresma, foi a vez de Pranzini.

"Meu primeiro filho..." (Ms A, 46vº)

Nos *Buissonnets* de Lisieux, o que se podia saber desse sórdido caso, digno de um romance policial, misturando roubo, sexo e assassinato? Evidentemente, muito pouco daquilo que acabamos de resumir. Mas a história deu tanto o que falar na França — informada de maneira abundante e diária por todos os jornais — que não podia ser ignorada em uma cidadezinha do interior.

Luís Martin não permitia que as filhas lessem jornais, inclusive o *La Croix*, que tinha chegado à cidade há pouco tempo (abril de 1886). E, no entanto, foi ele — de acordo com o testemunho de Celina — que informou as filhas: "Nossos pais poderiam ter-se fechado em seu círculo familiar e desfrutar das alegrias íntimas deste, mas não: alargando nossos horizontes, faziam-nos pensar nos outros. Assim, foi meu pai que falou a Teresa do condenado Pranzini"[22]. É provável também que as filhas Martin tenham ouvido falar do caso Pranzini na farmácia Guérin, por ocasião das refeições de família. Isso é tanto mais plausível quanto Marie Regnault não era uma desconhecida para os Guérin. Em uma carta a Madre Inês de Jesus, de 7 de abril de 1909, Monsenhor de Teil, postulador da causa de beatificação de Teresa, escreverá: "Vosso tio [Isidoro Guérin] me disse que Pranzini tinha assassinado uma pessoa conhecida de vossa família. Eis por que seu nome, repetidamente pronunciado, chamou a atenção da pequena Teresa"[23].

"Ouvi falar de um grande criminoso que acabava de ser condenado à morte por crimes horríveis; tudo levava a crer que morreria na impenitência" (Ms A, 45vº). O processo de Pranzini aconteceu no tribunal penal, de 9 a 13 de julho, às 19 horas, diante de uma sala lotada e agitada, em um clima superaquecido (40ºC). O presidente do tribunal, o conselheiro Georges Onfroy de Breville, conduziu o processo com maestria. O representante do Ministério Público se chamava Georges Raynaud e o advogado do acusado, Edgar Demange. Na sala, muitas mulheres e convidados de renome: Georges

---

22. Irmã Genoveva da Santa Face, *Le Père de sainte Thérèse de l'Enfant-Jésus*, p. 20.
23. MA, p. 144, nota.

Clemenceau, Henri Rochefort (célebre jornalista), o prefeito Poubelle, o ator Mounet-Sully, Rachel Boyer, o marquês de Forbin-Janson etc.

Mesmo emagrecido, Henri Pranzini, vestido com apuro, encara o tribunal, fala com voz pausada. O interrogatório dura dois dias; é contundente para o acusado, que repete sua fórmula: "Não tenho nada a ver com o caso" e nega as provas evidentes, a ponto de suscitar a reação dos assistentes, que riem às gargalhadas diante das frequentes palavras espirituosas do presidente. Seu advogado tenta uma última ofensiva, orientando os debates para outro possível assassino, sendo Pranzini apenas um receptador. Ele conclui, revelando que Pranzini lhe dissera: "Pleiteai a morte ou a liberdade!".

Uma última vez, a palavra é dada a Pranzini, que exclama justamente: "A morte ou a liberdade! Sou inocente!". Os jurados deliberam durante duas horas. Por unanimidade, Pranzini é condenado à morte. Ele interpõe um recurso de cassação da sentença.

Sabendo, portanto, dessa condenação à morte — largamente aprovada em geral —, a jovem Teresa Martin, sozinha, decide salvar o homem que a imprensa chama o "miserável", o "vigarista", o "sinistro bandido", "o monstro" etc.

> Quis a todo custo impedi-lo de cair no inferno; para consegui-lo, empreguei todos os meios imagináveis. Sentindo que por mim mesma nada podia, ofereci a Deus todos os méritos infinitos de Nosso Senhor, os tesouros da Santa Igreja e, por fim, pedi a Celina que mandasse celebrar uma missa em minhas intenções, não ousando fazê-lo eu, por temer ser obrigada a confessar que era para Pranzini, o grande criminoso. Também não queria dizê-lo a Celina, mas ela me fez tão ternas e prementes perguntas, que lhe confiei meu segredo. Longe de zombar de mim, pediu para ajudar-me a converter meu pecador. Aceitei-o com gratidão, pois gostaria que todas as criaturas se unissem a mim para implorar o perdão ao culpado. Sentia, no fundo do coração, a certeza de que nossos desejos seriam satisfeitos, mas, a fim de aumentar minha coragem para continuar a rezar pelos pecadores, disse ao bom Deus que estava certa de que ele perdoaria o pobre e infeliz Pranzini; que eu o cria, mesmo se ele não se confessasse e não desse nenhuma prova de arrependimento, tamanha era minha confiança na misericórdia infinita de Jesus. Contudo, pedia somente "um sinal" de arrependimento, para minha simples consolação... (Ms A, 45v°-46r°).

Padre Faure, capelão da prisão de *La Roquette*, onde estava encarcerado o condenado à morte, deixou lembranças de seu ministério[24]. Testemunhou que, entre 13 de julho e 31 de agosto, dia de sua execução, Pranzini assistiu várias vezes à missa dominical, demonstrando confiança no sacerdote e afirmando sempre sua inocência. O retrato que

---

24. Padre FAURE, *Au pied de l'échafaud. Souvenirs de la Roquette*, Maurice Dreyfus e M. Dalsace, s.d. (1893?), p. 134-138.

o padre dá do criminoso não corresponde muito ao dos juízes e das testemunhas, no processo ou fora deste, quando escreve: "Ele me contava sua infância em Alexandria, no Egito, sua cidade natal, as numerosas e distantes viagens, os diversos episódios de sua vida aventureira e tortuosa"[25]. Padre Faure escreve ainda:

> Em minha visita seguinte, levei-lhe tabaco e cartas. Ele tinha retomado a calma e agradeceu-me calorosamente por minhas mostras de atenção. Eu considerava o belo rosto, cheio de inteligência e distinção, que apenas entrevira em minha primeira visita; e considerei amplamente justificadas as apreciações demasiado elogiosas que fizeram sobre o célebre acusado[26].

O que Pranzini deixa de revelar ao padre é o que sabemos de suas infâmias e de seus roubos. Ele evoca com frequência sua mãe, a quem chama de "santa" e da qual espera uma visita. Narra que ela lhe ensinou a amar Nossa Senhora, cuja festa — ele não esqueceu — é celebrada em 15 de agosto de 1887. Na quinta-feira, 11 de agosto, a Suprema Corte rejeitou seu recurso. Pranzini redige uma súplica ao presidente da República para pedir um adiamento da sua execução em um mês, para que a mãe possa ir vê-lo. Também espera da Corte uma anistia, mesmo que não a solicite, pois teme o campo de trabalhos forçados. Antoinette Sabatier e o advogado Demange tinham encontrado o presidente Jules Grévy para implorar o perdão judicial de Pranzini. Adversário da pena de morte, o presidente da República contemporiza. O juiz Onfroy de Breville dera sua opinião:

> A certeza da culpabilidade do condenado — malgrado a persistência das negações deste —, a emoção profunda e universal que causou, especialmente por causa da pobre criança de onze anos, horrivelmente mutilada, tudo me parece exigir que a justiça siga seu curso, conforme ao voto expresso pelo júri[27].

No dia 20 de agosto, o *Parquet* geral e o Conselho de administração do Ministério da Justiça vão no mesmo sentido: nada de perdão judicial.

À noite, durante dez dias, diante de *La Roquette*, milhares de pessoas se reúnem, reivindicando a morte de Pranzini. Numa noite, a polícia prendeu cento e cinquenta. Estando ameaçada a ordem pública, Jules Grévy cedeu e a execução foi marcada para quarta-feira, 31 de agosto, às 5 da manhã, em público. No dia anterior, Padre Faure conversou com Pranzini durante mais de duas horas: "Nossa conversa foi mais cordial e *íntima* que nunca"[28].

---

25. Ibid., p. 138.
26. Ibid., p. 137.
27. Pierre BOUCHARDON, *L'Affaire Pranzini*, p. 268.
28. Ibid., p. 273.

Temos um triplo relato da execução: o do senhor Taylor, chefe da segurança, do comissário Baron e do Padre Faure, sendo estes dois testemunhas. O relatório do policial é oficial, o de Baron é mais seco. Pranzini mostrou coragem, encarou o suplício sem recuar. No que diz respeito ao momento crucial, que será capital para Teresa Martin, esta é a versão de Taylor: "Ao pé do patíbulo, como o capelão se afastasse, Pranzini se deteve firmemente e o chamou por duas vezes. Padre Faure, então, aproximou-se e apresentou-lhe o crucifixo, que beijou de modo maquinal"[29]. Versão de Baron: "[...] ele repeliu o Padre Faure, todavia beijou o crucifixo que lhe pediu". Versão do sacerdote:

> No momento em que, depois de ter-lhe dito um último adeus, dei um passo para afastar-me, com uma voz sufocada pela angústia, em um grito cheio de arrependimento e fé, ele exclama: "Senhor capelão, dai-me o crucifixo!!!". Aproximo-me vivamente, colo o crucifixo aos seus lábios, ele o beija efusivamente[30].

O padre acompanhou o corpo até o antigo cemitério de Ivry, onde foi colocado num caixão e enviado à Escola de medicina, na qual fizeram um molde de sua cabeça[31]. Padre Faure foi, em seguida, à igreja de São Sulpício celebrar uma missa por Pranzini. No momento da execução, a multidão foi estimada em 30 mil pessoas, entre as quais centenas de jornalistas. Tropas a pé (cento e cinquenta homens) e a cavalo (oitenta) contiveram os excessos desse imenso público, no qual contavam-se muitas mulheres.

"A sentença misericordiosa" (Ms A, 46rº)

Durante esse tempo, nos *Buissonnets*, Teresa Martin lê — apesar da proibição do pai — o jornal *La Croix*. Eis o texto que ela encontra no número do dia 1º de setembro de 1887:

> Deibler [o carrasco] empurra [Pranzini sobre a báscula] e o joga ali. Um ajudante, instalado do outro lado, empunha-lhe a cabeça, coloca-a na abertura circular, mantém-no

---

29. Ibid., p. 273.
30. Padre FAURE, *Au pied de l'échafaud*, p. 145. O testemunho do Padre J. A. Valadier, sucessor do Padre Faure como capelão de *la Roquette*, não acrescenta nada novo (PO, p. 387-388). Mas, em uma carta a Monsenhor de Teil, de 12 de fevereiro de 1909, ele escreve que Pranzini teria "recusado o ministério do sacerdote para a confissão".
31. Esse molde foi recuperado pelo advogado Hervé-Marie Catta no palácio da justiça de Paris em 1975. A fotografia de Pranzini em *Thérèse et Lisieux*, do Padre Descouvemont, p. 79, visível no museu da Secretaria de Polícia de Paris, é um erro. Não é a cabeça de Pranzini. Aliás, não corresponde em nada a todos os desenhos de audiência que possuímos. Em seu livro *Pranzini*, André Pascal apresenta em fotografia o mesmo clichê. Ver meu livro *Histoire d'une vie*, Paris, Éd. du Cerf, 1982, p. 71.

preso pelos cabelos. Mas, antes que o movimento se produza, talvez um raio de arrependimento tenha atravessado sua consciência. Ele pediu ao capelão o crucifixo deste. Beijou-o duas vezes. Quando a lâmina tombou, quando um dos ajudantes segurou pela orelha a cabeça separada do corpo, pensamos que, se a justiça humana está satisfeita, talvez esse último beijo tenha satisfeito também a justiça divina, que pede sobretudo o arrependimento[32].

Oito anos mais tarde, Irmã Teresa do Menino Jesus da Santa Face escreverá:

Minha oração foi atendida ao pé da letra! Apesar da proibição que papai nos fizera de ler qualquer jornal, não julgava desobedecer lendo as passagens que falavam de Pranzini. No dia seguinte ao de sua execução, tomo em mãos o jornal "La Croix", abro-o ansiosamente, e o que vejo?... Ah, minhas lágrimas traíram minha emoção e fui obrigada a esconder-me... Pranzini não se confessara; subira ao cadafalso e estava prestes a passar sua cabeça pelo lúgubre buraco quando, tomado por súbita inspiração, volta-se de repente, toma o crucifixo que o sacerdote lhe apresentava e beija, por três vezes, as chagas sagradas!... Em seguida, sua alma foi receber a sentença misericordiosa daquele que declara que no Céu haverá mais alegria por um só pecador que se arrepende do que por noventa e nove justos que não necessitam de penitência!... (Ms A, 46r°).

Na ocasião, ela não se recorda que o condenado não podia "pegar" o crucifixo do Padre Faure, pois tinha as mãos atadas por trás das costas e o beijara, de acordo com *La Croix*, apenas duas vezes. No momento, em setembro de 1887, a jovem de quatorze anos e meio não pode saber, mesmo que o crime tenha gerado grande repercussão, que seu "primeiro filho" está no centro de um dos casos judiciários mais famosos do século. Ela se coloca à contracorrente da opinião geral, que reclamava a morte do "monstro", estando na lógica de sua "conversão" do Natal de 1886, que não somente fortalecera sua vontade, mas também seu coração, ao descobrir o Amor misericordioso de seu Senhor. Com efeito, essa graça teve duas faces: a transformação de uma adolescente em mulher forte e o nascimento de sua vocação missionária. Em seu relato, ela destacou bem que, até essa data, não sentira "o grande desejo de trabalhar pela conversão dos pecadores". Mas o Senhor fez dela "um pescador de almas". Em uma frase, Teresa resume o que se passou: "Em uma palavra, senti a *caridade* entrar em meu coração, a necessidade de me esquecer para dar prazer; e, desde então, fui feliz!..." (Ms A, 45v°). A caridade que lhe

---

32. O texto integral do artigo, que traz a assinatura ilegível "*Pour Paul Feron-Vrau*", foi publicado em VT, n. 48, outubro 1972, p. 285-286. Em *La Croix* do dia 2 de setembro, Padre Vincent-de-Paul Bailly vê em Pranzini "um herói leigo completo", um "homem da nova sociedade, cujas camadas recobrem pouco a pouco a antiga sociedade". Citado por Jacques MAÎTRE, *L'Orpheline de la Bérésina, Thérèse de Lisieux (1873-1897)*, Paris, Éd. du Cerf, 1996, p. 95.

abre o coração e a arranca de si mesma é o *agapè* divino. Desde então, quer o bem do outro, mesmo às suas custas; e, nesse amor oblativo, encontra em profundidade a felicidade que não a deixará mais, mesmo em meio a todas as provações.

"Tenho sede" (Ms A, 45vº)

Essa graça atrairá outra, igualmente importante, que podemos situar, sem dúvida, seis meses mais tarde, em um domingo de julho de 1887. Um detalhe aparentemente insignificante desencadeia uma intensa luz interior: na catedral São Pedro, ao final da missa, uma imagem de Jesus crucificado salta de seu missal.

> Fui tocada pelo sangue que corria de uma de suas mãos divinas; senti grande dor ao pensar que esse sangue caía por terra sem que ninguém se apressasse a recolhê-lo e resolvi conservar-me em espírito aos pés da Cruz, para recolher o divino orvalho que dela corria, compreendendo que deveria, a seguir, derramá-lo sobre as almas… O grito de Jesus na Cruz ressoava também continuamente em meu coração: "Tenho sede!". Essas palavras acendiam em mim um ardor desconhecido e muito forte… Queria dar de beber ao meu Amado e eu mesma me sentia devorada pela sede das almas… (Ms A, 45vº).

Aí se situa o coração da vocação carmelitana da jovem: permanecer aos pés da cruz de Jesus, recolher seu sangue e dá-lo aos pecadores; atitude sacerdotal em sentido amplo. O primeiro beneficiário será o assassino que acaba de chocar a opinião pública francesa. Exercendo pela primeira vez sua maternidade espiritual, ela adota seu "primeiro filho"[33], "o pobre infeliz Pranzini" (Ms A, 46rº).

O sinal dado pelo beijo de Pranzini no crucifixo do Padre Faure, lido no jornal *La Croix* (coincidência?), remete à imagem do Crucificado que revelou a Teresa a sua vocação. O "sinal" forte da Misericórdia, atingindo Pranzini *in extremis*, motivará a postulante ao Carmelo a apressar sua entrada para realizar sua vocação missionária. "Pescadora de almas", ela tirou de suas redes esse "grande peixe". Teresa quer ir rapidamente ao Carmelo para continuar a pesca milagrosa.

Seguimos a continuidade desse terrível caso Pranzini de março a setembro de 1887. Teresa leu o jornal *La Croix* durante cinco meses, como pensa Jean-François Six[34]? Ou

---

33. Teresa nunca o esquecerá. No Carmelo, dirá a Celina: "'É por meu filho, depois dos maus passos que deu, deve estar precisando!… Não posso abandoná-lo agora'. E mandava dizer missas por ele" (PO, p. 283).

34. J.-F. Six, *La Véritable enfance de Thérèse de Lisieux. Névrose et sainteté*, Paris, Éd. du Seuil, 1972, p. 234-244.

durante alguns dias entre a condenação à morte (13 de julho) e a execução (31 de agosto)? Ou um único dia (1º de setembro)? As opiniões divergem[35].

"À ponta de espada" (C 201)

Durante os cinco meses que durou o caso Pranzini, numerosos eventos aconteceram na família Martin. Em uma carta de 16 de janeiro de 1887, Maria do Sagrado Coração escreve a Sophie Bohard que percebera que, desde o retorno de Constantinopla, seu pai apresentava cansaço com mais frequência: "Não somos sempre jovens, nesse verão [papai] quase não foi pescar, ele que outrora amava tanto fazer isso"[36]. No domingo, 1º de maio, por volta das 7 horas da manhã, antes de sair para a missa, Luís Martin é atingido por uma paralisia no lado direito do corpo, a língua apresenta sinais de inchaço. Mesmo arrastando a perna, sustentado pelas filhas, ele quer assistir à missa em São Pedro. Na volta, o tio Guérin lhe aplica doze sanguessugas atrás da orelha. Ele vai restabelecer-se rapidamente depois desse primeiro alerta.

Pode-se imaginar a emoção inquieta das irmãs Martin. A de Teresa, em primeiro lugar, preocupada em realizar sua vocação carmelitana o mais cedo possível: "O chamado divino era tão forte que, se tivesse sido preciso atravessar as chamas, eu o teria feito para ser fiel a Jesus…" (Ms A, 49rº). Da parte do Carmelo, é apoiada por Irmã Inês de Jesus, mas Maria do Sagrado Coração a freia, achando-a ainda jovem demais. Nos *Buissonnets*, Celina, a quem Teresa não pode esconder nada, vai ajudá-la em suas "lutas" e "sofrimentos" (Ms A, 49vº), apesar da dor de vê-la partir em seu lugar.

Teresa tem seu plano. Decidiu entrar no Carmelo de Lisieux no Natal de 1887, aniversário de sua "conversão". Ela tem o sentido das datas. O que pode ser mais significativo que entrar nesse dia? Não restam mais que sete meses. É preciso, portanto, que se decida a obter a permissão do pai. Mais uma vez, escolhe uma data simbólica: *Pentecostes*. Reza muito antes do encontro. Sabendo que seu Rei está fragilizado em sua saúde, tem medo de proporcionar-lhe um novo choque afetivo quando a quarta filha, a preferida, se prepara para tornar-se religiosa, estando Leônia decidida a entrar na Visitação. A família está se dispersando.

No domingo, 29 de maio, depois das Vésperas, no jardim dos *Buissonnets*, "a órfã da Bérésina" pede ao pai para entrar no Carmelo aos quinze anos. Momento de forte emoção, ainda sensível no relato que Irmã Teresa faz oito anos mais tarde (Ms A, 50rº-vº).

---

35. Ver André DEROO, *Lumières sur sainte Thérèse de l'Enfant-Jésus et la famille Martin*, p. 211-212. Em seu primeiro manuscrito, Teresa não respeitou a cronologia. Nota-se que Pranzini foi executado dois meses depois que ela pediu ao pai a permissão para entrar no Carmelo.

36. CD 584, VT, n. 81, janeiro 1981, p. 75.

O pedido não é novidade para o pai, de sessenta e quatro anos. Luís era habitado pelo pressentimento de ver um dia suas cinco filhas religiosas. Irmã Inês não acaba de escrever-lhe, três dias depois de seu ataque:

> Meu paizinho bem-amado, [...] Leônia também é uma pérola [...] é impossível que o bom Deus não coloque essa tímida violeta no jardim da vida religiosa. E Celina! E Teresa! Seria preciso ouvir sua direção da sexta-feira para saber o que são essas belas alminhas, *privilegiadas* entre as *privilegiadas*, como diz nossa Madre[37].

Apesar de tudo, Luís deve objetar a idade da filha mais nova. A defesa inflamada de sua Rainhazinha o leva a depor rapidamente as armas.

O ato simbólico que sela seu acordo terá consequências. Colhendo no muro do jardim uma florzinha branca — uma saxífraga[38] —, ele a dá à filha, explicando-lhe que sua vida se parece com essa pequena flor desabrochada ao sol de Deus. Teresa a recebe e a colará em uma estampa de Nossa Senhora das Vitórias, colocada em sua *Imitação de Cristo*. Ainda estará lá em 1895, quando — por obediência à priora, Madre Inês de Jesus — escrever suas memórias de infância. Seu título fará referência explícita à cena do jardim: *História primaveril de uma florzinha branca, escrita por ela mesma e dedicada à Reverenda Madre Inês de Jesus*[39].

Um grande peso é tirado do coração de Teresa, pois o pai a aprova e dá graças por sua vocação. Dois dias mais tarde, ela é recebida na Abadia como "filha de Maria", alcançando finalmente o objetivo que se propusera. Na casa da senhora Papinau, multiplica os deveres[40] e os desenhos (uma dúzia em dois meses).

O mês de junho traz uma atmosfera de férias, ainda que as lições continuem até o fim de julho. Na quinta-feira, 16 de julho, um passeio às margens do rio Touques, no caminho de Pont-l'Évêque, reúne Luís Martin, as três filhas e o Padre Pelletier, vigário da catedral São Pedro. O "patriarca" lhe dá uma aula de pescaria. O padre usou o tempo para fazer um esboço a lápis das três jovens na paisagem campestre[41].

Nessa mesma noite, no Carmelo de Lisieux, após um jantar frugalíssimo (jejum na véspera da festa do Sagrado Coração), Irmã Inês de Jesus, com o véu preto a cobrir-lhe o rosto, está de retiro antes de deixar o noviciado, onde viveu três anos. Maria, de véu branco, nele entrou em 19 de março.

---

37. Trata-se de Madre Maria de Gonzaga, CG I, p. 227, carta de 3-4 de maio de 1887.
38. Chamada "o desespero dos pintores".
39. O símbolo floral de Teresa é essa florzinha branca, não a rosa.
40. Estes são de grande interesse para nós quando se trata de São José, do campo, de um parque, de Santa Teresa... Ver CETL.
41. Ver AL, julho 1967, p. 5-7.

"Em um século de invenções" (Ms C, 2vº)

Atraído pela Exposição marítima internacional de Havre, que acontece nessa cidade de 7 de maio a 17 de setembro de 1887, em junho (no sábado, 18?) Luís Martin conduz até ali as três filhas. Deve-se passar pelo porto de Honfleur, que está a apenas trinta e cinco quilômetros de Lisieux. O pequeno grupo não pode deixar de ir rezar na colina que domina o porto, na qual se encontra a capela *Notre-Dame-de-Grâce*. Daí partiram inumeráveis marinheiros e missionários para o Novo Mundo, vindo confiar à Virgem suas travessias incertas. As irmãs Gosselin foram rezar para que seu projeto de fundação de um Carmelo em Lisieux pelo Padre Pierre Sauvage pudesse chegar a bom termo. O que se realizou em março de 1838. É possível que a nova "filha de Maria" tenha confiado a Nossa Senhora da Graça seu projeto de entrar nesse mesmo Carmelo no Natal seguinte.

De Honfleur, os visitantes tomaram o barco que os conduziu "ao outro lado da água" (o rio Sena), a Havre em quarenta e cinco minutos. Eles descobrirão uma exposição espetacular[42]. O presidente do Comitê de organização apresenta a empresa que provocara a construção de edifícios em torno da bacia do *Commerce* (40 mil m^3 de água), onde se encontravam os barcos:

> Essa exposição, graças à localização escolhida, será a primeira manifestação verdadeiramente grandiosa dos progressos da navegação universal a vapor e a vela, ao mesmo tempo que colocará em evidência todos os recursos das indústrias que estão particularmente relacionadas à navegação (pesca, piscicultura), assim como os produtos, objetos das importações ou exportações entre a França e suas colônias.

Vários ministros (Relações Estrangeiras, Comércio e indústria, Marinha e colônias) apoiaram o projeto. O presidente do Conselho, senhor Goblet, inaugurou a exposição. Trata-se de mostrar o que o progresso científico e industrial está realizando "O grande pensamento industrial dos últimos anos criou, além do consumo interno, saídas indispensáveis para os mercados exteriores, e deu à marcha do progresso uma impulsão cheia de grandeza e de promessas..."[43].

O jornal especialmente impresso para essa ocasião — *Havre exposition* — destaca:

> No campo da mecânica, os progressos são afirmados com não menos admiração: por diferentes sistemas, o vapor, os gases combinados e a eletricidade distribuem nos sentidos a vida e o movimento (ferramentas mecânicas, máquinas motoras, bombas, carros, demonstrações de telefone...)[44].

---

42. Ibid.
43. M. LANDRIN, *L'Exposition maritime internationale du Havre* (1887), texto datilografado, 1983, p. 1.
44. Ibid., p. 2

Durante cinco meses, a cidade de Havre vai viver ao ritmo da gigantesca exposição com seus 8 mil expositores, uma programação impressionante de espetáculos diferentes: concertos de toda espécie, exposições (de arte, agrícola, floral, canina), regatas internacionais, disputas de velocidade (natação, cavalos, baleeiras), carrossel militar, ginástica, cavalgada, mostra etnográfica de povos dos cinco continentes, congressos (de geografia, de higiene, das lojas franco-maçônicas do nordeste), fogos de artifício, teatro, circos, quermesses etc.

A entrada ao preço de 1 franco permitiu aos Martin o acesso a todas essas possibilidades. Evidentemente, não puderam ver tudo. Mas Celina se recordou da visita parcial que os Martin fizeram a um transatlântico, mas suficiente para apreciar a potência e a grandeza da embarcação. Certamente muito cansadas, mas maravilhadas com um espetáculo tão inabitual, as irmãs Martin voltaram aos *Buissonnets* com a cabeça cheia dessa vasta realização. Teresa escreverá um dia: "Estamos em um século de invenções" (Ms C, 2vº). Acabava de ver um certo número delas no Havre. Ali também comprara dois pássaros azuis e uma gaiolinha de madeira para Celina, mas eles não conseguiram aclimatar-se aos *Buissonnets* e morreram rapidamente, nos dias 28 e 29 de junho.

O mar continua a ocupar um lugar de honra no verão. Por volta do dia 20 de junho, os Guérin retornam ao *chalet des Lilas* (*rue de la Cavée*), em Trouville. Teresa aí passará uma semana, até o domingo, 26, quando for levada de volta a Lisieux pelo tio. Em uma carta a Celina, que está nos *Roches*, Joana descreve "a grande Teresa", que tirou os sapatos para caminhar no mar. É ela que "volta a alegrar" Maria, sempre frágil, sofrendo com dor de dente[45].

Teresa escreve a Maria Guérin na segunda-feira, 27 de junho, chamando-a de seu "lobinho querido", conforme o apelido que lhe atribuiu[46], para demonstrar preocupação com a saúde da prima. No dia seguinte, "a grande inglesa" — como ela mesma se chama, retomando uma expressão das primas — escreve a Joana. Informa-lhe, sem tristeza, a morte de seus oito bichos-da-seda, malcuidados por Celina durante sua ausência em Trouville. Restam-lhe quatro. Ela enfeitou o alto de sua carta com o desenho de um barquinho à vela. A tia Guérin convida novamente Teresa para o mar. "Impossível", responde, pois o pai parte dentro de alguns dias para Alençon. Aliás, ela tem aulas na casa da senhora Papinau (terça-feira, 28 de junho; sexta-feira, 1º de julho etc.)[47].

Nas cartas às primas nas férias de julho, Teresa faz piada sobre seus pássaros mortos. Nada deixa transparecer os momentos fortes que ela está vivendo: a vocação missionária

---

45. CG I, p. 230.
46. C 23, 27 de junho de 1887, CG I, p. 231.
47. C 24, 27 de junho de 1887, CG I, p. 233.

descoberta na catedral São Pedro, a oração instante por Pranzini, as conversas inflamadas com Celina no belvedere...

Uma nova separação está sendo preparada nos *Buissonnets*: em 16 de julho, na festa de Nossa Senhora do Carmo, tão importante para suas irmãs carmelitas, Leônia entrará na Visitação de Caen: sua segunda tentativa de vida religiosa, mais ponderada que o estágio repentino nas clarissas de Alençon. A família Martin encolhe uma vez mais.

Convidados à propriedade de *La Musse*, perto de Évreux, por seu sobrinho Auguste David, os Guérin passam aí alguns dias em agosto. Nesse pequeno castelo que ele construiu[48], cercado por um parque de 43 hectares, o ambiente é totalmente diferente das férias em Trouville: silêncio, solidão, passeios, leituras, pinturas, bilhar, noites regadas a música... A vista para a planície se estende muito longe, até a linha de trem Paris-Cherbourg. As irmãs Guérin apreciam a vida do castelo. Maria acaba de completar dezessete anos e os pais lhe ofereceram um piano no Natal. Duas cachorras, Miss e Diane, as acompanham em seus passeios e na caça.

A volta a Lisieux está prevista para a sexta-feira, 26 de agosto. No dia anterior, aconteceu nos *Buissonnets* a celebração da festa de São Luís. As duas mais velhas escreveram do Carmelo[49]. Sem rodeios, Irmã Inês de Jesus manifesta um desejo: "Adeus, meu paizinho bem-amado, não te desejo na terra senão ver-nos, todas as cinco, na casa do Senhor. E acredito que isso te agrade, já que tu mesmo não desejas nada a mais". Prevê-se, portanto, uma possível vocação de Celina, em função dos frequentes locutórios no Carmelo. Por sinal, já lhe deram um nome: Irmã Maria da Trindade[50].

Como todos os anos, a carmelita escreveu a poesia para festejar o pai, que será declamada por Teresa, "de cor, se possível" (o que é melhor que lê-las, acrescenta Irmã Maria do Sagrado Coração). Citemos as estrofes adaptadas à atualidade:

É hoje, meu paizinho,
Que tua rainha quer recitar
Um cumprimento cheio de mistério
Em que cada palavra vai te celebrar...

Não sei, como Celina,
Pintar para ti grandes quadros[51],

---

48. A oeste de Évreux, no altiplano de Saint-Sébastien-de-Morsent, erguia-se um castelo senhorial. Auguste David comprou essa bela propriedade em 1863. A estação de trem mais próxima era Bonneville-sur-Iton.
49. Cartas de 24 de agosto de 1887, de Maria e Paulina; VT, n. 57, janeiro 1975, p. 69.
50. Carta de Madre Maria de Gonzaga a Teresa — CCor 53, setembro (?) de 1887, CG I, p. 243.
51. Após as aulas (pagas) da Abadia, Celina foi aluna da senhorita Godard (ela mesma aluna de Léon Cogniet). Fez retratos de seu pai e de Teresa, mas destruiu tudo.

Mas em meu coração, oh, eu desenho
Algo ainda mais bonito! [...]

6. Papai, o Carmelo é minha alma
Para mim, o Céu na terra.
É preciso explicar esse ardor?
Não, tu o adivinharás.

7. Em meu coração uma voz bendita
Se fez ouvir cada dia
Como uma divina harmonia
Vinda da celeste moradia.

8. Ela disse: bem longe da terra
Vem, menina, procurar tua felicidade
É à sombra do santuário
Que o lírio guarda sua brancura.

9. E eu, tímida pombinha,
Escuto e não faço mais nada
Além de responder à voz fiel
Eu vos sigo... pois papai o quer

10. Papai quer que eu seja rainha
Espera um pouco somente
Preciso dar-me ao trabalho
De preparar-me dignamente[52].

Constata-se que o acordo do pai à entrada no Carmelo é destacado. Mas Irmã Inês exorta sua irmã à paciência e à preparação. Dois dias antes, Teresa leu no jornal *La Croix* que a execução de Pranzini "é apenas questão de horas"[53].

"Quero combater por Jesus" (RP 3, 12vº)

De acordo com duas cartas vindas do Carmelo, provavelmente de setembro, Teresa, depois de salvar seu "primeiro filho", conhece alguns novos contratempos de saúde: dores de cabeça que lhe tiram o apetite. A "segunda mãe" a chama à ordem. Além disso, os locutórios continuam a ser lugares de sofrimento: às terças-feiras e sextas-feiras, Celina e Teresa têm direito a uma hora, ao todo, e a caçula terá "longos quarenta e cinco minutos" para narrar "confidências" e "grandes sofrimentos". O pai vai buscá-las nos últimos

---

52. 25 de agosto de 1887, VT, n. 58, abril 1975, p. 152.
53. Ver DCL, AL, n. 611, março 1983, p. 10-11.

quinze minutos. Ele continua a alimentar o Carmelo com peixes de sua pescaria e, dessa vez, há 180[54].

A priora é convocada como reforço para dar um sermão à futura postulante. O bilhete merece ser citado integralmente:

> Minha Teresita querida, soube pela voz de uma irmã mais velha e querida que minha filha não está seguindo a obediência!... onde está, pois, a promessa feita por minha filhinha de comer muito, muito? É preciso fazer como se estivéssemos no Carmelo; bem, quando estivermos no refeitório, será preciso tomar tudo que a obediência nos der; se temos dor de cabeça, é fraqueza, devemos comer mais. Combinado? Meu serafim não quer vir reencontrar suas irmãs mais velhas, tão felizes a serviço do bom Deus? Se não se toma o alimento necessário, não poderá conseguir! Coragem, filha do coração, paciência e esperança. Os anos passam, os meses são curtos, os dias são horas e logo a hora tão desejada soará, mas quero que minha filha coma muito, muito... Combinado, prometido, e nossa Maria da Trindade me dará notícias da obediente filha do meu coração (minha Teresita). Irmã Maria de Gonzaga[55].

Tudo se passa como se Teresa já estivesse no Carmelo. Ora, se o pai deu seu consentimento e as carmelitas, com a priora, estão esperando a terceira filha Martin, os obstáculos continuam numerosos e sérios. Se Inês a aprova, Maria é reticente: Teresa é jovem demais. Ora, o Natal de 1887 se aproxima. É preciso decidir. No locutório de terça-feira, 4 de outubro, antes do retiro da comunidade — pregado por Padre Pichon a partir do sábado, 8 —, Irmã Inês encorajou a irmã a falar ao tio Guérin. Com efeito, é necessário obter sua permissão. O que ele tem a dizer sobre a entrada da sobrinha no Carmelo? É que ele é seu tutor sub-rogado desde a morte da irmã, em 1877. Sua aprovação é indispensável.

Durante três dias, Teresa procura uma ocasião para falar-lhe: escolhe a manhã de sábado, 8 de outubro, mesmo que o momento não seja muito favorável para incomodar o farmacêutico, pois é dia de feira na *place Thiers*[56]. O cristão fervoroso que é Isidoro Guérin, quarenta e sete anos, diz não duvidar da vocação da sobrinha, mas tudo se opõe à sua entrada em idade tão jovem. Para ele, a vocação carmelitana exige muita maturidade, pois se trata de "uma vida de filósofo" (Ms A, 51rº). Enfim, tão jovem, seria expor-se a um "escândalo". O que diria "o mundo"? Para um notável como ele, membro do Conselho de fábrica da paróquia São Pedro, os julgamentos do mundo são importantes. Que

---

54. De Irmã Inês de Jesus a Teresa — CCor 52, setembro (?) de 1887, CG I, p. 242.
55. CCor 53, CG I, p. 243. "Maria da Trindade" designa Celina.
56. Temos dois relatos da conversa, feitos por Teresa: a carta a Irmã Inês de Jesus, escrita no mesmo dia (8 de outubro — C 27), e o de seu primeiro caderno em 1895 (Ms A, 50vº-51rº).

Teresa complete ao menos dezessete anos e não fale mais do assunto até lá. Somente um "milagre" poderia fazê-lo mudar de opinião.

Teresa está "mergulhada na amargura". Resta-lhe apenas rezar. "Só Deus basta", como dizia sua santa patrona de Ávila[57], pois é sua festa em 15 de outubro. Quinze dias serão passados nesse clima difícil. Especialmente durante três dias, a aspirante do Carmelo vai conhecer uma rude provação interior. Jesus dorme, em uma "noite profunda da alma". É também um "deserto" em que ela está mergulhada, uma agonia de solidão, como se estivesse "abandonada" pelo bom Deus (Ms A, 51rº). Além disso, chove a cântaros durante esses três dias.

Sem dúvida entre 6 e 10 de outubro, Teresa foi ver Leônia com o pai (e Celina) nas visitandinas de Caen. Esta lhe escreve em sua festa de 15 de outubro[58], assim como as duas carmelitas. Maria a chama "Teresita do Menino Jesus". Um locutório acontece na segunda-feira, 17, primeiro dia livre depois do retiro. Outro, na manhã da sexta-feira, 21. Celina acompanha Teresa nesse dia de sua festa. Ela pôde anunciar às irmãs que na quarta-feira, 12, pediu ao Padre Pichon para ser seu diretor de consciência. Ele aceitou[59].

Diante do estado angustiado de Teresa, Irmã Inês de Jesus decide escrever ao tio Isidoro na mesma noite, "não para pleitear, mas para expor a causa" da irmã. Ela lhe conta a profunda tristeza do "Benjamim", sua determinação: "Dizem que é fora do comum entrar aos 15 anos. É muito triste que isso seja extraordinário, mas não entendo por que o bom Deus pede, então, uma coisa impossível. Parece-me que Deus só pede coisas possíveis e pede esta a mim…". Inês, evidentemente, não quer dar "conselhos". A carta à farmácia chega no sábado, 22 de outubro. O tio Isidoro sempre deu grande atenção à afilhada. Para ele, é a mulher forte da família. Ele vai render-se aos seus argumentos. Naquele dia, indo à farmácia, Teresa tem a surpresa de ver o tio desejar falar-lhe. Ele "não era mais o mesmo" e se dizia pronto a deixar "o bom Deus colher a pequena flor"[60]. É inútil dizer que não seria preciso pedir um milagre; Teresa vê nisso uma reviravolta[61]. O segundo obstáculo está vencido. Ela volta aos *Buissonnets*, cheia de alegria, sob um belo céu azul.

Suas irmãs lhe sugeriram escrever ao Padre Pichon. Ele fora colocado a par da situação pelas carmelitas e lhes garantia seu apoio à entrada de sua jovem irmã. Teresa

---

57. C 27, 8 de outubro de 1887, CG I, p. 246.
58. CCor 56, 14-16 de outubro de 1887, CG I, p. 249-250.
59. Ver [Irmã CÉCILE], *Le Père Pichon et la famille Martin*, p. 17-18.
60. O tio Guérin retoma uma frase da carta de Irmã Inês (Ms A, 51vº).
61. A longa nota a de CG I, p. 252-253, explica que um erro de data provocou os comentários dos Padres Combes e François de Sainte-Marie, tendentes a atribuir o "milagre" unicamente à oração de Teresa. De fato, a carta de Inês de Jesus chegou *antes* da conversa de Teresa com seu tio.

vai fazê-lo no dia 23 de outubro. Ele visitou os *Buissonnets* durante o retiro que estava pregando no Carmelo[62]. Teresa, habitualmente tímida e reservada, nada lhe disse de particular. Agora, fazendo como suas irmãs Maria e Celina, pediu-lhe que se ocupasse dela também. Mas resta apenas um borrão dessa carta. Foi esta enviada? Podemos duvidar, pois Teresa não guardou nenhuma resposta do padre.

Deve-se notar que já se fala de uma possível peregrinação a Roma. Em suas confidências a Irmã Inês, no dia 21, Teresa disse que, em sua situação, essa grande viagem não tinha mais tanto interesse.

Uma "invencível" oposição (Ms A, 52rº)

Sob o efeito da alegria pelo consentimento do tio, ela fica sabendo no domingo, 23 de outubro, que o superior do Carmelo, o cônego Jean-Baptiste Delatroëtte, opõe-se formalmente ao seu ingresso. É o estupor angustiado! Com sessenta e nove anos de idade, pároco de São Tiago desde 1867, ele é superior eclesiástico do Carmelo a partir de 14 de setembro de 1870[63] (não confundir com o confessor ordinário). Sem dúvida, existem várias razões à sua oposição. Canonicamente, pode-se entrar no Carmelo aos dezesseis anos. Por que antecipar para quinze?

Além do mais, o padre conhece o Doutor de Cornière e a família Martin. Ele soube da doença de Teresa na infância, revelando sua fragilidade. Ela deixou a escola da Abadia aos treze anos e meio por essa razão. Como uma menina tão jovem poderia suportar as austeridades do Carmelo? Duas de suas irmãs já estão ali. É razoável deixar entrar uma terceira, contrariamente às orientações de Santa Teresa d'Ávila[64]? Enfim — e principalmente —, ele acaba de viver uma situação que o deixou sobressaltado. O senhor Fleuriot, um rico industrial de Lisieux, não aceitou o projeto de sua filha Jeanne, vinte e seis anos, de entrar no Carmelo de Lisieux e fez um escândalo, voltando-se especialmente contra o cônego Delatroëtte.

Diante do obstáculo, na segunda-feira, 24 de outubro, Teresa, seu pai e Celina vão ver o cônego para explicar-se e defender sua causa. Luís Martin apoia o projeto da filha. O sacerdote os recebe "muito friamente" (Ms A, 52rº) e chama a atenção para a idade

---

62. CG I, p. 254.
63. Nascido em 23 de julho de 1818, em Saint-Martin-des-Besaces (Calvados). Ordenado em 1º de junho de 1844, vigário em Saint-Jean de Caen. Morreu em 8 de outubro de 1895.
64. "A mais nova de nenhum modo convém tomar por enquanto, quer pela idade, quer por não ser bom em mosteiro algum estarem juntas três irmãs, quanto mais nos nossos, onde somos tão poucas" (TERESA D'ÁVILA, *Correspondência*, 22 de julho de 1579, trad. Marcelle Auclair, Paris, Desclée de Brouwer, 1959, p. 562).

da postulante: não é nada urgente. Acrescenta que é apenas o delegado do bispo e que tudo depende de Monsenhor Hugonin.

Teresa em lágrimas, debaixo de uma chuva torrencial, decide ir a Bayeux. Evidentemente, o pai está disposto a acompanhá-la. No dia seguinte, no locutório do Carmelo, sempre chorando, Teresa conta sua decepção. Irmã Inês de Jesus decide prevenir o Padre Louis-Auguste Youf, sessenta e cinco anos, na função de capelão desde 1873[65].

Na mesma noite, ela informa o pai sobre a reação positiva do "bom padre". Ele está disposto a acolher Teresa e dá o seguinte conselho: que Luís Martin vá ver Monsenhor Hugonin em Bayeux assim que for possível, pois o bispo não irá em peregrinação a Roma[66]. Passando pelo Carmelo na quarta-feira, 26, o padre entrará em contato com o bispado. No sábado, 29, Irmã Inês transmite ao pai uma informação escrita encorajadora, recebida de "nosso bondoso Padre Superior" [Delatroëtte]: "Que o senhor Martin diga ao Monsenhor que a idade é a única razão pela qual hesito em dizer sim. Mas, se Sua Excelência julga a propósito não retardar a entrada, *darei graças* à Providência por isso"[67]. O encontro não demora a acontecer, posto que está fixado para a segunda-feira, 31 de outubro.

Última ofensiva

Tudo foi inútil
(Ms A, 54vº).

Sendo primordial a questão da idade, Teresa levanta seus longos cabelos em um grande coque, para parecer mais velha. Celina testemunhará que só viu sua irmã penteada dessa forma duas vezes: para a visita ao bispo e para a foto VTL 4. Habitualmente, ela trazia os cabelos soltos sobre os ombros.

A visita a Bayeux começa sob maus auspícios: mais uma vez, chove abundantemente. Da estação de trem, um ônibus conduz Luís e a filha ao bispado. Mas Monsenhor Flavien Hugonin está presidindo "um grande sepultamento" (Ms A, 53vº) e dá a absolvição à senhora Octave-Félicité Quesnault de La Grondière, viúva de Barthélemy-Gustave Le Couteulx de Netron, falecida em 28 de outubro, aos setenta e dois anos. O *Écho bayeusien* de 31 de outubro de 1887 indica que as exéquias atraíram uma multidão numerosa à catedral, apesar do mau tempo. É nessa assembleia em luto que entra, durante a cerimônia, uma encantadora jovem com vestido e chapéu brancos, acompanhada por um

---

65. Padre Youf, nascido em Caen em 1842. Ordenado sacerdote em 1869, vigário em São Tiago de Lisieux; capelão do Carmelo até sua morte, em 7 de outubro de 1897.
66. Carta de Irmã Inês de Jesus ao pai, 25 (?) de outubro de 1887, CG I, p. 256-257.
67. Carta de Irmã Inês de Jesus ao pai, 29 de outubro de 1887, CG I, p. 258-259.

homem idoso, elegante. Ele quer ir até ao fundo da catedral, sob os olhares espantados da assembleia. Confusa, refugiada na capela atrás do altar-mor, Teresa reza enquanto espera o fim da cerimônia e da chuva.

O encontro fora marcado no bispado com Monsenhor Révérony, vigário geral, de cinquenta e um anos[68]. Mas ele não está lá. Resta ir tomar café em um hotel, onde Teresa toca pouco na comida (Ms A, 54rº).

No início da tarde, retorno ao bispado, perto da catedral. Padre Révérony escuta o motivo da audiência e introduz o pai e sua filha em presença de Monsenhor Hugonin. Cravada em uma imensa poltrona, com lágrimas nos olhos, Teresa expõe seus motivos. Não convencido pelos cabelos levantados, "Sua Excelência" propõe que espere ainda alguns anos. Para surpresa do bispo, Luís Martin apoia o pedido da filha. Mas "tudo foi inútil". O Monsenhor deve, primeiro, encontrar o Padre Delatroëtte. Esse anúncio desencadeia as lágrimas da postulante. Como se trata da iminente peregrinação à Itália, Monsenhor Hugonin deve enviar sua resposta quando estiverem lá[69].

Diante do fracasso do terceiro e quarto obstáculos, Teresa decidiu falar a Leão XIII em Roma. Luís Martin informa ao Padre Révérony quem estará na peregrinação. "Parecia-me que meu futuro estava desfeito para sempre; quanto mais me aproximava do termo, mais meus negócios se emaranhavam. Minha alma estava mergulhada na amargura, mas também na paz, pois só procurava a vontade do bom Deus."[70] (Ms A, 55vº).

Quando empreender a grande viagem de sua vida, Teresa tem somente que enfrentar o quinto e último obstáculo: o Papa Leão XIII. Mas, justamente antes da partida, Irmã Inês de Jesus proibiu de falar-lhe.

---

68. Maurice-Joseph, nascido em Caen aos 9 de setembro de 1836; ordenado sacerdote em 17 de janeiro de 1864; capelão militar (1870-1871); pároco de São Pedro de Caen (1871-1878); superior de várias comunidades religiosas, entre as quais o Carmelo de Caen.

69. Monsenhor Hugonin contou às Irmãs Agostinianas da Santa Casa de Bayeux o encontro que acabara de ter e falou sobre sua admiração pela premente iniciativa dos dois visitantes. Ele não esqueceu de mencionar os cabelos elevados em coque (carta de Monsenhor de Teil a Madre Inês de Jesus, 23 de novembro de 1911. A madre superiora contou-lhe o episódio, ACL).

70. A amargura vivida no momento não transparece no relato alegre e um pouco bem-humorado que Teresa faz do fato em 1895. Evidentemente, ela conhece a sequência dos acontecimentos.

V
"AH, QUE VIAGEM AQUELA!"
(Ms A, 55v°)
[4 de novembro – 2 de dezembro de 1887]

Só essa viagem me instruiu mais do que longos anos de estudo
(Ms A, 55v°).

A viagem de um mês será um acontecimento capital na vida de Teresa Martin. Para uma jovenzinha do interior da França do final do século XIX, que só conhecera alguns lugares de sua Normandia natal (sendo os mais distantes Alençon e Le Havre), a viagem lhe revelará horizontes grandiosos tanto em geografia quanto em história, nos campos social, econômico, artístico e, principalmente, religioso. Mais importante ainda será sua experiência humana, pelo encontro com pessoas de ambientes diferentes do seu, a descoberta dos homens (ela sempre viveu em um meio essencialmente feminino) e dos sacerdotes (ligada à sua vocação carmelitana); e, sobretudo, o amadurecimento de sua vocação, exposta às tentações mais diversas. Teresa terá consciência disso desde a partida. Enfim, ia encontrar o Papa em Roma — experiência excepcional.

Até ao final de sua curta vida, ela se recordará dessas inúmeras experiências que lhe permitirão entrar no Carmelo muito jovem, mas nada ingênua nem ignorante das "coisas do mundo". Teresa parte no ardor da juventude, com olhos e ouvidos bem abertos. Na companhia de Celina, aproveitará a fundo essa viagem. "Quão interessante é o estudo do mundo quando se está prestes a deixá-lo!…" (Ms A, 59r°). Em seu primeiro manuscrito, consagrará vinte e quatro páginas a essa viagem de vinte e seis dias[1]. Em resumo: a jovem do interior fará sua verdadeira entrada no mundo.

---

1. Ou seja, 14% de seu manuscrito.

"A maravilha: Nossa Senhora das Vitórias" (Ms A, 56vº)

A partida da peregrinação que reunirá duas dioceses (Coutances e Bayeux-Lisieux) é fixada para o dia 7 de setembro. Mas Luís Martin quer aproveitar a ocasião para que as filhas visitem Paris durante três dias. A capital não tinha boa reputação entre as famílias católicas do interior. Em 1863, Zélia Martin ficava assustada por saber que seu irmão Isidoro, estudante de medicina, estava nessa "Babilônia moderna". Ela o enchia de bons conselhos e se referia à experiência de seu caro Luís que, na juventude, vivera em Paris e lhe fizera a descrição de todos os perigos[2].

Na viagem-peregrinação, Luís Martin continua orientado para os santuários de Nossa Senhora das Vitórias, que tanto protegeu sua família. É por essa razão que ele reserva quartos no hotel *du Bouloi* (*rue du Bouloi*, 5), próximo à célebre basílica[3]. O trem a vapor que transporta os lexovienses em direção à capital deixa Lisieux na sexta-feira, 4 de novembro de 1887, às 3 horas da manhã, e levará cinco horas para chegar a Paris. O ambiente do compartimento é animado. Sempre disposto a viajar, o pai cantarola seu refrão costumeiro: "Roda, roda, minha diligência, eis-nos a caminho" (Ms A, 56vº).

Em uma carta às suas irmãs carmelitas, Celina enumera "as maravilhas da capital" visitadas pelos três normandos: *Champs-Élysées*, *Tuileries*, com o panorama e o diorama representando o Bósforo e Constantinopla (para o prazer de Luís, que conhece esses lugares), arco do Triunfo *de l'Étoile*, escalada dos 250 degraus da torre da *Bastille*, o *Palais-Royal*, a Bolsa, o museu do Louvre, sem esquecer as estátuas da República, de Joana d'Arc, de Luís XVIII... No armazém do Louvre, procuram "borrachas" (capas de chuva) em vão; comprá-las-ão no *Printemps*. "Estivemos nos elevadores, é muito divertido"[4]. Deve-se acrescentar, nesse primeiro dia, a grande *Opéra*, vários circos etc.

Curiosamente, Celina não menciona *Notre-Dame* de Paris. O que não significa que o trio não a tenha visitado, porque ela também não fala de Nossa Senhora das Vitórias. Ora, para sua irmã Teresa, o que contou desde a chegada foi a visita a esse santuário. Na carta de domingo, dia 6, às suas irmãs carmelitas, ela denuncia o cansaço. Durante esses dias,

---

2. Ver CF 1 — carta de Zélia ao irmão Isidoro (vinte e dois anos) — 1º de janeiro de 1863.

3. Santuário fundado por Luís XIII em 1629. Em 1836, Padre Charles Desgenettes (1778-1860) aí instala um lugar de oração pela conversão do mundo. Nossa Senhora das Vitórias tornar-se-á um grande centro de peregrinação mariana. A paróquia São Leonardo de Alençon fora uma das primeiras a afiliar-se ao santuário.

4. 5-6 de novembro de 1887, CG I, p. 261. O elevador foi inventado por Léon Édoux em 1864, mas em 1867 um novo modelo foi apresentado na Exposição universal e retomado pelo armazém do *Printemps*. Era composta de dois elevadores em uma mesma estrutura, um subia enquanto o outro descia. Ver J.-P. CARACALLA, *Le Roman du "Printemps"*, Paris, Denoël, 1989, p. 40. Sabe-se que lugar o elevador ocupará na espiritualidade de Teresa (Ms C, 3rº; C 229; C 258).

as carruagens e bondes não a impedem de ficar "extremamente cansada". As multidões e a circulação esgotaram Teresa, que se via frequentemente "cercada pelos carros". "As belas coisas de Paris não cativam meu coração"[5]. Uma só maravilha a encantou: Nossa Senhora das Vitórias (Ms A, 56v°). Ela aí recebe grandes graças em 4 ou 5 de novembro:

> As graças que ela me concedeu me emocionaram tão profundamente que apenas minhas lágrimas traduziram minha felicidade, como no dia de minha primeira Comunhão... A Santíssima Virgem me fez sentir que fora verdadeiramente ela que me sorrira e me curara. Compreendi que velava por mim e que eu era sua filha; por isso, não podia senão dar-lhe o nome de "Mamãe", que me parecia ainda mais terno que o de Mãe... Com que fervor lhe supliquei que me guardasse sempre e realizasse logo o meu sonho, escondendo-me à sombra de seu manto virginal!... Ah, eis aí um dos meus primeiros desejos de criança! Ao crescer, compreendi que só no Carmelo poderia verdadeiramente encontrar o manto da Santíssima Virgem, e era para essa montanha fértil que tendiam todos os meus desejos... (Ms A, 56v°-57r°).

É preciso, portanto, voltar ao dia 13 de maio de 1883 — quatro anos antes — e recordar essa "pena de alma" que fez Teresa sofrer durante todo esse ano. A conversão de Natal de 1886 não a fizera desaparecer: não tinha ela mentido? Não. Aqui, tudo está pacificado, foi sua "Mamãe" que a curou aos dez anos. Ela pode entregar-lhe sua vocação na Ordem da Virgem: o Carmelo é todo de Maria.

Outra graça pedida para sua grande viagem:

> Supliquei ainda a Nossa Senhora das Vitórias que afastasse de mim tudo o que pudesse manchar minha pureza. Não ignorava que, numa viagem como essa à Itália, haveria de encontrar muitas coisas capazes de me perturbar, sobretudo porque, não conhecendo o mal, temia descobri-lo, pois não experimentara ainda que "tudo é puro para os puros" e que a alma simples e reta não vê o mal em nada, uma vez que, de fato, ele só existe nos corações impuros e não nas coisas insensíveis... Pedia também a São José que velasse por mim. Desde minha infância, tinha por ele uma devoção que se confundia com meu amor pela Santíssima Virgem. Todos os dias recitava a oração: "Ó São José, pai e protetor das virgens". Por isso, foi sem temor que empreendi minha longa viagem; estava bem protegida, parecia-me impossível ter medo (Ms A, 57r°)[6].

---

5. Carta de Teresa às suas irmãs — C 30, 6 de novembro de 1887, CG I, p. 263.
6. Ver o texto, proposto por Pio IX em 1877: "Ó São José, pai e protetor das virgens, fiel guardião a quem Deus confiou Jesus, a própria inocência, e Maria, a Virgem das virgens, eu vos suplico e vos conjuro por Jesus e Maria, por esse duplo depósito que vos foi tão caro: fazei que, preservada de toda mancha, pura de coração e de espírito e casta no corpo, eu sirva constantemente a Jesus e Maria em uma perfeita castidade. Assim seja".

Essa oração se revelaria útil — nós o constataremos — nas diferentes aventuras que acontecerão à jovem peregrina e à sua irmã.

Em Montmartre (domingo, 6 de novembro de 1887)

No domingo, dia 6, a pedido dos organizadores, todos os peregrinos deveriam reunir-se no *Grand Hôtel de Mulhouse et de Champagne* (*boulevard de Strasbourg*, 87)[7], para estar mais perto da *Gare de l'Est* ao partir na manhã do dia seguinte. Por essa razão, os Martin deixaram o hotel *du Bouloi*. Na manhã desse dia, os 197 peregrinos[8] se encontram na cripta, não estando a basílica ainda construída[9]. Monsenhor Germain, bispo de Coutances, que preside a peregrinação, celebra a missa no altar de São Pedro, na abside da cripta, às 9 horas. A estátua do primeiro dos apóstolos foi oferecida pelos diocesanos de Coutances. Os Martin recebem a Eucaristia.

Ao longo de sua alocução, o bispo exalta a pessoa de Pedro (estão partindo para visitar o Papa) e o Sagrado Coração, sobre esse monte dos Mártires. "Penitência, dedicação, fé, obediência, amor": tais são os conselhos para a peregrinação. Depois da bênção ao Santíssimo Sacramento, os peregrinos fazem uma procissão sob a condução de Padre Legoux, vigário-geral de Coutances, cantando o *Magnificat*, e se dirigem à abside superior, a céu aberto. Ali, Monsenhor Germain abençoa a arquivolta de uma arcada situada diante do altar da Santíssima Virgem. Ele faz um apelo à generosidade dos fiéis para contribuir com a estátua de São Miguel, que deve coroar o pináculo do coro. Teresa doa seu bracelete de ouro para o grande ostensório destinado à igreja superior, onde o Santíssimo Sacramento será adorado perpetuamente[10]. Após a refeição em Montmartre, as visitas recomeçam à tarde: retorno aos *Champs-Élysées* para assistir ao *Guignol*, descoberta dos *Invalides*, da torre Vendôme, de uma bela "exposição de máquinas para fabricar cerveja"[11] etc. Não era possível deitar-se tarde demais depois de tanto cansaço, pois a partida estava

---

7. Esse estabelecimento ainda existe, com o nome de "Libertel Strasbourg-Mulhouse".
8. Estão assim divididos: diocese de Coutances, 111 (um bispo, 38 sacerdotes, 27 senhores, 45 senhoras e senhoritas); diocese de Bayeux: 70 (28 sacerdotes, 17 senhores, 25 senhoras e senhoritas); outras dioceses: 16 (seis padres, dez senhores e senhoras). Encontram-se todos os nomes em VT, n. 84, outubro de 1981, p. 316-318. Ao todo, encontram-se 73 eclesiásticos.
9. Construção de estilo romano-bizantino, nascida de uma promessa nacional feita em 1870, após a derrota da guerra franco-alemã, em seguida a uma lei votada na Assembleia nacional. Será concluída em 1891.
10. *Almanach des Annales de sainte Thérèse de Lisieux*, 1932, p. 75. Na cripta da basílica de Montmartre, uma placa de mármore recorda a passagem de Teresa. O cardeal Dubois abençoará nesse lugar uma estátua da santa em 8 de abril de 1927.
11. Carta de Celina às suas irmãs carmelitas, 5-6 de novembro de 1887, CG I, p. 261-262.

marcada para o dia seguinte — segunda-feira, 7 de novembro —, às 6h35, saindo da *Gare de l'Est*. De manhã, ainda está escuro.

Tal peregrinação não era algo comum. As dioceses de Coutances e Bayeux-Lisieux quiseram celebrar o jubileu de ouro sacerdotal do Papa Leão XIII[12]. Em 1891-1892, este trabalhará pela conciliação dos católicos franceses com a República. Isso não o impede de ter ele mesmo dificuldades sérias com o jovem reino da Itália e continuar a ser intransigente sobre a "questão romana" e as espoliações anticlericais. Segunda peregrinação francesa para dar apoio ao Papa "cativo", esse grupo não passará despercebido. Será acompanhado pelas imprensas francesa e italiana, que verá nisso uma manifestação ultramontanista dos católicos da França. Desde a tomada de Roma pelos piemonteses (20 de setembro de 1869), o Papa Pio IX não possui mais poder temporal. O mesmo se dará com Leão XIII até sua morte (20 de julho de 1903).

Tudo foi bem organizado pelo Padre Legoux. Este trabalhou com a agência Lubin de Paris, que previu tudo: transportes, hospedagem, excursões, visitas diversas. O preço da viagem é 660 francos para a primeira classe e 565 francos para a segunda. Nenhuma noite será passada no trem. Pela primeira vez, ao atravessar a Suíça, os viajantes terão direito a vagões-corredores, com uma plataforma ao ar livre, o que lhes permite admirar a paisagem. Poder-se-á passar de um vagão a outro.

Os peregrinos foram repartidos nos vagões por compartimentos, cada um confiado a um santo patrono. Os três Martin ocupam o vagão "Saint-Martin"[13] em companhia de quatro outros viajantes: Padre Moulin, vigário em Saint-Désir de Lisieux; senhor A. Gosset, antigo negociante de vinhos; senhor Besnard, antigo curtidor, e sua esposa. Resta, pois, um lugar livre no compartimento. Cada um recebeu um guia turístico e um pequeno manual de orações. Contudo, as viagens são longas, não se pode cantar cânticos ou recitar o rosário o tempo todo. Os jogos de cartas ajudam a passar o tempo. Mas nem as jovens Martin nem seu pai desejam participar destes. Luís faz notar que estão em peregrinação. "Felizmente, os fariseus são raros", diz um jogador. O senhor Martin mantém sua igualdade de humor. Depois de passar por Troyes, por Bar-sur-Aube, o trem para na estação de Vesoul, após o café da manhã nos vagões. Visita rápida à principal igreja.

"As belezas da natureza" (Ms A, 57vº)

Por volta das 18 horas, após passar por Delle, chegam à Suíça. Caiu a noite. Em Delémont, alguns curiosos gritam "Adeus" aos franceses. Às 20h30, param em Basileia e

---

12. Vincenzo Gioachino Pecci (1810-1903), Papa de 1878 a 1903.
13. Isso valerá a Luís ser chamado por alguns peregrinos de "Senhor Saint-Martin".

jantam no bar-restaurante da estação de trem antes de trocar de vagão. Celina e Teresa se divertem com os garfos, que só têm três dentes. O primeiro dia termina em Lucerna, à meia-noite e meia. Todos se apressam para chegar ao hotel. O dos Martin domina o lago, é luxuosíssimo, com eletricidade em todos os andares. O repouso é breve. Às 6h, despertar geral. Os mais corajosos dispõem de quarenta e cinco minutos para visitar a igreja colegiada de Saint-Léger, a ponte de madeira que atravessa o vasto lago. Os Martin foram do número destes: na terça-feira, 8, a partida está marcada para as 8h.

As descrições do Padre Huet, vigário em *Saint-Étienne* de Caen, que serão publicadas na *Semaine religieuse de Bayeux*[14], merecem algumas citações, pois correspondem ao entusiasmo manifestado por Teresa em seu primeiro caderno:

> Às 8h30, lago de Lowers. Nesse momento, avistamos a neve pela primeira vez. Os cimos das montanhas que cercam o lago estão cobertos. Acima, grandes nuvens brancas tornam o efeito ainda mais pitoresco.
>
> Dos dois lados da linha, as paisagens se sucedem com uma variedade infinita; cada vale, cada vilarejo com seus chalés de aspecto diferente. Alguns quilômetros mais longe, em Steinen, a neve cobre as montanhas, as margens do lago estão congeladas. Os dois grandes picos do Mythen, de 1.900 metros de altura, tornam Scwyz [Schwyz] excepcionalmente bela.
>
> Às 9h, estamos às margens do lago de Uri. Entre uma série de pequenos túneis que atravessamos, admiramos os rochedos que se tornaram ilustres pela presença de Guilherme Tell ao escapar da barca de Gessler. Perto de Burglen, onde nasceu o libertador da Suíça, o cume da montanha desaparece nas nuvens a mais de 300 metros de altura. De uma extremidade à outra dos vagões, ouve-se somente um grito: "Oh, como é bonito!". Não temos olhos suficientes para ver. Graças à disposição dos vagões, vamos de um lado ao outro, lamentando por não poder contemplar tudo e, mais ainda, por não poder reter tudo. Às 10h, começamos a subir as rampas do Saint-Gothard.
>
> A ferrovia está colada aos flancos da montanha que contornamos. Na estação de trem de Gurtnellen, estamos a 700 metros de altitude; na estação seguinte (Wassen), a 931 metros. Entre esses dois pontos, passamos dois túneis em espiral, que fazem a linha subir 25, 30 e 35 metros; a nossos pés, a linha que percorremos uma meia-hora antes, acima de nossas cabeças e, na frente, cabanas de pastores, algumas cabras suspensas nos rochedos.
>
> Em Wassen, um trem cruza com o nosso; a pelo menos cem metros acima de nós, percebemos o caminho aonde vamos chegar. Saindo da estação, ultrapassamos um precipício, continuamos a subir e temos, logo depois, duas linhas abaixo de nós. Ao

---

14. Os artigos dos dias 13, 20 e 27 de novembro, 4 e 11 de dezembro de 1887 serão reunidos em um fascículo de trinta páginas: *Journal du pèlerinage de Bayeux à Rome*.

fundo, o charmoso vilarejo de Wassen, com sua igreja assentada sobre um rochedo, no meio das casas. Às 11h, estamos em Goeschenen, na entrada de Saint-Gothard. A neve está ao nosso alcance. Por curiosidade, divertimo-nos juntando um pouco dela em nossas mãos.

Durante os 22 ou 23 minutos que gastamos para atravessar o túnel de Saint-Gothard, a admiração geral está suficientemente suspensa para permitir-nos um instante de repouso e de calma e preparar-nos a novas emoções. Ao sair do túnel, estamos cercados pela neve; a terra está completamente coberta; há entre dez e quinze centímetros de neve.

Teresa se mostra menos precisa do ponto de vista geográfico, mas coincide com o Padre e o supera em suas manifestações de admiração, expressas à maneira romântica da época. Todas essas maravilhas a orientam para sua vocação — objetivo central da viagem —, tudo leva a isso:

Primeiramente a Suíça, com suas montanhas cujos cumes se perdem nas nuvens, suas graciosas cascatas jorrando de mil maneiras diferentes, seus vales profundos, cheios de folhagens gigantescas e urzes cor-de-rosa. Ah, minha mãe querida, como essas belezas da natureza, espalhadas em profusão, fizeram bem à minha alma! Como me elevaram para aquele que aprouve lançar tais obras-primas numa terra de exílio que não durará senão um dia! Não tinha olhos suficientes para ver. De pé, na portinhola, quase perdi a respiração. Gostaria de estar dos dois lados do vagão, pois, virando-me, via paisagens de um aspecto encantador e inteiramente diferentes das que se estendiam à minha frente.

Às vezes, achávamo-nos no cume de uma montanha e, a nossos pés, precipícios cuja profundidade o olhar não podia sondar pareciam prestes a nos tragar... Ou, então, um encantador vilarejo com seus graciosos chalés e seu campanário, acima do qual balançavam, docemente, algumas nuvens cintilantes de brancura... Mais ao longe, um vasto lago, dourado pelos últimos raios de sol; as ondas calmas e puras, tomando a cor azulada do céu mesclada com as luzes do ocaso, apresentavam aos nossos olhos maravilhados o espetáculo mais poético e encantador que se pode ver... Ao fundo do vasto horizonte, percebiam-se montanhas cujos contornos indecisos teriam escapado a nossos olhos se seus cumes nevados, que o sol tornava resplandecentes, não viessem acrescentar um encanto a mais ao belo lago que nos arrebatava...

Olhando todas essas belezas, nasciam em minha alma pensamentos muito profundos. Parecia-me já compreender a grandeza de Deus e as maravilhas do Céu... A vida religiosa se me figurava tal qual é, com suas sujeições, seus pequenos sacrifícios praticados na sombra. Compreendia como é fácil fechar-se em si mesma, esquecer o fim sublime de sua vocação, e dizia a mim mesma: "Mais tarde, na hora da provação, quando, prisioneira no Carmelo, não puder contemplar mais do que um cantinho do céu estrelado, vou lembrar-me do que estou vendo hoje; esse pensamento haverá de me dar coragem, esquecerei facilmente de mim, de meus pobres e pequenos interesses, vendo a grandeza e o poder de Deus, a quem unicamente quero amar" (Ms A, 57v°-58r°).

Ao sair do túnel de Saint-Gothard, a linha segue o vale do Tessin até Bellinzona. Aqui, a refeição é feita no vagão. Quase nesse momento, Padre Révérony, o vigário-geral de Bayeux-Lisieux, que queria ir visitar seus diocesanos em seus compartimentos, sofreu um acidente. Encontrando-se em uma plataforma entre dois vagões, na escuridão, não viu uma das placas de ferro que fazia a ligação entre eles, caiu entre os vagões e ficou suspenso sobre as correntes de acoplamento. Teve que sair sozinho, pois, com o barulho do trem, ninguém ouvira seus pedidos de socorro. Escapou com algumas contusões, tratadas pelo doutor Moncaz. Foi algo que quase terminou em tragédia[15]. Uma parada em Lugano permite admirar o lago do terraço da estação de trem. Os peregrinos ficam um pouco agitados, pois estão se aproximando do destino: a Itália!

Em Chiasso, os funcionários da alfândega intervêm para revistar as bagagens durante uma meia-hora. A noite cai às margens do lago de Como, que, mesmo assim, pode ser admirado.

Milão, o *Duomo* e o *Campo Santo*

Depois de passar por Monza, chegam a Milão, cuja estação de trem conta com eletricidade. Por volta das 18h, cada um se dirige ao seu hotel (para os Martin, o hotel central *San Marco*). Após a refeição, os mais dispostos vão juntar-se à multidão sob as iluminadas galerias de Vittorio Emmanuele e dar uma volta em torno da catedral de 6 mil estátuas. Os Martin serão do número destes, de acordo com as lembranças de Celina. Ela anotou todas as dimensões da cúpula iluminada da galeria. A mistura de estátuas a espanta: Savonarola, Visconti, Rafael, Dante "com sua figura sombria" etc. Mas ela já percebeu, a partir de sua primeira noite na Itália, que os passeios de duas encantadoras e jovens turistas de dezoito e quinze anos não passam despercebidos. "Veem-nos passar — '*Francesi*', franceses —, voltam-se para nos olhar melhor". É só o começo.

Voltando ao hotel, dirigido por "Antonietti e Casartelli", na esquina da *via Pesce* e da *via Larga*, elas não se deitam sem ter escrito suas primeiras impressões à Madre Maria de Gonzaga[16].

Il Pungolo, jornal milanês, publica em 9 de novembro de 1887:

---

15. Carta do cônego Laisney, pároco de Saint-Clément (Cherbourg), em Lisieux, de 14 de dezembro de 1929.

16. Postada no dia 9, a carta (não conservada) chegava a Lisieux na tarde do dia 11.

Peregrinos franceses de passagem. Essa noite, chegaram duzentos peregrinos franceses da nobreza e da burguesia, com destino a Roma. São senhoras, senhoritas e senhores guiados por um bispo. Estão alojados no hotel *Grande Bretagna*[17] (*via Torino*) e farão uma parada de apenas um dia em Milão.

Às 7h da quarta-feira, 9 de novembro, os peregrinos se reúnem na cripta da catedral, ao redor do túmulo de São Carlos Borromeu (1538-1584). O bispo de Coutances celebra a missa, em seguida procede-se à veneração do corpo exposto do bispo, pois é a oitava de São Carlos, padroeiro da cidade. As duas irmãs serão instaladas, junto com o pai, atrás do altar, estando a cabeça de Teresa apoiada ao relicário.

Desde o primeiro dia, elas manifestam o ardor de sua juventude, indo a todos os lugares aonde querem ir. Chegam com os peregrinos mais ousados ao ponto mais alto da catedral — o *Duomo* (484 degraus) — para contemplar Milão e seus arredores[18]. Nem todos visitaram o que a programação do Padre Huet enumera, mas os Martin chegam de carro ao célebre *Campo Santo*, cemitério de estátuas das quais Teresa faz uma descrição entusiasmada: entusiasmo dividido com o pai, que voltou a sorrir, pois a viagem à Suíça o provara (Ms A, 59rº)[19]. Eles também descobriram a antiga igreja Santo Ambrósio.

Às 15h, é preciso pegar o trem em direção a Veneza: nada menos que sete horas para chegar à cidade das águas via Bérgamo, Brescia, Peschiera (e o lago de Guarda), Verona, Pádua. Chegada por volta das 22h.

A "triste" Veneza (Ms A, 59rº)

Quarenta gôndolas pretas esperam os franceses e os levam, em meia-hora, aos seus hotéis. Os Martin se instalam no hotel *La Luna*, o mais antigo hotel de Veneza (1474) e um dos mais luxuosos, situado nas proximidades da *piazza San Marco*. Eles se divertem por ver o brasão lunar nas vidraças, nos pratos e até mesmo nos pedaços de manteiga.

A quinta-feira, 10 de novembro, começa com a missa na igreja São Marcos. Enfim, o tempo está esplêndido. O dia será passado em visitas: o palácio dos Doges e suas prisões subterrâneas, que fazem as duas jovens tremerem ao relato da morte dos condenados.

---

17. O jornal comete um erro.
18. Mais tarde, essa ascensão encherá de júbilo o Papa "alpinista" Pio XI, antigo arcebispo de Milão. Ele sabia de cor essa passagem da *História de uma alma*, que citava ao vice-postulador da Causa de Teresa, Monsenhor de Teil.
19. Os milaneses colocaram mais tarde uma estátua de Santa Teresa no *Campo Santo*. Em seu Diário, Celina o descreveu longamente. Ela se espanta com a importância da cremação em Milão (900 por ano), da qual dará todos os detalhes. Elas se encontram sentadas em semicírculo diante do forno crematório.

Fazendo parte das "intrépidas", são as únicas entre os peregrinos a ousar penetrar na cavidade que serve de entrada — é preciso arrastar-se — e encontram-se na "horrenda prisão": "Oh, como eu seria feliz de ficar aqui se fosse o caso de confessar minha fé!", diz Teresa a Celina[20]. Esse entusiasmo corresponde ao seu manuscrito: "Imaginava-me no tempo dos mártires e quisera poder ficar aí, a fim de imitá-los!... Mas tinha que sair imediatamente e passar pela Ponte dos Suspiros..." (Ms A, 59vº). Tudo indica que elas também visitaram as igrejas Santo Alexandre, São João e São Paulo, *Santa Maria della Salute* e uma fábrica de vidros[21]. Não deixaram de chegar ao cume do campanário da catedral *San Marco*, de onde a paisagem é encantadora.

À noite, gondoleiros dão a volta diante dos hotéis. Mas os Martin não saem para admirar a *piazza San Marco* à noite. Teresa prefere escrever a Maria Guérin. Renuncia contar-lhe "todas as belezas da Itália" com, agora, "seu belo céu azul [...] A língua da Itália é muito bonita, muito harmoniosa. O pessoal do hotel me chama de *Signorella*, mas não entendo outra coisa além dessa palavra, que quer dizer pequena senhorita"[22]. A noite deve ter sido um pouco perturbada, pois o jornal local, que indicou a passagem dos peregrinos franceses, informa que um tremor de terra aconteceu por volta de 1h30, felizmente sem prejuízos materiais.

No dia seguinte, às 9h, a partida em um *bateau-mouche* que conduz à estação e permite, durante meia-hora, admirar uma última vez os palácios do canal São Marcos. Próximo à estação, os peregrinos visitam a igreja dos Padres Carmelitas. Mas, em definitivo, Teresa guardará de Veneza uma impressão de tristeza.

Santo Antônio de Pádua e a "insuportável" Bolonha

A chegada a Pádua (50 mil habitantes) não passa despercebida, já que cinquenta veículos conduzem os peregrinos aos seus hotéis. "Uma multidão enorme e simpática" se acotovela sob os pórticos das ruas para vê-los passar. Na sexta-feira, 11, das 10 às 15 horas, realiza-se a visita à igreja de Santo Antônio, com o túmulo do santo e suas relíquias (a língua e a mandíbula). Visita rápida à igreja Santa Justina, com cinco cúpulas e o túmulo da santa, com o quadro de Veronese a descrever seu suplício e aquele da Virgem atribuído a São Lucas. A partida para Bolonha está marcada para 15h. O trajeto de trem dura três horas, via Este, Rovigo, a travessia do rio Pó e Ferrara. A chegada, prevista para as 18h, atraiu "uma multidão enorme à estação" (Huet).

---

20. NPPA/G, "Fé", p. 43.
21. Elas levaram a Lisieux um fragmento de palha de um chapéu de vidro (ACL).
22. C 31, 10 de novembro de 1887, CG I, p. 270-272.

Aqui se situa um pequeno incidente que provocou a reflexão de Teresa em seu manuscrito:

> Foi com alegria que deixei Bolonha. Essa cidade tinha se tornado insuportável para mim devido aos estudantes de que está cheia e que formavam uma ala quando tínhamos a infelicidade de sair a pé e, sobretudo, por causa da pequena aventura que me aconteceu com um deles... (Ms A, 59v°).

Celina testemunhou:

> Nós nos encontrávamos juntas na plataforma da estação de trem, esperando papai para pegar um carro. Teresa estava muito linda e muitas vezes ouvíamos os murmúrios admirativos das pessoas que passavam ao nosso lado. De repente, um estudante se precipita sobre ela e a toma em seus braços, dizendo-lhe alguma palavra lisonjeira. Ele já a estava levando. "Mas — disse ela — lancei-lhe um olhar tal, que ele sentiu medo, desistiu e fugiu com vergonha"[23].

Essa chegada movimentada foi relatada por um jornal local — *Il resto del Carlino* — no dia 12 de novembro, de maneira pitoresca e um pouco irônica:

> Na praça da estação havia uma grande multidão composta, na maior parte, por estudantes; sob o toldo havia também um público numeroso: mas todos observaram uma atitude irrepreensível, digna de uma cidade verdadeiramente cortês, e os preparativos das equipes de guarda e dos inspetores de polícia foram perfeitamente inúteis. A primeira a descer do trem foi uma senhora idosa. Desapontamento dos rapazolas, que estavam à espera. Todo compartimento tinha ao menos um padre. Pouco depois, as pessoas que faziam o cerco na saída viram duas belas jovens[24], depois outras duas, a seguir uma longa e interminável fila de sacerdotes, de todas as caras e cores, gordos e corados, secos e magros, jovens e velhos. Alguns contemplavam com olhar espantado, outros avançavam com dignidade e seriedade altaneira, como dizendo: "Somos os missionários da fé!". Notemos que a maior parte não queria servir-se dos carregadores e, por isso, passavam curvados e suados sob o peso de uma enorme bagagem.
> A multidão, pelo menos, ria. Nenhum ato incorreto ou maldoso para com os estrangeiros[25], ouviram-se muitas exclamações bem características e animadas em "patois", mas os peregrinos não entenderam. A parte mais seleta e numerosa dentre eles foi alojar-se no Hotel Europa. Aos outros, a brava e incansável Baroggi proporcionou quartos nos hotéis "Stella d'Italia", "Tre Re', "Tre Baschi", "Aquile nere" e "Quattro pellegrini". Os

---

23. CMG III, p. 127. Ver VT, n. 81, janeiro 1981, p. 38.
24. Talvez as duas irmãs Martin.
25. O jornalista seguramente não viu o "sequestro" de Teresa Martin.

mais notáveis entre os peregrinos são Monsenhor Germain, bispo de Coutances, com seu vigário-geral. O Hotel Europa hospedou oitenta [...]. Os peregrinos partiram esta manhã, às 10h55, para Loreto. Boa viagem!

Celina omitiu dizer que ela mesma era muito bonita e que, nas multidões italianas, os jovens não conseguiam não notar as duas irmãs. O ambiente não tinha nada a ver com as ruas de Lisieux. Jovens moças vendedoras de flores corriam atrás de Teresa, gritando: *"Bella Signorina! Bella Signorina!"* (MA, p. 186). Depois da "aventura", que deve ter provocado numerosas conversas entre elas, o trio chega ao seu hotel — Albergo dei Tre Re (*via Rizzoli*), dirigido por Filippo Battilani, mencionado no jornal citado.

A estadia será breve nesse dia 12 de novembro. Por grupos, os peregrinos assistem à missa nas diversas igrejas. Os Martin foram à de São Bartolomeu. Em seguida, reúnem-se na igreja São Petrônio antes de ir ao convento de *Corpus Domini*, das clarissas, para venerar o corpo conservado de Santa Catarina de Bolonha (1419-1463), sentada em uma poltrona, cercada por vidros: visão que impressionou fortemente os peregrinos[26]. Os três Martin assinaram o registro da igreja. A seguir, visitarão rapidamente a igreja Santo Estêvão, composta por sete santuários unidos uns aos outros por galerias. Na cripta, veneram-se os santos Vital e Agrícola.

Mas, às 11h, é preciso tomar o trem para Loreto, que se encontra a seis horas de Bolonha. De Rimini até Ancona, segue-se a costa do Adriático e descobre-se o mar azul, totalmente diferente do canal da Mancha.

"Loreto me fascinou" (Ms A, 59v°)

Cinco horas depois de ter escalado a colina em charretes sem freios, eis-nos diante da entrada da Santa Casa. O relato de Teresa em seu manuscrito é transbordante de entusiasmo. Ela não tem dúvida, nem por um instante, de estar na verdadeira casa de Nazaré[27]:

---

26. Na enfermaria, em 8 de julho de 1897, Teresa dirá à Madre Inês de Jesus: "Prefiro ser reduzida a pó a ficar conservada como Santa Catarina de Bolonha. Só conheço São Crispim que tenha saído do túmulo com honra" (CA 8.7.8). Ela vira o corpo intacto desse santo, três dias mais tarde, no convento dos capuchinhos de Roma (*piazza Barberini*) [UC, p. 458-459].

27. Como seus contemporâneos, Teresa não coloca em questão a lenda (nascida no século XIV) da Santa Casa: a casa de Maria e José, em Nazaré, teria sido milagrosamente transportada a Loreto por volta do final do século XIII. A *Semaine religieuse de Bayeux* consagrará três números a esse santuário, sendo que o de 9 de dezembro de 1894 relata as quatro estações da "casa viajante" entre 10 de maio de 1291 e 10 de dezembro de 1294. Um "ano do sexto centenário" foi decretado de 25 de novembro de 1894 a 10 de dezembro de 1895.

Que direi da santa casa?… Ah, minha emoção foi profunda, achando-me sob o mesmo teto que a Sagrada Família, contemplando as paredes sobre as quais Jesus fixara seus olhares divinos, pisando a terra que São José regara com suores, onde Maria carregara Jesus em seus braços, após tê-lo trazido em seu seio virginal… Vi o quartinho onde o anjo descera junto da Santíssima Virgem… Coloquei meu terço na tigelinha do Menino Jesus… Que lembranças encantadoras!… (Ms A, 59vº).

A partir das 4 da manhã do dia seguinte — 12 de novembro —, missas são celebradas na basílica para os peregrinos franceses. Estes estão espantados com a piedade tão explícita dos italianos.

Tira-se a sorte para saber quem poderá assistir à missa na Santa Casa. Os Martin não estarão entre os felizes contemplados. Mas as duas jovens dão um jeito de assistir à missa do Padre Leconte, vigário em São Pedro de Lisieux (voltaremos a encontrá-lo em breve), que, "por um privilégio especial", vai celebrar na Casa. Nunca em sua vida, Teresa, fervorosa da Eucaristia, assistiu a uma missa tão personalizada, com apenas duas pequenas hóstias na patena, para… as duas irmãs Martin! Receber Jesus em sua casa, com Celina! Loreto será para ela uma das lembranças mais fortes dessa peregrinação[28].

"*Roma!*" (Ms A, 60vº)

A última subida ao trem faz-se com impaciência, pois está próxima a última etapa da viagem. Finalmente chegarão ao destino: a Cidade eterna. As duas irmãs não viram nada de Foligno e Spoleto, pois dormiram quando caiu a noite. Foram despertadas, por volta das 8 horas, pelos gritos dos empregados que anunciavam o fim da viagem: "*Roma! Roma!*". O sonho se tornou realidade. Ao sair da estação, os peregrinos ouvem outros gritos: "Abaixo Leão XIII! Abaixo a monarquia!". Policiais prendem uma dezena de manifestantes — todos tipógrafos — que gritam esses *slogans*[29].

Após essas emoções, na noite de domingo — 13 de novembro — os Martin se instalam, até a manhã do dia 24, no hotel *del Sud* (*via Capo le Case*, 96) — não no hotel *de Milano*, previsto inicialmente —, dirigido por Gabriele Gaolucci, não longe da igreja Santo André *delle Frate*, onde irão à missa várias vezes. Fora aí que Padre Alphonse Ratisbonne (1820-1884) se convertera em 1842, diante de uma imagem da Virgem Maria. Celina e Teresa ocupam o quarto n. 1; o pai, o quarto n. 31. Ao todo, estão hospedados 24 peregrinos nesse hotel, dos quais 15 sacerdotes, 4 senhores e 4 senhoras idosas. Ao chegar

---

28. Teresa comprou um sininho em Loreto. Ela o agitava pela janela de seu compartimento para chamar viajantes de outros vagões.

29. Jornal *Il Popolo Romano*, de 14 de novembro de 1887.

a Roma, ninguém sabe ainda qual será o dia da audiência de Leão XIII. Organizam-se para as visitas aos tesouros da Cidade eterna. Os Martin vão aproveitar, mas o objetivo primeiro de Teresa continua a ser o encontro com o Papa.

Até agora não mencionamos a intensa correspondência mantida durante esse mês entre Lisieux (o Carmelo e a família Guérin) e os peregrinos. Naquele tempo, os correios francês e italiano rivalizam em velocidade: uma carta de Lisieux levava habitualmente dois dias para chegar a Roma e vice-versa. Os arquivos do Carmelo conservam quarenta e quatro cartas desse período, vindas dos dois lados dos Alpes[30]. Os Guérin escreveram oito cartas; Irmã Inês de Jesus, doze; Irmã Maria do Sagrado Coração, nove. Em resposta, Teresa escreveu dez vezes a Lisieux (2 cartas perdidas) e Celina, 6 vezes.

O assunto que domina nessa abundante correspondência é a mudança que se operou em Irmã Inês de Jesus. Antes da saída de Lisieux, esta proibira à irmã de falar ao Papa. Em sua carta do dia 9 de novembro, ela avisa Teresa que Monsenhor Hugonin esperará o fim da viagem para pronunciar-se[31]. Podemos imaginar que o prelado prefere esperar o "relatório" de seu vigário-geral sobre a jovem postulante antes de dar a conhecer a sua decisão.

Mas, na noite do dia seguinte, Irmã Inês mudou de opinião. Em uma "carta confidencial" a Teresa, ela a estimula a falar ao Papa. De sua cela, chega a imaginar o desdobramento da audiência, ditar as palavras a ser ditas. Será preciso, sobretudo, insistir etc. Essa reviravolta provém, sem dúvida, dos pareceres conjugados de Madre Maria de Gonzaga e da antiga priora, Madre Genoveva de Santa Teresa. Conhecemos a autoridade moral desta. Ela declarou: "Não a impeçais principalmente de falar ao Santo Padre"[32]. A carta será recebida na manhã de segunda-feira, 14, no *Hotel de Milano*, onde os Martin vão buscá-la. Evidentemente, Celina é colocada a par do segredo.

Em Lisieux, no Carmelo e na casa dos Guérin, implora-se ao Céu com constância pelo sucesso da iniciativa junto ao Papa. Todo mundo está ao corrente. Irmã Inês de Jesus informou a família Guérin durante o locutório da sexta-feira, 11 de novembro. Maria escreve à prima Teresa: "Estou rezando por ti até quebrar os genuflexórios"[33]. É por essa razão que Teresa pode falar à tia em sua carta escrita de Roma, no dia 14 de novembro:

> Farei o que Paulina me diz em sua carta (*Hotel de Milano*), não sei como farei para falar ao Papa. Verdadeiramente, se o bom Deus não se encarregasse de tudo, não sei como eu faria. Mas tenho uma confiança tão grande n'Ele, que Ele não poderá me abandonar, coloco tudo em suas mãos.

---

30. Ao menos seis se perderam, o que dá um total de cinquenta cartas.
31. CCor 57, CG I, p. 265.
32. CCor 59, 10 de novembro de 1887, CG I, p. 269-270.
33. CCor 60, 10-11 de novembro de 1887, CG I, p. 275-276.

> Ainda não sabemos o dia da audiência. Parece que, para falar a todo mundo, o Santo Padre passa diante dos fiéis, mas não acredito que ele pare; apesar de tudo, estou decidida a falar-lhe, pois, antes que Paulina me tivesse escrito, estava pensando nisso, mas pensava que, se Deus quisesse que eu falasse ao Papa, ele mo faria saber[34]...

Esse ponto está muito claro. Está muito bem sublinhado por Paulina quando esta escreve ao pai e, com medo de que ele fale do projeto a Monsenhor Germain e ao vigário-geral de Bayeux-Lisieux:

> Principalmente, meu paizinho querido, não digas ao Monsenhor nem ao Monsenhor Révérony que retirei a proibição e permiti a Teresa que falasse ao Santo Padre, como ela sempre desejou. Acreditar-se-ia que a inspiração vem do Carmelo, enquanto ela vem somente da Rainhazinha de França e Navarra, Noiva de Jesus e Carmelita de desejo. Feliz papai![35].

É na noite da quarta-feira, 15, que anunciam aos peregrinos que a audiência está marcada para o domingo, 20 de novembro. À espera do grande dia, visitam Roma durante seis longos dias, das 10 às 17 horas. Na segunda-feira, 14, Monsenhor Germain celebrou a missa em *Saint-Louis-des-Français*. Para espanto dos peregrinos, um órgão tocou durante toda a celebração. Em seguida, foram repartidos em cinco grupos para as visitas. Os Martin não necessariamente seguiram sempre o grupo. Conhecendo a cidade, o pai às vezes explora outros trajetos.

Nesse primeiro dia, Celina e Teresa, cada uma por sua parte, falam da mesma visita: a Roma antiga, fora dos muros. A mais jovem guardou uma lembrança muito positiva (Ms A, 60v°). A família seguiu a *via Apia*, recordou o martírio de São Paulo, visitou as catacumbas de São Calisto. Celina resume assim suas descobertas: "Inscrições, pinturas, altar onde se dizia a missa, túmulo de São Cornélio, de Santa Cecília, esqueleto de uma mulher, crânio de uma criança aos seus pés, subida de 5 andares, pintura do século II, uma âncora, Jonas, a cananeia, um pássaro, uma faca etc."[36].

Quanto a Teresa, foi ali que ela descobriu a amizade por Santa Cecília, que não a abandonará mais e deixará marcas profundas em sua vida no Carmelo:

> Tinha que levar alguma lembrança das catacumbas; por isso, tendo deixado a procissão afastar-se um pouco, Celina e Teresa penetraram juntas até o fundo do antigo túmulo de Santa Cecília e recolheram um pouco da terra santificada por sua presença. Antes de minha viagem a Roma, não tinha nenhuma devoção particular por essa santa, mas,

---

34. C 32, CG I, p. 284-285.
35. CD, 11 de novembro de 1887, CG I, p. 280.
36. Caderno de Celina, p. 15, CG I, p. 283-284, n.e.

> visitando sua casa transformada em igreja, o lugar de seu martírio, sabendo que ela fora proclamada rainha da harmonia, não por causa da sua bela voz, nem devido ao seu talento para a música, mas em lembrança do canto virginal que entoou para seu celeste Esposo, escondido no fundo de seu coração. Senti por ela, mais do que devoção, uma verdadeira ternura de amiga... Tornou-se minha santa predileta, minha íntima confidente... Tudo nela me encanta, sobretudo seu abandono e sua confiança ilimitada, que a tornaram capaz de virginizar almas que jamais desejaram outras alegrias, a não ser as da vida presente...
> Santa Cecília é semelhante à esposa dos Cantares. Nela vejo "coros de música num campo de batalha"... Sua vida não foi outra coisa, senão um cântico melodioso, mesmo no meio das maiores provações. E não me admiro disso, pois "o santo Evangelho repousava sobre seu coração!" e em seu coração repousava o Esposo das virgens!... (Ms A, 61v°)[37].

Quanto à "sua casa transformada em igreja", trata-se da igreja Santa Cecília no Trastevere, onde as duas irmãs viram um quadro de Guido Reni representando um anjo a coroar Cecília e Valeriano com lírios e rosas. Em 10 de janeiro de 1897, Irmã Genoveva (Celina) escreverá ao Irmão Simeão, em Roma, para obter uma fotografia desse quadro. Ela a receberá e Teresa agradecerá ao Irmão das Escolas Cristãs em 27 de janeiro de 1897[38]. As duas irmãs puderam levar uma relíquia de Santa Cecília (um pedacinho do véu que cobre seu corpo)[39].

No mesmo dia, ela recebeu a fortíssima impressão devida à visita ao Coliseu. Ainda nesse lugar, o que fica no centro das lembranças de Teresa é o martírio. É absolutamente necessário que ela possa descer à arena — o que está proibido por causa dos trabalhos —, mas as duas peregrinas não esperam mais as injunções do pai ordenando-lhes que voltem.

> Celina, mais previdente que eu, ouvira o guia e, lembrando-se de que este acabara de indicar um pequeno pavimento em forma de cruz como sendo o lugar onde combatiam os mártires, pôs-se a procurá-lo. Daí a pouco, tendo-o encontrado, ajoelhamo-nos sobre essa terra sagrada e nossas almas se confundiram numa mesma oração... Meu coração batia bem forte quando aproximei meus lábios da areia tinta do sangue dos mártires dos primeiros cristãos; pedi a graça de ser também mártir por Jesus e senti, no fundo do coração, que minha prece estava sendo ouvida!... Tudo isso se deu em muito pouco tempo. Depois de termos apanhado algumas pedras, voltamos até os

---

37. Ela escreverá a poesia *Santa Cecília* em 28 de abril de 1894 (P 3). Ver C 149 e o fascículo *Mes armes. Sainte Cécile*, Paris, Éd. du Cerf, 1975, p. 44-49. Ver também *Poesias* II, p. 56-58, com C 161.
38. C 218. Pode-se ver essa reprodução em DLVI, p. 327.
39. ACL.

muros em ruínas para recomeçar nossa perigosa empreitada. Vendo-nos felizes por nossa coragem, papai não pôde nos repreender e vi que estava orgulhoso de nossa coragem... (Ms A, 61rº).

Sempre no mesmo registro do martírio, o encontro das relíquias de uma "amiga de infância" na basílica de Santa Inês *fora dos muros*[40]. As duas irmãs têm a sorte de recolher relíquias em toda parte: pedras do Coliseu, pequeno pedaço de mosaicos oportunamente caído do teto em Santa Inês, reprodução de um prego da Paixão de Jesus[41]...

À diferença do Padre Huet e de Celina, Teresa não redigiu um diário de suas visitas: "Não falarei dos lugares que visitamos, há muitos livros que os descrevem extensamente; falarei somente das principais impressões que senti" (Ms A, 60vº). Revela-se quase impossível tentar seguir em detalhes a cronologia, o percurso dos Martin em Roma, pois eles não acompanharam forçosamente um dos cinco grupos ao qual Padre Huet, fiel cronista, pertencia. As sugestões de visita eram consideráveis, posto que ele menciona mais de cinquenta igrejas.

Graças ao caderno de Celina, possuímos a lista dos lugares vistos pelos Martin. Transcrevemos o essencial: monte Pincio e seus arredores, monte Avertino e suas ruínas, São Paulo Fora dos Muros (claustro e criptas), banhos de Caracala, igreja Santa Cecília, *via Apia*, igreja São Sebastião, igreja de *Tre Fontane*, igreja dos monges (?), igreja de *Quo Vadis* (?), aquedutos em ruínas, túmulo dos Cipiões, porta São Sebastião, arco de Constantino, templo de Baco, ruínas dos palácios dos antigos romanos, catacumbas de São Calisto, túmulos de São Cornélio, Santa Cecília[42].

Quando Irmã Teresa redigir suas memórias, em 1895 — oito anos após a viagem —, resumirá suas visitas da seguinte maneira: "Seis dias se passaram a visitar as principais maravilhas de Roma e, no sétimo, vi a maior de todas: 'Leão XIII'..." (Ms A, 62rº). Tal era o objetivo de todos os peregrinos, mas para ela era o momento crucial: "Era dele que dependia minha vocação". Sua irmã Inês de Jesus lhe escreveu que Monsenhor Hugonin, que não lhe enviou nada — apesar de sua promessa —, não é muito favorável à sua entrada. Só resta esperar a decisão do Papa. No dia anterior à audiência, Teresa escreve à prima Maria Guérin:

> É amanhã, domingo, que falarei com o Papa. Quando receberes minha carta, a audiência já terá passado. Acho que o correio não envia as cartas bastante depressa, pois, quando

---

40. Sobre essa amizade, ver DCL, VT, n. 71, julho de 1978, p. 230-240. Teresa soube que as relíquias de Santa Emerenciana (jovem escrava de Inês), que sofreu a lapidação sobre o túmulo de sua senhora, também se encontravam ali.
41. Ver DLTH, p. 88.
42. VT, n. 60, outubro de 1975, p. 313-315.

receberes a minha, não saberás nada do que tiver acontecido. Não vou escrever ao Carmelo esta noite, mas amanhã contarei o que o Papa me tiver dito. Oh, minha irmãzinha querida, se soubesses como meu coração bate forte quando penso no dia de amanhã... Se soubesses todos os pensamentos que tive essa noite... Gostaria de poder dizê-los a ti, mas isso me é impossível. Vejo a pluma de Celina que desliza sobre seu papel; a minha se detém, tem várias coisas para relatar... Oh, Mariazinha, não sei o que vais pensar de tua pobre Teresa, mas esta noite, verdadeiramente, ela não pode falar de sua viagem, vai deixar isso aos cuidados de Celina[43].

"Um fiasco" (20 de novembro de 1887)

O domingo, 20 de novembro de 1887, é O grande dia, meta da peregrinação para Teresa Martin. Desde a manhã, uma grande tempestade cai sobre Roma. Quando os peregrinos se encontram em frente à porta de bronze, lugar de entrada do palácio do Vaticano, um relâmpago fulgurante, seguido de um trovão acompanhado de torrentes de água, aterroriza as senhoras. Às 7h30, os peregrinos de Coutances e Bayeux, aos quais juntam-se os de Nantes, Séez e Vannes, reúnem-se na sala do Consistório, com seus respectivos bispos: Monsenhor Germain, Monsenhor Lecoq (Nantes), Monsenhor Trégaro (Séez) e Monsenhor Bécel (Vannes). Os homens vestiram uma roupa rigorosamente preta, gravata e colete branco ou preto. As mulheres usam um vestido preto com mantilha, sem luvas.

Às 8h, Leão XIII, "nobre e belo ancião com a dignidade de sua ascética figura", entra e abençoa a assembleia, que está de joelhos. Todos ficam tocados pela maneira com que ele celebra a missa, "lentamente, em voz alta, porém trêmula, pronunciando distintamente todas as palavras"[44]. Cansado, ele não dará a Comunhão aos fiéis. A seguir, Leão XIII assiste a uma segunda missa de ação de graças. Depois, a audiência tem início na sala vizinha, a dos *Palafrenieri*. Cada peregrino vai passar diante do Papa, beijar sua murça e receber sua bênção.

Cada bispo apresentava sua diocese ao Papa. Cento e vinte e cinco peregrinos de Coutances desfilaram diante dele. Em seguida foi a vez dos de Bayeux-Lisieux, com Padre Révérony; este começou por oferecer ao Santo Padre uma sobrepeliz[45] de renda, que exigira 6 mil dias de trabalho das operárias da *Maison* Lefebvre de Bayeux. O proprietário estava na peregrinação. O Papa ordenou que a obra-prima fosse exposta em uma vitrine. Entre outros presentes, caixas de *camembert* oferecidas por Padre Leduc, pároco dessa

---

43. C 35, de 19 de novembro de 1887, CG I, p. 293-294.
44. Carta pastoral de Monsenhor Germain, bispo de Coutances, após a peregrinação.
45. De estilo Luís XIV, essa sobrepeliz trazia as armas de Leão XIII, as do bispo de Bayeux e das principais cidades da diocese.

cidade, que, em viagem há quase três semanas, foram rapidamente retiradas da sala de audiência... Um volume considerável, impresso pelos operários tipógrafos da Associação cristã de Caen (editora da senhora viúva Domin), foi apresentado ao Papa pelo senhor Félix Benoît, antigo advogado-geral. O Santo Padre o condecorará com a comenda da Ordem de São Gregório Magno[46].

Vinte e cinco senhoras vão, então, saudar Leão XIII, sendo as duas filhas Martin as últimas, seguidas por uns trinta sacerdotes e uns vinte senhores (entre os quais Luís Martin). Diante da fadiga do Papa, Padre Révérony proíbe falar-lhe e quer apressar o desfile. Ora, Teresa fez essa viagem apenas para esse momento: falar ao Papa. Seu relato é primordial:

> Antes de penetrar no aposento pontifício, estava bem resolvida a falar, mas senti minha coragem desfalecer ao ver, à direita do Santo Padre, Monsenhor Révérony!... Quase no mesmo instante, disseram-nos de sua parte que nos proibia falar a Leão XIII, a fim de que a audiência não se prolongasse em demasia... Voltei-me para minha querida Celina para saber sua opinião. "Fala!" — disse-me ela. Um instante depois, estava aos pés do Santo Padre. Tendo-lhe beijado a murça, apresentou-me a mão, mas, em vez de beijá-la, juntei as minhas e, levantando para ele meus olhos banhados de lágrimas, exclamei: "Santíssimo Padre, tenho uma grande graça a vos pedir!...". Então, o Soberano Pontífice inclinou a cabeça para mim de maneira que meu rosto quase tocava o seu, e vi seus olhos pretos e profundos fixar-se em mim, parecendo penetrar-me até o fundo da alma. "Santíssimo Padre — disse-lhe —, em honra de vosso jubileu, permiti-me entrar no Carmelo aos 15 anos!..."
>
> A emoção, sem dúvida, tinha feito tremer minha voz. Por isso, voltando-se para Monsenhor Révérony, que olhava para mim com espanto e descontentamento, o Santo Padre disse: "Não compreendo muito bem". Se o bom Deus tivesse permitido, teria sido fácil para Monsenhor Révérony obter-me o que eu desejava, mas era a cruz, e não a consolação, que Ele queria me dar. "Santíssimo Padre — respondeu o vigário-geral —, é uma menina que quer entrar para o Carmelo com quinze anos, mas seus superiores já estão se ocupando disso neste momento". "Pois bem, minha filha — retomou o Santo Padre —, fazei o que os superiores vos disserem." Apoiando, então, as mãos em seus joelhos, tentei um último esforço e lhe disse com voz suplicante: "Oh, Santíssimo Padre, se disserdes sim, todos o quererão de boa vontade!" Ele me olhou fixamente e pronunciou estas palavras, acentuando cada sílaba: "Vamos... Vamos... Se o bom Deus quiser, entrareis!..." (seu acento tinha algo de tão penetrante e convicto que me

---

46. Também foram oferecidos ao Papa os dois volumes da *Histoire de sainte Thérèse d'après les Bollandistes*, 1882, traduzidos por Irmã Maria do Sagrado Coração (Lecornu), do Carmelo de Caen (carta inédita de Monsenhor Révérony à priora do Carmelo de Caen, de 25/11/1887; sabemos que Teresa Martin os lera).

parece ainda ouvi-lo). Encorajando-me a bondade do Santo Padre, ainda quis falar, mas dois guardas tocaram polidamente em mim para fazer-me levantar. Vendo que isso não bastava, tomaram-me pelos braços e Monsenhor Révérony os ajudou a levantar-me, pois fiquei ainda com as mãos postas, apoiadas sobre os joelhos de Leão XIII, e foi à força que me arrancaram de seus pés... No momento em que eu era assim retirada, o Santo Padre colocou sua mão em meus lábios e, em seguida, levantou-a para me abençoar. Então, meus olhos se encheram de lágrimas e Monsenhor Révérony pôde contemplar pelo menos tantos diamantes quantos vira em Bayeux... Os dois guardas nobres me carregaram, por assim dizer, até a porta, onde um terceiro me deu uma medalha de Leão XIII (Ms A, 63r°-v°).

Pode-se compreender o "descontentamento do Padre Révérony" diante da desobediência da postulante ao Carmelo. Mas, assim que ela foi "carregada" pelos dois guardas, sua irmã reincide. Última da fila, Celina pediu ao Papa uma bênção para o Carmelo de Lisieux. Irritado, Monsenhor Révérony replica: "O Carmelo já está abençoado". "Oh, sim — acrescenta Leão XIII —, já está abençoado!" (Ms A, 63v°). Com efeito, a pedido do vigário-geral, antes do desfile, ele dera sua bênção a toda a diocese, às comunidades religiosas e às escolas cristãs.

Decididamente, as duas irmãs Martin criaram incidentes. Seu pai nada viu da cena. À sua passagem diante do Soberano Pontífice, Monsenhor Révérony teve a gentileza de informar ao Papa que ele era pai de duas carmelitas e uma visitandina. Mas evitou acrescentar que o era também das duas audaciosas que o tinham precedido. O Papa pôs sua mão sobre a cabeça de Luís. Na mesma noite, as duas irmãs informam o Carmelo de Lisieux acerca desse célebre dia. Dirigindo-se à Irmã Maria do Sagrado Coração, Celina narra a audiência e destaca sua consternação:

> Hoje estou aniquilada, fez-se como que um imenso vazio em minha cabeça. Oh, como gostaria de estar junto ao meu querido Carmelo para dizer-lhe todos os meus pensamentos. Teresa vai contar-vos a audiência dessa manhã. Todas as vezes que esta volta ao meu espírito, é como um gládio cortante cravado em meu coração. Não tenho mais forças, querida Mariazinha, mas é como se fosse a mim que isso se dirigisse, creio que seja ainda pior [...] São muitos detalhes, mas acredito que podem interessar-te. Eu te garanto que passei uma semana nisso! Eram apenas pesadelos e gládios todas as vezes que eu pensava nisso[47]...

Vinte e três anos mais tarde, nas notas preparatórias ao depoimento no Processo do Ordinário em vista da causa de beatificação de sua irmã, ela escreverá:

---

47. 20 de novembro de 1887, CG I, p. 300-301.

Eu estava consternada, era impossível ter sofrido um fracasso mais marcante, nós o escondemos em parte ao meu pai para não o afligir e, mais tarde, quase nunca falávamos do assunto, era como uma coisa cuja lembrança queríamos afastar. Eu o considerava como uma humilhação quase vergonhosa, de tal maneira que pensava interiormente: se mais tarde escreverem a vida de Teresa, esse fiasco tiraria sua beleza. E quando, no Carmelo, Madre Inês de Jesus lhe deu a ordem de escrever suas memórias, eu pensava: "Pobrezinha, ela precisará contar a audiência do Papa, que foi um fracasso tão grande"[48].

Por sua vez, Teresa dá sua versão dos fatos:

Minha querida Paulininha, o bom Deus me faz passar por muitas provações antes de entrar no Carmelo. Vou contar-te como foi a visita ao Papa. Oh, Paulina, se tivesses podido ler em meu coração, verias aí uma grande confiança. Creio que fiz aquilo que o bom Deus queria de mim, agora só me resta rezar. O senhor bispo não estava lá; Monsenhor Révérony o substituía. Para fazeres uma ideia da audiência, deverias estar lá. Monsenhor Révérony estava perto dele, olhava os peregrinos que iam passando diante do Papa após lhe terem beijado os pés e, depois, dizia umas palavras sobre alguns deles. Imagina como meu coração batia forte ao ver minha vez chegar, mas eu não queria voltar sem ter falado com o Papa. Falei aquilo que me disseste em tua carta, mas não tudo, porque Monsenhor Révérony não me deu tempo. Replicou logo: "Santíssimo Padre, é uma menina que quer entrar para o Carmelo com quinze anos, mas seus superiores já estão se ocupando disso no momento". O bondoso Papa é tão velho que parecia um morto; jamais o teria imaginado assim. Ele não pode dizer quase nada; é Monsenhor Révérony quem fala[49]. Gostaria de ter podido explicar meu caso, mas não houve meios. O Santo Padre me disse simplesmente: "Entrareis, se o bom Deus quiser". Depois, fizeram-me passar para outra sala. Oh, Paulina, não consigo expressar-te o que senti, estava como que aniquilada. Sentia-me abandonada e, ademais, estou tão longe, tão longe... Choraria muito escrevendo esta carta; tenho o coração despedaçado. No entanto, Deus não pode mandar-me provações que estão acima de minhas forças. Ele me deu a coragem para suportar essa provação. Oh, ela é muito grande[50]...

---

48. NPPO, 1910, folha avulsa, CG I, p. 300. Ver UC, p. 681, carta de Celina ao Irmão Simeão, 7 de julho de 1887.

49. A impressão que o Papa de setenta anos causa em Celina é semelhante: "Ele é pálido como um morto, quase não consegue ficar de pé nem falar, tem a aparência desfeita pela idade, mas é uma bela figura!" (carta a Irmã Maria do Sagrado Coração, 20 de novembro de 1887, CG I, p. 301).

50. C 36, 20 de novembro de 1887, CG I, p. 302-303. É interessante comparar essa carta com o texto do manuscrito escrito em 1895. Encontraremos neste as reflexões espirituais da carmelita de vinte e dois anos, relendo sua vida e conhecendo seu final feliz (Ms A, 62v°-63v°).

Assim, depois de ter superado quatro obstáculos (o pai, o tio, Padre Delatroëtte e Monsenhor Hugonin), a postulante se depara com o último. Humanamente, tudo parece perdido. A bela esperança de entrar no Carmelo no Natal de 1887 desaparece. Mas a provação é suportada na paz. A palavra de Deus desse dia, lida pelo Papa, já a tinha reconfortado: "Não tenhais medo, pequenino rebanho, pois aprouve a meu Pai dar-vos o seu Reino" (Lc 12,32, citado em Ms A, 62v°). "Contudo, eu não cessava de esperar contra toda esperança" (Rm 4,18, citado em Ms A, 64v°). "No fundo do coração, sentia uma grande paz, pois tinha feito absolutamente tudo que estava ao meu alcance para responder ao que o bom Deus pedia de mim. Mas essa paz estava no fundo e a amargura enchia minha alma, pois Jesus se calava" (Ms A, 64r°).

No dia seguinte, a peregrinação continua. Por mais que Teresa diga que a viagem tinha acabado, que não possuía mais nenhum encanto a seus olhos, "pois a finalidade não fora atingida" (Ms A, 64r°), ela vai ainda aproveitar plenamente os dias que restam.

Ver Nápoles e Pompeia

Na segunda-feira, 21 de novembro, a grande maioria dos peregrinos embarca para Nápoles e Pompeia. Luís Martin, cansado, conhecendo esses lugares, deixa partir as filhas. Confia-as a Victor Besnard e à sua esposa (falecida em 1915), que se recordava que Teresa dormira em seu colo[51]. Monsenhor Révérony também permanece em Roma. Em Nápoles, o tempo está chuvoso e frio. A visita a Pompeia, durante duas horas, é feita debaixo de uma chuva torrencial. Romântica, Teresa teria gostado de passear sozinha pelas ruínas para meditar "sobre a fragilidade das coisas humanas" (Ms A, 64v°). Mas a multidão dos visitantes não permite a solidão. O Vesúvio não parou de emitir fumaça e fazer barulho. Isso assustou os cavalos das carruagens, sempre dispostos a tomar embalo? Na terça-feira, 22 de novembro, o hotel *Metropole* (*via Chiatamone*, 36), dirigido por Ferrario e Rabbia, acolhe os peregrinos, mas não dispõe de muitos meios para lutar contra nuvens de mosquitos.

Teresa aprecia sobretudo o mosteiro *San Martino*, de onde se pode admirar a vista para a baía da cidade. Na refeição da noite, enquanto o tempo está chuvoso, uma noite de lazer permite que o conde Adalbert de Cussy, acompanhado ao piano, cante *J'irai revoir ma Normandie*. À meia-noite, estão de volta a Roma. Reencontram Luís Martin; este foi ver o Irmão Simeão, que ele encontrara em setembro de 1885, ao voltar de Constantinopla.

Esse Irmão das Escolas Cristãs, de sessenta e nove anos (1814-1899), é uma personalidade muito conhecida dos franceses de Roma. Luís Martin conta-lhe a audiência do

---

51. AL, dezembro de 1988.

domingo, a audácia de sua Teresa e as outras vocações da família. O Irmão, entusiasmado, faz algumas anotações e propõe-se intervir junto a Monsenhor Révérony em favor de Teresa. "Não se vê isso na Itália!...", exclama (Ms A, 64v°). Surpresa! Monsenhor Révérony chega naquele exato momento. Bela ocasião para pleitear a causa da jovem Martin. Seu pai não deixa de destacar a dor da filha. Irmão Simeão o endossa.

Na mesma noite, Celina escreve um boletim de vitória às suas irmãs em Lisieux, em total oposição à pesarosa carta do dia 20 de novembro: "Tudo está ganho... [...] Enfim, tudo vai bem, que felicidade", depois de ter contado a conversa do pai com o vigário-geral. "Monsenhor Révérony ficou tocado — acredito — e começa a crer que a vocação de Teresa é extraordinária; chegou a dizer: 'Pois bem, assistirei à cerimônia, eu mesmo me convido'"[52]. O horizonte parece, pois, desanuviar-se. No entanto, escrevendo às suas irmãs carmelitas cinco dias mais tarde, Celina se mostra menos otimista:

> Teresa e eu pensamos que Monsenhor Révérony, inteligente como é, talvez tivesse dito isso por pura complacência, para agradar, e percebemos que ele continua a ter a opinião de todo mundo, diz uma coisa para uns e outra para outros. A que devemos nos apoiar? — Outro dia, Teresa, por uma circunstância extraordinária, estava no mesmo carro que ele, com vários senhores que nunca saem de seu lado; ao final, todos deram 0,25 ao cocheiro. Teresa estava tirando sua carteira, mas Monsenhor Révérony deu uma moeda de 0,50, dizendo a Teresa: "Temos uma conta a acertar juntos". Isso é tudo que sabemos. Parece-nos que seria uma bobagem que Teresa vá falar-lhe; de resto, nunca há ocasião para isso, numerosos amigos o cercam o tempo todo[53].

As carmelitas e a tia Guérin, postas ao corrente da audiência, comentam positivamente as palavras do Papa e querem consolar Teresa: ela não deve desolar-se, tudo se realizará a seu tempo[54]. Mas, desde o memorável dia 20 de novembro, alguma coisa mudou entre os peregrinos: não olham mais a jovem Teresa da mesma maneira. O rumor se espalhou rapidamente: a pequena Martin pediu ao Papa para entrar no Carmelo aos quinze anos!

Padre Legoux, o ativo organizador da peregrinação, pergunta a Teresa no trem: "Pois bem, como vai nossa pequena carmelita?". "Toda a peregrinação conhecia meu segredo" (Ms A, 65r°). Ninguém fala do assunto, mas a jovem tem a impressão de que isso suscitou, antes, a simpatia para com ela. Mais ainda, o jornal *L'Univers* de 24 de novembro de 1887 escreve em sua rubrica *Correspondance romaine*:

---

52. Carta de 23 de novembro de 1887, CG I, p. 304-305.
53. Carta de 28 de novembro de 1887, CG I, p. 320.
54. Ver cartas CCor 66, 67, 68, 69, 70, CG I, p. 306-307.

Entre os peregrinos encontrava-se uma jovem de 15 anos que pediu ao Santo Padre para entrar imediatamente no convento e aí fazer-se religiosa. Sua Santidade recomendou-lhe ter paciência, rezar muito e consultar Deus e sua consciência, o que fez a entusiasmada jovem desatar em soluços.

Foi assim que o jornalista (que não assinou a matéria) escreveu a história. A imprensa da Normandia transmitirá a informação.

Em Lisieux, o artigo produz algum ruído. Padre Pelletier, confessor do senhor Martin e de Teresa (há dezoito meses), fica sabendo assim da decisão de sua penitente. No sábado, 26 de novembro, vai procurar informações no Carmelo.

Adeus a Roma (24 de novembro de 1887); Assis, Florença, Pisa, Gênova

A viagem continua. Voltando à meia-noite, os peregrinos de Pompeia e Nápoles descobrem Roma por um sol radiante (15º a 16ºC) na manhã de quarta-feira, 23 de novembro. A manhã é livre. Um grupo considerável vai visitar a galeria *Borghese*. Na última noite romana, todos se encontram na paróquia Santo Eustáquio com Monsenhor Marini, camareiro secreto do Papa. Mas não é certo que os Martin, fatigados, tenham estado presentes. Um concerto com cantores da capela Sistina e uma orquestra de bandolins são oferecidos aos peregrinos. Leão XIII envia-lhes vinhos e bolos; só os homens passam a uma outra peça, onde lhes é servido esse vinho enviado para eles. É a hora dos discursos de agradecimento, especialmente a Monsenhor Germain.

Às 6 da manhã da quinta-feira, 24 de novembro, é a partida de Roma. Ao meio-dia, a parada em Assis permite conhecer as igrejas de São Francisco e Santa Clara; em seguida, a Porciúncula. Mais tarde, o guardião do convento, Padre Bonaventura Marrani, que foi Geral da Ordem dos Franciscanos, se recordará que, ao encontrar os peregrinos franceses, "uma jovem lhe pedira que rezasse por sua próxima entrada no Carmelo"[55].

Teresa não esqueceu uma pequena aventura. Tendo perdido seu cinto, cuja fivela se desprendera, voltou a encontrá-lo, mas os carros partiram. Só resta a caleche de Monsenhor Révérony, que vai levá-la de volta ao trem, em meio a senhores muito galantes[56]. Bela ocasião para falar do Carmelo com o vigário-geral. Isso voltará a acontecer em um ônibus movido a cavalos, em Nice, cinco dias mais tarde[57]. Resta que os Martin não conseguem saber o que ele verdadeiramente pensa, apesar de sua palavra desse dia: "*Eu vos prometo* fazer tudo o que *puder*".

---

55. Carta do Padre Piat ao Carmelo de Lisieux, 30 de janeiro de 1947.
56. Ms A, 65vº-66rº.
57. Carta de Celina às suas irmãs carmelitas, de 29 de novembro de 1887, p. 323.

Chegarão a *Florença* à noite, às 21h45, debaixo de chuva, e se dirigirão ao majestoso hotel *Porta Rossa*, de A. Bassetti. No dia seguinte, sexta-feira, o tempo detestável não impede a visita às belezas da cidade: igreja *Santa Maria Novella*, a catedral, *Santa Croce* e seu batistério *San Lorenzo*, a igreja da Anunciação. Teresa se recordará principalmente da carmelita Santa Madalena de Pazzi († 1607) em seu convento. Ela recolhe os terços que os peregrinos lhe passam para tocá-los no túmulo da santa (Ms A, 66rº). A tarde é reservada a visitas a museus prestigiosos[58]. No dia seguinte, sábado, os visitantes continuam a descobrir as obras-primas dos Ofícios, do palácio *Pitti*, do Museu nacional, do convento *San Marco* (afrescos de *Fra Angelico*), sem esquecer a capela dos Médicis e as estátuas de Michelangelo. As noites são arruinadas por uma abundância de mosquitos. Celina ficará com uma marquinha deles sob o nariz e se declara "cheia de espinhas"[59].

Às 14h30, adeus a Florença para descobrir Pisa — *la Morta* —, aonde chegam duas horas mais tarde. Não se pode deixar de conhecer a Torre inclinada: Celina e Teresa sobem ali. Hospedam-se no hotel *della Minerva*. No domingo, 27, com bom tempo, continuam a visita à cidade, após a missa na esplêndida catedral, com seu batistério e seu campanário. As águas do Arno subiram depois de tantas chuvas e o campo às vezes está inundado. O trem chegará a Gênova, "a extraordinária", à noite, atravessando numerosos túneis que cortam a visão da costa. O hotel *Isolta* acolhe os peregrinos. É nessa cidade que as duas irmãs compram pequenos broches de prata, dos quais um tem forma de borboleta. Segunda-feira, 28 de novembro, manhã em Gênova. Os três Martin se divertem "seguindo" de longe um magistrado de Caen, senhor Félix Benoît[60]. Visitas ao *Campo Santo*, à catedral e ao palácio antes do embarque, ao meio-dia.

Volta à França (28 de novembro de 1887)

Às 16h30, finalmente, a França! Os funcionários da alfândega cumprem seu ofício em Ventimiglia. Do trem, admira-se Menton, Monte-Carlo, Villefranche com sua iluminação noturna. Teresa se encanta com as maravilhas da *Côte d'Azur* (Ms A, 67rº).

---

58. Apontemos o impressionante encontro da família Martin com o pequeno Giovanni Papini, com quase seis anos de idade, em Florença. Ele lhes indicou o caminho da igreja Santa Maria Madalena de Pazzi. Muito mais tarde, o grande escritor italiano (1891-1956) relatou suas memórias de infância, tendo descoberto que essa jovem, "cujo belo sorriso de agradecimento mexeu com seu coração tímido", tornara-se Santa Teresa do Menino Jesus. Ele a descreve assim: "Seu rosto era cheio, roliço, iluminado por olhos doces, ardentes, profundos, que causaram em mim uma impressão tal, que baixava os olhos" (AL, fevereiro de 1969, p. 4-6). Esse artigo — *La rencontre de Giovanni Papini et de Thérèse Martin* — é escrito por R. Jacquin, professor no Instituto Católico de Paris.

59. Carta a Joana Guérin, 25 de novembro de 1887; VT, n. 84, outubro de 1981, p. 306.

60. Carta de Teresa ao pai — C 51, 17 de maio (?) de 1888, CG I, p. 369.

Chegam a Nice às 18h. O hotel *Beau-Rivage* (*quai des États-Unis*) tem vista para o mar[61]. Seis cartas de Lisieux esperam os Martin. A noite enluarada está encantadora. Mas na terça-feira, 29, a partida reúne os peregrinos às 7h. Desembarcam na *gare Saint-Charles*, de Marseille. Às 15h30, uma missa é celebrada em *Notre-Dame-de-la-Garde*, aonde os Martin chegam de funicular. Infelizmente, o magnífico panorama é perturbado pelo mau tempo. Em seguida, descobre-se *La Canebière*, iluminada pela eletricidade, antes de chegar ao hotel *Belle-Vue*.

As partidas são sempre matinais: às 6h, com um tempo nublado para chegar a Lyon, depois de numerosas paradas, pois o trem chega aí por volta das 17h. Chove abundantemente nessa quarta-feira, 30 de novembro. O elevador do hotel *Continental Collet* permite que as irmãs Martin tenham acesso ao seu quarto, o que elas apreciam muito. A lembrança do encontro com um peregrino, "um senhor coberto de condecorações", que aborda as duas jovens sobre sua viagem a Roma, será menos agradável. De passagem, ele chama Leão XIII de ancião "retardado". Celina o coloca em seu lugar: "Seria a desejar, senhor, que tivésseis sua idade; talvez tivésseis também a sua experiência, o que vos impediria de falar inconsideradamente sobre coisas que não conheceis"[62].

A noite reúne os peregrinos pela última vez. Ao sair da refeição, todos agradecem ao Padre Legoux, que organizou tudo com competência. Uma última missa, presidida por Monsenhor Germain e celebrada na basílica de Fourvière (concluída em 1884), é encerrada com um vibrante *Magnificat*. Contemplam a paisagem de Lyon, tomam o funicular e visitam a catedral São João e a *place Bellecour*. O trem para Paris sai às 10h30. Após uma parada em Tonnerre, ele chegará à capital por volta da 1 da manhã de sexta-feira, 2 de dezembro. Acontece, então, a dispersão. Depois de dormir em Paris, os três Martin tomaram o trem às 11h45 em *Saint-Lazare*. Retornam finalmente a Lisieux nessa mesma sexta-feira, às 16h30. Saíram de casa há vinte e seis dias.

Sua primeira visita é, evidentemente, ao locutório do Carmelo. Quantas coisas a contar! Quantas efusões! Mas a situação de Teresa não progrediu. O Papa não se pronunciou. Monsenhor Hugonin, apesar de sua promessa, nada escreveu na Itália. Padre Delatroëtte, o superior, continua a opor-se à entrada da jovem. A grande viagem teria sido inútil? Então o combate deve recomeçar e as carmelitas (a priora, a antiga priora, as duas irmãs Martin) — apoiadas por Padre Youf, o capelão —, estão resolvidas a lutar até à vitória. Teresa calcula que, para realizar o desejo de entrar no Natal, restam apenas vinte e dois dias.

---

61. Nietzsche e Tchekhov passaram por aí. Uma placa recorda a passagem de Teresa.

62. S. Piat, *Céline*, p. 33. A cena se passou no elevador do hotel em Lyon. A resposta da "Intrépida" provocou "um silêncio de morte" (*Cahiers autobiographiques*, 1909, p. 65).

Antes de relatar em detalhes o desdobramento dessa última ofensiva, é necessário fazer um balanço do movimentado mês que acaba de terminar. Mais tarde, Irmã Teresa do Menino Jesus o fará em seu primeiro caderno de memórias.

"Todas as maravilhas da arte e da religião" (Ms A, 55vº)

Recapitular tudo o que ela viu durante esse mês deve parecer-lhe impossível, mesmo lendo as notas tomadas por Celina. É verdade que Teresa aprendeu mais do que durante vários anos (Ms A, 67rº). Ela ampliou consideravelmente seus horizontes, que até aqui não tinham saído dos limites da Normandia. Descoberta das belezas da natureza: as montanhas da Suíça, que tanto a impressionaram; o mundo mediterrâneo, "planícies cobertas de laranjeiras com frutos maduros, verdes olivais de folhagem delicada, palmeiras graciosas…" (Ms A, 67rº). Descoberta da *campagna* romana, da Úmbria. Descoberta da vida urbana com todas as suas invenções modernas, as ferrovias internacionais, o luxo dos "hotéis principescos" com os elevadores, as grandes lojas e a moda de Paris, os transportes em comum, a luz elétrica… Descobertas das belezas da arte, sob as formas mais variadas: umas cinquenta igrejas, catedrais, basílicas visitadas, com todos os seus tesouros de arquitetura, escultura, pintura. Decerto, a iniciação às obras-primas não a animou muito. Não são as explicações dos guias italianos, habituados às multidões, que a ajudarão a afirmar seu gosto[63]. Ela apreciou mais as estátuas românticas do *Campo Santo* de Gênova que os mármores de Michelangelo.

Com sua pobre cultura de base, a jovem não aprofundou verdadeiramente nada. A anedota toma a dianteira das considerações estéticas ou teológicas. No plano religioso, a piedade italiana da época não ajudou os peregrinos: a veneração das relíquias ocupa um lugar desmedido, as mais autênticas se misturam às mais duvidosas. Se os corpos de Catarina de Bolonha e Madalena de Pazzi permanecem bem conservados, o que dizer dos "cabelos da Santíssima Virgem" que lhes são mostrados em Pádua, da pedra onde São Pedro deixou a marca de seu pé em Roma, do primeiro altar onde ele celebrou (tudo isso na caderneta de Celina), sem falar da casa de Loreto, com a tigela da Virgem Santa, onde Teresa deposita seu terço, e da estátua de Maria feita por São Lucas?

Mas sabemos que o objetivo de Teresa ultrapassa largamente a aquisição de uma cultura um pouco sólida. O que ela descobriu e aprendeu vai muito além dos conhecimentos primários do conjunto das carmelitas com quem ela viverá em breve.

---

63. Teresa fará troça deles ainda no Carmelo, no recreio, e em seu primeiro manuscrito, evocando: "as pequenas *cornijas* e os *cupidôs* colocados por cima…" (C 72; Ms A, 61rº; e C 46).

No plano social, Teresa descobriu todo um mundo que ela desconhecia. Esquecendo a timidez, sentiu-se aí muito à vontade, em companhia de Celina. Ambas perceberam os olhares atravessados dos peregrinos, como o senhor que não para de lançar maldições contra "os carros, os hotéis, as pessoas, as cidades; enfim, contra tudo…", enquanto seu pai contempla o lado positivo das coisas (Ms A, 59r°). Em uma época em que as divisões sociais continuam a ser ainda bem demarcadas, os Martin, sem perder o humor, encontram-se um pouco "sem classificação" nesse universo. De Florença, Celina escreve à prima Joana Guérin:

> Estou à mesa com os senhores de Cussy, de La Tuilerie, d'Orval, a senhorita de La Rocque, senhora de Courson, senhoritas de Grainville, senhorita de Rubersy, senhora e senhorita de St. Thomas. E que sei eu? Estou jogada no meio da alta sociedade!!![64].

Teresa vai rapidamente formar uma opinião a esse respeito e tirar disso algumas conclusões para sua vida espiritual:

> Não tendo jamais vivido entre pessoas da alta sociedade, Celina e eu nos encontrávamos entre a nobreza, da qual a peregrinação se compunha quase exclusivamente. Ah, longe de nos fascinar, esses títulos e esses "de" nos pareceram fumaça… À distância, isso às vezes me tinha lançado um pouco de poeira nos olhos, mas de perto vi que "nem tudo que brilha é ouro" e compreendi esta palavra da Imitação: "Não procureis essa sombra a que chamam grande nome, nem desejeis numerosas relações ou amizade particular de nenhum homem[65]" (Ms A, 55v°-56r°).

Teresa no país dos homens

Nesse mundo inteiramente novo para ela, Teresa descobre os homens. Nunca tendo conhecido os dois irmãozinhos mortos em tenra idade, ela foi educada apenas com as quatro irmãs, as empregadas e as duas primas de primeiro grau (os Guérin perderam um pequeno Paul ao nascer). Nos *Buissonnets* e nas férias na praia, brincou com as primas Maudelonde e quase nunca com os dois irmãos destas. A escola das beneditinas só recebia meninas e estas nunca andavam sozinhas nas ruas de Lisieux. Restavam dois homens: o pai e o tio Isidoro. E, bruscamente, eis um mês passado com peregrinos franceses. As duas

---

[64]. 25 de novembro de 1887, em VT, n. 84, p. 306. Isso recorda as cartas de sua mãe tecendo comentários irônicos sobre as belas damas da nobreza de Alençon. Zélia ralhara com Paulina, pensionista na Visitação de Mans, que tinha tendência a deixar-se encantar por suas colegas da nobreza e queria esconder a situação de seus pais (*Mère Agnès de Jésus*, Carmelo de Lisieux, 1953, p. 17-18).

[65]. De fato, entre os 130 peregrinos leigos, não havia mais do que 33 pessoas com sobrenomes de família nobre. Entretanto, Teresa encontrou-se em um grupo em que eram a maioria. Ver VT, n. 84, outubro 1981, que apresenta os nomes de todos os peregrinos (p. 361-318).

belas garotas — a morena e a loira, com dezoito e quinze anos —, no esplendor de sua juventude, não podiam passar despercebidas. A mais jovem deixa cair os longos cabelos sobre a jaqueta escura de tecido grosso e fechado, imitando a peliça sobre o vestido preto com uma touca de feltro do mesmo tecido que a jaqueta, ornada de uma asa.

Como espantar-se com o fato de que jovens italianos, prevenidos pela imprensa local a respeito da passagem de uma peregrinação excepcional de franceses — e, sobretudo, de francesas —, estivessem em alerta? O incidente de Bolonha foi revelador e deve ter alimentado as conversas que as duas jovens Martin tiveram à noite em seus quartos de hotel. Pode-se pensar que foi assim ao longo da viagem: os italianos notaram as duas *signorine* e não perderam a oportunidade de fazê-las saber disso de muitos modos. Experiência nova para as duas mocinhas de Lisieux.

"Compreendi minha vocação na Itália…" (Ms A, 56rº)

Entre os homens, há os padres.

> A segunda experiência que fiz diz respeito aos sacerdotes. Não tendo jamais vivido em sua intimidade, não podia compreender a finalidade principal da Reforma do Carmelo. Rezar pelos pecadores me encantava, mas rezar pelas almas dos padres, que eu acreditava mais puras que o cristal, parecia-me espantoso!… (Ms A, 56rº).

Deve-se dizer que a imagem que Teresa tinha dos sacerdotes até essa viagem os situava ao nível dos anjos. Celina testemunhará: o respeito do pai pelos padres "era tão grande que não vi nada igual. Recordo-me que, sendo pequena, eu imaginava que os padres eram 'deuses', tão habituada estava a vê-los fora da categoria comum"[66]. O mesmo se passava com Teresa, que até aqui vira os sacerdotes apenas no altar, no confessionário, no catecismo. Convidar um padre para uma refeição nos *Buissonnets* era algo muito excepcional.

E eis que ela se depara com setenta e três eclesiásticos durante um mês, "em sua intimidade". Muito perspicaz, Teresa não demorou a identificar suas qualidades, seus defeitos, suas falhas. Ela se lembrará do padre que, durante a viagem de ida, bebia todo o chocolate ao leite do café da manhã em seu compartimento (ela adorava o chocolate "do domingo" nos *Buissonnets*) e daquele que, diante de uma taxa suplementar a pagar por uma bebida, declarava doutoralmente: "Não voltarei atrás por causa de 50 centavos!" Tudo isso não passa de bagatelas, mas ela escreveu:

> Compreendi minha vocação na Itália, e não era ir buscar longe demais um conhecimento tão útil… Convivi, durante um mês, com muitos santos sacerdotes e vi que,

---

66. PA, p. 256.

se sua sublime dignidade os eleva acima dos anjos, não deixam de ser homens fracos e frágeis... Se santos sacerdotes, a quem Jesus chama em seu Evangelho de "o sal da terra", mostram em sua conduta que têm extrema necessidade de orações, o que dizer dos que são tíbios? Jesus não disse ainda: "Se o sal vier a perder o sabor, com que se há de salgar?" (Ms A, 56r°).

Encontramo-nos aqui diante de um registro mais sério. "Homens fracos e frágeis entre os mais santos e, principalmente, os tíbios, sal sem sabor..." Isso determinará sua vocação a tornar-se *apóstolo dos apóstolos*"[67].

Um fato, que não se deve exagerar, pode ter aberto os olhos da jovem. Entre todos esses sacerdotes encontra-se o jovem Padre Victor Alcide Leconte, vinte e nove anos, vigário em São Tiago de Lisieux. Ele conhece bem a família Martin. Nascido em Bernière-le-Paty em 1858, ordenado em 1882, será capelão do colégio de Lisieux em 1890. Poeta, publicara uma brochura — Les Chants de l'amitié. Como espantar-se que o jovem sacerdote tenha preferido a companhia das filhas Martin à das peregrinas mais idosas? "Um padre que nos acompanhava a todo canto...", escreverá Teresa (Ms A, 60r°)[68]. Bem mais tarde, Padre Ubald, de Alençon, professor no Instituto Católico de Paris, escreveu um artigo que causou grande polêmica[69], "insistindo pesadamente sobre a presença assídua do padre ao lado de Teresa". Para refutá-lo, Padre Théodore Dubosq respondeu-lhe fazendo a pergunta: "O Padre Leconte [falecido em 1907] foi indiscreto ao ponto que conta o Padre Ubald? [...] Ele se excedeu a ponto de causar estranheza?... É possível, mas essa indiscrição — se houve indiscrição — foi sofrida pelas meninas e estas não a favoreceram"[70]. Seja como for, isso não impedirá Celina de tomar Padre Leconte como confessor ao voltar da peregrinação — assim como Leônia, que saiu da Visitação em 6 de janeiro de 1888 —, mas será algo muito efêmero. Elas o deixarão para confessar-se com o Padre Delatroëtte.

Resta que a reflexão de Teresa, relatada por Celina no Processo do Ordinário, mostra que ela pode ter caído das nuvens ao descobrir que os padres não são "anjos", como pudera acreditar em sua infância protegida:

---

67. Ibid. Título dado a Santa Maria Madalena por Santo Agostinho, entre outros. Sabemos do fascínio que essa mulher arrependida exercerá sobre Teresa (ver Ms A, 38v°).

68. Na alocução coletiva enviada a Monsenhor Germain, encontram-se em sequência as assinaturas de Celina, do Padre Leconte e de Teresa (ACL).

69. *Sainte Thérèse de l'Enfant-Jésus comme je la connais*, Barcelona, Estudès Franciscaines, janeiro de 1926.

70. *Sainte Thérèse de l'Enfant-Jésus comme elle était*, Bayeux, 1° de junho de 1926, p. 9 (brochura de quatorze páginas). Ver Mss II, p. 39. Théodore Dubosq foi o promotor da fé no Processo de beatificação de Irmã Teresa do Menino Jesus da Santa Face.

> Durante nossa viagem a Roma, ela percebeu que um jovem viajante sentia uma complacência afetuosa por ela. Quando ficamos sozinhas, Teresa me disse: "Oh, como é urgente que Jesus me subtraia ao sopro envenenado do mundo, pois sinto que meu coração facilmente se deixaria prender à afeição e, onde os outros perecem, também eu pereceria, pois não somos mais fortes uns que os outros"[71].

Todos esses acontecimentos — e outros — formaram a jovem postulante. Celina descreveu o ambiente mundano dessa peregrinação, ao menos durante as noites: "À noite, depois de um dia de peregrinações constantes, nós nos encontrávamos no salão do hotel para tocar música, declamar poemas ou conversar"[72].

> Observávamos, à mesa ou alhures, o que se dizia e fazíamos experiências sobre a vida. Ali tramavam casamentos, belas senhoritas e belos senhores trocavam galanteios. Havia muita fofoca. Nosso mundo e o mundo eclesiástico eram um pequeno mundo[73].

É nesse mundo que Celina descreve a irmã:

> Minha Teresa era tão bonita com seus cachos loiros, que nosso grupo (todas as duas) atraiu os olhares de todos. Uma noite, na falta de cadeiras, Teresa se sentou no colo de sua irmã e alguém se pôs a dizer: "Essas duas moças nunca se separarão, vede como se amam!". Durante toda a peregrinação, observei que nosso pai e nós fomos objeto de indisfarçáveis simpatias. Procuravam nossa companhia, queriam conhecer-nos[74].

Não se pode dizer que a família Martin — composta por plebeus — tenha passado despercebida. Apoiada em sua vocação carmelitana, sabendo-se avaliada pelo vigário-geral, Monsenhor Révérony, Teresa poderia ter adotado uma conduta prudente e muito reservada. Ora, as duas irmãs, deslumbradas por essa viagem extraordinária para jovens do interior, desfrutam ao máximo: "Eu era verdadeiramente audaciosa demais" (Ms A, 66v°). As duas "intrépidas" (Ms A, 58v°) não hesitam diante de nenhuma subida: os 250 degraus da *Bastille* em Paris, os 484 degraus do *Duomo*, o campanário de *San Marco* em Veneza, a torre de Pisa, onde se inclinam sem sentir vertigem para verificar o grau de inclinação. Não somente se deixam atrair pelas alturas, também sentem necessidade de explorar grutas, cavidades, subterrâneos, os calabouços de Veneza. No Coliseu, afastam-se do grupo para penetrar nas ruínas proibidas ao público. Nas catacumbas de São Calisto, "deslizam juntas" até o fundo do túmulo de Santa Cecília.

---

71. PO, p. 301.
72. Notas íntimas, p. 63.
73. Ibid.
74. Ibid.

Ambas fazem uma colheita de relíquias. Na igreja da Santa Cruz de Jerusalém, em Roma, Teresa é a única a conseguir introduzir seu dedo para tocar um prego da Paixão. Em Florença, "só eu podia passar a mão pela grade que nos separava [do relicário de Santa Madalena de Pazzi]; por isso, todo mundo me trazia terços, e eu estava orgulhosa de meu ofício... Eu devia sempre encontrar o meio de *tocar em tudo*" (Ms A, 66rº).

Em Roma, no convento dos carmelitas de *Santa Maria della Vittoria*, ela não acompanha os peregrinos às galerias externas, mas avança sozinha sob o claustro interno. Um carmelita idoso faz-lhe sinal para que se afaste: uma mulher na clausura! "Em vez de ir embora, aproximei-me dele e, mostrando os quadros do claustro, fiz sinal de que eram bonitos" (Ms A, 66vº). O bondoso padre carmelita bate em retirada. Teresa sabia que estava incorrendo em excomunhão *ipso facto*? Ela se deu conta de que a condição da mulher na Itália não tem nada de invejável. Ocasião de manifestar seu protesto feminista:

> Ainda não posso compreender por que as mulheres são tão facilmente excomungadas na Itália. A cada instante, diziam-nos: "Não entreis aqui... Não entreis ali, seríeis excomungadas!..."[75]. Ah, pobres mulheres, como são desprezadas!... Contudo, elas amam a Deus em número bem maior que os homens e, durante a Paixão de Nosso Senhor, as mulheres tiveram mais coragem que os apóstolos, pois enfrentaram os insultos dos soldados e ousaram enxugar a Face adorável de Jesus... Sem dúvida, é por isso que ele permite que o desprezo seja sua partilha na terra, pois o escolheu para si mesmo... No Céu, ele saberá mostrar que seus pensamentos não são os dos homens e que, então, as últimas serão as primeiras... (Ms A, 66vº).

Mais tarde, ela reconhecerá que sua audácia não era frivolidade de uma adolescente, mas ardor que expressava seu amor por Deus: "Felizmente, o bom Deus, que vê o fundo dos corações, sabe que minha intenção era pura e que por nada deste mundo gostaria de desagradá-lo. Agia, em relação a ele, como uma criança que crê que tudo é permitido e olha para os tesouros de seu Pai como sendo seus" (ibid.).

Pode-se, porém, compreender que alguns eclesiásticos respeitáveis possam ter-se deixado ofuscar por tal audácia — não esqueçamos a palavra dirigida ao Papa, malgrado a proibição de Monsenhor Révérony — e que após a peregrinação alguns possam ter criticado a futura carmelita, tão pouco conforme à imagem da postulante de seu tempo. No artigo citado, Padre Ubald falará da impressão causada por Teresa em certos padres: a de "um pequeno cavalo fujão". Como espantar-se que o Padre L. Bodin, superior das

---

75. Por exemplo, no batistério de Constantino em Roma: "Somente os peregrinos visitam a capelinha de São João Batista; as senhoras não podem entrar por causa — dizem os guias — do crime de Herodíades, que pediu a cabeça do Precursor" (relatório de Padre Huet, ACL, fascículo II).

Irmãs da Providência de Alençon, tenha ficado chocado ou que o Padre Vauquelin, missionário *de la Délivrande*, tenha sofrido com a vitalidade das irmãs Martin a perturbar seu sono? Ele ocupava o quarto n. 2 do *Hotel del Sud* em Roma e devia bater na madeira da parede que o separava do quarto n. 1, onde Teresa e Celina estavam alojadas, para fazê-las calar-se e conseguir dormir. Padre Noché, SJ, relatou o que Celina lhe contou:

> À noite, moídas de cansaço pelas idas e vindas do dia, e também um pouco aturdidas pela novidade dos encontros, as duas irmãs só encontravam a coragem para deitar-se depois de — sentadas no tapete, a título de distensão — ter trocado suas impressões animadamente, com uma viva alegria, cujas sonoridades às vezes atravessavam a parede divisória e retardavam o sono do bondoso Padre[76].

No fundo, a verdadeira censura dos sacerdotes se resumia assim: ela era jovem, entusiasmada, bem-humorada e voltada para a sua meta. Ao longo da viagem, Teresa guarda constantemente no espírito o seu objetivo: "Ah, que poesia invadia minha alma à vista de todas essas coisas que contemplava pela primeira e última vez em minha vida!... Era sem tristeza que as via desvanecer-se; meu coração aspirava a outras maravilhas..." (Ms A, 67r°). O que foi decisivo foi a atitude de Monsenhor Révérony, encarregado pelo bispo de referir-lhe suas impressões sobre a postulante. Ele não manterá o rigor diante de sua desobediência por ocasião da audiência papal. Ela tinha consciência de estar passando por seu exame de entrada no Carmelo:

> Padre Révérony examinava cuidadosamente todas as nossas ações, muitas vezes eu o via a olhar-nos de longe; à mesa, quando eu não estava diante dele, ele encontrava sempre o meio de inclinar-se para me ver e ouvir o que eu dizia. Sem dúvida, queria conhecer-me para saber se eu era verdadeiramente capaz de ser carmelita (Ms A, 57v°).

A atitude da jovem, perfeitamente fiel a si mesma, natural, sem sombra de hipocrisia, deve ter influenciado esse padre de cinquenta e um anos, "bonachão, desarmado, simpático, de humor inalterável, fundamentalmente bom"[77]. Suas reações em Assis, em Nice — que mencionamos — tranquilizaram Teresa: "Penso que ele deve ter ficado satisfeito com seu exame, pois ao fim da viagem pareceu bem-disposto a meu respeito" (Ms A, 57v°).

---

76. *La Petite Thérèse de M. Van Der Meersche devant la critique et devant les textes*, Paris, Saint-Paul, 1950, p. 296. Sobre as complexas relações de Teresa com os sacerdotes, ver Claude LANGLOIS, *Le désir du sacerdoce chez Thérèse de Lisieux*, Paris, Salvator, 2002, e Baiba BRUDERE, *Je me sens la vocation de prêtre. Enquête sur le sacerdoce commun chez Thérèse de l'Enfant-Jésus et de la Sainte Face*, Paris, Éd. du Cerf, 2007.

77. Paul PELCERF, "Maurice Révérony, vicaire général de Bayeux au temps de sainte Thérèse de l'Enfant-Jésus", VT, n. 8, outubro 1962, p. 20.

Teste para uma vocação

A espetacular peregrinação que transformou Teresa a amadureceu e forneceu-lhe uma multidão de lembranças, exploradas por ela até a morte, foi um verdadeiro teste para sua vocação. Ela sabia que tal experiência, nessa idade, "tinha, de fato, com que abalar uma vocação pouco firme" (Ms A, 55v°). No século XIX, em certos ambientes, quando uma jovem punha na cabeça a ideia de entrar no convento, bastava fazê-la viajar para mudar-lhe os pensamentos. Teresa percebeu que os que a cercavam em Lisieux pensavam assim. "Compreendo as pessoas do mundo que pensaram que papai me levara a fazer essa grande viagem para mudar minhas ideias de vida religiosa" (ibid.). Ela reconhece, portanto, que poderia ter conhecido diversas tentações capazes de desviá-la de seu projeto. Durante a viagem, Teresa viu muita coisa e refletiu muito.

Paradoxalmente, é durante uma peregrinação, que devia estar impregnada de "penitência", que Teresa descobriu uma vida luxuosa fácil, cercada pela nobreza. Ela se deu conta da vida que podia levar se fizesse um "bom casamento". Que contraste com a vida pobre e austera do pequeno Carmelo onde queria fazer-se "prisioneira" por amor! Reagiu diante da facilidade, da distração, da dispersão que viveu ao longo desse mês. Não cedeu à atração da doçura de um lar burguês. Muito jovem — nós o vimos —, descobriu que a mundanidade não é nada, que tudo é vaidade. Teresa conclui: "A riqueza não traz felicidade" (Ms A, 65r°).

Sua vocação foi decidida na Itália. Ela teve consciência disso. Foi "livremente"[78] que escolheu o Carmelo. Sem essa viagem, poderia algumas vezes duvidar da liberdade de sua decisão, cercada que estava pela ajuda ativa das carmelitas (Paulina, Madre Maria de Gonzaga) e do pai.

"Abandono!" (Ms A, 68r°)

Mas, desde o retorno a Lisieux, tem que voltar à realidade: a luta pelo Carmelo continua e revela-se muito mal comprometida. Em várias de suas cartas enviadas à Itália, Irmã Inês de Jesus evocou a feroz oposição do Padre Delatroëtte:

> Ontem vi nosso Padre superior, ele está cada vez mais oposto, nada pode convencê-lo [...]. Se Teresa entrar no Natal, será somente por obra do bispo; se o bispo se

---

78. Ela emprega duas vezes esse advérbio no que se refere à sua vocação: por ocasião da viagem a Alençon, no luxo dos castelos (Ms A, 32v°), e a propósito do ideal de felicidade vivido nos *Buissonnets* (Ms A, 49v°).

pronunciar, ele [o superior] consentirá a abrir a porta, mas não se chegará a fazê-lo assumir a responsabilidade do ato[79].

No mesmo sentido, ela escreve a Celina (mas sem nada dizer a Teresa) e continua a elaborar estratégias complicadas:

> Querida, não creias ainda que tudo esteja ganho! Se soubesses como nosso Padre é contrário à entrada!... Nunca o tinha visto como na quinta-feira. Ele diz que, quanto mais o tempo passa, mais ele se enraíza no não — e que não (se o ouvisses)! Vê-se bem que nada poderia fazê-lo mudar. Enfim, é uma permissão de Deus. Não devemos ter sempre uma gota amarga no cálice de nossas consolações? O único meio de fazer Teresa entrar no Natal seria solicitar a Monsenhor Révérony que ele peça ao bispo que escreva ao nosso Padre seu sentimento a respeito dela. Sem isso, não há meio, é delicado demais para nós... Como queres que digamos a nosso Padre que é Monsenhor Révérony que está se ocupando da vocação de Teresa? Isso o ofenderia, tudo deve vir do bispo e de vós, para que nada possa fazer suspeitar que o Carmelo está agindo clandestinamente... Enfim, tudo está nas mãos de Deus, é visível. Creio que tudo irá bem, malgrado a oposição de nosso Padre; em primeiro lugar, ele sempre diz que, se o bispo se pronunciar, a porta está aberta a Teresa. Mas que, por ele, se ele decidir, não está perto de ser feito[80].

Ao tio Guérin (que foi várias vezes ao Carmelo durante a viagem das sobrinhas), Irmã Inês de Jesus confirma: "Vi nosso Padre na quinta-feira à noite [dia 24]. Entre outras coisas, ele me disse: 'Se vossa irmãzinha cair doente de dor, direi que ela não tinha energia para ser carmelita. É tudo, mas não é isso que me fará ceder'"[81].

Somente uma pessoa o poderia: Monsenhor Hugonin. A partir de então, só resta escrever ao bispo. No dia seguinte à chegada a Lisieux, Teresa volta a encontrar sua irmã Inês de Jesus cara a cara. No sábado, 3 de dezembro, ela desabafa sua tristeza. A carmelita a aconselha a escrever ao bispo, o que Teresa faz. O tio Guérin corrige a carta. Mas, no momento de enviá-la, "a Madrezinha" pede que a irmã espere. É a opinião de Madre Maria de Gonzaga.

No dia 8 de dezembro (festa da Imaculada Conceição), sem dúvida, aconteceu uma cena dolorosa na presença de toda a comunidade. Padre Delatroëtte, ao ir visitar na enfermaria a Madre Genoveva de Santa Teresa — venerada por todos —, esta, por sugestão de Madre Maria de Gonzaga, pediu-lhe que assentisse à entrada de Teresa Martin no Natal. Ele respondeu "com emoção":

---

79. Carta ao seu pai, 25 de novembro de 1887, CG I, p. 314-319.
80. Carta de 26 (4?) de novembro de 1887, CG I, p. 318.
81. Carta de 28-29 de novembro de 1887, CG I, p. 322.

Mais uma vez falar-me dessa entrada! Não se creria, por todas essas instâncias, que a salvação da comunidade depende da entrada dessa criança? Não há perigo na demora. Que ela permaneça na casa de seu pai até a maioridade. Acreditais, aliás, que oponho tal recusa sem ter consultado a Deus? Peço que não voltem mais a falar-me desse caso[82].

Dois dias mais tarde, ele pediu para ver a priora e a acusou de agir "por baixo dos panos" e lhe disse "as coisas mais dolorosas". Madre Maria de Gonzaga saiu desse locutório em lágrimas.

Por isso, é preciso parar tudo. Sobretudo, não escrever ao bispo, ordenar a Teresa que faça o sacrifício e "abandone completamente o caso"[83]. Madre Maria de Gonzaga está de acordo, mas sugere ao tio Guérin, no dia 15 de dezembro, que ele poderia fazer uma tentativa. Por sinal, ele encontrou Padre Delatroëtte. O que conversaram? Não se sabe. De qualquer modo, no domingo — 16 de dezembro — Teresa envia duas cartas: uma a Monsenhor Hugonin[84] e outra a Monsenhor Révérony. Ao primeiro, renova o pedido de entrar no Natal (em nove dias), afirma que sua juventude não é um obstáculo e se refere ao julgamento do vigário-geral, que pôde verificar sua vocação na Itália. A este, recorda que ele prometera pleitear sua causa junto ao bispo[85].

"Jesus dorme" (Ms A, 68r°)

A partir daí, faz-se silêncio. Nada chega de Bayeux e todos os dias, após a missa, Luís acompanha a filha ao correio... em vão. E chega o Natal de 1887. Aquele do ano anterior fora uma iluminação para Teresa. Este se passa em lágrimas. "Jesus dorme". Os que a cercam tentam consolar Teresa de todas as formas. No locutório da tarde desse Natal de lágrimas, ela tem a surpresa de encontrar toda a comunidade, que lhe oferece um Menino Jesus segurando uma bolinha[86]. A poetisa Inês de Jesus compôs um canto, cujo único interesse é expressar a realidade dos acontecimentos e que a comunidade concorda com a entrada de Teresita, apesar de todos os obstáculos: "Cada palavra derramava em minha alma uma doce consolação, nunca esquecerei essa delicadeza do coração maternal que sempre me cumulou das mais finas ternuras..." (Ms A, 68r°).

---

82. IJ/PA, p. 368.
83. Carta de Irmã Inês de Jesus ao senhor Guérin, 10 de dezembro de 1887, CG I, p. 328-329.
84. Restam dois rascunhos da mão de Teresa (C 38 A e 38 B) e o texto corrigido pelo tio Isidoro, enviado (C 38 C).
85. C 39, CG I, p. 332.
86. Imagem que retorna com frequência nesse período. Ver Ms A, 64v°; Ms A, 67v°; Ms A, 68r°; C 34; C 36; C 74 etc.

REFRÃO
Não chores mais, venho consolar-te
Aceita um doce beijo
Ó meu brinquedinho!

Brinquedo querido, diz o Menino recém-nascido,
Contigo quero ainda divertir-me.
Eu te amo tanto
Bolinha menina
Deixa-me furar-te
E depois remendar-te.

O Natal para ti se passa em lágrimas
Para mim, no Natal começaram as dores
Irmãzinha
Vem habitar meu coração
Sofrer em suas doçuras
A cruz esconde flores.

Em breve, em breve virás a saltar
Neste Carmelo, objeto de teus suspiros
Não há nada
Que não me faça ceder
Conheço teu desejo
E saberei realizá-lo

As criaturas parecem ter te deixado
Eu o permiti para ser o único amado
Fica comigo
Alhures, onde faz tão frio
Não, nada mais de bispado,
Meu presépio é o bastante.

Quando eu quiser, Padre Révérony
Responderá, e o bispo também.
Meu bracinho
Um dia se erguerá
O bispo é assunto meu
E tu, meu brinquedinho.

Eu te acompanhava junto ao Papa Leão
Pedindo-lhe a séria decisão.
Misteriosa
A palavra foi dolorosa,
Em Roma eu queria
Ver um pouco se me amavas.

> *Bola querida, não saias mais de minha mão*
> *Fizeste um caminho bastante longo*
> *Só vás*
> *Em direção ao Menino Jesus*
> *Seu sono é leve*
> *O Amor pode despertá-lo*
>
> ÚLTIMO REFRÃO
> *Bola dourada, canta, canta o Natal*
> *O sim virá do Céu*
> *E te abrirá o Carmelo*[87].

Ao voltar da missa da meia-noite, Celina dera à irmã um barquinho cuja vela trazia a palavra "Abandono"[88]. Todas essas atenções fraternas comovem Teresa, mas não conseguem atenuar verdadeiramente sua grande decepção. E, no entanto... está contente por estrear um lindo chapéu azul, ornado com uma pomba branca! Mais tarde, dirá a Celina: "Como são estranhos esses contornos da natureza!"[89].

"Uma tão longa demora..." (Ms A, 68rº)

Começa o ano de 1888, aquele dos seus quinze anos. Nos *Buissonnets*, pela última vez, o ritual com o pai funciona outra vez. O poema, sempre escrito por Inês de Jesus e recitado no Belvedere, adapta-se à situação:

> *Jesus me chama ao seu berço*
> *Quando chegará esse dia de Céu*
> *Em que, emprestando-me o anjo suas asas,*
> *Voarei para o Carmelo?*
>
> *Amo, porém, as carícias*
> *De meu Paizinho tão doce*
> *Mas guardarei minhas ternuras*
> *Ao tomar Jesus por Esposo.*
>
> *Não serei mais a órfã*
> *"Chamada da Bérésina"*[90]

---

87. VT, n. 84, outubro de 1981, p. 321-322.
88. Ms A, 68rº. Pode-se vê-lo na casa dos *Buissonnets* em Lisieux. Ver DLTH, p. 92.
89. CLG, edição 1952, p. 22.
90. Apelido que Luís Martin deu à filha. As famílias Martin e Guérin gostam dos apelidos e os multiplicam. Para Luís Martin, a filha mais velha é "o Diamante" e "o leão"; Paulina, "a Pérola" ou "o pequeno Paulino"; Celina, "a Intrépida"; Teresa, "a pequena Rainha", o "escaravelho loiro", "o Buquê",

Tornar-me-ei a pérola fina
Com o doce nome de Teresita.

Rainha de França e Navarra[91]
Ah, serei mais que isso…
De outros bens meu coração é avaro
E Jesus mos dará.

Quero lírios para minha coroa
Por cetro, quero um lírio em flor
De lis, um buquê por trono
E o Lírio-Jesus em meu coração.

Em Roma, mais de um santuário
Oferecia-me um alimento piedoso
Vi as belezas da terra
E minha alma sonhou com os Céus[92]*!*

Desejo uma outra viagem
Papai, tu me entendes mais uma vez…
De longe avisto a margem
Onde tua mão aponta-me o porto!

O Carmelo é minha esperança
Jesus está lá: o Céu é azul!
Para partir com confiança
Espero a vontade de Deus.

Teresa não esperará muito tempo: o Carmelo aguardou o dia 1º de janeiro de 1888 para informar a chegada da carta do senhor bispo, datada de 28 de dezembro (festa dos Santos Inocentes), dando finalmente a resposta: sim! Mas uma reviravolta acontece! As carmelitas — na verdade, Irmã Inês de Jesus — pedem à postulante que adie sua entrada em três meses para não sofrer, ao chegar, os rigores da quaresma. A provação continua, mas de outra maneira. O golpe é duro. Quanto ao pai — que poderia ficar alegre com um adiamento de três meses para continuar em companhia de sua Teresa —, manifesta

---

"a órfã da Bérésina", "Bem-Sim", "o lobinho cinzento", "Rainhazinha". As irmãs Martin chamam Leônia de "Lolô" ou "Leão". Joana Guérin é "a grega" para Luís, mas "Fifine" ou "Credidi" para seus pais. Seu marido Francis será "Franco" ou "Serafim". Maria Guérin é apelidada "Lulu" ou "Benjamim". Madre Inês de Jesus chamará Madre Maria de Gonzaga de "vovó", mas unicamente para os mais próximos. As noviças a chamarão de "o lobo", mas Teresa as proibirá.

91. Ver nota anterior.
92. Na enfermaria, em setembro (?) de 1897, Teresa cita esses dois versos à sua irmã Genoveva (Celina), UC, p. 616 e 631. É sinal de que o poema a marcou (VT, n. 58, abril 1975, p. 154-155).

sua cólera: por que ter levado adiante todo esse combate para mudar subitamente de opinião? "Ele movia sua mão e dizia: 'Ela [Paulina] é sempre a mesma, ela diz e desdiz'[93]. Quanto a Teresa, escreverá mais tarde que essa "grandíssima provação" a fez *crescer* muito no abandono e nas outras virtudes" (Ms A, 68rº).

"O valor do tempo" (Ms A, 68vº)

O que fazer durante esses meses? Em primeiro lugar, agradecer a Monsenhor Hugonin (C 40) e seu vigário-geral e... ao cônego Delatroëtte (C 41). Por uma sugestão de Irmã Inês, Teresa lhe mostrou a amabilíssima resposta de Padre Révérony. Quanto ao superior do Carmelo, nada crédulo do procedimento, este responde a Teresa. Ele teve que ceder diante da decisão episcopal, mas não rende as armas:

> Quanto a vós, rezarei de todo o coração para que Ele vos torne digna de ser contada entre as verdadeiras filhas de Santa Teresa, mas não posso deixar de lamentar que apresseis vossa entrada com tanta insistência; temo que mais tarde tenhais — vós e vossa comunidade — do que se arrepender[94].

É preciso retomar — sem excessivo entusiasmo, vista a situação — as aulas na casa da senhora Papinau. Em janeiro de 1888, Teresa irá sete vezes; em fevereiro, pelo menos seis. Em março, não se sabe. Aqui seus estudos chegam ao fim[95]. Suas preocupações profundas orientam-se para outras áreas. Ela dirá que pensou primeiramente em aproveitar ao máximo os três meses de liberdade antes de enclausurar-se pelo resto da vida. Mas renuncia a esses pensamentos e decide, ao contrário, preparar-se para sua vida futura, que comportará numerosos sacrifícios ao levar uma existência *"séria e mortificada"* (Ms A, 68vº). Não sendo uma "bela alma", que consiga fazer grandes mortificações, ela se contenta com as pequenas: contrariar sua vontade, prestar pequenos serviços... Definitivamente, essa espera deixou-lhe "apenas doces recordações".

O pai, que só quer agradá-la, dá-lhe um cordeirinho de presente na quarta-feira de cinzas... que morrerá no mesmo dia. Teresa conclui daí que "só o que é eterno pode nos contentar"[96]. Um presente muito mais importante lhe será oferecido. Sempre disposto a viajar, o pai propõe levá-la em peregrinação à Terra Santa. Ir ao país de Jesus: Teresa

---

[93]. CG I, p. 333-334. Nos Processos, Madre Inês de Jesus (PO, p. 141) e Irmã Genoveva (PO, p. 271 e PA, p. 260) disseram que a razão do adiamento da entrada de sua irmã era acalmar as suscetibilidades do superior.
[94]. Carta de 30 de janeiro de 1888, CG I, p. 337.
[95]. Sobre suas últimas lições, exercícios, ditados, ver CETL.
[96]. C 42, 21 de fevereiro de 1888.

só pode sonhar com isso. O próprio Luís Martin, por ocasião de sua grande viagem de setembro de 1885, não pudera chegar a Jerusalém. Mas, se Teresa aceitasse, ser-lhe-ia necessário adiar a entrada no Carmelo. Mais tarde, escreverá as razões de sua recusa ao Padre Roulland:

> Antes de ser a prisioneira de Jesus, precisei viajar bem longe para arrebatar a prisão que preferia a todos os palácios da terra. Por isso, não tinha nenhuma vontade de fazer uma viagem para meu prazer pessoal; e, quando meu incomparável pai me propôs levar-me a Jerusalém se quisesse adiar minha entrada por dois ou três meses, não hesitei (apesar do atrativo natural que sentia para visitar os lugares santificados pela vida do Salvador) em escolher o repouso à sombra do Amado que desejei. Compreendia, verdadeiramente, que um só dia passado na casa do Senhor vale mais do que mil passados em outros lugares[97].

Os três meses nos *Buissonnets* "passaram rápido demais", escreverá Teresa (Ms A, 68vº), em uma atmosfera bastante particular. Luís Martin está se preparando para essa separação dolorosa: ficará sozinho com Celina. Mas é preciso contar com o retorno de Leônia, que não conseguiu aguentar mais que seis meses na Visitação de Caen. Em 6 de janeiro de 1887, o pai vai buscá-la. A segunda tentativa de vida religiosa a deixa fisicamente enfraquecida, atinge-lhe o ânimo. Ela está voltando para casa apenas alguns dias depois que a irmãzinha recebe o sinal verde para entrar no Carmelo, Ordem considerada ainda mais austera que a Visitação. Teresa, tão jovem, suportará? Inteiramente voltada para a meta, após seus combates, esta não perde tempo com esse pensamento.

Algumas cartas trocadas com sua irmã Inês de Jesus dão o tom antes do grande dia. A carmelita prepara a irmã para encarar diversos sofrimentos e comprometer-se resolutamente no caminho da santidade: "Está chegando o dia 9 de abril! Muitas vezes, muitas vezes penso em minha filhinha, tenho ambição por ela. E Jesus, é Ele que a quer santa! Oh, sim, muito santa, grande santa e, ao mesmo tempo, *pequena* santa, muito pequena e muito humilde…"[98]. Ela sugere alguns símbolos que serão adotados por Teresa: ser um grão de areia, um brinquedinho de Jesus. Inês de Jesus não esconde que Padre Delatroëtte declarou que "jamais mudaria de opinião a respeito da entrada da última Martin. Principalmente, que Leônia — que se confessa com ele — não lhe fale desse caso"[99], recomenda a carmelita. Mas não se deve esquecer a realidade: que Celina prepare os gorrinhos que a postulante deverá usar, "sem enfeites"[100]. Teresa lhe responde,

---

97. C 201, 1º de novembro de 1896 (citação do Salmo 83,11).
98. CCor 77, 25-26 de março de 1888, CG I, p. 346.
99. 10 de março de 1888, CG I, p. 340-341.
100. 25-26 de março de 1888, CG I, p. 347.

manifestando toda a sua generosidade. A carta de 18 (?) de março de 1888 exprime seu programa de vida às vésperas de sua entrada:

> Ó Paulina, quando Jesus me tiver colocado na bendita praia do Carmelo, quero dar-me toda inteira a ele, quero viver somente para ele. Oh, não, não temerei seus golpes, pois mesmo nos sofrimentos mais amargos, sente-se sempre que é sua suave mão que fere. Bem o senti em Roma, no exato momento em que pensei que a terra me faltaria sob os pés. Não desejo senão uma coisa quando estiver no Carmelo: sempre sofrer por Jesus. A vida passa tão depressa que, realmente, vale mais a pena possuir uma belíssima coroa com um pouco de dor do que ter uma coroa vulgar sem nenhuma dor. Quando penso que, por um sofrimento suportado com alegria, amaremos melhor ao bom Deus por toda a eternidade... Ademais, sofrendo, podemos salvar as almas. Ah, Paulina, se no momento de minha morte eu pudesse ter uma alma para oferecer a Jesus, como seria feliz! Haveria uma alma arrancada do fogo do inferno e que bendiria a Deus por toda a eternidade[101].

Em 27 de março, ela acrescenta: "Quero ser santa"[102].

Uma de suas últimas cartas será para agradecer a Monsenhor Hugonin. Em 21 de fevereiro, ele entrara na clausura e, diante da comunidade, perguntara: "Onde está minha pequena noviça?". Madre Maria de Gonzaga explicou-lhe as causas do adiamento de sua entrada. Em 31 de março, ele respondia a "Teresita" e lhe dava a bênção[103].

A hora chegou: é preciso partir. Teresa tem quinze anos e três meses. A entrada foi marcada para a segunda-feira, 9 de abril de 1888, festa da Anunciação da Virgem (diferida por causa da Semana Santa), o que convém perfeitamente a Teresa Martin.

"O momento tão ardentemente desejado" (Ms A, 68vº)

O último esboço da jovem leiga se deve a uma aluna da senhora Papinau, pouco tempo antes de sua entrada no Carmelo:

> Naquele dia, ela estava esperando o pai, que entrara por um instante na mercearia *Bouline*, na *Grande-Rue*, não longe da *place Thiers*. Ainda a vejo à beira da calçada, girando com um gesto maquinal a ponta de seu guarda-chuva na fenda de uma das valetas. Ela usava um vestido verde ornado com bordas de astracã e alamares. Tinha os cabelos presos com uma fita azul-celeste. Sua visão permaneceu presente em minha memória[104].

---

101. C 43 B, CG I, p. 343.
102. C 45, CG I, p. 348.
103. CG I, p. 351.
104. Testemunho de Charlotte de Cornière, filha do doutor, dois anos mais nova que Teresa, citado por seu sobrinho, Dom THIRON, *Le Docteur de Cornière et le Carmel de Lisieux*, p. 4 (ACL).

Leônia, marcada por suas experiências infelizes, prevenira a irmã. Que ela reflita bem antes de entrar na vida religiosa, essa vida exige muitos sacrifícios e não devemos nos comprometer irrefletidamente. "A resposta que me deu e a expressão de seu rosto me fizeram compreender que ela contava com todos os sacrifícios e os aceitava com alegria"[105].

Irmã Teresa descreverá o clima pesado da última noite nos *Buissonnets*, a atitude de cada um (os Guérin foram convidados para o jantar), a última noite com Celina, a última carícia ao cão Tom. Corajosa, ela assiste à missa no Carmelo, pontuada pelos soluços dos membros da família. Suas lágrimas correm também, mas silenciosas. Após a ação de graças, apresenta-se com o pai diante da porta de ferro ao lado da sacristia. De joelhos, pede sua bênção. Para dá-la, Luís Martin se ajoelha por sua vez.

Ao barulho dos ferrolhos, a pesada porta se abre diante das carmelitas, escondidas por seus grandes véus pretos. Contrariamente ao que pensara Irmã Inês de Jesus, o padre superior está presente e pronuncia as seguintes palavras de acolhida:

> "Pois bem, minhas Reverendas Madres, podeis cantar um *Te Deum*! Como delegado do senhor bispo, apresento-vos esta criança de quinze anos, cuja entrada quisestes. Desejo que ela não frustre vossas esperanças, mas vos recordo que, em caso contrário, arcareis sozinhas com a responsabilidade". Toda a comunidade ficou congelada com essas palavras[106].

Assim acolhida, Teresa Martin entrou na clausura e atrás dela se fechou a porta de ferro.

---

105. PO, p. 348.
106. IJ/PA, p. 141.

VI

"A SOLIDÃO DO CARMELO"

(Ms A, 53vº)

[9 de abril de 1888 – 30 de setembro de 1897]

Quanto às ilusões, o bom Deus me concedeu a graça
de não ter NENHUMA ao entrar para o Carmelo
(Ms A, 69vº).

POSTULANTE (9 de abril de 1888 — 10 de janeiro de 1889)
Meus primeiros passos encontraram mais espinhos que rosas!...
(Ms A, 69vº)

O Carmelo de Lisieux em 1888

Quando Teresa entra no Carmelo de Lisieux, estão se preparando para em breve celebrar o cinquentenário de sua fundação. Monsenhor Hugonin prevê que presidirá essa bela festa. Foi no dia da Assunção de 1835 que uma carmelita de Pont-Audemer (na diocese de Évreux) escreveu ao Padre Pierre-Nicolas Sauvage[1] — sulpiciano, ex-diretor do seminário de Bayeux, primeiro vigário de São Tiago de Lisieux — para expor-lhe o desejo de Athalie e Désirée Gosselin, duas jovens de Havre, de fundar um Carmelo em Lisieux. Sua saúde não lhes permite entrar no mosteiro de Pont-Audemer e elas desejam ofertar sua pequena fortuna para realizar o projeto. Padre Sauvage acolheu muito favoravelmente o plano e se abriu a respeito com Monsenhor Dancel, bispo de Bayeux (1827-1836). Este, a princípio, recusou. Mas, depois de ter encontrado Padre Sauvage e as irmãs Gosselin, deu seu consentimento em 15 de dezembro de 1835.

Athalie e Désirée deixaram Pont-Audemer e ficaram hospedadas nas beneditinas de *Notre-Dame-du-Pré*, em Lisieux, pedindo ao Padre Sauvage que as dirigisse. Mas era preciso encontrar um Carmelo que aceitasse "emprestar" algumas Irmãs para a fundação. Com essa esperança, o trio foi rezar em *Notre-Dame-de-la-Délivrande* para que o projeto

---

1. 1795 – 30 de abril de 1853.

se realize. A morte de Monsenhor Dancel, em 20 de abril de 1836, pareceu impor um obstáculo à fundação. De fato, seu sucessor, Monsenhor Louis-François Robin (bispo entre 1836 e 1855), que fora pároco de *Notre-Dame* de Havre, conhecia bem a família Gosselin. Em 30 de maio, durante uma audiência, Padre Sauvage recebe sua permissão para fundar um Carmelo em Lisieux.

Solicitados a enviar Irmãs, os Carmelos de Paris, Rouen e Mans recusaram. Em 13 de janeiro de 1837, Padre Sauvage foi entregar essa intenção a Nossa Senhora da Graça, em Honfleur, escrevendo ao Carmelo de Orléans e ao bispo da cidade. Monsenhor Jean Brumauld de Beauregard (bispo entre 1823 e 1839) o encaminhou ao Carmelo de Poitiers, cidade de cuja catedral fora pároco. Padre Sauvage lembrou-se, então, que Padre Rochemonteix, seu condiscípulo de Bayeux, tornara-se vigário-geral em Poitiers. Escreveu-lhe em 1º de fevereiro de 1837. Foi a priora do Carmelo de Poitiers, Madre Pauline, que lhe respondeu:

> Se quiserdes enviar-nos as três ou quatro jovens pessoas das quais nos falais, nós as formaremos da melhor forma que pudermos e, quando tiverem feito profissão, elas mesmas poderão voltar e fundar em sua terra; então, teriam muito mais vantagens, conhecendo o que é uma comunidade de carmelitas que vive na regularidade de todas as observâncias de nossa santa Ordem[2].

Em 14 de agosto, as duas postulantes e seu diretor chegaram a Poitiers. Elas tomaram hábito em 26 de abril, recebendo os nomes de Irmã Teresa de São José e Irmã Maria da Cruz. Outras duas postulantes as acompanharam: as senhoritas Caroline Guéret e Mouchet. Estas foram chamadas Irmã Antonieta do Espírito Santo e Irmã Úrsula de Todos os Santos. Voltando rapidamente a Lisieux, Padre Sauvage trabalhou para encontrar uma casa para as Irmãs. Em 1836, alugou uma, mas o Carmelo de Poitiers a recusou, achando-a muito pequena. Três anos de aluguel foram, portanto, pagos em vão pelo sacerdote.

Ao final de 1837, ele comprou uma moradia provisória (*rue de Livarot*) por 15300 francos: "a *Maison Dumoulin*", na qual era preciso fazer trabalhos. Onde alojar as carmelitas durante esse tempo? A viúva Leboucher ofereceu o primeiro e segundo andares de sua casa (*chaussée de Beuvillers*)[3]. Em Poitiers, a saúde das Irmãs Teresa de São José e Maria da Cruz não era das melhores. Novas preocupações para o Padre Sauvage. Mas, em uma carta de 23 de novembro de 1837, Madre Paulina lhe anunciava que duas Irmãs de Poitiers acompanhariam a fundação de Lisieux, assim como Irmã Genoveva de

---

2. Père DE SAINT-LOUVENT, "Fondation du carmel de Lisieux", *Le Pays d'Auge*, juillet-août 1997, p. 37.

3. Hoje, *rue du Père-Zacharie*, ao longo do rio Orbiquet.

Santa Teresa (trinta e dois anos), futura subpriora e mestra de noviças. Em 26 de fevereiro de 1838, Monsenhor Robin assinava o decreto episcopal que erigia um Carmelo em Lisieux, dedicado a "Maria concebida sem pecado", nomeando Madre Elisabeth de São Luís como priora e Padre Sauvage como capelão. A história do Carmelo começava nesse dia. Mas foi apenas em 24 de agosto de 1838 que Monsenhor Robin foi abençoar os novos edifícios da *rue de Livarot*. As cinco carmelitas se instalaram aí em 5 de setembro, após uma missa matinal celebrada na igreja São Tiago.

Madre Elisabeth morreu em 3 de janeiro de 1842, quando a compra de algumas casas adaptadas aumentava a fundação. Madre Genoveva sucedeu-a como priora. Padre Sauvage morreu em 30 de abril de 1853, aos cinquenta e quatro anos, e Padre Cagnard, pároco da catedral, o sucedeu.

Cinquenta anos após a fundação, Teresa Martin entra no Carmelo de Lisieux e será a quadragésima oitava professa. Em um hectare (um dos menores Carmelos franceses), ela encontra espaços que não têm mais nada em comum com os das origens: um claustro com seus edifícios de um andar (umas vinte celas), uma capela, uma sala de capítulo, uma sala com aquecedor, a casa do torno, um jardim, um cemitério, uma lavanderia, uma alameda de castanheiros… Tudo isso foi construído durante muito tempo, de 1845 a 1876, apenas onze anos antes da chegada de Teresa. Em 1847, os trabalhos foram interrompidos por falta de dinheiro. Padre Sauvage partiu a pedir esmolas para essa obra por toda a França. Um ano antes de sua morte, Monsenhor Robin abençoava a capela, no dia 6 de setembro de 1852[4].

Vinte e seis carmelitas

Indo tantas vezes ao locutório, Teresa Martin não ignorava a composição da comunidade. Mas uma coisa é encontrá-la através das grades, outra é viver ali "para sempre". Na época, o Carmelo conta com vinte e seis Irmãs: vinte coristas e quatro conversas, duas veleiras que não entram na clausura e asseguram a ligação com o exterior. Ultrapassando o número máximo de vinte e uma, fixado por Santa Teresa, o Carmelo de Lisieux recebera uma autorização especial.

A priora, Madre Maria de Gonzaga, cinquenta e quatro anos, vem de uma grande família nobre (Marie-Adèle-Rosalie Davy de Virville) e está à frente da comunidade desde 1886, mas esteve entre 1874 e 1883 e estará até 1893; depois, novamente, de 1896 a 1902[5]. Sucedeu Madre Genoveva de Santa Teresa, considerada a verdadeira

---
4. Padre Sauvage foi enterrado na capela diante do coro das carmelitas.
5. Ao todo, vinte e dois anos como priora.

fundadora, priora durante vinte e sete anos[6], que tem uma reputação de santidade. Esta está há quatro anos na enfermaria, onde a jovem Teresa visitará muitas vezes a anciã de oitenta e dois anos.

A postulante vai unir-se ao noviciado, cuja mestra é Madre Maria dos Anjos e do Sagrado Coração (nascida Jeanne de Chaumontel), no cargo de fevereiro de 1886 a fevereiro de 1893. No noviciado, encontrará sua irmã Maria do Sagrado Coração (até 1891) e Irmã Maria Filomena, da Normandia, que entrou no Carmelo aos trinta e sete anos; mas, tendo esta desejado cuidar da mãe doente, fizeram-na aguardar sua reintegração até novembro de 1884, aos quarenta e cinco anos. Deve-se acrescentar Irmã Marta de Jesus, vinte e três anos, educada em um orfanato, que entrou em Lisieux no dia 23 de dezembro de 1887 e será companheira de noviciado de Teresa até 1895. Com seus quinze anos, Teresa será verdadeiramente a "pequena Teresa" desse grupo de quatro noviças.

Madre Febrônia da Santa Infância foi subpriora de 1860 a 1866, de 1877 a 1883 e de 1886 até sua morte em 1892, vítima da epidemia de influenza. Impossível passar em revista todas as carmelitas[7]. Voltaremos a encontrá-las ao longo da vida de Teresa. A idade média das Irmãs é, na época, de aproximadamente quarenta e sete anos.

A comunidade reflete uma grande variedade de condições, de cultura. Para certas Irmãs provenientes das fazendas da Normandia, as Martin parecerão "intelectuais". Por sua personalidade, Madre Maria de Gonzaga emerge com força do conjunto. Em breve, será Irmã Inês de Jesus. As diferenças sociais permanecem bem demarcadas[8]. A leitura das circulares de todas as Irmãs oferece um bom panorama da comunidade, com suas riquezas e pobrezas. Não esqueçamos a fragilidade da formação das mulheres ao final do século XIX[9].

---

6. A partir de 1842.
7. Ver suas notícias biográficas em CG II, p. 1197-1218, e a Bibliografia desta obra. Ver Mss II, p. 130-132 (alguns erros a corrigir).
8. Ver o estudo de O. Lecable, "Les carmélites de Lisieux (1838-1938)", licenciatura em História, 1993, reproduzido.
9. A descrição da comunidade de Lisieux pelo Padre S. Piat, franciscano, habituado às comunidades religiosas, merece ser citada. É uma mistura de observação e humor benevolente: "Com exceção de dois ou três casos em que a falta de vocação carmelitana era evidente, constatava-se na maior parte das Irmãs muita virtude e uma piedade sincera, mas não totalmente esclarecida. Percebia-se também uma carência sensível de cultura e, nos atritos da vida comum, não poucos desentendimentos. Austeridade, uma observância estrita, uma caridade autêntica sustentada por inteligências limitadas, uma certa falta de elã e, nesse ambiente fechado, a intervenção de uma priora relativamente desconfiada e versátil: era o bastante para arrancar um dia a seguinte observação de Teresa, inserida por Madre Inês em seu relato no Processo: 'A comunidade parece caminhar sobre uma corda. É um verdadeiro milagre que o bom Deus aja a todo instante, permitindo que ela conserve o equilíbrio'. Mas sem generalizações.

Já conhecemos o superior do Carmelo, Padre Delatroëtte. O capelão é o Padre Louis-Auguste Youf (1842 – 7 de outubro de 1897), nascido em Caen, vigário em São Tiago de Lisieux, encarregado do Carmelo de 1873 até sua morte, ou seja, durante vinte e quatro anos. Ele é o confessor habitual das carmelitas. Sua saúde é frágil e seu temperamento o leva ao escrúpulo.

A vida diária

A mudança de vida será considerável para a postulante, embora ela conheça bem o que a espera: já faz seis anos que sua Mãezinha entrou no mosteiro e que ela frequenta o locutório, onde encontra também a madrinha. É suficiente apresentar a distribuição do tempo para evitar longas descrições.

HORÁRIO DO CARMELO DE LISIEUX NO TEMPO DE TERESA[10]

	HORÁRIO DE VERÃO (horas solares) (da Páscoa até 14 de setembro)	HORÁRIO DE INVERNO (de 14 de setembro até a Páscoa)
Despertar	4h45[11]	5h45
Oração	5h às 6h	6h às 7h
Horas	6h às 7h	7h às 8h
Missa	7h às 8h	8h às 9h

Domingos e festas: hora livre após o Ofício e missa às 8h

Trabalho	8h às 10h	9h às 11h
Desjejum (precedido do exame de consciência: de 10 a 15 minutos)		
	10h às 10h45[12]	11h às 11h45

Ao final das contas, o Carmelo de Lisieux não saía da descrição clássica de toda coletividade religiosa: algumas almas santas, algumas fervorosas, algumas medíocres, algumas enfermas, boa vontade do conjunto. Nem paraíso, nem inferno; um clima de esforço, no qual as pessoas se santificam sem ser infelizes" (*Sainte Thérèse de Lisieux. À la découverte de la voie d'enfance*, Paris, Éd. franciscaines, 1965, p. 83). Ver Irmãs CAMILLE ET MARIE DE LA RÉDEMPTION, "Horizons des femmes à la fin du XIXème siècle à Lisieux: la bourgeoisie et le Carmel, cadre de la vie de Thérèse", em *Thérèse carmélite*, Paris, Éd. du Cerf, 2006, p. 25-47.

10. De acordo com uma anotação manuscrita de Irmã Genoveva, dirigida ao Padre Piat entre 1947-1950 (folha de 21 cm × 13,5 cm, escrita frente-verso) (ACL).

11. As Irmãs conversas se levantam uma hora mais cedo, mas devem dormir às 21h.

12. Nos dias de jejum da Ordem (aconteciam com muita frequência), desjejum às 11h (ou seja, três horas de trabalho pela manhã). Nos dias de jejum da Igreja: desjejum às 11h30 (ou seja, três horas e meia de trabalho). É o tempo livre do "silêncio" que é reduzido.

Recreação	11h às 12h	12h às 13h
Silêncio (sesta, tempo livre)	12h	
Trabalho	13h às 14h	
Vésperas	14h	
Leitura espiritual (ou reunião das noviças)		14h30
Oração	17h	
Jantar	18h	
Recreação	18h45	
Completas	19h40	
Silêncio (tempo livre, como ao meio-dia)		20h às 21h
Matinas e Laudes[13]	21h às 23h	21h às 23h

Seguidas do exame (de 10 a 15 minutos)
Recolher-se por volta das 23h ou um pouco menos, com exceção dos dias de festa, onde se cantam partes do Ofício

MODIFICAÇÕES

Durante os jejuns da Igreja e no inverno

Trabalho	9h às 11h30
Desjejum	11h30
Recreação	12h30 às 13h30
Trabalho	13h30 às 14h

Idem para o resto

Durante a quaresma

Vésperas	11h
Desjejum	11h30
Leitura	14h às 15h

Se recapitularmos, obteremos a seguinte síntese: seis horas e meia de oração; cinco horas de trabalho; duas horas de recreação comum; duas horas na cela (no verão); menos de seis horas de sono (no verão), menos de sete horas de sono (no inverno). Constata-se que o tempo é muito repartido, deixando pouco espaço ao tempo pessoal. O horário no noviciado é ainda mais fragmentado: deve-se aprender a contrariar a própria vontade. O conjunto transcorre em um clima de silêncio habitual, com exceção das horas de recreação.

Teresa encontrará um regime alimentar que nem sempre será conveniente ao seu estômago um pouco delicado. Deve-se, porém, atentar que ela não jejuou antes dos vinte

---

13. Tempo livre: as carmelitas podem rezar, trabalhar, repousar.

e um anos, ou seja, até janeiro de 1894. De manhã, após a missa (por volta de 8h), o café da manhã é composto por uma sopa grossa. Nos dias de jejum, não se toma nada até 10h. O desjejum compreende um ovo ou peixe frito, um farto prato de legumes (muitas vezes feculentos) com muito pão. Deve-se comer tudo o que é servido. A bebida é uma espécie de cidra fabricada na adega ou uma "cerveja" bastante ácida. À noite (às 18h), uma sopa muito espessa ou uma grande tigela de leite fresco, um prato de legumes. Nos tempos de penitência, as Irmãs têm uma porção de pão pesada com manteiga, geleia para os jejuns da Ordem Carmelita. No tempo dos jejuns da Igreja, dispõem de frutas secas ou cruas[14]. A abstinência de carne é perpétua.

Os escritos da fundadora da Reforma do século XVI — Santa Teresa de Jesus d'Ávila (1515-1582) —, as *Constituições*, o cerimonial, *Le Trésor du Carmel* contendo o *Papier d'exaction*[15] especificam tudo o que deve ser observado em matéria de oração, silêncio, ofícios (trabalhos), mortificações (sob diversas formas), pobreza, obediência, sinais de respeito, penitências no refeitório, recreios[16] etc. Tal maneira de viver e comportar-se exige um longo e minucioso aprendizado, confiado ao tempo do noviciado. Temos que descobrir pouco a pouco em qual universo espiritual Teresa viveu seus nove anos de vida religiosa.

Recordemos algumas etapas históricas do Carmelo francês. Introduzida na França em 1604 por um pequeno grupo de carmelitas espanholas companheiras de Santa Teresa, de modo especial em Paris, a Ordem reformada não pôde fazer aceitar a ajuda dos carmelitas descalços fundados pela *Madre*. Estando a França em guerra contra a Espanha, não era possível deixar entrar espanhóis no território. O Carmelo foi, portanto, confiado essencialmente ao cardeal de Bérulle (1575-1629). Esse grande espiritual nem

---

14. O valor global de um almoço para trinta religiosas custava 9 francos.

15. *Le Trésor du Carmel* (contendo opiniões, exortações, regulamentos dos visitadores), Tours, 1842. *Le Papier d'exaction* começa na página 493 e termina na página 579. *Le Papier d'exaction apporté par nos mères espagnoles, suivi de quelques instructions et avis de ces vénérables mères* (Paris, J. Mersch, 1889). Esse livro, em uso no Carmelo, apresenta os detalhes das mínimas observâncias a ser guardadas com diligência e pontualidade. É o sentido da palavra *exacción* em espanhol. O livro foi afrancesado.

16. Ver o excelente trabalho do padre carmelita Emmanuel RENAULT, *Thérèse de Lisieux carmélite. La Règle, la liberté et l'amour*, Paris, Éd. du Cerf, 1998, que detalha toda a vida, do despertar ao adormecer e em todas as circunstâncias. Sobre as mortificações, ver p. 75-76. As Irmãs tomavam a disciplina três vezes por semana. Em uma carta de Celina à visitandina Leônia, ler-se-á: "Certa vez, no noviciado tínhamos feito o cálculo dos golpes que levávamos por ano. À razão de 300 golpes de disciplina por *Miserere*, o que é o mínimo (Teresa chegava a 370, até mesmo 400, acredito que seja o máximo), tomamos 66 mil, sem contar as disciplinas para pedir graças ou por devoção" (1º de outubro de 1899, ACL). Sobre a evolução de Teresa no que se refere às diversas penitências corporais, ver CLG, p. 134-135; UC, p. 497-499; CA 3.8.5.

sempre conseguiu acomodar-se aos usos das primeiras carmelitas espanholas. O corte, que só se agravou com o tempo, afastou pouco a pouco o Carmelo francês de suas raízes teresianas.

O rigor da Ordem do Carmelo fez com que esta fosse considerada uma Ordem de reparação e penitência. A influência do jansenismo acentuou ainda esse aspecto ascético que não tivera em suas origens[17]. Daí o apelido geral de Carmelos "bérullianos", que não tinham mais nenhuma relação com os padres carmelitas. É revelador que Teresa nunca tenha encontrado um sacerdote pertencente à sua Ordem.

Vimos que, em 21 de fevereiro de 1888, Monsenhor Hugonin entrara na clausura com um carmelita, o Padre Basile do Santo Nome de Maria, pregador da quaresma na diocese naquele ano. Mas durante anos nenhum carmelita falou às carmelitas de Lisieux[18].

Tais são as pessoas, os lugares e as condições de vida que Teresa vai descobrir.

"É para sempre, sempre..." (Ms A, 69v°)

Ela recolheu suas primeiras impressões: as da descoberta do coro das carmelitas, centro de toda a vida conventual: "Tudo me encantava, julgava-me transportada a um deserto" (Ms A, 69v°). Introduziram-na em sua cela, no primeiro andar, ala leste, que mede 3,10 m × 2,65 m: uma cama sobre tábuas, um banco, uma escrivaninha, uma pia, uma jarra, uma pequena lâmpada a óleo. A três metros de sua janela, ela pode ver um teto de ardósia. Se o sol brilha, Teresa será beneficiada à tarde. Essa cela será sua durante mais ou menos cinco anos. Por enquanto, continua a usar seu vestido azul de leiga, mas o recobre com uma palatina preta e usa um gorrinho.

No dia de sua entrada, Irmã Inês de Jesus lhe pediu que recitasse de cor um texto da *Imitação de Cristo* para Madre Maria de Gonzaga e para mostrar que o que diziam da memória de sua irmãzinha não era uma invenção. Dócil, a jovem recita o capítulo VII do livro II: "É preciso amar Jesus acima de todas as coisas". Ele corresponde aos sentimentos de alguém que acaba de deixar tudo para "buscar Jesus em tudo e tudo encontrar n'Ele".

---

17. Ter-se-á um exemplo do ambiente de um retiro de sete dias pregado em vários Carmelos pelo Padre de Juge de Brassac (falecido em 1811) nas notas tomadas por uma carmelita, reproduzidas em *Le Trésor du Carmel* (ed. de 1842), p. 277-330. As instruções sobre "A morte de uma religiosa tíbia", sobre "o juízo final" e "o inferno" são particularmente aterrorizantes.

18. CG I, p. 348, n.a. Padre Basile (Basile Audubert), carmelita, nascido em 1824, foi condiscípulo do Padre Hugonin na *école des Carmes* de Paris. Vigário provincial da semiprovíncia de Aquitânia (1888). Faleceu em 1901.

Seguindo o horário conventual, Teresa se lança ao trabalho: remendo de tecidos na rouparia sob a direção de sua mestra de noviças, Madre Maria dos Anjos. Teresa acha estranho ter que falar com ela durante todo o tempo do trabalho, embora seja para falar de Deus. Certo dia, não suportando mais, a postulante "saltou-lhe ao pescoço para abraçá-la..."[19]. Varre a escada, o dormitório, o claustro, onde encontra algumas dificuldades com as aranhas, das quais tem horror[20]. Todos os dias, às 14h30, ela encontra suas três companheiras no noviciado para aprender os usos ensinados por Madre Maria dos Anjos.

Casamento para Celina?... Tomada de véu para Maria

Durante esses dias, a vida continua nos *Buissonnets*, um pouco perturbada pela partida da mais jovem. No dia seguinte, 10 de abril, Luís Martin escreve aos amigos Nogrix: "[...] Teresa, minha Rainhazinha, entrou ontem no Carmelo. Só Deus pode exigir tal sacrifício, mas ele me ajuda tão poderosamente que, em meio às lágrimas, meu coração superabunda de alegria"[21].

No dia anterior, já emocionada pela partida de sua irmã, Celina, voltando do Carmelo, viveu um acontecimento inesperado: um de seus amigos a pediu em casamento. Tudo concorre para identificar o pretendente como sendo Albert Quesnel[22]. Em sua autobiografia, Celina confessa sua perplexidade:

> Falaram-me de um pedido de casamento. Essa novidade me chocou. Não que eu estivesse indecisa sobre o que devia fazer, mas, escondendo-se, a luz divina me deixou entregue às minhas próprias inconstâncias. Eu não parava de pensar: "Essa oferta, que me é feita justamente no momento em que Teresa me deixa, não é um indício de uma vontade de Deus a meu respeito, que eu não tinha previsto? O Senhor pode ter permitido que eu desejasse a vida religiosa até hoje para que, no mundo, eu seja uma mulher forte? Tantas pessoas dizem que não tenho o jeito de uma religiosa. Talvez, com efeito, eu não seja chamada a essa vida pela divina Providência. Minhas irmãs nunca foram formalmente intimadas a escolher entre as duas vidas; sem dúvida, Deus

---

19. UC, p. 472, n.a.
20. Ver CA 13.7.18.
21. CF, p. 387.
22. Nascido em Lisieux em 1858, morando na paróquia São Tiago. Filho único de ricos joalheiros que conhecem a família Martin. Com talento para a pintura e o desenho, deu conselhos para Celina. Ele conheceu Teresa até sua entrada no Carmelo. Após Celina recusar a proposta de casamento, ele entrou no seminário maior aos trinta e seis anos. Foi pároco de Ranville, onde foi sepultado. Para o jubileu de ouro de Madre Inês de Jesus — em 8 de maio de 1934 —, ele lhe deu um pequeno quadro representando o caminho dos *Buissonnets*, onde sua família morara (AL, n. 607, novembro 1982, p. 15, e AL, n. 609, janeiro de 1983, p. 12-13).

as queria para Ele e não quer a mim!…". Enfim, embora minha resolução jamais tenha variado, a angústia cresceu, não parou de crescer… eu não conseguia mais ver com clareza. Respondi, no entanto, em dúvida, que não queria, que desejava ficar tranquila naquele momento e que não me esperasse[23].

Pouco tempo depois, Padre Pichon vai confirmar Celina na recusa desse casamento, pois se aproximam "as radiosas festas do mês de maio" (Ms A, 71r°): Maria Martin tomará o véu na quarta-feira, 23 de maio[24]. Mas Madre Maria de Gonzaga decide que a emissão dos votos na sala do capítulo será feita na véspera, para não sobrecarregar o dia seguinte. Grande decepção para Maria do Sagrado Coração: Padre Pichon não chegará! Ela aceita a ausência como pode. Ao final da cerimônia, é sua afilhada, postulante há seis semanas, que a coroa com rosas, de acordo com o costume (Ms A, 71v°). No dia seguinte se dá a festa pública, em presença da família e dos amigos. Monsenhor Hugonin preside a missa e Padre Pichon faz a pregação. Agora vestida de preto, Irmã Maria do Sagrado Coração é novamente coroada pela última a chegar. No mesmo dia, após a missa, como o bispo o permitira, celebra-se o cinquentenário do Carmelo de Lisieux. Monsenhor Hugonin entra na clausura "acompanhado por numeroso clero"[25]. Pode-se imaginar que Padre Pichon se encontrava no grupo e observou a postulante, cujos primeiros passos nessa nova vida se dão sem problema.

Em sua primeira carta ao pai, ela lhe recorda algumas lembranças engraçadas da viagem a Roma e assina "Teresa do Menino Jesus", nome religioso que desejava ter, confirmado pela priora. Esta pode escrever à senhora Guérin, em 17 de maio: "Outra perfeição é esse Lobinho, jamais poderia acreditar em um julgamento tão avançado aos quinze anos de idade!… nenhuma palavra a dizer-lhe, tudo é perfeito…"[26].

O primeiro acontecimento espiritual importante para a postulante começou no dia seguinte à tomada de hábito de Irmã Maria do Sagrado Coração: Padre Pichon prega o retiro da comunidade entre quinta-feira, 24, e segunda-feira, 28 de maio de 1888. Ele ministra duas instruções por dia[27]. Irmã Maria de São José e Irmã Maria do Sagrado Coração tomaram notas. Teresa, não. Ela espera poder encontrar o pregador, mas é a última e deve esperar. "Eu a vi chorar para conseguir do Padre Pichon alguns minutos

---

23. P. PIAT, *Céline*, p. 35-36.
24. Seu dote, dado pelo senhor Martin, chega a 8 mil francos.
25. *Fondations du Carmel de Lisieux*, III, p. 155.
26. VT, n. 90, abril 1983, p. 145-146. O apelido "Lobinho" fora dado a Teresa por Maria Guérin, sua prima.
27. Ele pregara o retiro do ano anterior. Notas foram conservadas graças à Irmã São Pedro, recopiadas por Celina em uma caderneta de 144 páginas. Nesta, encontram-se numerosas frases que marcarão Teresa quando ler esse retiro.

no confessionário, enquanto às outras ele concedia horas"[28]. Por fim, sem ver o padre, ela faz uma confissão geral.

Sabe-se por quais sofrimentos ela passara desde o segundo retiro de Comunhão pregado pelo Padre Domin (maio de 1885): dezessete meses de escrúpulos e os sofrimentos de alma resultantes da cura pela Virgem do Sorriso. O que Padre Pichon vai dizer-lhe será uma etapa capital. Trata-se aqui das inquietações a respeito de sua grave enfermidade: não teria ela fingido estar doente? Apesar da opinião de seu confessor habitual, Teresa continuava preocupada. Dessa vez, a libertação da dúvida, que durava há cinco anos, será definitiva.

> [O Padre] ficou surpreendido ao ver o que o bom Deus operava em minha alma; disse-me que na véspera, considerando-me rezar no coro, julgava meu fervor totalmente infantil e meu caminho muito suave[29]. Essa entrevista com o bondoso Padre foi para mim uma grandíssima consolação, velada, porém, de lágrimas, devido à dificuldade que experimentava em abrir minha alma. No entanto, fiz uma confissão geral, como jamais fizera. No fim, o Padre me disse estas palavras, as mais consoladoras que vieram ressoar ao ouvido de minha alma: "Em presença de Deus, da Santíssima Virgem e de todos os santos, declaro que jamais cometestes um só pecado mortal". Depois acrescentou: "Agradecei ao bom Deus o que fez por vós, pois, se ele vos abandonasse, em vez de ser um anjinho, vós vos tornaríeis um demoninho". Ah, não tinha dificuldade em acreditar nisso; sentia o quanto era fraca e imperfeita, mas a gratidão enchia minha alma. Tinha tanto receio de ter manchado a veste de meu Batismo, que tal afirmação, proferida pela boca de um diretor como o desejava nossa Santa Madre, isto é, alguém que unisse a ciência à virtude, parecia-me saída da boca do próprio Jesus... O bom Padre me falou ainda estas palavras: "Minha filha, que Nosso Senhor seja sempre o vosso superior e o vosso mestre de noviças" (Ms A, 7-rº).

Com essas palavras, o jesuíta a deixou e nunca mais voltou a vê-la, pois estava partindo outra vez para o Canadá. Ela lhe escreverá todos os meses, ele lhe responderá todos os anos. Não é difícil deduzir que seu conhecimento de Teresa foi muito parcial. Ela não tinha outra solução, senão fazer de Jesus seu superior, seu mestre de noviças e seu diretor[30]. Na terça-feira, 29 de maio, Padre Pichon chega a Poitiers. Irmã Inês de Jesus

---

28. IJ/NPPA, "Directeurs" (citado por [Irmã CÉCILE], *Le Père Pichon et la famille Martin*, p. 27).

29. Teresa dirá na enfermaria: "O Padre Pichon me tratava como uma criança; mas também me fez muito bem, dizendo-me que não cometi pecado mortal" (CA 4.7.4).

30. Ela voltará muitas vezes ao fato de que Jesus foi seu "Diretor" (Ms A, 71r; Ms A, 74rº [duas vezes]; Ms A, 80vº; C 142), o "Diretor dos diretores" (Ms A, 71rº). Ao longo dos anos, a correspondência com o Padre Pichon ficará espaçada, até cessar.

recomenda a Celina que compre a passagem de trem para Paris, e acrescenta: "Que graça ter um santo por Padre!"[31].

Desde que recusou o pedido de casamento, Celina, confortada por Padre Pichon, pensa em anunciar ao pai sua decisão de também entrar no Carmelo. Ao mesmo tempo, teme essa conversa, pois a saúde do pai a preocupa. Ele sente fadiga com frequência, sua memória o abandona, a ponto de esquecer de alimentar seu periquito favorito. Isso não o impede de fornecer peixes às carmelitas e de fazer projetos. Durante uma de suas viagens a Paris para tratar de negócios financeiros, ele alugou um pequeno chalé em Auteuil, pensando que Celina poderia estudar desenho e pintura na Academia de Belas Artes. Na sexta-feira, 15 de janeiro, ao mostrar-lhe uma de suas pinturas (a Virgem e Maria Madalena), a filha comunica sua decisão. Ele suspeitava e aceita, pronto a dar todas as suas filhas a Deus. "Todas vós podeis partir. Eu ficarei feliz por dar-vos ao bom Deus antes de morrer. Para os dias da velhice, uma cela despojada será suficiente"[32].

Papai desapareceu!

Uma semana mais tarde — no sábado, 23 de junho — o drama começa. Luís Martin desapareceu. Pânico nos *Buissonnets* e no Carmelo! Onde procurá-lo? Para cúmulo da desgraça, na quarta-feira, 26 de junho, às 5h, um incêndio destrói a casa vizinha aos *Buissonnets*[33]. No dia seguinte, chega a Lisieux uma carta do fugitivo, postada em Havre, pedindo dinheiro. Isidoro Guérin, seu sobrinho Ernest Maudelonde e Celina vão para lá às pressas *via* Trouville e o encontram são e salvo, com a barba raspada. O que ele fez durante esses quatro dias? Parece que tenha projetado partir para o Canadá para viver na solidão, fazendo várias vezes o trajeto Le Havre — Trouville com pescadores. Pode-se imaginar a angústia das cinco filhas, especialmente das três enclausuradas. Ele reencontrou todas elas com alegria.

---

31. [Irmã Cécile], *Le Père Pichon et la famille Martin*, p. 57, n. 91.
32. S. Piat, *Céline*, p. 37.
33. "Nessa manhã (terça-feira), um pouco antes das cinco horas, um incêndio se manifestou em uma pequena casa alugada ao senhor Prévost, o qual partira ontem à noite para Saint-Martin-de-Mailloc, depois de ter fechado sua porta: o imóvel, pertencente a uma senhora Angot (*rue d'Orbec*), foi destruído, assim como a maior parte dos móveis: tudo devia ser preservado. Duas bombas, sob a direção do capitão Lepage, foram acionadas e apagaram o fogo: a primeira do reservatório da Prefeitura, levada pelo cabo Leminoux, pôde preservar a casa ocupada pelo senhor Martin e sua família, um aposento de madeira começava a ser consumido pelas chamas" (*Le Normand*, terça-feira, 26 de junho de 1888, p. 2).

Luís compra a casa danificada e considera a possibilidade de adquirir os *Buissonnets* assim ampliados. Sempre empreendedor, leva Celina e Leônia para passar os primeiros dias de julho na casa de campo de Auteuil, com seu pequeno jardim. Mas as duas irmãs se sentem de tal modo exiladas ali, que rescindem o contrato de aluguel.

Primeiros passos

No Carmelo, durante esse tempo preparou-se a festa da priora na quinta-feira, 21 de junho: São Luís Gonzaga. A partir da noite do dia 20, dão-lhe presentes. No dia seguinte, Teresa interpreta uma peça de teatro composta por Irmã Inês de Jesus sobre... "Santa Inês". Dando o papel-título à jovem irmã, sua "Mãezinha" tenta também expressar os sentimentos da postulante. Preparada com um certo entusiasmo[34], a pequena peça será muito apreciada pelas carmelitas. Teresa representa seu primeiro papel na clausura, no esplendor de seus quinze anos, em túnica branca, com sua longa cabeleira solta. Ela é Santa Inês. Santa Emerenciana, sua pequena escrava, é interpretada por Irmã Marta, noviça[35]. Irmã Inês inspirou-se no célebre livro do cardeal Wiseman — *Fabiola ou l'Église des catacombes* (1854) — e, principalmente, no ofício do Breviário romano. Inês recusa desposar Corvinus, o filho do prefeito de Roma, o que trará como consequência o seu martírio.

Pode-se imaginar o ardor de Inês-Teresa respondendo às ameaças do romano:

> É a Jesus Cristo que amo! Serei esposa d'Aquele cuja Mãe é virgem, cujo Pai é um puro Espírito e que já faz ressoar aos meus ouvidos o som harmonioso de seus instrumentos. Serei esposa d'Aquele que os anjos servem, d'Aquele cuja beleza o sol e a lua admiram. Ele pôs seu selo em minha fronte para que eu não receba outro amante senão Ele...

As carmelitas, impressionadas pela interpretação de Teresa[36], recusaram-se a voltar a executar a peça após sua morte (só foi reencenada sessenta e dois anos mais tarde, em 21 de junho de 1950).

O postulado dura habitualmente seis meses, mas veremos que o estado de saúde de Luís Martin levará a retardar a tomada de hábito da filha até janeiro de 1889, isto é, cerca de três meses suplementares. Mais tarde, Teresa escreverá que, durante esses

---

34. Ver C 53, de 17 de junho de 1888, CG I, p. 373.
35. A peça foi publicada em VT, n. 71, julho 1978, p. 230-240.
36. Certas réplicas de Inês (sabidas de cor) marcarão Teresa por muito tempo. Em 21 de janeiro de 1896, ela escreverá *Os Responsos de Santa Inês* (P 26).

primeiros meses — muito importantes para discernir uma vocação —, encontrou "mais espinhos que rosas" (Ms A, 69vº). Algumas vezes o foco dessa observação foi colocado sobre a atitude da priora, Madre Maria de Gonzaga, para com aquela que foi a última a chegar à comunidade. Ora, constata-se que a Madre amava muito sua "Teresita". Mas uma coisa é encontrar-se no locutório e outra é comprometer-se na vida diária de uma carmelita. As concepções da época levavam as superioras a "provar" as postulantes. Teresa reconhecerá que Maria de Gonzaga era muito severa com ela (a santa sublinhou por três vezes a palavra "muito", o que é raro em seus escritos) [Ms A, 70vº]. Mas isso fazia parte da formação habitual.

Madre Maria de Gonzaga dirá à Irmã Maria dos Anjos, a mestra de noviças: "Não é uma alma dessa têmpera que é preciso tratar como uma criança e ter medo de humilhar sempre"[37]. As humilhações são abundantes, entre as quais o famoso e tão frequente ato de "beijar a terra"[38]. Por exemplo, a mestra do noviciado lhe disse que a avisasse se sentisse dor de estômago; Teresa, obediente, o declara todos os dias. Madre Maria dos Anjos esqueceu a recomendação e conclui que a noviça, com semelhante saúde, não poderá aguentar. Ou vai pedir um remédio à Madre Maria de Gonzaga, que reage: "Mas essa menina reclama sempre! Vem-se ao Carmelo para sofrer; se ela não pode suportar suas dores, que vá embora!"[39].

A própria Irmã Inês de Jesus não pensou duas vezes antes de provar a jovem irmã. Bem mais tarde, ela contará:

> Eu mesma a fiz sofrer. À força de ouvir dizer e repetir, em todos os tons, que ela era lenta, que não conseguia fazer nada, que jamais poderia prestar verdadeiros serviços em um ofício, terminei por acreditar e, nos dois anos em que esteve comigo encarregada do refeitório, eu a vigiava de perto e a repreendia por coisas sem importância. Certo dia, fiz-lhe tão duras críticas porque demorara a arrumar uma toalha (sem que tenha havido qualquer negligência de sua parte), que ela não conseguiu não chorar, o que lhe acontecia muito raramente, pois só me lembro de tê-la visto chorar assim duas vezes, desde sua entrada até a última enfermidade [...]. Mais ela chorava, mais eu a angustiava. Recusava perdoá-la, nada me apaziguava e fiquei irritada durante muito tempo [...]. Com frequência eu a tratava como uma noviça comum, a quem se deve repreender a todo instante[40].

---

37. PA, p. 358.
38. Celina, mais tarde, terá apenas uma crítica a fazer à sua mestra de noviças (Teresa): esta era severa demais (MA, p. 219, nota). Esta se explicou sobre sua atitude (Ms C, 23rº).
39. MTr/PA, p. 487.
40. NPPA, "Provas de que ela não foi mimada". Em sua última enfermidade, Teresa e Inês evocarão esse período. "Tão bem que chegastes a não mais me reconhecer", dirá Teresa à irmã (CA 13.7.18).

Uma dificuldade suplementar provém do fato de reencontrar Paulina e Maria, suas duas mães sucessivas. A mais velha foi designada para ser seu "Anjo", ou seja, aquela que deve iniciá-la nos usos da vida corrente, por exemplo, como localizar-se nos arcanos da recitação do ofício em latim, nas páginas de um grosso breviário. Pouco tempo depois, Teresa agradecerá à madrinha: ela entendeu bem. Inútil voltar a encontrar-se. Maria do Sagrado Coração ficará um pouco afetada por receber uma lição da afilhada, que lhe disse: "Não estamos mais em nossa casa!"[41].

Um bilhete de Irmã Inês de Jesus para Irmã Maria do Sagrado Coração dá testemunho de sua decisão de não mais envolver-se nos primeiros passos de Teresa. Que sua irmã faça como ela:

> Quereis que vos diga uma coisa? Essa pequena aventura nos prova que verdadeiramente não devemos nos ocupar em nada de Teresa do Menino Jesus. Quanto a mim, deixá-la-ei inteiramente à vontade: que ela pergunte o que quiser, que lhe concedam tudo o que ela pedir. Não teremos que responder por isso. Guardemos nossa paz, guardemos nossa alma... Já é muito que nos ocupemos de nós mesmas. Deus nos abençoará se agirmos assim... Sigamos nosso caminho... Sem isso, encontraremos tantas ocasiões de perturbação que não conseguiremos dar conta...[42].

As duas irmãs terão dificuldade para honrar a boa resolução. Para salvar sua liberdade, Teresa se faz pequena e adota símbolos que indicam sua espiritualidade: o "junquinho"[43], o "obscuro grão de areia"[44], "o cordeirinho"[45]. Mas, ao mesmo tempo, escreve orgulhosamente ao pai o propósito que fez: "Eu me esforçarei para fazer tua glória, tornando-me uma grande santa"[46].

Em uma das cartas a Celina encontra-se uma meditação que mostra a profundidade dos pensamentos de Teresa:

> A vida, muitas vezes, é pesada, quanta amargura... Mas quanta doçura! Sim, a vida custa, é difícil começar um dia de trabalho; o frágil botão, como o belo lírio, o viu. Se ao menos sentíssemos Jesus, oh, faríamos tudo por ele. Mas não, ele parece estar a mil léguas de distância e nós, sozinhas conosco mesmas. Oh, que tediosa companhia quando Jesus está ausente! Mas que faz, então, esse doce Amigo? Não vê nossa angústia, o peso

---

41. NPPO, 1908, p. 6-7, citado em CG I, p. 367, n.f.
42. CG I, p. 381 (8 de julho de 1888).
43. C 49, C 54.
44. C 54.
45. C 54. Esse apelativo (Teresa interpretou Santa Inês) retornará muitas vezes. CG I, p. 378, n.h. Irmã Inês tinha o apelido de "Cordeiro".
46. C 52 (maio-junho? 1888), CG I, p. 372.

que nos oprime? Por que não vem nos consolar, já que só a ele temos por Amigo? Ai, ele não está longe, está muito perto, tem seu olhar voltado para nós, mendiga-nos essa tristeza, essa angústia; tem necessidade delas para as almas, para a nossa alma. Quer dar-nos uma recompensa tão bela, suas ambições para nós são tão grandes... Mas como dirá ele: "Agora é minha vez", se a nossa não chegou, se não lhe demos nada? Ai, custa a ele dar-nos a beber tristezas, mas ele sabe que é o único meio de nos preparar para "conhecê-lo como ele se conhece e para que nós mesmos nos tornemos deuses". Oh, que destino, como é grande a nossa alma... (C 57, 23 de julho de 1888).

O contraste entre a maturidade expressa nas cartas à sua confidente Celina e as linhas comportadas — quase infantis — à família Guérin (incluída a prima Maria) revela como Teresa protege sua vida profunda. Esse fato será uma constante em sua correspondência no Carmelo. Mas o principal sofrimento da postulante provém da fragilidade da saúde de seu Rei.

Em 6 de agosto, ele levou as filhas a Alençon[47], mas no dia 12 terá uma recaída nos *Buissonnets*. Seu estado, tal como Celina o descreve a Teresa em 22 de julho, deixava-a pressentir:

> Ontem à noite, acreditei que meu coração ia romper-se, é sobre o pobre paizinho. Coloquei-lhe um cataplasma de amido[48] e ele me disse que desejava fazer uso de purgativos, por causa dos enjoos que tomavam conta dele. Ele me parece agora tão velho, tão cansado. Se o visses ajoelhar-se todas as manhãs à mesa da Comunhão, ele se apoia, ajuda-se como pode, é de fazer chorar. Meu coração está partido, imagino que ele morrerá logo...[49].

Tais notícias só podiam avivar os sofrimentos da jovem enclausurada, tanto mais que se fala muito de morte na família Guérin. O senhor Auguste David, primo da senhora Guérin e proprietário do castelo de La Musse, perto de Évreux, sofreu várias crises cardíacas. Isidoro multiplica as viagens a La Musse (7-10 de agosto), para assisti-lo. Mas seu primo morre em 22 de agosto, aos setenta e cinco anos[50]. Todos os Guérin estarão no enterro — no sábado, 25 de agosto — e permanecerão até 29 de setembro na propriedade da qual se tornarão herdeiros. Trabalhando em Lisieux durante todo o mês de setembro, Isidoro irá ao seu encontro.

No mesmo dia — festa de São Luís —, Teresa escreve ao pai, evocando mais uma vez a viagem a Roma, mas evitando toda alusão à sua saúde.

---

47. Ver carta de Celina a Pauline Romet, 27 de julho de 1888; VT, n. 94, abril 1984, p. 145.
48. Sobre uma ferida atrás da orelha esquerda, consequência de uma picada de inseto (epitelioma).
49. CCor 86, 22 de julho de 1888, CG I, p. 383.
50. Ver a carta de Teresa à senhora Guérin — C 60, de 23 de agosto de 1888, CG I, p. 391.

Sem dúvida, é nesse verão que ela copia um texto: "A filha do Sultão"[51]. Trata-se de uma lenda holandesa do século XV, publicada em *Le Pèlerin* (n. 266, de fevereiro de 1882)[52]. A história de uma jovem pagã que encontra Jesus e se põe a buscá-lo, o que a conduzirá a um convento, tinha razões para atrair Teresa. Algumas citações mostram a similitude das situações:

— Jovem — diz Jesus —, se quiserdes seguir-me, deveis abandonar tudo: vosso pai, vossas riquezas e vosso belo palácio.

— Vossa beleza é mais preciosa para mim que tudo isso. Foi a vós que escolhi, é a vós que eu amo. Não há nada na terra tão belo quanto vós. Deixai-me, pois, seguir-vos aonde quiserdes. Meu coração me ordena obedecer-vos e quero ser vossa.

[...] A jovem bate à porta do mosteiro e diz estar buscando um formoso desconhecido que ela encontrou e cujo nome ignora:

— Ah — exclama o porteiro —, é Jesus, nosso Senhor.

— Sim, meu pai, é a ele que amo e que procuro.

— Bem, jovem, se esse é o vosso noivo, vo-lo quero mostrar. Vinde, vinde, chegastes ao final de vossa viagem. Entrai sob nosso teto, ó jovem prometida, e dizei-me donde vindes; sem dúvida, de uma terra estrangeira.

— Sou a filha de um rei, fui criada nas grandezas e tudo deixei por aquele que amo.

— Encontrareis mais do que deixastes junto Àquele do qual os bens provêm, junto a Jesus, vosso amor. Entrai, pois, e segui meu conselho. Eu vos levarei a Jesus, mas esquecei vosso pai e a casa paterna; e o Eterno Rei, o Senhor, se encantará com vossa beleza.

— Sim, meu pai, rendo-me ao vosso parecer, meu bem-amado é o que tenho de mais caro e nenhum sacrifício pode me dar medo[53].

No momento em que Teresa abandona tudo, a família Guérin recebe uma fabulosa herança de Auguste David, ex-tabelião em Évreux. Viúvo de Léonie Charvet, falecida em sua carruagem em 1869, ele se converteu graças a Isidoro e lhe declarou: "Guérin, eu vos devo minha salvação". Este torna-se legatário universal — sendo o defunto primo de sua esposa, Céline Fournet. Os Guérin e os Maudelonde herdaram a propriedade de La Musse, com 43 hectares[54]; no dia 8 de dezembro, Isidoro herda um hotel particular

---

51. O autógrafo está nos arquivos de Lisieux, datado por Teresa: "1888". Texto publicado em VT, n. 70, abril 1978, p. 132-135.

52. Encontra-se esse texto também em *Œuvres très completes de Sainte Thérèse d'Avila*, Paris, 1840, t. II, p. 671-672. [A peça foi publicada em VT, n. 71, julho 1978, p. 230-240 (N. do T.).]

53. VT, n. 70, p. 135.

54. Nascido em Lisieux em 24 de janeiro de 1812, Auguste David comprara La Musse em 1863. Tinha restaurado a propriedade, construído a casa, organizado o parque, canalizado a água do rio

em Évreux e um milhão de francos. Doravante, todas as férias da família Guérin serão passadas em La Musse, em alternância com os Maudelonde, beneficiados com uma parte da herança.

De 8 a 15 de outubro, as carmelitas fazem seu retiro anual, no momento da festa de Santa Teresa de Ávila. Naquele ano, o pregador foi, sem dúvida, o Padre Blino, jesuíta[55]. No último dia de retiro é a festa de Santa Teresa. De Poitiers, Padre Pichon, que recebeu quatro cartas de Teresa, a parabeniza. Ele continua sem saber se vai partir para o Canadá. Celina também a cumprimenta por sua festa, chorando sua ausência, achando-se muito sozinha, "sem apoio, sem conselho"[56]. Seu pai continua a prover as carmelitas de peixes diversos, mas deve comprá-los, pois não vai mais à pescaria. Sua saúde continua a preocupar os que o cercam. Evidentemente, evita-se fazer alusão ao assunto.

O tempo do postulado — seis meses — vai acabar. Teresa pediu por escrito ao bispo a permissão para tomar o hábito e começar o noviciado. A resposta — de 25 de outubro — foi favorável[57]. Bem entendido, era necessário falar do assunto ao Padre Delatroëtte, o superior. No dia 26, ele responde a Teresa e no dia 27, à priora. Nas duas cartas manifesta certa aspereza: já que o bispo está de acordo, sua opinião não é "de nenhuma utilidade"[58]. Uma carta a Celina, a confidente a quem ela saúda por sua festa, revela algo do estado de espírito da postulante nesses dias:

> Quando pensamos que, se o bom Deus nos desse o universo inteiro, com todos os seus tesouros, isso não seria comparável ao mais leve sofrimento... Que graça quando de manhã nos sentimos sem nenhuma coragem, sem nenhuma força para praticar a virtude; é esse, então, o momento de pôr o machado à raiz da árvore. Em vez de perder o próprio tempo recolhendo palhinhas, extraímos diamantes. Que lucro ao final do dia! É verdade que algumas vezes nos descuidamos por alguns momentos de ajuntar nossos tesouros. É o momento difícil; sente-se a tentação de largar tudo, mas num ato de amor, mesmo não sentido, tudo fica reparado e mais que reparado. Jesus sorri, ajuda-nos sem dá-lo a perceber, e as lágrimas que os maus lhe fazem chorar são enxugadas pelo nosso pobre e fraco amor. O amor pode tudo, as coisas

---

Iton para um reservatório, cercado tudo com um muro. Ele nunca quis dizer o valor de tais trabalhos, contentando-se em confessar que "era uma loucura". Em 11 de maio de 1899, Isidoro Guérin vendeu La Musse ao conde de La Bourdonnais (CrG).

55. Nascido em 2 de agosto de 1839, entrou na Companhia de Jesus em 12 de outubro de 1861, ordenado sacerdote em 15 de agosto de 1870. Pregou o retiro no Carmelo de Lisieux em outubro de 1883, sem dúvida em outubro de 1888, e ministrará os exercícios inacianos em maio (?) de 1890.
56. CCor 88, 14 de outubro de 1888, CG I, p. 400.
57. CCor 89, CG I, p. 404.
58. CCor 90 e CD, CG I, p. 404 e 405.

mais impossíveis não lhe parecem difíceis. Jesus não olha tanto para a grandeza das ações, nem mesmo para a dificuldade delas, como para o amor com que esses atos são feitos...[59].

O capítulo conventual aceitou o pedido de Teresa: ela poderá tomar hábito (Ms A, 72rº). Mas o voto das capitulares não foi unânime, faltaram dois ou três[60].

Chega a notícia sobre o Padre Pichon: dessa vez, é certo que ele embarcará de Havre para o Canadá em 3 de novembro. Celina decide ir dizer-lhe adeus em Honfleur, com o pai e Leônia, em 31 de outubro. É razoável levar Luís Martin a esse lugar que recorda tantos sofrimentos recentes? Inês de Jesus lhe escreve: "Não viajes mais com meu paizinho, eu te suplico, fica conosco"[61]. Celina se dá conta da situação e escreve às irmãs:

> Papai me disse coisas que deixaram meu coração partido. Uma vez (enquanto estávamos no vagão do trem) ele me abraçou com uma expressão tão bondosa, chamando-me sua "intrépida"... Oh, como papai me dá pena! Vejo que ele está sofrendo muito. Sua pobre figura é hoje de uma palidez mortal. Em certo momento, ele recitou esta passagem de uma poesia: "Só a morte tem invencíveis atrativos para mim". Em seguida, pôs-se a soluçar [...]. Papai é de uma bondade incrível, ele me acompanha como uma criança e quer que seja eu a dirigir tudo. Peço as informações, pego as passagens, os carros etc. Estou com o coração apertado[62]...

Ela anota em sua caderneta: "Honfleur... Le Havre... etapas muito dolorosas! Papai muito doente..."[63].

Contudo, não chegando o Padre Pichon a Havre, Celina decide ir encontrá-lo em Paris, apesar da recaída do pai em 31 de outubro.

> Não, não há palavras, não há expressões para repetir minhas angústias e nossos sofrimentos, sinto-me impotente. Queridas irmãzinhas, meu sofrimento é tão agudo que, passeando à beira do cais [em Honfleur], eu contemplava com inveja o fundo das águas. Ah, se eu não tivesse fé, seria capaz de tudo[64].

Padre Pichon viu o pai e as duas filhas. Pouco depois, escreverá à Irmã Maria do Sagrado Coração: "O venerável ancião que voltou a ser criança não demorará, sem

---

59. C 65, 20 de outubro de 1888, CG I, p. 402.
60. Madre Inês de Jesus, VT, n. 70, abril 1978, p. 153.
61. Bilhete sem data (30 de outubro).
62. CD 718, 31 de outubro de 1888, VT, n. 94, abril 1984, p. 151. Ver carta de 1º de novembro de 1888.
63. CMG IV, p. 187.
64. C 94, abril 1984, p. 151.

dúvida, a voar para os céus"⁶⁵. Pode-se imaginar o estado das três carmelitas ao saber essas notícias. A mestra das noviças, em retiro pessoal, escreve a Teresa — seu Benjamim — para consolá-la⁶⁶. Não é mais o caso de tomar hábito nessas condições. A única possibilidade é adiar a data.

De volta a Lisieux, Isidoro Guérin e o doutor Notta cuidam energicamente de Luís Martin. "Contra toda esperança" (Ms A, 72rº), o patriarca vai recuperar-se. Em 15 de novembro, Teresa deixa rebentar sua alegria e afeição:

> Meu Rei querido, como Deus é bom por te haver curado! Asseguro-te que tua Rainhazinha esteve bem preocupada e, de fato, havia razão para isso, pois estiveste muito doente. Todo o Carmelo se pôs em oração e, assim, o bom Deus finalmente escutou seus suspiros e restituiu-me o meu Rei. Mas tu sabes, paizinho querido, que agora que o bom Deus fez o que desejávamos, é a tua vez de nos deixar inteiramente felizes. A orfãzinha da Bérésina vem, pois, pedir que te cuides BEM, tanto quanto for preciso. Sabes que a Intrépida n. 2 entende disso; assim, peço-te para teres consideração pelo seu título (concedido pelo próprio Rei) para tratar-te como for preciso. Tua Rainhazinha está sempre junto de ti com o coração. Como poderia ela esquecer seu Rei tão bom?... E depois, parece-me que a afeição é ainda maior, se é que isso é possível, quando se sofreu tanto!... Até mais, meu querido Rei. Sobretudo, cuida-te bem para dar alegria à tua Rainha⁶⁷.

Nas palavras de Irmã Inês de Jesus, ela atravessou a provação com valentia: "O pequeno Benjamim foi muito corajoso no sofrimento... É uma alma eleita, um coração de uma delicadeza extrema, mas que nada pode abater. É admirável!"⁶⁸. A preocupação das filhas, contudo, permanece. Irmã Inês lamenta: "O que é triste é que lhe resta sempre o desejo de viajar...".

Em 24 de novembro, festa de São João da Cruz, as Irmãs da comunidade, segundo a tradição, tiram à sorte uma palavra do santo, seu "Testamento". Irmã Teresa do Menino Jesus recebe o seguinte texto:

> Minha filha, eu vos deixo minha pureza de intenção!... Vós me imitareis privando-vos, por Deus, de toda consolação e inclinando vosso coração a escolher sempre, de preferência, tudo o que deve agradar menos vosso gosto, quer da parte de Deus, quer da parte das criaturas!... Isso é o que se chama amar verdadeiramente a Deus!⁶⁹.

---

65. 27 de dezembro de 1888. Luís Martin tem, então, sessenta e cinco anos.
66. CCor 92, 2-4 de novembro 1888 (?), CG I, p. 1108.
67. C 66, 15 de novembro de 1888. A Intrépida n. 2 é Celina. A n. 1 é Paulina.
68. A Pauline Romet, 29 de novembro de 1888, CG I, p. 410, n.a.
69. *Maximes*, n. 58, tradução das carmelitas de Paris. Ver OC, p. 1231-1232.

Ela a copia em um papelzinho. Essa sentença deve tê-la encorajado a aceitar o prazo imposto para sua tomada de hábito.

O postulado de Teresa duraria, portanto, nove meses. Ela não é em nada responsável por esse adiamento, que depende somente das vicissitudes da saúde de seu "Rei" tão amado. Madre Maria de Gonzaga, em retiro pessoal, tenta consolá-la:

> Não quero que a filha de minha ternura se deixe levar a uma tristeza tão grande. Não sei nada sobre a tomada de hábito... O bispo parece dizer que não pode vir daqui até janeiro [...]. Antes de entregar-se ao sofrimento, é preciso esperar [...]. Eu vos trago em meu coração, que vos abençoa com muita força, filha tão querida!!![70].

Uma carta do Padre Pichon, do Canadá, partirá no mesmo sentido, em resposta a outra de Teresa, que lhe comunica o atraso em sua tomada de hábito: "Brinquedinho de Jesus, quebrado pela mão adorada, querida órfã crucificada em vossos dois pais..."[71].

Natal no Carmelo (1888)

A herança considerável que tocou a família Guérin leva Isidoro a multiplicar as viagens a Évreux e a vender sua farmácia. Ele encontra um comprador na pessoa de Victor Lahaye[72]. Este se instala em 15 de dezembro.

Mudando rapidamente para a *rue de la Chaussée* em Lisieux, os Guérin entram em uma nova etapa de sua vida familiar.

O primeiro Natal da postulante Teresa do Menino Jesus no Carmelo se passa em uma serenidade que recorda o segundo aniversário de sua "conversão". Durante o ofício da noite, revestem-na antecipadamente do hábito do Carmelo. No pesado breviário de Madre Genoveva, emprestado para a ocasião, ela tem que "cantar" em latim (na verdade, em *recto tono*), sozinha no meio do coro, a primeira lição das matinas, tirada de Isaías 9. Irmã Inês de Jesus a preparou e marcou as pausas e respirações. Teresa alterna os responsórios com a comunidade. Para ela, é uma estreia, está emocionada. As Irmãs ouvem essa voz jovem, um pouco arrastada, com um sotaque do Orne, que enrola os "r"[73]. Depois da

---

70. CCor 93, 6-10 de dezembro de 1888, CG I, p. 416. Ver as duas outras cartas da Madre a Teresa para ajudá-la a aceitar essa "humilhação", CCor 94 e CCor 95, CG I, p. 417-418.

71. CCor 97, 27 de dezembro de 1888, CG I, p. 420.

72. Nascido em Aignerville (Calvados) em 24 de julho de 1855. Tem três filhos, entre os quais a pequena Marthe, que passará temporadas em La Musse com sua mãe enferma, que morre de tuberculose (1894). Victor morre em 9 de dezembro de 1936. Os vínculos entre as famílias Guérin e Lahaye são estreitos.

73. Conforme suas contemporâneas.

missa da meia-noite, ao voltar à sua cela, Teresa encontra uma mensagem do "Pequeno Jesus" escrita por sua irmã Inês de Jesus[74].

Em alguns dias, ela completará dezesseis anos e na semana seguinte usará para sempre o hábito do Carmelo, mas, em virtude da idade, pode usar calçados, "espécies de pequenas botinas bordadas de astracã", que Teresa pede a "Lulu" (Maria Guérin) que compre para ela. "Não podes imaginar o quanto somos bem cuidadas no Carmelo, tenho que comer sempre e aquecer os pés..."[75].

Pouco lhe importam as questões financeiras que preocupam as duas famílias. O "escândalo do Panamá" agita a França e custa caro aos signatários[76]. Luís Martin perde 50 mil francos. Quase nessa época, o arcipreste da catedral São Pedro abre uma subscrição para a compra de um novo altar-mor: seriam necessários 10 mil francos. Luís Martin traz-lhe a soma, pedindo segredo. Mas a família (e o Padre Pichon) serão informados. Sempre tutor sub-rogado das filhas Martin, o tio Isidoro fica inquieto com essa generosidade. Visto o estado de saúde do cunhado, ele deve temer outras prodigalidades inconsideradas. Mas Teresa aprova o pai. Todavia, Celina pode escrever a Pauline Romet, em 30 de dezembro de 1888: "Nosso querido paizinho vai sempre cada vez melhor, chega a estar tão bem quanto possível; fico feliz que o vejais, ele irá a Alençon no meio desta semana"[77].

Em 2 de janeiro de 1889: Teresa festeja seus dezesseis anos, ou melhor, os mais próximos comemoram seu aniversário[78]. O ano que se anuncia começa com este passo decisivo: sua tomada de hábito. Esta é marcada para 9 de janeiro. A postulante, que tanto ama as coincidências de datas, se rejubila: 9 de abril de 1888 – 9 de janeiro de 1889 dá exatamente nove meses, o tempo da concepção de Jesus, já que ela entrou no dia da Anunciação.

"Jesus não me diz absolutamente *nada*" (C 75)

Seu retiro preparatório começa na noite de sábado, 5 de janeiro, e vai durar três dias. Mas Monsenhor Hugonin, enterrando seu vigário geral, não pode presidir a cerimônia no dia 9 e esta é remarcada para o dia seguinte. Não importa a data, Teresa ganha um dia de

---

74. Poesia de doze linhas (VT, n. 94, abril 1984, p. 157).
75. C 69, novembro (?) 1888, CG I, p. 413. Alusão a um pequeno braseiro que lhe deram.
76. Ferdinand de Lesseps começou os trabalhos desse canal interoceânico em 1881. Por falta de capitais, estes foram suspensos em 1889, levando à liquidação judicial da Companhia universal do canal.
77. CG I, p. 419, n.d.
78. Celina Guérin mandou geleia de maçã e pão condimentado para o lanche da comunidade, além de uma coroa de lírios artificiais para a celebração.

retiro. O tom dos quatorze bilhetes escritos durante esses dias não reflete uma quietude serena. Como escreverá mais tarde ter entrado no Carmelo sem "ilusões" (Ms A, 69v°), ela descobriu rapidamente os sofrimentos dos atritos da vida comum.

Nada de violento, mas aquilo que ela chamará "as alfinetadas das criaturas"[79]. Teresa já comete o erro de pertencer à família Martin e sua juventude, que motiva algumas carmelitas a tomá-la por "um brinquedinho", não favorece sua integração. Irmã São Vicente de Paulo, monja conversa especialista em alfinetadas[80], apelida-a de "a cabritona", o que contrabalança o apelido habitual de "Teresinha"[81]. Irmã Teresa de Jesus (que sairá do mosteiro em 1909) não cessava de repetir: "Como puderam achar Irmã Teresa do Menino Jesus bonita? Ela parece uma grande camponesa da Bretanha!"[82].

Desde o primeiro dia do retiro, o ambiente se impõe:

> Nada junto a Jesus, secura!... Sono!... Mas ao menos há silêncio!... o silêncio faz bem à alma... [...] Como Jesus quer dormir, por que eu o impediria? Estou muito feliz que ele não se preocupe comigo; ao tratar-me assim, ele me mostra que não sou uma estrangeira, pois vos garanto que ele não se dá ao trabalho de vir conversar comigo! (C 74, 6 de janeiro de 1889).

Tudo isso não impede grandes elãs de fervor e uma preocupação missionária sempre presente:

> É incrível como meu coração me parece grande quando considero todos os tesouros da terra, pois vejo que todos reunidos não poderiam contentá-lo. Mas, quando considero Jesus, como ele me parece pequeno!... Gostaria tanto de amá-lo... Amá-lo como ele nunca foi amado!... Meu único desejo é fazer sempre a vontade de Jesus, enxugar as pequenas lágrimas que os pecadores o fazem derramar... Oh, não QUERO que Jesus tenha pena no dia de meus esponsais, gostaria de converter todos os pecadores da terra e salvar todas as almas do purgatório!...[83].

Outro eco de tristeza em um bilhete à madrinha: "O pobre cordeirinho [Teresa] não consegue dizer nada a Jesus e, principalmente, Jesus também não lhe diz absolutamente nada"[84]. Ela deve lutar contra sua jovem afetividade, que a conduz em direção à priora e também à irmã, Inês de Jesus.

---

79. C 55, 5-9 de julho de 1888, CG I, p. 379.
80. C 74, 6 de janeiro de 1889, CG I, p. 429, n.a. e C 76, 7 de janeiro de 1889, CG I, p. 433, n.a.
81. IJ/NPPA.
82. Ibid.
83. Ibid.
84. C 75, 6 ou 7 de janeiro de 1889, CG I, p. 430.

Na segunda-feira, 7, a intensificação do sofrimento — e sua aceitação — é manifesta:

> Como é bondoso para comigo aquele que em breve será meu Noivo; como é divinamente amável, não permitindo que me apegue a NENHUMA coisa criada! Ele sabe que, se me desse somente uma sombra de FELICIDADE, eu me apegaria a ela com toda a energia, toda a força do meu coração; ele me recusa essa sombra, prefere deixar-me nas trevas a dar-me uma falsa luz que não seria ele!... Como não posso encontrar nenhuma criatura que me contente, quero dar tudo a Jesus, quero dar à criatura apenas um átomo do meu amor. Possa Jesus sempre dar-me a compreender que só ele é a felicidade perfeita, mesmo quando ele mesmo parece ausente!... Se Jesus não me dá consolação, dá-me uma paz tão grande, que me faz muito mais bem!... [...] ... a felicidade está somente no sofrimento, e no sofrimento sem nenhuma consolação!...[85].

Suas irmãs, Inês de Jesus e Maria do Sagrado Coração, tentam consolá-la[86]. O que faz também Madre Maria de Gonzaga, que deveria conversar com ela todos os dias, de acordo com o costume, mas, sendo continuamente perturbada, Teresa não pode contar-lhe nada. Ela entra no escritório da priora "sem alegria" e "vou embora sem alegria"[87]. Sua mestra de noviças lhe escreve para motivá-la ao "abandono total a Jesus"[88]. Mas nada muda a situação.

Na terça-feira, 8, dois bilhetes a Inês de Jesus e Maria do Sagrado Coração confirmam a persistência das trevas interiores. Entretanto, permanece a convicção de que a paz reside no fundo da alma e que esse caminho obscuro se revelará positivo:

> O cordeiro [Inês] se engana ao acreditar que o brinquedo de Jesus não está nas trevas, ele está mergulhado nelas. Quem sabe — e o cordeiro reconhece —, essas trevas são luminosas, mas, apesar de tudo, são trevas... Sua única consolação é uma força e uma paz muito grande e ele espera ser como Jesus quer: eis sua alegria, pois de outro modo tudo é tristeza... [...] ... Se soubésseis o quanto minha alegria é grande por não ter nenhuma para dar prazer a Jesus!... É a alegria mais refinada (mas de modo algum sentida)[89].

"Oh, a pátria... a pátria!... Como tenho sede do Céu, onde amaremos Jesus sem reserva!... Mas é preciso sofrer e chorar para chegar lá... Bem, quero sofrer tudo o que aprouver a Jesus, deixá-lo fazer o que ele quiser de sua bolinha"[90]. No mesmo dia,

---

85. C 76, janeiro de 1889, CG I, p. 432-433.
86. CCor 101, CCor 102, CG I, p. 431-434.
87. C 78, 8 de janeiro de 1889, CG I, p. 439.
88. CCor 104, CG I, p. 436.
89. C 78, 8 de janeiro de 1889, CG I, p. 439.
90. C 79, 8 de janeiro de 1889, CG I, p. 441.

por uma permissão excepcional, Teresa pôde escrever ao pai, sob o registro habitual da "Rainhazinha" ao seu "Rei"[91].

Depois desses dias difíceis, porém intensos, chega a segunda-feira, 10 de janeiro de 1889, aquele dos "esponsais".

"Que bela festa!" (Ms A, 72rº)

O ritual da época foi respeitado. A postulante, em trajes de noiva, saiu da clausura. Usava um vestido de veludo branco, decorado com ponto de Alençon. Seus longos cabelos estavam presos em um véu branco com uma coroa de lírios. Nos braços do pai e acompanhada pela família e amigos em procissão, Teresa entrou na capela depois que Monsenhor Hugonin celebrou a missa: este entoou um *Te Deum*, reservado habitualmente às profissões. Um padre tentou corrigir o erro litúrgico... tarde demais: o hino foi cantado integralmente.

Os assistentes se dirigiram à sacristia, onde a "noiva de Jesus" abraçou todos os seus. Em seguida, ela penetrou definitivamente na clausura, conduzida por sua priora. Chegando ao claustro, viram a neve a recobrir o chão do pátio. Teresa o desejara intensamente. Viu nisso "um pequeno milagre" a manifestar a delicadeza de seu "Noivo" (Ms A, 72vº). No coro, todas as carmelitas a acolheram com uma vela acesa na mão. Revestiram-na do hábito carmelitano: touca, vestido de burel marrom, véu e capa brancos, alpargatas. Cortou-se uma parte de sua longa cabeleira, mas foi somente mais tarde que ela teve a cabeça raspada, de acordo com o costume da época. O bispo se juntou à comunidade, feliz por reencontrar aquela que chamava *"sua* filhinha" (Ms A, 72vº).

O verdadeiro pai voltou a ver Teresa no locutório. Ele estava feliz: "nunca o vira mais belo, mais digno... Causou a admiração de todo mundo, esse dia foi seu *triunfo*, sua última festa na terra" (Ms A, 72rº)[92]. Tudo foi alegria no dia 10 de janeiro. Houve um jantar na casa paroquial de São Tiago, na residência de Padre Delatroëtte, pároco. Padre Godefroy Madelaine, prior dos premonstratenses da abadia de Mondaye, ouviu a seguinte confidência de Luís Martin: "Estou feliz por ter dado minhas filhas ao bom Deus. Gostaria de ter uma dúzia para ofertar-Lhe. Ele me dá uma grande honra pedindo-me

---

91. C 77, 8 de janeiro de 1889, CG I, p. 437. É a última carta ao pai a ser publicada. Todas as seguintes serão destruídas.

92. Resta que Irmã Inês de Jesus viveu esses momentos na agonia: "O pobre paizinho estava ameaçado por uma crise a todo instante, eu tinha medo de um incidente qualquer durante a cerimônia [...] na noite do dia anterior, suplicava ao bom Deus que tivesse piedade de nós e que papai não gritasse na capela" (CG I, p. 440).

minhas filhas para introduzi-las em sua família"[93]. No Carmelo, na noite desse grande dia, o jantar comunitário será festivo: Luís Martin ofereceu a champanhe e um melão recheado de bombons.

A neonoviça oferece uma estampa de renda à sua companheira, Irmã Marta. No verso, escreveu a lápis:

> Lembrança de minha cara Tomada de Hábito, oferecida à minha Irmãzinha querida. Em breve, o divino Prometido de Teresa do Menino Jesus será também Aquele de Irmã Marta de Jesus! Pedi a Jesus que eu me torne uma grande santa, pedirei a mesma graça para minha querida companheirazinha! Irmã Teresa do Menino Jesus da Santa Face nov. carm. ind.[94].

É espontaneamente que ela assina pela primeira vez "da Santa Face", fruto do que acaba de viver no postulado. Etapa capital de seu caminho espiritual, marcado pela devoção à Santa Face, já vivida em família e amplificada no Carmelo sob a influência de sua irmã Inês de Jesus: "Até então, não tinha sondado a profundidade dos tesouros ocultos na Santa Face; foi por vós, minha Mãe querida, que aprendi a conhecê-los" (Ms A, 71r°).

Sabemos o lugar que a Santa Face de Tours ocupa na espiritualidade do Carmelo de Lisieux.

Fazendo a escolha de acrescentar "da Santa Face" ao seu nome religioso, Teresa inaugura uma longa história: a de seu amor apaixonado pela "Face adorável de Jesus", expressa mais tarde através de poesias, ensinamentos às noviças, realizações iconográficas[95].

Ela lerá a vida de Irmã Maria de São Pedro[96], guardará uma estampa com a fotografia desta em seu livro dos Evangelhos e uma mecha de seus cabelos em um saco de relíquias que estará sempre consigo.

Ainda que os que a cercam, ignorando essa opção, continuem a chamá-la Teresa do Menino Jesus, ela une definitivamente a si o mistério da Encarnação (ligado à sua "conversão" no Natal de 1886) ao mistério da Redenção, significado pela Santa Face. No ano seguinte, Teresa escreverá à prima Maria Guérin, que deseja entrar no Carmelo e chamar-se "Maria do Santíssimo Sacramento: teu nome expressa tua missão"[97]. O mesmo acontece com ela. Teresa começa, portanto, seu noviciado sob o sinal da "Santa Face", pressentindo que vai unir-se cada vez mais a Jesus crucificado.

---

[93]. HF, p. 345.
[94]. C 80, 10 de janeiro de 1889, CG I, p. 445, "nov.carm. ind." = "noviça carmelita indigna".
[95]. Ver DLVI, p. 150-177, 212-213, 416, 419.
[96]. *Vie de la sœur Saint-Pierre, carmélite de Tours*, escrita por ela mesma, organizada e completada com a ajuda de suas cartas e dos anais do seu mosteiro, pelo Padre Janvier-Tours, 1881.
[97]. C 109, 27-29 de julho de 1890, CG I, p. 549.

NOVIÇA (11 de janeiro de 1889 – 24 de setembro de 1890)

O sofrimento estendeu-me os braços e lancei-me a ele com amor
(Ms A, 69v°).

Sua vida no noviciado não sofre nenhuma mudança substancial, além do fato de seu ofício consistir em ocupar-se do refeitório com sua irmã Inês de Jesus e continuar a varrer[98]. Ela tem que lutar para resistir às tentações de falar com a irmã (Ms A, 75r°). Alguns dias depois de 10 de janeiro, Padre Gombault, ecônomo do seminário menor, entra na clausura para dar conselhos a propósito da velha casa do torno, ameaçada pela ruína. Pedem-lhe que fotografe a noviça para a família Martin. O padre tira duas fotos: a primeira, ao pé da cruz do pátio, em que Teresa está vestindo a capa branca[99]; a segunda, orientada diferentemente, sem capa (esta está colocada atrás, no vão da escadaria). Ela apresenta uma expressão serena e feliz. Alimentada por feculentos e pão, Teresa engordou (o que parece um bom sinal de vocação depois do postulado), mas isso lhe valerá o cumprimento humilhante de Irmã São Vicente de Paulo, diante da priora: "Oh, que rosto de prosperidade! Essa menina está forte[100]! Ela está gorda!"[101]. Irmã Madalena, que para Teresa diante da cozinha, não tem a mesma opinião: "Mas o que estais vos tornando, minha pobre Irmãzinha Teresa do Menino Jesus? Estais emagrecendo a olhos vistos! Se continuardes desse jeito, com essa cara que faz tremer, não seguireis a regra por muito tempo!"[102].

As fotografias chegarão aos *Buissonnets* com as recomendações inquietas de Irmã Inês de Jesus às duas irmãs:

> Principalmente, dizei ao nosso paizinho querido que mostre as fotos apenas ao meu tio e não diga a ninguém que Monsenhor Gombault fotografou [Teresa]. Crer-se-ia que ele entrou deliberadamente, o que não é verdade, já que o bispo tinha permitido que ele viesse com o empreiteiro visitar a velha casa. Podem dizer, caso perguntem, que me emprestaram o aparelho [de Celina] por dois ou três dias. Esse segredo é muito IMPORTANTE[103].

---

98. "Depois de minha tomada de hábito, fui colocada no refeitório até a idade de dezoito anos [1891], eu o varria e punha água e cidra" (CA 13.7.18). Ela teve também que limpar o pequeno aposento anexo chamado "Saint-Alexis", cujas aranhas a assustavam (CA 13.7.18).
99. VTL 5 e 6.
100. Essa Irmã media apenas 1,50 m; Teresa, 1,62 m.
101. CA 25.7.15.
102. Ibid.
103. CG I, p. 454.

A melhora da saúde do pai, que permitiu que ele estivesse presente à tomada de hábito da filha, é de curta duração. Em 21 ou 22 de janeiro, Celina faz uma descrição muito preocupante à prima Joana Guérin, enquanto Isidoro está em Évreux:

> Podes escrever a meu tio que o dia não foi verdadeiramente ruim. Essa manhã, mesma agitação que ontem, nada de gritos, risadas prolongadas durante 1 ou 2 horas, choros, bater de mãos, conversas como se eu estivesse em seu quarto e que ele me responderia a alguma coisa. Essa tarde, uma calma completa, até mesmo sono, papai dizia que seguramente eu o induzira a tomar alguma coisa para fazê-lo dormir. Ele queria ficar só. Essa noite, gritos ruidosos e conversas solitárias mais uma vez[104].

Celina suporta sozinha todos esses sofrimentos. Teresa tenta consolá-la, recordando-lhe a fecundidade dessas provações e as palavras de São João da Cruz, meditadas por ocasião das conversas no belvedere dos *Buissonnets* no verão de 1887: "Sofrer e ser desprezado". Ela faz alusão aos rumores que circulam em Lisieux e chegam até à clausura: as jovens Martin são em parte responsáveis pelo estado do pai, principalmente Teresa, com sua entrada prematura no Carmelo. A dor aniquilou o pobre pai abandonado[105].

Ao final de janeiro, uma melhora se faz sentir: "Papai nos disse essa manhã: 'Minhas pobres filhas, não estou totalmente recuperado, mas estou melhor, é estranho tudo o que se passou há alguns dias, é como um sonho!'"[106]. Um pouco mais tarde, ele está mais uma vez fazendo projetos: "Apego-me à vida, não por mim, mas por minhas filhas. Colocarei em ordem os nossos *Buissonnets*, eu os comprarei; quero agradar-vos em tudo". Ele disse essas palavras a Celina várias vezes[107]. Esta também sofria com o fato de suas irmãs não a acharem competente o bastante para cuidar do pai. Padre Pichon tinha que tomar sua defesa. Ademais, elas não se davam conta da gravidade de seu estado. Alguns dias mais tarde, o drama iria começar.

---

104. CD 732, VT, n. 95, julho 1984, p. 212.
105. Ver Madre Inês de Jesus: "Pessoas pouco delicadas disseram da própria Irmã Teresa que a entrada de suas filhas no Carmelo — particularmente a da mais jovem, que ele amava de um modo especial — causara esses acidentes. Pessoas bem-intencionadas conversavam conosco no locutório sem consideração. Mesmo na comunidade, durante os recreios, entretinham-se em nossa frente a respeito desse assunto tão desolador para nós. Enquanto minha irmã Maria e eu ficávamos acabrunhadas com esse sofrimento, a Serva de Deus — que, incontestavelmente, sofria muito com isso — suportava a provação com uma grande calma e um grande espírito de fé" (PO, p. 167-168).
106. CG I, p. 454, n.a.
107. CD 736, VT, n. 95, julho 1984, p. 214.

Matrícula 14449: "Nossa grande provação" (Ms A, 73vº)

Na terça-feira, 12 de fevereiro de 1889, Luís Martin é vítima de um estado de superexcitação: alucinações delirantes levam-no a ver batalhas e revolução em Lisieux. Nos *Buissonnets*, três mulheres o cercam: Celina, Leônia e Maria Cosseron, a empregada. Para defendê-las, sacou seu revólver, entregando-o a Leônia em seguida. Alarmadas, elas chamam o doutor Notta. Este alerta o senhor Maudelonde, na ausência de Isidoro Guérin, que chega com seu amigo Auguste Benoît[108]. Ele não vê outra solução, senão mandar internar o cunhado no hospital do *Bon-Sauveur* de Caen, pois teme recaídas, impossíveis de ser gerenciadas por três mulheres. Celina também descreveu a cena dolorosa em uma carta à madrinha, do dia 18 de fevereiro:

> Ele estava muito longe de querer fazer-nos mal com seu revólver; ao contrário, queria defender-nos. Em sua imaginação, via coisas espantosas, carnificinas, batalhas; ouvia o canhão e o tambor. Em vão, eu tentava desenganá-lo. Uma tentativa de roubo feita na cidade só confirmou suas ideias; também pegou seu revólver e queria trazê-lo consigo em caso de perigo, pois — dizia — "eu não queria fazer mal sequer a um gato". Com efeito, não acredito que papai se serviria dele, era uma ideia que passava e que se desvaneceria. Talvez tivéssemos que esperar e, antes de agir, tentar todos os meios para tirar-lho, pois ele era tão bom, tão doce, abraçava-nos com tanta ternura[109]!

Isidoro Guérin convence Luís a tomar o trem e dar um passeio em Caen. Levam o cão Tom e o trio passa pelo Carmelo. Nevou. Em breve, o bairro da estação de trem será inundado. Na época, Irmã Inês de Jesus é porteira e acolhe o pai no locutório. Ele lhe diz: "Sou eu, minha Paulina, que estou trazendo-te peixe". Luís tirou seu lenço e o abriu para mostrar dois ou três peixinhos. Ele diz ao cachorro Tom: "Vai embora!". Assim que o pai partiu, Inês de Jesus foi lavar o lenço na neve.

Chegando ao *Bon-Sauveur* de Caen, é preciso dizer ao enfermo que ele está ali para ser tratado. O doutor Notta[110] assinou o certificado oficial de entrada no hospital. Luís Martin recebe o número 14449[111]. A partir da segunda-feira, 19 de fevereiro, Celina e

---

108. Cunhado da senhorita Pauline Romet, madrinha de Celina. Casara-se com Hortense Romet em 1857. Nasceu em 1826, morreu um 1903.

109. CD 470, CG I, p. 456.

110. O doutor Notta fora consultado por Zélia Martin e cuidara de Teresa em maio de 1883. Era amigo do farmacêutico Guérin.

111. Sobre o hospital do *Bon-Sauveur* de Caen, sua fundação e funcionamento, ver Doutor Robert CADÉOT, *Louis Martin*, V.A.L. 1985, p. 111-118, e a tese de Claude QUÉTEL, *Le Bon-Sauveur de Caen, les cadres de la folie du XIXème siècle* (Sorbonne, 1976). Guy GAUCHER, *Louis Martin: Le Roi humilié*, VT, n. 157, janeiro 2000, p. 66-69.

Leônia hospedam-se em Caen, nas Irmãs de São Vicente de Paulo (*rue de Bayeux*, 67), para estar próximas do pai e visitá-lo uma vez por semana. Por ora, vão pedir notícias todos os dias à Madre Marie-Adélaïde Costard[112], que dirige o departamento dos homens, a saber, cerca de 500 enfermos. Elas escrevem regularmente às carmelitas e à família Guérin tudo o que conseguem saber.

Rue Caponière: as duas irmãs adentram a imensa propriedade que é o hospital do *Bon-Sauveur* de Caen, que se estende por dez hectares. Fundado por religiosas no século XVII, foi profundamente reformado pelo Padre Pierre-François Jamet (1762-1845) — beatificado pelo Papa João Paulo II em 1987 —, o qual criou um departamento para os doentes mentais de acordo com os critérios de uma psiquiatria moderna. Ao todo, o *Bon-Sauveur* reúne cerca de 1.700 pessoas (doentes e funcionários). Tem a reputação de ser um modelo para os hospitais psiquiátricos da época, tanto por suas instalações quanto pelos princípios que regem a vida diária dos enfermos: horário estrito, trabalhos propostos, mas também possibilidades variadas de distensão. Na época em que Luís Martin é internado, o estabelecimento conta com cento e quarenta religiosas, mais de duzentos empregados no que se refere ao setor dos doentes mentais, dividido em oito setores. Luís é instalado no dos "tranquilos e semitranquilos", sob o patrocínio de São José. Há a possibilidade de ir à capela (missas e orações) com o consentimento dos cuidadores, pois deve-se evitar o perigo de delírios místicos. A família Martin permanecerá em contato estreito — ao menos nos primeiros meses — com o doutor Bourienne, médico-chefe, e principalmente com Irmã Costard.

"O sofrimento estendeu-me os braços" (Ms A, 69v°)

Irmã Teresa do Menino Jesus da Santa Face começa seu noviciado nessas condições familiares dramáticas. Seis anos mais tarde, ela escreverá: "Ah, naquele dia [12 de fevereiro] eu não disse que poderia sofrer mais!!!... As palavras não conseguem expressar nossas angústias, por isso não vou tentar descrevê-las" (Ms A, 73r°).

No dia seguinte ao drama que toca a família Martin, acontecem as eleições do Carmelo. Madre Maria de Gonzaga é reeleita priora mais uma vez. Irmã Maria dos Anjos continua a ser mestra das noviças. Irmã Maria Filomena deixa o noviciado para entrar na comunidade. Irmã Maria do Sagrado Coração se torna a decana das noviças, enquanto Teresa se adianta à Irmã Marta de Jesus, cuja vestição é adiada para 2 de maio de 1889. A neonoviça toma seu posto no ofício coral em latim ("minha felicidade e meu

---

112. Religiosa do *Bon-Sauveur* (15 de agosto de 1846 – 2 de junho de 1897).

martírio")¹¹³ para entoar as antífonas, ler as lições das matinas; sua vez também para o toque dos sinos e as leituras durante as refeições.

Ela entrara na vida carmelitana em um intenso movimento de generosidade para responder ao amor de Jesus. "O sofrimento estendeu-me os braços e lancei-me a ele com amor..." (Ms A, 69v°). Sofrimento aceito porque orientado para o apostolado:

> Jesus me fez compreender que era pela cruz que ele queria me dar almas e minha atração pelo sofrimento cresceu à medida que o sofrimento aumentava. Durante cinco anos¹¹⁴ esse caminho foi o meu, mas exteriormente nada expressava meu sofrimento, tanto mais doloroso por ser eu a única a conhecê-lo (Ms A, 69v°-70r°).

Pode-se sintetizar esses sofrimentos — que são, aliás, de intensidade bastante variável. Era normal que a jovem iniciante tivesse sofrido com um regime alimentar novo, os atritos da vida comunitária, a severidade desejada pela priora, a forte afetividade reprimida para não dar continuidade à vida familiar dos *Buissonnets*, a secura diária na oração... Como espantar-se com isso? Bem mais tarde, Teresa confessará: "Vejo como eu era imperfeita no tempo de meu noviciado... Eu sofria por tão pouca coisa, que agora rio disso" (Ms C, 15r°).

Mas muito mais torturantes se revelavam os sofrimentos relativos ao estado patológico de seu pai tão amado. Ela o estava perdendo, não porque o deixara fisicamente, mas porque ele estava "em outro lugar", perdido em suas quimeras, em suas horrendas condições de vida naquele lugar onde trancavam "os loucos"¹¹⁵. Estimulada pelas cartas de Celina — exilada em Caen, que tenta dar um sentido a essa provação incompreensível —, Teresa, por sua vez, tenta interpretar espiritualmente esses acontecimentos desconcertantes. Daí o tom doloroso de sua correspondência nesses meses de noviciado. Tudo o que Celina conta a respeito do pai atinge em cheio a jovem enclausurada. É assim a carta que ela escreve às suas irmãs em 1º de março de 1889:

---

113. CA 6.8.6.
114. Isso conduz a 1893. O terrível sofrimento devido à doença do pai só cessará em 1892.
115. Teresa lerá o seguinte artigo em *La Croix du Calvados* (julho 1891): "Loucos — Quarta-feira passada, o trem que partia de Paris às 11 horas levava 180 alienados, homens e mulheres. Certo número desses infelizes desceram a Caen e foram imediatamente encaminhados ao *Bon-Sauveur*. Os outros continuam seu caminho e foram internados em Pont-l'Abbé. Todos os meses, a Cidade-Luz manda para o interior o excedente dos asilos, onde devem fatalmente ir parar tantos indigentes que a miséria e o alcoolismo reduziram a esse triste estado". Certo dia, no locutório, Madre Maria de Gonzaga evocou o regime da casa de saúde, "o que os loucos fazem ou podem fazer, as camisas de força etc." (IJ/PA, p. 189).

> Irmãzinhas, quero felicitar-me por nossas tribulações, fazer mais: agradecer a Deus pelo amargor de nossas humilhações. Não sei por que, mas em vez de receber as provações com acrimônia e lamentar-me, vejo algo de misterioso e divino no modo de agir de Nosso Senhor para conosco. Aliás, ele mesmo não passou por todas as humilhações?... Confesso que a opinião do mundo não pesa em nada na balança do meu interior [...]. Oh, se soubésseis como vejo o bom Deus em todas as nossas provações! Sim, tudo nelas está visivelmente marcado com seu dedo divino[116].

Teresa lhe responde na terça-feira, 5:

> Que privilégio nos dá Jesus enviando-nos uma dor tão grande! Ah, a ETERNIDADE não será suficientemente longa para agradecer-Lhe. Ele nos cumula com seus favores, assim como cumulou os maiores santos. Por que uma predileção tão grande?... É um segredo que Jesus nos revelará na nossa Pátria no dia em que "enxugar todas as lágrimas de nossos olhos". É à minha alma que tenho que falar desse modo; do contrário, não seria compreendida, mas é a ela que me dirijo, e todos os meus pensamentos foram antecipados por ela. No entanto, o que ela talvez ignore é o amor que Jesus lhe tem, amor que exige TUDO, não há nada que lhe seja impossível, não quer pôr limites à SANTIDADE de seu Lírio, e o seu limite é não ter limites. Por que os haveria de ter? Somos maiores que todo o universo; um dia, teremos nós mesmas uma existência divina... [...] Agora não temos mais nada a esperar sobre a terra, nada mais além do sofrimento e sempre o sofrimento. Quando tivermos acabado, o sofrimento ainda estará lá a estender-nos os braços. Oh, que sorte digna de inveja[117]...

Em março, as cartas se multiplicam entre Caen (as duas exiladas), o *Bon-Sauveur*, o Carmelo (as três irmãs e Maria de Gonzaga) e a família. Todas trocam reflexões, estímulos, às vezes lamentações. O pensamento de que, se a provação é tão pesada, é porque Deus ama muito a família Martin. Tudo passa. O Céu e a alegria virão rapidamente. Teresa, dezesseis anos, entra nessas perspectivas, acrescendo a estas a consequência apostólica:

> A vida passa... A eternidade avança a passos largos... Em breve viveremos da própria vida de Jesus... depois de ter sido saciadas na fonte de todas as amarguras, seremos deificadas na fonte mesma de todas as alegrias, de todas as delícias... Em breve, irmãzinha, com um único olhar poderemos compreender o que se passa no íntimo de nosso ser!...
> A figura deste mundo PASSA... Em pouco tempo veremos novos céus, um sol mais radioso iluminará com seus esplendores mares etéreos, horizontes infinitos!... A imensidão será nosso domínio... não seremos mais prisioneiras nesta terra de exílio...

---

116. CG I, p. 461.
117. C 83, CG I, p. 463-464.

tudo terá PASSADO!... Com nosso esposo celeste vogaremos por lagos sem limites... o infinito não tem limites, nem fundo, nem margem!... Coragem, Jesus ouve até o último eco de nossa alma. Nossas harpas estão neste momento suspensas nos salgueiros que margeiam o rio da Babilônia... mas, no dia de nossa libertação, quantas harmonias faremos ouvir... com que alegria faremos vibrar todas as cordas de nossos instrumentos!...

O amor de Jesus por Celina só poderia ser compreendido por Jesus!... Jesus fez loucuras por Celina... Que Celina faça loucuras por Jesus... O amor só se paga com amor e as chagas do amor só se curam com amor. Ofereçamos nossos sofrimentos a Jesus para salvar as almas, pobres almas!... elas recebem menos graças que nós e, contudo, todo o sangue de um Deus foi derramado para salvá-las... contudo, Jesus quer fazer depender sua salvação de um suspiro do nosso coração... Que mistério!... Se um suspiro pode salvar uma alma, o que não podem fazer sofrimentos como os nossos?[118]...

A contemplação da Face ensanguentada de Jesus inspira muitas de suas reflexões[119]. Tanto mais que Celina mandava aplicar óleo vindo da lamparina situada sob o ícone da Santa Face no rosto de seu pai doente. Mas Teresa só assina "da Santa Face" nas cartas aos mais íntimos.

Tua carta trouxe uma grande tristeza à minha alma!... Pobre paizinho!... Não, os pensamentos de Jesus não são nossos pensamentos nem seus caminhos são os nossos caminhos... Ele nos apresenta um cálice tão amável quanto nossa frágil natureza pode suportar!... não retiremos nossos lábios desse cálice preparado pela mão de Jesus... Vejamos a vida à luz da verdade... É um instante entre duas eternidades... Soframos em paz...

Confesso que essa palavra — paz — me parecia um pouco forte, mas outro dia, refletindo sobre isso, encontrei o segredo de sofrer em paz... Quem diz paz não diz alegria ou, pelo menos, alegria sentida... Para sofrer em paz, basta querer tudo o que Jesus quer... Para ser a esposa de Jesus, é preciso assemelhar-se a Jesus. Jesus está ensanguentado, está coroado de espinhos!... Mil anos são a vossos olhos, Senhor, como o dia de ontem que PASSOU!... [...]

O cântico do sofrimento unido aos seus sofrimentos é o que mais encanta o seu coração!... Jesus arde de amor por nós... contempla a sua Face adorável!... Contempla esses olhos baixos e apagados!... Contempla Jesus em sua Face... Ali verás como ele nos ama. Irmã Teresa do Menino Jesus da Santa Face[120].

---

118. C 85, 12 de março de 1889, CG I, p. 467-468. As citações são abundantes: Padre Pichon; 1 Coríntios 7,31; Lamennais; Arminjon; Padre Pichon; Salmos 136,1-2; São João da Cruz; Santa Teresa d'Ávila.
119. C 95, julho-agosto (?) 1889, CG I, p. 497.
120. C 87, 4 de abril de 1889, CG I, p. 473-474.

Tendo Celina a perspectiva de entrar no Carmelo, Teresa escolheu para ela o seguinte nome: "Maria da Santa Face". É assim que sua priora já a chama[121].

"Minhas filhas estão me abandonando!"

Durante essas semanas, os *Buissonnets* estão abandonados. Celina sofreu muitos aborrecimentos por parte de um certo Albert, que certamente foi ajudá-la nos cuidados com Luís Martin. Ele pediu garantias consideradas exageradas e Celina se vê ameaçada de ter que comparecer diante do juiz de paz[122]. O tio Guérin deverá solucionar o conflito. Teresa pede a Maria Guérin que se ocupe dos *Buissonnets* com a empregada e o senhor Guéret, o jardineiro (cuidar do galinheiro, do cão Tom, da roupa, das plantas), e que lhe traga livros[123].

A vida da família Guérin se encontra também agitada nesses meses. Em 25 de março, ocorre a mudança da *Grande-Rue* para entrar na *Maison Sauvage* (*rue Condorcet*, 16). Os Guérin ficarão aí até o dia 7 de junho. Esperando instalar-se definitivamente na casa comprada em 20 de abril (*rue de la Chassée*, 19)[124], eles ocupam os *Buissonnets*. Reencontrarão Celina e Leônia, que voltaram de Caen em 14 de maio. Várias vezes, o tio Guérin lhes pedira claramente que voltassem, pois seu exílio não tinha mais justificava. Elas não viam mais o pai desde 23 de março e nada podia prever o fim de sua hospitalização. A princípio, Celina resistira, considerando que seu dever era permanecer ao lado do pai. Mas, ao final de três meses dessa vida monacal, ela se rendeu às razões do tio.

Leônia e ela fizeram alguns contatos com a família Pougheol em Caen (habitavam à *rue Saint-Jean*, 224): aí puderam encontrar várias jovens de sua idade. Mas essa situação era sem saída para duas irmãs que "celebram" seus vinte e vinte e seis anos. "Como foi triste o dia dos meus 20 anos [28 de abril]! Vi papai pela janela da capela!"[125].

De volta a Lisieux, elas retornarão a Caen todas as semanas para ter notícias do pai e revê-lo. Em 18 de junho, Luís Martin teve que enfrentar uma nova provação, uma das mais penosas desde sua internação. Houve uma discussão entre o tio Isidoro e as jovens Martin a respeito de uma interdição da gerência de seus bens pelo enfermo. Elas rejeitavam a ideia, mas era preciso chegar a tal decisão, tendo em vista o seu estado. Em consequência de um mal-entendido, isso se realiza em circunstâncias muito difíceis. Dois escrivães

---

121. CD 755, VT, n. 95, julho 1984, p. 225.
122. CD 745, ibid., p. 217.
123. C 88, 24 de abril de 1889, CG I, 475 e ibid., p. 227-228 (CD 760).
124. Em 1892, tornou-se *rue Paul-Banaston*, nome do prefeito-adjunto de Lisieux, conselheiro na Suprema Corte.
125. CD 786, VT, n. 96, outubro 1984, p. 209.

foram, portanto, ao *Bon-Sauveur* para fazer o doente assinar a renúncia à gerência de seus bens. Lúcido naquele dia, Luís Martin ficou muito surpreso e hesitante: ele ainda contava com a possibilidade de voltar para casa em breve. Os notários recorreram ao seguinte argumento: eles vinham da parte de suas filhas. Em lágrimas, ele assinou, dizendo: "Ah, minhas filhas estão me abandonando e não confiam mais em mim!". O tio Isidoro ficou muito descontente com esse procedimento. As filhas Martin ficaram indignadas. Ao final de sua vida, Teresa evocava mais uma vez esse episódio doloroso[126], que implicava que em todos os cartórios do Calvados o nome de Luís Martin devia figurar entre "aqueles dos pródigos e das pessoas ímprobas"[127].

Certamente para proporcionar a Celina e Leônia algumas distrações depois de tantas provas, o tio Guérin, sempre atualizado, leva-as a Paris junto com as filhas para visitar a Exposição universal, cuja atração será a inauguração da torre Eiffel. Em 5 de maio, a França celebrou a convocação dos Estados Gerais. A festa é grande em Lisieux, com procissões luminosas, fogos de artifício e fechamento das escolas até terça-feira, 7 de maio[128].

"Comunga muitas vezes" (C 92)

É durante essa semana em Paris (23-31 de maio) que Maria Guérin, dezenove anos, escreve a Teresa sobre seus escrúpulos relativos a tudo que ela vê na capital e que ofende sua pureza e a faz abster-se de comungar[129]. No dia seguinte — dia da Ascensão —, a prima (que lamenta não poder comungar diariamente), responde-lhe com uma carta firme e clara[130]. Recorrendo à própria experiência como escrupulosa, a noviça descarta os medos de Maria, que não pecou e deve comungar sem medo. A conclusão é clara, digna de uma experimentada mestra de noviças:

> Teu coração é feito para amar a Jesus, para amá-lo apaixonadamente. Reza muito para que os mais belos anos de tua vida não transcorram em temores quiméricos. Temos apenas o breve instante de nossa vida para amar a Jesus. O diabo bem o sabe e, por isso, esforça-se em consumi-la em trabalhos inúteis...

---

126. Celina, CMG II, p. 200.
127. Ibid.
128. Maria Guérin a Leônia, 1º de maio de 1889; VT, n. 97, janeiro 1985, p. 45 (C 789). Ver as vívidas recordações de Louis Pougheol († 5 de dezembro de 1965), irmão de Hélène e Thérèse, especialmente sobre Leônia Martin (AL, n. 6, junho 1966, p. 19-20).
129. CCor 113, CG I, p. 484-485.
130. Em 29 de outubro de 1910, essa carta provocará a admiração de Pio X, quando Monsenhor de Teil o levará a lê-la. O vice-postulador da Causa de Teresa via nessa carta a antecipação dos decretos do Papa sobre a Comunhão frequente.

Irmãzinha querida, comunga muitas vezes, muitas vezes... Eis aí o único remédio, se quiseres curar-te. Não foi sem razão que Jesus pôs essa atração em tua alma. Creio que ele ficaria contente se pudesses recuperar tuas duas Comunhões perdidas. Então, a vitória do demônio seria menor, pois não teria conseguido afastar Jesus do teu coração. Não temas amar demasiadamente Nossa Senhora. Nunca a amarás suficientemente, e Jesus ficará bem feliz, pois a Santíssima Virgem é sua Mãe[131].

O que surpreende é que Teresa possa escrever tais conselhos quando ela mesma está voltando a cair em um período de escrúpulos. É por uma resposta do Padre Pichon que podemos adivinhar que ela lhe escreveu, sem dúvida em julho-agosto. Ele se vê obrigado a repetir o que tinha martelado em 1888: "Eu vos proíbo, em nome de Deus, de colocar em questão vosso estado de graça. O demônio ri desbragadamente disso. Protesto contra essa má desconfiança. Crede obstinadamente que Jesus vos ama"[132]. Os temores de Teresa são confirmados por uma carta de sua mestra de noviças: "Sim, minha filhinha bem-amada, Jesus está muito, muito contente convosco"[133].

Teresa se debate com o que ouve nas pregações e no confessionário, o que cria um ambiente angustiante em relação ao pecado. Tendo desabafado ao capelão, Padre Youf, que sentira dificuldade para não dormir durante a missa, "ele lhe fez uma severa admoestação e lhe disse que ela estava ofendendo a Deus"[134]. Fora ele que dissera a Irmã Teresa de Santo Agostinho: "Minha pobre filha, tudo o que posso vos dizer é que já tendes um pé no inferno e que, se continuardes, logo colocareis ali o segundo"[135]. Transtornada, a Irmã fora conversar com Madre Maria de Gonzaga, que lhe replicou: "Ficai tranquila, eu já estou com os dois lá!". Mas, aos dezesseis anos, escutando instruções que falam "da facilidade com a qual se pode cair em um pecado mortal, mesmo por um simples pensamento"[136], é difícil manter o humor.

É Irmã Inês de Jesus que relata o que leu nas *Conferências teológicas e espirituais sobre as grandezas de Deus*, do Padre d'Argentan: "É tão aterrador em sua descrição do inferno que nos sentimos estremecer e os cabelos da cabeça ficam em pé. Mas ele afirma que as almas caem nesse lugar de horror eterno como os flocos de neve em um dia de

---

131. C 92, 30 de maio de 1889, CG I, p. 486. Ver C 93, 14 de julho de 1889, na qual ela retorna ao assunto depois de uma nova carta de Maria (CCor 114, de 10 de julho de 1889).
132. CCor 117, 4 de outubro de 1889, CG I, p. 502.
133. CCor 120, 21 de novembro de 1889, CG I, p. 512.
134. Madre Inês de Jesus, anotações pessoais, ACL.
135. Circular dessa Irmã, p. 5. Ver CG I, p. 564, n.e.
136. IJ/PA, p. 163.

inverno!… É assustador!"[137]. Teresa leu ao menos alguns capítulos desse livro, já que cita essa frase para Celina em julho[138].

"Estás aqui, Jesus? Responde-me"

No verão de 1889, tendo tomado provisoriamente posse dos *Buissonnets*, os Guérin viajam de férias a La Musse, de 6 a 20 de julho, em companhia de Celina e Leônia: o trem até Bonneville-sur-Ion e, em seguida, uma charrete. A casa dos Martin será abandonada pouco a pouco e começa-se a distribuir seu mobiliário, até a rescisão do contrato de aluguel, em 25 de dezembro de 1889. Fazendo alusão a todos os objetos familiares que serão dispersados, Teresa os chama de "relíquias"[139]. Ao voltar de La Musse, as duas irmãs se instalarão na residência dos Guérin (*rue de la Chaussée*) durante cinco anos, pagando estadia. Em 18 de julho, Marcelline Husé[140], que serviu os Guérin durante nove anos, entra nas beneditinas da abadia em Lisieux. Muitas vezes ela acompanhara as jovens Martin e Guérin a esse lugar. A internação do pai provoca sempre os mesmos sofrimentos e suprimiu toda esperança de cura. Resta saber se ele poderá voltar um dia ao convívio dos seus. Ninguém consegue se pronunciar.

Assim prossegue o noviciado de Irmã Teresa do Menino Jesus da Santa Face. Ela mergulha cada vez mais na contemplação de Jesus em sua Paixão. É sob essa luz velada que "lê" a provação do pai, que qualifica como "Paixão" (Ms A, 73rº). Mais tarde, a mestra das noviças expressará seu espanto e admiração por vê-la conservar sua "calma imperturbável enquanto lhe traziam as notícias mais pungentes". Se a aridez, a secura — e o sono — na oração diária a fazem padecer, ela é beneficiada, por outro lado, com uma graça especial da qual não mencionará nada em suas memórias. Só a conhecemos por uma confidência à Madre Inês de Jesus em seus *Últimos Colóquios*:

> Falou-me de suas orações de outrora, à noite, durante o grande silêncio de verão, e disse-me ter compreendido por experiência o que é um "voo de espírito". Contou-me outra graça desse mesmo gênero recebida na gruta de Santa Madalena, no mês de julho de 1889, graça que foi seguida por vários dias de "quietude".

---

137. CG I, p. 495, n.e.
138. C 94, 14 de julho de 1889, CG I, p. 495.
139. C 91, final de maio de 1889, CG I, p. 483, e n.d.
140. 19 de julho de 1866 — 26 de dezembro de 1935. Ela será Irmã conversa e fará profissão em 10 de agosto de 1892 com o nome de Irmã Maria José da Cruz. Será testemunha nos processos de Teresa.

[Teresa:] "...Havia para mim como que um véu lançado sobre todas as coisas desta terra... Eu estava inteiramente escondida sob o véu da Santíssima Virgem. Naquele tempo, estava encarregada do refeitório e recordo-me de que fazia as coisas como se não as fizesse; era como se me tivessem emprestado um corpo. Fiquei assim durante uma semana inteira"[141].

Em razão de uma resposta do Padre Pichon, pode-se deduzir que ela lhe escreveu algo dessa graça excepcional. Ele lhe escreveu em 4 de outubro: "Espero com impaciência a próxima carta, que me dará a explicação — espero — da graça misteriosa da qual a última folha faz menção"[142].

É nesse mês de julho que Teresa, em uma carta a Celina, faz alusão pela primeira vez à sua oração pelos sacerdotes. Desde a viagem a Roma, ela os guardava no coração. A partir de agora, vai insistir muitas vezes sobre essa intenção tão cara:

Oh, minha Celina, vivamos pelas almas... sejamos apóstolas... salvemos sobretudo as almas dos padres, essas almas deveriam ser mais transparentes que o cristal... Infelizmente, quantos maus padres, que não são suficientemente santos... Rezemos, soframos por eles e, no último dia, Jesus será grato. Nós lhe daremos almas!...[143].

Essa insistência sobre a oração pelos sacerdotes — na sequência da experiência da peregrinação de 1887 — vai continuar a expressar-se ao longo das cartas a Celina: C 94, 96, 101, 108, 122 e 201 (ao Padre Roulland).

Sem dúvida, ela não está em conexão com as campanhas de oração de uma leiga, Thérèse Durnerin (1848-1905), que, por meio de folhetos e brochuras, convoca a rezar pela santidade dos sacerdotes. Numerosas comunidades contemplativas são tocadas. Também, sem dúvida nenhuma, o Carmelo de Lisieux, já que mais tarde Irmã Teresa do Menino Jesus inspirar-se-á na *Oração a Jesus Sacerdote e Hóstia*, de Thérèse Durnerin, difundida a centenas de milhares de exemplares[144].

Em 27 de agosto, Victor Bonaventure, quarenta anos, jardineiro e sacristão do Carmelo, morre de febre tifoide. Enquanto não aparece seu sucessor (Auguste Acard), a

---

141. CA 11.7.2. Santa Teresa d'Ávila descreve o "voo do espírito" (ou "êxtase", "arrebatamento" ou "rapto") nas Sextas Moradas do *Castelo interior*. A "gruta de Santa Madalena", feita com sílex, encontra-se no jardim do Carmelo, ao fundo do cemitério. Uma pequena estátua de Santa Madalena se encontra em uma fenda de rochedo.

142. CCor 117, CG I, p. 502.

143. C 94, 14 de julho de 1889, CG I, p. 495. Ver C 96: "Sinto que Jesus pede de *nós duas* que matemos *sua sede* dando-lhe almas, principalmente almas de *padres*"; CG I, p. 504.

144. Ver CG I, p. 516-517 e p. 496, n.g., e Claude LANGLOIS, *Le Désir du sacerdoce chez Thérèse de Lisieux*, p. 71-78 (com bibliografia sobre Thérèse Durnerin). A oração pelos sacerdotes estava na vocação do Carmelo reformado por Santa Teresa de Jesus (*Caminho de perfeição*, cap. I).

limpeza da capela externa é atribuída às noviças. Nesse ínterim, Irmã Marta é testemunha de uma situação inesperada:

> Fomos todas as duas encarregadas desse ofício [varrer a capela]. Certo dia, tomada por um impulso de amor, Irmã Teresa vai ajoelhar-se no altar, bate à porta do tabernáculo, dizendo: "Estás aí, Jesus? Responde-me, eu te suplico". Apoiando a cabeça à porta do tabernáculo, permaneceu ali alguns instantes, depois olhou para mim. Sua face estava como que transfigurada e radiante de alegria…[145].

Marguerite Maudelonde, a amiguinha de infância com quem ela brincava nos *Buissonnets* e na casa dos Guérin, casa-se na segunda-feira, 14 de outubro, com René Tostain, substituto do procurador da República em Lisieux, homem descrente por quem Teresa rezará até sua morte[146]. Celina e Leônia não assistem à cerimônia. Estão elas ocupadas demais com as últimas mudanças dos *Buissonnets*? O essencial do mobiliário é transportado para a casa dos Guérin (*rue de la Chaussée*, 19), onde passarão a morar daí em diante. Por volta do dia 21 de outubro, uma charrete se dirige ao Carmelo com um certo número de móveis, entre os quais um relógio de pêndulo que será instalado no coro das carmelitas. A Santa Face pintada em uma tela de lã em forma de sudário e colocada por Teresa ao fundo do caramanchão dos *Buissonnets* vai ocupar espaço no jardim do Carmelo. Estando aberta a porta dos operários, o cachorro Tom, que seguira o comboio, invade a clausura e vai diretamente ao encontro de Irmã Teresa — escondida, porém, por seu grande véu preto[147] —, "saltando-lhe ao rosto e dando grandes pulos. Tanto que ela é obrigada a levantar o véu e acolher Tom, que não cabia mais em si de alegria"[148].

O ano de 1889 termina de maneira triste. O estado do pai não lhe permite mais comunicar-se com as filhas. Ele passa seu primeiro Natal no *Bon-Sauveur*. Teresa escreve a Celina: "Agora estamos órfãs"[149]. A rescisão do aluguel dos *Buissonnets*, em 25 de dezembro, põe um termo definitivo a doze anos de presença da família Martin no lugar onde esta acumulou tantas lembranças.

"Jovem demais para compromissos irrevogáveis" (CCor 131)

Uma esperança, no entanto, desponta no horizonte para a noviça: normalmente, ela devia fazer profissão em 11 de janeiro de 1890. Mas tem que esperar mais uma vez:

---

145. PA, p. 413.
146. CA 2.9.7. UC, p. 551, n.a.
147. Véu usado pelas carmelitas diante de todas as pessoas de fora do mosteiro.
148. CMG III, p. 103; CG I, p. 484, n.d. Ver DLVI, p. 175.
149. C 101, 31 de dezembro de 1889, CG I, p. 516.

a data é adiada. Madre Maria de Gonzaga lhe explica que teme as reações do padre superior. Ele não desarmou e acha Teresa jovem demais — dezessete anos — para comprometer-se definitivamente. No verão seguinte, ele escreverá claramente e, mais uma vez, remete-se à decisão do bispo: "Mesmo que, em minha opinião, sejais demasiado jovem para assumir compromissos irrevogáveis, não tenho razão nenhuma para opor-me. Reporto-me inteiramente à decisão do senhor bispo"[150]. Esse inesperado banho de água fria se revela muito duro:

> Num primeiro instante, foi-me muito difícil aceitar esse grande sacrifício, mas logo se fez luz em minha alma. Meditava, então, os "Fundamentos da vida espiritual", do Padre Surin. Certo dia, durante a oração, compreendi que meu intenso desejo de fazer a profissão estava mesclado a um grande amor-próprio; já que me dera a Jesus para agradá-lo e consolá-lo, não devia obrigá-lo a fazer minha vontade, em vez da sua. Compreendi ainda que uma noiva devia estar adornada para o dia de suas núpcias, e eu nada fizera nesse sentido... Então disse a Jesus: "Oh, meu Deus, não vos peço para pronunciar meus santos votos; esperarei tanto quanto quiserdes" (Ms A, 73v°-74r°).

O segundo Natal vivido no Carmelo trará, no entanto, um momento de distensão devido à recreação piedosa escrita por Irmã Inês de Jesus, *O Primeiro Sonho do Menino Jesus*[151]. Nada mais tradicional para um Natal: a Virgem Maria embalando seu Filho, uma canção de ninar cantada por anjos, o sonho de Jesus, visão profética da Paixão (a cruz, os pregos, a coroa de espinhos, a lança...) e a Eucaristia. Outro sonho — consolador — sobre os frutos da Paixão: os santos, a Ordem do Carmelo, Teresa d'Ávila, João da Cruz etc. Pela segunda vez, Teresa representará diante da comunidade: encarna a Virgem Maria. Ela sabe seu papel de cor. Diante da beleza de seus dezessete anos e de sua interpretação muito interiorizada, a comunidade fica emocionada. Muitas choram. As Irmãs não esquecerão esse Natal[152]. A noviça também não esquecerá. Cinco anos mais tarde, ela escreverá *Os anjos no presépio de Jesus* (RP 2) e pintará um quadro sobre o tema, que comentará para Madre Inês de Jesus, recordando-lhe sua composição de 1889[153]. Seu nome — "Teresa do Menino Jesus da Santa Face" — evoca essa contemplação tradicional: o recém-nascido do presépio já está orientado para sua Paixão[154].

---

150. CCor 131, fim de julho — início de agosto (?) 1890, CG I, p. 552.
151. Publicada em VT, n. 69, janeiro 1978, p. 67-68.
152. Após a morte de Teresa, noviças quiseram reencenar essa recreação, mas as antigas, tendo guardado a lembrança do Natal de 1889, opuseram-se ao projeto.
153. C 156, 21 de janeiro de 1894.
154. Teresa conheceu apenas um ícone, o de Nossa Senhora do Perpétuo Socorro, muito divulgado pelos Redentoristas na França: o Menino Jesus, nos braços de Maria, volta a cabeça para ver os

Assim começa o ano de 1890. Continuará a ser sombrio para as famílias Martin e Guérin, marcado pelas vicissitudes da saúde do "patriarca", internado no *Bon-Sauveur* de Caen há um ano. Leônia e Celina continuam a fazer a visita semanal ao pai e os relatórios às irmãs enclausuradas, tanto nos locutórios[155] quanto por correspondência. Em Lisieux, as orações e novenas pelo seu retorno não cessam. Em março, tem-se alguma esperança nesse sentido, mas esta será rapidamente decepcionada. Em 19 ou 20 de maio, por exemplo, as duas irmãs, com o senhor Vital e o senhor Benoît, puderam ver o pai, que se alegrou por reencontrar seus amigos. Com dificuldade, ele pôde dar uma volta no jardim no braço de suas filhas. Lendo parcialmente as cartas das três carmelitas, Luís chorou e disse: "Acredito que tudo isso está chegando ao fim, agora não será longo...", evocando sua volta. Durante o verão, ele participará de um passeio de carro dos doentes pela região.

Uma grave epidemia de gripe — a influenza — alastra-se por toda a França; provocará 70 mil mortes. Monsenhor Hugonin manda dizer orações especiais no santuário de *Notre-Dame-de-la-Délivrande*[156]. Seis dos oito membros da família Guérin são atingidos. Talvez também Teresa, em março[157].

No Carmelo, as preocupações com a saúde se referem principalmente à Madre Genoveva de Santa Teresa, a santa fundadora, cujos sessenta anos de vestição têm a expectativa de celebrar (22 de julho de 1891). Mas na quinta-feira santa, 3 de abril, seu estado se agrava seriamente. É a última vez que ela consegue ir ao coro. No dia seguinte, sexta-feira santa, a gangrena a atinge. Recebe a extrema-unção pela segunda vez. É na noite desse dia que Irmã Genoveva se oferece como vítima à justiça de Deus. Acabava de mudar rapidamente de opinião, porque dissera alguns dias antes: "Não compreendo por que há carmelitas que se oferecem a Deus como vítimas. Vítimas, todas nós o somos por nossa consagração"[158]. Seu estado era lastimável. A gangrena atingira os membros inferiores. Ela só conseguia mover seus braços. O doutor de Cornière ficava espantado com seu caso: "Não se pode viver assim sem um milagre". Ele, como toda a comunidade, venerava a enferma.

---

anjos que carregam os instrumentos de sua Paixão. Ele perde a sandália. Teresa pôde vê-lo na catedral de Lisieux, sua paróquia.

155. Sem vê-las até julho, data na qual os trabalhos do torno serão concluídos.
156. *Semaine religieuse de Bayeux*, 19 de janeiro de 1890, p. 35-36.
157. "Irmã Teresa do Menino Jesus está melhor" (CD 817 — de Irmã Inês de Jesus a Celina, 25 de março de 1890, VT 98, abril de 1985, p. 108).
158. *Fondation du carmel de Lisieux...*, p. 105-106.

Um jovem na casa dos Guérin

Do lado dos Guérin, acontecerá um evento importante, fazendo toda a família entrar em uma nova etapa de sua história. No domingo da Paixão — 23 de março —, Padre Rohée, pároco da catedral, informa os Guérin sobre o desejo que tem o doutor Francis La Néele de pedir Joana em casamento. Ela tem vinte e dois anos; ele, trinta e dois. Francis é farmacêutico de primeira classe e doutor em medicina em Caen[159]. Seus amigos relatarão que, estando na calçada da farmácia Guérin, ele fora atingido em pleno rosto pela portinhola aberta por... Joana. Ensanguentado, cuidaram dele na farmácia, com mil pedidos de desculpas[160]. O idílio não é longo: alguns dias mais tarde — na terça-feira, 1º de abril —, o próprio Francis faz o pedido de casamento, que é muito bem acolhido. A festa de noivado oficial será celebrada no domingo, 8 de junho.

A chegada de um homem ao universo feminino das famílias Guérin e Martin deixa as moças um pouco confusas. Elas não estavam muito habituadas aos "rapazes", como falavam entre si, mesmo que houvesse alguns entre os Maudelonde (Ernest e Henry). Maria Guérin, que pensa na vida religiosa, chama jocosamente seu cunhado de "esse pobre humano"[161]. Doravante, será preciso contar com ele na vida da família, principalmente durante as estadias na propriedade de La Musse. O temperamento alegre daquele homem colossal e de voz suave facilitará sua adoção.

Quanto a Celina, que já foi pedida em casamento, o que acontece a Joana volta a despertar nela diversas tentações. As mundanidades frequentes das famílias Guérin e Maudelonde, das quais se lamenta muitas vezes, são também ocasiões de lutas para ela. "Durante mais de dois anos, Celina esteve entregue a furiosas tentações, que torturavam de modo especial a imaginação, o espírito, e não lhe davam nenhum descanso"[162]. Ela escreve todos os seus combates ao Padre Pichon. O jesuíta a confirma e acalma. Decidida a ser religiosa — carmelita —, Celina faz um voto de castidade em 8 de dezembro de 1889. Renová-lo-á todos os anos.

Essa vida mundana não é incompatível com peregrinações, uma vez que várias viagens conduzirão Celina e Leônia a Lourdes, com toda a família Guérin, de 6 a 17 ou 18 de maio de 1890. Mas o trajeto compreende numerosas paradas turísticas: Le Mans, Tours (oratório da Santa Face do senhor Dupont), Bordeaux, antes de Lourdes (o *cirque de Gavarnie*); e depois: Pau, Bayonne, Saint-Sébastien, Biarritz, Bordeaux, La Rochelle,

---

159. Francisque La Néele, chamado Francis (18 de outubro de 1858 – 13 de março de 1916). Nascido em Paris, fez seus estudos com os jesuítas.
160. Ver Louis POUGHEOL, *Léonie*, AL, n. 6, junho 1966, p. 19.
161. CCor 130, 23-25 de julho de 1890, CG I, p. 546.
162. S. PIAT, *Céline*, p. 47.

Nantes, Angers. Em Lourdes, Leônia se recorda da lamentável viagem que fizera com a mãe, há treze anos. Sempre afetada por diversos males — entre os quais um tenaz eczema —, ela mergulha na piscina do santuário. Quanto a Teresa, durante essa viagem, escreve a Irmã Inês de Jesus:

> Como sou feliz por ser para *sempre prisioneira* no Carmelo, não tenho vontade de ir a Lourdes para ter êxtases, prefiro a "monotonia do sacrifício". Que felicidade estar tão bem escondida que ninguém pense em vós!... ser *desconhecida* até para as pessoas que vivem convosco...[163].

Como acontece agora em todo verão, os Guérin se instalam em La Musse, de 10 a 31 de julho, com Leônia e Celina. Os preparativos do casamento ocupam todo mundo. Francis La Néele quer montar seu futuro lar: compra em Caen uma casa do século XVI (*rue de l'Oratoire*, 26), depois chegará a La Musse, onde dará notícias de Luís Martin, a quem foi ver no *Bon-Sauveur*.

"Rezemos pelos padres!" (C 108)

Para Irmã Teresa do Menino Jesus da Santa Face, os preparativos são outros: ela espera fazer profissão em breve. Suas meditações sobre a Santa Face aprofundam-se. Encontramos alguns traços delas nas cartas a Celina, com quem se expressa mais livremente. "Exilada" em La Musse, esta também lhe escreve espontaneamente. Uma descrição que ela faz a Teresa da situação religiosa nessa parte da diocese de Évreux deve ter comovido a irmã, que reza de modo especial pelos sacerdotes:

> Outro dia, fomos por acaso a uma pobre igrejinha. Achei que minhas lágrimas fossem trair meu coração, sentia todas as dificuldades do mundo para retê-las. Pensa: um tabernáculo sem cortinas, verdadeiro buraco negro, talvez refúgio das aranhas, um cibório tão pobre que acreditei que fosse de cobre. E o que para cobri-lo? Um trapo sujo, não conservando mais a forma de um véu de cibório... Nesse cibório, uma só hóstia. Infelizmente, não há necessidade de outras nessa paróquia: sequer uma única Comunhão por ano, fora da Páscoa. Depois, nos campos, padres assalariados que deixam sua igreja fechada o dia todo. Além disso, são idosos e sem recursos. Ó Teresa, fiquei aterrada diante desse espetáculo, minha alma ficou em pedaços. Agora odeio La Musse: estar em um castelo em lambris de ouro enquanto, no vale em frente, Jesus habita na mais horrenda indigência. Agora odeio o vestuário: ter vestidos de seda, usar objetos de ouro e diamantes, enquanto Jesus só tem farrapos para Si[164].

---

163. C 106, 10 de maio de 1890, CG I, p. 531.
164. CCor 129, 17 de julho de 1890, CG I, p. 538.

Alguns dias mais tarde, Celina completa o quadro, dando uma ideia da situação religiosa rural francesa na diocese de Évreux ao final do século XIX:

> De minha janela, mergulho na planície e ali diviso campos, pradarias. Mas como tudo isso é limitado! São apenas estreitas faixas de terra cortadas com exatidão. Umas são amarelas: é o trigo maduro; outras, verde-claro, verde-escuro. Criam nuances, formando um tapete listrado. Vejo homens a ceifar, como são minúsculos! [...] Entre os trabalhadores, há muito poucos que amam a Deus. Ainda essa manhã houve um enterro civil. Ordinariamente, é raro nos campos; bem, por aqui os campos são piores que as cidades, povoados por pessoas pouco instruídas, que só ouviram falar de Deus em sua primeira Comunhão; a seguir, sequer uma única palavra, falta-se aos Ofícios, não se comunga jamais, é uma desolação.
>
> Oh, como é necessário rezar pelos padres! Acho que eles têm uma grande responsabilidade, haveria tanto bem a ser feito e, a meu ver, eles não fazem tudo o que está em seu poder. Nunca fazem sermões, instruções paternais, visitas ao seu rebanho. A maior parte não conhece seus paroquianos. Eu vos direi que, sem julgar os padres em particular, acho o povo bem mais desculpável que eles. As pessoas não conhecem seus deveres, como os cumpririam? Não penso que Deus as queira mal. É verdade que aqui há somente padres muito idosos e doentes, eles não têm mais o ardor e a força da juventude para animar as massas[165].

Teresa, marcada por essas descrições, responde às duas cartas: "Celina, rezemos pelos sacerdotes. Ah, rezemos por eles. Que nossa vida lhes seja consagrada. Todos os dias Jesus me faz sentir que ele quer isso de nós duas"[166].

Pela primeira vez, Teresa envia a Celina longas passagens bíblicas que copiara anteriormente: Isaías 53,1-5; Isaías 63,1-5a; Apocalipse 7,13-15; Cântico dos Cânticos 1,13 e 5,10-11. Todos os textos provêm da liturgia da quaresma: eles exaltam o Servo Sofredor, "ferido por Deus e humilhado", "aquele que pisa o vinho no lagar" etc. É claro que, em filigrana da "Paixão" de seu pai, "sem brilho nem beleza", "objeto de desprezo", ela medita a Paixão de Cristo[167]. Em seu leito de enferma, a carmelita expressará claramente a influência dos cantos do Servo Sofredor de Isaías:

> "Quem acreditou em vossa palavra?... Ele não tinha brilho nem beleza" etc. constituíram o fundamento de minha devoção à Santa Face ou, por melhor dizer, o fundamento

---

165. CD 830, 22 de julho de 1890, CG I, p. 544.
166. C 108, 18 de julho de 1890, CG I, p. 540.
167. Terça-feira, 27 de maio, na catedral São Pedro, Monsenhor Hugonin consagrara o altar-mor ofertado por Luís Martin em 1888. Esse acontecimento trazia-lhe novamente à memória a oferta de si mesmo feita pelo pai.

de toda a minha piedade. Eu também desejava ser sem beleza, estar sozinha a pisar o vinho no lagar, desconhecida de todas as criaturas…[168].

Deve-se acrescentar às citações bíblicas dessa carta de 18 de julho um texto tirado da *Subida do Monte Carmelo* — estrofe XIII —, de São João da Cruz. É a primeira vez que Teresa cita o carmelita espanhol em um escrito. Ele terá uma grande influência pelo resto de sua vida[169]: "Ah, que luzes hauri nas obras de Nosso P[ai] São João da Cruz!… Aos 17 e 18 anos de idade, eu não tinha outro alimento espiritual" (Ms A, 83rº). Isso é tanto mais digno de nota quanto o místico espanhol era pouco lido na época, até mesmo nos Carmelos. Desconfiava-se da profundidade misteriosa de seus escritos e temiam-se os desvios "místicos" de seus leitores e, mais ainda, das leitoras. Resta que, nesse ano de 1890, prepara-se nos Carmelos o terceiro centenário de sua morte (14 de dezembro de 1591) e que falem dele, ainda que suas obras sejam pouco lidas.

Ao final de julho, Teresa, em uma carta à prima Maria, cita João da Cruz, como o fará muitas vezes depois. Maria lhe revelava novamente todas as suas tentações, seus "maus pensamentos", sua tibieza. E dizia-lhe: "Minha Teresa querida, tu que tens tanto ardor no serviço do bom Deus, ensina tua irmãzinha a nele caminhar com coragem"[170].

A resposta é clara:

> Tu te enganas, minha querida, se julgas que tua Teresinha caminha sempre com ardor no caminho da virtude. Ela é fraca e muito fraca. Todos os dias faz uma nova experiência disso. Mas, Maria, Jesus se compraz em ensinar-lhe, como a São Paulo, a ciência de se gloriar em suas fraquezas. Essa é uma grande graça e peço a Jesus que a ensine a ti, pois somente nessa ciência se encontra a paz e o repouso do coração. Quando nos vemos tão miseráveis, já não mais queremos nos preocupar conosco e não olhamos senão para o único Bem-amado!
>
> Minha Mariazinha querida, quanto a mim, não conheço outro meio para chegar à perfeição, senão o "do Amor"… Amar: como nosso coração é feito para isso! Às vezes, busco outra palavra para exprimir o amor, mas na terra do exílio as palavras são impotentes para comunicar todas as vibrações da alma. Assim, devemos ater-nos a esta única palavra: "Amar"!
>
> Mas a quem nosso pobre coração faminto de Amor o prodigalizará? Ah, quem será suficientemente grande para isso? Poderia um ser humano compreendê-lo? E, sobretudo, saberia corresponder-lhe? Maria, só há um ser que possa compreender a profundidade

---

168. CA 5.8.9.
169. Ver meu livro *Jean et Thérèse. Flammes d'amour*, Paris, Éd. du Cerf, 1996; Emmanuel Renault, *Ce que Thérèse doit à Jean de la Croix*, Paris, Éd. du Cerf, com bibliografia nos dois livros.
170. CCor 130, 23-25 de julho de 1890, CG I, p. 546.

desta palavra: Amar! Não há senão o nosso Jesus que saiba retribuir-nos infinitamente mais do que lhe damos... [...] Consolar Jesus, fazer com que as almas o amem... Jesus está doente e é preciso notar que a doença de amor não se cura senão com amor... Maria, dá todo o teu coração a Jesus! Jesus tem sede dele, tem fome dele. Teu coração: eis o que ele ambiciona a ponto de, para possuí-lo, consentir em abrigar-se num buraco sujo e escuro! Ah, como não amar um Amigo que se reduz a tão extrema indigência, como ousar alegar sua pobreza quando Jesus se faz semelhante à sua noiva? Ele era rico e se fez pobre para unir sua pobreza à pobreza de Maria do Santíssimo Sacramento... Que mistério de Amor!...[171].

Encontram-se aqui várias citações de São João da Cruz. É com ele que a noviça prepara sua profissão:

> Um dia, durante seu noviciado, Irmã Teresa do Menino Jesus falou no recreio sobre a doutrina de São João da Cruz a uma Madre idosa, que fora priora do Carmelo de Coutances [Madre Coração de Jesus]. Em seguida, esta me falou, espantada: "É possível que uma menina de 17 anos compreenda essas coisas e discorra sobre elas de tal maneira? É admirável, não consigo acreditar!"[172]

É ao final desse mês de julho que Monsenhor Hugonin finalmente lhe dá permissão para solicitar a admissão à profissão. Apresentada ao capítulo, ela não alcança a unanimidade: dois (ou três?) votos lhe faltam[173]. A espera suplementar durou nove meses. O grande dia é marcado para a segunda-feira, 8 de setembro, festa da Natividade de Maria, após o consentimento da comunidade, solicitada três vezes, de acordo com o costume da época. Em uma carta ao tio, que gerencia os bens da família Martin[174], Irmã Inês de Jesus faz referência à questão do dote de Teresa, estimado em 10 mil francos; a essa quantia serão acrescentados mil francos para as despesas das cerimônias. Pois a profissão é feita em dois momentos: na intimidade do claustro (8 de setembro) e na tomada de véu preto (quarta-feira, 24 de setembro), cerimônia pública.

"Que eu salve muitas almas..." (O 2)

Na noite da quinta-feira, 28 de agosto, a noviça começa um retiro de dez dias para preparar sua profissão. Sua solidão é relativa, à medida que troca bilhetes com as duas irmãs carmelitas. Isso permite acompanhar quase diariamente os sentimentos da noviça.

---

171. C 109, 27-29 de julho de 1890, CG I, p. 548-549.
172. IJ/NPPA, "Reputação de santidade", p. 3, citado em CG I, p. 543, n.r.
173. Segundo Irmã Inês, que não assistia à votação. Ver VT, n. 70, abril 1978, p. 154.
174. CD 833, 4 de agosto (?) de 1890, n.i., CG I, p. 554.

Foi Inês de Jesus a primeira a escrever e Teresa responde com as linhas seguintes, nas quais o clima desses dias já é apresentado:

> Antes de partir, seu Noivo perguntou-lhe para qual país ela gostaria de viajar, que caminho gostaria de seguir etc. A noivinha respondeu-lhe que tinha apenas um desejo: chegar ao cimo da Montanha do Amor. Para chegar ali, muitos caminhos se lhe ofereciam e havia tantos perfeitos, que se via incapaz de escolher. Ela disse, então, ao seu divino guia: "Sabeis aonde quero chegar, sabeis por quem quero subir a montanha, por quem quero chegar ao termo, sabeis a quem amo e a quem quero contentar unicamente; é só por ele que estou empreendendo essa viagem. Guiai-me, pois, pelas sendas que ele gosta de percorrer. Se ele estiver contente, estarei no auge da alegria". Então Jesus me tomou pela mão e me fez entrar num túnel onde não faz nem frio, nem calor, onde o sol não brilha e onde nem a chuva nem o vento vêm nos visitar; um túnel onde não vejo nada, a não ser uma claridade semivelada, a claridade que se difunde à volta dos olhos abaixados da Face do meu Noivo…
> Ele não me diz nada e eu também não lhe digo nada, a não ser que o amo mais que a mim, e sinto no fundo do meu coração que isso é verdade, pois pertenço mais a ele do que a mim! Não vejo se estamos avançando para o cimo da montanha, porque nossa viagem se faz debaixo da terra. No entanto, sem saber como, parece que nos aproximamos de lá. O caminho que sigo não é de nenhuma consolação para mim e, contudo, traz-me todas as consolações, porque foi Jesus quem o escolheu e desejo consolar só a ele, só a ele!…[175].

Mesmo tom em sua resposta à Irmã Maria do Sagrado Coração:

> Madrinha querida, se soubésseis como vosso cântico do Céu encantou a alma de vossa filhinha!… Eu vos garanto que ela não ouve nada das harmonias celestes. Sua viagem de núpcias é muito árida. É verdade que seu Noivo a faz percorrer países muito férteis e magníficos, mas a noite a impede de admirar o que quer que seja e, sobretudo, de gozar de todas essas maravilhas. Talvez ireis pensar que ela fica aflita com isso. Mas não, pelo contrário, ela está muito feliz por seguir seu Noivo só por amor a ele, não por causa de seus dons… Só ele é tão belo, tão encantador! Mesmo quando se cala… Mesmo quando se esconde…[176].

Na segunda-feira, 1º de setembro, a provação interior adquire sentido em uma dimensão apostólica:

> Amanhã vou encontrar-me com Padre Youf, que me disse para fazer uma pequena revisão somente desde que estou no Carmelo. Rezai muito para que Jesus conserve

---

175. C 110, 30-31 de agosto de 1890, CG I, p. 557-558.
176. C 111, 30-31 de agosto de 1890, CG I, p. 560.

em mim a paz que ME DEU. Fiquei muito feliz por receber a absolvição no sábado... Mas não compreendo o retiro que estou fazendo; não penso em nada. Numa palavra, estou num túnel muito escuro! Oh, pedi a Jesus, vós que sois minha luz, que não permita que as almas sejam privadas, por minha causa, das luzes que lhes são necessárias, mas que minhas trevas sirvam para esclarecê-las... Pedi também que eu faça um bom retiro e que ele fique o mais contente possível. Então, também eu estarei contente e consentirei, se essa for sua vontade, em andar por toda a minha vida no caminho escuro que percorro, desde que um dia chegue ao cimo da Montanha do Amor. Mas creio que isso não será nesta terra[177].

Na terça-feira, 2 de setembro, Teresa sai da clausura para passar o exame canônico diante do superior do Carmelo, Padre Delatroëtte, que tem por objetivo discernir as motivações da noviça, sua liberdade antes do compromisso definitivo. À pergunta fundamental: por qual motivo se sente impelida a abraçar aquele santo estado, ela respondeu que foi "para salvar as almas e, sobretudo, rezar pelos padres"[178].

Ela aproveitou a ocasião para dar um abraço em Celina, cuja saúde inspira algumas preocupações. Nesse mesmo dia chega o texto da bênção apostólica solicitada junto ao Irmão Simeão, o amigo de Roma[179]: para Teresa, ocasião de recordar-se de outra bênção recebida de Leão XIII, há apenas três anos (ver Ms A, 76rº). O bilhete de 3 de setembro, a Irmã Inês de Jesus, expressa uma angústia: "Acreditais que Celina vai verdadeiramente morrer?". Outra angústia também, sempre ligada a certos retornos de escrúpulos?

Na quinta-feira, 4, a retirante continua na mesma escuridão, mas a aceita sempre para agradar ao seu "Noivo" na mais total gratuidade:

> Minha alma está sempre no túnel, mas se sente muito feliz aí. Sim, feliz por não ter nenhuma consolação, pois acho que, dessa forma, o amor dela não é como o amor das noivas da terra, que sempre olham para as mãos de seus noivos, para ver se lhes trazem algum presente; ou, então, para seu rosto, a fim de nele descobrirem um sorriso de amor que as possa encantar... Mas a pobre noivinha de Jesus sente que ama Jesus por ele só; não quer olhar o rosto de seu Amado, a não ser para nele descobrir as lágrimas que correm dos olhos que a cativaram com seus encantos ocultos... Quer enxugar essas lágrimas para delas fazer seu adorno no dia das núpcias, adorno que também será oculto, mas compreendido por seu Amado[180].

---

177. C 112 — a Irmã Inês, 1º de setembro de 1890, CG I, p. 563-564.
178. Em 1895, Teresa escreverá a mesma fórmula: "Vim para salvar as almas e, principalmente, para rezar pelos padres" (Ms A, 69vº).
179. CCor 134 *bis*, CG I, p. 562.
180. C 115, 4 de setembro de 1890, CG I, p. 571.

Ao longo desses dias, ela manifesta também a preocupação de avisar as pessoas conhecidas sobre sua profissão: é preciso escrever ao Padre Domin, à senhora Papinau, ao Padre Lepelletier? E, principalmente, deve mostrar ao pai a bênção do Papa? Fazê-lo beijar o crucifixo que ela vai receber? Sobre tudo isso, ela consulta Inês de Jesus.

O último bilhete de Teresa data do domingo, 7, véspera da profissão: "Amanhã ela será a esposa d'Aquele cujo rosto estava escondido e a quem ninguém reconheceu…"[181]. Essa citação de Isaías 53,3 a acompanhou durante todos desses dias.

O texto essencial que emerge dessa preparação se encontra no bilhete de profissão que ela trará consigo em 8 de setembro:

> Ó Jesus, meu divino Esposo, que eu jamais perca a segunda veste de meu Batismo! Tira-me deste mundo antes que eu cometa a mais leve falta voluntária. Que eu não procure e não encontre senão a ti. Que as criaturas nada sejam para mim e eu não seja nada para elas, mas que tu, Jesus, sejas tudo!… Que as coisas da terra jamais possam perturbar a minha alma; que nada perturbe minha paz! Jesus, só te peço a paz e também o amor, o amor infinito, sem outro limite senão tu mesmo… Amor que já não seja eu, mas sejas tu, meu Jesus. Por ti, Jesus, eu morra mártir: o martírio do coração ou do corpo ou, antes, os dois… Dá-me cumprir meus votos em toda a sua perfeição e leva-me a compreender o que uma esposa tua deve ser. Faze que eu nunca seja um peso para a comunidade, e que ninguém se ocupe de mim; que eu seja como que pisada aos pés, esquecida como um grãozinho de areia que pertence a Ti, Jesus.
> Faça-se em mim tua vontade de maneira perfeita. Que eu possa chegar à morada que antecipadamente me foste preparar…
> Jesus, faz com que eu salve muitas almas; que hoje nenhuma seja condenada e que todas as almas do Purgatório sejam salvas… Perdoa-me, Jesus, se falo coisas que não devo dizer. Só quero alegrar-te e consolar-te[182].

Tudo o que esses textos, escritos durante dez dias, revelam será encontrado cinco anos mais tarde em seu primeiro caderno de memórias: "[…] o retiro que precedeu minha profissão esteve longe de trazer-me consolações, a mais absoluta aridez e quase

---

181. C 116 — a Maria do Sagrado Coração, CG I, p. 574.
182. Oração 2. Padre François de Sainte-Marie solicitou a análise grafológica desse texto à senhora Janine Monnot, membro da Sociedade de grafologia: "Avalia-se, no bilhete escrito no dia da profissão, a extensão de sua impressionabilidade, de sua fraqueza, de seus temores, das agitações de sua sensibilidade, de sua falta de confiança nas próprias forças, de sua ansiedade, de sua angústia. O bilhete é comovente. Mesmo em um plano puramente humano, constitui uma relíquia. Mas, ao mesmo tempo, é um escrito de êxtase, de visão intuitiva… Nos tormentos do comprometimento, das dificuldades entrevistas, do temor de fraquejar e perder a coragem, uma decisão de ferro, uma vontade de lutar e uma energia feroz são aí expressas. Nessas linhas, há ao mesmo tempo o pavor de uma criança e a decisão de um guerreiro" (Mss II, p. 53).

o abandono foram minha herança. Jesus, como sempre, dormia em minha barquinha" (Ms A, 75v°). Algumas linhas depois, Teresa volta ao assunto: "Meu retiro de profissão foi, portanto, como todos aqueles que vieram depois, um retiro de grande aridez..." (Ms A, 76r°).

No dia anterior à profissão, a noviça, após matinas, estava rezando no coro até meia-noite, conforme o costume. Teresa escolheu fazer a via-sacra. E eis que se ergue nela um vento de pânico: o Carmelo não é para ela, ela não tem vocação! Combate interior de grande intensidade. Acontece que a mestra das noviças ainda está em oração naquele lugar. Teresa a faz sair e revela-lhe sua angústia. Irmã Maria dos Anjos a tranquiliza plenamente: trata-se de uma tentação grosseira[183]. Mas Teresa quer uma confirmação e vai incomodar a priora. Madre Maria de Gonzaga "contenta-se em rir [dela]" (Ms A, 76r°-v°). Posto em fuga por tais atos de humildade, o demônio desaparece (Ms A, 76v°)[184].

PROFESSA (8 de setembro de 1890 – 30 de setembro de 1897)

"Um rio de paz" (Ms A, 76v°) [8 de setembro de 1890]

"Na manhã do dia 8 de setembro, senti-me inundada por um rio de *paz*. E foi nessa paz 'que ultrapassa todo sentimento' [João da Cruz] que pronunciei meus santos votos" (Ms A, 76v°). Após a missa das 7h30, em honra da Natividade de Maria (Teresa se alegra por isso), a comunidade sai do coro cantando o hino *O gloriosa virginum* com uma vela na mão e sobe à sala do capítulo. Portando uma coroa de flores brancas, Irmã Teresa do Menino Jesus da Santa Face acompanha a priora, segurando sua mão.

Madre Maria de Gonzaga faz uma breve alocução recordando a vida da carmelita (ofícios, oração, Eucaristia, sofrimentos diversos), sem deixar de apontar a presença de suas irmãs, os sofrimentos de seu "bondoso e venerável pai", a morte da mãe e dos quatro irmãos, que do Céu participam da festa[185]. A seguir, a noviça responde à priora, que a interroga: "Que pedis?". "A misericórdia de Deus, a pobreza da Ordem e a companhia das Irmãs". Depois do diálogo, que continua com a declaração de sua liberdade e firme decisão. De joelhos, as mãos nas mãos da priora, ela pronuncia sua profissão três vezes:

> Eu, Irmã Teresa Maria Francisca do Menino Jesus da Santa Face, faço minha profissão e prometo Castidade, Pobreza e Obediência a Nosso Senhor e à Bem-aventurada Virgem

---

183. PO, p. 411.
184. No dia 8, Madre Genoveva de Santa Teresa dirá a Teresa que ela mesma passara por uma tentação semelhante antes de pronunciar seus votos (Ms A, 78v°).
185. Trechos em conformidade com as notas de Irmã Maria de São José.

Maria, sob a obediência, a visita e a condução de nossos Reverendos Padres Visitadores e Superior, de acordo com o que eles estabeleceram sobre nossa Ordem, pelas Bulas e Breves de nossos Santos Padres, os Papas. E faço essa profissão segundo a Regra primitiva da Ordem dita do Monte Carmelo, que é sem mitigação, e isso até à morte[186].

Tendo recebido o cinto, o escapulário e a capa, Teresa vai prostrar-se com os braços em cruz ao centro do capítulo, sobre um tapete de sarja bordado de flores, enquanto as Irmãs cantam o *Te Deum*. Após diversas orações, a priora asperge com água benta a neoprofessa, que se levanta, beija-lhe a mão e abraça todas as Irmãs. "Quantas graças pedi naquele dia!..." (Ms A, 76v°). Ao final de sua vida, ela dirá: "Tinham-me [Maria de Gonzaga] obrigado a pedir a cura de papai no dia de minha profissão; mas foi-me impossível dizer outra coisa além disto: Meu Deus, eu vos suplico: se for vossa vontade, que papai seja curado!"[187]. Mas também rezou por Leônia, para que ela seja visitandina[188].

Teresa não esquece que recebeu cartas do Irmão Simeão, do Padre Pichon, do Padre Révérony, de Irmã Maria José da Cruz (Marcelline Husé, empregada dos Guérin que se tornou beneditina em Lisieux), todas marcadas por carinho e orações. Irmã Maria dos Anjos — coisa excepcional — compôs um poema: "*Lembrança do dia 8 de setembro de 1890*". À noite, contemplando as estrelas no céu, a neoprofessa experimenta uma "*alegria tranquila*" (Ms A, 77r°).

A comunidade inteira ficou emocionada com a celebração. No dia seguinte, Madre Maria de Gonzaga escreve à priora do Carmelo de Tours por ocasião da morte de Madre Teresa de São José (antiga priora), falecida no dia da profissão de Teresa:

> [...] Minha venerada Madre Genoveva está mudando e sente muito cansaço há oito dias, enfim [Deus] permitiu que seu coração possa ainda ser testemunha da felicidade de uma criança que imolei ontem. Esse anjo de menina tem 17 anos e meio e a razão de 30 anos, a perfeição religiosa de uma velha noviça consumada na alma e na posse de si mesma. É uma perfeita religiosa; ontem, olho algum pôde ficar seco à visão de sua grande e inteira imolação [...][189].

A Teresa, ela dedica uma estampa:

> Lembrança do maior dia de vossa vida. Menina privilegiada, o Céu se alegra, a terra está muda em sua impotência ao contemplar as radiantes ternuras do Esposo por sua

---

186. Até a morte, Teresa guardará num saquinho, sobre o coração, o texto de sua profissão em pergaminho (Ms A, 70r°).
187. CA 23.7.6.
188. PA, p. 377.
189. CD 840, de 9 de setembro de 1890, CG I, p. 580-581.

Esposa de 17 anos. Rezai pela indigna Madre que recebeu do Céu a honra de oferecer-vos no altar. 8 de setembro de 90, festa da Natividade da Mãe Imaculada[190].

A nova carmelita tem apenas um desejo: mergulhar na vida escondida, seguir seu Bem-Amado Jesus. Mas é preciso completar a profissão com a tomada de véu, na presença da família e dos conhecidos.

"Um dia inteiramente velado de lágrimas" (Ms A, 77rº) [24 de setembro de 1890]

É chocante o contraste entre a alegria de 8 de setembro e as dores do dia 24. "Tudo foi tristeza e amargura" (Ms A, 77rº). Quando estava melhor, Luís Martin às vezes saía para passear com os doentes. Celina e Teresa tinham imaginado fazê-lo vir à tomada de véu de sua Rainha, pelo menos ao final da cerimônia. Na segunda-feira, 22, Celina fez com que o pai abençoasse os véus pretos da neoprofessa. Na manhã de terça-feira, 23, Celina e Teresa, no locutório, acertam os detalhes do plano. Mas Isidoro Guérin, assim que fica sabendo da tentativa, vai ao Carmelo e opõe-se formalmente. À noite, Teresa, em lágrimas, escreve à irmã:

> Tu sabes até que ponto eu desejava rever nosso querido pai essa manhã. Bem, agora vejo claramente que a vontade do Bom Deus é que ele não esteja presente. Permitiu isso simplesmente para provar nosso amor... Jesus me quer órfã, quer que eu esteja sozinha, com ele só, para unir-se mais intimamente a mim, e quer também dar-me na Pátria as alegrias tão legítimas que me recusou no exílio... Celina, consola-te! Nosso Esposo é um Esposo de lágrimas, não de sorrisos; demos-lhe nossas lágrimas para consolá-lo e um dia elas hão de transformar-se em sorrisos de uma doçura inefável...[191].

Naquele dia, Teresa está totalmente "órfã"[192]. Nada mais de pai segundo a carne, nada de pai espiritual (Padre Pichon está no Canadá), nada de pai no plano eclesial (Monsenhor Hugonin, doente, não pode ir; ele deveria almoçar na casa dos Guérin). Justamente antes de entrar na capela para a celebração, Teresa chora. Irmã Inês de Jesus a repreende:

> Em vez de consolá-la, eu lhe disse: "Não entendo por que estais chorando! Como podíeis esperar ter nosso pobre pai em vossa cerimônia? Se ele estivesse aqui, estaríamos expostas a sofrimentos bem maiores que aqueles de sua ausência"[193]. Para cúmulo da

---

190. CG II, p. 1096.
191. C 120, 23 de setembro de 1890, CG I, p. 584-585.
192. A palavra de C 120 voltará a ser encontrada em Ms A, 75vº.
193. NPPA, "Fortaleza", p. 3, CG I, p. 586, n.d.

tristeza, Madre Genoveva, na enfermaria, sabendo que ela estava chorando, mandou dizer-lhe uma palavra bastante severa[194].

A celebração começa com o canto do *Veni creator spiritus*.

> Minhas lágrimas não foram compreendidas — escreverá Teresa. Com efeito, eu tinha suportado, sem chorar, provações bem maiores, mas então eu era ajudada por uma graça poderosa; no dia 24, ao contrário, Jesus me entregou às minhas próprias forças e mostrei o quanto elas eram pequenas…

"Todavia — escreve ela em primeiro lugar —, a *paz*, sempre a *paz*, encontrava-se no fundo do cálice…" (Ms A, 77rº).

Foi exatamente o que percebeu um amigo dos Guérin, Victor Lahaye (que comprara a farmácia de Isidoro). Presente na capela do Carmelo naquele dia, ele testemunhará mais tarde:

> O véu preto que ela ia receber trazia uma coroa de rosas e estava exposto sobre o altar. O véu branco que ela ainda usava estava levantado sobre sua cabeça e deixava perceber uma feliz harmonia no conjunto dos seus traços. Contudo, o rosto estava ligeiramente curvado, o nariz pequeno, a boca quase grande, o queixo bastante largo e arredondado, enquanto as maças do rosto, sem ser fundas, compreendiam bochechinhas um pouco proeminentes. Seus olhos possuíam um brilho temperado pela candura e a pureza. Mas, nessa circunstância emocionante e decisiva, sua doçura natural dava espaço à seriedade[195].

Ao final da cerimônia, ressoa o *Te Deum*. E, entretanto… lágrimas mais uma vez na tarde desse 24 de setembro no locutório com Celina. Esta receberá repreensões de sua irmã Inês de Jesus: "Parece que choraste muito com Irmã Teresa do Menino Jesus no dia de sua tomada de véu. Isso me deixa muito chateada… […] A tristeza e as lágrimas não são úteis a nada e destroem as forças"[196].

A vida no dia a dia

Embora esteja ainda mais profundamente mergulhada em sua vida contemplativa, Irmã Teresa do Menino Jesus da Santa Face não pode deixar de interessar-se do acontecimento da família: o casamento civil e religioso de Joana Guérin com o doutor Francis La

---

194. Ibid.
195. Victor Lahaye, presidente da Sociedade histórica de Lisieux, 19 de março de 1923.
196. 26 de setembro de 1890, CG I, p. 568, n.d.

Néele, marcado para o dia 1º de outubro. É a primeira vez que um casamento acontece nessas famílias muito unidas, que dividem tudo. Haverá outros três na família Maudelonde, muito próxima. Maria, a irmã da nubente, é dama de honra com Celina, sempre sob marcação cerrada de Henry Maudelonde, que não a deixa e pede à tia Guérin a permissão para abraçar sua dama.

Vendo os recém-casados no locutório, Teresa fica tocada com as delicadezas de Joana para com seu esposo, que não passa de uma "criatura" (Ms A, 77rº). Querendo rivalizar com seu convite de casamento, ela "se divertira" redigindo, durante seu retiro, uma carta-convite para suas núpcias com "Jesus, Rei dos Reis e Senhor dos Senhores". Não podia ir mais longe na expressão da espiritualidade esponsal, que é a sua, conforme a tradição da vida consagrada:

> Carta-convite para as núpcias de Irmã Teresa do Menino Jesus da Santa Face. Deus todo-poderoso, criador do Céu e da terra, soberano dominador do mundo, e a gloriosíssima Virgem Maria, Rainha e princesa da corte celeste, inclinam-se para anunciar-vos o matrimônio de seu filho Jesus, Rei dos Reis e Senhor dos Senhores, com a senhorita Teresa Martin, agora dama e princesa dos reinos trazidos em dote por seu Esposo, a saber: a Infância de Jesus e sua Paixão [...][197].

Teresa lerá esse convite para as outras noviças[198].

A vida diária, após a profissão, não muda muito. Permanecendo no noviciado, de acordo com o costume da época, Teresa vive lado a lado com Irmã Marta (que também fez profissão em 23 de setembro), sua irmã Maria do Sagrado Coração (que deixará o noviciado somente em julho). Em fevereiro, a professa mudará de ofício: não trabalhará mais no refeitório em companhia de Inês de Jesus, mas se tornará auxiliar de Irmã Santo Estanislau na sacristia durante dois anos. Aos sessenta e sete anos, essa Irmã é uma das mais antigas: participou da fundação do Carmelo, entrou em 6 de abril de 1845, professou em 8 de fevereiro de 1847. A colaboração será fácil, apesar da diferença de idade. Mas Irmã Santo Estanislau acha que sua jovem colaboradora é "lenta nos ofícios", gastando muito tempo para esfregar velas e turíbulos. É por essa razão que às vezes a chama "a Irmãzinha Assim-seja"[199]. As relações com a mestra de noviças melhoraram: "Pude abrir-lhe minha alma — dirá Teresa. Ao final, ela me consolava verdadeiramente"[200].

À preocupação com a saúde do pai, que continua a ser o pano de fundo permanente, aliam-se as inquietações com a de Celina. Esta sofre de perturbações cardíacas:

---

197. Texto do rascunho (diferente do Ms A, 77vº) em C 118, entre 8 e 20 de setembro (?) de 1890.
198. De acordo com HA, 1907, p. 135 (interpolação em HA 98).
199. UC, p. 474, n. 1; ver AL, n. 612, abril 1883, p. 5.
200. CA 2.9.2.

"Ela tem emoções de tal modo fortes que sua saúde está totalmente alterada. Acredito que seja tempo de remediar isso", escreve a tia Guérin à sua filha Joana. As visitas ao pai, em Caen, que acontecem há meses, cansam-na muito no plano emocional[201]. O doutor Francis La Néele — agora seu primo — a faz consultar o doutor Notta, que conhece bem os Martin. Este prescreve um tratamento, mas pede principalmente que lhe evitem as emoções[202].

Isso não impedira Celina, apesar de seu pouco gosto pelas multidões, de ir em peregrinação a Paray-le-Monial com Leônia, de 8 a 16 de outubro. Organizada pelas dioceses de Coutances e Bayeux por ocasião do segundo centenário de morte da Beata Margarida Maria Alacoque, a viagem era muito tentadora para Leônia, ligada à Visitação[203]. Mas, a despeito de seus vinte e sete anos, ela não podia viajar sozinha. Por conselho do tio, Celina vai com a irmã, juntando-se a outras duas jovens — Thérèse e Hélène Pougheol — acompanhadas por seu pai e pelo Padre Domin, seu tio[204]. Os sermões são proferidos por Monsenhor Germain, de Coutances, e por Monsenhor Hugonin. Padre Tissot, superior geral dos Missionários de São Francisco de Sales de Annecy, ministra conferências sobre o amor e a confiança no Sagrado Coração. Celina transcreve trechos em sua caderneta e fará uma cópia para Teresa[205].

Cada jovem está orientando sua vida. Celina pensa sempre na vida carmelitana, mas as tentações mundanas não param de apresentar-se. Teresa se preocupa com ela e, em suas cartas, faz o elogio da virgindade consagrada a Jesus. Evocando a peregrinação a Paray, escreve-lhe: "Reza muito ao Sagrado Coração. Sabes que não vejo o Sagrado Coração como todo mundo, penso que o coração de meu esposo é só meu, como o meu é só dele, e lhe falo então na solidão desse delicioso coração a coração, esperando contemplá-lo um dia face a face!..."[206].

Leônia pensa cada vez mais na Visitação. Maria Guérin, por sua vez, optou pela vida carmelitana no exato dia da tomada de véu de Teresa. Fará a confidência a Celina, a quem é fortemente ligada. Com seu temperamento apaixonado e expressão ainda juvenil, ela sofre por estar separada da prima. Teresa a reprova por isso durante um locutório, a

---

201. Ver Maria do Sagrado Coração a Celina: "Cuida-te bem. Se morresses, eu sofreria muito. Nossa Madre me disse que não estavas com uma cara boa e isso me atormenta" (CD 846, 13 de outubro de 1890, VT, n. 102, abril 1986, p. 106).

202. 18 de maio de 1891, CG II, p. 627, n.a.

203. CD 845, outubro 1890 — de Celina a Joana La Néele, VT, n. 102, abril 1986, p. 105.

204. *La Semaine religieuse de Bayeux* estima a multidão dos peregrinos em 30 mil, conduzida por 15 bispos e 1500 padres (2 de novembro de 1890, n. 44, p. 696-697). Ver Louis POUGHEOL, *Léonie*.

205. Ver VT, n. 79, julho 1980, p. 224-227.

206. C 122, 14 de outubro de 1890, CG II, p. 622.

prima a chama de "sem coração". Imediatamente, a carmelita puxa a cortina da grade... antes de voltar a abri-la, sorrindo[207].

Na escuridão do deserto

Prosseguindo seu caminho a meditar os textos de São João da Cruz, "o santo do amor por excelência"[208] — dirá Teresa (enquanto os que a cercavam o viam, antes, como um temível mestre da ascese) —, ela tirará o seguinte bilhete no dia de sua festa[209]: "Minha filha, eu vos deixo meu despojamento interior. A alma que quer possuir a Deus inteiramente deve renunciar a tudo para dar-se toda inteira a esse grande Deus!..." (24 de novembro de 1891). Ela também continua a viver com suas fraquezas. O sono ameaça sempre sua oração — oração mental e ação de graças. Desabafa a respeito com a priora, que, ao contrário do capelão, não a culpabiliza: "Não fiqueis preocupada com a oração de São Pedro; o grande apóstolo — que amava, contudo, seu Divino Mestre — dormia ao lado d'Ele no momento da agonia de nosso Jesus no Jardim das dores..."[210].

Teresa também recebe palavras de encorajamento da mestra de noviças, cujo tom vai ao encontro de suas aspirações profundas:

> Deixai-o [Jesus] fazer tudo o que ele quiser de seu grãozinho de areia, e não duvideis, estais ganhando para ele, a cada dia e a cada hora do dia, muitas almas que saciam sua sede e respondem ao seu *sitio* do Calvário! Adorai essa sede de vosso Esposo, honrai-a principalmente pensando nela a todo instante e oferecendo todo o vosso ser a Jesus pela salvação dessas almas que lhe custaram tão caro! É necessário que elas vos custem caro também, a redenção de uma alma só pode acontecer pela dor e o sacrifício, fazei-vos cada vez mais pequena hóstia, o holocausto de Jesus e, sem as ver, numerosas almas vos deverão o Céu e sereis, assim, verdadeira carmelita na escuridão do deserto, nas trevas da noite, nas amarguras do exílio! Coragem, confiança! Jesus está contente, ele vos quer bem, tudo está bem e vossa coroa se faz a cada dia[211].

Por sua parte, o distante Padre Pichon escreve — depois de cinco meses de silêncio — para felicitá-la por sua profissão. Através de sua resposta, intui-se mais ou menos o que a "dirigida" lhe escreveu. Tudo traz a marca do sofrimento:

---

207. 15 de outubro de 1890, CD 848, VT, n. 102, abril 1986, p. 109.
208. Recolhido por Irmã Maria da Trindade, ver meu livro *Jean et Thérèse*, p. 54.
209. No dia da festa dos santos carmelitas, cada Irmã tirava ao acaso um papel com uma frase do santo.
210. Final de 1890 — verão de 1891? CCor 144, CG II, p. 630.
211. Outono 1890? CCor 145, CG II, p. 631-632.

Oh, sim, a aliança está concluída e será eterna. Tendes todos os direitos, todos os privilégios de uma verdadeira Esposa. Minhas felicitações por vossa viagem de núpcias ao Calvário! [...] O que dá prestígio à vossa profissão é o selo da cruz. Vossas Irmãs podem sentir inveja de vós e os eleitos do Céu têm ciúme de vós. Jesus vos deu sua Infância e sua Paixão. Como sois afortunada! Que dote incomparável! Fazei sorrir o Menino do presépio e consolai o crucificado no Calvário! A Santíssima Virgem teve uma missão mais bela? Se alguma vez chorei meu exílio e sofri com as 1500 léguas do Atlântico, foi no dia 8 de setembro. Mas, apesar de tudo, eu estava ao vosso lado e ninguém o estava mais que eu. E vos oferecia a Jesus na alegria de meu coração [...]. Como vos felicito por procurar e encontrar vossa felicidade na amargura de vosso divino Esposo. Jesus estava no auge da alegria no dia 24 de setembro ao fazer-vos beber de seu amargo fel. Como é bom consolá-Lo às vossas custas! Sim, sim, que cresça e aumente cada vez mais em vosso coração o desejo de salvar as almas; a sede de ser apóstolo, ajudando os apóstolos. Se soubesses como meu apostolado canadense conta convosco e espera vossas orações, vossas lágrimas, vossos sacrifícios! [...] Vós o vereis cada vez melhor ao avançar para o Céu: sofrer é amar e amar é sofrer! [...] Guardai a calma e a serenidade em todo o exterior, mesmo que o interior seja agitado pela tempestade [...].

Sois bem-aventurada, cordeirinho querido de Deus, por não encontrar mais nenhum prazer fora de Jesus. Só Jesus! Que riqueza! Não peçais o martírio para vós sem pedi-lo para mim. Isso significaria ser muito egoísta. Enquanto isso, viva o martírio do coração, o martírio quotidiano das alfinetadas! Sentir nosso nada e alegrar-se por ser apenas um pobre pequeno nada é, com efeito, uma grande graça. Aproveitai! Essa ambição de um exílio mais exilado[212], vou recomendá-la a Nosso Senhor. Antes de vos responder sobre isso, é preciso rezar[213].

Por ora, os "sacrifícios" consistem também em suportar os rigores de um inverno excepcionalmente frio. Em Lisieux, o termômetro desce a -14ºC. Naqueles dias, a grande lavagem do Carmelo começa pelo trabalho de quebrar o gelo do tanque, ao fundo do jardim. Em Caen, o doutor La Néele, ele mesmo muito resfriado, tem dificuldade para atender todos os seus pacientes[214]. Desde que os La Néele passaram a morar ali, as visitas a Caen se multiplicam[215], favorecendo também os locutórios com Luís Martin. Mas o

---

212. Primeira alusão de Teresa a um desejo de partir para o Carmelo de Saigon, fundado pelo de Lisieux em 1861.

213. 16 de fevereiro de 1891, CCor 146, CG II, p. 632-633.

214. CD 864 — Maria Guérin à sua irmã, VT, n. 103, julho 1886, p. 176. Ver CD 865 — Céline Guérin a Jeanne.

215. O trem leva cerca de uma hora e meia de Lisieux a Caen. Um trem expresso parte de Caen às 11h54 e chega a Lisieux em uma hora.

estado deste é tal que Irmã Inês de Jesus deseja que "São José o leve logo consigo para o Céu. Que felicidade!"[216]. Sabemos que Celina sofre cada vez mais ao longo das visitas ao pai e que isso altera seriamente a sua saúde. Em pouco tempo, o casal La Néele assumirá as visitas ao *Bon-Sauveur*, ao qual o médico tem fácil acesso.

Irmã Teresa do Menino Jesus da Santa Face entra em seu décimo oitavo ano de vida.

Durante os seis primeiros meses do ano de 1891, é mais difícil acompanhar seu caminho: possuímos apenas cinco cartas dela — essencialmente à sua confidente Celina, "a metade do meu coração"[217]. Essa atitude se revela conforme ao seu sepultamento na "vida escondida" no seguimento de Jesus escondido "na escuridão do deserto", como disse sua mestra de noviças[218]. Teresa não desejara ardentemente ir ao deserto onde o bom Deus queria que ela também fosse esconder-se (Ms A, 26rº)?

Essas cartas (C 126 e C 130) se revelam importantes. Na sexta-feira, 3 de abril de 1891, na semana da Páscoa, Marguerite-Marie Tostain (sobrenome de solteira: Maudelonde) encontra as irmãs Martin no locutório. Ela lhes revela que o marido, René, é ateu. Esse homem, de grande retidão moral, faz-lhe muitas perguntas sobre sua fé e suscita dúvidas em seu espírito. Teresa fica muito marcada por essas confidências. Ela decide rezar por René Tostain e emprestar a Marguerite o livro do cônego Arminjon, que ela tanto apreciara: *Fin du monde présent et mystère de la vie future*[219]. Escreve a Celina, a quem confia a delicada missão, que deve permanecer discreta, de passar a obra à prima: "Que ela leia esse livro, no qual encontrará certamente a resposta a muitas dúvidas"[220].

Duas semanas mais tarde, Celina completa vinte e dois anos. Meditando uma vez mais sobre a provação do pai, que atingiu toda a família, Teresa vê nesse "oceano de sofrimentos" um "oceano de graças e de amor"[221].

O padre renegado: "nosso irmão"

Pela primeira vez, ela evoca nas entrelinhas o possível "arrependimento" de um "Lírio murcho e esmaecido", que não é outro senão o Padre Hyacinthe Loyson[222]. Provincial

---

216. A Celina, 19 (?) de janeiro de 1891, VT, n. 103, julho 1986, p. 178.
217. C 126, 3 de abril de 1891, CG II, p. 635.
218. CCor 145, outono 1890 (ou 1891?), CG II, p. 631.
219. Ms A, 47rº.
220. C 126, 3 de abril de 1891, CG II, P. 634.
221. C 127, 26 de abril de 1891, CG II, p. 636.
222. Nascido em 10 de março de 1827 em Orléans, Charles Loyson é, a princípio, sulpiciano, ordenado sacerdote em 14 de junho de 1851, dominicano por alguns meses, carmelita no mosteiro de Broussey, profissão solene com o nome de Hyacinthe (20 de fevereiro de 1863). Prega o advento

dos carmelitas, rompeu com sua Ordem e a Igreja Católica ao casar-se civilmente com a senhora Meriman, uma viúva protestante americana com a qual terá um filho. Sua deserção provoca um enorme escândalo. Em 1879, ele funda uma Igreja Católica galicana, exigindo uma reforma da Igreja. Reivindica a abolição das diferenças de casamento e sepultamento, o casamento dos padres, a liturgia em francês... Em julho de 1891, ministra conferências em Caen na companhia da esposa, para dar a conhecer seu projeto. Celina recortou no *La Croix du Calvados* artigos relatando essas reuniões e os passa a Teresa. Eles provocam uma profunda emoção nesta. Aliás, ela recolheu outras informações sobre Loyson, que quer percorrer a França.

Na carta do dia 8 de julho, a fibra missionária da carmelita — que entrou no Carmelo "para rezar pelos pecadores e pelos sacerdotes" — vibra intensamente. Como não tomaria ela a responsabilidade pelo ex-carmelita[223]? Assim como se comprometeu a rezar pelo assassino Pranzini, posicionando-se de modo diferente ao da opinião pública — inclusive aquela católica —, ela quer salvar seu "irmão" desgarrado. O caso Loyson faz tanto barulho quanto o de Pranzini. Em seu Diário, Léon Bloy lança vitupérios contra "o monge renegado".

Orador talentoso, pregador em *Notre-Dame* de Paris, em *Saint-Louis-des-Français* de Roma, amigo de Montalembert, conhecido de Newman, protegido a princípio por Monsenhor Darboy, arcebispo de Paris, suas ideias liberais e o desejo de reformar a Igreja no momento do Concílio Vaticano I fizeram dele um personagem em evidência. É no dia 10 de outubro de 1869 que cai a excomunhão maior pronunciada por Roma, após múltiplas tentativas de seus irmãos carmelitas, de Montalembert, de Newman, para reconduzi-lo à Igreja. Evidentemente, a Ordem do Carmelo sofre um choque considerável por causa desse acontecimento que repercute em todos os cantos. Durante muito tempo, as vocações masculinas serão raras. Nos Carmelos femininos, o nome do antigo provincial é banido.

Não para Irmã Teresa, que, sem jamais pronunciá-lo, não se resigna. Ela dá outras informações a Celina:

> Sim, Celina querida, só o sofrimento pode gerar almas para Jesus... É, por acaso, de se admirar que estejamos tão bem servidas, nós, cujo único desejo é salvar uma alma que parece perdida para sempre... Os detalhes das notícias me interessaram bastante, embora fizessem meu coração bater muito forte... Mas vou contar-te ainda outros

---

em *Notre-Dame* de Paris (1864). Morre em Paris, em 9 de fevereiro de 1912. Em janeiro de 1911, as carmelitas de Lisieux lhe enviarão a *História de uma alma*, que ele lerá. Loyson agradecerá às Irmãs (5 de fevereiro de 1911).

223. C 129, 8 de julho de 1891, CG II, p. 640-641.

que não são mais consoladores. O infeliz pródigo foi a Coutances, onde recomeçou as conferências de Caen. Parece que tem a intenção de percorrer a França... Celina... E, além disso, diz-se que é fácil perceber que o remorso o atormenta, pois percorre as igrejas com um grande crucifixo e parece fazer grandes adorações... Sua mulher o acompanha por toda parte. Celina querida, ele é muito culpado; talvez mais culpado que qualquer pecador que já houve e que se tenha convertido... Mas Jesus não pode fazer uma vez aquilo que ainda nunca fez? E, se não o desejasse, teria colocado no coração de suas pobres esposinhas um desejo que não pudesse realizar?... Não! É certo que ele deseja, mais do que nós, reconduzir ao redil essa pobre ovelha desgarrada. Virá o dia em que ele abrirá os olhos, e então — quem sabe? — a França será percorrida por ele com um intuito totalmente diferente daquele que se propõe agora? Não cansemos de rezar; a confiança faz milagres! E Jesus disse à Bem-aventurada Margarida Maria: "Uma alma justa tem tanto poder sobre meu Coração, que dele pode obter o perdão para mil criminosos". Ninguém sabe se é justo ou pecador[224], mas, Celina, Jesus nos concede a graça de sentir no fundo de nosso coração que preferiríamos morrer a ofendê-Lo. Ademais, não são nossos méritos, mas aqueles de nosso Esposo que são os nossos e os quais oferecemos ao nosso Pai que está nos Céus, a fim de que nosso irmão, um filho da Virgem Santa, venha novamente, vencido, lançar-se sob o manto da mais misericordiosa das Mães[225]...

Doravante, até à sua morte, ela rezará por seu "irmão". "Essa conversão a ocupara por toda a vida", testemunhará Madre Inês de Jesus[226].

Os combates de Celina "no mundo"

O Carmelo está em festa na quarta-feira, 22 de julho, celebração dos sessenta anos de profissão de Madre Genoveva de Santa Teresa, a venerada fundadora, considerada uma "santa" por toda a comunidade. Seu estado físico a crava à enfermaria. Os Martin e os Guérin foram associados ao jubileu e ofereceram peixes, cerejas, laranjas, bolos para alegrar os preparativos ordinários da comunidade.

---

224. Essa frase preocupara Teresa e a fizera derramar muitas lágrimas (Irmã Maria dos Anjos, PA, p. 352).
225. C 129, 8 de julho de 1891, CG II, p. 640-641.
226. *Derniers Entretiens, Cahiers Verts* IV, p. 97, em UC, *Anexos*, p. 304. Ver PO. Em 19 de agosto de 1897, na festa de São Jacinto, a enferma oferecerá sua última Comunhão por ele. Ver G/PA, p. 284: "Essa conversão ocupava tanto espaço em seu coração, que ela não parava de falar-me dela". Ver Irmã Teresa de Santo Agostinho: "[...] ela me pedia que me unisse às orações que fazia para alcançar sua conversão" (PA, p. 333).

Teresa refere esses fatos a Celina[227], que acaba de falar-lhe sobre o segundo pedido de casamento que recebeu. O perseverante pretendente é Henry Maudelonde, vinte e sete anos. Ele foi militar e agora é procurador. Por mais que Teresa faça piada sobre o procurador que declarou sua paixão à irmã, talvez ela não se sinta segura da constância da vocação de Celina e volta a falar-lhe "da graça de ser virgem, de ser esposa de Jesus". Ela não estava errada ao manifestar preocupação (pois acredita firmemente na vocação carmelitana da irmã) quando lemos os combates de Celina:

> Fosse em sua casa, fosse na nossa, ele [Henry] sentia sempre a necessidade de estar ao meu lado. Como mo pediam com ardor quando ele não estava, terminaram por colocá-lo definitivamente ao meu lado na mesa, para evitar escândalos. Acabado o jantar, ele me tomava em seus braços, gostasse ou não, e me fazia dançar valsa. [...] Minha prima Maria, que gostava muito de mim, acreditava estar agradando-me ao me relatar certas conversas que tivera com suas primas: "Se soubesses — disse-me — como H. te ama, ele é louco por ti". Ah, não precisava que mo dissessem, eu o percebia suficientemente! [...] Quantas lutas!... eu era toda de Jesus, dera-lhe minha fé, [mas] também achava bonita a vocação do matrimônio; sentia, por assim dizer, duas vocações, duas atrações [...]. Bastaria uma palavra a dizer, um olhar! Quando penso nisso, fico tomada de espanto, minha vocação esteve tão perto de naufragar! Parece-me que apenas um fio a sustentava[228].

Que contraste, com efeito, entre a vida de clausura das três irmãs e a vida mundana de Celina, que voltou a viajar de férias com Leônia a La Musse, à casa dos Guérin! A estadia do verão de 1891 vai de 29 de junho a 13 de agosto. Em 27 de junho, elas foram ver o pai em Caen. Ao final de julho, as novidades não são boas. Ele ainda fica agitado em alguns momentos e não pôde fazer o passeio anual de carro, como no ano anterior[229]. A presença — episódica — do jovem casal La Néele transforma o ambiente habitual. Francis, gigante bonachão, traz juventude e bom humor. Celina o admira muito. Ele a inicia nos segredos da galvanoplastia[230] e ela continua a realizar fotografias de férias, dando mostras de um real talento.

Pouco tempo depois, ela receberá um chamado (em "grande segredo") do Padre Pichon, que no Canadá está começando uma fundação em "um conventinho", do

---

227. C 130, 23 de julho de 1891, CG II, p. 643-644.
228. *Souvenirs autobiographiques*, p. 95-99, CG II, p. 645, n.b. Henry Maudelonde (1864-1937) desposará Marie Asseline em 20 de abril de 1892. Irmã Maria do Sagrado Coração também escreverá seu alívio por vê-la decidida a ser religiosa (CD 890, 23 de julho de 1891, VT, n. 104, outubro 1986, p. 246).
229. CD 890 — Maria do Sagrado Coração a Celina, 23 de julho de 1891, ibid., p. 246.
230. CCor 880, 15 de abril de 1891, VT, n. 103, julho 1986, p. 190.

qual Celina seria a primeira. "Acho que mais tarde precisarei de vós para uma grande obra"[231]. Muito embaraçada, ela terá que guardar segredo, enquanto suas irmãs a esperam no Carmelo.

É no dia 5 de julho que Irmã Maria do Sagrado Coração sai do noviciado, deixando Teresa frente a frente com Irmã Marta[232]. Foi sem dúvida com esta (no noviciado) que Teresa lutou para não entrar em conflito. É o que demonstra o episódio das chaves a ser devolvidas a Madre Maria de Gonzaga, que estava doente. Para ela, a única solução é fugir (Ms C, 14v°). Quando, enferma, escrever essas lembranças durante o verão de 1897, Teresa anotará com um sorriso: "Infelizmente, quando volto ao tempo do meu noviciado, como vejo o quanto era imperfeita... eu sofria por tão pouca coisa, que agora rio disso".

Ao voltar de La Musse, depois um verão chuvoso[233], Isidoro e a esposa festejam suas bodas de prata. Sua filha Maria prepara com Francis ("de espírito criativo") uma iluminação noturna do jardim da *rue Paul-Banaston*, com quarenta e oito lanternas venezianas, fogos de Bengala, bombinhas...

Os retiros de Teresa

Irmã Teresa, por sua vez, faz seu retiro particular. Este dura dez dias. Às duas horas de oração com a comunidade, o retiro acrescenta outras duas horas em um lugar escolhido por ela, das 10 às 11 horas e das 15 às 16 horas. Ela trabalha em solidão, mas fora do ofício habitual, e não participa dos recreios.

Por caridade fraterna, Teresa adiou a data para fazê-la coincidir com a do retiro de Irmã Marta. Madre Maria de Gonzaga permitiu-lhes conversar na hora do recreio do meio-dia. Isso não convém muito a Teresa, que preferiria solidão. Não encontramos nenhum eco desse retiro pessoal. Voltando à comunidade, durante uma recreação, Teresa se senta sem cumprimentar sua irmã Inês de Jesus. Sabendo disso, Madre Genoveva a repreende[234].

Alguns dias mais tarde, Teresa entra novamente em retiro com toda a comunidade, de 7 a 15 de outubro. Este será decisivo.

Madre Maria de Gonzaga convidara o Padre Benigne de Janville para voltar a pregar o retiro. O franciscano recoleto, provincial de Saint-Denis, era famoso por suas pregações

---

231. CD 884, 2 de junho de 1891, VT, n. 104, outubro 1986, p. 241.

232. CD 887 — Irmã Maria dos Anjos a Maria do Sagrado Coração, 5 (?) de julho de 1891, ibid., p. 243. Ver C 128, 5 de julho de 1891, CG II, p. 639.

233. Monsenhor Hugonin pediu orações aos Missionários *de la Délivrande*, pois "as colheitas estão sendo devastadas" (*Semaine religieuse de Bayeux*, 6 de setembro de 1891, p. 564).

234. Irmã Maria dos Anjos, PA, p. 354.

sobre a confiança em Deus e o abandono humilde. Mas, não podendo voltar a Lisieux, designou um de seus discípulos, o Padre Alexis Prou, de Caen, da mesma Ordem que ele, pregador de renome em numerosíssimas congregações do oeste da França[235]. Ele tem, então, quarenta e sete anos e se encontra como superior do convento de *Saint-Nazaire*.

O fato da mudança de pregador provoca um pouco de desconforto no Carmelo de Lisieux. Esse padre, que pregava missões populares, seria conveniente para carmelitas? Irmã Teresa fica preocupada. Por precaução, faz "uma novena preparatória com muito fervor [...] pois me parecia que o pregador não poderia compreender-me, estando destinado sobretudo a fazer bem aos grandes pecadores, mas não às almas religiosas". Deve-se dizer que "os retiros pregados [lhe] são ainda mais dolorosos que aqueles [que ela] faz sozinha" (Ms A, 80rº-vº). Ela se recorda dos retiros do Padre Domin na Abadia. E os pregadores frequentemente ameaçam carmelitas atemorizadas com os raios da justiça divina. O próprio Padre Youf, confessor do Carmelo, não era timorato? O temor de Teresa durante os retiros é atestado por sua irmã Inês de Jesus:

> Ela sofria muito com os retiros pregados quando, nas instruções, falava-se da facilidade com a qual se pode cair em um pecado mortal, mesmo por simples pensamento. Para ela, parecia difícil ofender o bom Deus quando o amamos! Durante toda a duração desses exercícios, eu a via pálida e desfeita, ela não conseguia mais comer nem dormir e teria caído doente se aquilo tivesse durado[236].

A experiência lhe ensinou que não é simples confiar-se a um pregador de passagem. Ela se recorda das censuras do Padre Blino, jesuíta, quando (em maio de 1890) lhe expressava seu desejo de "tornar-se uma santa" e "amar o bom Deus tanto quanto Santa Teresa". A jovem carmelita ouviu a seguinte resposta: "Quanto orgulho e presunção! Limitai-vos a corrigir vossos defeitos, a não mais ofender o bom Deus, a fazer todos os dias pequenos progressos na virtude, e moderai vossos desejos temerários". Teresa, por sua vez, responde: "Mas, Padre, não são desejos temerários. Posso aspirar à santidade, já que Nosso Senhor disse: 'Sede perfeitos como vosso Pai celeste é perfeito'"[237]. Mas, em outubro de 1891, outras inquietações agitam Teresa: "Na época, eu tinha grandes provações interiores de todos os tipos (chegando a perguntar-me, às vezes, se havia um

---

235. Nascido em 13 de novembro de 1844, padre franciscano em 29 de junho de 1871.
236. PA, p. 163.
237. Madre Inês de Jesus (NPPA, "Esperança", p. 2). CG I, p. 533-534, n.h. Ver IJ/PA, p. 159. Teresa se manterá firme em sua posição ao escrever a Celina: "Pensas que Santa Teresa recebeu mais graças do que tu?... quanto a mim, não direi que vises à sua santidade *seráfica*, mas que sejas perfeita como teu Pai celeste é perfeito!... Ah, Celina, *nossos desejos infinitos* não são sonhos nem quimeras, já que o próprio Jesus nos deu esse *mandamento*!..." (C 107, 19-20 de maio [?] de 1890, CG I, p. 532-533).

Céu). Sentia-me disposta a não dizer nada de minhas disposições interiores, não sabendo como expressá-las" (Ms A, 80vº). Depois de todas essas apreensões, o encontro com Padre Alexis Prou vai dissipar repentinamente todas as nuvens.

"Nas ondas da *confiança* e do amor..." (Ms A, 80vº)

Os Arquivos do Carmelo conservaram o texto de quinze dos vinte e dois sermões que Padre Prou ministrou durante o retiro. Mais tarde, em uma carta a seu primo, ele resumirá sua pregação em cinco palavras-chave: "Confiança absoluta no Pai celeste; abandono filial nas mãos de Deus; conformidade à Sua vontade; estar ancorado no amor divino, na mais estreita união"[238]. Irmã Teresa só podia sentir-se à vontade nesse clima. Faltava somente encontrar o Padre:

> Assim que entrei no confessionário, senti minha alma dilatar-se. Depois de ter dito algumas poucas palavras, fui compreendida de uma maneira maravilhosa, até mesmo adivinhada... Minha alma era como um livro no qual o padre lia melhor do que eu mesma... Ele me lançou, com velas desfraldadas, nas ondas da confiança e do amor, que me atraíam tão fortemente, mas nas quais não ousava avançar... Declarou-me que minhas faltas não desagradavam ao bom Deus e que, estando em seu lugar, dizia-me em seu nome que ele estava muito contente comigo... Oh, como me senti feliz ao escutar essas palavras consoladoras!... Jamais ouvira falar que as faltas podiam não desagradar a Deus. Essa segurança me encheu de alegria e me fez suportar pacientemente o exílio da vida... Sentia, bem no fundo do coração, que era verdade, pois o bom Deus é mais terno que uma mãe (Ms A, 80vº).

Profunda libertação de Teresa graças a essas afirmações do pregador franciscano: "Tal declaração foi para ela causa de grande alegria, pois o temor de ofender a Deus contaminava sua vida"[239]. "Confiança" e "amor" tornar-se-ão palavras-chave de sua espiritualidade própria, que estava em processo de elaboração. Se não ousava avançar nesse caminho (a leitura de São João da Cruz, contudo, a estimulava nesse sentido), é porque Teresa era retida por aqueles que a cercavam, pelos confessores, pelo ambiente geral de seu Carmelo e até mesmo por Madre Genoveva, "a santa" que às vezes Teresa tomava por confidente, mas que ficou um pouco assustada com as audácias da caçula do Carmelo. Ela alertou discretamente Irmã Inês de Jesus, para que esta temperasse os ardores de sua jovem irmã[240]. Vindos de vários lados, esses freios foram eficazes e será necessário esperar

---

238. Carta de 26 de abril de 1914, VT, n. 15, julho 1964, p. 128.
239. IJ/PO, p. 157.
240. S. Piat, *Sainte Thérèse de Lisieux*, p. 113.

ainda três anos de combates para que Teresa se estabeleça firmemente em sua "pequena via de confiança e amor" (Ms C, 2-4).

Isso é tanto mais real quanto o encontro libertador com Padre Prou foi único. Da parte da comunidade, não parece que sua pregação tenha suscitado entusiasmo. Poucas Irmãs foram vê-lo. Rezando seu breviário, ele não parava de caminhar pela sacristia, à espera de penitentes. Ora, Madre Maria de Gonzaga proibiu Teresa de voltar a ver o padre. Acreditava ela que o Padre Prou não entendia bem a vida carmelitana? Seja como for, Teresa obedece, referindo seus sofrimentos à mestra de noviças. Esta a aconselhou a insistir junto a Madre Maria de Gonzaga, que estava exorbitando de seu poder. Mas Teresa não fez nada[241]. Todavia, ela tinha o direito de confessar-se ao final do retiro, como era o costume. Fê-lo durante a refeição das 11 horas e usou todo o seu tempo, a ponto de Madre Maria de Gonzaga perder a paciência no refeitório. Encolerizada, chamou Irmã Inês de Jesus. Esta tomou para si a missão de ir bater ao confessionário. Teresa saiu.

> Ela me respondeu com calma e em tom resoluto: "Não, não sairei, Deus quer que eu esteja aqui neste momento, tenho que aproveitar suas graças e suas luzes. Depois suportarei todos os sofrimentos que ele enviar". E voltou ao confessionário. O que eu tinha previsto aconteceu…[242].

Irmã Teresa nunca mais voltou a ver o Padre Prou. Mas sua passagem a marcou de modo durável. Em seu leito de morte, ela dirá: "Sinto uma grande gratidão pelo Padre Alexis, ele me fez muito bem"[243]. Respondendo a uma observação de Irmã Inês de Jesus, ela disse: "Ouvindo-vos, recordo-me do Padre Alexis, vossas palavras também penetraram dentro do meu coração"[244].

Durante o retiro, chega uma má notícia, vinda do bispado: o vigário-geral, Maurice Révérony, morreu aos cinquenta e cinco anos de idade, no dia 10 de outubro. Teresa rezou por ele, recordando-se com gratidão que ele apoiara sua vocação depois da peregrinação a Roma[245].

Isidoro Guérin, jornalista engajado

Livre de sua farmácia, Isidoro Guérin, notável de Lisieux, membro do Círculo literário, é principalmente um ardente defensor da fé católica nesses anos de difíceis relações

---

241. Irmã Maria dos Anjos, PA, p. 361.
242. IJ/NPPA, "Fortaleza" (inédito).
243. CA 4.7.4.
244. CA 25.7.7.
245. Ver Bibliografia abaixo, p. 609.

da República e da Igreja. Ele dá apoio à escola católica, ameaçada. Membro do Comitê escolar lexoviense, compra um imóvel para transformá-lo em escola feminina, preside distribuições de prêmios. Fundara, em 1885, o grupo da Adoração perpétua e faz parte do Conselho de fábrica da paróquia São Pedro.

Um meio de ação eficaz de apostolado parece-lhe ser a imprensa. Henry Chéron, seu antigo funcionário na farmácia, transformou-se em um advogado de vinte e quatro anos, republicano combativo, que lançou um novo jornal — *Le Progrès lexovien* —, bastante anticlerical; este ataca o Papa Leão XIII, que acaba de publicar a encíclica *Rerum novarum* (15 de maio de 1891), sobre a condição operária e a dignidade dos trabalhadores. Colaborador do jornal *Le Normand* (bissemanal fundado em 1833) a partir de 17 de outubro de 1891, Isidoro se lança na batalha para defender o Papa. Conhece-se o vigor dos polemistas do século XIX. Ele recusará vários embates.

Em primeiro lugar, Isidoro deve tornar novamente lucrativo esse jornal, que passa por dificuldades financeiras, e se torna seu principal redator. Em seus artigos (81 em 1893), durante seis anos, abordará todos os assuntos da atualidade: política francesa e estrangeira, a questão colonial, as questões sociais (liberalismo, sindicalismo), os problemas fiscais, a morte de Renan; e, sobretudo, a questão religiosa, no contexto do combate contra a franco-maçonaria[246]. Seus numerosos artigos revelam o cristão conservador, monarquista, antissemita, antidreyfusiano[247]. Mas não pode não levar em consideração as exortações de Leão XIII a um acordo com a República[248]. Ele escreve em *Le Normand*: "Aceitai francamente, lealmente, sem reservas, a forma de governo estabelecida, mas combatei por todos os modos legais a legislação anticristã". Seu genro, Francis La Néele, estará a seu lado nesse combate; ele vende sua farmácia em 26 de novembro de 1891 e se consagra inteiramente à sua missão de médico em Caen[249]. Terá muito trabalho no inverno de 1891: a epidemia de gripe "influenza", que causara estragos no ano anterior, retornará com força. Todo o país é atingido.

Precisamente antes que o Carmelo seja duramente tocado, o mosteiro pode celebrar, com toda a Ordem, o terceiro centenário da morte de São João da Cruz (14 de dezembro de 1591). O pregador do tríduo (23-24 de novembro) é o Padre Déodat de

---

[246]. Em setembro de 1891, um Congresso das lojas maçônicas pediu a retomada da luta antirreligiosa.

[247]. Ele é leitor de *La Libre Parole*, de Édouard Drumont (1844-1917), jornal fundado em 1891. Drumont publicou *La France juive* (1886).

[248]. Depois do *toast* de Argel promovido pelo cardeal Lavigerie, arcebispo de Argel e de Cartago, diante de quarenta e cinco oficiais da Marinha (12 de novembro de 1890), que caminha em direção a uma reunião que solicitará a encíclica *Au milieu des sollicitudes* (20 de fevereiro de 1892).

[249]. Ver C 131, 17 de outubro de 1890.

Basly, franciscano recoleto, guardião do convento de Rennes. Nessa ocasião, Monsenhor Hugonin vai ao Carmelo, entra na clausura e reencontra Teresa: "Ele tomou minha cabeça em suas mãos, fez-me mil carinhos de toda sorte, eu jamais fora tão honrada assim!" (Ms A, 72v°).

Na terça-feira, 24 de novembro, dia da festa do carmelita espanhol, Teresa recebe o seguinte bilhete, tirado de seu "Testamento": "Minha filha, eu vos deixo meu despojamento interior. A alma que quer possuir a Deus inteiramente deve renunciar a tudo para dar-se inteiramente a esse grande Deus!..."[250]. Uma das renúncias propostas à jovem carmelita será a morte de Madre Genoveva de Santa Teresa no sábado, 5 de dezembro, ao termo de uma longa enfermidade. Em 25 de novembro, a velha Irmã recebeu a extrema-unção pela terceira vez. Irmã Inês de Jesus preveniu Celina de que a enferma está anunciando sua morte para a sexta-feira seguinte. "Seu rosto está impregnado de uma paz celeste, sente-se que ela está chegando ao porto"[251]. Recordamos os laços que uniam a velha fundadora e a última a entrar no Carmelo (Ms A, 78r°). Toda a comunidade a considera uma santa[252]. O doutor de Cornière guardava como relíquias os dentes que lhe extraíra. Seu coração será conservado no formol. Ela será sepultada em 23 de dezembro, diante do coro das carmelitas, após acordo com a prefeitura. Tinha oitenta e seis anos e quatro meses[253].

Para Teresa, que nunca mais tinha visto a morte desde o falecimento de sua mãe, é uma grande perda. Ela recebeu muitas confidências da querida anciã, o bastante para que escreva uma pequena memória de sua vida na primavera seguinte[254]. Recordar-se-á com precisão dos instantes que precederam sua morte:

> No dia de sua partida para o Céu, senti-me particularmente emocionada; era a primeira vez que eu assistia a uma morte. Na verdade, esse espetáculo era maravilhoso... Estava ao pé da santa agonizante, via perfeitamente seus mais leves movimentos. Parecia-me que, durante as duas horas que passei assim, minha alma deveria sentir-se cheia

---

250. Cópia autógrafa feita por Teresa, CG II, p. 618 e OC, p. 1233.
251. CD 912, 25 de novembro de 1891, VT, n. 105, janeiro 1987, p. 48.
252. "Minha Celininha, nossa Santa acaba de nos deixar hoje, sábado, ao primeiro toque do *Angelus*, com uma paz inefável..." (CD 913, 5 de dezembro de 1891, VT, n. 105, janeiro 1987, p. 48).
253. No *Le Normand*, Isidoro Guérin escreveu um artigo necrológico, opondo a vida sadia de Madre Genoveva às infâmias de uma sociedade corrompida. De acordo com a mentalidade católica de sua época, ele vê na vida das carmelitas "verdadeiros para-raios da cólera de Deus, uma salvaguarda para os países onde elas permanecem" (5 de dezembro de 1891).
254. OC, p. 1220-1231. Tais confidências mostram a intimidade da "Santa" com a mais jovem. Esse primeiro escrito será importante para aquela que mais tarde escreverá sua autobiografia. Uma fotografia será tirada no coro (CD 918 — Irmã Inês a Celina, 13 de dezembro de 1891, VT, n. 105, janeiro 1987, p. 54); ver CD 921.

de fervor; mas, ao contrário, uma espécie de insensibilidade se apoderou de mim. Contudo, no mesmo instante do nascimento de nossa santa Madre Genoveva para o Céu, minha disposição interior se transformou; num abrir e fechar de olhos, senti-me inundada por uma alegria e fervor indizíveis. Era como se Madre Genoveva me desse uma porção da felicidade da qual gozava, pois estou persuadida de que foi direto para o Céu… Certa vez, durante sua vida, eu lhe disse: "Oh, minha Madre, não ireis para o Purgatório!…". Respondeu-me com doçura: "Assim espero…". Ah, seguramente o bom Deus não pôde enganar uma esperança tão cheia de humildade. Todos os favores que recebemos são a prova disso… Cada Irmã se apressou em conseguir uma relíquia; sabeis, minha querida mãe, aquela que tenho a felicidade de possuir… Durante a agonia de Madre Genoveva, notara uma lágrima cintilando em sua pálpebra, como um diamante. Essa lágrima, a última de todas as que ela derramou, não caiu; no coro, ainda a vi brilhar, sem que ninguém pensasse em recolhê-la. Então, tomando um paninho fino, ousei aproximar-me à noite, sem ser vista, e tomar como relíquia a última lágrima de uma santa… Desde então, trago-a sempre na bolsinha onde estão guardados os meus votos. […] Certa noite, após a morte de Madre Genoveva, tive um sonho mais consolador: sonhei que ela estava fazendo seu testamento, dando a cada Irmã algo que lhe pertencera. Chegando minha vez, pensei que nada receberia, pois nada mais lhe restava; porém, levantando-se, disse-me três vezes, com um tom de voz penetrante: "A vós, deixo o meu coração" (Ms A, 78v°-79r°).

A família Guérin fez chegar ao Carmelo uma coroa branca ornada com um Cristo, para ser posta no coro das carmelitas, onde Madre Genoveva fica exposta durante uma semana. Teresa foi encarregada de arrumar as flores ao redor do corpo. Irmã São Vicente de Paulo fez-lhe a seguinte observação: "Sabeis colocar em destaque as coroas enviadas por vossa família e pondes atrás os buquês dos pobres!". Teresa respondeu-lhe: "Eu vos agradeço, minha Irmã, tendes razão. Colocarei na frente a cruz de musgo enviada pelos operários, é aí que ficará melhor, não tinha pensado nisso"[255]. Concluindo a respeito de Madre Genoveva, ela escreverá: "[…] Jesus vivia nela e a fazia agir e falar. Ah, aquela santidade me parece a mais *verdadeira*, a mais *santa*, e é essa que desejo, pois nela não se encontra nenhuma ilusão…" (Ms A, 78r°).

"A morte reinava em toda parte" (Ms A, 79r°) [inverno de 1891-1892]

Essa morte era a primeira daquelas que deixariam a comunidade de luto. A terrível epidemia de influenza do inverno de 1891 tirará sucessivamente a vida de Irmã de

---

255. IJ/NPPA, "Humildade", VT, n. 105, janeiro 1987, p. 51, n. 21. Louis Alaterre, irmão de Irmã São Vicente de Paulo, trabalhou na casa do torno (ver CA 21.9.7).

São José[256], decana da comunidade (82 anos e dez meses), no sábado, 2 de janeiro (dia dos 19 anos de Teresa); Irmã Febrônia[257], subpriora (72 anos), na segunda-feira, 4 de janeiro; Irmã Madalena do Santíssimo Sacramento[258] (74 anos e sete meses), na quinta-feira, 7 de janeiro. Ou seja, três falecimentos em seis dias. O que agrava a situação — já trágica — é que, com exceção de três jovens, toda a comunidade é atingida, isto é, está acamada, a começar pela priora. Apenas seis ou sete Irmãs conseguem levantar-se para assistir aos enterros. O doutor de Cornière, médico do mosteiro, sobrecarregado de trabalho, passa, no entanto, duas vezes por dia para medicar as carmelitas. As três que foram poupadas pela gripe são Irmã Maria do Sagrado Coração, segunda enfermeira; Irmã Marta, cozinheira; e Irmã Teresa do Menino Jesus, sacristã.

Esta deve preparar os enterros, abrir as grades do coro na missa... Teresa, considerada por algumas como pouco hábil, revela-se muito ativa. "A morte reinava em toda parte" (Ms A, 79r°), mas nada lhe dá medo. "Sem ofícios no coro, nem oração, nem leitura no refeitório, o sino não era mais tocado para nenhum ato comunitário, a morte pairava sobre nós!... Nunca, nos Anais de nosso Carmelo, tínhamos visto coisas semelhantes."[259]

O capelão continua a celebrar a missa. Teresa e as duas Irmãs saudáveis podem comungar todos os dias sem precisar pedir nenhuma permissão. Durante esse período, um dos grandes desejos da sacristã pode finalmente realizar-se: comungar "*todos os dias*". "Ah, como era doce!... Jesus me mimou por muito tempo, por mais tempo que às suas fiéis esposas, pois permitiu que mo *dessem* sem que as outras tivessem a felicidade de recebê-lo" (Ms A, 79v°). O que provocou a reflexão de uma Irmã: "Por que estais comungando todos os dias? Não se vê em que o mereceis mais que as outras". Teresa ficou em silêncio[260]. Madre Maria dos Anjos testemunhará:

> Irmã Teresa do Menino Jesus desdobrou-se, então, junto às Irmãs enfermas e agonizantes, assim como na sacristia, com uma calma, uma presença de espírito e uma inteligência que não eram comuns. Nosso superior, Padre Delatroëtte, que fora tão hostil à sua

---

256. Irmã São José de Jesus (Eugénie-Marie Lerebourg) foi a primeira postulante do Carmelo de Lisieux. Tomada de hábito em 16 de outubro de 1838. Profissão em 20 de novembro de 1839. Muito discreta, Irmã São José não quis circular necrológica (ver AL, janeiro de 1893, p. 4-5 e 14).

257. Irmã Febrônia da Santa Infância, nascida em 31 de outubro de 1819 (Marie-Julie Malville). Profissão em 15 de julho de 1843. Eleita subpriora em 1860, a seguir em 1863, 1877, de 1886 até sua morte. Foi a ela que Teresa disse um dia, quando Irmã Febrônia defendia a justiça divina: "Minha Irmã, quereis justiça de Deus; tereis justiça de Deus" (ver AL, fevereiro 1983, p. 4-5).

258. Irmã Maria Vitória Madalena do Santíssimo Sacramento (Désirée Toutain), nascida em 27 de maio de 1817. Profissão como Irmã conversa em 10 de julho de 1844 (ver AL, n. 611, março 1983, p. 4-5).

259. *Fondations*, III, p. 206.

260. IJ/NPPA, "Prática da humildade".

entrada, ficava tocado todas as vezes que vinha ver as filhas. A partir de então, entreviu naquela menina um motivo de grande esperança para o futuro da comunidade[261].

A epidemia de influenza se espalha pela França e a Europa, a ponto de Roma conceder aos bispos a permissão de dispensar os fiéis da abstinência e do jejum enquanto houver perigo para sua saúde. Monsenhor Hugonin repercutirá essa permissão excepcional em sua diocese por meio de um decreto do dia 28 de janeiro: "Enquanto a influenza causar prejuízos entre nós"[262]. Essa decisão se aplica ao Carmelo de Lisieux, que, habituado à abstinência perpétua de carne, vê-se obrigado a fazer encomendas aos açougueiros. Verdadeiramente, não houve excessos, pois Irmã Teresa, que tanto se doara, só tivera direito a "quatro porções de carne"[263].

A grave epidemia provoca outras alterações na vida habitualmente tão regrada das carmelitas. A primeira consequência será o adiamento das eleições, que deveriam acontecer em fevereiro. Todos os cargos são reconduzidos: Madre Maria de Gonzaga continua a ser priora. Substituindo Irmã Febrônia, Irmã São Rafael é nomeada subpriora. Padre Pierre Faucon[264], confessor extraordinário das carmelitas de 1886 a 1892, é substituído em janeiro pelo Padre Eugène Baillon, capelão da Providência de Lisieux (1878-1906)[265].

O baile fracassado de Celina (20 de abril de 1892)

As famílias Guérin e La Néele se encontram com frequência, as viagens de ida e volta Lisieux-Caen são feitas com muita facilidade. Leônia e Celina são estreitamente associadas a esses percursos. O doutor Francis — a quem elas chamam de "Franco" —, também muito ocupado com a influenza, visita regularmente Luís Martin. A vida mundana, por causa de suas numerosas relações, ocupa muito as damas. As cartas frequentes — dada a rapidez do correio, com duas remessas por dia — evocam as visitas das famílias Le Rebours, de La Croix, Colombe, Allain, Pougheol, Target, Primois, Asseline, Lahaye, de Cornière etc. Algumas vezes, Joana fica cansada:

> O mundo que vejo não é o mesmo que aquele que frequentávamos em Lisieux. Só me falam de bailes, de teatro, esse é o principal assunto da conversa. Podes imaginar que

---

261. PA, p. 355.
262. *Semaine religieuse de Bayeux*, 3 de janeiro de 1892. A permissão será suspensa em 4 de abril de 1892.
263. IJ/NPPA, "Temperança", VT, n. 107, julho 1987, p. 50.
264. Ordenado sacerdote em 29 de junho de 1868, vigário de São Tiago de Lisieux, capelão das beneditinas de Lisieux (1876), pároco-decano de Ryes (1883).
265. *Fondations*, III, p. 215.

não me destaco nisso e como todas essas tagarelices me chateiam. Nunca vi mulheres sob um aspecto tão frívolo como as vejo desde que estou em Caen. A vida só tem uma finalidade: divertir-se[266].

Celina não quer entrar nessa vida fácil. Por ora, solicitada muitas vezes pelo Carmelo a fazer diversas compras e prestar serviços, ela chegou a pintar um grande quadro representando a Assunção da Virgem, encomendado pelas agostinianas de Bayeux. O resultado é considerado uma "obra de arte"[267].

Henry Maudelonde, o ex-pretendente, resignado diante de sua recusa, casar-se-á com Marie Asseline em 20 de abril. Celina é convidada, sendo próxima dos Maudelonde, junto com os Guérin. Todo mundo prepara roupas e presentes para o acontecimento. Sabendo que Celina participará do baile que sucederá a cerimônia, Teresa a convoca ao locutório: em lágrimas, recomenda-lhe que não dance. Celina acha sua irmã muito severa. Mas Teresa se mostra intransigente:

> Considera a conduta dos três jovens hebreus, que preferiram ser lançados em uma fornalha ardente a dobrar os joelhos diante da estátua de ouro; e tu, esposa de Jesus, queres compactuar com o século, adorar a estátua de ouro do mundo, entregando-te a prazeres perigosos! Lembra-te do que te digo da parte de Deus e, vendo como ele recompensou a fidelidade de seus servidores, esforça-te por imitá-los[268].

Celina recordou-se com humor dessa noite difícil:

> Depois de ter tomado a firme resolução de não dançar e não sabendo como agir para realizar meu desígnio, coloquei em meu bolso um grande crucifixo e fiz uma oração ardente. A noite estava quase terminando e eu resistira o tempo todo às solicitações insistentes que me fizeram, a ponto de irritar certas pessoas, quando, não sei como, fui arrastada por um rapaz. Mas foi-me impossível executar um único passo de dança. Era verdadeiramente estranho. Todas as vezes que a música voltava a tocar, o pobre senhor tentava levantar-se e eu fazia realmente o melhor que podia. Sofrimento inútil! Finalmente, depois de ter dado uma volta comigo com um passo extremamente religioso, ele se esquivou, enrubescido de confusão[269].

Mais tarde, Teresa explicitará as razões de sua firme atitude:

> Contudo, o mais íntimo de meus desejos, o maior de todos, que nunca pensava ver realizar-se, era a entrada de minha Celina querida no mesmo Carmelo que nós... Esse

---

266. CD 924 — Joana La Néele a Celina, 22 de janeiro de 1892, VT, n. 107, julho 1987, p. 57.
267. CD 930 — Irmã Inês de Jesus a Celina, 7 de março de 1892, VT, n. 107, julho 1987, p. 58.
268. CLG, ed. 1952, p. 127-128.
269. Ibid.

sonho me parecia inverossímil: viver debaixo do mesmo teto, partilhar as alegrias e sofrimentos da companheira de minha infância; por isso, fizera completamente meu sacrifício, entregara a Jesus o futuro de minha irmã querida, estando decidida a vê-la partir para o fim do mundo, se fosse necessário. A única coisa que eu não podia aceitar era que ela não fosse esposa de Jesus, pois, amando-a tanto quanto a mim mesma, era-me impossível vê-la dar seu coração a um mortal. Eu já tinha sofrido muito ao sabê-la exposta no mundo a perigos que foram desconhecidos para mim. Posso dizer que minha afeição por Celina era, desde minha entrada no Carmelo, um amor de mãe tanto quanto de irmã... Certo dia em que ela devia ir a uma festa, isso me fazia sofrer tanto, que supliquei a Deus que a impedisse de dançar e até mesmo (contra meu costume) derramei uma torrente de lágrimas. Jesus se dignou atender-me. Não permitiu que sua noivinha pudesse dançar aquela noite (embora ela não fosse embaraçada para fazê-lo graciosamente quando necessário). Essa aventura, única em seu gênero, fez-me crescer em confiança e amor por Aquele que, pondo seu sinal sobre minha fronte, imprimira-o ao mesmo tempo sobre o de minha Celina querida... (Ms A, 81v°-82r°).

Seis dias depois do famoso casamento, Teresa escreve a Celina por ocasião de seus vinte e três anos. Há alguns meses, ela está cultivando o apreço pelos símbolos florais e as parábolas. Para expressar a união íntima que as une, alude ao mistério das duas margaridas que são uma só graças aos seus caules entrelaçados[270]. "Jesus é o divino Sol e as margaridas são suas esposas, as virgens. Quando Jesus vê uma alma, logo lhe dá sua divina semelhança, mas é preciso que essa alma não cesse de fixar os seus olhares sobre *Ele somente*."[271]

É em abril de 1892, parece, que Teresa escreve um longo Memorial sobre Madre Genoveva, falecida no ano anterior, sem dúvida porque lho pediram (Madre Maria de Gonzaga?). Teresa devia muito à santa fundadora. Ela narra alguns episódios da vida de outra Irmã, fazendo memória das confidências que lhe fez. Assim, escreve treze fólios frente-verso, relatando fielmente o que ouviu, numerosas histórias sérias e engraçadas, em um estilo muito animado[272].

O retorno do pai humilhado (10 de maio de 1892)

Há algumas semanas, a volta de Luís a Lisieux é cogitada. Faz três anos que ele está internado no *Bon-Sauveur*. Há alguma esperança de cura? É muito improvável. O

---

270. Em 31 de março de 1892, Irmã Inês de Jesus escreveu a Madre Maria de Gonzaga uma "Súplica para conservar as margaridas do pátio", pois havia a previsão de arrancá-las.
271. C 134, 20 de abril de 1892, CG II, p. 659.
272. OC, p. 1220-1231.

que a hospitalização pode ainda trazer? Celina ficou esgotada em visitar seu pai, às vezes revezando com os La Néele, que moram em Caen. Ela escreverá:

> O devotamento ocupava lugar de destaque nas visitas que eu fazia lá. Muitas vezes estava sozinha, pois minha querida Leoninha, achando sua presença inútil, aproveitava as viagens para ir à Visitação [...]. Mas meu querido paizinho tinha necessidade de mim — uma necessidade muito contestada, é verdade, pois eu não podia aliviá-lo em nada. Ele estava doente demais até para desfrutar ordinariamente de minhas visitas. Contudo, não deixava de fazê-las, para que ele se visse cercado e amado...[273].

Ninguém — principalmente as três filhas carmelitas — se acostumou a tal situação. Todos têm a esperança de um retorno, mesmo que a ajuda a prestar a um doente naquelas condições exigisse cuidados permanentes. Não havia mais razão médica para mantê-lo internado. "Suas pobres pernas estavam como que coladas e inertes, só podia mover os braços imperfeitamente. Seu cérebro estava em parte preservado". Ele ouvia as conversas, mas não tomava parte nelas. O médico-chefe do hospital acedeu ao pedido da família de retomar o doente na casa dos Guérin (*rue Paul-Banaston*)[274]. Estes tinham pedido a ajuda momentânea de um enfermeiro, mas a superiora do *Bon-Sauveur* recusou. A princípio, instalaram o enfermo no segundo andar por algumas semanas.

Alugaram uma casa à *rue Labbey*, 7, do outro lado da rua. Um casal foi contratado para ocupar-se de Luís. O marido, Désiré Lejuif, estava inteiramente a seu serviço; sua mulher se ocupava da casa. Celina e Leônia moram aí e deixam o pai dentro de casa o mínimo possível. Luís, no andar térreo, pode aproveitar o jardim dos Guérin. Désiré o ajudará a comer e o levará para instalá-lo à mesa ou em sua cadeira de rodas. Isidoro foi buscar o cunhado em Caen na terça-feira, 10 de maio. Chegaram a Lisieux às 16 horas, após uma viagem tranquila. Luís chorou muito e disse a Isidoro: "Eu te retribuirei tudo isso..."[275].

Dois dias mais tarde — na quinta-feira, 12 —, o pai reencontra as filhas no locutório do Carmelo, depois de mais de três anos de ausência. Intensa emoção a desse reencontro. Em lágrimas, Luís Martin só consegue dizer uma palavra, no momento da separação — definitiva: "Até o Céu!", com o dedo erguido para o alto[276]. "Ele passa as tardes sentado

---

273. *Souvenirs autobiographiques*, p. 87 e 105, CG II, p. 653, n.b.
274. Boletim de saúde do *Bon-Sauveur*, 10 de maio de 1892: "[Luís Martin] sai sem estar curado, a pedido da família, enquanto o enfermo apresenta uma paraplegia espasmódica generalizada e, por consequência, não pode mais representar perigo e se tornou mais fácil de cuidar" (Dr. Robert CADÉOT, *Louis Martin*, VAL, 1985, p. 164).
275. CD 943 — Celina Guérin a Joana La Néele, 10 de maio de 1892, VT, n. 108, outubro 1987, p. 50-51.
276. HA 1898, p. 136-137, interpolado por Madre Inês de Jesus.

no jardim. Caminha apoiado a duas pessoas. É verdadeiramente muito fácil cuidar dele: ele quer tudo o que queremos. Todavia, seu estado é muito triste. Reconheceu todas as pessoas da família..."[277]. Reencontrou seu cachorro Tom, que Luís vai ver banhar-se no rio Touques, ao fundo do jardim[278].

No dia em que Luís estava regressando a Lisieux, o casal La Néele partia para uma semana de peregrinação a Lourdes, com a intenção de rezar para ter um filho. Passam pelo *Mont-Saint-Michel* e por *Sainte-Anne-d'Auray*. As carmelitas fazem uma novena para associar-se à iniciativa do casal.

No domingo, 26 de junho, a procissão do Santíssimo Sacramento percorre Lisieux. Os Guérin confeccionaram um belo repositório diante de sua casa. Luís Martin vê a procissão pela porta aberta do escritório onde está. Padre Rohé, pároco, pousa o Santíssimo Sacramento sobre sua cabeça[279]. No sábado, 23 de julho, começam as rituais férias dos Guérin — com Tom — em La Musse. Celina, que permaneceu em Lisieux, ocupa-se do pai.

> [Ele] está mais ou menos, não ouso dizer muito bem — escreve ela à prima Maria —, pois houve vários dias muito tristes, passavam-lhe angústias pungentes e crises de lágrimas que faziam o coração sangrar. Hoje ele está animado, então respiro [...]. Ontem ele me dizia: "Ó, minhas filhas, rezai muito por mim!...", depois me disse também para pedir a São José que ele morra como um santo[280].

Leônia, por sua vez, vai fazer uma semana de retiro na Visitação a partir do dia 27. Quando voltar, Celina poderá ir a La Musse a partir de 11 de agosto até o final da estada, na terça-feira, 23.

Teresa vai escrever-lhe. Em 22 de julho, chegou ao Carmelo a senhorita Mélanie Le Bon, bretã de vinte e três anos, que vai tornar-se Irmã Maria Madalena do Santíssimo Sacramento e juntar-se ao noviciado. De família muito pobre, é "apadrinhada" pelos Guérin.

Durante os meses na *rue Labbey*, Celina, sempre muito ativa, quer visitar e ajudar os pobres, muito numerosos em Lisieux. Não importa! Celina, com a prima Maria e algumas amigas, cria um ateliê de confecção para fazer roupas para os pobres em dificuldade. Ela veste dos pés à cabeça uma família de seis filhos, incluindo os pais. Ainda com a prima, dá catecismo a crianças do bairro. Continua a pintar e acolhe modelos: crianças e anciãos, dos quais faz retratos e aos quais remunera generosamente. Devora toda espécie

---

277. CD 945 — Celina Guérin a Joana La Néele, 15 de maio de 1892, VT, n. 108, outubro 1987, p. 52.
278. CD 946 — Celina Guérin a Joana La Néele, maio-junho (?) de 1892, ibid., p. 53.
279. Ibid., n. 14.
280. CD 950, 25 de julho de 1892, ibid., p. 57.

de livros (geologia, física, química, zoologia…) e, interessada pela filosofia, não hesita em ler Platão. Aprende de cor cerca de quarenta poesias. A literatura clássica ocupa lugar de destaque na casa dos Guérin. Por ocasião das reuniões familiares noturnas, o tio Isidoro lê peças de Corneille, Racine e Shakespeare.

Em 20 de fevereiro, Teresa deixa o ofício da sacristia para trabalhar no torno com Irmã São Rafael[281]. Ficou sem ofício — mas não sem trabalho — durante dois meses: pintará os anjos do pequeno oratório das enfermas[282], que dava para a capela. Faz tempo que ela não tem muito contato com Irmã Inês de Jesus. A confidente continua a ser Celina; Teresa continua preocupada com a vocação carmelitana da irmã. Escreve para ela em La Musse, enquanto Leônia voltou para junto do pai em Lisieux.

"O que temos a invejar aos sacerdotes?" (C 135)

O retorno do pai ao seio da família proporcionou a Teresa um imenso alívio, mesmo no estado de "infância" em que Luís se encontra, pois ele não se encontra mais "em mãos estranhas", na desagradável promiscuidade do hospital.

Mergulhada na vida escondida, inspirada pelo Evangelho e por São João da Cruz, Teresa medita sobre sua vocação missionária. Em 15 de agosto de 1892, pode-se dizer que vive um momento de síntese:

> Digo com São João da Cruz: "Em meu amado tenho as montanhas, os vales solitários e nemorosos etc.". E esse Bem-amado instrui minha alma, fala-lhe em silêncio, nas trevas… Ultimamente veio-me um pensamento que sinto necessidade de dizer à minha Celina. Certo dia em que pensava no que eu podia fazer para salvar as almas, uma palavra do Evangelho mostrou-me uma forte luz. Outrora Jesus dizia aos seus discípulos, mostrando-lhes os campos de trigo maduros: "Erguei os olhos e vede como os campos já estão brancos para a colheita". E, um pouco mais adiante: "Na verdade, a colheita é abundante, mas o número dos operários é pequeno; pedi, pois, ao senhor da messe que envie operários". Que mistério!… Jesus não é todo-poderoso? As criaturas não são daquele que as fez? Por que, pois, Jesus diz: "Pedi ao senhor da messe que envie operários?". Por quê?… Ah, é que Jesus tem por nós um amor tão incompreensível, que quer que tenhamos parte com Ele na salvação das almas. Ele não quer fazer nada sem nós. O criador do universo espera a oração de uma pobre pequena alma para salvar as outras almas — resgatadas, como ela, ao preço de todo o seu sangue. Nossa vocação não é fazer a colheita nos campos de trigo maduros. Jesus não nos disse: "Baixai

---

281. O *Caderno Amarelo* (CA 13.7.18) comete um erro. Foi em 1893 que Teresa deixou a sacristia, não em 1892 (ver UC, p. 473). Ver também *Fondations*, III, p. 216.
282. CA 13.7.18.

os olhos, olhai os campos e ide segá-los". Nossa missão é ainda mais sublime. Estas são as palavras de nosso Jesus: "Erguei os olhos e vede". Vede como em meu Céu há lugares vazios, cabe a vós enchê-los, sois os meus Moisés a rezar sobre a montanha. Pedi-me operários, e enviarei. Só espero uma oração, um suspiro do vosso coração!... O apostolado da oração não é, por assim dizer, mais elevado que o da palavra? Nossa missão de carmelitas não é formar operários evangélicos que salvarão milhares de almas, das quais nós seremos as mães?... Celina, se não fossem as próprias palavras de Jesus, quem ousaria acreditar nisso?... Acho que nossa parte é muito bonita. O que temos nós a invejar aos sacerdotes?...[283].

Celina aprecia este texto maior: "Gosto de contemplar os milagres de graças, os mistérios misteriosos que se passam na alma de minha Teresa... Nosso Senhor te dá tantas luzes"[284]. Por sua parte, ela se vê "nas trevas, reduzida ao estado de madeira, ela quase não pensa em Jesus"[285]. Deve-se dizer que Celina está encurralada entre o chamado do Padre Pichon no Canadá e os desejos de suas irmãs de que vá juntar-se a elas no Carmelo. Por essa parte, tudo parece bloqueado, porque Padre Delatroëtte jurou que uma quarta Martin não seria aceita[286]. Então, como orientar-se? Isso a preocupa, Celina sofre um pouco por causa disso em La Musse, antes de reencontrar o pai, cujos sessenta e nove anos celebrará em 22 de agosto. "Ele passa bem, está muito animado nesses dias e se alegra por rever a família."[287]

De 19 a 26 de setembro, Padre Delatroëtte faz a visita canônica do Carmelo[288]. Em outubro, Teresa começa seu retiro pessoal e, mais uma vez, adiou-o para agradar Irmã Marta e fazê-lo com ela. Em carta a Celina, do dia 19 de outubro, resume o que aprofundou durante esses dias de solidão. Meditando o texto de São Lucas que trata do encontro entre Jesus e Zaqueu, Teresa fica comovida com esta ordem de Cristo: "Apressai-vos a descer, hoje devo ficar em vossa casa" (19,5):

> O quê?!?!?! Jesus nos diz para descer. Para onde, então, é preciso descer? Celina, tu sabes melhor que eu; no entanto, deixa-me dizer aonde devemos agora seguir Jesus. Outrora os discípulos perguntavam a nosso divino Salvador: "Mestre, onde moras?" e Ele respondeu-lhes: "As raposas têm suas tocas, os pássaros do céu têm seus ninhos e eu não tenho onde repousar a cabeça". Eis aonde devemos descer para poder servir de morada a Jesus: ser tão pobres que não tenhamos onde repousar a cabeça. Aí está,

---

283. C 135, CG II, p. 663-664.
284. CCor 149, 17 de agosto de 1892, CG II, p. 665.
285. Ibid., p. 666.
286. CD 961 — Leônia a Celina, 21 de agosto de 1892, VT, n. 109, janeiro 1988, p. 58.
287. Ibid.
288. *Fondations*, III, p. 216.

minha Celina querida, o que Jesus fez em minha alma durante meu retiro... Estais entendendo que se trata do interior. Por sinal, o exterior já não está reduzido a nada pela provação tão dolorosa de Caen?... Em nosso pai querido, Jesus nos atingiu na parte exterior mais sensível de nosso coração. Agora, deixemo-lo agir, Ele saberá concluir sua obra em nossas almas... O que Jesus deseja é que o recebamos em nossos corações. Sem dúvida, eles já estão vazios das criaturas, mas, infelizmente, sinto que o meu não está totalmente vazio de mim. E é por isso que Jesus me fala para descer... Ele, o Rei dos reis, humilhou-se de tal modo que seu rosto estava escondido e ninguém o reconhecia... e eu também quero esconder meu rosto, quero que só o meu Bem-amado possa vê-lo, que Ele seja o único a contar minhas lágrimas... que ao menos em meu coração Ele possa repousar sua cabeça amada e sentir que ali Ele é conhecido e compreendido!...[289].

Constata-se que a familiaridade de Teresa com a Palavra de Deus se expressa cada vez mais. Em algumas linhas, contam-se ao menos oito citações do Antigo e do Novo Testamento, sem contar as de São João da Cruz. Em novembro, o retiro comunitário é pregado pelo Padre Déodat de Basly, franciscano recoleto conhecido das carmelitas, que o escutaram há exatamente um ano, por ocasião do tríduo de São João da Cruz. Sua pregação tem como tema: "Deus é Amor". Conservaram-se vinte e oito páginas de anotações das pregações, tratando dos diversos aspectos do amor de Deus. Nada restou da impressão que essas reflexões podem ter provocado em Teresa.

"É meu dever falar"

Início de dezembro: Teresa decide tomar uma iniciativa corajosa junto a Irmã Marta, sua companheira de noviciado. Há muito tempo ela percebeu que esta está "apegada" a Madre Maria de Gonzaga "como um cão ao seu dono" (Ms C, 21v°). Teresa considera que essa maneira de amar não é justa e que é preciso falar a respeito com Marta. Na sacristia, expressa sua determinação a Irmã Inês de Jesus: "Essa noite vou dizer-lhe tudo o que penso dela". Sua irmã objeta: "Mas correis o risco de ser traída; então Nossa Madre não poderá mais vos suportar e sereis mandada embora para outro mosteiro. — Eu sei, mas, como agora estou certa de que é meu dever falar, não devo olhar para as consequências"[290].

Em seu primeiro manuscrito, ela contará em detalhes como se passou o encontro com Irmã Marta. Com lágrimas e ternura, Teresa pôde dizer-lhe tudo. A outra, "com muita humildade", reconhece que todas as observações são verdadeiras. Marta "prometeu

---

289. C 137, 19 de outubro de 1892, CG II, p. 672.
290. Madre Inês de Jesus, NPPA, "Fortaleza", CG II, p. 668.

começar uma nova vida" e pediu "como uma graça que a advertisse sempre de suas faltas"[291] (Ms C, 21rº-vº). Irmã Marta, por sua vez, jamais esqueceu essa quinta-feira, 8 de dezembro de 1892 (festa da Imaculada Conceição). Dezenove anos mais tarde, a Irmã testemunhou:

> No dia 8 de dezembro de 1892, ela foi me procurar antes da missa, dizendo que precisava falar comigo. Feliz, fui ao seu encontro. Ela sabia entreter-me tão bem sobre Deus, que sentia uma verdadeira alegria quando estava em sua companhia. Mas, ao entrar em sua cela, percebi que Irmã Teresa não era mais a mesma: parecia triste. Fez-me sentar ao seu lado, abraçou-me — o que jamais fazia — e testemunhou um carinho tão grande por mim que me perguntava o que tudo isso queria dizer. Finalmente ela me disse: "Faz muito tempo que eu queria abrir-vos meu coração, mas o momento não tinha chegado. Hoje Deus me fez sentir que eu devia falar e dizer-vos tudo o que em vós desagrada a Jesus: a afeição que sentis por vossa madre priora é natural demais, faz muito mal à vossa alma, porque a amais com paixão e essas afeições desagradam ao bom Deus, são um veneno para as almas religiosas. Não foi para dar satisfação à vossa natureza que viestes ao Carmelo, mas para mortificar-vos e morrer a vós mesma; de outro modo, teríeis feito melhor ficando no mundo que entrando na comunidade para perder vossa alma". Depois de ter ouvido essas e outras coisas muito duras, que me deixaram muito triste, fui obrigada a reconhecer que ela estava falando a verdade. Então meus olhos se abriram e vi o quanto eu estava longe da perfeição que minha vocação de carmelita exigia de mim.

Teresa acrescentou em seguida: "Se nossa madre perceber que chorastes e vos perguntar quem vos fez ficar triste, podeis, se quiserdes, contar-lhe tudo o que acabo de vos dizer: prefiro ser mal vista por ela e que me mande embora do mosteiro, se ela quiser, a faltar ao meu dever"[292].

"Uma velha de vinte anos" (C 139)

Pelo aniversário de Teresa — na segunda-feira, 2 de janeiro —, Maria do Sagrado Coração lhe descreve o que se passou em Alençon: "Há 20 anos, em uma hora como esta, mamãe nos dizia: 'Ide descansar, minhas filhas, é tempo de ir' e, com seu ar misterioso, nós nos alegrávamos antecipadamente com a chegada próxima de nossa irmãzinha, agora carmelita..."[293].

---

291. Note-se que esse relato — de junho-julho (?) de 1897 — dirige-se a Madre Maria de Gonzaga.
292. PO, p. 430. Depoimento de 18 de fevereiro de 1911.
293. CCor 150, 2 de janeiro de 1893, CG II, p. 676.

Tendo escrito várias cartas ao Padre Pichon, Teresa finalmente recebe uma resposta, depois de vinte e três meses de silêncio. O jesuíta, que prega numerosíssimos retiros no Canadá, está sobrecarregado pelas cartas de suas dirigidas. Além do mais, sua visão está declinando perigosamente. A resposta traz a data de 20 de janeiro de 1893 e pode surpreender quando lemos as seguintes linhas:

> Querida filha de minha alma, escutai bem o que vou dizer-vos em nome e da parte de Nosso Senhor: não, não, não cometestes pecados mortais. Eu juro. Não, não se pode pecar mortalmente sem sabê-lo. À vossa Mãe, Santa Teresa, que rezava um dia pelas almas iludidas, Nosso Senhor respondeu: "Minha filha, as pessoas não se perdem sem ter perfeita consciência". Bani, pois, vossas preocupações. Deus o quer e eu vo-lo ordeno. Crede em minha palavra: nunca, nunca, nunca cometestes um único pecado mortal. Ide depressa prostrar-vos diante do tabernáculo para agradecer a Nosso Senhor. Repousai, serena e tranquila, nos braços de Jesus. Ele nunca vos traiu, ele nunca vos trairá[294].

A que tempo remontam tais confidências de Teresa, sempre escrupulosa em 1892? Esse estado é confirmado por um pequeno bilhete autógrafo sem data, no qual a penitente anotou uma resposta do confessor extraordinário do Carmelo, Padre Baillon, nomeado no princípio de 1892: "Se não agis contra vossa consciência, mesmo que houvesse pecado, não pecaríeis"[295]. Isso pode esclarecer uma reflexão de Teresa enferma, ao final de sua vida: "Padre Pichon me tratava como uma criança, mas também me fez muito bem ao dizer-me que não cometi pecado mortal"[296]. É, pois, a terceira vez em cinco anos que o jesuíta a tranquiliza sobre seu estado de graça[297].

Estreia na poesia (fevereiro de 1893)

É a pedido de Irmã Teresa de Santo Agostinho que Teresa vai escrever seu primeiro poema. Embora essa Irmã lhe seja antipática (Ms C, 13vº), isso não impede que as duas tratassem de assuntos espirituais, especialmente sobre a Santa Infância de Jesus no presépio, nos braços de Maria, no momento da amamentação.

> Certo dia — escreve Irmã Teresa de Santo Agostinho —, eu lhe pedia que escrevesse um cântico sobre nosso assunto preferido. — É impossível — respondeu-me —, não conheço poesia de jeito nenhum. — Mas o que importa isso? Não é o caso

---

294. CCor 151, 20 de janeiro de 1893, CG II, p. 677.
295. OC, p. 1234. Ver CG II, p. 678, n.e.
296. CA 4.7.4.
297. De acordo com os textos que restam, ele lho disse em 28 de maio de 1888, 4 de outubro de 1889 e 20 de janeiro de 1893.

de mandá-la para a Academia, trata-se somente de agradar e satisfazer um desejo de minha alma[298].

"Agradar...": Teresa não resiste e se lança na aventura. No dia 2 de fevereiro, oferece à Irmã Teresa de Santo Agostinho seu primeiro poema, de seis estrofes: *O orvalho divino ou o leite virginal de Maria*, cantado com a melodia de *Minuit chrétiens*[299]. Encontram-se aí imagens e ideias que revelam a meditação teresiana: a flor, o sangue, a rosa, o orvalho, o serafim, o amor, a Eucaristia, a fraternidade com Jesus, a ternura para com Maria...

A primeira estrofe desse primeiro poema expressa o mistério tão caro ao coração de Teresa do Menino Jesus:

> *Meu doce Jesus, ao seio de tua Mãe,*
> *Tu me apareces radiante de Amor.*
> *O Amor, eis o inefável mistério*
> *Que te exilou da Morada Celeste...*
> *Ah, deixa que me esconda sob o véu*
> *Que te oculta a todo olhar mortal*
> *E junto a ti, Estrela Matutina,*
> *Encontrarei um prelúdio do Céu.*

A quarta estrofe é escrita para Irmã Teresa da Santa Face:

> *Meu Amado, meu divino Irmãozinho,*
> *Em teu olhar vejo todo o futuro.*
> *Em breve, por mim deixarás tua Mãe.*
> *O Amor já te impulsiona a sofrer.*
> *Mas na Cruz, ó Flor Desabrochada,*
> *Reconheço teu perfume matinal,*
> *Reconheço o Orvalho de Maria,*
> *Teu sangue divino é o Leite Virginal!...*

"Duas vezes minha mãe": o priorado de Madre Inês de Jesus (2 de fevereiro de 1893 – março de 1896)

O tempo das eleições chegou. Depois de anos de priorado — 1874-1883; 1886-1893: dezesseis, portanto —, Madre Maria de Gonzaga não pode mais ser reeleita. Na

---

298. *Souvenirs d'une sainte amitié*, p. 1-2, ver *Poésies* II, p. 46. Claude Langlois estima que a Irmã se enganou ou atribuiu ao poema uma data anterior, afirmando que é de fevereiro de 1894 (*L'Autobiographie de Thérèse de Lisieux*, Paris, Éd. du Cerf, 2009, p. 39, n. 4).

299. P 1, *Poésies*, p. 39-40.

segunda-feira, 20 de fevereiro de 1893, Irmã Inês de Jesus obtém os sufrágios da comunidade. Antes de morrer, Madre Genoveva de Santa Teresa desejara essa eleição e falara dela a Madre Maria de Gonzaga, cinquenta e nove anos, que a aprovava. Aos trinta e dois anos, "Paulina" tem medo do cargo. Alegria na casa dos Guérin. Isidoro sempre a considerou como a mulher forte entre as cinco irmãs. A família invade o locutório. A tia Celina escreve à sua filha Jeanne:

> Adivinha quem foi nomeada superiora... Tua prima Paulina. Também não poderias acreditar em que emoção ela estava hoje. Teu pai foi vê-la, nossas filhinhas também. A pobre Paulina não conseguia dizer nada às suas irmãs, tão emocionada estava ela. Só se ouviam pequenos soluços; teu papai foi vê-la também para encorajá-la em seu novo cargo. Felizmente, ela terá Madre Maria de Gonzaga para guiá-la, pois é um grande peso que está caindo sobre suas costas, jovem como ela é. O locutório das senhoritas não foi, portanto, alegre, tanto mais que a situação era bastante delicada para elas. Madre Maria de Gonzaga estava presente, e isso exigia muito tato. É certo que nossa querida Paulininha tem tudo o que é preciso para ser uma boa superiora, mas é tão tímida, tão fácil de emocionar-se, sua saúde é tão fraca e, depois, ela é muito jovem. Uma vez que tiver tomado a direção e estiver envolvida com o cargo, tenho certeza de que se sairá muito bem[300].

Informado, Luís Martin declara: "Não poderiam ter feito escolha melhor"[301]. Quanto a Teresa, não tendo voto no capítulo (onde já estão suas duas irmãs), anotou apressadamente, ao sair da cerimônia de obediência no coro, o discurso do cônego Delatroëtte que sucedeu as eleições:

> Quando ouvistes pronunciar vosso nome, respondestes apenas com lágrimas. Compreendo vossos temores: sois jovem, sem muita experiência. Mas tende coragem, minha querida filha. Às vezes, Deus se serve de instrumentos aparentemente mais fracos para realizar sua obra e trabalhar para sua glória. Tendes, aliás, uma alma reta e simples. Vossa santa Madre Genoveva vos ajudará, vós vos esforçareis por imitar os preciosos exemplos que ela vos deixou. Posso dizer-vos, sem faltar à discrição, que, se a maior parte de vossas Irmãs pensou em dar-vos seus votos, é porque perceberam que tentais reconstituir as virtudes que a vistes praticar. Ela será, portanto, vosso apoio; e, em vossas dificuldades, recorrereis sempre à Madre que tanto amais. Ela vos aconselhará e dirigirá, nela sempre encontrareis um apoio. Agora, minha querida filha, ireis estar frente a frente com vossas Irmãs, que vos darão o nome de Madre. Vós as dirigireis com doçura, mas também com firmeza: se entre elas encontrar-se algumas que vos

---
300. CD 970, 20 de fevereiro de 1893, VT, n. 115, julho 1989, p. 167.
301. CMG IV, p. 213.

sejam menos simpáticas, sereis ainda mais cheia de amor para com elas. A simplicidade que vos caracteriza indicará o que devereis fazer. E depois — repito —, tereis sempre ao vosso lado a digna Madre que teria ficado tão feliz por ver-vos continuar seu cargo de priora[302].

Se Teresa fez o esforço de anotar suas palavras, é porque mesura a importância destas. Evidentemente, de acordo com ela, trata-se de um acontecimento grande para a comunidade, não porque vai "aproveitar-se" dessa situação nova para as Martin, mas porque a "Mãezinha" de sua infância se converte em sua mãe espiritual ao tornar-se priora. Percurso impressionante... Na mesma noite, Teresa escreve:

> Como é doce poder dar-vos esse nome!... Há muito tempo já éreis minha Mãe, mas era no segredo do coração que dava esse delicado nome àquela que era, ao mesmo tempo, meu anjo da guarda e minha irmã. Hoje o bom Deus vos consagrou... Sois verdadeiramente minha Mãe... E o sereis por toda a eternidade... Oh, como este dia é belo para vossa filha! O véu que Jesus lançou sobre este dia o torna ainda mais luminoso a meus olhos; é o selo da Face adorável, o perfume do misterioso buquê que se derramou sobre vós. Sem dúvida, será sempre assim. "Aquele cujo rosto estava escondido", aquele que está ainda escondido em sua pequena hóstia branca e que só se comunica às almas de modo velado saberá lançar sobre toda a vida da amada apóstola de sua divina Face um véu misterioso, que só ele poderá penetrar!...
>
> Sim, o espírito de Madre Genoveva reside inteiramente em vós e sua palavra profética se realizou. Aos trinta anos, começastes vossa vida pública. Não fostes vós que proporcionastes a todos os Carmelos e a tantas almas piedosas a consolação de conhecer em detalhes tocantes e poéticos a vida de nossa santa?... Mas Jesus já tinha lançado seu olhar velado sobre minha Madre querida e não permitiu que ela fosse reconhecida, "pois seu rosto estava escondido"!... Se esse dia já é formoso na terra, o que não será no Céu? Parece-me ver nossa santa mãe querida a olhar com alegria sua Paulina (aquela que ela amava, que a atraía). Ela vê que chegou a sua vez de tornar-se Mãe, Mãe de muitas virgens, entre as quais estão suas irmãs. Que mistério...
>
> Agora ireis penetrar no santuário das almas, ireis espalhar sobre elas os tesouros de graças com que Jesus vos cumulou... Sem dúvida, sofrereis... Os vasos são pequenos demais para conter o perfume precioso que querereis depositar neles, mas Jesus também só tem pequeninos instrumentos de música para executar sua melodia de amor. Contudo, ele sabe servir-se de todos aqueles que lhe apresentam. Sereis como Jesus!...[303].

Teresa é delicada demais para prever os sofrimentos de sua irmã, à sombra de Madre Maria de Gonzaga (que se torna mestra de noviças) e diante de uma comunidade

---

302. OC, p. 1235.
303. C 140, 20 de fevereiro de 1893, CG II, p. 688-689.

que nunca teve uma priora tão jovem. Deixando o noviciado, Irmã Maria dos Anjos é eleita subpriora. Madre Inês de Jesus pede secretamente à "decana do noviciado" (Teresa) que vele pelas duas companheiras: Irmã Marta — sempre — e Maria Madalena, pouco fácil de domar, após uma infância muito triste.

Já Celina ficou bastante emocionada com a eleição da irmã[304]. Aos vinte e quatro anos, ela não para de questionar-se sobre o futuro. Sua pintura é cada vez mais apreciada e ela responde a diversas encomendas. Seus talentos de fotógrafa são reconhecidos. Mesmo o austero Padre Youf, capelão do Carmelo, pede para ser fotografado... mas com toda discrição.

O reconforto de Celina vem sempre de sua irmã Teresa. A correspondência entre elas aprofundar-se-á mais uma vez. Do final de abril até agosto de 1893, Teresa vai dirigir-lhe cartas de uma grandíssima importância para aprofundar o trabalho espiritual que o Espírito Santo está operando nela (C 141 a 148). Nestas, as citações bíblicas se multiplicam e a redatora utiliza os símbolos florais e da natureza para expressar suas intuições fundamentais, que anunciam a história de sua alma dois anos mais tarde. Em 25 de abril de 1893, ela parte do símbolo da gota de orvalho, escondida, pequena, simples, que será aspirada "como um delicado vapor e vai fixar-se pela eternidade no seio da fornalha ardente do amor incriado e estará sempre unida a Ele"[305]. Jesus é aqui "a flor dos campos", o "Lírio do vale". Todos esses símbolos tendem a descrever a vida contemplativa ("inútil" aos olhos dos de fora), aquela que um dia Celina viverá.

> Jesus só. Para ser d'Ele, é preciso ser pequeno, pequeno como uma gota de orvalho!... Oh, quão poucas almas há que aspiram a permanecer assim pequenas!... Mas — dizem elas —, o rio e o regato não são mais úteis que a gota de orvalho? O que ela faz? Não serve para nada, senão para refrescar por alguns instantes uma flor dos campos que existe hoje e terá desaparecido amanhã... Sem dúvida, essas pessoas têm razão, a gota de orvalho só serve para isso, mas não conhecem a flor do campo que quis habitar em nossa terra de exílio e nela permanecer durante a curta noite da vida. Se a conhecessem, compreenderiam a censura que Jesus outrora fez a Marta... Nosso Bem-amado não precisa de nossos belos pensamentos, de nossas obras esplendorosas. Se quiser pensamentos sublimes, não tem Ele os seus anjos, suas legiões de espíritos celestes, cuja ciência ultrapassa infinitamente a dos maiores gênios de nossa triste terra?... Não foi, pois, o espírito e os talentos que Jesus veio buscar na terra. Ele só se fez a flor dos campos para mostrar-nos o quanto ama a simplicidade. O Lírio do vale só aspira por uma gotinha de orvalho...[306].

---

304. CD 973 — a Joana La Néele, 25 de fevereiro de 1893, VT, n. 115, julho 1989, p. 170.
305. C 141, 25 de abril de 1893, CG II, p. 692.
306. Ibid.

Três dias mais tarde, de Caen — onde visita a feira — Celina responde à irmã. Ela meditou toda a carta, relendo-a várias vezes. Aceita ser uma gota de orvalho, mas sendo uma só com outra gota, a saber, sua "Teresa querida"[307].

"Mística, cômica, tudo lhe cai bem..."

Teresa fala muito pouco de si mesma — salvo na correspondência íntima com Celina — e, contudo, um retrato da jovem professa é dado por Irmã Maria dos Anjos, que enviou à Visitação de Mans um esboço de cada uma das vinte e seis carmelitas. A ex-mestra das noviças adotou, conforme sua bondade habitual, um partido de benevolência, mas não lhe falta perspicácia. Assim descreve Irmã Teresa do Menino Jesus aos vinte anos:

> Noviça e a joia do Carmelo, seu caro Benjamim. Ofício da pintura, onde se destaca sem jamais ter recebido outras lições além de ver trabalhar nossa Reverenda Madre, sua irmã querida. Grande e forte, com um ar de criança, um som de voz, uma expressão idem, escondendo nela uma sabedoria, uma perfeição, uma perspicácia de cinquenta anos. Alma sempre calma e perfeitamente senhora de si mesma em tudo e com todas. Menina aparentemente inexpressiva e à qual se daria o bom Deus sem confissão, mas sua cabecinha é cheia de malícia para fazer o que quiser a quem quiser. Mística, cômica, tudo lhe cai bem... ela saberá fazer-vos chorar de devoção e também fazer-vos desmaiar de rir em nossos recreios[308].

Em junho, Irmã Teresa pinta o afresco do oratório das enfermas que cerca o tabernáculo e representa quinze pequenos anjos. Uma particularidade: do lado esquerdo, um anjo que traz uma harpa e um ramo de lírio, apoiando o cotovelo à beira do tabernáculo. Trata-se dela mesma, que às vezes dorme durante a oração e a ação de graças[309]. É o único autorretrato conhecido de Teresa. Ela mudou de cela pela segunda vez.

Com a volta do tempo das férias, os Guérin vão à propriedade de La Musse entre 27 de junho e 18 agosto. A novidade é que Luís Martin e Celina estarão com eles. Após hesitar, o doutor La Néele e o sogro decidiram que o enfermo era transportável. Vão instalá-lo, portanto, no andar térreo da casa do guarda, sob a vigilância de Désiré e do cachorro Tom. Mas Leônia, que tem trinta anos, não estará lá. No sábado, 24 de

---

307. CCor 152, 28 de abril de 1893, CG II, p. 695.

308. CG II, p. 1176. Esse texto data de abril-maio de 1893.

309. Ver DLTH, p. 201. O afresco foi totalmente repintado por Celina (Irmã Genoveva) por volta de 1920, pois "o gesso da parede absorveu algumas cores". Ela também pôde retocar certos traços dos anjos.

junho, ela entra pela terceira vez na vida religiosa e pela segunda na Visitação de Caen. Celina — que ficará sozinha para cuidar do pai — tentou dissuadi-la, mas suas irmãs carmelitas encorajam "a bondosa Leônia"[310] e o tio Guérin a aprovou. Por sua parte, Maria Guérin quer transformar em ato o desejo de entrar no Carmelo de Lisieux. Ela escreveu ao Padre Delatroëtte, que aceita sem reticência: ele que, "por costume, é tão frio e até mais que frio"[311].

Celina se sente sozinha, abandonada: "Ninguém mais na terra, fez-se vazio ao redor de mim e, por um instante, considerei-me a última ruína da família, com uma vertigem desoladora... Oh, a vida me pareceu tão triste!"[312]. Ela tem muito a fazer para responder a todos os pedidos de sua irmã priora: compras, pequenos pratos confeccionados pelos Guérin para Madre Maria de Gonzaga ("a avó", como a chama Irmã Inês), muitas vezes adoentada, diversos dons *in natura* (frutas, bebidas, legumes) etc. e até mesmo em dinheiro, a ponto de os 5 francos doados por "Leão" (Leônia) serem bem-vindos. "Não tínhamos mais um centavo!"[313] Vendo Celina tão abatida, Teresa lhe escreve uma longa carta na quinta-feira, 6 de julho. Ela constata que as cinco irmãs estão agora em seu caminho. Celina não é menos privilegiada que as quatro religiosas: sua missão é ser o "anjo visível" de seu pai querido e, ao mesmo tempo, a "esposa de Jesus". Seguem algumas preciosas confidências, em um acúmulo de textos bíblicos, de acordo com o costume de Teresa.

"Investir no banco do Amor" (C 142)

> O mérito não consiste nem em fazer, nem em dar muito, mas antes em receber, em amar muito... Diz-se que é maior felicidade dar do que receber, e é verdade. Mas, quando Jesus quer reservar para si a doçura de dar, não seria delicado recusar. Deixemo-lo tomar e dar tudo o que quiser; a perfeição consiste em fazer sua vontade, e a alma que se entrega inteiramente a ele é chamada pelo próprio Jesus de sua mãe, sua irmã e toda a sua família. E em outro lugar: "Se alguém me ama, guardará minha palavra (isto é, fará minha vontade) e meu Pai o amará, e viremos a ele e nele faremos nossa morada". Oh, Celina, como é fácil agradar a Jesus, arrebatar-lhe o coração! Basta amar

---

310. CD 994 — Madre Inês de Jesus a Celina, início de maio de 1893, VT.

311. CD 999 — Madre Inês de Jesus a Celina, maio de 1893, VT, n. 116, outubro 1989, p. 244.

312. CD 1010 — Celina às suas irmãs carmelitas, 3 de julho de 1893, VT, n. 117, janeiro 1990, p. 51.

313. CD 1001 — Madre Inês de Jesus a Celina, final de maio (?) de 1893, VT, n. 116, outubro 1989, p. 244. O Carmelo provia às suas despesas fabricando hóstias. Várias Irmãs trabalhavam nesse ofício, que rendia aproximadamente 2 mil francos por ano (CD 1029, p. 101, VT, n. 118, n. 13).

sem olhar para si, sem examinar demasiadamente seus defeitos... Nesse momento, tua Teresa não se encontra nas alturas, mas Jesus lhe ensina "a tirar proveito de tudo, do bem e do mal que ela encontra em si". Ele lhe ensina a investir no banco do amor, ou antes, Ele investe por ela sem lhe dizer como se faz, pois isso é assunto dele e não de Teresa. O que lhe cabe fazer é abandonar-se, entregar-se sem nada reservar para si, nem mesmo a alegria de saber quanto lhe rende o banco. Mas, afinal, ela não é o filho pródigo. Não vale, pois, a pena que Jesus lhe faça um festim, "visto que está sempre com ele".

[...] Felizmente, é a ti que falo, pois outras pessoas não saberiam compreender minha linguagem e confesso que ela é verdadeira para pouquíssimas almas. Com efeito, os diretores fazem avançar na perfeição mandando praticar um grande número de atos de virtude. E têm razão! Mas meu Diretor, que é Jesus, não me ensina a contar meus atos. Ele me ensina a fazer tudo por amor, a nada recusar-Lhe, a estar contente quando Ele me dá uma ocasião de provar-Lhe que o amo. Mas isso se faz na paz, no abandono. É Jesus que faz tudo em mim, eu não faço nada[314].

Pela primeira vez aparece em seus escritos a noção de "abandono". Celina pode responder: "Tua bela carta me agradou muito, é um alimento para minha alma"[315]. Aproveitando uma carta de Inês para Celina, Teresa escreve novamente à irmã, a quem vê sempre como "uma gotinha de orvalho". Mais uma vez, uma palavra do Evangelho lida na oração e uma reflexão de Santa Teresa d'Ávila suscitam a meditação:

Agora quero dizer-te o que se passa em minha alma. Sem dúvida, é o mesmo que se passa na tua. Disseste a verdade, Celina: as frescas manhãs passaram para nós, não há mais flores a colher, Jesus as tomou para si; talvez um dia ele faça desabrochar outras, mas o que devemos fazer enquanto isso? Celina, o bom Deus não me pede mais nada... nos inícios, pedia-me uma infinidade de coisas. Pensei algum tempo que agora, já que Jesus não pedia nada, devesse caminhar devagar na paz e no amor, fazendo somente o que Ele me pedia... Mas tive uma luz. Santa Teresa diz que se deve alimentar o amor. A madeira não se encontra ao nosso alcance quando estamos nas trevas, nas securas, mas pelo menos não somos obrigadas a lançar palhinhas? Jesus é poderoso o bastante para alimentar sozinho o fogo, mas está contente por nos ver colocar nele um pouco de alimento. É uma delicadeza que o agrada e, então, ele lança muita madeira ao fogo. Não o vemos, mas sentimos a força do calor do amor. Fiz a experiência: quando não sinto nada, quando sou INCAPAZ de rezar, de praticar a virtude, é então o momento de procurar pequenas ocasiões, os nadas que lhe dão prazer, mais prazer a Jesus que o império do mundo ou até mesmo que o martírio sofrido generosamente, como, por

---

314. C 142, 6 de julho de 1893, CG II, p. 701-702.
315. CCor 154, 12 de julho de 1893, CG II, p. 704.

exemplo, um sorriso, uma palavra amável quando minha vontade seria nada dizer ou mostrar-me aborrecida etc.

Estás entendendo, minha Celina querida? Não é para fazer minha coroa, para ganhar méritos, é para dar prazer a Jesus… Quando não tenho ocasiões, quero ao menos dizer-lhe muitas vezes que o amo. Não é difícil e alimenta o fogo. Mesmo que me parecesse que esse fogo do amor está apagado, gostaria de lançar nele alguma coisa e Jesus saberia reacendê-lo. Celina, sinto medo de não ter dito tudo o que é preciso. Talvez acredites que faço sempre o que digo. Oh, não, não sou sempre fiel, mas jamais desanimo, abandono-me nos braços de Jesus. A gotinha de orvalho mergulha ainda mais profundamente no cálice da Flor dos campos e ali reencontra tudo o que perdeu e ainda mais[316].

No mesmo impulso de partilha com Celina em La Musse, Teresa lhe escreve novamente cinco dias mais tarde. Ela explana a passagem evangélica em que Jesus, cansado, dorme na barca dos apóstolos, agitada à noite pelas ondas do lago (Mc 4,37-41). Assim está sua irmã, como que sozinha no mar, nada ouvindo e nada vendo. Mas virá o despertar de Jesus, a paz no mar e a aurora[317]. Além disso, Teresa revela que, por caridade para com Maria Madalena, companheira no noviciado, volta a utilizar o "terço de práticas" de sua infância, isto é, a contabilização de suas boas ações e orações. A iniciativa de voltar atrás é motivada unicamente por uma pedagogia fraterna, pois ela confessa estar "envolvida em redes que não a agradam muito", acrescentando que estas lhe são "muito úteis no estado de alma em que estou". Ajudar Irmã Maria Madalena do Santíssimo Sacramento é conveniente no momento em que esta vai tomar hábito, em 7 de setembro seguinte.

"Seu rosto estava escondido" (C 145)

As cartas de Teresa e das duas irmãs carmelitas consolam Celina, que vê seu ânimo estabilizar-se: "Não estou mais desanimada"[318]. Isso não impede a irmã de continuar a escrever-lhe e partilhar suas meditações com ela. Ainda aqui a caridade fraterna motiva, sem dúvida, as cartas semanais que querem ajudar Celina, "solitária" em La Musse durante quase dois meses. O coração da reflexão tem sua fonte no mistério de Jesus escondido:

> Jesus não quer que encontremos no repouso a sua presença adorável, ele se esconde, envolve-se em trevas; não era assim que Ele agia com a multidão dos judeus, pois vemos no evangelho que "o povo estava ARREBATADO com suas palavras". Jesus

---

316. C 143, 18 de julho de 1893, CG II, p. 707-708.
317. C 144, 23 de julho de 1893, CG II, p. 710-711.
318. CCor 155, 27 de julho de 1893, CG II, p. 713.

encantava as almas fracas com suas divinas palavras, tentava torná-las fortes para o dia da provação... Mas quão pequeno foi o número dos amigos de Nosso Senhor quando Ele se CALAVA diante dos juízes!... Oh, que melodia é para o meu coração esse silêncio de Jesus... Ele se faz pobre para que possamos fazer-Lhe caridade, ele estende a mão como um mendigo para que, no radioso dia do julgamento — quando aparecer em sua glória —, possa fazer-nos ouvir estas doces palavras: "Vinde, benditos de meu Pai, pois tive fome e me destes de comer, tive sede e me destes de beber, não sabia onde hospedar-me e me destes um asilo, eu estava na prisão, doente, e me socorrestes". Foi Jesus mesmo que pronunciou essas palavras, é ele que quer nosso amor, que o mendiga... Ele se põe, por assim dizer, à nossa mercê, não quer tomar nada que não lhe demos, e a menor coisa é preciosa aos seus olhos divinos... Minha Celina querida, rejubilemo-nos com nossa parte, ela é tão bela, demos, demos a Jesus, sejamos avaras com os outros, mas pródigas com Ele...

Jesus é um tesouro escondido, um bem inestimável que poucas almas sabem encontrar, pois está escondido e o mundo ama o que brilha. Ah, se Jesus tivesse querido mostrar-se a todas as almas com seus dons inefáveis, sem dúvida não teria havido uma só que o tivesse desdenhado, mas Ele não quer que o amemos por seus dons, é Ele mesmo que deve ser nossa recompensa. Para encontrar uma coisa escondida, é preciso esconder a si mesmo[319]. Nossa vida deve, pois, ser um mistério, precisamos assemelhar-nos a Jesus, a Jesus cujo rosto estava escondido...[320].

As preocupações de Celina surgem de outro lado. O casal Désiré e Marie, presente em La Musse, dá motivos de satisfação no que se refere ao marido (ele chegou até mesmo a voltar à prática religiosa após uma novena feita por Celina a São José no último mês de março)[321], mas a esposa se entrega à bebida e à tendência a mentir. Donde as dificuldades previstas no retorno a Lisieux (*rue Labbey*). Em carta do dia 13 de agosto, Teresa promete rezar por Marie Lejuif: "Para todo pecado, misericórdia"[322], o que a leva a meditar sobre a missão e o poder de Deus, que se serve dos "instrumentos mais vis para mostrar-lhes que Ele é o único que trabalha"[323].

No mesmo dia, Teresa escreve a Leônia, que reencontra a Visitação de Caen depois de cinco anos e meio. O que mudou são as obras que transformaram velhos edifícios e renovaram completamente a capela, que será consagrada na terça-feira, 17 de outubro.

---

319. São João da Cruz, *Cântico espiritual* 1, 1.
320. C 145, 2 de agosto de 1893, CG II, p. 714-715.
321. Um quadro de Celina (a Virgem e Maria Madalena) tocara-o vivamente. Esse quadro se encontra nos *Buissonnets*, no quarto de Luís Martin. Ver S. Piat, *Céline*, p. 53.
322. C 147, CG II, p. 719.
323. C 147, 13 de agosto de 1893, CG II, p. 719-720.

O cônego Goudier exigiu esses trabalhos, pois — dizia — "a saúde das jovens de hoje não é mais aquela das gerações passadas"[324].

Celina, sempre um pouco dividida diante do sucesso de suas pinturas, deseja aperfeiçoar-se. Por meio do Padre Domin, seu tio entrou em contato com o pintor Krug, aluno de Flandrin, que pintou a cúpula da Abadia das beneditinas. O mestre está disposto a dar alguns conselhos, e até mesmo livros, à jovem Martin. Ele estima seu talento e dar-lhe-á sua paleta como presente pessoal. Propõe-lhe ir formar-se em Paris e — por que não? — expor no Salão parisiense dentro de dois anos[325]. Madre Inês freia Celina em seu ardor: "Deixa o vão trabalho da pintura, ou seja, toma o pincel somente com desapego de espírito..."[326].

Ao sair do retiro comunitário anual[327], pregado pelo Padre Armand Lemonnier, missionário diocesano de *la Délivrande*[328], Teresa escreve a Celina por ocasião de sua festa[329]. Ela tenta consolá-la, pois Celina parece estar sofrendo com algumas incompreensões da parte de Madre Inês. Teresa apoia-se na confiança de Santa Cecília, recordada na liturgia de 22 de novembro. Apesar de sua difícil situação (querem casá-la à força), Cecília canta em seu coração. Celina deve ser uma lira sob os dedos de Jesus[330].

Em sua vida quotidiana, Teresa mudou de ofício: saindo da sacristia, é nomeada segunda porteira, ou seja, terceira da depositária durante dois meses. Era necessário acompanhar a ecônoma (Madre Maria de Gonzaga) quando abriam a porta do jardim

---

324. S. Piat, *Léonie*, p. 87. Ver C 148, 13 de agosto de 1893, CG II, p. 721-722.

325. Em 1892, Celina pintou, por ordem de Madre Inês de Jesus, uma Assunção da Virgem para o altar-mor da Santa Casa de Bayeux; mais tarde, no Carmelo, ela fará a lista de suas diferentes obras em dois volumes, com fotografias que ilustram suas pinturas, desenhos, modelagens, miniaturas etc. (ver VTL I, p. 26). Ela reconhecerá que muitos de seus trabalhos não passavam de "quadrinhos". Ver CG II, p. 730, n.b. Celina também pintou retratos: Maria Guérin, Pierre Lahaye, Marthe Lahaye etc. (ver CD 1031, VT, n. 118, abril 1990, p. 102).

326. CD 1027, 20 (?) de outubro de 1893, CG II, p. 729.

327. Teresa apresenta alguns ecos deste ao escrever para Leônia na Visitação. "O bondoso Padre falou-nos sobretudo da união com Jesus e da beleza de nossa vocação. Mostrou-nos todas as vantagens da vida religiosa, em particular da vida contemplativa". Segue uma comparação entre os carvalhos das florestas, que crescem "em direção ao Céu..." etc. (C 151, 5 de novembro de 1893, CG II, p. 736).

328. 1º de novembro de 1841 — 20 de fevereiro de 1917. Pregará ainda um retiro no Carmelo em 1894 e outro em 1895. Ver Paul Pelcref, "Le père Armand Lemonnier, prédicateur de retraites et sainte Thérèse de l'Enfant-Jésus", VT, n. 26, abril 1967, p. 88-94.

329. C 149, 20 (?) de outubro de 1893, CG II, p. 729.

330. Ibid.

aos operários. Em seguida, será nomeada segunda porteira, sendo Irmã São Rafael a primeira, conservando seu ofício de pintura[331].

Mas o principal é que, cinco anos depois de sua entrada, Irmã Teresa devia deixar o noviciado e integrar-se à comunidade. Ora, ela vai permanecer ali. Por quê? Duas razões foram dadas. "Por humildade", Teresa o teria pedido. Essa escolha era possível[332]. Mas parece que Madre Inês tenha pedido à irmã que ficasse aí para exercer uma boa influência sobre as duas noviças que restavam. A partir de então, a priora impôs à Irmã Maria Madalena do Santíssimo Sacramento que encontrasse Teresa por uma meia hora no domingo. Mas essa Irmã fazia tudo o que podia para faltar ao encontro, às vezes indo esconder-se para evitar que a encontrassem[333]. Teresa também sente dificuldade a respeito das relações entre a nova e a antiga priora. Madre Inês de Jesus assume cada vez mais plenamente seu cargo, independente da influência de Madre Maria de Gonzaga. Conflitos se anunciam...

Quanto à nova visitandina, Teresa lhe reserva sua última carta do ano de 1893, desejando-lhe que "fique para sempre na Visitação". Pede sua oração para que ela mesma "permaneça sempre pequena, totalmente pequena", à imagem do "querido pequeno Jesus" que vem no Natal[334]. Para essa festa, as carmelitas voltaram a encenar uma recreação escrita por Madre Inês em 1884 — *As Virtudes no berço de* Jesus. É uma maneira de render homenagem à nova priora.

Em 2 de janeiro de 1894, celebram-se os vinte e um anos de Irmã Teresa do Menino Jesus. Festa modestíssima — da qual não resta nenhum vestígio —, mas significativa para ela, que é legalmente maior de idade. Isso não muda muito sua vida diária, senão em um ponto: agora tem idade para jejuar. Vimos a importância dos jejuns na vida carmelitana daquele tempo. Teresa vai começar a fazê-los com grande seriedade. Pode-se considerar que em sua idade ela será subalimentada. Outra mudança — mínima — diz respeito à sua caligrafia. Sua "professora" Paulina a obrigara a escrever de uma maneira inclinada. Agora na maioridade, Teresa adota uma caligrafia reta, vertical.

Ela precisará da caligrafia no momento em que começa o ano de 1894 e no qual deve compor a recreação que será encenada em comunidade para a festa de Madre Inês, no próximo dia 21 de janeiro. Não há tempo a perder. Ao longo desse ano, ela deverá escrever um certo número de poesias (uma dúzia), quase todas para responder aos pedidos de suas Irmãs.

---

331. Sobre esse trabalho importante, ver DLTH.
332. IJ/PA, p. 378; G/PO, p. 487.
333. CG II, p. 728, n.h.
334. C 154, 27 de dezembro de 1893, CG II, p. 740-741.

"Joana, minha irmã querida" (Ms B, 3rº)

Para a primeira festa da nova priora, é preciso encenar para a comunidade uma peça importante, edificante. Mas sobre qual tema? Teresa vai inspirar-se na atualidade. Anuncia-se que o Papa Leão XIII declarará Joana d'Arc "Venerável" no sábado, 27 de janeiro de 1894. Fala-se de Joana d'Arc em toda parte[335]. Entre os cristãos, caminha-se rumo à sua beatificação ("Venerável" é a primeira etapa desta), quase cinco séculos após sua morte. Entre os anticlericais — os ataques anticristãos permanecem vivos —, considera-se Joana d'Arc, libertadora da pátria, como uma livre-pensadora queimada pela Igreja. Henri Wallon, autor de um livro importante sobre Joana d'Arc[336] — que Teresa vai utilizar para seu teatro — apresentou um projeto de lei para que em todo dia 8 de maio seja celebrada a libertação de Orléans como festa nacional do patriotismo. O tio Guérin, que no *Le Normand* escrevera vários artigos sobre a abertura do processo para a beatificação de Joana d'Arc, denuncia as manobras dos franco-maçons para recuperar em sua área a heroína francesa e dessacralizá-la[337].

Desde a infância, Teresa Martin, tanto em família quanto na escola, ouviu falar da Donzela e se apropriou dela:

> [...] lendo os relatos das ações patrióticas das heroínas francesas, particularmente aquelas da *Venerável JOANA D'ARC*[338], eu sentia um grande desejo de imitá-las, parecia experimentar em mim o mesmo ardor de que elas eram animadas, a mesma inspiração celeste (Ms A, 32rº).

Em seus cadernos escolares, encontram-se numerosos textos sobre Joana d'Arc. Na Abadia, uma poesia patriótica de três estrofes[339]; na casa da senhora Papinau, um "dever de estilo" composto pela aluna a partir de um livro narrativo: *O sonho de Joana d'Arc*[340].

---

335. Entre 1870 e 1900, contar-se-ão umas trinta peças de teatro e várias óperas (Carafa, Verdi, Widor etc.) sobre Joana d'Arc.

336. *Jeanne d'Arc. Edition illustrée d'après les monuments de l'art depuis le XVème siècle jusqu'à nos jours*, Paris, Firmin-Didot, 1860; duas vezes laureado pela Academia francesa; cinco edições entre 1869 e 1880. Em 25 de outubro de 1875, o Papa Pio X felicita-o por seu livro. Wallon era secretário perpétuo da *Académie des inscriptions et belles-lettres*. Foi ministro da Instrução pública e membro de diversos governos republicanos. A "emenda Wallon" se tornou célebre, já que, graças a ela, as leis que instauravam a III República foram adotadas por apenas um voto de diferença (353 contra 352).

337. 5 de maio de 1894.

338. Teresa escreve em 1895.

339. Ver CETL, p. 438.

340. Ibid.

A "recreação piedosa" de Teresa intitula-se *A missão de Joana d'Arc ou a Pastora de Domremy escutando suas Vozes*[341] e contém seis papéis, alternando poesias cantadas e diálogos em prosa. "Se a inexperiência dramática é flagrante e o ofício poético, balbuciante"[342], a parte interessante provém da projeção que Teresa faz da própria vida na vida de Joana. Isso é tanto mais evidente quanto mais ela encarna a pastora de Domremy, sendo ao mesmo tempo autora, diretora e atriz. Mas tal identificação deve ter escapado às espectadoras da peça.

Com efeito, é Joana ou Teresa que é "uma virgem tímida e frágil" que, diante de sua missão, tem que "deixar seu pai" e "deve partir"? Depois de ter resistido diante de uma missão "impossível", convencida por suas vozes e pelo arcanjo São Miguel, ela aceita a vontade de Deus. Joana queria viver "escondida", deve ir ao "combate" e "sofrer" até ao "martírio". Escutando esses textos, pergunta-se: quem se expressa assim? "Amo a solidão"... "Admiro a natureza" (p. 58). Joana diz à sua irmã Catarina (interpretada por sua irmã Maria do Sagrado Coração): "Também te amo com muita ternura e nossa afeição é agradável a Deus. Mas guardar seu coração para Ele somente é tomar Jesus por Esposo... Já há muito tempo minhas vozes me aconselharam a consagrar minha virgindade a Nosso Senhor sob a proteção de Nossa Senhora" (p. 60). "Permanecendo humilde e escondida, posso ser útil à nossa pobre Pátria..." (p. 62). "É preciso partir..." (p. 64, 66, 82). "Para que Jesus incline em minha direção a sua divina Face, entendo que precisarei sofrer, mas sou sua pequena esposa e quero tentar retribuir-lhe amor com amor" (p. 70). "Foi a humildade de Maria/Que atraiu o divino Rei/É a humildade de tua vida/Que o faz abaixar-se a ti" (p. 72). "Eu também quero permanecer sempre pequenina, muito humilde, para parecer-me com Jesus e merecer que Ele faça em mim sua morada..." (p. 73). "Desejo a Cruz!... Amo o sacrifício!.../ Ah, dignai-vos chamar-me, estou pronta para sofrer/ Sofrer por vosso amor parece-me uma delícia/Jesus, meu Bem-Amado, por vós quero morrer" (p. 80).

A peça alcançou um forte sucesso e a priora exclamou: "Estava *maravilhoso!*"[343]. Mas o auditório não podia suspeitar que muitos temas teresianos aqui tratados em público velavam também as aspirações profundas de Irmã Teresa do Menino Jesus da Santa Face, em plena evolução, nesse ano de seus vinte e um anos, "o ano Joana d'Arc". Tais aspirações não cessariam de aprofundar-se.

---

341. RP 1, p. 57-83.
342. Ibid., p. 54.
343. CD 1041 — a Irmã Marie-Aloysia Vallée, 29-30 de janeiro de 1894, CG II, p. 1149. Madre Inês acrescenta: "Ah, que festa no Carmelo! Fizeram-na com todas as cores, eu não sabia mais onde estava, ou melhor, senti-me muito feliz ao ver o espírito de fé, a união dos corações que reina no Carmelo".

Nesse mesmo dia, Teresa oferece a Inês, por sua festa, um pequeno quadro que ela pintou, inspirando-se em diversas composições poéticas de sua irmã no Natal de 1884 e 1889 e em uma oração à Santa Face (1890). O que é interessante é a carta que acompanha o quadro e o explica[344]. Teresa se inspirou em uma imagem de renda intitulada: "O presépio, primeiro altar do sacrifício sob a nova lei do amor"[345], que Irmã Ana do Sagrado Coração lhe deu em 17 de abril de 1888. O tema é clássico: o Menino Jesus dorme e já sonha com a Cruz, a lança, a coroa de espinhos de sua Paixão. À esquerda da lua, à noite, vê-se a Cruz trazendo a Sagrada Face e um cálice que recolhe o sangue de Jesus. O Menino segura na mão as flores que "sua esposa querida" lhe trouxe no presépio. Um dia, ele as devolverá à esposa, sua Face divina radiante de glória, dando-lhe um "divino beijo!!!". As flores — comenta Teresa — são as virtudes de Madre Inês, muitas vezes escondidas e provadas pelos atritos com Madre Maria de Gonzaga. Em setembro de 1893, respondendo à Irmã Maria do Sagrado Coração, o Padre Pichon fazia alusão às "pequenas e grandes tormentas" de que sua correspondente lhe falou. Ele reconhece "a posição delicada" em que Jesus colocou o "querido Cordeiro" (Inês).

Bem mais tarde, em seus *Souvenirs intimes*, Madre Inês escreverá:

> Pobre Madre Maria de Gonzaga! Fora ela, contudo, que trabalhara por minha eleição, mas não podia suportar que eu assumisse demasiada autoridade. Ela me queria sempre sob seu domínio. O que sofri e chorei durante esses três anos! Mas reconheço que esse jugo me era necessário. Ele me amadureceu e desapegou minha alma das honras[346].

Madre Maria de Gonzaga, mestra de noviças, está completando sessenta anos em 20 de fevereiro. Teresa, em nome de suas duas companheiras, compôs para ela uma segunda poesia de cinco estrofes, uma oração a Jesus[347], sem se cansar muito. Completamente diferente será uma poesia que ela vai escrever espontaneamente, deixando-se inspirar pela história da santa que ama muito: Cecília. Pode-se dizer que é seu primeiro grande poema (112 alexandrinos). Teresa o compôs para os vinte e cinco anos de Celina, e sabemos

---

344. C 156, 21 de janeiro de 1894, CG II, p. 743-744. Madre Inês de Jesus ofereceu o quadro a Irmã Marie-Aloysia Vallée, sua antiga professora da Visitação de Mans, qualificando-o como "um quadrinho" (CD 1041, 29-30 de janeiro de 1894, CG II, p. 1150). Em 1927, Irmã Genoveva mandou retornar o quadro para retocá-lo, principalmente o rosto do Menino Jesus (ver DLTH, p. 159). Após o fechamento da Visitação de Mans, o quadro foi confiado à Visitação de Chartres. Tendo Irmã Marie-Aloysia agradecido a Teresa, esta lhe responderá: "Pintei o divino Menino de modo a mostrar o que Ele é para comigo... Com efeito, *Ele dorme* quase sempre" (C 160, 3 de abril de 1894, CG II, p. 754).

345. Ver DLTH, p. 158. Teresa emoldurou essa imagem com um relicário.

346. CG II, p. 745, n.g.

347. P 2, OC, p. 637.

como ela apoia a vocação da irmã, sempre "no mundo". Mas, antes de analisá-la, deve-se indicar a oração escrita em fevereiro — *Homenagem à Santíssima Trindade* — para si mesma e Irmã Marta. Mais uma vez, pode-se ver aí uma oração "pedagógica" para ajudar a Irmã a fazer sacrifícios durante períodos de quinze ou oito dias para "reparar todas as indelicadezas que vos [à Trindade] fazem sofrer as almas sacerdotais e religiosas"[348].

Uma boa notícia chega de Caen: Leônia tomará hábito na Visitação em 6 de abril. Teresa fica muito contente ao escrever para a irmã[349]. Como vão cortar sua bela cabeleira, Teresa reclama uma parte[350] (Irmã Maria do Sagrado Coração aproveita para fazer uma observação, bem ao seu modo: "Há de se convir que, aos olhos do mundo, em nossa família somos todas personagens muito estranhas. Entre nós só se fala de conventos. Um dia essa loucura parecerá sábia, quando Deus coroar seus eleitos…")[351].

Eis que chegam os vinte e cinco anos de Celina. Sua irmã Inês escreve para cumprimentá-la pelo aniversário e anuncia que Teresa vai oferecer-lhe "alguma coisa encantadora"[352]; é, segundo a autora, "uma pequena poesia"[353].

"A santa do abandono" (C 161)

Celina viu as quatro irmãs partirem para o convento. Em seu ambiente, os casamentos estão acontecendo (Celina Maudelonde vai desposar Gaston Pottier, notário em Fervaques, no próximo dia 19 de junho). Sabe-se que o casamento se apresentou a ela sob diversas propostas. Ela teve que lutar para seguir sua vocação. Cuidou do pai, agora quase inconsciente, durante anos. Vive com os Guérin, cuja situação social suscita muitos encontros e visitas variadas. Da parte do Carmelo, os locutórios e bilhetes da priora a encarregam muitas vezes de dar recados e prestar ajudas diversas. Suporta também as diferentes preocupações de uma dona de casa (*rue Labbey*). Auguste, o novo empregado que cuida do pai, muitas vezes aparece bêbado. Está ela em segurança, sozinha com um

---

348. O 4, OC, p. 959.

349. C 158, março (?) 1894, CG II, p. 748.

350. CD 1047 — de Maria do Sagrado Coração a Celina, 4 de abril de 1894, VT, n. 118, abril 1990, p. 110. De acordo com um costume da época, guardavam-se os cabelos artisticamente apresentados sob globos de vidro.

351. Ibid., p. 111.

352. CD 1048, 27 de abril de 1894, VT, n. 118, abril 1990, p. 111.

353. C 161, 26 de abril de 1944, CG II, p. 755-756. Ela acrescenta uma pequena estampa de Santa Teresa d'Ávila com um texto inspirado em São Bernardo: "Jesus, quem vos fez tão pequeno? O amor". Ela pode divertir-se a escrever no envelope: "*Pequena* estampa/pintada por/a *pequena* Teresa/ pelos 25 anos/da *pequena* Celina/com a permissão da/*pequena* Madre Priora" (C 162, 26 de abril de 1894, CG II, p. 757-758).

doente? Os Guérin preveem fazê-los voltar à sua casa (*rue Paul-Banaston*). Isso deve acontecer no início de junho. Só lhe resta a pintura e a fotografia para exprimir-se fora da oração e da leitura.

Teresa sabe de tudo isso. Compondo *Santa Cecília*[354] para sua irmã, quer confortá-la mais uma vez e sustentá-la em sua espera. Em uma carta, explica-lhe a poesia[355]. Ela a quis adaptada à sua situação: "*Celina*, a história de *Cecília* (a *santa do ABANDONO*) é também à tua história!". Cecília é casada à força com o pagão Valeriano, mas, querendo consagrar sua virgindade, o converteu, e os dois conhecem o martírio pela fé. Tentada pelo casamento, mas tendo feito voto de virgindade, Celina deve viver o "abandono" de Cecília, em uma total confiança em Deus[356].

Nesse poema adaptado à irmã, contudo, Teresa exprime também as próprias intuições espirituais. O "inefável abandono" logo será um dos componentes máximos de sua "pequena via", ainda por descobrir. Ela deve conduzir ao Amor, em um combate espiritual assimilável ao martírio. Tal é a vida carmelitana que aguarda Celina e que Teresa vive.

Alguns versos são típicos da espiritualidade teresiana em processo de gênese:

> *O amor que não tem medo, que adormece e se esquece*
> *Sobre o Coração de seu Deus, como uma criancinha [...]*
> *A Face de Jesus te mostrava sua luz,*
> *O Evangelho sagrado repousava em teu coração [...]*
> *O Espírito Santo deve ser a vida de teu coração [...]*
> *Vossa casta união dará à luz almas [...]*
> *Eu gostaria de converter tantos corações a Jesus!*
> *Como tu, gostaria de sacrificar minha a minha vida*
> *Gostaria de dar-lhe meu sangue e minhas lágrimas...*
> *Obtém-me experimentar nas margens estrangeiras*
> *O perfeito abandono, o doce fruto do amor*[357].

Por ora, Celina está menos ocupada com Cecília que com Joana d'Arc. Com efeito, toda a França vai festejar a heroína lorena na terça-feira, 8 de maio de 1894. Lisieux quer participar... assim como a igreja local. Em 21 de abril, o pároco da catedral São Pedro cria uma comissão de moças para preparar a comemoração. Celina e a prima Maria se inscrevem e participam da confecção de doze auriflamas brancas, enfeitadas com flores

---

354. P 3, OC, p. 638-641.
355. C 161, 26 de abril de 1894, CG II, p. 755-757 e CD 1052.
356. Ver o estudo aprofundado do poema e seu contexto em *Mes Armes. Sainte Cécile*, p. 15-79.
357. P 3, 28 de abril de 1894. O poema continuará presente à memória de Teresa até sua morte. Ela o integrará à seleção de suas poesias feita em 1896-1897. Santa Cecília continuará a ocupar lugar entre suas "santas amadas".

de lis, medindo 6,50 metros. O tio Isidoro já escreveu vários artigos sobre o assunto no *Le Normand*. Em 5 de maio, escreve: "Foi em Orléans que Joana alcançou um de seus mais brilhantes sucessos, em Rouen ela foi queimada e Lisieux foi o preço do seu sangue". Como esquecer aqui que Monsenhor Pierre II de Cauchon foi bispo de Lisieux de 1432 a 1442 e mandou construir uma bela capela da Virgem ao prolongar a catedral? Um rico estandarte será colocado aí para quitar a dívida[358]. Em 8 de maio, cinco mil pessoas se comprimem na catedral São Pedro, totalmente iluminada[359]. Oficiais e soldados da guarnição do 119º batalhão de Lisieux foram convidados. Ouve-se uma cantata para Joana e um *Te Deum*.

Informada, Teresa participará modestamente do alvoroço geral, escrevendo um *Cântico para obter a canonização da Venerável Joana d'Arc* sobre uma música de Aloys Kunc[360]. Tendo exaltado em algumas estrofes os atos de bravura da pastora que se tornou chefe do exército e salvou a pátria, a carmelita prefere insistir sobre as virtudes e o martírio de Joana:

> *Doce Mártir, a ti nossos mosteiros.*
> *Tu bem sabes, as virgens são tuas irmãs*
> *E, como tu, o objeto de suas orações*
> *É ver Deus reinar em todos os corações*[361].
> *E Teresa assina com valentia:*
> *Um soldado francês, defensor da Igreja, admirador de Joana d'Arc*[362].

Mas a alegria das festas vai ceder diante da realidade da rápida degradação da saúde de Luís Martin. Os aborrecimentos com os domésticos não favoreceram o ambiente. Désiré fora despedido por causa da embriaguez de sua esposa e substituído por Auguste e sua mulher. Mas, na noite de quinta-feira, 17 de maio, foi este que apareceu bêbado na *rue Labbey*. Isidoro teve que intervir durante uma cena tempestuosa, que durou três horas. Mudaram o leito do enfermo para a casa dos Guérin. Em 21 de maio, Auguste, mais uma vez alcoolizado, foi demitido por Isidoro, que pediu a Désiré para voltar. A solução é fazer o doente morar na *rue Paul-Banaston*.

Todos esses acontecimentos perturbaram Luís Martin? Seja como for, no domingo, 27 de maio, ele tem um ataque de paralisia que atinge o braço esquerdo. O doutor de

---

358. O que os lexovienses não sabiam na época é que o bispo foi enterrado nessa capela. Seus restos só foram encontrados por ocasião das escavações feitas em 1931.

359. CD 1050 — Celina Guérin a Joana La Néele, 10 (?) de maio de 1984, VT, n. 118, abril 1990, p. 112.

360. P 4, 8 de maio de 1894.

361. Estrofe 12.

362. *Poésies. Un cantique d'amour*, Paris, Éd. du Cerf-Desclée De Brouwer, p. 51.

Cornière o visita. Celina, que está na residência dos La Néele em Caen para ajudar a montar um repositório, é chamada com urgência. O mal é debelado, mas Luís recebe os últimos sacramentos. Na terça-feira, 5 de junho, quando está na missa em São Pedro com sua tia e Maria, Celina é convocada precipitadamente junto ao pai, que sofreu uma crise cardíaca violenta. "Ele ficou arroxeado, seu coração não batia mais."[363] Duas horas depois, uma melhora se manifestou, mas a situação continua grave. O ancião, ofegante, às vezes respira com muita força e fica dois minutos sem respirar[364]. Celina não ousa mais sair de casa.

Dores de garganta

No Carmelo, a única alternativa é preocupar-se e rezar. A inquietação — ainda muito moderada — vem também de alguns problemas de saúde ligados à última filha de Luís Martin. Uma dor de garganta persistente a afeta, principalmente quando participa da lavagem de roupa em comum ao fundo do jardim, da lavagem dos pratos e da varrição, por causa da poeira[365]. Dois dias depois da entrada de Marie-Louise Castel (que virá a ser Irmã Maria da Trindade) — ou seja, em 18 de junho —, aplicam-lhe um tratamento com nitrato de prata para tirar "granulações". Teresa se recordou do fato três anos mais tarde: "Dois dias depois da entrada de Irmã Maria da Trindade, trataram minha garganta… O bom Deus permitiu que as noviças (naquele momento, Irmã Marta e Irmã Maria Madalena)[366] me esgotassem". Dez dias mais tarde, seu estado exige uma consulta. Por costume, é o devotado doutor de Cornière (ele cuida das carmelitas gratuitamente há anos) que faz as consultas. Ele está ausente? No domingo, 28 de junho, é Francis La Néele que examinará a "prima". Maria Guérin escreve à irmã: "Teresa está sempre com dor de garganta, a voz abafada, com dor no *peito*. Elas [as irmãs Martin] gostariam que Francis a auscultasse, mas isso é muito delicado com o Doutor D [de Cornière]"[367].

Isso não preocupa muito Teresa, que quis marcar a festa de sua madrinha, em 1º de junho (Sagrado Coração), oferecendo-lhe um belo poema — *Meu canto de hoje* — e um acróstico — *Retrato de uma alma que amo*, em dezesseis versos[368]. A importância dos dois presentes é muito diferente. O primeiro expõe uma das convicções mais profundas da

---

363. CD 1058 — Celina às três irmãs carmelitas, 5 de junho de 1894, VT, n. 119, julho 1990, p. 170.
364. Maria Guérin a Joana, 7 de junho de 1894, VT, n. 119, julho 1990, p. 171.
365. UC, p. 805.
366. CA 29.7.6.
367. CD 1065, 28 de junho de 1894, VT, n. 119, julho 1990, p. 177.
368. P 5 e 6.

autora sobre o tempo e o valor do "hoje". Para além do tom lamartiniano do poema — o ambiente romântico continua muito presente —, que lamenta a fugacidade do tempo, Teresa afirma o valor do momento presente, lugar onde o amor pode se desdobrar. Ela já dissera: "Cada instante é uma eternidade, uma eternidade de alegria para o Céu"[369]. "Só temos o curto instante desta vida para *dar* ao bom Deus."[370] É em função desse "só por hoje" que a autora enumera seus pensamentos habituais: o amor, o sofrimento, a vida escondida, a Eucaristia, o apostolado, a Virgem Maria, o anjo da guarda, o exílio da vida...

> *Se penso no amanhã, temo minha inconstância*
> *Sinto nascer em meu coração a tristeza e o aborrecimento.*
> *Mas quero muito, meu Deus, a provação, o sofrimento*
> *Só por hoje* (4).

Teresa deve colocar esse refrão em prática em sua vida com as companheiras no noviciado. Com a chegada de Marie-Louise Castel, normanda de vinte anos, o grupo se reforça. Sua particularidade provém do fato de que ela está chegando do Carmelo da *avenue de Messine*, em Paris, onde ficou dois anos, após sua entrada em 30 de abril de 1891. Por razões de saúde, teve que deixá-lo em 8 de julho de 1893. Seu pai a levou a Trouville para repousar. Sua reputação de "parisiense" alegre e jovial não recebe uma acolhida muito calorosa em Lisieux. Tornando-se a mais jovem da comunidade, tira o título de Irmã Teresa do Menino Jesus. Madre Inês a confia especialmente à irmã, que desempenhará sua missão com seriedade e carinho pela "estrangeira"[371]. Tendo um ano e meio de diferença, as duas jovens simpatizam-se rapidamente, mesmo que às vezes Teresa fique desconcertada com a espontaneidade daquela que passou a infância no coração de Paris.

Após hesitações, os Guérin decidiram levar Luís Martin a La Musse, acompanhado de Celina e dos empregados. A viagem se passa bem na quarta-feira, 4 de julho. Espera-se a chegada do casal La Néele. Celina, que se empenhou muito para instalar o pai, começou a estadia ficando doente. Ao que puderam acrescentar-se suas incertezas a respeito do futuro: ela acaba de receber uma carta do Padre Pichon, que lhe expõe claramente a fundação chamada "Betânia", feita por ele e na qual lhe propõe um lugar. Trata-se de uma fundação destinada a mulheres, de "vida mista" — ao mesmo tempo contemplativa e ativa —, segundo a espiritualidade de Santo Inácio de Loyola. Oito moças já se comprometeram (ele recusou mais de vinte) em uma propriedade aprazível.

---

369. C 96, 15 de outubro de 1889, CG I, p. 504.
370. C 169, 19 de agosto de 1894, CG II, p. 787.
371. Ver P. Descouvemont, *Une novice de sainte Thérèse, sœur Marie de la Trinité, carmélite de Lisieux*, Paris, Éd. du Cerf, 1986. Sua mãe, Léontine Castel, casou aos quinze anos e teve dezenove filhos ao longo de vinte e seis anos. Nove morreram ainda crianças. Quatro entraram na vida consagrada.

Elas acolhem jovens abandonados, cuidam deles, vestem-nos, catequizam-nos. Há dois anos, mais de sessenta foram recolhidos dessa forma. Em Betânia, não se usa nenhum hábito religioso. A clausura é total das 18 horas às 8 da manhã: vida contemplativa. Das 8 da manhã às 18 horas, "é o campo de batalha". O jesuíta esclarece: "Betânia não será nem um pensionato, nem um hospital, mas um tipo de vida religiosa completamente à parte, o gênero mais apostólico que posso conceber para uma mulher". Bem entendido: o Padre deixa Celina livre em sua escolha. "Por que agitar-nos, preocupar-nos? É Jesus que resolverá a questão. No Carmelo ou em Betânia! A escolha de Jesus terá todas as nossas preferências."[372] Resta que Celina carrega sempre sozinha seu segredo e, por enquanto, ainda hesita.

Durante esse tempo, Leônia, outra vez coberta pelo eczema, atravessa uma nova crise. A saída de sua amiga — Thérèse Pougheol — da Visitação a tocou muito. Sua família se preocupa: "O que ela fará no mundo?", escreve a tia Guérin[373]. E Teresa, por sua vez: "A carta de Leônia nos preocupa muito... Ah, como ela será infeliz se voltar ao mundo! Mas eu te confesso que tenho esperança de que seja somente uma tentação, é preciso rezar muito por ela"[374].

A longa carta de 7 de julho é importante pela arte com que Teresa entrelaça nada menos que dezessete citações bíblicas, mesclando com facilidade Antigo e Novo Testamento. Ela evoca justamente "o vasto campo das Escrituras", no qual se move com naturalidade. Alguns trechos não conseguem expressar a profundidade da missiva, centrada na Trindade, na Palavra de Deus, no sentido da provação etc.

> Que chamado o do nosso Esposo!... O quê? Não ousávamos sequer olhar-nos, de tal maneira pensávamos ser sem brilho e sem adorno, e Jesus nos chama, Ele quer nos contemplar a seu bel-prazer. Mas não está só: com Ele, as outras duas pessoas da Santíssima Trindade vêm tomar posse de nossa alma... Jesus o tinha prometido outrora, quando estava perto de voltar para seu Pai e nosso Pai. Ele dizia, com inefável ternura: "Se alguém me ama, guardará minha palavra e meu Pai o amará e viremos a Ele e n'Ele faremos nossa morada". Guardar a palavra de Jesus: essa é a única condição de nossa felicidade, a prova de nosso amor por Ele. Mas o que é essa palavra?... Parece-me que a palavra de Jesus é ele mesmo... Ele, Jesus, o Verbo, a Palavra de Deus! [...] Que mistério! Ele também tem provações? Sim, tem, e com muita frequência está sozinho a pisar o vinho no lagar. Ele procura consoladores e não consegue encontrar...

---

372. CD 1063 — do Padre Pichon a Celina, 20 de junho de 1894, VT, n. 119, julho 1990, p. 174-175. Ver CG II, p. 774, n.e.

373. CD 1067 — à sua filha Joana, 7 de julho de 1894, VT, n. 119, julho 1990, p. 179.

374. C 165, a Celina, 7 de julho de 1894, CG II, p. 765.

Muitos servem a Jesus quando Ele os consola, mas poucos consentem em fazer companhia a Jesus que dorme sobre as ondas ou que sofre no jardim da agonia!... Quem, portanto, quererá servir a Jesus por Ele mesmo?... Ah, seremos nós... Celina e Teresa unir-se-ão sempre, cada vez mais. Nelas se realizará esta oração de Jesus: "Meu Pai, que eles sejam um, como nós somos um". Sim, Jesus já nos prepara seu reino, como seu Pai lho preparou. Ele no-lo preparou, deixando-nos na provação; Ele quer que nosso rosto seja visto pelas criaturas, mas esteja como que escondido, para que ninguém nos reconheça, a não ser Ele somente!... Mas também que felicidade pensar que o bom Deus, a Trindade inteira olha para nós, que ela está em nós e encontra seu prazer em contemplar-nos.

O dia 16 de julho, festa de Nossa Senhora do Carmo, é muito importante nos Carmelos. Teresa oferece um pequeno cântico à Irmã Marta, que celebra seu vigésimo nono aniversário[375]. No dia seguinte, celebra-se outro aniversário, distintamente histórico: há cem anos, dezesseis carmelitas de Compiègne eram guilhotinadas em Paris. Existem laços entre os dois Carmelos. O de Lisieux confecciona auriflamas para a festa que acontecerá em Compiègne em honra das bem-aventuradas. Irmã Teresa trabalha com ardor: "Ela não cabe em si de alegria: 'Que felicidade — dizia-me — se tivéssemos a mesma sorte! Que graça!'"[376]. Conhecemos seu desejo de martírio. Mas sua reflexão não tem nada a ver com a situação das congregações religiosas na França, ameaçadas de expulsão.

Celina entre Los Andes e o Canadá...

No sábado, 14 de julho, chegaram a La Musse Francis, Joana e o filho mais velho do doutor de Cornière, Joseph, seminarista de vinte anos.

A situação social dos Guérin nessa vasta propriedade implica um padrão de vida confortável e uma criadagem numerosa. Pierre se ocupa da fazenda; Arsène, cocheiro, cuida dos cavalos: "Cerva jovem", "Cerva velha", "Farol" e o asno Martin, sem esquecer os três cães de caça. Maria Causseron (a princípio na casa dos Martin; depois, no verão de 1889, na dos Guérin) e Alexandre Mariette (a partir de 27 de junho de 1892) se ocupam da casa e do serviço.

Para todos os jovens, as férias no campo oferecem poucas distrações. Mas o seminarista, que foi redentorista no Chile, imagina "uma excêntrica viagem à Cordilheira dos Andes", composta por diferentes quadros fotografados por Celina. Todo o grupo se envolve e vai construir dezessete situações em diferentes lugares da propriedade.

---

375. *Canto de gratidão a Nossa Senhora do Monte Carmelo*, P 7.
376. Irmã Teresa de Santo Agostinho, PO, p. 401.

Fantasiados de exploradores, armados com fuzis, tambores, chapéus etc., encenam a partida, as variadas aventuras, o encontro com as feras selvagens, o acampamento, a subida da Cordilheira… e a volta ao castelo, acolhidos pelos Guérin. Tudo serve para fotografar quadros vivos em lugares diferentes, como são apreciados na época: rio, bosque, pedreira abandonada, cabanas…

Celina tem que fotografar as composições, que exigem muitos preparativos. Ela escreve a Teresa:

> Estamos ocupados o dia todo tirando fotos. Nós nos fantasiamos e inventamos uma história de viajantes em quadros vivos. Será muito engraçado, mas, por ora, estou começando a ficar farta disso. Meus dias me parecem sem graça, nada de leituras, de tempo para escrever, somente o tempo de aplicar um remédio, estamos sempre por montes e vales.

Ela acrescenta o que considera outra dificuldade:

> Passamos nossos dias gargalhando até desmaiar[377] e tenho sede de solidão, não respiro mais. Estou tão triste… não tendo o costume de viver com rapazes, parece-me engraçado passar dias em sua companhia; por mais santos, cândidos e puros que sejam, não consigo me acostumar. Ó minha Teresa, entende o que quero dizer… Estou sentindo escrúpulos nesses dias…

Mas Celina tenta, sobretudo, acostumar a irmã (que não sabe de nada) a uma possível separação (se ela partisse para o Canadá):

> E pareceu-me — não saberia dizer muito bem —, pareceu-me que me eras demasiado… que eras para mim um apoio que me permitia apoiar-me demais… que eu sentia ternura demais por ti e me baseava demasiado em ti, que eras indispensável demais para mim… enfim, podes adivinhar o resto!… E pareceu-me que, para ser toda de Deus, seria necessário deixar-te… Entrevi o futuro e acreditei que precisaria separar-me de ti para voltar a ver-te somente no Céu… Enfim, ó minha Teresa querida, sinto medo e tive como que o pressentimento de um sacrifício que ultrapassa todos os sacrifícios…[378].

---

377. O álbum que recolhe as dezessete fotos, animados com quadras humorísticas de autoria do seminarista Joseph de Cornière, não causa melancolia. O resultado é exitoso e impressionante. Os laços com o seminarista Joseph de Cornière permanecerão. Teresa rezará por sua vocação (CA 23.8.6). Ele lhe escreverá. Joseph será ordenado em 23 de dezembro de 1899 e dirá uma primeira missa no Carmelo de Lisieux em 25 de dezembro do mesmo ano. Irmã Genoveva manterá uma correspondência com ele. Padre Joseph de Cornière morre em 8 de outubro de 1939, aos sessenta e cinco anos, como pároco de Cormelles-le-Royal.

378. CCor 159, 17 de julho de 1894, CG II, p. 772-773.

Mais tarde, em suas memórias, Celina reconhecerá que "uma certa amabilidade" cativava-lhe "todos os corações":

> O verão no campo [no castelo de La Musse] eram outras ocasiões que se apresentavam e eu exercia a mesma atração. Na época, meu tio fazia numerosos convites, entre os quais encontravam-se muitas vezes amigos do Dr. La Néele. Todos eles tinham uma predileção por mim [...]. As atenções ao redor de mim eram tão manifestas que meu tio me chamou um dia em seu gabinete e me disse que eu era amável demais, que não tínhamos sido educadas desse jeito e que ele precisava ficar de olho em mim. Recebi a reprimenda sem, contudo, compreendê-la. Eu não procurava agradar de modo algum, pois agia com simplicidade e liberdade absoluta em todas as minhas ações. E era-me impossível assemelhar-me à minha prima Maria, que era naturalmente fria[379].

Muito vibrante e espontânea, Celina participava dos jogos dos homens: bilhar, xadrez e tiro ao alvo com fuzil Lebel.

A resposta de Teresa tende, mais uma vez, a tranquilizar Celina na provação. Nada sabendo da proposta do Padre Pichon, ela vê como uma evidência a entrada da irmã no Carmelo: "Mais o tempo passa, mais tenho a íntima certeza de que um dia virás para cá. Madre Maria de Gonzaga recomenda que o diga a ti, ela era a própria encarnação da bondade ao ler tua carta..."[380]. Mais uma vez, Teresa sublinha sua união íntima com Celina:

> Sofreremos juntas... [...] Escuta bem o que vou dizer-te. Nunca, nunca Jesus nos separará... [...] na presente provação, o bom Deus depura o que poderia haver de demasiadamente sensível em nossa afeição, mas o fundo mesmo dessa afeição é puro demais para que ele o rompa...

Também pela primeira vez fala de sua saúde: "Principalmente, não sofras, não estou doente; ao contrário, tenho uma saúde de ferro, só o bom Deus pode quebrar o ferro como a argila..."[381].

Por fim, Teresa evoca sua missão junto à última a chegar, Irmã Maria Inês da Santa Face (que mudará de nome na profissão, em 30 de abril de 1896); Irmã Teresa é seu "Anjo" para iniciá-la nos costumes carmelitanos de Lisieux. Mas a priora recomendou à

---

379. *Souvenirs autobiographiques* (1909), p. 188-190. Ver *Mes armes*, p. 75-76.
380. C 167, 18 de julho de 1894, CG II, p. 776-777.
381. Em 20 (?) de julho de 1894, Madre Inês escreve a Celina: "Irmã Teresa do Menino Jesus não piorou, mas continua a ter seus momentos de dor de garganta pela manhã e à noite, por volta das 20h30. Isso a ataca; a seguir, fica um pouco rouca. Enfim, cuidamos dela da melhor forma que podemos" (CD 1070, VT, n. 119, julho 1990, p. 184).

recém-chegada que também pedisse à companheira conselhos para sua formação, como se ela fosse mestra do noviciado[382], situação bastante delicada, pois não é seguro que a mestra titular (Madre Maria de Gonzaga) tenha estado ao corrente dessa missão.

De qualquer modo, eis como Teresa desempenha sua tarefa:

> Queres saber notícias de minha filha. Bem, creio que ela FICARÁ. Não foi educada como nós, é muito triste para ela. Sua educação é a causa de suas maneiras pouco atraentes, mas no fundo é boa. Agora ela gosta de mim, porém esforço-me para tocá-la apenas com luvas de seda branca… Mas tenho um título que me dá muita dificuldade, sou um "cachorrinho de caça", sou eu que corro atrás da presa o dia todo. Tu sabes: os caçadores (as mestras de noviças e prioras) são grandes demais para enfiar-se nos arbustos, mas um cãozinho… este tem o nariz fino e entra em todo lugar!… por isso, vigio minha filha de perto e os caçadores não estão descontentes com seu cãozinho…[383].

"Papai está no Céu!" (29 de julho de 1894)

Há apenas vinte e três dias em La Musse, Luís Martin sofre uma nova crise cardíaca no sábado, 28 de julho. O tio Guérin se encontra em Lisieux para presidir uma distribuição de prêmios. Chamam às pressas o Padre Chillart, pároco de Saint-Sébastien e amigo da família, para ministrar novamente a extrema-unção ao enfermo. No domingo, 29 de julho, às cinco da manhã, Désiré desperta Celina. O pai tem os olhos fechados, sua respiração é forte. O doutor La Néele e sua esposa vão para a missa em Évreux. Celina se encontra sozinha ao lado do agonizante e reza em voz alta. O pai olha para ela e volta a fechar os olhos. Isidoro e a esposa acorrem e são testemunhas do último suspiro, às 8h15. Luís Martin tem quase setenta e um anos. Envia-se um telegrama às carmelitas. Celina escreve-lhes:

> Minhas queridas irmãs, papai está no Céu!… Recebi seu último suspiro, fechei-lhe os olhos… Seu belo rosto logo assumiu uma expressão de beatitude, de calma muito profunda! A tranquilidade está pintada em seus traços… Ele faleceu suavemente às 8h15 […]. Meu pobre coração ficou partido no momento supremo, uma onda de lágrimas banhou sua cama. Mas, no fundo, eu estava feliz por sua felicidade, após o martírio terrível que passou e que dividimos com ele… […]

A filha não deixa de aludir à coincidência de datas: "Hoje, dia de Santa Marta, a santa de Betânia, aquela que obteve a ressurreição de Lázaro… Hoje, o Evangelho das

---

382. MTr/PA, p. 466.
383. C 167, 18 de julho de 1894.

cinco virgens prudentes... E papai permanecerá conosco até 2 de agosto, festa de Nossa Senhora dos Anjos..."[384].

Na tarde de domingo, a senhora Maudelonde vai apresentar suas cordiais condolências às três carmelitas. Irmã Maria do Sagrado Coração recordou: "Ainda vejo a pobre Teresinha: ela estava pálida, seguia atrás de nós, sem nada dizer; no locutório, também não falava quase nada. Era seu costume, as pessoas não reparavam, porque era a mais nova"[385]. As exéquias ocorreram na catedral São Pedro de Lisieux na quinta-feira, 2 de agosto, na presença de numerosos fiéis, e o sepultamento foi feito pelo Padre Le Chesne, vigário. A imagem mortuária traz a Sagrada Face de Tours. Teresa e suas irmãs escolheram onze versículos bíblicos para figurar nesta[386].

O comunicado do jornal *Le Normand* (4 de agosto de 1894) é dos mais lacônicos: "AGRADECIMENTO. A família MARTIN e a família GUÉRIN agradecem às pessoas que lhes fizeram a honra de assistir ao sepultamento do senhor Luís MARTIN e pedem aos que não receberam a carta-convite que queiram desculpar o involuntário esquecimento".

As reações das irmãs são unânimes. Lemos a de Celina. Maria do Sagrado Coração testemunhará:

> Quando nos contaram sua morte, tive um sentimento de alegria e de vida, eu estava penetrada por esses sentimentos. Naquele dia, eu servia no refeitório e Irmã São João da Cruz estava na mesa de serviço. Ela olhou para mim e disse: "Mas o que tendes desde a manhã de hoje, Irmã Maria do Sagrado Coração? Não estais com uma cara comum, mas tendes uma expressão do Céu!" Respondi-lhe: "Não é de espantar, meu pai está lá desde essa manhã; então, ele me faz participar de sua felicidade!"[387].

Mesma reação de Leônia na Visitação, embora não tenha o reconforto da presença da família: "Nosso venerado pai deixou este triste exílio pelo Céu! Como ele deve ter sido bem recebido lá..."[388].

De Quebec, o Padre Pichon, avisado por cabograma, escreveu às três no dia 30 de julho:

> O Céu nos arrebatou o bem-amado patriarca. Teremos a coragem de chorar sua felicidade? Depois de tal vida, ele deve ter sido muito bem acolhido no Céu [...]. Jesus

---

384. CD 1071, 29 de julho de 1894, CG II, p. 780-781.
385. Conversa de 29 de julho de 1926, CG II, p. 780.
386. Ver OC, p. 1241-1242. Celina fotografou o pai em seu leito de morte.
387. Lembranças de Irmã Maria do Sagrado Coração, 24 de novembro de 1939, caderno de Irmã Maria da Encarnação, p. 242 (ACL).
388. CD 1074 — a Celina, 30 de julho de 1894, VT, n. 120, outubro 1990, p. 223.

não o tira de vós senão para beatificá-lo. Ousarei dizer que agora ela é mais vosso do que nunca. Oh, muito mais vosso que durante os seis anos de longo Purgatório em que o vimos morto na terra, sem viver no Céu[389].

Ele também escreve a Celina, particularmente atribulada por esses seis anos de diversos sofrimentos. Ei-la agora livre. O que ela vai decidir?

Madre Inês de Jesus fala a mesma coisa ao escrever para Celina: "O bom Deus quer que os sentimentos de nossos corações se traduzam em um canto de alegria antes que em um gemido de luto. [...] Irmã Teresa do Menino Jesus dizia-me essa manhã: 'Não, não poderei escrever a Celina!'"[390]. Prefere esperar, tomar distância dessa morte que fez dela verdadeiramente "a órfã da Bérésina". A melhor maneira de se expressar se encarna em um poema com um título sem rodeios: *Oração da filha de um santo*[391]. É o primeiro que escreve para si mesma; poema que é biográfico, histórico, familiar, mas principalmente ritmado pela memória: "Lembra-te!". Cada filha tem direito a uma estrofe, mas Teresa atribuiu quatro a si, recordando sua infância, sua vocação. A conclusão resume o conjunto:

> *Lembra-te que a mão do Santo Padre*
> *No Vaticano sobre tua fronte pousou.*
> *Mas não pudeste compreender o mistério*
> *Do selo divino que sobre ti se imprimiu...*
> *Agora tuas filhas te dirigem sua prece,*
> *Bendizem tua Cruz e tua amarga dor!...*
> *Sobre tua fronte gloriosa*
> *Brilham nos Céus*
> *Nove lírios em flor!!!...*
> *A Órfã da Bérésina*[392]

O "clã Martin" reforçado

Celina não tem mais razão para guardar o segredo que carrega há dois anos, relativo ao chamado do Padre Pichon no Canadá. No princípio de agosto, revela-o às três irmãs carmelitas. Protesto geral! Como o padre jesuíta pôde pensar em semelhante coisa? Certamente, a proposta vinda de Quebec pode ter tentado a "Intrépida", que poderia aprimorar suas qualidades nessa fundação contemplativa-ativa. Mas sua verdadeira vocação está

---

389. CD 1072, 30 de julho de 1894, CG II, p. 782.
390. CD 1075, 31 de julho de 1894, VT, n. 120, outubro 1990, p. 223-224.
391. P 8, agosto de 1894, 9 estrofes de 9 versos.
392. Os nove lírios são os nove filhos do casal Martin.

em Lisieux. Até Irmã Maria do Sagrado Coração, tão apegada a seu pai espiritual, não o aprova: "Ela não hesita em dizer que seu pai bem-amado se enganou..." — escreve Teresa a Celina.

Quanto a Teresa, está sentindo "uma dor no peito!!!... [...] tenho o coração em pedaços. Sofri tanto por ti que espero não ser um obstáculo à tua vocação. Não foi a nossa afeição depurada como o ouro no crisol?"[393]. Esperando uma carta do Padre Pichon a Celina, Teresa está pronta, se preciso for, a "*justificar*" sua irmã: "Não ficarei *embaraçada*!". Por sinal, ela escreverá ao Padre Pichon para fazer-lhe alguma censura. Só a resposta do jesuíta nos dá um sinal disso: "Não, não, o segredo imposto a Celina não era uma falta de confiança. Eu vo-lo explicarei um dia"[394]. O assunto provocará em Teresa "torrentes de lágrimas e uma dor de cabeça tão violenta que ela se perguntou se não cairia doente"[395].

Ela rezou tanto por essa intenção. Sabe que há "dificuldades" que parecem "insuperáveis" (Ms A, 82vº), tanto fora (Padre Delatroëtte) quanto dentro do Carmelo. Assim, Irmã Amada de Jesus manifesta uma "oposição irredutível" à entrada de uma quarta irmã Martin, principalmente por se tratar de uma "artista" que faz pintura e fotografia. Em comunidade, há necessidade de "boas enfermeiras, costureiras, lavadeiras etc."[396]. Teresa recorreu à oração: como deseja saber se o pai foi *diretamente* para o Céu, pede um sinal (muito difícil). "Se Irmã A. de J. consentir na entrada de Celina ou não colocar obstáculo a isso, essa será a resposta de que papai foi *diretamente ao vosso encontro*." O sinal de aceitação de sua entrada é dado. Logo depois dessa oração, ao final da missa, Irmã Amada de Jesus chama Teresa, leva-a ao escritório da priora e fala-lhes de Celina "com lágrimas nos olhos" (Ms A, 82vº).

Resta o obstáculo do superior, inclusive do bispo. "Padre Delatroëtte jurara que jamais a quarta irmã entraria em seu mosteiro. Ninguém ousava falar-lhe do assunto"[397]. Então Celina lhe escreve em 7 de agosto e abre o coração: "O Carmelo sempre foi a meta de meus desejos"[398]. Ela se descreve como uma pobre órfã abandonada à procura de um pai. Que seja ele! O padre a confessara do final de 1888 até 1892, data à qual renunciou ao

---

393. C 168, 5-10 de agosto de 1894, CG II, p. 783-784. "Ela me contou que nunca tinha chorado tanto em sua vida [...]. Depois, voltou a falar-me muitas vezes dessa grande provação" (*Souvenirs autobiographiques* de Celina, 1909, p. 213).

394. CCor 161, 25 de fevereiro de 1895, CG II, p. 804 (é a última carta que o Padre escreve a Teresa).

395. IRMÃ GENOVEVA, *Souvenirs autobiographiques* (1909), p. 213; CG II, p. 784, nota *a*.

396. Circular de Irmã Amada de Jesus (1851-1930), ver MA, p. 265, n. em 82vº.

397. CD 1079, 8 de agosto de 1894, VT, n. 120, outubro 1990, p. 227, n. 17.

398. CD 1078, 7 de agosto de 1894, ibid., p. 225-226.

ministério com suas dirigidas. Celina lhe recorda sua amizade com Luís Martin. Diante dessa súplica desconsolada, o cônego não resiste. Ele lhe responde no dia seguinte:

> As portas do Carmelo vos serão abertas assim que o pedirdes. Se vossas três irmãs já não vos tivessem vos antecedido... Mas tenho medo de que a entrada de uma quarta irmã seja oposta ao espírito e até mesmo à letra da regra; de resto, examinaremos essa grave e importante questão com quem de direito[399].

"Quem de direito" é, bem entendido, Monsenhor Hugonin. Consultado, este permite sem hesitação a entrada de uma quarta irmã. Mas, sendo o mosteiro muito pobre, pediu-se que Celina entrasse na qualidade de "benfeitora"[400]. Assim, apenas sete semanas depois do falecimento do pai, Celina estava pronta para entrar no Carmelo de Lisieux, onde três de suas irmãs a esperavam. Com Leônia na Visitação de Caen, as cinco filhas Martin eram agora religiosas contemplativas.

Outras resistências surgiram de um lugar onde Celina não esperava: a própria família. Em uma carta a Teresa, do domingo — 19 de agosto —, ela lamenta amargamente.

> Primeiro, eles dizem que não tenho vocação, que eu estava destinada a ser mãe de família, que eu deveria ter falado mais cedo dessa atração pela vida religiosa, que sou uma doida por me decidir tão rápido; que, se me tivessem apresentado um bom partido, eu saberia cativá-lo; que entrar no convento é um ato impulsivo, desesperado etc. Depois, é porque sou uma ingrata, partir tão rápido depois da morte de papai! Eu deveria ter terminado meu luto no mundo, nele amadurecer minha vocação e, por gratidão, dar ao menos um ano ao meu tio e à minha tia etc. Isso não acaba... e não conseguiria dizer-te como eles se exaltaram [...]. Meu tio é admirável, ele me mima, é carinhoso comigo e vê-se bem que está de coração partido. Diante dele, Francis e Joana evitam falar o que pensam[401].

Celina é firme: "Tenho vinte e cinco anos, sei o que estou fazendo e deve-se saber que nunca dei mostras de inclinar-me ao casamento". Os pretendentes rejeitados são testemunhas disso.

As acaloradas discussões com o casal La Néele acontecem enquanto os Guérin e Celina estão em sua residência em Caen. No meio do verão, percorrem a costa: Luc,

---

399. CD 1079, ibid.

400. CD 1079, ibid., p. 227, n. 18. Santa Teresa d'Ávila tinha reservas quanto à presença de várias irmãs de sangue no mesmo mosteiro, mas nenhum documento a proíbe.

401. CCor 160, 19 de agosto de 1894, CG II, p. 784-786. Joana preferia que Celina entrasse no Carmelo de Jerusalém antes que no Carmelo de Lisieux. Esse Carmelo — chamado "do *Pater*" — fora fundado em 1874 por Madre Xavier do Coração de Jesus (1836-1889), professa de Lisieux, cofundadora do Carmelo de Saigon em 1861.

Saint-Aubin, Lion, Cabourg. "Vou ao mar todos os dias", escreve Celina a Teresa[402]. Apesar de tudo, o tio Isidoro não fica insensível às objeções de Francis e Joana, das quais capta alguns ecos. Não deu ele muito facilmente seu consentimento a Celina? "Faz dois dias que estou preocupado demais e me arrependo de não ter provado Celina, tenho medo de não ter cumprido meu dever."[403]

"Loucas aos olhos do mundo" (C 169)

Quanto a Teresa, sua resposta é imediata e categórica. No mesmo dia em que recebe a carta da irmã — domingo, 19 de agosto —, responde com veemência. Ela expressa ao Padre Pichon o que tinha no coração e reage fortemente às oposições de sua família. Está certa de que, do Céu, seu pai favorece a rápida entrada de Celina no Carmelo (Ms A, 82vº). E coloca tanto mais em valor a vocação contemplativa, apoiando-se na Escritura e não hesitando em sublinhar a "*loucura*" de Jesus para justificar o que parece louco mesmo aos olhos de bons cristãos como os Guérin e os La Néele.

> Não me espanto com a tempestade que está rugindo em Caen. Francis e Joana escolheram um caminho tão diferente do nosso que não conseguem entender a sublimidade de nossa vocação!... Mas ri melhor quem ri por último... Depois desta vida de um dia, eles compreenderão quem — nós ou eles — terá sido o mais privilegiado... [...] Que felicidade sofrer por Aquele que nos ama até à loucura e passar por loucas aos olhos do mundo. Julgamos os outros de acordo conosco mesmos; e, como o mundo é insensato, pensa naturalmente que somos nós as insensatas!... Mas, depois de tudo, não somos as primeiras: o único crime que foi censurado a Jesus por Herodes foi o de estar louco, e penso como ele!... sim, era loucura procurar os pobres pequenos corações dos mortais para fazer deles seus tronos: Ele, o Rei da glória, que está sentado sobre querubins... Ele, cuja presença não pode encher os Céus... Nosso Bem-Amado estava louco por vir à terra procurar pecadores para fazer deles seus amigos, seus íntimos, seus semelhantes: Ele, que era perfeitamente feliz com as duas adoráveis Pessoas da Trindade!... Nunca poderemos fazer por Ele as loucuras que Ele fez por nós. E nossas ações não merecerão esse nome, pois são apenas atos muito racionais e muito abaixo do que nosso amor gostaria de realizar. É, portanto, o mundo que é insensato, já que ignora o que Jesus fez para salvá-lo, é ele que é um capturador que seduz as almas e as conduz às fontes sem água...
>
> Também não somos vagabundas, pródigas. Jesus nos defendeu na pessoa de Madalena. Ele estava à mesa, Marta servia, Lázaro comia com Ele e os discípulos. Quanto a

---

402. CCor 160.
403. Relatado por Maria Guérin em uma carta a Celina, CD 1086, final de setembro de 1894, VT, n. 120, outubro 1990, p. 232.

Maria, ela não pensava em tomar o alimento, mas em dar prazer Àquele que amava. Por isso, tomou um vaso cheio de perfume de grande valor e o derramou sobre a cabeça de Jesus, quebrando o vaso; então, toda a casa ficou cheia, embalsamada com o licor, mas os APÓSTOLOS murmuravam contra Madalena... É o que acontece conosco: os cristãos mais fervorosos, os sacerdotes acham que somos exageradas, que deveríamos servir com Marta, em vez de consagrar a Jesus os vasos de nossas vidas com os perfumes nela contidos... E, contudo, o que importa que nossos vasos sejam quebrados? Porque Jesus é consolado e, a contragosto, o mundo é obrigado a sentir os perfumes que exalam e que servem para purificar o ar envenenado que ele não cessa de respirar[404].

De Quebec, Padre Pichon, diante da oposição das três irmãs carmelitas, rende as armas:

Sim, sim, dou minha Celina ao Carmelo, a Santa Teresa, à Santíssima Virgem. Não posso oferecer nada mais importante para mim, mas Deus o quer! Ide, pois, esconder-vos no deserto o mais rapidamente possível, tomar lugar entre as vítimas que Jesus escolheu para si. Não tenho dúvida. Não hesito mais. A vontade de Deus me parece manifesta. Façamos nosso sacrifício de bom coração[405].

Tudo se aplainou. Por que esperar? Celina marcou o dia de sua entrada no Carmelo para a sexta-feira, 14 de setembro, festa da Exaltação da Santa Cruz. Dia bem escolhido, pois o combate espiritual continua a perturbar a postulante:

Uma vez tomada a decisão de entrar no Carmelo, o desgosto invadiu minha alma, as repugnâncias pela vida religiosa tornaram-se-me uma verdadeira tortura [...]. Eu me perguntava com angústia que vida obscura e escondida era essa, qual era o túmulo no qual eu ia sepultar-me [...]. Também eu vou ser uma "freira" e participar da desgraça que as cerca! Por que não sou um homem? [...] À véspera de partir, meus sofrimentos interiores redobraram de intensidade e minhas apreensões se tornaram tão grandes que passei a noite sem dormir. Eu imaginava as religiosas como grandes espectros que percorriam lentamente os claustros recitando "De Profundis" com uma voz monótona. Essa imagem me enchia de pavor e é verdadeiramente imperdoável a mim, que conhecia tantas religiosas, ter semelhantes ideias; mas, aos meus olhos, minhas irmãs queridas eram minhas irmãs, nada mais. Acredito que não tinha parado para pensar que elas eram religiosas[406].

---

404. C 169, 19 de agosto de 1894, CG II, p. 786-788.
405. CD 1080 — a Celina, 20 de agosto de 1894, VT, n. 120, outubro 1990, p. 227.
406. *Souvenirs autobiographiques*, p. 215-216, CG II, p. 788.

Antes do dia marcado para a entrada, Celina visitou Leônia (Irmã Teresa Dositeia) em Caen todos os dias. Esta fica desolada — e se resigna — por não ver mais a irmã na terra[407]. Teresa escreveu a Leônia um dia depois de sua carta a Celina, a quem dizia: "Nosso pai está ao nosso lado! Depois de uma morte de cinco anos, que alegria voltar a encontrá-lo sempre o mesmo, procurando como outrora os meios para nos agradar"[408]. Para Leônia, ela termina de expressar seus sentimentos após a partida do pai: "A morte de papai não causa em mim o efeito de uma morte, mas de uma verdadeira *vida*. Volto a encontrá-lo depois de seis anos de ausência, sinto-o *ao meu lado*, olhando para mim e protegendo-me"[409].

Em agosto, Irmã Teresa mudou de cela pela terceira vez. Está agora no primeiro andar, na ala norte do claustro, no dormitório Santo Elias. Celina ocupará a última cela, ao fundo do corredor, a duas portas da de Teresa. Um dia antes da chegada de sua irmã, a Virgem do Sorriso é levada ao Carmelo. A priora autorizou Teresa a ficar com ela em sua antecela. Apesar de seu peso, em 13 de setembro a caçula a toma e leva-a para cima, põe-na sobre uma cômoda branca vinda dos *Buissonnets*. De agora em diante, nesse lugar que serve de "ofício de pintura", ela pode contemplar essa estátua tão carregada de lembranças familiares.

Um grande desejo realizado

Na sexta-feira, 14 de setembro de 1894, Celina Martin entra no Carmelo de Lisieux, depois de ter assistido à missa das 7 horas com a família Guérin em lágrimas. Após seis anos, Teresa reencontra "a Intrépida" e as quatro irmãs estão agora na clausura. Celina, como sua irmãzinha, teve que superar obstáculos para realizar a própria vocação: como para Teresa, a permissão do pai foi facilmente conseguida, mas seu diretor, o Padre Pichon, a esperava no Canadá; Padre Delatroëtte via com maus olhos quatro irmãs Martin nesse Carmelo e era necessária a autorização de Monsenhor Hugonin. Mas tudo foi rapidamente resolvido... sem ter que recorrer ao Papa. Um grande vazio se abre na casa dos Guérin, pois Celina, tão vibrante e ativa, ocupava ali um lugar importante. Maria, tão ligada à prima, não consegue esconder sua dor. Restam os locutórios frequentes, que são utilizados ao máximo, e o correio[410].

Celina recebe o nome de Genoveva da Santa Face e é entregue aos cuidados de sua irmã Teresa. Ao chegar, ela levou algumas coisas: cadernos nos quais copiou textos do

---

407. CD 1081, 28 de agosto de 1894, VT, n. 120, outubro 1990, p. 228.
408. C 169, CG II, p. 787.
409. C 170, 20 de agosto de 1894, CG II, p. 789.
410. Ver suas cartas.

Antigo e do Novo Testamento, dispondo de bíblias na casa do tio, e o grande aparelho fotográfico (uma câmera 13/18, objetiva Darlot) com todo o material para trabalhar as placas de vidro. Ela já fez um número importante de fotografias, sendo muito talentosa para essa arte totalmente recente. Madre Inês não recusou introduzir na clausura essa novidade da época, pensando que seria bem-vinda aos recreios e preservaria a lembrança das festas.

A comunidade segue o retiro anual do Padre Armand Lemonnier, missionário de *la Délivrande*. Foi ele que acolheu Celina na ausência do Padre Delatroëtte. Padre Lemonnier prega pelo segundo ano, de 7 a 15 de outubro, conforme ao costume. Irmã Maria de São José tomou notas sucintas das instruções, que terão uma certa influência sobre Teresa.

É ao longo desse retiro, nos dias 9 e 10 de outubro, que o tio Isidoro deve participar de um acontecimento que vai prová-lo profundamente: a exumação dos restos do pai — Isidoro Guérin —, da irmã Zélia, de seus quatro filhos pequenos e da mãe de Zélia, para uma transferência ao cemitério de Lisieux. Todos os corpos são reunidos na quinta-feira, 11 de outubro, na *rue des Champs-Rémouleux*. Em 9 de outubro, o tio vendeu o Pavilhão de Alençon. Era o último vínculo, agora rompido, com a cidade.

No Carmelo, pela primeira vez desde 1887, Teresa e Celina estão juntas em suas festas: 15 e 21 de outubro. Com a cumplicidade de Maria Guérin, Irmã Genoveva da Santa Face ofereceu à irmã pássaros empalhados em um ninho, em meio a flores, ramagens, com fotos de família, para colocar em destaque "o Menino Jesus cor-de-rosa" da entrada do claustro, cuja ornamentação floral foi confiada a Teresa. Tudo isso acompanhado de um conto alegórico[411].

Nessa data, a saúde de Teresa inspira novamente algumas preocupações aos que a cercam. Em uma carta de Maria Guérin a Celina, de 21 de outubro, pode-se ler:

> Que minha Teresinha se cuide, achei sua voz muito mudada ontem[412]. Por essa razão, fiz com que ela consultasse Francis. É absolutamente necessário que ela se trate energicamente. No momento, não há nada de grave, mas pode vir a ficar de um dia para o outro; então, não haveria mais remédio. Em pouco tempo ela pode ficar curada, mas, para isso, é preciso que se cuide sem descanso. Que ela utilize principalmente "gillette"[413] (não sei escrever esse nome, ele não está no dicionário). Minha Teresinha precisaria ser muito obediente ao médico: Francis é especialista nessas doenças[414]. Por

---

411. LCS 160a, 20-21 de outubro de 1894, CG II, p. 795-796.
412. Locutório de sábado, 20 de outubro, festa de Celina.
413. Dialeto normando para dizer "vaporizações".
414. Nesse contexto, falou-se de tuberculose pela primeira vez entre os Guérin? O tenente Férouelle, ao qual se faz referência na carta, é amigo de infância de Francis La Néele e morre dessa

isso, acredito e tenho muita confiança nele; Francis curou o senhor Férouelle de uma doença que era muito grave, ele também curará minha Teresinha. Vou fazer a promessa de uma soma considerável para a minha bolsinha de Santo Antônio, para que em seis meses minha irmãzinha esteja curada e saudável...]. P.S. Papai recomenda que Teresa se cuide; quando lhe falo dela, ele parece preocupado[415].

No Carmelo, Teresa se cala sobre sua saúde e continua orientada para a vida do noviciado, que vai viver acontecimentos importantes. Em 20 de novembro, Irmã Maria Madalena do Santíssimo Sacramento faz profissão. Sabe-se que Teresa teve dificuldade para fazê-la falar. Confeccionou para ela um caderninho com a finalidade de prepará-la durante quinze dias para a sua profissão. Este se parece muito com a caderneta que Irmã Inês de Jesus fizera para a primeira Comunhão de Irmã Teresa. Chama-se *Flores místicas*[416] e contém "aspirações" (orações) a ser feitas todos os dias, sob a alcunha de diversas flores. Procedimento pedagógico para ajudar uma Irmã conversa pouquíssimo instruída. Irmã Maria Madalena aceitará a proposta, totalizando 2924 aspirações. A infância e juventude de Mélanie Le Bon foram muito difíceis, à beira da miséria, cuidando de animais aos cinco anos, contratada como empregada aos quatorze anos em Saint-Brieuc, exposta a todos os perigos. "Inteligente, capaz e ativa", ela continuou a ser muito fechada, chegando a fugir do olhar de Teresa, com medo de ser adivinhada[417]. Para sua profissão, seu "Anjo" compôs-lhe *A História de uma Pastora que se tornou Rainha*[418]; a jovem bretã realmente foi pastora; notada pelo Rei Jesus, ela entra no Carmelo como Irmã conversa:

> *Menina, deixa o campo,*
> *Não sintas falta de teu rebanho.*
> *Ali, em minha santa montanha,*
> *Jesus será teu único Cordeiro.*
> *Oh, vem, tua alma me encantou —*
> *Dizia Jesus, por sua vez —,*
> *Eu te tomo por minha noiva.*

Esse poema alegre, "cintilante", narra ao mesmo tempo a história de Teresa. Ele não libertou suficientemente a jovem professa, mas esta caminhará pouco a pouco, lentamente,

---

doença em dezembro de 1896. Por outro lado, ao final de C 169, do dia 19 de agosto, Teresa pede, em nome da enfermeira, "meio frasco de água anti-hemorrágica de Tisserant [sic] 2,50 francos". Para quem? Em 30 de julho de 1897, o doutor de Cornière mandará dar água de Tisserand a Teresa, para combater as hemoptises (CA 30.7.12).

415. UC, p. 806.
416. Oração 5, outubro de 1894.
417. Circular redigida por Madre Inês de Jesus, 14 de janeiro de 1916, p. 2.
418. P 10, 20 de novembro de 1894.

em direção a uma relativa libertação do peso de seu passado. Era apadrinhada por Isidoro Guérin[419], que a acompanhara ao altar para sua tomada de hábito, em 7 de julho de 1893. Ela o chamava de "padrinho". Sua "madrinha" foi a senhora de Virville, cunhada de Madre Maria de Gonzaga. Naquele dia — ou mais tarde? —, Irmã Genoveva da Santa Face tira duas fotos das quatro irmãs Martin com Madre Maria de Gonzaga[420].

Outra alegria de Teresa é a tomada de hábito de Irmã Maria Inês da Santa Face[421] na terça-feira, 18 de dezembro, festa da expectação[422] da Virgem. A parisiense foi aceita pela comunidade para essa primeira etapa. De fato, é a segunda vez que ela toma hábito, porque já o revestira no Carmelo de Paris. Para a ocasião, seu "Anjo" compôs um poema em duas partes, que será cantado à noite, no recreio. A princípio, um cântico de solista — *Já passou, enfim, o tempo das lágrimas*[423] — faz alusão a alguns detalhes biográficos de Irmã Maria Inês, seguido de uma resposta cantada por toda a comunidade: "*É junto a vós, Virgem Maria*" (festejada nesse dia)[424]. Retornam a imagem clássica do cordeiro (Inês), escondido sob o manto da Virgem, e a alusão ao fato de que a noviça tomou "duas vezes" o hábito carmelitano. A nota "Precisarei sempre permanecer pequena" mostra a assinatura teresiana que, nesse poema despretensioso, se faz mediadora lúcida entre a jovem Irmã e a comunidade que a recebe.

Maria Inês cantou:

> *Doce Maria, não temo o trabalho,*
> *Conheceis minha boa vontade.*
> *Tenho defeitos, mas também coragem,*
> *E de minhas irmãs grande é a caridade*[425].

E a comunidade responde:

> *Ela cantou: "Tenho coragem!..."*
> *— É verdade — dissemos baixinho.*
> *Ela cantou: "Amo o trabalho!"*
> *— O trabalho não falta aqui!*[426]...

---

419. Pobre demais para apresentar um dote, este fora pago pelos Guérin.
420. VTL 9 e 10, no pátio de Lourdes, com uma pose de cerca de 9 segundos.
421. Tomará o nome de Maria da Trindade na primavera de 1896.
422. Palavra que significa "espera".
423. P 11.
424. P 12.
425. P 11, 4.
426. P 12, 5.

Os "escritos" de Irmã Teresa

É a partir desse mês de dezembro que Teresa vai entrar em uma nova etapa de sua vida carmelita, devendo consagrar cada vez mais tempo a escrever: poemas (cânticos), peças de teatro (Madre Inês de Jesus não dispõe mais de tempo para consagrar-se a isso) e, principalmente, seu primeiro caderno de memórias, missão inesperada ordenada pela priora por sugestão da madrinha, Irmã Maria do Sagrado Coração.

Escritos diversos fazem do Natal de 1894 — Teresa está prestes a completar vinte e dois anos — um tempo bastante preenchido. A princípio, ela oferecerá a Celina um poema para seu primeiro Natal no Carmelo. Trata-se de consolá-la e encorajá-la. Os primeiros passos da "Intrépida" no Carmelo não são facilitados por seu temperamento. Deram-lhe por ofício trabalhar na rouparia, tendo Irmã Maria dos Anjos como responsável. Mas as Irmãs, conhecendo os dons artísticos da novata, pedem-lhe decorações para presentes que vão oferecer à priora por sua festa. Contam-se uns quarenta! Ao que se acrescentam um sono perturbado pelo colchão de palha, dificuldades para habituar-se ao regime alimentar, dores de dente e o cansaço por ter que ficar muito tempo de pé. Celina está ocupada com o que considera "bobagens". Por isso, Irmã Maria dos Anjos se queixa: "Irmã Maria da Santa Face não faz nada para mim, não conto com ela para me ajudar"[427]. Celina fica muito magoada. Teresa quer que ela supere as dificuldades, oferecendo-lhe o poema *A Rainha do Céu à sua filha bem-amada Maria da Santa Face*[428]. Mais tarde, Celina voltará com frequência a esse primeiro poema recebido no Carmelo[429], retomando as estrofes 15 e 16:

> *Não te inquietes, Maria,*
> *Com a obra de cada dia,*
> *Pois teu trabalho nesta vida*
> *Deve ser unicamente "o Amor"!*
>
> *Mas se alguém vier repetir*
> *Que tuas obras não se veem*
> *"Amo muito — poderás dizer —,*
> *Eis minha riqueza nesta terra!..."*

É preciso notar as nuances teresianas que encontraremos em breve: "Ser-te-á necessário permanecer pequena,/Ornada de virtudes infantis" (estrofe 5), Deus-Jesus que se faz "fraco e pequeno" (estrofe 11), que dorme (estrofe 14).

---

427. *Souvenirs*, p. 236.
428. P 13, 25 de dezembro de 1894.
429. *Poésies*, p. 81, n. 1.

Para ajudar a irmã, que encontra dificuldade para adaptar-se à nova vida, Teresa não hesita em incorrer em repreensões de Madre Maria de Gonzaga. Certa noite, Celina não conseguia dormir, assombrada por barulhos insólitos. Ela chamou Teresa, que, levando seu travesseiro[430], foi dormir ao lado de seu colchão de palha. Mais tarde, Celina se recordará de uma conversa com Teresa:

> Algumas semanas depois da minha entrada, Irmã Teresa do Menino Jesus, com receio de que eu estivesse espantada com alguma coisa, perguntou-me o que eu pensava de tal e tal Irmã. Eu lhe disse que várias delas me pareciam ser solteironas. Ela me respondeu que, com efeito, se aquelas que eu designava podiam ter a vocação religiosa, não tinham a de ser carmelitas. O que ela pareceu lamentar[431]...

Natal de 1894: diálogos de anjos (RP 2)

Que felicidade Deus ter-se feito homem para que
possamos amá-lo; sem isso, não ousaríamos
(PO, p. 157).

Mas a principal preocupação de Teresa antes desse Natal — o sexto que vive no Carmelo — é escrever a recreação que lhe pediram para o grande dia. Até aqui, no Natal de 1889 e para aquele de 1893, ela interpretou um papel nas composições de sua irmã Inês. Agora, deve "recrear piedosamente" todas as suas Irmãs. Obviamente, no que diz respeito a ela, Teresa guarda sempre na memória o Natal de sua "conversão", que está completando oito anos. Em sentido estrito, não se trata de "teatro": nada de ação, pouca progressão, mas uma contemplação do mistério da Encarnação. Cinco anjos expressam sua admiração diante do Menino do presépio, que se cala, salvo ao final[432]. Essa contemplação admirativa se expressa com cantos e passagens em prosa. Cada anjo expõe — de acordo com seu nome — um aspecto do Mistério: o anjo do Menino Jesus se extasia com o "Verbo feito criança". Mas o mistério da Encarnação já está orientado para a Redenção. Pois o anjo da Santa Face toma o lugar para apresentar ao Menino os instrumentos da Paixão:

> *Divino Jesus, o sofrimento é caro a ti.*
> *Teu doce olhar penetra o futuro.*
> *Queres já beber a taça amarga;*
> *Em teu amor, sonhas com a morte* (3r°).

---

430. S. Piat, *Sainte Thérèse de Lisieux*, p. 180.
431. Notas pessoais, 1948, ACL.
432. *Os Anjos no presépio* — RP 2.

Na passagem em prosa que segue, o anjo da Santa Face cita os cantos do Servo Sofredor (Isaías 53,2-4 e 63,1-3.5) até a alusão ao túmulo, após os sofrimentos da Paixão. Surge, então, o anjo da Ressurreição:

> Ó Deus escondido sob os traços de uma Criança,
> Vejo-te radiante
> E já triunfante!...
> Levantarei a pedra do túmulo
> E, contemplando teu rosto tão belo,
> Cantarei
> E me alegrarei,
> Vendo-te com meus olhos
> Ressuscitar glorioso!...

Sucede-lhe o anjo da Eucaristia, que sublinha o último abaixamento de Deus: depois do presépio, a Cruz; depois da Cruz, a Eucaristia:

> Divino Jesus, eis o último limite de teu amor; após ter tornado visível às frágeis criaturas a Face adorável, cujo brilho os serafins não podem suportar, queres escondê-la sob um véu ainda mais espesso que aquele da natureza humana... Mas, Jesus, vejo brilhar na hóstia o esplendor de teu rosto (5v°).

Ao final, avança o anjo do juízo final, segurando uma espada e balanças. Ele reclama com eloquência o castigo dos pecadores, o extermínio dos ingratos:

> No julgamento vereis Seu poder,
> Tremereis diante do Deus vencedor!!! (6r°).

Então o Menino Jesus toma a palavra e cada anjo, apavorado pelas ameaças do anjo do Juízo, implora o perdão para os pecadores, para os sacerdotes nem sempre dignos de seu ministério, para os consagrados... Jesus responde a cada um:

> Quero atender tua oração.
> Toda alma alcançará seu perdão.
> Eu a encherei de luz
> Assim que invocar meu nome!... (7r°).

Ele detém bruscamente as imprecações do anjo do Juízo, sedento de vingança:

> Ó belo anjo, abaixa tua espada!
> Não cabe a ti julgar
> A natureza que volto a erguer
> E que quero resgatar.

O anjo do Juízo rende as armas. O Menino Jesus conclui:

> *Por isso, na santa Pátria*
> *Meus eleitos serão gloriosos.*
> *Comunicando-lhes minha vida,*
> *Deles farei como outros deuses!...* (8r°).

Mesmo resumido dessa maneira, o texto mostra a que nível chegou a reflexão teológica de Teresa no que concerne aos mistérios dos três abaixamentos do Amor (presépio, Cruz, Eucaristia), à contemplação das belezas ocultas de Jesus, ao desejo da Comunhão diária (tão ardente em Irmã Teresa), à dignidade do sacerdócio, à importância da oração das consagradas e, principalmente, à Misericórdia (mesmo que a palavra não apareça na peça). Em túnica branca, ela interpretou o papel do anjo do Menino Jesus. Mas o que conta nesse Natal é menos "a atriz" que "a autora" a revelar a profundidade de sua vida espiritual, fundada em uma sólida teologia cristológica. Trata-se aqui de uma etapa capital de sua evolução, que coincide aproximadamente com a descoberta de sua "pequena via de confiança e amor", decisiva em sua vida.

"Uma pequena via [...] toda nova" (Ms C, 2v°)

Durante esses anos, a "pequena" Irmã Teresa do Menino Jesus da Santa Face, escondida em sua comunidade, passou quase despercebida. Certamente, seus talentos de poetisa e autora de recreios a fazem ser estimada por algumas carmelitas. Mas ninguém pode supor qual seja o seu itinerário espiritual próprio. Um de seus sofrimentos, entre outros, provém de uma certa atmosfera de temor de Deus, que parece bastante difundida. As pregações aterrorizantes de alguns padres o facilitaram. Esse clima é bastante generalizado no catolicismo do final do século XIX, no qual um certo jansenismo[433] se espalhou como uma poeira que se infiltrou em todos os cantos. Deus é considerado sobretudo através da perfeição de sua justiça. Por isso, tem-se medo dele. Um dos sinais dessa atmosfera é a recusa da Comunhão frequente. Teresa sofreu muito com isso: como leiga, precisava da autorização do confessor; como religiosa, daquela da priora. Sabemos que Teresa sofreu de escrúpulos até 1893. Ao seu redor abundam os escrupulosos: sua prima Maria Guérin, a mãe desta, mas também suas irmãs, Celina em alguns momentos. Outras em sua comunidade, como Irmã Teresa de Santo Agostinho etc.

---

433. Realidade complexa, difundida até o Concílio Vaticano II. A *Semaine religieuse de Bayeux* do final do século XIX contém em quase todos os seus números historinhas terrificantes sobre a sorte dos "ímpios" que zombam de Deus. A punição divina é, com frequência, a morte. O redator conclui: "A Justiça de Deus passara".

Por qual graça Irmã Teresa, nesse inverno 1894-1895, vai descobrir a "pequena via da confiança e do amor" que vai libertá-la definitivamente de todo medo, abrir-lhe um caminho de santidade e permitir-lhe partilhá-lo com as noviças e, posteriormente, com outras[434]? Só podemos referir-nos ao texto escrito por Teresa em junho de 1897, dirigido a Madre Maria de Gonzaga para contar-lhe essa descoberta capital (Ms C, 2v°-3r°).

"Elevador" para a santidade

"Vós sabeis, minha Madre, sempre desejei ser santa". Tal disposição permanente começou muito cedo. Já estava nos desejos de Zélia Martin: que suas filhas sejam santas[435]. Criança, nos *Buissonnets*, Teresa, a exemplo de Joana, desejava tornar-se "uma grande *santa*" (Ms A, 32r°). Exatamente antes de entrar no Carmelo, ela escreve a Irmã Inês de Jesus: "Quero ser uma santa..."[436]. Em seguida, escreve ao pai: "Esforçar-me-ei para fazer tua glória, tornando-me uma grande santa"[437]. E à Irmã Marta, no dia de sua tomada de hábito: "Pedi a Jesus que eu me torne uma grande santa"[438]. É preciso dizer que a fórmula "Sejamos santas!" é recorrente nas cartas de Irmã Inês de Jesus e Irmã Maria do Sagrado Coração.

> Mas, infelizmente — continua Teresa —, sempre constatei, quando me comparei aos santos, que há entre mim e eles a mesma diferença que existe entre uma montanha cujo topo se perde nos céus e o obscuro grão de areia calcado pelos pés dos passantes (Ms C, 2v°).

Ao desejo, Teresa opõe a constatação. Nove anos de vida carmelitana não diminuíram o abismo entre a montanha e o grão de areia. "Em vez de desencorajar-me...": o desânimo diante da constatação seria lógico. Mas a resolução de sua primeira Comunhão ("Não perderei a coragem")[439] continua a ser uma característica de Teresa[440].

---

434. Em sua tese *Dynamique de la confiance* (Paris, Éd. du Cerf, 1969, reed. revista e corrigida, 1995, p. 81-116), Padre Conrad De Meester situou essa descoberta ao final de 1894.
435. CF 147, 5 de dezembro de 1875, p. 223; CF 154, 26 de fevereiro de 1876, p. 234; CF 206, p. 343.
436. C 45, 27 de março de 1888, CG I, p. 348.
437. C 52, maio-junho (?) de 1888, CG I, p. 372.
438. C 80, 10 de janeiro de 1889, CG I, p. 445.
439. OC, p. 1201.
440. "Não sou fácil de desanimar" (Ms C, 17v°); "Jamais perco a coragem" (C 143); e, principalmente: "O desânimo é também orgulho" (O 20, 16 de julho de 1897) e Oração 7.

"Eu disse a mim mesma: o bom Deus não poderia inspirar desejos irrealizáveis." Esse princípio de base, que encontrou em seu mestre São João da Cruz[441], foi experimentado muitas vezes em sua vida: a conversão de Pranzini, sua entrada no Carmelo, a vinda de Celina ao Carmelo etc. Ela repetirá muitas vezes: "Ele nunca me faz desejar algo sem dá-lo a mim... minha esperança nunca foi enganada" (Ms A, 71rº). "Posso, portanto, apesar de minha pequenez, aspirar à santidade." Essa forma de raciocinar é infalível, pois se trata de uma reflexão racional, lógica. "Fazer-me crescer é impossível." Em quatro palavras, Teresa anula todo esforço voluntarista, todo pelagianismo[442], mas sobretudo resume anos de esforços nos quais ela deve ter tentado. A santidade não se conquista à força. Teresa deve suportar-se tal como é, "com todas as suas imperfeições".

> Mas quero muito encontrar o meio de ir ao Céu por uma pequena via bem reta, bem curta, uma pequena via toda nova. Estamos em um século de invenções, agora não há mais o esforço de subir os degraus de uma escada. Nas casas dos ricos, um elevador a substitui com vantagem. Eu também gostaria de achar um elevador para ascender a Jesus, pois sou pequena demais para subir a rude escada da perfeição. Então pesquisei nos livros santos a indicação do elevador, objeto de meu desejo, e li as seguintes palavras, saídas da boca da Sabedoria eterna: "Se alguém for pequeno, venha a mim". Então fui, prevendo que tinha encontrado o que estava procurando e querendo saber, ó meu Deus, o que faríeis ao pequenino que respondesse ao vosso chamado. Continuei pesquisando e eis o que encontrei: "Como uma mãe acaricia seu filho, assim eu vos consolarei, vos carregarei sobre meu seio e vos embalarei em meu colo". Ah, nunca palavras mais ternas, mais melodiosas vieram alegrar minha alma. O elevador que deve elevar-me até ao Céu são vossos braços, ó Jesus! Para isso, não preciso crescer; ao contrário, preciso permanecer pequena e tornar-me cada vez menor. Ó meu Deus, superastes minha expectativa e quero cantar vossas misericórdias (Ms C, 3rº).

A imagem da escada remete às três escadas na vida de Teresa: a da *rue Saint-Blaise*, que, ainda muito pequena, ela tentava em vão subir, chamando pela mãe; aquela, tão estreita, dos *Buissonnets*; a que dá acesso à sua terceira cela no Carmelo. A descoberta dos elevadores, por ocasião da viagem à Itália, a marcara. Em sua busca por um caminho, a palavra de Deus é uma luz para ela: Provérbios 9,4 e Isaías 66,12-13. É interessante que sejam dois textos do Antigo Testamento, não acessível às noviças na época, que a

---

441. "Mais Deus quer dar, mais faz desejar" (carta XI). "Mais Deus quer nos dar, mais aumenta nossos desejos, até criar o vazio na alma para enchê-la de seus bens".

442. Heresia em matéria de teologia da graça difundida pelo monge Pelágio (início do século V), que concebe a liberdade humana criada, mas plenamente autônoma, podendo por si mesma observar a lei divina.

iluminam[443]. Opera-se, pois, uma total inversão. Ela pensava que precisaria "crescer" para atingir a santidade desejada. Agora, é o contrário: é necessário "permanecer pequena", "tornar-se cada vez menor", pois a santidade não se conquista, mas se recebe.

Daí o grito de reconhecimento que brota de seu coração: tudo vem da misericórdia de Deus. É aqui que se situa, em primeiro lugar, a descoberta. Não é a perfeição divina da Justiça que tem a primazia em Deus, é seu "Amor Misericordioso". De agora em diante, Teresa empregará essa expressão, que se tornou central em seu pensamento.

É então que se passa na sala aquecida do Carmelo, numa noite de recreio, uma conversa das irmãs Martin, aparentemente insignificante, que terá consequências capitais para as protagonistas. Ignoramos a data exata, mas pode ser situada entre dezembro de 1894 e janeiro de 1895. Irmã Maria do Sagrado Coração, que está na origem do acontecimento, deu testemunho no Processo Ordinário, em 6 de setembro de 1910:

> Numa noite de inverno, depois de matinas, estávamos nos aquecendo, reunidas com Irmã Teresa, Irmã Genoveva e nossa reverenda madre priora Inês de Jesus. Irmã Teresa nos contou dois ou três detalhes de sua infância. Então, eu disse à nossa madre priora, Inês de Jesus: "É possível que lhe deixeis compor pequenas poesias para dar prazer a umas e outras e que ela não nos escreva nada de todas as suas recordações de infância? Vereis, é um anjo que não ficará muito tempo na terra, teremos perdido todos esses detalhes tão interessantes para nós". A princípio, nossa madre priora ficou hesitante; depois, por insistência nossa, disse à Serva de Deus que seria de seu agrado que ela lhe entregasse, para o dia de sua festa, o relato de sua infância. Irmã Teresa obedeceu e a primeira parte do manuscrito foi enviada ao senhor Guérin, nosso tio[444].

O acontecimento é tão importante que se deve ouvir os outros dois testemunhos. Eis o depoimento de Madre Inês de Jesus:

> No começo do ano de 1895 — dois anos e meio antes da morte de Irmã Teresa —, numa noite de inverno na qual me encontrava com minhas duas irmãs (Maria e Teresa), Irmã Teresa do Menino Jesus me contou várias passagens de sua infância, e Irmã Maria do Sagrado Coração (Maria, minha irmã mais velha) me disse: "Ah, minha madre, que pena que não tenhamos tudo isso por escrito. Se pedísseis a Irmã Teresa do Menino Jesus que nos escrevesse suas lembranças de infância, como isso nos daria prazer!"
> — "Não precisa pedir duas vezes" — respondi; e, voltando-me para Irmã Teresa do

---

443. Padre De Meester demonstrou que ela os encontrou nas cadernetas bíblicas trazidas por Celina. Ver *Dynamique de la confiance*, p. 107-109. Ver o Anexo II, em que se encontram todas as citações da caderneta de Celina, p. 554-556. As traduções são aquelas da época.

444. PO, p. 237.

Menino Jesus, que ria como se estivéssemos brincando com ela, disse-lhe: "Eu vos ordeno escrever-me todas as vossas memórias de infância"[445].

Depoimento da terceira testemunha, Irmã Genoveva:

> O escrito principal é a "História de uma alma". Ela o compôs por ordem de Madre Inês de Jesus, então priora. Não tinha nenhuma segunda intenção quando começou seu manuscrito. Escreveu-o unicamente por obediência, esforçando-se, contudo, para relatar certos fatos, especiais para cada um dos membros de sua família, para agradar a todos com esse relato das lembranças de sua juventude. Seu manuscrito era, com efeito, uma "lembrança de família", destinado exclusivamente às suas irmãs. É o que explica a confiança familiar com o qual foi escrito e também certos detalhes pueris diante dos quais sua pluma teria recuado se ela tivesse previsto que o escrito deveria sair do círculo fraternal[446].

Devia ser muito raro que as quatro irmãs Martin se encontrassem por ocasião de uma recreação. Teresa tomava cuidado para não "continuar a vida dos *Buissonnets*". Mas naquela noite, tendo Celina entrado há pouco tempo, acontece de elas evocarem as lembranças de família. Com a morte recente do pai, os *Buissonnets* vazios e abandonados, o Pavilhão de Alençon vendido, Leônia na Visitação de Caen, o que resta da família? Ora, Teresa sempre teve o dom de contar histórias para os que lhe eram próximos, na escola, na família e no recreio. Daí a sugestão de Irmã Maria do Sagrado Coração: por que não escrever todos esses detalhes *"para nós"*? Essas duas palavras são essenciais. Tudo poderia ter ficado por aqui. Ora, o impressionante é que Madre Inês de Jesus, priora, aquiescendo à sugestão, deu a Teresa a ordem de escrever-lhe suas memórias de infância. No começo, Irmã Teresa ria, acreditando ser alguma brincadeira insignificante. Mas ela não ri mais. Quando se recebe uma ordem, só resta obedecer. No momento, Teresa deve ter ficado surpresa, desconcertada. Falou a Inês: "O que quereis que eu escreva que já não o saibais?"[447].

Ela sabe o que é escrever. Já compôs poemas, o Memorial sobre Madre Genoveva, duas peças de teatro (está escrevendo uma terceira para a festa de Inês). É certo que isso conta muito. O tempo é bastante fragmentado para ela, visto o horário apertado da vida conventual e a preocupação com as quatro noviças que lhe foram confiadas. Mas é preciso entregar-se a esse trabalho.

---

445. PO, p. 146.
446. PO, p. 274.
447. PO, p. 155.

"Cantar as misericórdias do Senhor!" (Ms A, 1rº)

O primeiro problema é, portanto, o tempo. No melhor dos casos, no verão, ela tem somente duas horas na cela, de 12h às 13h e de 20h às 21h. E esse tempo ainda é encurtado pelas outras coisas que tem que escrever e os diversos labores, entre os quais o noviciado. Felizmente, Madre Inês de Jesus lhe impôs uma data relativamente distante para entregar o trabalho: 21 de janeiro de 1896, ou seja, cerca de um ano. Teresa vive a pobreza da qual fizera voto. Para escrever, dispõe apenas de um porta-pluma de madeira, cuja pluma é tão dura que, às vezes, a escritora tem que molhá-la no leite[448]. Seu tinteiro — uma garrafinha de vidro — vê a tinta faltar algumas vezes: Teresa deve cuspir nele para continuar a escrever[449]! À noite, é iluminada com uma lampadazinha a óleo que Maria Guérin lhe arrumou, mas que funciona tão mal que é preciso voltar a levantar a mecha com um alfinete.

Teresa precisa de um caderno. Pede a Leônia que lhe compre um, simples, um caderno escolar de trinta e duas páginas (22,5 cm × 17,5 cm), que vale dez centavos, cujo papel é de má qualidade. Na capa, um desenho representando soldados de infantaria partindo para o ataque em 1806. Sobre a bandeira francesa, escreveu: "Viva o Deus dos Francos" e desenhou em outro lugar uma cabeça com capacete. Ela completa: "Caderno... de obediência. Pertencente à *pequenina flor branca*". Mais tarde, retornará várias vezes a esse escrito feito por obediência: "Não escrevo para realizar uma obra literária, mas por obediência..." (Ms C, 6rº); "[...] preciso continuar por obediência o que comecei por obediência" (Ms C, 18vº); "Madre querida, estou obedecendo-vos [...] meu pobre trabalho, eu o faço por obediência, isso me basta..." (Ms C, 33rº). A modesta espessura do caderno escolhido prova que ela não tem em vista ser prolixa. De fato, utilizará três cadernos, que desdobrará em seis pequenos fascículos de 32+28+32+28+24+24, isto é, 168 páginas (84 fólios). Quando tiver terminado, os costurará juntos[450]. A carmelita escreve em sua cela, que não contém mesa. Sentada em um banquinho, coloca sobre os joelhos uma "escrivaninha"[451] de madeira, fixa o tinteiro na gaveta e escreve em seu caderno. De acordo com o uso do tempo, corrige ou apaga com a ajuda de um raspador.

Antes de começar, Teresa foi diante da estátua da "Virgem do Sorriso" em sua antecela e, seguindo seu costume, "tirou" por acaso uma passagem no livro dos Evangelhos:

> Antes de tomar a pluma, ajoelhei-me diante da estátua de Maria (aquela que nos deu tantas provas das maternais preferências da Rainha do Céu por nossa família).

---

448. CLG, p. 127.
449. C 142, CG II, p. 703.
450. Irmã Cécile, NEC, p. 17.
451. Caixa de madeira (35,5 cm × 28 cm) munida de uma gaveta de 7,5 cm de altura.

> Supliquei-lhe que guiasse minha mão, para que eu não escreva uma única linha que não lhe seja agradável. Em seguida, abrindo o santo Evangelho, meus olhos caíram sobre estas palavras: "Jesus, tendo subido à montanha, chamou a Si os que Ele quis; e foram a Ele" (São Marcos, cap. III, v. 13). Aí está o mistério da minha vocação, de minha vida inteira e, principalmente, o mistério dos privilégios de Jesus sobre minha alma... Ele não chama aqueles que são dignos, mas aqueles que lhe agradam ou, como diz São Paulo: "Deus tem piedade de quem Ele quer e faz misericórdia a quem Ele quer fazer misericórdia. Não é, pois, obra daquele que quer nem daquele que corre, mas de Deus, que faz misericórdia" (Epístola aos Romanos, cap. IX, v. 15 e 16) (Ms A, 2rº).

A essas páginas ela dá um título: "História primaveril de uma Florzinha branca, escrita por ela mesma e dedicada à Reverenda Madre Inês de Jesus". A "Florzinha branca" voltará a ser encontrada ao longo do texto, até ao último fólio (85vº), onde estão desenhadas as armas de Teresa. Sabemos que, quando revelou sua vocação ao pai, no dia de Pentecostes de 1887, ele colheu uma saxífraga no muro e lha deu, dizendo que ela era como essa florzinha (Ms A, 50vº). Teresa colou-a em uma estampa de Nossa Senhora das Vitórias e a colocou em seu livro da *Imitação de Cristo*, do qual não se separava. Ela é "a florzinha de Jesus" (Ms A, 31vº).

Depois do longo título, fixa seu objetivo:

> É a vós, minha Madre querida, a vós que sois duas vezes minha Mãe, que venho contar a história de minha alma... No dia em que me pedistes para fazê-lo, parecia-me que isso dissiparia meu coração, ocupando-o comigo mesma, mas depois Jesus me fez sentir que, obedecendo simplesmente, eu lhe seria agradável; aliás, vou fazer uma única coisa: começar a cantar o que devo repetir eternamente — "As Misericórdias do Senhor!!!"... (Ms A, 2rº).

É preciso sublinhar que Teresa não escreve nem um diário, nem uma autobiografia exaustiva. A princípio, ela sentiu receio de que esse trabalho de memória a prendesse a si mesma. Teresa denunciará mais tarde o perigo do narcisismo que podem compreender a vida claustral e a contemplação[452]. Ela será obrigada a escrever "eu", mas a obediência a levou a preocupar-se somente com as graças recebidas desde a sua infância. Daí o tema central do caderno: "Cantar as Misericórdias do Senhor!!!", esperando fazê-lo na eternidade.

Ora, é o Amor Misericordioso, que Teresa descobriu recentemente, que fundamenta a sua pequena via. A ordem de Madre Inês de Jesus chega em um momento crucial, que

---

452. "[...] a carmelita, continuamente levada, por seu gênero de vida, a voltar-se para si mesma..." (Ms C, 32rº-vº).

permite a Teresa explicitar ao longo do caderno as graças recebidas e cantar os louvores do Amor que se inclinou até ela. Voltando aos acontecimentos de sua vida desde Alençon, ela os revê à luz dessa Misericórdia. Sua vida, que inclui tantos e variados sofrimentos, não lhe parece sombria, mas conduzida pela Amor. Suas páginas estão mais próximas de um *Magnificat* que de um *De profundis*. Ei-la liberta de todo medo, pois "o amor bane todo temor" (1Jo 4,18).

Celina testemunhou:

> Ela escrevia somente em intervalos espaçados, durante os raros momentos livres que lhe permitiam a Regra e suas ocupações junto às noviças. Não fez nenhum rascunho, escrevendo ao correr da pluma; contudo, seu manuscrito não contém rasuras[453].

Por ora, aos vinte e dois anos, ela não pode começar seu caderno de memórias. Teresa deve garantir a composição da recreação que vai celebrar a festa de Santa Inês na segunda-feira, 21 de janeiro de 1895.

O martírio de Joana (RP 3) [21 de janeiro de 1895]

Teresa não escolheu a facilidade. Ela vai continuar sua vida de Joana d'Arc. Depois da "missão" da Pastora, encenada no ano anterior, quer representar "Joana d'Arc cumprindo sua missão ou As Vitórias — O Cativeiro — O Martírio e os Triunfos do Céu da Venerável Joana de França"[454]. Isso exige muitos esforços de sua parte. Primeiramente, um trabalho de informação sério para a mais longa peça de todas as suas recreações[455]. Em seguida, uma montagem com quinze personagens diferentes, a confecção de roupas, decorações importantes. Daí os ensaios frequentes a ser programados no quadro estrito do horário conventual. Teresa se lançou de verdade em uma iniciativa que alcançará

---

453. PO, p. 274. Claude Langlois contesta esse testemunho em seu estudo crítico do manuscrito A (1895), intitulado *L'Autobiographie de Thérèse de Lisieux*. Ele conclui que Teresa fez um ou vários esboços com um plano de seu trabalho, reuniu uma documentação (isso é claro para as cartas de sua mãe, citadas por ela), escreveu seu texto entre abril e dezembro de 1895. Isso leva, evidentemente, a questionar o testemunho de suas irmãs. O autor pensa que, tendo Teresa passado seus esboços a limpo antes de entregar o caderno a Madre Inês de Jesus, suas irmãs o destruíram para "encerrar, de antemão, rigorosamente, para chegar à versão dada durante o Processo" (p. 17). — Langlois acredita que o "Prefácio" (ou Prólogo) foi redigido quando Teresa já tinha escrito quase a metade de seu manuscrito (p. 16). Ele situa a revelação da misericórdia em junho de 1895. Esse estudo, muito detalhado e sutil, "restitui à escrita de Teresa toda a sua complexidade" (p. 17). No contexto de nossa obra, deixamos aos especialistas a preocupação de discutir as questões relativas ao modo de escrever de Teresa.

454. RP 3, 21 de janeiro de 1895.

455. Mais uma vez Teresa recorre ao livro de Wallon. Veja acima, p. 346-347.

grande sucesso junto à comunidade — da qual a maioria das Irmãs está em cena. Será um "entusiasmo geral". A autora, aquela que montou a peça e a atriz (ela interpreta Joana) se encontra "em seu meio, como no apogeu da glória"[456].

Mas um incidente quase levou ao fracasso da apresentação. Na cena 11, que mostra o suplício de Joana, o fogo, aquecido por combustores em um biombo, começou a espalhar-se, com o risco de queimar Teresa. No pânico geral, Madre Maria de Gonzaga ordenou que a atriz principal não se mexesse, enquanto mobilizavam-se a apagar o princípio de incêndio. Teresa obedeceu e confidenciou posteriormente que estava pronta para morrer[457].

Mas o que o conjunto das carmelitas não pode realmente adivinhar é a implicação pessoal da autora no texto[458]. Como não reencontrar o rosto de Luís Martin na alusão ao pai de Joana? Como não reencontrar a preocupação de Teresa em ser só um instrumento, não procurar a própria glória? Seu amor apaixonado por Jesus, que chega à identificação, o desejo da Eucaristia em um contexto mariano e, sobretudo, todas as orações de Joana em sua Paixão que, por um estranho fenômeno, revelam-se premonitórias da própria Paixão de Teresa, dois anos e meio mais tarde?

> *A morte aos vinte anos! [...] Vou morrer!* (19r°)
> *Filha de Deus [...] Tu te assemelhaste a teu esposo Jesus. [...]*
> *Como fico consolada ao ver que minha agonia é semelhante à do meu Salvador* (18r°)
> *Senhor, por vosso amor, aceito o martírio.*
> *Não temo mais a morte nem o fogo.*
> *É por vós, ó Jesus, que minha alma suspira.*
> *Só tenho um desejo: ver-vos, ó meu Deus.*
> *Quero tomar minha cruz, doce Salvador, e vos seguir.*
> *Morrer por vosso amor, não quero nada mais.*
> *Desejo morrer para começar a viver.*
> *Desejo morrer para unir-me a Jesus [...]* (21r°).
> *Ó meu Deus, vou receber-vos em minha prisão, oculto sob*
> *A aparência de um pouco de pão, e minha ação de graças vai terminar*
> *No Céu, onde vos contemplarei em um face a face eterno!* (Ibid.)

Como para ilustrar a identificação de Teresa com Joana, Irmã Genoveva tirará mais tarde cinco fotos da atriz Teresa fantasiada. Ela usa uma peruca loura, revestiu uma couraça feita em papel de prata, sua túnica marrom está enfeitada com flores de lis, empunha

---

456. Carta de Irmã Maria da Trindade a Madre Inês de Jesus, 3 de maio de 1931, ver BT, p. 99.
457. G/PA, p. 299 e CLG, p. 148.
458. "Teresa não se assimila tanto a Joana quanto assimila Joana à própria via", escreve Jean Guitton (VT, n. 1, janeiro 1961, p. 36).

uma espada de madeira e uma grande auriflama em VTL 11 e 12. VTL 13 mostra Joana sentada, acorrentada em sua prisão, com uma jarra d'água e seu capacete. VTL 14 foi tirada no mesmo lugar com Irmã Genoveva, que interpretava Santa Catarina[459], com uma coroa. Finalmente, em VTL 15, só resta Joana-Teresa de pé, coroada, segurando uma palma na mão.

No dia seguinte a esse "triunfo", Teresa conta a Irmã Maria da Trindade (na época, ainda Irmã Maria Inês da Santa Face) que,

> durante o grande silêncio da noite, ela tinha recebido uma luz inefável sobre a vaidade de todas as coisas na terra. Nunca esquecerei com que acento celeste ela me recitou toda a bela passagem do Eclesiastes[460] sobre a vaidade das coisas da terra, com que persuasão me exortou a não desejar nenhum dos dons que atraem o vão louvor, repetindo-me que uma única coisa era necessária: amar a Deus, e que não há nada desejável senão ser desconhecido e tido por nada[461].

Todo acontecimento é para ela ocasião de ajudar as noviças a aprofundar sua vocação à humildade.

Início de janeiro: Teresa escreve a Leônia (Irmã Maria Dositeia) uma carta que revela uma espécie de pressentimento. Por que escrever-lhe: "[…] talvez não veremos terminar o ano que está começando! Talvez uma de nós ouvirá em breve o chamado de Jesus!…"[462]? As reflexões sobre a família Martin vão no mesmo sentido:

> Oh, como é doce pensar que navegamos em direção às margens eternas!… Querida irmãzinha, não achas, como eu, que a partida de nosso pai querido nos aproximou dos Céus? Mais da metade da família goza agora da visão de Deus e as cinco exiladas da terra não tardarão a partir para a sua Pátria. O pensamento da brevidade da vida me dá coragem, ajuda-me a suportar as fadigas do caminho. O que importa (diz a Imitação) um pouco de trabalho na terra?… Nós passamos e não temos na terra morada permanente! Jesus foi à frente para preparar-nos um lugar na casa de seu Pai; depois virá e nos tomará com Ele, para que, onde Ele está, nós também estejamos… Esperemos, soframos em paz, a hora do repouso se aproxima, as leves tribulações desta vida de um momento produzem em nós um peso eterno de glória…

---

459. E não Santa Margarida, como diz o Padre François de Sainte-Marie.
460. Eclesiastes 1,2: "Vaidade das vaidades, tudo é vaidade" etc. Ver o que Teresa escreverá em Ms A, 81r°-v°, a propósito das "peças que foram achadas bonitas…".
461. BT, p. 99.
462. C 173, janeiro de 1895, CG II, p. 800-801. O que ela escreveu, quase nessa data, ao Padre Pichon, que responderá em 25 de janeiro de 1895: "É verdade que tendes pressa de ir para o Céu" e "Se Jesus vier buscar-vos, continuareis a ser minha filhinha no Céu…" (CCor 161, CG II, p. 804)?

Enfim, sua irmã não consegue captar que o final da carta dá algum eco da "pequena via", descoberta recentemente: "Ó minha irmāzinha querida, não esquece a última, a mais *pobre* de tuas irmãs, pede a Jesus que ela seja *muito fiel*, que ela seja como tu, feliz por ser em todos os lugares a menor... a última!...".

Celina toma hábito (5 de fevereiro de 1895)

O inverno passou
(RP 3, 23 *bis*, citando Ct 2,10-11).

A etapa que se prepara para Celina toca fortemente Teresa, que não é somente seu "Anjo" no Carmelo, mas sua irmã desde sempre. Acontece uma reviravolta — e vai acentuar-se cada vez mais. Se Celina tem vinte e cinco anos, Teresa conta agora com a experiência de sete anos de vida carmelitana. As relações se inverteram. A mais velha acompanha de longe "a pequena". Celina o reconhecerá: "Havia mais diferença entre Teresa e Celina que antes, no momento dos primeiros progressos. As duas irmāzinhas não eram mais iguais..."[463]. Celina muda de nome, recebe aquele que conservará definitivamente: Irmã Genoveva de Santa Teresa. Era um desejo do padre superior, que queria honrar a madre fundadora. Teresa, que escolhera o nome de sua irmã (Maria da Santa Face), lamentou. Mas ela dirá a Celina: "Nós duas temos a mesma patrona". Esta respondeu: "Sois vós que sereis minha patrona". Por causa do novo patronímico, a noviça recebeu várias relíquias da santa fundadora: a fivela do cinto, sua cruz, a medalha de seu terço e uma frase autógrafa que Celina colocará num quadro: "Estou presa, mas sou livre"[464].

Sua tomada de hábito é marcada para 5 de fevereiro de 1895, sob a presidência de Monsenhor Hugonin[465], após um retiro de preparação. É o Padre Ducellier, amigo da família Martin, que faz a pregação na missa[466]. Madre Inês de Jesus e Teresa sugeriram-lhe explanar a palavra do Cântico dos Cânticos: "*Iam hiems transiit, imber abiit et recessit; surge Amica mea et veni* — O inverno passou, as chuvas desapareceram; erguei-vos, minha bem-amada, e vinde" (2,10-11)[467]. Chegaram a dar-lhe uma peça de bordado, recordando como Celina cuidou do pai doente com total devotamento, o que a preparou à "vida de dedicação e sacrifício das filhas de Santa Teresa"[468]. O sacerdote seguirá o esquema, explorando abundantemente a vida do senhor Martin, que ofereceu todas as filhas a

---

463. *Souvenirs autobiographiques* (1909), p. 261; CG II, p. 802; ver CLG em sua totalidade.
464. S. PIAT, *Céline*, p. 68.
465. Nesse dia, Monsenhor Hugonin tomará café na residência dos Guérin.
466. Ver sua alocução quase integral publicada em VT, n. 121, janeiro 1991, p. 58-63.
467. Teresa citou esses versículos em sua peça sobre Joana — RP 3, 23rº *bis*.
468. *Poésies*, p. 90.

Deus e ofereceu-se a si mesmo. O tio, a tia, as primas Guérin também são lembrados, assim como as três carmelitas que vão acolher sua irmã.

Nesse belo dia de sol, que faz brilhar a neve, Celina troca o vestido de noiva pelo hábito de burel. Maria Guérin canta um cântico de A. Gerbier: *Il est à moi*[469]. Henry Maudelonde, ex-pretendente de Celina, ofereceu um ramalhete de lírios. Quanto a Teresa, seu presente é um poema: *Canto de gratidão da Noiva de Jesus*[470]. Este também canta que, depois de tantos sofrimentos durante o inverno, a esperança se levanta:

> *Meu Bem-Amado, tua doce voz me chama:*
> *Vem — diz-me tu —, o inverno já se foi,*
> *Para ti começa uma nova estação,*
> *Finalmente o dia substituirá a noite* (4).

Esses versos não são escritos somente para Celina. Mais ou menos nesses dias, Teresa escreve no caderno de obediência: "Encontro-me em uma época de minha existência em que posso lançar um olhar para o passado; minha alma amadureceu no crisol das provações exteriores e interiores; agora, como a flor fortificada pela tempestade, levanto a cabeça"[471]. Essa luz brotará em um poema espontâneo de Teresa, composto de maneira inabitual, que vai se revelar como uma síntese de sua vida espiritual nesse belo ano de 1895. Começando a quaresma na quarta-feira, 27 de fevereiro, esta é precedida pelos três dias das "Quarenta Horas" (domingo, segunda-feira, terça-feira), durante as quais adora-se o Santíssimo Sacramento exposto. O inverno é muito rigoroso. A temperatura oscila entre -17°C à noite e -7°C de dia[472].

Viver e morrer de amor (26 de fevereiro de 1895)

> *Pois sinto: meu exílio vai terminar*
> (P 17).

Durante essa adoração silenciosa, Teresa compõe um longo poema ao qual dá o título *Viver de amor*[473]. Foi somente na noite da terça-feira "gorda" que ela escreveu o conjunto em sua cela. Na enfermaria, recordou-se desses momentos importantes:

---

469. Três semanas depois, Teresa utilizará essa melodia em seu poema "Viver de amor".
470. P 16, 15 de fevereiro de 1895.
471. Ms A, 3r°.
472. Com a abundância da neve, as populações pobres sofrem muito. O prefeito de Lisieux — Henry Chéron — adota medidas de socorro: aquecedores públicos são instalados nas ruas, braseiros são acesos para os operários na *place Thiers*. Blocos de gelo nos rios provocam inundações.
473. P 17.

Oh, como aquela Santa Face me fez bem em minha vida! Enquanto compunha meu cântico *Viver de amor*, ela me ajudou a fazê-lo com grande facilidade. Escrevi de memória, durante o silêncio da noite, as quinze estrofes que tinha composto, sem esboço, durante o dia. Naquele dia, ao ir para o refeitório após o exame, eu acabava de compor a estrofe: "Viver de amor é enxugar tua Face/É obter dos pecadores o perdão". Eu lha repeti, de passagem, com muito amor. Olhando para ela, chorei de amor[474].

Até aqui, Teresa nunca expressou seu amor por Jesus com uma paixão tão ardente. Cada estrofe começa assim: "Viver de Amor é...". Tudo, então, desfila: inabitação da Trindade na alma (estr. 1 e 2), a Eucaristia (3), a Cruz (4), o absoluto dom de si (5), a libertação de todo temor (6), a Misericórdia que levanta o pecador (7), a caridade fraterna (8), as três virtudes teologais (9), a oração pelos sacerdotes (10), a missão junto aos pecadores (11), Maria Madalena e a Santa Face (12)...

Nas três últimas estrofes irrompe o grito: "Morrer de amor!". Ora, sabemos que não se trata de um procedimento literário habitual para concluir um poema. Teresa acredita que vai morrer... "logo"[475]:

> *Pois sinto: meu exílio vai terminar!...*
> *Chama de Amor, me consome sem trégua.*
> *Vida de um instante, teu fardo é pesado demais para mim!*
> *Divino Jesus, realiza meu sonho:*
> *Morrer de Amor!... (14)*

A estrofe final resume o conjunto:

> *Morrer de Amor, eis minha esperança.*
> *Quando eu vir romper-se meus laços,*
> *Meu Deus será minha Grande Recompensa.*
> *Não quero possuir outros bens.*
> *Por seu Amor quero ser abrasada,*
> *Quero vê-lo, unir-me a Ele para sempre.*
> *Eis aí o meu Céu... eis aí meu destino:*
> *Viver de Amor!!!... (15)*

---

474. CA 5.8.7.
475. Segundo o testemunho de Irmã Teresa de Santo Agostinho, Teresa ter-lhe-ia dito em abril de 1895: "Morrerei em breve. Não vos digo que seja em alguns meses, mas em dois ou três anos. Sinto, por tudo o que se passa em minha alma, que meu exílio está perto de acabar" (PO, p. 399). Ver o sonho que Irmã Teresa de Santo Agostinho teve em 8 de janeiro de 1897 a respeito da morte de Teresa, VT, n. 100, outubro 1985, p. 249-251.

É absolutamente necessário ler *Viver de Amor*, considerado com razão por Celina como "o Rei" dos poemas de sua irmã[476]. Recolhamos somente alguns versos singulares:

> *Ó Trindade, sois Prisioneira*
> *De meu Amor!* (2)
> *Vives por mim escondido em uma hóstia,*
> *Quero por ti esconder-me, ó Jesus!* (3)
> *Ah, sem contar, eu dou, certa*
> *De que, quando se ama, não se calcula!...* (5)
> *Viver de Amor é banir todo temor,*
> *Toda lembrança das faltas do passado.*
> *De meus pecados não vejo nenhum sinal,*
> *Em um instante o amor tudo queimou...* (6)
> *Amar-Te, Jesus, que perda fecunda!...* (13)

Teresa está inteiramente aí no princípio de 1895, no momento em que escreve seu primeiro manuscrito com uma espécie de alegria, vivendo o "caminho que Jesus lhe indica"[477]. É preciso ler atentamente o prólogo (Ms A, 2rº-4rº), que situa sua vocação na Igreja, nos passos da epístola aos Romanos, quando descreve a gratuidade da salvação, devida à misericórdia de Deus (Rm 9,15). Interrogando-se sobre a diversidade infinita das almas, semelhante àquela das flores da natureza, Teresa descobre que não deve compará-las, pois "a perfeição consiste em fazer Sua vontade, em ser o que Ele quer que sejamos".

No domingo — 28 de abril, festa do Bom Pastor —, Teresa escreve à Irmã Maria Dositeia, cuja profissão foi adiada na Visitação de Caen e que está pensando em ir para a Visitação de Mans. As dificuldades recomeçaram para ela e toda a família se preocupa: Leônia se manterá firme? Teresa a dissuade de deixar seu mosteiro, é apenas uma tentação. Sua vocação é ser visitandina *de Caen*. Para o adiamento de sua profissão, Teresa evoca a própria experiência — quando ela também foi retardada em sua vocação — e a reação que teve, apesar do sofrimento (narra-o em Ms A, 73vº). Cita a *Imitação de Cristo*: "Amai ser ignorada e tida por nada!" (I, 2, 3). Confidencia a Leônia: "Agora o bom Deus continua a dirigir-me pelo mesmo caminho, aquele de fazer sua vontade". A carmelita conclui, pedindo a oração de sua irmã para que ela "ponha em prática o que Jesus lhe dá"[478].

Na semana da Páscoa, Celina tirou várias fotos da comunidade. Na segunda-feira de Páscoa, 15 de abril, fotografou Teresa na escadaria do pátio (VTL 18); em seguida,

---

476. Carta ao Irmão Simeão, 11 de fevereiro de 1896, CG II, p. 1160.
477. Ver C 247, CG II, p. 1021.
478. C 176, 28 de abril de 1895, CG II, p. 805-806.

no pátio de Lourdes (VTL 19); e, finalmente, no mesmo lugar, o grupo das noviças, com Madre Maria de Gonzaga e Madre Inês de Jesus. Teresa, de pé, traz uma ampulheta (VTL 20). Na sexta-feira, 19 de abril, as carmelitas fazem a lavagem da roupa ao redor do tanque no fundo do jardim. Celina fotografou duas poses (VTL 24 e 25). No dia seguinte — sábado, 20 de abril — a comunidade é fotografada em duas poses, na alameda dos castanheiros (VTL 16 e 17). Segundo os critérios fotográficos da época, cada uma se ocupa em seu ofício. Ao centro, sentada em uma mesa, com uma paleta de pintura e uma ampulheta, está Madre Inês, a priora. Celina está de pé diante de seu cavalete, pintando a Virgem com o Menino. Uma Irmã corta pão, muitas costuram ou bordam. Teresa, de pé, dá uma segunda mão de tinta no Menino Jesus cor de rosa do claustro, do qual está encarregada. Dessa foto, Celina dizia: "Vós a vedes como ela era"[479].

Na festa do Bom Pastor (sábado, 27 ou domingo, 28), a noviça fotografou todas as suas irmãs ao centro do claustro, sob a grande cruz. A priora usa o cajado do pastor, ornado de flores pelo noviciado, que está de joelhos. Teresa olha para sua irmã Genoveva, que nesse dia completa vinte e seis anos (VTL 21 e 22). Finalmente, Madre Inês de Jesus, com o cajado na mão, está cercada pelas cinco noviças, com um cordeiro aos seus pés, no pátio de Lourdes. Madre Maria de Gonzaga está atrás do grupo, olhando para outra direção (VTL 23)[480]. Irmã Genoveva tirou e reproduziu dez fotografias nessa quinzena pascal.

Teresa não se esquece de felicitá-la por seu aniversário no Carmelo, oferecendo-lhe *O Cântico de Celina*[481], espécie de Cântico das criaturas para sua irmã, que tudo deixou para fazer-se "prisioneira" voluntária no Carmelo. Pois o dia a dia no Carmelo é cheio de provações. Num domingo de março, Celina quer colher o primeiro narciso das neves que apareceu no jardim. Teresa a impede: "para isso, é preciso uma permissão". Voltando à sua cela, a noviça tenta escrever um poema para recordar-se de tudo a que renunciou por Jesus. Mas a inspiração rende apenas um verso: "A Flor que eu colho, ó meu Rei, és Tu!". Seu "Anjo" toma a direção das coisas. Junto à irmã, informa-se de tudo o que ela quer expressar. O poema é muito longo: cinquenta e cinco estrofes de cinco versos. A princípio, é uma história familiar[482] (Alençon, os pais, os *Buissonnets*, a viagem a Roma, La Musse, a doença do pai, acompanhada por Celina durante seis anos) e... "agora", o Carmelo (a partir da estrofe 32).

---

479. VTL II, p. 66.
480. Foi possível notar precisões de datas que não eram conhecidas pelo Padre François de Sainte-Marie na época em que este publicou VTL.
481. P 18, "O que eu amava", 28 de abril de 1895.
482. Teresa está escrevendo essa história, que é também a sua, em seu caderno de memórias.

Sob inspiração do *Cântico espiritual* de São João da Cruz (estrofes 14-15), o poema apresenta as maravilhas da natureza possuídas "em Jesus": "Quem tem Jesus tem tudo"[483]. "Em meu Bem-Amado tenho as montanhas,/ Os vales solitários e verdejantes" etc. O carmelita espanhol continua muito presente em Teresa com a finalidade de ajudar a irmã, às vezes pronta a perder a coragem no exigente caminho da subida do Carmelo.

Durante esse tempo, os Guérin estão passando uma temporada em La Musse, de 15 de maio a 14 de junho. Maria, completamente solitária, se sente aborrecida e escreve à prima Celina lembranças relativas ao pai desta, seus dias, sua morte, o quarto que ficou vazio. Ela continua tendo a esperança de entrar no Carmelo e juntar-se às quatro primas. Na casa de Francis e Joana, há meses vive-se em estado de desolação por não terem um filho. Não é falta de orações de toda a família, das primas carmelitas. Teresa não é a última a rezar nessa intenção[484].

No domingo de Pentecostes, 2 de junho, Madre Inês de Jesus tem uma inspiração, a qual comunica à sua irmã Genoveva: não seria desejável que ela permanecesse na condição de conversa, já que três de suas irmãs recitam o Ofício no coro? Mesmo desejosa de recitar os salmos com a comunidade, Celina quer consentir nesse sacrifício. A notícia se espalha, fala-se do assunto no recreio. Mas Madre Maria de Gonzaga é contra e Inês não quer opor-lhe resistência[485].

Outra inspiração, completamente diferente, tomará conta de Irmã Teresa no domingo seguinte — 9 de junho —, festa da Santíssima Trindade. Mas esta chegará ao seu termo e terá consequências consideráveis para Teresa e para outras.

Oferta ao Amor misericordioso (festa da Trindade – 9 de junho de 1895)

Para viver em um ato de perfeito amor…
(Oração 6)

Para entender a importância do Ato de oferecimento na vida de Teresa e, ao mesmo tempo, na história da Igreja do século XIX, deve-se recordar a influência da espiritualidade vitimal reparadora nessa época. "Ao desejo de imitar Jesus vai acrescentar-se uma forte corrente mística de reparação, que nem sempre soube evitar cair em um certo dolorismo:

---

[483]. Em março de 1897, Teresa enviará com esse título uma versão abreviada (dez estrofes) e adaptada ao seminarista Maurice Bellière (P 18 *bis*).

[484]. Tentou-se tudo: peregrinações, novenas. Assim, fizeram uma novena a Nossa Senhora de Lourdes e uma ao senhor Martin em junho (carta de Joana a Irmã Genoveva, 12 de junho de 1895, CG II, p. 814, n.j.).

[485]. Ver *Théâtre au Carmel*, p. 167.

deve-se 'oferecer reparação' pelos pecadores, os blasfemadores, os ímpios. É preciso 'ajudar' as almas do Purgatório..."[486].

Cem anos depois, as perseguições da Revolução Francesa ainda estão muito presentes nos espíritos. As dezesseis carmelitas de Compiègne, guilhotinadas em 17 de julho de 1794, tinham feito voto de martírio e se ofereceram à justiça de Deus para trazer a paz de volta à França. Em diversas congregações, oferecer-se como vítima à justiça de Deus para poupar os pecadores era o atrativo das almas escolhidas. O Carmelo francês, "bérulliano"[487], situa-se claramente nessa perspectiva, expressa em *Le Trésor du Carmel*, livro de referência:

> A finalidade da Ordem do Carmelo é honrar a Encarnação e os aniquilamentos do Salvador, unir-se mais estreitamente ao Verbo feito carne e glorificar a Deus pela imitação de sua vida escondida, sofredora e imolada. É, ainda, rezar pelos pecadores, oferecer-se por eles à justiça divina e suprir, pelos rigores de uma vida austera e crucificada, à penitência que eles não fazem [...]. Essa Ordem exige, portanto, almas generosas [...], zelosas, que renunciem a si mesmas e substituam-se corajosamente como vítimas em lugar de nosso divino Mestre, que se fez impassível, para ser imoladas como Ele à glória de seu Pai e à salvação das almas[488].

No *Petit bréviaire du Sacré-Cœur de Jésus*, dado a Teresa como prêmio na escola — em 4 de agosto de 1884 — e que ela conservará depois em sua cela e na enfermaria, podem-se ler orações neste espírito: "Ó meu Salvador, descarregai sobre mim toda a vossa cólera e riscai-me do livro da vida antes de perder as almas" (p. 79);

> Como vosso divino Coração é poderoso, ó Jesus, para apaziguar a cólera da divina justiça, que a multidão de nossos pecados irritou, atraindo sobre nós todas as calamidades com que nos vemos afligidos. Mas as orações comuns têm um poder sobre esse Coração sagrado, que sustenta e desvia os rigores da justiça divina, colocando-se entre ela e os pecadores para obter nossa salvação (p. 90)[489].

Em uma carta, Madre Genoveva de Santa Teresa, a santa fundadora, escreveu a uma religiosa:

---

486. G. CHOLVY e Y.-M. HILAIRE, *Histoire religieuse de la France contemporaine*, t. I, *1800-1880*, Paris, Privat, 1985, p. 171. Sobre a espiritualidade vitimal, ver Jean CLAPIER, *"Aimer jusqu'à mourir d'amour". Thérèse et le mystère pascal*, Paris, Éd. du Cerf, 2003, p. 33-46, 59-64, 105-106, 125-126.

487. Veja acima, p. 268.

488. P. 538-539 ("Precisões sobre o espírito do Carmelo").

489. *Petit bréviaire du Sacré-Cœur de Jésus*, "Petits offices pour chaque jour de la semaine et Exercice pendant la Messe. Extraits de la Vie et des Œuvres authentiques de la Bienheureuse Marguerite-Marie" (Nancy, 3ᵉ éd., 1882).

Quero felicitar-vos pela parte que Deus vos dá ao associar-vos aos seus sofrimentos; mais que nunca, eles são necessários para apaziguar a cólera de Deus, que os crimes tão multiplicados exasperam; a expiação deve ser a nossa parte da herança[490].

Que as carmelitas sejam as "vítimas" que livram os pecadores dos raios da ira divina é algo que aparece como habitual na mentalidade católica. O tio Guérin partilhava o ponto de vista da *Semaine religieuse de Bayeux*, que em 5 de julho de 1891 publicava um artigo intitulado "Claustros são necessários". "Mais os crimes dos povos aumentam, mais as austeridades do claustro devem acumular-se na balança da Justiça Divina". Em 11 de outubro seguinte, a mesma revista voltava a tratar do assunto: "A religiosa de clausura é o para-raios das cóleras de Deus".

O sermão do Padre Ducellier no sermão da tomada de hábito de Celina, em 5 de fevereiro, não deixava de sublinhar o tema, habitual nessa circunstância:

> Tal é, de tempos em tempos, a atitude de Deus para com as almas sobre as quais ele lançou um olhar de predileção — ele as quer d'Ele, tem ciúme de possuí-las, mas, para que o holocausto seja mais agradável e mais fecundo, quer que elas lhe sejam apresentadas no altar já consumadas em sua vontade, em seu coração, em seus gostos e aspirações, pelo fogo do sacrifício.

Mas, sobretudo, ele dissertara longamente sobre a oferta do "venerável patriarca" Luís Martin. Como Teresa não sentiria esse exemplo, tão próximo, revelado publicamente?

> Era assim que essa alma verdadeiramente esclarecida compreendia a grande questão da vocação. "Deus me deu a honra de pedir-me todas as minhas filhas: eu lhas dou com alegria. Se possuísse alguma coisa de melhor, apressar-me-ia a oferecê-la a Ele." Pois bem, ele não possuía algo melhor — nem, seguramente, mais amado. Tinha, contudo, algo mais íntimo: ele mesmo. O senhor Martin dera tudo, só lhe restava isso para oferecer — ele mesmo — e o fez: "O bom Deus — dizia ele um dia a uma de vossas irmãs, com a simplicidade que é a marca das almas elevadas — inunda-me de muitas consolações. Sim, é demais para a terra. Por isso, perguntei a Nosso Senhor quando ele cessaria de cumular-me de seus favores, pois não se pode ir ao Céu desse jeito, não se pode ir ao Céu sem sofrer. E ofertei-me…". Quem não reconheceria nesses acentos a linguagem das grandes vítimas do Amor divino[491]?

Havia também no Carmelo de Lisieux, em suas origens, duas fundadoras que se ofereceram como vítimas à justiça de Deus. Em 1849, Irmã Maria da Cruz, presente nos

---

490. A Madre Santo Efrém, 27 de abril de 1885, VT, n. 71, julho 1978, p. 227.
491. VT, n. 121, janeiro 1991, p. 58 e 59. Em C 261 (26 de julho de 1897), CG II, p. 1054, Teresa confirmará a oferta de seu pai, "vítima que o Senhor tinha aceitado".

inícios do Carmelo, fizera-o por uma intenção particular: a proclamação do dogma da Imaculada Conceição (que aconteceu em 1854, pelo Papa Pio IX). Em seguida, tendo ela caído na demência, passou trinta e três anos nesse estado até sua morte, em 1882, sem deixar sua cela. Quanto a Madre Genoveva de Santa Teresa, ofereceu-se como vítima na sexta-feira santa de 1890. Sabemos como esta morreu em 5 de dezembro de 1891, tão próxima de Teresa, depois de grandíssimos sofrimentos.

É nesse contexto que Irmã Teresa do Menino Jesus da Santa Face assiste à missa da Trindade no domingo, 9 de junho de 1895. Ao final de seu primeiro manuscrito, ela contou o antes, o durante e o depois desse acontecimento maior: "Eu pensava nas almas que se oferecem como vítimas à Justiça de Deus para desviar e atrair sobre si os castigos reservados aos culpados. Essa oferta me parecia grande e generosa, mas eu estava longe de sentir-me inclinada a fazê-la" (Ms A, 84rº)[492]. Seria ela menor e menos generosa que Madre Genoveva e seu pai bem-amado? Ou que Irmã Ana Maria de Jesus, do Carmelo de Luçon, falecida em 30 de maio, com quase setenta e nove anos? Tudo leva a crer que a circular necrológica desta foi lida no refeitório do Carmelo de Lisieux, na noite de sábado, 8 de junho[493]. Leitura assaz extenuante, para citar apenas algumas passagens escritas por sua priora:

> Devemos, contudo, reconhecer que o estado delicado de nossa Irmã teve por causa as austeridades excessivas às quais ela se entregara sem limites. As vigílias prolongadas, as prostrações noturnas, o repouso no chão de sua cela, as vestes de crinolina, os cintos de ferro etc.: nada fora suavizado. Nossa pobre Irmã também foi, após alguns anos, atingida por dores reumáticas que a crucificaram pelo resto da vida e a obrigaram a viver completamente retirada em sua cela. Como essa querida alma pôde arruinar seu robusto temperamento dessa forma? Ela ultrapassou os limites da prudência ao insistir demasiadamente para seguir o que a atraía? Foi por uma permissão de Deus que os guias de sua consciência acreditaram dever autorizar-lhe isso? Eu não gostaria de responder a essa pergunta e erigir-me em juiz de sua conduta. Tudo o que posso dizer é que nossa amada defunta desejava ardentemente glorificar a Deus e salvar as almas. Foi com tal objetivo que ela procurou o sofrimento e se ofereceu muitas vezes como vítima à Justiça divina. Em suas notas, encontramos a fórmula desse oferecimento:
> "Para obedecer à voz da graça, no estado de abandono e vítima ao qual Jesus, meu celeste Esposo e Salvador, dignou chamar-me, embora muito indigna; seguindo as

---

492. A redação do primeiro manuscrito dá poucas pistas que permitam identificar a data em que o Ato foi redigido. Mas, como se trata do final (Ms A, 84rº), o que Teresa escreve está próximo do dia 9 de junho (seis meses, no máximo).

493. Enviada de Luçon na sexta-feira, 7 de junho, e tendo chegado no dia 8, a circular de seis páginas deve ter sido lida no refeitório, conforme o costume.

intenções especiais do triunfo da Santa Igreja, da liberdade vitoriosa da Santa Sé, da santificação do sacerdócio, do reinado de Cristo nas almas e do zelo apostólico de nosso bispo: eu, Irmã Maria de Jesus, em união aos tormentos da Paixão e morte dolorosa de meu divino Esposo, formulo a promessa, a ser renovada todos os dias, de aceitar todos os sofrimentos interiores e exteriores que aprouver a Deus enviar-me. Dou inteira adesão de minha vontade às divinas disposições do Senhor, que se realizarão em mim momento a momento, de acordo com a medida de luz e amor com que Nosso Senhor se dignar tornar-me capaz".

A partir dessa oferta, datada de 1889, nossa querida Irmã, malgrado a diminuição progressiva de suas forças, entregou-se cada vez mais à penitência. Estava de tal modo emagrecida que parecia um esqueleto; e, contudo, ainda jejuava a pão e água durante a quaresma e o advento. Para obter a conversão de um membro de sua família, privou-se completamente de frutas durante um ano inteiro. A fim de converter um pobre pecador que lhe tinham recomendado, tomou a resolução de não mais comer manteiga, embora gostasse muito, durante todo o resto de sua vida. Três vezes por dia, aplicava-se longas disciplinas; muitas vezes, fazia a via-sacra e recitava o terço com os braços em cruz: era assim que passava seus dias na paz da imolação.

Mas o mais espantoso se encontra no relato de sua agonia:

> Até a véspera de sua morte, nossa cara paciente só experimentara sofrimentos físicos; parecia até mesmo tirar de seus votos um estado mais cruciante. Na quinta-feira santa, ela nos disse: "Tenho que parecer abjeta aos olhos de todo mundo e aos meus próprios olhos; é tudo o que mereço... meus sofrimentos não são mais suficientes". O grande dia finalmente chegou: dia de misericórdia e justiça, de dor e amor. Esse dia foi tudo isso, em grau supremo, para nossa pobre agonizante. Por toda a vida, ela quase não conhecera nada além das consolações e doçuras do amor: chegara o tempo de experimentar as purificações e sempre misericordiosas provações deste. Com frequência, surpreendemos em seus lábios agonizantes este grito entrecortado pela angústia: "Carrego os rigores da Justiça divina... a Justiça divina!... a Justiça divina!... Ó Jesus, vinde, vinde depressa; não posso mais... Aceito os tormentos interiores... A incerteza... A incerteza...". Em seguida, erguendo as mãos gélidas e trêmulas, contemplou-as e disse: "Não tenho méritos suficientes, preciso adquiri-los"[494].

Seria preciso citar longamente o texto, que deve ter impressionado suas ouvintes e parecerá um dia tão oposto às reações de Teresa enferma e agonizante. Em todo caso, no dia seguinte — 9 de junho — ela não caminha nessa direção do apaziguamento da Justiça divina:

---

494. Trata-se de Caroline Ducoroy, nascida em 28 de maio de 1826. Sua irmã e sua mãe também se fizeram religiosas. Ver o texto integral em VT, n. 115, julho 1989, p. 183-189.

> Ó meu Deus — exclamava eu no fundo do coração —, só haverá vossa Justiça que receberá almas a imolar-se como vítimas?... Vosso Amor Misericordioso também não tem necessidade delas?... Em todas as partes ele é desconhecido, rejeitado; os corações aos quais desejais prodigalizá-lo se voltam para as criaturas, pedindo-lhes a felicidade com sua miserável afeição, em vez de lançar-se em vossos braços e aceitar vosso Amor infinito... Ó meu Deus, vosso Amor desprezado vai permanecer em vosso Coração? Parece-me que, se encontrásseis almas oferecendo-se como Vítimas de holocausto[495] ao vosso Amor, vós as consumiríeis rapidamente; parece-me que ficaríeis feliz por não comprimir as ondas de infinitas ternuras que estão em vós... Se vossa Justiça gosta de descarregar-se — ela, que só se estende pela terra —, quanto mais vosso Amor Misericordioso deseja abrasar as almas, já que vossa Misericórdia se eleva até aos Céus... Ó meu Jesus, que seja eu essa feliz vítima, consumi vosso holocausto com o fogo de vosso Divino Amor!... (Ms A, 84rº).

Sob essa inspiração, Teresa se oferece inteiramente durante a missa. A seguir, temos o relato de uma testemunha:

> Ao sair da missa, com os olhos abrasados, respirando um santo entusiasmo, Teresa arrastou-me, sem dizer uma palavra, atrás de nossa madre, que era então Madre Inês de Jesus. Ela lhe contou, diante de mim, balbuciando um pouco, como tivera a inspiração de oferecer-se como Vítima de Holocausto ao Amor Misericordioso do bom Deus, pedindo-lhe que nos entregássemos juntas. Nossa Madre, muito apressada naquele momento, permitiu, sem entender muito bem do que se tratava. Uma vez a sós, Teresa me contou a graça que tinha recebido e pôs-se a compor um ato de oferecimento...[496].

Antes de ler esse "Oferecimento de mim mesma como Vítima de Holocausto ao Amor Misericordioso do bom Deus", devemos nos recordar da finalidade da graça recebida por Teresa: "Nesse ano, na festa da Santíssima Trindade, recebi a graça de compreender mais que nunca *o quanto Jesus deseja ser amado*" (Ms A, 84rº) [grifo nosso]. É para amar Jesus que Teresa se oferece ao seu amor.

---

495. Nos sacrifícios do Antigo Testamento, as vítimas de holocausto eram inteiramente destruídas pelo fogo (do grego *holos*, "inteiro" e *Kautos*, "queimado"). A palavra é frequentemente empregada no vocabulário religioso do século XIX.

496. Caderneta de Celina, CMG, p. 269 (1909). Ver *Prières*, p. 85 e PO, p. 281. Em CLG, p. 60, Irmã Genoveva dá a seguinte versão dos fatos: "Logo depois da missa, muito emocionada, ela me arrastou consigo. Eu não sabia por quê. No entanto, logo encontramos nossa madre priora (Madre Inês de Jesus), que se dirigia para o torno. Teresa parecia um pouco embaraçada para expor seu pedido. Ela balbuciou algumas palavras solicitando a permissão para oferecer-se, comigo, ao Amor Misericordioso. Não sei se ela pronunciou a palavra 'vítima'. A coisa não parecia importante, nossa Madre disse sim. Uma vez a sós comigo, Teresa me explicou brevemente o que queria fazer. Seu olhar estava inflamado. Ela me disse que ia pôr seus pensamentos por escrito e compor um ato de oferecimento".

Tendo tempo livre no domingo, ela escreve seu Oferecimento — sem dúvida em rascunho, a princípio, de tal modo o texto conservado é cuidado:

> Ó meu Deus, Trindade bem-aventurada, desejo amar-Vos e fazer-vos Amar, trabalhar para a glorificação da Santa Igreja, salvando as almas que estão na terra e libertando aquelas que estão sofrendo no purgatório. Desejo realizar perfeitamente vossa vontade e chegar ao grau de glória que preparastes para mim em vosso reino; em uma palavra, desejo ser santa, mas sinto minha impotência e vos peço, ó meu Deus, sede vós mesmo minha santidade [...][497].

Essa última frase continua a ser a mais forte síntese do que é a pequena via. Teresa se apoia nos méritos de Cristo, dos anjos, da Virgem Maria (a quem confia o Ato) e dos santos. A seguir, questionamentos são feitos quando pede a Jesus-Hóstia que permaneça nela, como no tabernáculo[498]. Ela espera que seus sofrimentos serão impressos em seu corpo glorificado. Ao contrário de Irmã Ana Maria de Jesus, de Luçon (e de muitas outras), Teresa chegará diante do Senhor "com as mãos vazias", tendo dado tudo na terra. Depois, formula o Oferecimento propriamente dito:

> Para viver em um ato de perfeito Amor, eu me ofereço como vítima de holocausto ao vosso Amor misericordioso, suplicando-vos que me consumais sem cessar, deixando transbordar em minha alma as ondas de ternura infinita que estão encerradas em vós; e que, assim, eu me torne mártir de vosso Amor, ó meu Deus!...
> Que esse martírio, depois de ter me preparado para comparecer diante de vós, faça-me finalmente morrer e que minha alma se lance sem tardar no eterno abraço de Vosso Misericordioso Amor...
> Quero, ó meu Bem-Amado, a cada batida de meu coração, renovar-vos esse oferecimento um número infinito de vezes, até que, desvanecendo-se as sombras, eu possa repetir-vos meu Amor em um Face a Face Eterno!...
>
> Maria Francisca Teresa do Menino Jesus e da Santa Face
> rel. carm. ind.
>
> Festa da Santíssima Trindade
> 9 de junho do ano da graça 1895

A solenidade do final mostra que não se trata de uma simples oração, mas de um Ato a ser incessantemente renovado. O que Teresa fará[499].

Será na terça-feira, 11 de junho, que Teresa e Celina vão fazer juntas o Oferecimento. Irmã Genoveva reconhecerá mais tarde: "[eu] não compreendia, é verdade, todo

---

497. Oração 6. Ver *Prières*, p. 77-105, para o estudo do Ato de oferecimento.
498. Ver diversas interpretações dessa passagem na Bibliografia do Ato.
499. Ver CA 29.7.9: "Muitas vezes, quando posso, repito meu oferecimento ao Amor".

o alcance do ato que estava realizando, mas tinha plena confiança nas inspirações de minha Teresa querida…"[500].

É importante notar que Teresa não guarda esse Ato de Oferecimento para si. Ela procura imediatamente discípulas, para que Jesus seja ainda mais amado.

No entanto, assim como solicitara a autorização da priora, desejava a revisão de um teólogo, pois não queria enganar-se em uma iniciativa tão importante proposta a outras. Madre Inês de Jesus manda o texto da irmã ao Padre Armand Lemonnier, missionário de *la Délivrande*, que já pregou o retiro comunitário em outubro de 1893 e 1894 (ele retornará em outubro de 1895). Quanto a Irmã Genoveva, esta comunica-lhe sua alegria por ter-se oferecido ao Amor misericordioso: ele é seu diretor espiritual. Mas Padre Lemonnier é prudente, prefere consultar seu superior, o Padre Lemonnier, seu homônimo[501]. Este examinou o Ato à luz de uma vela e queimou a borda do texto. Achou-o ortodoxo, mas pediu a mudança de um adjetivo. Não deveria escrever: "Sinto em mim desejos infinitos", mas "desejos *imensos*"[502]. Teresa lamentou a correção, mas obedece. Talvez ela tenha temido numerosas modificações. "Mas o principal estava aprovado e ela demonstrou muita alegria."[503]

"Mergulhada inteiramente no fogo" (CA 7.7.2)

Na sexta-feira, 14 de junho, Teresa está fazendo a via-sacra no coro da capela. Eis o que ela dirá a Madre Inês de Jesus na enfermaria, dois anos e meio mais tarde:

> Eu estava começando minha via-sacra e eis que, de repente, fui tomada por um amor tão violento pelo bom Deus, que só posso explicar isso dizendo que era como se me tivessem mergulhado inteiramente no fogo. Oh, que fogo e que doçura ao mesmo tempo! Eu ardia de amor e sentia que um minuto, um segundo a mais, e não poderia suportar esse ardor sem morrer. Entendi, então, o que dizem os santos sobre esses estados que eles experimentaram com tanta frequência. Quanto a mim, só o

---

500. *Souvenirs intimes*, 1909, ver *Prières*, p. 86.
501. PO, p. 582 e PA, p. 104. Às vezes, seu nome é ortografado Le Monnier.
502. O "teólogo" se enganou. Ao falar da caridade, São Tomás de Aquino diz que esta é "dada", não de acordo com a capacidade natural, mas conforme a vontade do Espírito Santo (*Summa teologica*, II, II, q. 24, art. 2 e 3). Ela pode, pois, continuar a aumentar (art. 4) "até ao infinito", pois não há nenhum limite ao seu crescimento, uma vez que é uma certa participação na caridade infinita, que é o Espírito Santo (Art. 7). São João da Cruz fala da igualdade de Amor entre a alma e Deus: no Céu, a alma amará a Deus como é amada por Ele, como Ele ama a si mesmo, e isso porque, no dom do Espírito Santo, é o Amor divino e infinito que é verdadeiramente dado à alma (*Cântico espiritual B*, estrofe 38 e 39). Ver *Chama*, estrofe III, v. 3 (conforme uma nota do Padre François-Marie Léthel, OCD).
503. IJ/PO, p. 158.

senti uma vez e em um único instante, depois voltei a cair imediatamente em minha habitual secura[504].

Teresa revelou à priora esse momento pouco comum. Mas Madre Inês de Jesus permanece desconfiada diante de toda realidade desse tipo e não quer atribuir-lhe importância. Sem dúvida, é por essa razão que a irmã não fala do assunto em seu manuscrito. Mas, diante da insistência de Madre Inês, voltará ao tema na enfermaria e lhe responderá com um sorriso: "Minha Mãezinha, eu vo-lo confidenciei no mesmo dia, mas não destes atenção"[505].

A vida comum continua. Mas, para Irmã Teresa, há um antes e um depois de 9 de junho de 1895. Ela o referirá a Madre Inês ao concluir seu primeiro caderno de memórias:

> Minha Madre querida, vós, que me permitistes oferecer-me assim ao bom Deus[506], conheceis as ondas, ou melhor, os oceanos de graças que vieram inundar minha alma... Ah, desde esse feliz dia, parece-me que o Amor me penetra e envolve, parece-me que a cada instante esse Amor Misericordioso me renova, purifica minha alma e não deixa nela nenhum traço de pecado... (Ms A, 84rº).

Mas Teresa não pode parar por aí. Ela quer comunicar esse fogo de amor, em primeiro lugar aos que a cercam de maneira mais imediata. A primeira das discípulas foi sua irmã Celina. A segunda será sua madrinha, Irmã Maria do Sagrado Coração. Eis seu testemunho:

> Durante o correr de junho de 1895, certamente poucos dias depois de Teresa ter-se oferecido ao Amor Misericordioso, eu estava com ela a trabalhar no jardim (para recolher o feno). Ela me disse: "Gostaríeis de fazer o Ato de Oferecimento ao Amor Misericordioso?" — "Não sei o que quereis dizer" — repliquei-lhe, pois ainda não tinha ouvido falar do assunto. — "Bem — retorquiu —, sabeis que há almas que se oferecem como vítimas à Justiça de Deus..." — "Oh, sim — respondi no mesmo instante —, mas não gosto muito dessas coisas". Irmã Teresa me explicou, então, com

---

504. CA 7.7.2.
505. Ibid. Foi o Padre Maria-Eugênio do Menino Jesus que decifrou o sentido dessa graça. Santa Teresa d'Ávila, em sua *Vida*, contou o que foi chamado de sua "transverberação" (cap. 29, § 13). São João da Cruz falou da transverberação como de um "fogo abrasado de amor", uma graça rara que acontece sobretudo "às pessoas cuja virtude e espírito devem ser transmitidos na sucessão de seus discípulos" (*Chama*, estrofe II). Padre Maria-Eugênio vê nessa graça excepcional uma quase-transverberação, reservada àqueles e àquelas que têm uma posteridade espiritual (*Je veux voir Dieu*, Vénasque, Éd. du Carmel, p. 1067). É o caso de Santa Teresa de Lisieux: mais de cinquenta congregações no mundo foram fundadas com base em sua espiritualidade.
506. Sabemos em quais circunstâncias!

simplicidade, que não se tratava de oferecer-se à Justiça do bom Deus, mas, ao contrário, ao seu Amor Misericordioso. "E então, estais vendo — concluiu — que não há nada a temer, pois desse Amor só se pode esperar a Misericórdia". Aceitei que ela me desse o Ato, tal como acabava de compô-lo, mas reservei-me ainda refletir antes de pronunciá-lo. Tendo-o lido, fiz-lhe notar que não falava do Sagrado Coração, e foi para agradar-me que ela acrescentou: "Suplicando-vos que não me olheis senão através da Face de Jesus e em seu Coração ardente de amor"[507].

Não é por acaso que Irmã Maria do Sagrado Coração tem esse nome. Depois de seu retiro pessoal, ao final de maio, quando as duas estão na biblioteca, ela pede à afilhada que lhe componha uma poesia sobre o tema. Sabemos que, em outubro de 1890, Teresa escrevera a Celina: "Tu sabes, eu não vejo o Sagrado Coração como todo mundo..."[508]. A representação habitual do Coração de Cristo e a espiritualidade de reparação não a atraem. Irmã Teresa é especialmente sensível ao coração de seu esposo, que é somente dela, como o seu é somente d'Ele. No entanto, a jovem carmelita não pode recusar-se a contentar a irmã e, para a sua festa — na sexta-feira, 21 de junho, quando se celebra o Sagrado Coração —, oferece o poema *Ao Sagrado Coração de Jesus*[509].

Depois de ter aludido em três estrofes a Maria Madalena[510] em busca de Jesus, Teresa exprime um grito de amor intenso em cinco estrofes apaixonadas que estão em ressonância com seu recente ato de oferecimento:

"Preciso de um coração ardente de ternura
Que nunca deixe de ser o meu apoio,

---

507. Esse texto data de 2 de junho de 1938 (Mss II, p. 59-60). Há outro texto, de 6 de junho de 1934, entregue por Irmã Maria da Encarnação, enfermeira de Irmã Maria do Sagrado Coração: "Hoje eu estava falando com Irmã Maria do Sagrado Coração sobre o 'Ato de oferecimento'. Ela me disse que, ao recolher feno no prado, Santa Teresa do Menino Jesus — que estava ao seu lado — perguntara-lhe se ela queria oferecer-se como Vítima ao Amor Misericordioso do bom Deus e ela respondera: 'Claro que não, não vou oferecer-me como vítima, Deus me tomaria ao pé da letra e o sofrimento me causa muito medo. A princípio, a palavra vítima me desagradava muito'. Então Teresinha me respondeu que oferecer-se como vítima ao Amor do bom Deus não era a mesma coisa que oferecer-se à sua justiça, que eu não sofreria demasiado, que era para melhor amar o bom Deus por aqueles que não querem amá-lo. Enfim, ela era tão eloquente que me deixei vencer e também não me arrependi!" (CG II, p. 896-897, n.f.).

508. C 122, 14 de outubro de 1890, CG II, p. 622.

509. P 23. Sobre a questão da datação, filiamo-nos à opção de *Poésies*, p. 128, e *Poésies*, t. II, p. 147, que nos parece conclusiva.

510. Santa pela qual Teresa sente verdadeiro fascínio, ver Ms A, 38v°-39r°; C 130; RP 4 (*Jesus em Betânia*, de 29 de julho de 1895) etc. Ver Claude LANGLOIS, *Thérèse de Lisieux et Marie-Madeleine, la rivalité amoureusei*, Grenoble, Jérôme Million, 2009.

> *Amando tudo em mim, mesmo minha fraqueza...*
> *Não me deixando, noite e dia".*
> *Não pude encontrar nenhuma criatura*
> *Que me amasse sempre, sem jamais morrer.*
> *Preciso de um Deus que assuma minha natureza,*
> *Que se torne meu irmão e possa sofrer!*
>
> *Tu me ouviste, único Amigo que amo:*
> *Para arrebatar meu coração, fazendo-te mortal,*
> *Derramaste teu sangue, mistério supremo!...*
> *E vives ainda por mim no Altar.*
> *Se não posso ver o brilho de tua Face,*
> *Escutar tua voz cheia de doçura,*
> *Posso, ó meu Deus, viver de tua graça*
> *Posso repousar sobre teu Sagrado Coração!*
>
> *Ó Coração de Jesus, tesouro de ternura,*
> *És tu minha felicidade, minha única esperança.*
> *Tu, que soubeste encantar minha tenra juventude,*
> *Fica ao meu lado até à última noite.*
> *Senhor, só a ti dei minha vida*
> *E todos os meus desejos são conhecidos por ti.*
> *É em tua bondade sempre infinita*
> *Que quero me perder, ó Coração de Jesus!*
>
> *Ah, eu sei bem, todas as nossas justiças*
> *Não têm valor algum aos teus olhos.*
> *Para dar valor aos meus sacrifícios,*
> *Quero lançá-los em teu divino Coração.*
> *Não encontraste teus anjos sem mancha*
> *No seio das luzes deste tua lei!...*
> *Em teu Coração Sagrado, Jesus, eu me escondo.*
> *Não tremo, minha virtude és Tu!...*

A terceira discípula será a mais jovem das noviças, Irmã Maria Inês da Santa Face (futura Irmã Maria da Trindade). Mas a proposta é mais prudente e demora alguns meses a ser feita. É somente no sábado, 30 de novembro de 1895, que Teresa lhe fala do Ato de Oferecimento. Convencida, a jovem Irmã deseja oferecer-se também, e já no dia seguinte — 1º de dezembro, primeiro domingo do Advento. Mas, ao entrar em sua cela, toma consciência de sua indignidade e deseja uma preparação mais longa. Ela vai apresentar suas objeções e Teresa lhe responde:

> Eu tinha medo de que não compreendêsseis suficientemente a importância do Ato que vou levar-vos a fazer; o que me dizeis confirma-me o contrário. Como estou feliz!

Não temais, Jesus vos receberá amanhã com alegria e amor, basta que reconheçais vossa indignidade para que ele faça em vós grandes coisas... Após a ação de graças, ficaremos as duas no Oratório e, enquanto estiverdes pronunciando o Ato de Doação, eu vos oferecerei a Jesus como uma pequena vítima que preparei para ele[511].

E Maria se recorda:

No dia seguinte, tudo se passou assim. Mas como descrever-vos a abundância das consolações que inundaram nossas almas? Eu me sentia de tal modo esmagada sob o peso das misericórdias divinas que parecia que meu coração ia se romper. E quando, ao sair do Oratório, quisemos comunicar nossos sentimentos, só pudemos fazê-lo por meio de nossas lágrimas...

"A pobre Leônia"

Voltemos ao verão de 1895. Irmã Marta, sua companheira há sete anos, pediu a Teresa um texto para ajudá-la na meditação da noite, já que, na condição de Irmã conversa, não está no coro com a comunidade. Teresa compõe para ela a *Oração a Jesus no tabernáculo*[512], datada de 16 de julho, festa de Nossa Senhora do Carmo e aniversário de Irmã Marta, que completa trinta anos. O texto a ajuda a "não perder a coragem diante de suas fraquezas" e a "oferecer todos os batimentos de seu coração como tantos atos de amor e reparação". O tom continua próximo do Ato de oferecimento.

Quatro dias depois, chega a má notícia que tinham temido, tanto entre os Martin quanto entre os Guérin: Leônia está deixando a Visitação. É a terceira vez que ela sai de um mosteiro. Leônia tem trinta e três anos. Evidentemente, a família fica consternada. Em 18 de julho, o tio Isidoro a conjurou a fazer ainda um esforço durante três meses. Ele escreve à Madre Inês: "É uma pobre natureza, incapaz de reagir"[513]. Dois dias mais tarde, vai buscá-la em Caen com sua filha Maria e acolhê-la mais uma vez em seu lar (*rue Paul-Banaston*), onde a esposa e a filha tentarão reconfortá-la quando ela chega ao limite da depressão.

No sábado, 20 de julho, tendo que ir no dia seguinte à peregrinação da Conferência São Vicente de Paulo a *la Délivrande*, Isidoro deixou Maria e Leônia voltarem a Lisieux.

---

511. VT, n. 77, janeiro 1980, p. 56. Texto da circular de Maria da Trindade.
512. Oração 7, 16 de julho de 1895.
513. S. Piat, *Léonie*, OCL, 1966, p. 195. Nesse mesmo dia, os Guérin foram ver as sobrinhas no locutório. A tia escreve a Madre Inês: "Mais uma vez, a Irmãzinha Teresa do Menino Jesus não me disse nada no último locutório; não importa, porque vejo sua carinha tão doce, mas aqui não a vejo e gostaria muito que ela me dissesse alguma coisa" (CD 1111, CG II, p. 813-814, n.a.).

Encontrando a casa deserta (todo mundo estava em La Musse entre 27 de junho e 6 de agosto), elas vão ao Carmelo. Teresa conta à tia:

> Estávamos mergulhadas em uma dor imensa por causa de nossa pobre Leônia; era como uma verdadeira agonia, Deus queria provar nossa fé, não nos mandava nenhuma consolação; quanto a mim, não podia fazer outra oração além daquela de Nosso Senhor na cruz: "Meu Deus, meu Deus, por que nos abandonastes?"[514].

No dia seguinte, continua sua carta: "Maria chegou com Leônia; nossa emoção foi muito grande ao vê-la, ela chorava tanto que não conseguíamos dizer-lhe uma palavra; por fim, Leônia terminou por olhar para nós e tudo ficou bem"[515]. As duas exiladas fizeram a refeição no refeitório das Irmãs veleiras, que Maria fez vibrar com suas habituais gargalhadas.

É preciso falar desta, pois seu projeto, que vem de muito longe, vai finalmente se realizar: Maria Guérin entrará no Carmelo de Lisieux, fazendo chegar a cinco o "clã Martin-Guérin". Teresa a trata como "mulher forte" nessa circunstância do retorno de Leônia:

> Ela é de uma animação capaz de fazer as pedras rirem [...]. Ah, como vossa Mariazinha tem virtude... O domínio que tem sobre si mesma é impressionante, nem sempre é energia o que lhe falta para tornar-se uma santa. E é a virtude mais necessária: com a energia podemos chegar facilmente ao ápice da perfeição[516]. Se ela pudesse dar um pouco a Leônia, vosso anjinho ainda teria bastante e isso não faria mal a esta...[517].

De La Musse, em 28 de julho — véspera do primeiro aniversário da morte de Luís Martin —, a tia Celina escreveu a Teresa. Uma missa será celebrada em São Pedro. A mãe fica preocupada com o futuro da filha, futura carmelita. O pai está sofrendo muito[518]. Por sua vez, eles devem aceitar essa separação. Vão fazê-lo com coragem[519]. Por ora, toda a família, com Leônia, encontra-se em La Musse. São as últimas férias de Maria, estando sua entrada prevista para 15 de agosto.

---

514. C 178, 20 de julho de 1895, CG II, p. 812.

515. Ibid.

516. Ibid., p. 813. Esta frase, da parte daquela que segue a pequena via, mostra que não há nesta nenhuma mescla de quietismo. Teresa sempre manifestou uma vontade forte.

517. C 178, ibid., p. 813.

518. Ver CD 1110 — de Isidoro Guérin a Madre Inês, 18 de julho de 1895, VT, n. 122, abril 1991, p. 117.

519. Ver as duas cartas dos pais Guérin a Madre Inês, CD 1110 e 1111, 18 de julho de 1895, VT, n. 122, abril 1981, p. 117-118. Isidoro reconhece que, após uma tristeza que o "acabrunhou noite e dia", uma "reviravolta" se operou nele. Ele renovou muitas e muitas vezes seu sacrifício e está "transfigurado" (p. 118).

O dia 29 de julho, festa de Santa Marta, é tradicionalmente a festa das Irmãs conversas do Carmelo. Nessa data, são dispensadas de todos os trabalhos materiais. As Irmãs coristas as substituem em tudo e o noviciado se ocupa da cozinha. Nesse verão, contam-se cinco Irmãs conversas: três anciãs (Irmã Maria da Encarnação, Irmã São Vicente de Paulo, Irmã São Pedro) e duas noviças (Irmã Marta de Jesus e Irmã Maria Madalena do Santíssimo Sacramento). Mais uma vez, Irmã Teresa do Menino Jesus é encarregada de recrear a comunidade com uma pequena composição.

Jesus em Betânia (RP 4) [29 de julho de 1895]

O tema parece impor-se: o evangelho do dia, *Jesus em Betânia*[520] (Lc 10,38-42). Jesus dialoga sucessivamente com as duas irmãs, Marta e Maria. Poema inteiramente cantado (41 estrofes com quatro melodias diferentes). Para Teresa, Maria de Betânia, Maria de Magdala (Lc 8,2) e Maria (Lc 7,36-50) são uma só personagem, como se pensava na época[521]. Seria fácil opor a vida ativa e a vida contemplativa, "a melhor parte". Não é esse o ponto de vista de Teresa e seria descortês com as Irmãs conversas (chamadas de "Marta"), principalmente no dia em que se quer honrá-las. O que Teresa vai realçar é o face a face da "alma pura" e da "alma arrependida". Falou-se de sua fascinação por Maria Madalena, que se tornou uma grande contemplativa e "apóstola dos apóstolos" por ocasião da Ressurreição de Jesus (Jo 20,17).

Jesus declara seu amor misericordioso à confusa Maria:

> *É verdade, sobre tua alma*
> *Derramei lágrimas.*
> *Mas, com um pouco de fogo*
> *Posso mudar os corações.* (4)

A Marta, que se mostra apurada ("é melhor trabalhar que fazer orações" [20]), Jesus estima que a oração caminha junto com o trabalho e que as duas atitudes o agradam. Ele recorda (Lc 7,42-43):

> *Ama mais aquele*
> *A quem mais foi perdoado!...* (27)

Teresa explicitou esse debate, que a toca em profundidade: "Eu poderia ter caído tão baixo quanto Santa Madalena", mas o Senhor a perdoou por antecipação. "Ele quer que eu

---

520. RP 4.
521. Essa exegese antiga encontra defensores hoje. Ver *Figures de Marie-Madeleine, Cahiers Évangile*, n. 138, Paris, Éd. du Cerf, dezembro 2006.

o *ame* porque me *perdoou*, não muito, mas *tudo*" (Ms A, 38vº-39rº). Assim, Teresa, "alma pura" pode amar "tanto quanto uma alma arrependida", sem nenhum farisaísmo[522].

É o que diz Marta:

> *Oh, que seja assim, surpreendo-me outra vez,*
> *Pois me impedistes, Senhor, de cair.*
> *Protegestes minha vida desde seu despertar.*
> *Por tão grandes benefícios, não te devo amar?... (28)*

Nessa espécie de rivalidade com Madalena, Teresa reivindica também o título de *"apóstola dos apóstolos"* (Ms A, 50rº, 56rº).

Assim se expressa Teresa diante de toda a comunidade. As três "atrizes" são as Irmãs Teresa (Jesus), Maria da Trindade (Madalena) e Genoveva [Celina] (Marta). Em uma comunidade onde as diferenças sociais continuam a existir entre as mulheres da nobreza, as camponesas e as plebeias, o perigo — malgrado a caridade fraterna — podia surgir da distinção entre duas categorias de Irmãs. O fato recente de que Celina Martin quase se tornou uma Irmã conversa seguramente provocou reações. Teresa não quer dar lições a ninguém, mas acalmar os corações, destacando — a partir do Evangelho — que só o amor de Jesus deve estar no coração de todas as carmelitas, quer sejam "Marta" ou coristas, e que todas foram salvas pelo Amor misericordioso.

Chegada da prima (15 de agosto de 1895)

No verão de 1895, Teresa vive uma espécie de plenitude. Depois de seu oferecimento ao Amor, da vinda de Celina para o Carmelo, da chegada próxima de sua prima Maria, da missão de acompanhar as noviças e da certeza da presença do pai no Céu, ela escreve muito: seu manuscrito e vários poemas traduzem seu júbilo, sua paz, sua liberdade interior. Ela concluiu com bastante rapidez seu primeiro caderno escolar — "caderno... de obediência" — e, ao todo, utilizará três. Todas as vezes que termina um, passa-o à Irmã Genoveva, a primeira leitora. Esta escreveu: "Não sabendo como testemunhar-lhe minha admiração, eu lhe declarei um dia, entusiasmada e convicta: 'Isso deve ser publicado! Vereis que isso servirá mais tarde!' Teresa se contentou em rir com gosto de minha reflexão, que ela achou ridícula"[523].

Esse período corresponde também à importância do lugar das irmãs Martin na comunidade. Madre Inês de Jesus é priora, Irmã Maria do Sagrado Coração é provisora[524]

---

522. Talvez haja aqui um detalhe que sirva para datar essas páginas do manuscrito A.
523. Texto posterior a janeiro de 1909. Ver Guy Gaucher, *L'Histoire d'une âme de Thérèse de Lisieux*, Paris, Éd. du Cerf, col. "Classiques du christianisme", 2000, p. 35.
524. Ver CD 1069, 19 de julho de 1894, CG II, p. 779.

desde o fim de junho de 1894 e Irmã Teresa do Menino Jesus exerce um papel preponderante, embora oculto, no noviciado. Seus talentos de autora de poemas e recreações teatrais a fazem estimada por várias Irmãs.

Se o Carmelo de Lisieux vai acolher em breve uma postulante, perde, em contrapartida, uma Irmã em 29 de julho de 1895. Irmã Ana do Sagrado Coração, euroasiática do Carmelo de Saigon, fundado pelo de Lisieux em 1861, volta ao seu país. Ela pedira para ir à França e aí passou doze anos (1883-1895); era um vínculo vivo com o primeiro Carmelo criado no Oriente, em condições dificílimas e heroicas[525]. Os laços epistolares com o Carmelo de Saigon eram regulares. Teresa se interessa por ele e em várias ocasiões sonhou em ser voluntária para reforçar o Carmelo de missão[526]. A princípio, Teresa empregou a palavra "exílio", pois é possível que a vida "de família" no Carmelo de Lisieux não tenha satisfeito seu desejo de solidão, quando ela queria viver escondida com Jesus escondido.

Por ora, na segunda-feira, 12 de agosto, Irmã Maria Inês da Santa Face atinge a maioridade (vinte e um anos). Seu "Anjo" lhe oferece um poema, Meu Céu na terra (*Cântico da Santa Face*)[527]. O nome religioso da noviça (que logo será trocado) convoca o tema: "Tua Face é minha única Pátria" (estrofe 3). Nada aí menciona, por pouco que seja, a biografia da jovem Irmã. Teresa lhe expressa as próprias aspirações:

> *Tua Face é minha única riqueza.*
> *Não peço nada a mais.*
> *Nela me escondendo sem cessar,*
> *Eu me parecerei contigo, Jesus...*
> *Deixa em mim a Divina marca*
> *De teus Traços cheios de doçuras*
> *E em breve me tornarei santa,*
> *A ti atrairei os corações* (5).

Três dias depois, é a Assunção da Virgem Maria e a festa de Maria Guérin, que reveste um aspecto particular e inesquecível para ela: a segunda filha dos tios Guérin entra no Carmelo. Sabemos que Maria pensava nisso há muito tempo, mas sua saúde fora atingida no ano anterior. Jovem bonita, de vinte e cinco anos, viva, animada, boa pianista, com bela voz de soprano (seu pai a chama "o pequeno rouxinol"), especialista

---

525. Ver meu artigo sobre "La fondation des carmels de Saïgon et de Hanöi par le carmel de Lisieux (1861-1895)", VT, n. 187, julho 2007, p. 227-245, com bibliografia. Ver C 225, 2 de maio de 1897, CG II, p. 980-981.

526. Em 15 de outubro do mesmo ano, o carmelo de Saigon vai fundar o de Hanoi.

527. P 20.

na arte da fotografia (aluna de Celina), ela recusou vários "partidos honoráveis"[528]. Toda a família retornou de La Musse, onde Maria se despediu do Padre Chilard, pároco de São Sebastião, ex-capelão militar e amigo dos Guérin. O padre chorou, assim como toda a família, exceto Maria. Parece que Leônia voltou a sorrir e alegrar-se depois que o pároco de Saint-Germain-de-Navarre (perto de Évreux), Padre Levasseur, lhe disse para não pensar mais no convento[529].

Maria recebeu o nome que estava esperando: Maria da Eucaristia. Ela juntou-se ao grupo das noviças: são cinco agora. Para a chegada da prima, Teresa compôs o *Cântico de uma alma que encontrou o lugar de seu repouso*[530] e a recém-chegada vai cantá-lo para a comunidade com a melodia do romance de Mignon[531]. À noite, em sua cela, a novata encontra uma cópia do poema *Viver de Amor* em meio a flores. De dia, Teresa lhe dera um exemplar deste, como uma espécie de programa de vida. Aquele que Irmã Maria da Eucaristia cantou nesse dia se aplica à sua história:

> *Ó Jesus, neste dia rompes meus laços [...]*
> *Senhor, se deixei minha família querida...* (1)
> *Jesus, no Carmelo quero viver,*
> *Pois a esse oásis teu amor o chamou.*
> *É aqui que te quero seguir*
> *Te amar, te amar e morrer.* (2)

Evidentemente, Teresa expressa, como sempre, os próprios desejos.

Doravante, a correspondência entre o Carmelo e os Guérin vai incrementar-se[532], sem esquecer os locutórios semanais e uma acentuada ajuda em espécie: geleia de ruibarbo para Madre Maria de Gonzaga, potes de groselha, maçãs, conservas de salmão, vagens etc.[533] Em troca, Madre Maria de Gonzaga sacrifica um pato do galinheiro, que será degustado em família, na casa dos La Néele (*rue de l'Oratoire*, em Caen)[534].

---

528. CD 1113 — de Celina Guérin à senhora Fournet, sua mãe —, início de agosto de 1895, VT, n. 122, abril 1991, p. 120.
529. CD 1114 — de Maria Guérin a Irmã Genoveva, 5 de agosto de 1895, VT, n. 123, julho 1991, p. 159.
530. P 21.
531. "*Connais-tu le pays?*", música de Ambroise Thomas. Teresa segue fielmente o seu modelo.
532. Não esquecer que habitualmente a priora lê todas as correspondências que entram e saem do mosteiro.
533. CD 1115 — da senhora Guérin a Irmã Maria da Eucaristia, 16 (?) de agosto de 1895, VT, n. 123, julho 1991, p. 161.
534. CD 1117 — de Irmã Maria da Eucaristia à sua mãe, 17 (?) de agosto de 1895, VT, n. 123, julho 1991, p. 162.

As primeiras notícias da postulante são excelentes: "Passei uma noite magnífica, das 9 da noite de ontem até as cinco e meia dessa manhã, dormi um sono só. Dorme-se muito bem no Carmelo e não se tem tempo para ver se o colchão de palha é duro ou não"[535]. Ela escreve mais uma vez para pedir duas garrafas de vinho branco e 20 francos (tirados de sua poupança) para celebrar os trinta e quatro anos da priora — isto é, Madre Inês de Jesus, sua prima de primeiro grau — e inaugura, assim, uma longa litania de pedidos de socorro feitos à família. Depois de Luís Martin, os Guérin vão tornar-se benfeitores insignes do Carmelo lexoviense[536].

O presente de Teresa à sua "Mãezinha" consiste em um poema, *À minha Mãe querida, belo anjo de minha infância*[537]. Ela está relendo o manuscrito dirigido a "Paulina". Como não se dar conta do lugar privilegiado que a irmã ocupou em sua infância e adolescência? E agora esta se tornou sua priora, aquela que deve conduzi-la a Jesus. Paulina foi seu "Anjo", conforme o costume conventual: uma veterana inicia uma jovem em sua nova vida. Lendo esse cumprimento, Madre Inês reparou nas estrofes 13 a 15, que podem ser lidas como um anúncio da "partida" de Teresa[538]?

> *Madre, o Amor dá asas...*
> *Logo poderei voar*
> *Para as colinas eternas,*
> *Aonde Jesus se digna me chamar...*
>
> *Mas, nesta praia estrangeira,*
> *Sem deixar a Corte Celeste,*
> *Descerei para junto de minha Mãe*
> *Para, por minha vez, ser seu anjo.*
>
> *Para mim, o Céu não teria encantos*
> *Se não vos pudesse consolar,*
> *Em sorrisos vossas lágrimas transformar...*
> *Todos os meus segredos vos revelar!...*

Pelo terceiro ano, Padre Arnaud Lemonnier prega o retiro comunitário, de 7 a 15 de outubro. Este é perturbado pela morte de Padre Delatroëtte, superior do Carmelo, aos sessenta e sete anos. Um ofício solene será celebrado na capela em 20 de outubro. No último dia do retiro, grande festa de Santa Teresa d'Ávila, patrona de Irmã Teresa. Sua

---

535. Ela foi dispensada das matinas da noite e da oração da manhã.
536. CD 1122, 6 de setembro de 1895, VT, n. 123, julho 1991, p. 166-167 e CD 1123, ibid., p. 167.
537. P 22 — 7 de setembro de 1895.
538. Teresa continua a ser tratada pelo doutor Francis La Néele. Em C 180, ela lhe agradece pelo trabalho que este se deu para encontrar-lhe remédios.

prima Joana La Néele queria oferecer peixe à comunidade, mas "a *velha* decana do noviciado" (sete anos e meio de vida religiosa) preferiria modelos florais para fazer estampas a ser vendidas na portaria. Se possível, Teresa prefere esse presente, pois "nunca *gostou do que se come*"[539]. E, se ela fizer muitas estampas, "poderão comprar peixe", afirma.

"Desse lado, minha alma estava nova" (Ms C, 32r°)

É precisamente no dia de sua festa que Madre Inês de Jesus chama sua irmã para falar-lhe de uma carta que ela acaba de receber. Teresa está no tanque com toda a comunidade no dia da lavagem de roupa. As Irmãs criaram o hábito de cantar durante esse trabalho laborioso. Pode-se mesmo ouvi-las da rua ao lado[540]. Eis a carta que a priora recebeu de um seminarista de vinte e um anos, da diocese de Bayeux e Lisieux:

> 15 de outubro.
> Reverenda Madre Superiora,
> É em nome e na festa da grande Santa Teresa que venho a vós na condição de quem pede e como enviado por ela, uma vez que o pensamento de me dirigir a vós veio ontem — depois de tê-lo negligenciado por um tempo. Mas, em primeiro lugar, Madre, permiti que me apresente — e perdoai-me desde agora o excesso de simplicidade que talvez já esteja a assustar-vos. Sou seminarista da diocese de Bayeux, no segundo ano do seminário em Sommervieu — conduzido a esta casa pela graça de Deus, que quer que eu seja sacerdote; além disso, à espera de uma decisão definitiva, sou aspirante missionário inscrito nos registros do seminário da *rue du Bac*, em Paris[541]. Mas, como vos dizia, Madre, a graça de Deus, que me impeliu em direção ao santuário, não apagou as últimas marcas de uma vida superficial que precedeu minha iniciativa e, apesar de meus esforços, chego com dificuldade a deixar-me penetrar pelo espírito eclesiástico e obrigar-me a todas as exigências da regra.
> Ora, eis que durante um retiro li que um jovem se convertera repentinamente, reconduzido a Deus pelas orações de sua irmã ou sua mãe, e pensei que, se alguém rezasse por mim, eu também me converteria plenamente, generosamente; e refleti no seguinte: escreverei a uma comunidade do Carmelo e pedirei que uma religiosa seja particularmente associada à salvação de minha alma e obtenha para mim a graça da fidelidade à vocação que Deus me deu: sacerdote e missionário. E eis que vos peço, Madre, propor essa obra a uma de vossas religiosas: sou temerário e vos suplico

---

[539]. C 180, CG II, p. 818-820.

[540]. CD 1126 — de Irmã Maria da Eucaristia para seus pais, 4 de outubro de 1895, VT, n. 123, julho 1991, p. 169.

[541]. Em 10 de dezembro de 1894, Missões Estrangeiras de Paris.

humildemente perdão, mas preciso tanto de socorro! — Aliás, se eu corresponder à minha vocação, salvarei outras almas, e essa religiosa, a quem confio a minha, também terá salvado outras. Em nome de Santa Teresa e das almas, me recusareis? Quem sabe, Madre, obterei esse favor, essa graça, se quiserdes considerar que, em um mês, entro no quartel e deverei novamente sofrer os assaltos de um mundo que não está totalmente morto para mim — [...] Em troca, prometo que, uma vez sacerdote, terei sempre uma lembrança no memento da missa pela religiosa que for consagrada à minha salvação[542].

A priora responde positivamente à petição e designa Irmã Teresa do Menino Jesus da Santa Face, vinte e dois anos e meio, para cumprir essa missão. O acontecimento toca o mais profundo do coração de Teresa. Ela o comentará mais tarde com Madre Maria de Gonzaga:

> Minha Madre, expressar-vos minha felicidade seria coisa impossível, meu desejo realizado de uma forma inesperada fez nascer em meu coração uma alegria que eu chamaria de pueril, pois preciso voltar aos dias da minha infância para reencontrar a lembrança dessas alegrias tão vivas, que a alma é pequena demais para conter; nunca, depois de anos, tinha experimentado esse tipo de alegria. Sentia que, dessa parte, minha alma estava nova, era como se tivessem tocado pela primeira vez cordas musicais até então mantidas no esquecimento. Eu entendia as obrigações que me impunha, por isso pus-me à obra, tentando redobrar de fervor (Ms C, 32rº).

Esse júbilo tão intenso provém do fato de que Teresa gostaria de ter tido irmãos, irmãos missionários. Era a esperança de seus pais, mas os pequenos Maria José e Maria João Batista morreram com alguns meses. Teresa só viveu com meninas, em família, na escola... no Carmelo. E eis que, repentinamente, ela recebe, na obediência, um irmão de sua idade para ajudar, para que ele seja sacerdote e missionário: um novo grande desejo realizado de maneira inesperada.

Além do mais, o desejo permanente de rezar pelos sacerdotes[543] vai concretizar-se de repente. Sabe-se que ela lera um folheto — sem nome de autor — intitulado *O Coração Eucarístico de Jesus* (*imprimatur* de 21 de julho de 1888), que chamara sua atenção, com *A oração a Jesus Sacerdote e Hóstia*, composta por Thérèse Durnerin[544]. Teresa a aprendera de cor e levava as noviças a recitá-la[545]. Encontram-se vestígios dessa oração ao final de

---

542. CD 1127, 15 de outubro de 1895, VT, n. 66, abril 1977, p. 139-140.
543. Ver C 94, 96, 101, 108, 122, 201.
544. Ver Monsenhor LAVEILLE, *Thérèse Durnerin, fondateur des Amis des Pauvres*, Paris, Téqui, 1922; Claude LANGLOIS, "Les campagnes de prière de Thérèse Durnerin", em *Le Désir du sacerdoce chez Thérèse de Lisieux*, p. 71-78.
545. Ver CLG, p. 100 e trechos da oração, p. 214-215.

sua recreação *Os anjos no presépio de Jesus*[546] e na oração que vai compor para seu novo irmão[547], quando evoca com que delicadeza Maria vestia Jesus.

Maurice Bellière, seminarista

Nascido em Caen em 10 de junho de 1874, Maurice-Marie-Louis Bellière perde a mãe oito dias depois do nascimento. Entregue à tia, Adèle Barthélemy, costureira residente em Langrune-sur-Mer, é educado nesse lugar, sendo o tio marinheiro. O pai, Alphonse, tintureiro, só volta a aparecer em sua vida quando Maurice tem onze anos. Mas será para abandoná-lo pela segunda vez. O tio — que Maurice acreditava ser seu pai —, marinheiro-pescador, morre no mar do Sul, em 13 de junho de 1876. O menino será chamado, portanto, Maurice Barthélemy-Bellière. Tais traumatismos afetivos deixarão marcas no garoto, que faz sua primeira Comunhão em 7 de junho de 1885 e recebe a Confirmação dois dias depois. Ele entra no Seminário Menor em Villiers-le-Sec e continua a formação clerical no seminário de Sommervieu em 1º de outubro de 1894. Sensível, entusiasmado, às vezes desanimado, ele se questiona sobre sua vocação missionária e faz opção pelas Missões Estrangeiras de Paris. Mas deve submeter-se às leis da República, que convoca os seminaristas ao serviço militar[548]. Essa perspectiva o assusta um pouco, e é então que ele escreve à priora do Carmelo de Lisieux. Madre Inês de Jesus lhe responde, anexando à sua carta a oração composta para ele pela Irmã que ela designou[549].

Com "ardor", essa oração expressa, em primeiro lugar, a ação de graças por ver "um de seus maiores desejos realizado": "ter um irmão sacerdote e apóstolo...". Para ele, Teresa oferecerá "*todas* as suas *orações* e [todos] os seus *sacrifícios*". Ela se vê sobre a montanha do Carmelo, rezando e sofrendo por aquele que combate na planície. Que ele seja guardado (sobretudo durante o ano de serviço militar). Que Maria proteja o futuro sacerdote sob seu "manto virginal". O jovem seminarista agradece longamente, calorosamente, à Madre Inês e lê "com profunda emoção" a oração de sua nova irmã, que esta recita em sua intenção todos os dias:

> Como Deus é bom, minha reverenda Madre, e como admiro, ao dar-lhe graças, sua admirável e misericordiosa Providência, que faz por mim tão grandes coisas! [...] Agora não tenho mais medo e sinto no coração um novo ardor, que triunfará. Serei santo,

---

546. RP 2, 7vº.
547. O 8.
548. A lei chamada "dos clérigos de mochila" fora votada em 9 de julho de 1889. Sadi Carnot era o presidente da República.
549. Oração 8, composta entre 17 e 21 de outubro. Ver *Prières*, p. 106-109.

quero ser santo — e, se digo santo, por que não dizer mártir? Mas quantas graças, quantas virtudes, quanta santidade, enfim, para merecer esse insigne favor. E tenho tão pouco dessas coisas — mas as terei. Minha irmã e eu faremos violência ao Céu e a doce Rainha dos Apóstolos e dos Mártires dignar-se-á receber-me em seu batalhão de elite. E será a vós, minha Madre, que o deverei, vós que quisestes condescender à minha desesperada solicitação. Obrigado, não consigo, não sei como vos agradecer. Pelo menos, é com toda a efusão de meu coração agradecido. Quem me destes por Irmã? Uma santa, um anjo, como vós mesma o dizeis! Eu sabia que só havia santas entre vós, mas não ousava imaginar que uma santa entre santas tornar-se-ia minha irmã[550].

Apesar de suas promessas, Maurice ficará silencioso até julho de 1896, com exceção do envio de um cartão de visita na terça-feira, 12 de novembro de 1895, informando ao Carmelo de sua entrada na caserna[551]. "Devo confessar que, primeiramente, não tive consolações para estimular meu zelo", constatará Teresa (Ms C, 32rº).

"Jesus, meu bem-amado, lembra-te!" (P 24) [21 de outubro de 1895]

Mas no Carmelo, com os cuidados com as cinco noviças, Teresa tem muito com que se ocupar. Celina não é a última a exigir seu acompanhamento. Certamente, ela se ofereceu ao Amor Misericordioso, mas o cotidiano da vida carmelitana a expõe a fases de desânimo[552]. Também mensura tudo o que teve que deixar para seguir Jesus. Celina conta:

> Pedi-lhe que compusesse para mim uma longa poesia que recordasse a Jesus aquilo a que eu tinha renunciado por Ele e na qual cada estrofe terminaria com esta palavra, tirada de uma melodia que nos agradava: "Lembra-te". Em meu pensamento, Jesus me devia muito pelos imensos sacrifícios feitos por Ele! E eu acreditava, mas sem dar-me conta, que encontraria aí uma enumeração de meus próprios méritos[553].

Pela extensão, Irmã Genoveva será atendida: trinta e três estrofes de nove versos, tendo por título *Jesus, meu Bem-Amado, lembra-te!*[554]... Mas a pedagogia espiritual de sua irmã provoca surpresa:

---

550. CD 1128, 23 de outubro de 1895, VT, n. 66, abril 1977, p. 141-142. Ver CG II, p. 821-822 (fragmentos).
551. CG II, p. 823.
552. Ver CLG, em que a pedagogia paciente de Teresa é destacada.
553. *Souvenirs inédits*, 1909, p. 263. Ver *Poésies*, p. 133.
554. P 24, 21 de outubro de 1895. Para a festa de Santa Cecília.

Eu tinha explicado meu caso. Por isso, qual não foi meu espanto quando Teresa me entregou a poesia intitulada "Meu Bem-Amado, lembra-te!". Era exatamente o contrário do que eu tinha desejado, pois ela mencionava, não os meus sacrifícios feitos por Jesus, mas os sacrifícios de Jesus por mim... Toda a glória, todo o mérito eram de Jesus, nada para mim. O que eu tinha dado não valia, sem dúvida, a pena ser falado! Eu não disse nada e foi somente mais tarde que entendi o quanto minha irmãzinha tivera razão[555].

Irmã Genoveva reconhece que há aí para ela "uma pequena lição"[556]. O próprio poema revela mais uma vez a vida espiritual de Teresa ao final do ano de 1895. O pedido de sua irmã fez nascer um poema importante, no qual se expressa uma cristologia teresiana fundada na Palavra de Deus, que fornece quarenta e seis citações, das quais trinta e sete tiradas dos Evangelhos. Aliás, sob esse aspecto, a epígrafe — tirada de Santa Gertrudes — é explícita:

> Minha filha, procura aquelas minhas palavras que mais respiram amor: escreve-as e, guardando-as preciosamente como relíquias, cuida de relê-las com frequência. Quando um amigo quer despertar no coração de seu amigo a intensidade primeira de seu afeto, diz-lhe: "Recorda-te do que sentias quando me disseste um dia tal palavra" ou "Lembraste de teus sentimentos em tal época, tal dia, tal lugar?". Acredita, pois, que as mais preciosas relíquias que restam de mim na terra são as palavras do meu amor, as palavras saídas do meu dulcíssimo Coração (Palavras de Nosso Senhor a Santa Gertrudes).

Trata-se, portanto, de uma meditação evangélica que percorre a vida de Jesus, de seu nascimento — sua juventude, sua pregação (a samaritana, Caná, o filho pródigo...) — à Paixão, sem esquecer a Eucaristia. Os "méritos" de Celina desapareceram completamente! A cada contemplação de uma ação e uma palavra de Jesus corresponde a resposta da carmelita (Teresa). A riqueza do texto exige uma leitura integral. Retenhamos alguns versos reveladores do amor da autora, que quer corresponder Àquele que a amou primeiro:

> *Mostra-me os segredos ocultos no Evangelho.*
> *Ah, de que esse livro de ouro*
> *É meu mais caro tesouro,*
> *Lembra-te.* (12)
> *Jesus, pelos pecadores quero rezar sem cessar.*
> *De que vim ao Carmelo*
> *Para povoar teu belo Céu,*
> *Lembra-te...* (16)

---

555. *Souvenirs intimes*, p. 264.
556. CLG, p. 66.

Esse Fogo do Céu, tu o puseste em minha alma.
Quero também espalhar seus ardores.
Uma frágil centelha, ó mistério de vida,
Basta para atear um imenso incêndio.
De que quero, ó meu Deus,
Levar ao longe o teu Fogo,
Lembra-te. (17)
Sou virgem, ó Jesus, porém, que mistério:
Unindo-me a ti, das almas sou mãe.
Das virginais flores
Que salvam os pecadores,
Lembra-te. (22)
Pão Vivo da fé, Celeste Alimento,
Ó mistério de amor!
Meu pão de cada dia,
Jesus, és Tu!... (28)[557]
Lembra-te de que tua vontade santa
É meu repouso, minha única felicidade.
Eu me abandono e durmo sem temor
Em teus braços, ó meu divino Salvador. (32)

No mesmo registro, encontramos em um poema escrito para Irmã São Vicente de Paulo — *Meus desejos junto a Jesus escondido em sua Prisão de Amor*[558] — o desejo de assemelhar-se a Jesus "escondido" na Eucaristia:

Ah, que alegria, sou escolhida
Entre os grãos de trigo puro
Que por Jesus perdem a vida...
Muito grande é meu arrebatamento!...
Sou tua esposa querida.
Meu Bem-Amado, vem viver em mim.
Oh, vem, tua beleza me encantou.
Digna-te transformar-me em Ti!... (8)

---

557. Isso é apenas um desejo, pois Teresa não pode comungar todos os dias. Seria preciso a permissão da priora, mas esta não aplica o decreto da Congregação dos bispos e dos religiosos (17 de outubro de 1890), afirmando que "as permissões e proibições de Comunhão tocam somente ao confessor ordinário ou extraordinário, sem que os superiores tenham qualquer autoridade para interferir na questão...". O decreto dera a Teresa uma "alegria inexprimível": "Não, não deve ser a madre priora a regular as Comunhões; sempre fiquei impressionada com isso" (IJ/PO, p. 152. Ver CLG, p. 77, n. 1). Mas o decreto não foi verdadeiramente aplicado.

558. P 25, sem dúvida do outono de 1895.

Irmã São Pedro

O Carmelo é agitado por um novo falecimento: o de Irmã São Pedro de Santa Teresa, no domingo, 10 de novembro, aos setenta e cinco anos e dez meses, após vinte e nove anos de vida carmelitana. Era Irmã conversa e trabalhara durante quinze anos na confecção de hóstias. Mas, atingida por reumatismos crônicos, teve que contentar-se em trabalhar sentada. Pouco tempo depois, precisou utilizar bengalas. Passava os domingos no coro, multiplicando as orações mais diversas. Tinha uma devoção particular pela Santa Face. Mas, nos três últimos anos de sua vida, não pôde deixar sua cela. Teresa se recordava com humor como, sendo noviça, ajudava Irmã São Pedro a ir ao refeitório antes do final da oração, preparava suas coisas para o jantar e lhe dava seu mais belo sorriso antes de deixá-la. Apesar de suas reclamações: "Ah, meu Deus, andais rápido demais, vou me machucar". — "Mas segui-me, não sinto mais vossa mão, me abandonastes, vou cair; ah, eu sabia que éreis jovem demais para me levar" (Ms C, 29r°-v°).

Irmã São Pedro não o esquecerá. Celina dará testemunho:

> Nos primeiros dias de minha entrada, Irmã São Pedro mandou chamar-me em sua enfermaria, dizendo que tinha uma coisa muito importante para me revelar. Fez-me sentar em um banquinho diante dela e me contou em detalhes toda a caridade que Irmã Teresa exercitara para com ela. Depois, com um tom solene, disse-me misteriosamente: "Guardo tudo o que penso a respeito disso... Mas essa menina irá longe... eu vos revelei tudo isso porque sois jovem e depois podereis referi-lo a outras, pois tais atos de virtude não podem permanecer debaixo do alqueire"[559].

Irmã Teresa, vendo Irmã São Pedro exposta no coro, com rosto belo e distendido — após longos anos de sofrimentos —, disse à Irmã Maria da Trindade: "Vede, está muito de acordo com o que ela dizia: 'Aqueles que tiverem tido uma terna devoção pela Santa Face durante a vida refletirão, após sua morte, alguma coisa da Beleza divina'"[560]. Teresa deve ter falado às noviças aquilo que falava sempre que morria uma Irmã: "Nós, que vivemos, bendigamos o Senhor!"[561].

A família Guérin está passando por algumas provações diferentes. A saúde de cada membro provoca repetidas preocupações: o tio Isidoro está muitas vezes adoentado; sua esposa, ainda mais frequentemente; e, principalmente, a filha casada. Em 17 de dezembro, eles perdem seu tio, Gustave Petit, setenta e cinco anos, único irmão da senhora Fournet;

---

[559]. AL, n. 601, abril 1982, p. 7.
[560]. Testemunho de Irmã Maria da Trindade, que nessa época ainda se chamava Irmã Maria Inês da Santa Face, AL, n. 601, abril 1982, p. 7.
[561]. Madre Inês de Jesus, 16 de novembro de 1926 (ACL).

esta fica muito afetada. Quinze dias antes, ela perdeu a neta por afinidade, a esposa de Henry Maudelonde, que fica viúvo com duas crianças pequenas[562].

Basta-lhes ser informados de que sua querida Maria contraiu a influenza no Carmelo para que as inquietações se agravem. A priora faz tudo para tranquilizá-los e cuidar da jovem sobrinha, que continua alegre, apesar da febre. Mas a missa do domingo resta-lhe proibida. Voltam a reanimá-la com ofertas de sua família ao Carmelo: caldo gorduroso, frango, ostras, bolos... A postulante pergunta se será mandada embora e fica receosa a respeito de sua tomada de hábito[563]. Não há motivo, pois, assim que deixa o leito, é apresentada a Monsenhor Hugonin na sala do aquecedor, que já se convida para a cerimônia[564].

O bispo provavelmente anunciou a nomeação do novo capelão do Carmelo, o cônego Alexandre-Charles Maupas, que será instalado pároco de São Tiago de Lisieux[565]. A princípio, Madre Inês ficou receosa com tal nomeação, mas, vindo a encontrar esse padre de quarenta e cinco anos, acha-o "muito simpático". Ele só assumirá suas funções no Carmelo depois de 21 de janeiro seguinte.

Para tranquilizar inteiramente o casal Guérin, a priora autoriza Irmã Genoveva a tirar doze fotos de sua prima Maria, que serão enviadas à *rue Paul-Banaston* em 16 de novembro, festa da tia Guérin. Nelas se vê Maria em todas as situações de um dia de carmelita: em sua cela, no coro, na lavagem da roupa e da louça, varrendo o claustro, no refeitório[566]... Ela está perfeitamente curada e recuperou sua vitalidade. Chegando ao coro, ao fazer a genuflexão, Maria Guérin estende todo o corpo. A comunidade soltou um grito, com exceção de Irmã Genoveva, que foi assaltada por um riso tão indiscreto, que contagiou Maria e a obrigou a sair sem dizer o Ofício[567].

"Jesus, mendigo de amor" (RP 4) [Natal de 1895]

O Natal já está chegando. Mais uma vez, cabe à Irmã Teresa organizar a recreação comunitária, que é ao mesmo tempo uma paraliturgia. Esse ano, ela será obrigada a ser mais sóbria, pois as ocupações não faltam: escreveu várias poesias importantes, tem que terminar suas memórias de infância —, que espera dar à priora no dia 21 de janeiro

---

562. CD 1140 — da senhora Guérin a Maria, 18 de dezembro, 1895, VT, n. 123, julho 1991, p. 174.
563. 3 (?) de dezembro de 1895, ao senhor e à senhora Guérin, VT, n. 63, julho 1976, p. 231.
564. Início de dezembro de 1895, ibid., p. 232.
565. Nascido em Mesnil-Auzouf (Calvados) [27 de agosto de 1850-19 de fevereiro de 1920].
566. Ver essas fotos em DLTH, p. 105-108.
567. CD 1135 — de Irmã Maria da Eucaristia à sua irmã Joana La Néele, início de dezembro (?) de 1895, VT, n. 123, 1991, p. 172.

de 1896, para sua festa, ilustradas com suas armas. E está preparando para esse mesmo dia uma verdadeira peça de teatro — *A fuga para o Egito* — e uma poesia. A tudo isso, deve-se acrescentar uma sessão recreativa interpretada pelo noviciado na noite de 28 de dezembro, festa dos Santos Inocentes. Também sua quinta recreação será "econômica": *O Divino Pequeno Mendigo de Natal pedindo esmola às Carmelitas*[568] não exige nenhum cenário. Tudo se faz na maior simplicidade.

Estando a comunidade reunida para o recreio da noite, um anjo aparece trazendo em seus braços o Menino Jesus envolvido em faixas. Ele canta [...]:

> *Um Deus por vós se fez mortal.*
> *Oh, mistério tocante:*
> *Aquele que vos mendiga*
> *É o Verbo Eterno!...*

É com o tema de Deus "mendigo" que toda carmelita deve aproximar-se e receber uma copla explicitando o que pede o Recém-Nascido. A Madre priora o adora, tira um bilhete de uma cesta e o dá ao Anjo, que canta os quatorze versos e os transmite à carmelita, por ordem de antiguidade. Além das oferendas pedidas (leite, passarinhos, rosas, bombons etc.), toma forma uma verdadeira teologia da Encarnação do Verbo, de sua *kenose*. De fato, o que o Menino Jesus pede em esmola não são dons exteriores, mas o coração de cada carmelita, uma oferta de si mesma no mesmo espírito do oferecimento ao Amor misericordioso feito por Teresa e três de suas Irmãs. A graça que ela recebera em 9 de junho passado era "compreender mais que nunca o quanto Jesus deseja ser amado" (Ms A, 84r°) e comunicar sua Vida:

> *Com mais amor ainda*
> *Ele quer transformar-vos nele mesmo* (10)

Mesmo que Teresa tenha dificuldade para compor vinte e seis coplas — no plano poético —, pode-se encontrar um programa de vida no conjunto das estrofes: oração contínua (5), caridade fraterna (11, 22), zelo apostólico (23), virgindade (1, 6, 18); "pequena via": simplicidade (2, 14, 22), humildade (13), abandono (7, 12, 26) etc. Cada Irmã sai com uma estrofe que é um programa para o ano que chega. Teresa, por sua vez, recebeu a estrofe seguinte (9):

UM CACHO DE UVA

Eu queria um fruto saboroso:
Um Cacho dourado

---

568. RP 5, 25 de dezembro de 1895.

Para refrescar do Rei dos Céus
A boquinha adorada...
Minha irmã, como é doce vossa sorte!
Sois vós o Cacho escolhido.
Jesus vos apertará com força
Em sua mãozinha amada.

O Doce Querido
É pequeno demais

Para comer do próprio Cacho.
O mosto açucarado,
Por ele dourado,
Aí está tudo o que Ele ama[569]*!*

É preciso saber que o anjo cantor foi interpretado por Irmã Maria da Eucaristia em alva branca, que o noviciado montou um presépio imponente na sala do capítulo e que o Menino Jesus de cera foi oferecido pela família Guérin. Sua chegada ao noviciado suscitou um relatório de Maria da Eucaristia aos pais, que mostra o ambiente do lugar:

> A recepção da caixa foi uma cena curiosa. Todas as novicinhas estavam ao redor dela, nossos gritos enchiam o corredor[570] das celas. A que desembalou a caixa ouvia uma que gritava: "Estou vendo uma mão"; a outra: "oh, a linda cabecinha"; em seguida, Irmã Maria do Sagrado Coração, por trás, fazia as vezes de policial e gritava desesperadamente: "Vereis que vão quebrá-lo, elas não vão descansar antes de quebrá-la". Era uma comédia ou, melhor dizendo, uma algaravia impossível. Só ficamos tranquilas depois que cada uma de nós ficou com ele por um bom tempo.

Para agradecer aos Guérin, o noviciado assinou a carta:

> Todas as novicinhas mandam um grande agradecimento a papai e mamãe. Irmã Teresa do Menino Jesus, velha decana; Irmã Marta de Jesus, velha decana; Irmã Maria Inês da Santa Face, grande bebê do noviciado; Irmã Genoveva de Santa Teresa, artista, encontrando no Menino Jesus arrebatamento artístico; Irmã Maria da Eucaristia, pequeno Benjamim; Irmã Maria Madalena, afilhada.

Assim Teresa vive seu sétimo Natal no Carmelo, em companhia das três irmãs e da prima de primeiro grau, em um ambiente de festa.

---

569. Ela se recordará desse cacho de uva quando pintar, pouco tempo depois, suas armas (Ms A, 86rº), e, principalmente, quando estiver doente na enfermaria (CA 25.7.12; 27.7.10 e UC, p. 487).

570. CD 1141, Irmã Maria da Eucaristia a seus pais, 20-25 de dezembro de 1895, VT, n. 124, outubro de 1991, p. 233. Trata-se do dormitório Santo Elias, no primeiro andar, corredor das celas (onde está a cela de Teresa) e da sala do capítulo, onde fica o presépio.

Os dois lírios ceifados

Naquela noite, ao voltar à sua cela, Irmã Genoveva encontra uma estampa em renda dentro de sua sandália: é o presente de Teresa. A imagem representa um Menino Jesus ceifando lírios; sob os dois lírios ceifados, Irmã Genoveva escreveu: "Teresa" e "Celina". No verso, da mão de Teresa, um texto a lápis:

> Eu vo-lo digo: se dois dentre vós entrarem de acordo na terra, alcançarão de meu Pai que está nos Céus qualquer coisa que pedirem; pois, onde dois ou três estão reunidos em meu nome, eu estou no meio deles (São Mateus, cap. XVIII, v. 19-20).
> Ó meu Deus, nós vos pedimos que vossos dois lírios jamais sejam separados na terra. Que eles vos consolem juntos pelo pouco amor que encontrais neste vale de lágrimas e que, durante a eternidade, suas corolas brilhem com a mesma luz e espalhem o mesmo perfume quando se inclinarem em direção a vós!... Celina e Teresa, Lembrança da noite de Natal de 1895[571].

Essa estampa poderia ser apenas uma entre tantas outras (ofereciam-se tais lembranças em abundância, para diversas circunstâncias)[572], mas merece atenção por causa do contexto comunitário. Tendo tomado hábito em 5 de fevereiro do ano anterior, Irmã Genoveva podia ter a expectativa de fazer profissão em 6 de fevereiro de 1896. Habitualmente, apresenta-se o pedido seis semanas antes. O Natal de 1895 é, portanto, a data favorável. Mas a autorização do superior se mostra necessária. Ora, desde a morte do Padre Delatroëtte, o cargo continua vacante. O cônego Maupas só assumirá sua função antes de 26 de janeiro, o que acarreta um adiamento da profissão. Só que o triênio de Madre Inês de Jesus vai expirar em 20 de fevereiro. Daí as incertezas de Celina, que podem lançar sombra sobre a alegria do Natal. Teresa as conhece. Com esse pequeno sinal e a Palavra de Deus, ela encoraja a irmã a abandonar-se e não se preocupar.

Assim que passa a festa de Natal, as celebrações continuam com a festa dos Santos Inocentes, no sábado, 28 de dezembro. De acordo com um velho costume dos mosteiros, nessa data as noviças dirigem o convento durante um dia inteiro. Toda a equipe do noviciado desfrutará ao máximo. Isso começa no dia anterior, à noite. Irmã Maria da Eucaristia está vestida como carmelita, para poder ler uma lição do Ofício dos Santos Inocentes. "Ela estava radiante e linda de morrer"[573]. Irmã Maria da Eucaristia explicita a festa dos Inocentes com seu entusiasmo habitual, ela que descobre todos esses costumes e veste durante o dia o hábito da carmelita com um véu branco:

---

571. O 9, p. 44-45.
572. Ver DLVI. Vê-se a imagem em questão à p. 183.
573. Carta de Madre Inês a Isidoro Guérin, 28 de dezembro de 1895, VT, n. 63, julho 1976, p. 232-233.

É dia de grande festa no Carmelo, as novicinhas são senhoras hoje, fazem tudo o que querem. Eu sou o bebê inocente e estou na expectativa de um grande número de brincadeiras. Nessa manhã, a Comunhão foi oferecida pelos Inocentes do Carmelo. O Ofício é presidido por todas as novicinhas. Irmã Genoveva e Irmã Maria Inês usam o véu preto; Irmã Teresa do Menino Jesus usa o véu branco e recita os versículos comigo [...]. O Natal é festejado no Carmelo como nunca vi... Não se reconhece mais a Comunidade, é dia de licença e todo mundo está feliz. As refeições são esplêndidas, pratos novos todos os dias: tortas de trigo sarraceno, crepes, rosquinhas, suspiro etc.[574].

O clímax da noite será, evidentemente, a "grande representação"[575]!

Trata-se de *Três pequenas cenas da vida de São Francisco de Assis e do Frei Junípero*, importadas de um mosteiro da Visitação. Ao todo, sete personagens em cena, entre os quais o logo de Gubbio. Teresa interpretou o papel de São Francisco[576]. Pode-se imaginar o ambiente animado e jubiloso desse dia.

Missão cumprida (21 de janeiro de 1896)

Mas ninguém na comunidade pode imaginar aquilo que Irmã Teresa está escrevendo em sua cela, concluindo seu último caderno de memórias — com exceção de Irmã Genoveva, que os lê à medida que são redigidos[577]. Nesse fim de ano, Teresa faz um balanço de sua vida ao dirigir-se a Madre Inês de Jesus:

> Ó minha Mãe querida, depois de tantas graças posso cantar com o salmista: "Como o Senhor é BOM, como sua MISERICÓRDIA é eterna"[578]. Parece-me que, se todas as criaturas tivessem as mesmas graças que eu, o bom Deus não seria temido por ninguém, mas amado até à loucura, e que — por amor, não por temor — nenhuma alma jamais consentiria em desagradá-Lo.
>
> Oh, como é doce o caminho do Amor!... Como quero esforçar-me a fazer sempre, com o maior abandono, a vontade de Deus!... Aí está, minha Mãe querida, tudo o que posso vos dizer da vida de vossa pequena Teresa. Conheceis por vós mesma o que ela é e o que Jesus fez por ela; por isso, vós me perdoareis por ter abreviado muito a história de minha vida religiosa...

---

574. 28 de dezembro de 1895, ver CG II, p. 1154.
575. Madre Inês a Isidoro Guérin, 28 de dezembro de 1895, VT, n. 63, julho 1976, p. 233.
576. *Récréations*, p. 23, n. 74.
577. Claude Langlois contesta a verdade desse testemunho (G/NPPA), repetido, porém, por Irmã Genoveva ao Padre Combes cerca de cinquenta anos mais tarde (*Le Problème de l'Histoire d'une âme et des œuvres complètes de sainte Thérèse de Lisieux*, Paris, Saint-Paul, 1950, p. 76).
578. Sl 117,1.

Como terminará essa "história de uma florzinha branca"? Quem sabe a florzinha será colhida em seu frescor ou transplantada a outras margens[579]... não sei, mas aquilo de que tenho certeza é que a Misericórdia de Deus a acompanhará sempre, que ela jamais deixará de abençoar a Mãe querida que a deu a Jesus; ela se alegrará eternamente por ser uma das flores de sua coroa... Ela cantará eternamente com essa Mãe querida o cântico sempre novo do Amor... (Ms A, 83vº-84rº).

Só resta a Teresa pintar na última página de seu manuscrito as "Armas de Jesus e de Teresa". Agora habituada ao desenho e à pintura, ela expressa graficamente a síntese de sua espiritualidade. É preciso reportar-se a isso, assim como à explicação que Teresa dá. No brasão de Jesus (JHS), figura o Menino Jesus dormindo, apertando um cacho de uva, a Santa Face acompanhada de uma lira. No brasão de Teresa (FMT), vê-se a florzinha branca sob a Estrela da manhã (Maria), com o frágil caniço, o dardo inflamado do amor, a palma do martírio e o triângulo trinitário. Tudo é dominado pelo versículo do salmo que resume o tema central do manuscrito: "Cantarei eternamente as Misericórdias do Senhor!" e, no cartão abaixo, a frase de São João da Cruz: "O Amor só se paga com o Amor"[580]. Enfim, como era o caso de agradecer ao Senhor por tantas graças, Teresa as enumera, datando-as desde o nascimento até o oferecimento ao Amor no precedente 9 de junho.

Assim termina o belo ano de 1895. Irmã Teresa vai completar vinte e três anos em 2 de janeiro seguinte. Está, portanto, preparando a festa de Santa Inês de terça-feira, 21 de janeiro. Sua preocupação é apresentar convenientemente — mas com muita simplicidade — seu "caderno de obediência". Ela desencaderna os três cadernos escolares que preencheu (84 fólios + um fólio para as armas), elimina três capas e costura juntos todos os fólios, aos quais envolve com a capa de um grosso papel marrom cartonado[581].

Em 20 de janeiro, na oração das 18 horas, Irmã Teresa se ajoelha diante de sua priora no coro e lhe entrega o caderno, em silêncio. Missão cumprida. Ocupada demais, Madre Inês de Jesus o arruma em sua cela e só o lerá na primavera seguinte, depois das eleições[582], ou seja, dois meses mais tarde.

O outro presente, oferecido no dia seguinte, é um poema: *Os Responsos de Santa Inês*[583]. Sabe-se o quanto o martírio da jovem romana marcou Teresa. Esta se inspira

---

579. O Carmelo de Hanói, fundado em 1895 pelo de Saigon, nascido de Lisieux, está sempre à espera de reforço. Teresa pensa e continuará a pensar no assunto.
580. *Cântico espiritual*, estrofe IX.
581. Ver a edição fototípica do Padre François de Sainte-Marie, OCL, 1956.
582. IJ/PO, p. 146.
583. P 26, 21 de janeiro de 1896.

no Ofício da santa, traduzido por ela, mas exprime seu amor de noiva de Cristo. Nada está diretamente relacionado a Madre Inês, mas a priora pode ficar feliz por receber essa confidência de sua jovem irmã, síntese do que ela lerá mais tarde em seu caderno de memórias. Poema de um ardor amoroso e apaixonado, recebendo tudo do Noivo celeste:

> *O Cristo é meu Amor, Ele é toda a minha vida,*
> *Ele é o único Prometido que encanta meus olhos.* (1)
> *Quando amo o Cristo e quando o toco,*
> *Meu coração se torna mais puro, sou ainda mais casta.*
> *Da virgindade o beijo de sua boca*
> *Deu-me o tesouro.* (6)
> *Por isso, nada temo, nem o ferro nem a chama;*
> *Não, nada pode perturbar minha inefável paz*
> *E o fogo do Amor, que consome minha alma,*
> *Jamais se apagará!...* (9)

Uma história de salteadores (RP 6) [janeiro de 1896]

Muito mais espetacular será a recreação composta por Teresa para a festa de Santa Inês. Pela terceira vez, ela celebra a priora com uma longa peça de teatro[584]. O assunto é tirado dos Evangelhos apócrifos, que ela deve ter lido no livro do Padre Faber[585]. Fugindo do Egito, a Sagrada Família vai parar em uma caverna de ladrões. O filho da esposa de um chefe de saqueadores está leproso. Ao banhar o Menino Jesus, Maria lava também o pequeno enfermo, que fica subitamente curado. Seu nome é Dimas e ele será um dia o bom ladrão crucificado com Jesus.

A partir desse esquema, Teresa desenvolve o retorno dos malfeitores à caverna com seu chefe, Abramin. Há uma contenda entre eles, mas o mais importante é o diálogo entre as duas mães e o anúncio do Deus de Jesus Cristo a esses pagãos, que se converterão após uma catequese. Peça mariana, na qual a Virgem (interpretada por Teresa, vestida com véu de tule azul escuro com manchas brancas) se faz teóloga, peça que coloca em cena pagãos de boa-fé. Mas também peça divertida e humorística, na qual as noviças se esbaldarão. A presença de jovens, principalmente a de Irmã Maria da Eucaristia[586], cria

---

584. *A Fuga para o Egito*, RP 6, 21 de janeiro de 1896.
585. *Le Pied de la Croix ou les douleurs de Marie*, Paris, 10ᵉ édition, ver *Théâtre au Carmel*, p. 204-205. Ver C 202, 16 de novembro de 1896, CG II, p. 915.
586. "É uma grande consolação para mim, a *velha* decana do noviciado, ver tanta alegria a envolver meus últimos dias. Isso me rejuvenesce e, apesar de meus sete anos e meio de vida religiosa, muitas

um ambiente assaz excepcional com uma discussão acompanhada de garrafadas e injúrias. Irmã Genoveva interpreta São José (que é eclipsado pela ciência de sua esposa). Maria da Trindade e Maria da Eucaristia puderam interpretar o chefe dos ladrões (Abramin) e sua esposa (Susana).

Infelizmente para a alegre trupe, aquela a quem a peça foi dedicada não apreciou as altercações. Não é do agrado de Madre Inês que carmelitas cantem com a melodia moderna de *Estudiantina* ("Da caverna somos os ricos e famosos salteadores"): ela interrompe a apresentação. Ninguém ouvirá a conclusão teológica e espiritual cantada por um Anjo com a melodia do *Credo* de Herculano. A festa termina em fiasco. Nos bastidores, a autora enxuga algumas lágrimas; em seguida, recompõe-se e mantém-se doce e tranquila sob a humilhação[587]. Mais tarde, Madre Inês de Jesus se justificará: "Eu a fiz sofrer em uma noite de festa na qual ela acabava de dar-se muito trabalho para nos alegrar, dizendo-lhe francamente que suas composições de 'Recreações Piedosas' eram longas demais e cansavam a comunidade"[588]. Não parece ter sido essa a opinião de Madre Maria de Gonzaga, que, na condição de mestra de noviças, lera o texto de Teresa e não tinha encontrado nada a censurar. Mas talvez a priora em exercício tivesse ficado com medo de a animação exuberante das noviças não ser apreciada por certas Irmãs.

Preparação das eleições

Dificuldades mais graves surgiriam com a proximidade das eleições e da profissão de Irmã Genoveva. Segundo as Constituições, a partir de 21 de fevereiro de 1896, Madre Inês de Jesus, depois de três anos de priorado, podia ser reeleita pela mesma duração. Por sua parte, Madre Maria de Gonzaga, priora durante dezesseis anos, esperava voltar à direção da comunidade. Mas apresenta-se a questão da data da profissão de Irmã Genoveva. Podia realizá-la em 6 de fevereiro de 1896, se fosse admitida após a votação do capítulo. Mas era necessário o acordo do superior mais ou menos um mês antes, ou seja, no início de janeiro de 1896.

Ora, sabemos que o cônego Maupas, novo superior, só pode assumir o cargo a partir de 26 de janeiro, data de sua posse como pároco da igreja São Tiago de Lisieux. Portanto, sua permissão era válida até 26 de fevereiro, após as eleições. Mas, em uma visita ao locutório, Padre Maupas expressa o desejo de que "arranjem" tudo isso para que

---

vezes perco a seriedade na presença do encantador duende que alegra a comunidade" (C 180, 14-17 de outubro de 1895, CG II, p. 818).

[587]. CLG, p. 17.
[588]. NPPA, "Fortaleza", ver TrH, p. 48. Ela mandou riscar toda a passagem no texto original.

Madre Inês de Jesus — antes das eleições — possa receber a profissão da irmã. Esta fará seu compromisso na segunda-feira, 24 de janeiro de 1896 (na intimidade do capítulo), e sua tomada pública de véu na terça-feira, 17 de março, em presença de Monsenhor Hugonin, que escolheu a data. A consequência: é preciso adiar as eleições para depois desse dia, por exemplo, o sábado, 21 de março.

Ao sair do locutório, Madre Maria de Gonzaga declara que não votará a favor de Irmã Genoveva e faz uma espécie de campanha para que a noviça seja enviada ao Carmelo de Saigon, que pede reforço. As carmelitas não deixam de discutir a respeito de seus propósitos e ficam divididas. Num dia de lavagem da roupa, acontecendo o recreio na lavanderia, na ausência de Madre Maria de Gonzaga, Irmã Amada de Jesus, vendo as lágrimas de Irmã Genoveva (e sem saber o motivo destas), diz à Irmã Teresa: "Madre Maria de Gonzaga tem o direito de provar Irmã Genoveva. Por que espantar-se?". A resposta vem imediatamente: "Trata-se de um tipo de provação que não se deve impor". "A emoção de Teresa foi percebida por várias monjas, que continuaram a tratar do assunto, manifestando reservas a respeito das quatro irmãs." Assim se falava às vezes das irmãs Martin, sem consideração, inclusive diante de Madre Inês de Jesus. Teresa não podia aprovar tal atitude.

Madre Maria de Gonzaga tentava ao menos protelar a profissão de Irmã Genoveva para que ela mesma, na qualidade de priora, pudesse recebê-la. Ela protagonizou uma cena e disse às Irmãs que lhe eram favoráveis que lamentava ter apoiado a entrada de Celina. Argumentando que o cerimonial previa que somente duas Irmãs (de sangue) podem estar no capítulo, Madre Maria de Gonzaga — mestra de noviças — apresentou a noviça Genoveva ao capítulo na ausência da priora. Após a votação, adquirida voto a voto, o sino tocou e as noviças, as Irmãs conversas, Irmã Maria do Sagrado Coração e... a priora entraram, sendo informadas do resultado positivo. E Madre Inês de Jesus, em vez de tomar seu lugar de priora, permaneceu de pé no meio das noviças e das Irmãs conversas.

É verdade que, se era necessário um mês de intervalo da tomada de posse do Padre Maupas (26 de janeiro de 1896) para apresentar uma noviça ao capítulo, isso não poderia ser feito para Irmã Genoveva antes de 26 de março de 1896. Nesse caso, Madre Inês de Jesus não poderia receber a profissão de sua irmã. Mas o superior decidira de outro modo[589]. Todas essas confusões não impediram a admissão de Irmã Maria da Eucaristia pelo capítulo na sexta-feira, 7 de fevereiro de 1896, por Madre Inês de Jesus. O grupo das quatro se tornava o clã das cinco.

---

589. Sobre todos esses acontecimentos complicados, ver CG II, p. 1182-1185, com referências aos PO e PA. Ver VT, n. 24, outubro 1991, p. 237-238, n. 8.

Mas o Carmelo estava perdendo uma religiosa: Irmã Margarida Maria do Sagrado Coração. Nascida em maio de 1850, entrou no Carmelo em 1873. Levou aí "uma vida muito edificante", dedicada, mas, a partir de 1886, sofreu com problemas mentais que preocuparam a comunidade. Em 1890, é hospitalizada no *Bon-Sauveur* de Caen, de onde retorna "bastante recuperada", diz Irmã Maria dos Anjos. Mas, ao final de 1895, novas crises aparecem. Madre Inês de Jesus pede ao tio Isidoro que acompanhe a Irmã, de quarenta e cinco anos, ao *Bon-Sauveur*[590]. Outro motivo de preocupação para a comunidade.

Para preparar-se à profissão, Irmã Genoveva entra em retiro e sairá da clausura no domingo, 16 de fevereiro, para o exame canônico diante do superior do Carmelo. À pergunta sobre sua motivação, ela responde: "Tendo Jesus dado sua vida por mim, eu quis dar-lhe a minha". Padre Maupas muda a palavra "dar" por "consagrar". Nessa ocasião, Celina pode abraçar a família uma última vez[591]. Será uma festa familiar, já que Irmã Maria da Eucaristia, no dia 17 de março, tomará hábito à tarde, às 15 horas. Ela manda os convites, sem esquecer Celina Maudelonde, a prima que se tornou a senhora Pottier e que tem uma filhinha.

"A Intrépida" finalmente carmelita (24 de fevereiro de 1896)

Enquanto isso, Irmã Genoveva recebe uma bênção do Papa Leão XIII, pedida por Irmão Simeão, o fiel amigo de Roma que agora está com oitenta e dois anos[592]. Uma carta do Padre Pichon, com data de 1º de janeiro, apresenta seus votos e orações às quatro irmãs e a Madre Maria de Gonzaga. Na ocasião, ele desconhece a data da profissão de Celina. Deve-se dizer que, desde a "crise" de 1894, a correspondência com o Padre Pichon diminuiu muito. Sabe-se que Teresa lhe manifestou sua opinião sobre a vocação da irmã e recebeu uma última carta dele. O Padre ainda lhe escreve em 1896? Quanto a Celina, não receberá mais que cinco cartas em vinte e quatro anos[593]. Mas, para justificar o Padre Pichon, é preciso dizer que ele está perdendo a visão pouco a pouco. Em uma carta a Irmã Maria do Sagrado Coração, de 3 de novembro de 1896, pedirá que envie

---

590. Ver VT, n. 63, julho 1976, p. 233, n. 40. Depois de vinte e três anos de vida religiosa, a Irmã não regressará ao Carmelo e voltará, sem estar curada, para a casa do irmão, antes de terminar sua vida nas Irmãzinhas dos Pobres (†12 de junho de 1926).

591. CD 1146 — da senhora Guérin a Irmã Genoveva, 15 de fevereiro de 1896, VT, n. 124, outubro 1991, p. 237.

592. CD 1148, 20 de fevereiro de 1896, ibid., p. 239.

593. CG II, p. 809, n.e. Padre Pichon morreu em 1919.

apenas "cartas de, no máximo, duas páginas, com letras grandes". Em 1º de janeiro, ele escreve: "Infelizmente, a visão diminui, não para de diminuir. Meus dois maus olhos não valem um olho bom. Não é mais possível dar conta da correspondência. Como invejo os dias em que podia ler e escrever!"[594].

Nas circunstâncias um pouco atormentadas de sua profissão, Irmã Genoveva pede a Teresa que lhe descreva "as festas do Céu" nesse dia 24 de fevereiro. Seu "Anjo" vai escrever-lhe uma extensíssima carta em estilo alegórico, adaptado à irmã, para representar as núpcias de Jesus com Celina[595]. Em torno da Trindade, Maria, os anjos, os pontífices, os doutores, os apóstolos, os mártires etc., os santos do Carmelo, mas também toda a família Martin (os pais e seus quatro filhos falecidos), todos se reúnem para festejar as bodas. A família ocupa um lugar privilegiado, sobretudo o "Venerável Patriarca" de quem Celina cuidou e a quem acompanhou até a morte. Quanto à "pequena Teresa", esta será "a dama de honra". "Não posso descrever os transportes de Jesus por Celina..." As quatro páginas são concluídas com uma frase de São João da Cruz: "Tudo é *nosso*, tudo é *para nós*, pois em Jesus temos *tudo*!"[596].

Mas isso não é tudo: devemos dar-nos conta, se possível, do que representa a profissão de Celina para Teresa, que tanto temia vê-la em outro caminho que não fosse o Carmelo, pelo casamento ou uma vocação no Canadá. Ela constatou as dificuldades de sua profissão e a possibilidade de vê-la partir para Saigon ou outro Carmelo. Por isso, multiplica os sinais de proximidade. Além da longa carta alegórica, Teresa lhe oferece também um grande pergaminho ilustrado, onde figuram as armas da irmã com sua divisa: "Quem perde, ganha". O texto traz um *Contrato de Aliança de Jesus com Celina*[597], que resume toda a espiritualidade das núpcias e se inspira em uma meditação de Celina, com data de 1º de novembro de 1895 e o título "Meu cavaleiro!"[598]. Esse trabalho, cheio de enfeites, seguramente manteve Teresa muito ocupada.

Àquela que traz o nome da fundadora, Teresa oferece uma relíquia: "a última lágrima de uma santa" (Ms A, 78vº), que ela recolhera em 5 de dezembro de 1891, com o seguinte texto:

> A vós, minha filha querida, dou como presente de casamento a *última lágrima* que derramei nesta terra de exílio. Trazei-a sobre vosso coração e lembrai que é pelo sofrimento que uma Irmã Genoveva de Santa Teresa pode chegar à santidade. Não vos

---

594. CD 1145, 1º de janeiro de 1896, CG II, p. 826.
595. C 182, 23 de fevereiro de 1896, CG II, p. 827-837.
596. *Oração da alma enamorada*.
597. C 183, 24 de fevereiro de 1896, CG II, p. 835-836.
598. Ver o texto fascículo *Mes Armes*, Paris, Éd. du Cerf, p. 112 s.

será difícil querer bem à Cruz e às lágrimas de Jesus se pensardes muitas vezes nesta palavra: "Ele me amou e se entregou por mim!". *Madre Genoveva*[599].

Além disso, Teresa dá à irmã uma estampa, ao mesmo tempo para a profissão (24 de fevereiro) e a tomada de véu (17 de março), representando o Menino Jesus de pé no colo de sua mãe, assinalando a fronte de uma jovem, com o texto: "A Escolha divina". Na primeira folha, um texto teresiano e a citação de uma passagem do cerimonial de imposição do véu: *"Posuit Signum in Faciem meam"* ("Ele pôs seu sinal sobre minha face"). A jovem traz na mão uma coroa de espinhos e Teresa comenta: "Por Amor, de agora em diante Celina estreitará ao seu coração os espinhos do Sofrimento e do Desprezo... [...] É só por ele que Celina dará à luz almas..."[600].

Por fim, um quarto presente: o poema intitulado simplesmente *24 de fevereiro de 1896*[601], com a melodia de *Sur terre, tout n'est pas rose*. Ela lha deu em privado, pois Madre Maria de Gonzaga mandara compor um poema "oficial", composto por Irmã Maria dos Anjos[602]. O de Teresa não passa de "um pequeno fragmento", dirá Celina. Parece que sua irmã, tendo preparado todos esses presentes, não tenha tido muito tempo para aplicar-se à composição de uma poesia. Ela mesma não ficará satisfeita.

Mas o essencial de todos esses trabalhos visava apenas a apoiar e animar Celina, que vai viver o grande dia da total oferta de si mesma a Jesus. A liturgia do dia da profissão comemora "a agonia de Nosso Senhor no Jardim das Oliveiras". Nesse dia, é a neoprofessa que dirige o Ofício coral.

Para a profissão do dia 24 de fevereiro, o céu de Lisieux está completamente azul. O tempo se mantém clemente para a tomada de véu. Celebra-se São José de Arimateia. O pregador é o cônego Ducellier, apelidado, por causa de sua eloquência, "a águia de Trevières". Tendo pregado a tomada de hábito de Celina com um esquema proposto por Irmã Inês e Teresa, ele é solicitado novamente. Dessa vez, é Teresa que lhe propõe um sumário. Mas o padre não o leva em conta e começa assim: *"Placebo Domino in regione vivorum"* ("Quero agradar ao Senhor na terra dos vivos"). "Pareceu-nos assistir a um Ofício dos Mortos", comenta Irmã Genoveva[603]. O sermão é muito longo e Teresa ficou decepcionada por não encontrar nele nenhuma de suas sugestões.

---

599. C 184, 24 de fevereiro de 1896, CG II, p. 838. De fato, em vida Madre Genoveva confiara à Irmã Maria do Sagrado Coração uma mensagem para Celina: "Que ela medite nas seguintes palavras: 'Ele me amou e se entregou por mim' (Gl 2,20)"; CG II, p. 839, n.a.

600. C 185, 24 de fevereiro-17 de março de 1896, CG II, p. 839-840.

601. P 27.

602. Ver VT, n. 62, abril 1976, p. 151 s.

603. Em 17 de março de 1936, Irmã Genoveva, por ordem de Madre Inês, escreveu todas as recordações a respeito de sua profissão e tomada de véu, ibid., p. 151-157.

Monsenhor Hugonin impôs o véu à Irmã Genoveva. Poucas pessoas estavam presentes, os convidados apareceram principalmente à tarde, para a vestição de Irmã Maria da Eucaristia, outra cerimônia do dia. É nos braços do pai que Maria Guérin entra na capela vestida de noiva. No coro, ela reveste o hábito recebido das mãos de sua prima e priora. O sermão é proferido pelo Padre Levasseur, pároco de Saint-Germain de Navarre-les-Évreux, que foi seu diretor espiritual e é amigo da família. Ele explica a frase do anjo na Anunciação: *"Ne timeas Maria, invenisti gratiam apud Deum"* ("Não temas, Maria, encontraste graça junto a Deus").

No jornal *Le Normand*, Isidoro Guérin relata a cerimônia e conclui, em seu estilo habitual, referindo-se à atualidade:

> Dia e noite, a capela ficou cheia de uma multidão de pessoas que foram testemunhar suas vivas simpatias por essas jovens, por essa honrada família sobre a qual Deus se apraz em derramar tão grandes e numerosas bênçãos. Nenhum dos assistentes consegue dissimular sua profunda emoção. Como, com efeito, não se ficaria emocionado, em meio a todas as tristezas da hora presente, ao ver o que a Religião ainda nos reserva de nobres exemplos, de doces consolações! E como não se poderia ter esperança de que Deus um dia terá piedade desta França em que, apesar de tantas revoltas e blasfêmias, ainda vemos produzir-se, sublimes em sua calma e simplicidade, tão generosas e heroicas renúncias[604]?

Monsenhor Hugonin tomou o desjejum na casa dos Guérin. Foi Teresa que ilustrou o menu, pintando nele suas armas. No Carmelo, várias fotos foram tiradas: de Irmã Genoveva com Teresa, que parece muito cansada[605]; e de Irmã Maria da Eucaristia vestida de noiva. Os arquivos conservam também um clichê de Madre Inês de Jesus com Irmã Genoveva coroada e outro onde esta está sozinha, segurando o Menino Jesus de Praga.

Sete escrutínios (21 de março de 1896)

A comunidade mal viveu todas essas emoções e festas e outras já se preparam. Apenas quatro dias depois — no sábado, 21 de março — vai acontecer a eleição da priora. Evidentemente, as duas jovens irmãs Martin não fazem parte do capítulo. Restam dezesseis capitulares[606]. O clima está bastante tenso após os eventos relatados a partir de

---

604. Citado por J.-F. Six, *Thérèse au Carmel*, Paris, Éd. du Seuil, 1973, p. 232.
605. VTL 26 (17 de março de 1986).
606. Na época, a comunidade conta 24 Irmãs. Três partiram (das quais uma faleceu) e três chegaram.

janeiro. Todos os dias, depois das vésperas, das duas e meia às três horas, Teresa reúne as noviças, lê ou manda ler algumas passagens da Regra, das Constituições ou do *Papel de exação*, faz comentários e responde às perguntas das Irmãs. No dia anterior, Teresa disse à Madre Inês de Jesus: "As capitulares terão a covardia de eleger Madre Maria de Gonzaga amanhã?".

A votação se mostra laboriosa: são necessários nada menos que sete escrutínios para que Madre Maria de Gonzaga seja eleita priora, sem dúvida por uma margem mínima. Seu conselho fica composto da seguinte maneira: Irmã Maria dos Anjos, subpriora; Madre Inês de Jesus e Irmã São Rafael são conselheiras. Ao saber do resultado, Teresa fica atônita[607]. A nova priora deve designar a mestra de noviças. Inês de Jesus é descartada. De fato, Madre Maria de Gonzaga vai ocupar oficialmente o posto (ela tem direito). Mas vai fazer-se secundar por Teresa, que ajudou as noviças há três anos. Esta não tem o título, mas exerce a função junto a cinco jovens (das quais três professas) que são o futuro do mosteiro. Com exceção de Irmã Maria da Trindade, ela é a mais jovem e deve formar dois membros de sua família: a irmã e a prima de primeiro grau. Não capitular, Teresa está impedida de votar na admissão das noviças. Situação impressionante, equívoca, mas que mostra a confiança que Madre Maria de Gonzaga tem nela. Persiste que "algumas antigas não entendem muito que tenham entregado as noviças a uma menina"[608], testemunhará Celina em 1909. Como Teresa reage diante dessa responsabilidade? Ela se explicou longamente a respeito, precisamente com sua priora[609]:

> Vosso desejo era — eu sei — que eu cumprisse junto a vós uma missão muito delicada, muito fácil [...]. Não tivestes medo, minha Madre, que eu extraviasse vossos cordeirinhos. Minha inexperiência e minha juventude não vos assustaram... [...]
> Quando me foi dado penetrar no santuário das almas, vi imediatamente que a missão estava acima de minhas forças. Então, coloquei-me nos braços do bom Deus como uma criança e, escondendo meu rosto em seus cabelos, disse-Lhe: "Senhor, sou pequena demais para alimentar vossas filhas. Se quiserdes dar-lhes através de mim o que convém a cada uma, enchei minha mãozinha e, sem abandonar vossos braços, sem virar o rosto, darei vossos tesouros à alma que vier me pedir seu alimento. Se a encontrar a seu gosto, saberei que não é a mim, mas a vós, que ela a deve; ao contrário, se se lamentar e achar amargo o que lhe apresento, minha paz não será perturbada, esforçar-me-ei para persuadi-la de que esse alimento vem de vós e evitarei buscar outro para ela". Minha Madre, desde que compreendi que me era impossível fazer alguma coisa por mim mesma, a missão que me impusestes não me pareceu mais difícil. Senti que

---

607. IJ/NPPA, datilografado, p. 4: "Por um instante, ela foi tomada de estupor..." (IJ/PA, p. 154).
608. *Souvenirs autobiographiques*, p. 260.
609. Ver Ms C, 3v°-4r° e 22r°-v°.

a única coisa necessária era unir-me cada vez mais a Jesus, e o resto me seria dado por acréscimo (Ms C, 4 e 22vº).

A nova função a leva a colocar em prática sua "pequena via". De fato, ela está em uma situação difícil, situada entre Madre Maria de Gonzaga, versátil, inclinada à inveja, e as cinco noviças, que tendem a tirar proveito da situação. A priora a chama de "meu cãozinho de caça"[610]. Permanecendo na mesma posição que as noviças — até o fim, Teresa pedirá permissões todos os meses[611] —, sofre as reprimendas de tal ou tal que a acham muito severa. Celina não é a última a contestar sua irmã: foi ela que lhe serviu "uma boa saladinha bem avinagrada, bem condimentada", que Teresa contará mais tarde com um sorriso (Ms C, 27rº), mas que no momento fez brotar lágrimas, segundo o testemunho de Irmã Maria do Sagrado Coração[612]. Teresa, porém, não busca ser amada, basta-lhe cumprir seu dever por Jesus, para que ele tenha perfeitas esposas. Não, não se deve chamar Madre Maria de Gonzaga de "o Lobo", como algumas fazem[613]. Não, não se deve perambular pelo jardim antes de ir ao trabalho, não se deve levantar os olhos no refeitório etc. Mais tarde, todas reconhecerão seu domínio de si mesma, sua sabedoria, sua adaptação a cada uma[614].

"Era sangue…" (Ms C, 4vº)

A semana santa começa no domingo, 29 de março. No fim da quaresma, durante a qual jejuou "com rigor", Teresa entra com fervor e "força" (Ms C, 4vº) na celebração desses dias. Na noite de quinta-feira santa, após ter ficado em oração junto ao repositório, volta à sua cela depois da meia-noite:

> Senti como uma onda que subia, subia como um borbotão até meus lábios. Eu não sabia o que era, mas pensava que eu talvez fosse morrer e minha alma estava inundada de alegria… No entanto, como nossa lâmpada estava apagada, pensei que seria preciso esperar pela manhã para ter certeza de minha felicidade, pois me parecia que era sangue o que eu tinha vomitado. A manhã não demorou a chegar; ao despertar [5h45], pensei no mesmo instante que tinha algo de alegre a saber; aproximando-me da janela, pude constatar que não me tinha enganado… Ah, minha alma ficou cheia de uma grande

---

610. IJ/PO, p. 148. Ver C 167.
611. G/PA, p. 305.
612. ACL, ver CA 8.7.9.
613. MTr/PO, p. 453 e PA, p. 467.
614. Sobre detalhes mais exatos acerca da pedagogia de Teresa, ver CLG e P. Descouvemont, *Une novice de sainte Thérèse*. Ver os testemunhos de Irmã Marta, PO, p. 426-434 e PA, p. 413-418.

consolação, eu estava intimamente convencida de que Jesus, no dia do aniversário de sua morte, queria fazer-me ouvir um primeiro chamado. Era como um suave e longínquo murmúrio que me anunciava a chegada do Esposo... (Ms C, 4vº-5rº)

Nenhum pânico diante da primeira hemoptise. Na manhã de sexta-feira santa, a priora reúne a comunidade na sala do capítulo para um colóquio sobre a caridade fraterna. Em seguida, todas as Irmãs se pedem perdão, abraçando-se. Em conversa privada com Madre Maria de Gonzaga, Teresa lhe contou o incidente da noite, minimizando-o. Ela o revela também à Irmã Maria da Trindade, que é ajudante da enfermeira. Esta testemunhará:

> Seu rosto estava radiante de felicidade. Ela também me expressou sua alegria pelo fato de Madre Maria de Gonzaga ter-lhe permitido com facilidade, apesar do acidente, praticar todos os exercícios de penitência desses últimos dias santos. Fez-me prometer guardar segredo para não deixar Madre Inês de Jesus aflita[615].

Teresa passa esse dia a pão e água, acompanhando os longos Ofícios, fazendo a limpeza do claustro, exposta às correntes de ar e tomando a disciplina à noite durante três *Miserere*. Voltando à sua cela à noite, uma segunda hemoptise se produz. "Eu gozava de uma fé tão viva, tão clara, que o pensamento do Céu constituía toda a minha felicidade" (Ms C, 5rº).

Chega a Páscoa, com sua alegria litúrgica.

"A noite do nada" (Ms C, 6vº) [Páscoa de 1896]

O paradoxo reside no fato de que "nos dias tão alegres do tempo pascal" (Ms C, 5vº), Teresa entra em uma das mais escuras noites, em uma provação da fé e da esperança que vai durar... até sua morte.

> Pouco tempo antes que minha provação começasse, eu pensava: verdadeiramente, não tenho grandes provações exteriores e, para ter interiores, seria preciso que Deus mudasse meu caminho. Não acredito que Ele o faça, mas não posso viver sempre assim, no repouso... que meio, pois, Jesus encontrará para me provar? A resposta não se fez esperar e me mostrou que Aquele que amo não é avaro em meios; sem mudar meu caminho, Ele me enviou a provação que devia misturar uma salutar amargura a todas as minhas alegrias (Ms C, 31rº).

Doravante, a partir do tempo pascal de 1896, deve-se ter em conta que tudo o que Teresa pensa, vive e diz tem como pano de fundo essa provação noturna.

---

615. PA, p. 484.

No campo da saúde, após as duas hemoptises da semana santa — conhecidas apenas pela priora e por Irmã Maria da Trindade —, Madre Maria de Gonzaga não chama o doutor de Cornière, médico que cuida da comunidade, mas Francis La Néele, o primo de Teresa. Este a examina no oratório, passando a cabeça pela portinhola da grade: auscultação relativa. O médico conclui que não há nada de grave. Talvez algum pequeno vaso tenha se rompido em sua garganta ou tenha havido um sangramento de nariz. Ela também apresenta uma "grande glândula no pescoço, atribuída à sua extrema fraqueza. Teresa sofreu muito de fome durante o jejum dessa quaresma"[616].

Seguramente, ela continua sua vida ordinária de sacristã, ajudando Madre Maria dos Anjos, que está no cargo desde as eleições. No ofício da pintura, Teresa participa no trabalho remunerado que sustenta a comunidade. Também se ofereceu como voluntária para ajudar Irmã Maria de São José na rouparia[617]. Essa Irmã de trinta e seis anos, que entrou no Carmelo em 1881, tem uma voz bonita e uma memória excelente — o que lhe permite tomar abundantes notas ao longo dos retiros pregados e dos sermões —, apresenta um caráter inclinado à neurastenia, sujeita a mudanças bruscas de humor. Nenhuma outra religiosa deseja trabalhar na rouparia em companhia da Irmã. Teresa o faz voluntariamente. Ela diz à Irmã Maria do Sagrado Coração: "Ah, se soubésseis como é preciso perdoá-la! Como ela é digna de piedade! Não é culpa sua se ela é mal-educada: é como um pobre relógio que deve ser remontado a cada quinze minutos"[618]. É possível que ela tenha pensado nessa Irmã quando escreve, um ano mais tarde: "As almas imperfeitas, ao contrário, não são procuradas. Sem dúvida, mantemo-nos em relação a elas nos limites da polidez religiosa, mas talvez temendo dizer-lhes algumas palavras pouco amáveis, evitando sua companhia" (Ms C, 28rº). Era o que se passava com Irmã Maria de São José. Também se entende por que Teresa — muito ocupada, no entanto, por múltiplas tarefas — escreveu um poema para o dia de sua festa: *O Cântico eterno cantado no exílio*[619], cujo tema central é o amor de Jesus:

> *Meu Bem-Amado, Beleza suprema,*
> *A mim tu deste a ti mesmo,*
> *Mas, em troca,*
> *Jesus, eu te amo*
> *E minha vida não é senão um único ato de amor!* (2)

---

616. CV, citado em CG II, p. 1188; ver UC, p. 500.
617. CA 13.7.18.
618. Confidência à Irmã Maria do Sagrado Coração, ver P. DESCOUVEMONT, *Thérèse de Lisieux et son prochain*, Paris, Éd. du Cerf, 2003, p. 271.
619. P 28, 1º de março de 1896.

Esquecendo minha grande miséria
Vens habitar em meu coração.
Meu frágil Amor, ah, que mistério,
Basta para prender-te, Senhor. (3)

Os primeiros meses de 1896 são venturosos para o Carmelo e seu noviciado, uma vez que, depois de Celina e Maria Guérin (vestição), Irmã Maria da Trindade vai fazer profissão na quinta-feira, 30 de abril, e tomar o véu na quinta-feira, 7 de maio. Se a alegria da "mestra de noviças" foi forte nos compromissos de dois membros de sua família, não é menos real para essa profissão que Teresa deve sentir um pouco como uma vitória pessoal. Sabe-se que a chegada da jovem "parisiense" surpreendera e desconcertara certas Irmãs. Teresa dedicou muita atenção e paciência para fazer dessa jovem uma boa carmelita[620]. Entre elas existe uma espécie de conivência. Uma primeira inquietação surgira quando Madre Maria de Gonzaga achou que ela ainda não estava madura para fazer profissão. A data será adiada para quinta-feira, 30 de abril de 1896. Será, portanto, Madre Maria de Gonzaga que receberá seus votos. Sabe-se como Teresa propusera à noviça fazer o Ato de oferecimento ao Amor misericordioso em 30 de novembro de 1895.

Mas, antes de fazer profissão, Maria vai trocar de nome. Na sexta-feira, 6 de março de 1896 — festa do Santo Sudário[621] —, Irmã Maria Inês da Santa Face se torna Irmã Maria da Trindade da Santa Face. Não é necessário procurar motivações muito profundas para essa mudança: esta é ditada simplesmente por razões práticas. No quotidiano da vida comum, o sotaque da Normandia leva a confundir Maria Inês e Madre Inês. É preciso, pois, evitar a confusão.

Na noite em que é apresentada oficialmente ao capítulo, Irmã Maria da Trindade é invadida pela angústia. Depois de tantas dificuldades e da mudança de Carmelo, está ela realmente em seu caminho? No dia seguinte, Teresa a tranquilizará completamente: "Sois particularmente amada pelo bom Deus"[622].

Tal como Joana d'Arc... (30 de abril de 1896)

No dia de sua profissão, Irmã Maria da Trindade está radiante de alegria: "Irmã Teresa do Menino Jesus me disse: 'Sinto o efeito de Joana d'Arc assistindo à sagração de

---

620. Sobre esse paciente trabalho pedagógico e espiritual, ver P. Descouvemont, *Une novice de sainte Thérèse*. Ver a abundante documentação sobre Irmã Maria da Trindade em VT, n. 72, 73, 74, 75, 77, 85, 87, 88, 89, de outubro 1978 a janeiro 1983, com seus escritos: o *Carnet rouge* (CRM) e os *Conseils et souvenirs* (CLM).

621. P. Descouvemont, *Thérèse de Lisieux et son prochain*, p. 39.

622. Circular de Irmã Maria da Trindade, 20 de janeiro de 1944, p. 7.

Carlos VII'"[623]. Isso deixa subentendidos todos os esforços de mediadora que a "mestra" deve ter feito para chegar a esse "triunfo". Irmã Maria da Trindade terá consciência:

> Foi graças a ela que consegui ser carmelita. Minha falta de virtude, de saúde e também a pouca simpatia que eu encontrava na comunidade, por vir de outro Carmelo, criaram-me mil dificuldades quase insuperáveis. Nos momentos difíceis, somente a Serva de Deus me consolava, me encorajava e sabia aproveitar com destreza as ocasiões para pleitear minha causa junto às Irmãs que eram contra mim: "De bom coração eu daria minha vida — repetia– para que fôsseis carmelita!". Por isso, ela me confessou que contava o dia da minha profissão — 30 de abril de 1896 — entre os mais belos de sua vida: sua alegria parecia igualar-se à minha[624].

A fotografia desse dia, tirada por Irmã Maria Genoveva, parece confirmar essa vitória[625]. Deve-se dizer que, como fina psicóloga, Teresa sabe adaptar-se a cada noviça: "Vi, primeiramente, que todas as almas têm quase os mesmos combates, mas são, por outro lado, tão diferentes, que não tive dificuldade para entender o que dizia o Padre Pichon: 'Há mais diferença entre as almas que entre os rostos'" (Ms C, 23vº). Essa constatação explica os achados pedagógicos de Teresa. Maria da Trindade tem uma propensão às lágrimas (Teresa se recorda da própria história), deve chorar em uma concha moldada e levar o resultado à sua mestra; evidentemente, tudo termina em uma gargalhada descontrolada[626]. E, como a mais jovem precisa movimentar-se, Teresa a mandará ao sótão para brincar de pião, presente encontrado no noviciado no Natal de 1896.

Para a tomada de véu de 7 de maio de 1896, Teresa — como fez com sua irmã Celina — vai multiplicar os sinais de sua ternura vigilante pela professa. Dessa vez, é ela que compõe o cântico que será cantado na noite do grande dia: *Como é doce*[627]... As alusões biográficas são abundantes: a marca da Trindade (3), a saída do Carmelo de Paris (6), a chegada ao mosteiro de Lisieux (7), o Ato de oferecimento (11)... As duas últimas coplas são dirigidas a Madre Maria de Gonzaga, que "encheu o cibório" de Jesus, recebendo treze professas ("hóstias") em vinte e dois anos de priorado.

Um segundo poema, mais pessoal, é ofertado a Maria da Trindade. A professa sempre percebeu o lugar eminente ocupado por São João da Cruz nos ensinamentos de sua mestra. É precisamente do carmelita espanhol que Teresa toma emprestada a sua

---

623. Irmã Maria da Trindade, *Histoire de ma vocation*, 1904, p. 302 (ACL).
624. CMR, p. 42 s.
625. VTL 32, 30 de abril de 1896.
626. CLM, p. 10.
627. P 29, *Lembrança do dia 30 de abril de 1896*.

inspiração, decalcando um de seus poemas: *Glosa sobre o Divino*[628]. A destinatária não consegue captar tudo o que esses versos significam para Teresa, que vive na noite da fé. Ao dar-lhe o texto, contudo, esta afirmará que o pensamento que mais lhe agradava era este: "O Amor sabe tirar proveito de tudo, do bem e do mal que encontra em nós"[629]. É verdade que esse é o pensamento mais ousado do poema, correspondendo bem à audaciosa confiança da pequena via teresiana:

> *Apoiada sem nenhum Apoio,*
> *Sem Luz e nas Trevas,*
> *Vou me consumindo de Amor...*
>
> *Embora sofra sem Luz*
> *Nesta vida que dura apenas um dia,*
> *Possuo ao menos na terra*
> *A vida celeste do Amor...* (2)
>
> *O Amor, eu fiz a experiência,*
> *Do bem e do mal que encontra em mim*
> *Sabe tirar proveito (que poder):*
> *Ele transforma minha alma em si.*
> *O Fogo que arde em minha alma*
> *Penetra meu coração para sempre.*
> *Assim, em sua encantadora chama*
> *Vou me consumindo de Amor!...* (3)

Irmã Maria da Trindade recebe ainda, em 7 de maio, uma estampa de São João da Cruz com três máximas[630] do carmelita espanhol (n. 129, 103, 70):

> Pensamentos de N. P. São João da Cruz
>
> Quando o amor que se tem à criatura é uma afeição toda espiritual e fundada somente em Deus, à medida que cresce, o amor de Deus também cresce em nossa alma; mais o coração se lembra do próximo, mais se lembra também de Deus e o deseja. Esses dois amores crescem em proporção um ao outro.
>
> Aquele que ama verdadeiramente a Deus vê como um ganho e uma recompensa perder todas as coisas e perder-se a si mesmo por Deus...
>
> Na noite desta vida, examinar-vos-ão sobre a amor. Aprendei, pois, a amar a Deus como ele quer ser amado e deixai-vos a vós mesmo[631].

---

628. P 30, *Glosa sobre o Divino*, 30 de abril de 1896.

629. *Poésies*, p. 162-163.

630. Tiradas do livro que acompanha Teresa — *Maximes et avis de notre bienheureux père saint Jean de la Croix*, Carmelitas de Paris, 1895. Ela se deixará fotografar com esse livro em junho de 1896, VTL 36.

631. C 188, 7 de maio de 1896, CG II, p. 853; ver a reprodução em DLTH, p. 173.

Constata-se que São João da Cruz continua a influenciar sua vida e seu ensinamento às noviças.

Enfim, não esqueçamos que, na noite de sua profissão, Irmã Maria da Trindade encontrava em sua cama outro bilhete de Teresa coberto com miosótis, novo sinal de sua ação de graças e de seu carinho[632]. A neoprofessa é verdadeiramente mimada, pois para sua festa — a Trindade — no domingo, 31 de maio, tem novamente direito a um poema, *O Cântico de Irmã Maria da Trindade e da Santa Face*[633], um grito de amor que, mais uma vez, a destinatária não consegue captar completamente, mesmo que aprecie com gosto tudo o que ele expressa. A partir da primeira estrofe, é principalmente Teresa que fala:

Em teu amor, exilando-te na terra
Divino Jesus, tu te imolaste por mim!
Meu Bem-Amado, toma minha vida toda inteira!
Quero sofrer, quero morrer por ti…

Senhor, Tu mesmo no-lo disseste:
"Não se pode fazer nada mais
Que morrer por aqueles que amamos"
E meu Amor supremo
És tu, Jesus!… (1)

É tarde, o dia já está declinando;
Vem guiar-me, Senhor, no caminho.
Com tua cruz, eu subo a colina,
Fica comigo, Celeste Peregrino… (2)

Também sou tua prisioneira
E quero, por minha vez, repetir
Tua terna e divina oração:
"Meu Bem-Amado, meu Irmão,
Eu tenho sede de Amor!…" (5)

Tenho sede de Amor, cumula minha esperança!
Aumenta em mim, Senhor, teu Divino Fogo!
Tenho sede de Amor, muito grande é meu sofrimento!
Ah, eu gostaria de voar em direção a ti, meu Deus!… (6)

Teu Amor é meu único martírio:
Mais o sinto arder em mim
E mais minha alma te deseja…

---

632. C 187, 30 de abril de 1896, CG II, p. 852.
633. P 31, 31 de maio de 1896.

> *Jesus, faz-me morrer*
> *De Amor por Ti!!!...*

Quem, na comunidade que escuta o poema, pode imaginar que Teresa está pensando seriamente em sua morte próxima?

"O bom Deus está muito contente" (Ms B, 2vº) [10 de maio de 1896]

Três dias depois da tomada de véu de Irmã Maria da Trindade, Teresa tem um sonho que vai marcá-la profundamente. Entretanto, ela escreveu:

> Não dou importância aos meus sonhos; aliás, raramente tenho sonhos simbólicos e chego a perguntar-me como é possível que, pensando em Deus o dia todo, não me ocupe bastante dele durante o sono... geralmente sonho com bosques, flores, os rios e o mar e quase sempre vejo lindas criancinhas, caço borboletas e pássaros como nunca vi. Estais vendo, minha Mãe, que se meus sonhos têm uma aparência poética, eles estão longe de ser místicos... (Ms A, 79rº)

Em 10 de maio, trata-se de um sonho "místico". Dormindo, vê três carmelitas vindas do Céu. Uma delas vai ao encontro de Teresa, que caiu de joelhos, e a cobre com seu grande véu. Teresa reconhece imediatamente a Venerável Ana de Lobera, que introduziu a Reforma teresiana na França, em 1604[634]. A carmelita espanhola enche de "carinhos" a jovem francesa e seu olhar é "cheio de amor":

> Vendo-me tão ternamente amada, tive a ousadia de pronunciar as seguintes palavras: "Ó minha Madre, eu vos suplico, dizei-me se o bom Deus me deixará ainda muito tempo na terra... Ele virá logo me buscar?...". Sorrindo com ternura, a santa murmurou: "Sim, em breve, em breve... Eu vo-lo prometo". — "Minha Madre — acrescentei —, dizei-me ainda se o bom Deus não me pede algo mais que minhas pobres pequenas ações e desejos. Ele está contente comigo?" O rosto da santa assumiu uma expressão incomparavelmente mais terna que da primeira vez que me falou. Seu olhar e suas carícias eram a mais doce das respostas. Ela me disse: "O bom Deus não pede outra coisa de vós. Ele está contente, muito contente!...". Depois de novamente ter-me feito um carinho com mais amor que a mais terna das mães poderia ter por seu filho, vi-a afastar-se... (Ms B, 2rº-vº)

É fácil entender as consolações que esse encontro noturno trouxe a Teresa. A princípio, ela — que teme a fuga no "nada" (Ms C, 6vº) — constata que é amada por

---

634. Ana de Lobera (1545-1621) entrou em 1570 no primeiro convento reformado por Santa Teresa de Jesus em Ávila. Priora dos Carmelos de Beas, Granada e Medina. Faleceu em Bruxelas.

habitantes do Céu, especialmente por essa Irmã que introduziu o Carmelo na França. A seguir, Teresa, que está doente, recebe a garantia de deixar a vida terrestre "em breve", com a indeterminação que a palavra comporta. Mas ela a guardará na memória. Enfim, a pergunta que a perseguiu a vida toda — "Deus está contente comigo?" — recebe uma resposta formal: Ele está "contente, muito contente!" Esse encontro coloca de lado a "tempestade" habitual de sua provação contra a fé: "Eu *acreditava, sentia* que há um Céu e que o Céu está povoado de almas que me amam…". A impressão desse sonho vai perdurar por meses e dar-lhe uma luz de esperança em sua noite.

Outra grande alegria virá apenas vinte dias depois dessa noite de 9 para 10 de maio de 1896. Teresa continuou a rezar regularmente por seu irmão Maurice Bellière, mas não tem nenhuma notícia dele.

Um segundo irmão missionário: Adolphe Rouland (30 de maio de 1896)

É então que no sábado, 30 de maio, Madre Maria de Gonzaga a convoca ao seu escritório. Ao final de maio, ela recebeu a carta de um padre das Missões Estrangeiras de Paris perguntando-lhe se a priora não lhe podia dar "uma auxiliar de seu apostolado"[635]. Trata-se do Padre Adolphe Roulland, nascido em 13 de outubro de 1870 em Cahagnolles, a quinze quilômetros ao sul de Bayeux. Trabalhando inicialmente na oficina de seu pai, ferreiro, ele entra no seminário menor de Villiers-le-Sec (o mesmo de Maurice Bellière). Adolphe também irá ao seminário maior de Sommervieu em outubro de 1891. Mas a missão o atrai e ele é admitido no seminário das Missões Estrangeiras, em Paris.

O superior de Sommervieu o recomenda nos seguintes termos: "É um jovem muito sério, muito piedoso e de uma piedade sólida; o caráter é excelente; o talento, sem ser superior, está acima da média". Depois do serviço militar, Adolphe conclui os estudos seminarísticos e será ordenado sacerdote no domingo, 28 de junho de 1896. Tem vinte e seis anos. Possuía vínculos com os premonstratenses da abadia de Juaye-Mondaye. O Padre Norbert, desse mosteiro, dera-lhe algumas lições de latim em sua infância. É esse mesmo padre que intervirá, em 3 de maio de 1896, para que uma carmelita reze pelo futuro missionário. O Carmelo tinha ligações com Mondaye, *via* Padre Godefroy Madelaine. Madre Maria de Gonzaga designa Irmã Teresa do Menino Jesus e vai informá-la. A surpresa daquela que já recebeu um irmão espiritual (é um segredo para a comunidade) é total:

> No ano passado, ao final do mês de maio, lembro-me que um dia mandastes chamar-me antes de irmos ao refeitório. Meu coração batia muito forte quando entrei em

---

635. Carta de 20 de junho de 1896, em resposta.

vosso escritório, minha Madre querida; eu me perguntava o que poderíeis ter a dizer-me, pois era a primeira vez que me mandáveis chamar assim. Depois de ter-me dito que sentasse, fizestes-me a seguinte proposta: — "Quereis ocupar-vos dos interesses espirituais de um missionário que deve ser ordenado sacerdote e partir em breve?". Em seguida, minha Madre, lestes para mim a carta desse jovem padre, para que eu soubesse ao certo o que ele estava pedindo. Meu primeiro sentimento foi de alegria, que não demorou a dar lugar ao temor. Eu vos expliquei, minha Madre bem-amada, que, tendo já oferecido meus pobres méritos por um futuro apóstolo, acreditava não poder fazê-lo mais uma vez nas intenções de outro e que, aliás, havia muitas Irmãs melhores que eu que poderiam responder ao seu desejo. Todas as minhas objeções foram inúteis, respondestes-me que se podia ter vários irmãos. Então vos questionei se a obediência poderia dobrar meus méritos. Respondestes-me que sim, dizendo-me várias coisas que me faziam ver que era preciso aceitar sem escrúpulo um novo irmão (Ms C, 33rº-vº).

No fundo, Teresa sente uma alegria muito grande porque, mais uma vez, Deus realizou todos os seus desejos, até mesmo os que pareciam irrealizáveis. O casal Martin desejara ter dois filhos missionários. Os dois morreram muito crianças. E eis que sua última filha recebe dois irmãos, dois sacerdotes, dois missionários, dos quais um vai partir para a China e o outro, mais tarde, para a África[636]! Mas, enquanto não se sabe mais nada do primeiro irmão, o segundo se apresenta para celebrar uma primeira missa no Carmelo de Lisieux na sexta-feira, 3 de julho, às 7 da manhã, pois está indo à Normandia despedir-se da família. Não há tempo a perder para escrever-lhe e dar-lhe um presente de ordenação. Sua irmã se mostra esforçada, já que em 23 de junho, terça-feira, escreve uma primeira carta ao futuro missionário:

> Meu Reverendo Padre,
> Pensei que eu agradaria à nossa bondosa Madre se no dia de sua festa, 21 de junho, lhe oferecesse um corporal e um manustérgio com uma pala, para que ela tenha o prazer de vo-los enviar no dia 29. É a essa venerada Madre que devo a íntima alegria de estar unida a vós pelos laços apostólicos da oração e da mortificação. Por isso, peço-vos, meu Reverendo Padre, que me ajudeis no santo altar a pagar minha dívida de gratidão.
> Sinto-me muito indigna de ser associada de modo especial a um dos missionários de nosso adorável Jesus, mas, como a obediência me confia essa doce missão, estou segura de que meu Celeste Esposo suprirá meus fracos méritos (sobre os quais não

---

[636]. Como no caso do seminarista Bellière, a comunidade não ficará sabendo da designação de Teresa. Para todas, Padre Roulland será "o missionário de nossa Madre". Esta lerá toda a correspondência desse trio de jovens.

me apoio de modo algum) e realizará os desejos de minha alma, fecundando vosso apostolado. Ficarei verdadeiramente feliz por trabalhar convosco na salvação das almas; foi com essa finalidade que me fiz carmelita; não podendo ser missionária pela ação, quis sê-lo pelo amor e a penitência, como Santa Teresa, minha seráfica Madre... Eu vos peço, meu Reverendo Padre, pedi por mim a Jesus no dia em que Ele se dignar descer do Céu à vossa voz pela primeira vez; pedi-Lhe que me abrase com o fogo de seu Amor, para que eu possa ajudar-vos a acender a luz nos corações.

Há muito tempo eu desejava conhecer um Apóstolo que quisesse pronunciar meu nome no santo altar no dia de sua primeira missa... Eu desejava preparar-lhe pessoalmente as alfaias sagradas e a branca hóstia destinada a ocultar o Rei do Céu... O Deus de bondade quis realizar meu sonho e mostrar-me mais uma vez o quanto se compraz em realizar os desejos das almas que amam somente a Ele [...].

Desejo, meu Reverendo Padre, que nossa união apostólica seja conhecida só por Jesus e reclamo uma de vossas primeiras bênçãos para aquela que ficará feliz por declarar-se eternamente vossa indigna irmãzinha em Jesus-Hóstia[637].

Madre Maria de Gonzaga deu a Teresa a ordem de guardar silêncio total sobre essa correspondência, inclusive em relação a Madre Inês de Jesus. O que não foi fácil, pois Teresa, para confeccionar seus presentes (pintura de uma pala, estampa em pergaminho), devia esconder-se de sua irmã[638].

Esse mês de junho favorece uma produção poética bastante intensa a provocar a expressão de Teresa, embora, como acontece muitas vezes, trate-se de agradar a uma Irmã que "encomendou" um poema à "especialista". No domingo, 7 de junho, festa do Santíssimo Sacramento, é Irmã São Vicente de Paulo que recebe *Meu Céu*[639]. Sabe-se que essa Irmã aprecia a adoração eucarística. Pode-se notar, no início e no fim, uma discreta alusão à noite na qual a redatora está vivendo:

Meu Jesus sorri para mim quando suspiro por Ele.
Então não sinto mais a provação da fé.
O olhar de meu Deus, seu encantador Sorriso,
Eis aí o meu Céu!... (1)

Posso tudo obter quando, no mistério,
Falo de coração a coração com meu Divino Rei.
Essa doce oração junto ao Santuário,
Eis aí o meu Céu!... (2)

---

637. C 189, 23 de junho de 1896, CG II, p. 856-857.
638. Ver Mss II, p. 78.
639. P 32.

> *Meu Céu é sentir em mim a semelhança*
> *Do Deus que me criou com seu Sopro Poderoso.*
> *Meu Céu é permanecer sempre em sua presença,*
> *Chamá-lo de meu Pai e ser sua filha.*
> *Em seus braços divinos, não temo a tempestade;*
> *O total abandono: eis a minha única lei.*
> *Dormir sobre seu coração, junto ao seu Rosto*
> *Eis aí o meu Céu!...* (4)
>
> *Meu Céu, eu o encontrei na Trindade Santa*
> *Que reside em meu coração, prisioneira de amor.*
> *Aí, contemplando meu Deus, repito-lhe sem temor*
> *Que quero servi-lo e amá-lo para sempre.*
> *Meu Céu é sorrir ao Deus que eu adoro*
> *Quando Ele quer esconder-se para provar minha fé.*
> *Sofrer, esperando que Ele olhe para mim mais uma vez*
> *Eis aí o meu Céu!...* (5)

Na sexta-feira, 12 de junho, festa do Sagrado Coração, como não responder ao desejo de sua irmã Maria do Sagrado Coração, que pede um poema? Ao receber *O que logo verei pela primeira vez*[640], a "Madrinha" não tem como adivinhar que esse "logo" evoca a palavra de Ana de Lobera, ouvida em sonho pela afilhada, nem sua impaciência em "ver" Jesus e "voar" em direção ao seu Amor.

> *Ainda estou em terra estrangeira,*
> *Mas, pressentindo a felicidade eterna,*
> *Oh, gostaria de já deixar a terra*
> *E contemplar as maravilhas do Céu...*
> *Quando sonho com as alegrias da outra vida,*
> *De meu exílio não sinto mais o peso,*
> *Porque em breve, para minha única Pátria,*
> *Voarei pela primeira vez!...* (1)
>
> *Tu bem sabes, meu único martírio*
> *É teu amor, Coração Sagrado de Jesus.*
> *Por teu belo Céu, se minha alma suspira,*
> *É para amar-te, amar-te cada vez mais!...*
> *No Céu, sempre inebriada de ternura,*
> *Eu te amarei sem medida e sem leis*
> *E minha felicidade sempre me parecerá*
> *Tão nova quanto da primeira vez!!!...* (4)

---

640. P 33.

Nesse mesmo dia, Teresa escreve um bilhete que pode fazer referência ao problema da união na comunidade:

> O desejo do Sagrado Coração é que imiteis sua Caridade para com os homens e, principalmente, para com os pecadores. Sua Vontade é que ameis vossas irmãs com ternura e de modo constante. A união dos corações, a ajuda mútua, a amizade são sinais de predestinação, e também o zelo pela conversão dos pecadores. 12 de junho de 1896[641].

"Lançar flores" (P 34)

As festas se sucedem. Em 29 de junho, celebrando os Santos Pedro e Paulo, "Paulina" não pode ser esquecida. Teresa lhe oferece uma poesia que se refere a um pequeno ritual do noviciado nesse mês de junho. Irmã Maria da Eucaristia o contou ao pai:

> Todas as noites, as novicinhas se reúnem ao pé da grande cruz de granito que está ao centro do pátio e que conheces bem (quando era postulante, fui fotografada ali sozinha). Aí vamos à procura de todas as rosas secas e, quando fazemos uma boa provisão, as lançamos ao bom Deus, jogando muito alto e deixando cair na Face de nosso bom Jesus. Essa é a grande consolação. Dir-se-ia que as rosas secas se multiplicavam para nós... Umas vinte roseiras nos propiciam um lindo tapete todas as noites. É às oito horas, durante o grande silêncio da noite, que lançamos nossas flores[642].

Lançar flores[643] é, portanto, o que Madre Inês recebe como presente de festa. Bem entendido, esse gesto pode recordar lembranças de infância dessas jovens. E, em primeiro lugar, da mestra de noviças: "Eu gostava principalmente das procissões do Santíssimo Sacramento. Que alegria semear flores à passagem do bom Deus! [...] Eu só ficava feliz vendo minhas rosas desfolhadas *tocarem* o ostensório sagrado..." (Ms A, 17rº).

Jesus, meu único Amor, é ao pé de teu Calvário
Que amo todas as noites lançar-te flores!...
Desfolhando para ti a rosa primaveril,
Gostaria de enxugar tuas lágrimas.... (1)

Lançar flores é oferecer-te como primícias
Os mais leves suspiros, as maiores dores.
Meus sofrimentos e minhas alegrias, meus pequenos sacrifícios:
Eis aí minhas flores!... (R 1)

---

641. OC, p. 1235.
642. CD 1168 — Irmã Maria da Eucaristia a seu pai, 24 de junho de 1896, VT, n. 126.
643. P 34.

> *Senhor, por tua beleza minha alma se apaixonou,*
> *Quero prodigalizar-te meus perfumes e minhas flores.*
> *Lançando-os para ti sobre as asas da brisa,*
> *Gostaria de inflamar os corações!...* (2)
>
> *Lançar flores, Jesus, eis minha arma*
> *Quando quero lutar para salvar os pecadores.*
> *A vitória é minha... sempre te desarmo*
> *Com minhas flores!!!...* (R 2)

Esse gesto, um pouco infantil à primeira vista, revela uma espiritualidade muito profunda, que ela explicitará fortemente três meses mais tarde, ao escrever a Maria do Sagrado Coração (ou, antes, a Jesus):

> Sim, meu Bem-Amado, eis como se consumará minha vida... Não tenho outro meio de provar-te meu amor, senão lançar flores, isto é, não deixar escapar nenhum pequeno sacrifício, nenhum olhar, nenhuma palavra, aproveitar todas as menores coisas e fazê-las por amor... Quero sofrer por amor e até mesmo gozar por amor; assim, lançarei flores diante de teu trono; não encontrarei uma só sem desfolhá-la para ti... em seguida, lançando minhas flores, cantarei (poder-se-ia chorar ao praticar uma ação tão alegre?). Eu cantarei, mesmo quando for preciso colher minhas flores em meio aos espinhos, e meu canto será tanto mais melodioso quanto mais os espinhos forem longos e pontiagudos.
>
> Jesus, para que servirão minhas flores e meus cantos?... Ah, eu sei bem, essa chuva embalsamada, essas pétalas frágeis e sem nenhum valor, esses cantos de amor do menor dos corações te encantarão. Sim, esses nadas te agradarão, farão sorrir a Igreja Triunfante: ela recolherá minhas flores desfolhadas por amor e, fazendo-as passar por tuas Divinas Mãos, ó Jesus, a Igreja do Céu, querendo brincar com sua filhinha, lançará também essas flores que adquiriram, por teu divino toque, um valor infinito. Ela as lançará sobre a Igreja padecente, para apagar as chamas. Ela as lançará sobre a Igreja combatente, para fazê-la alcançar a vitória!...[644].

Pode-se constatar que a sucessão das poesias, que muitas vezes são encomendadas, anda lado a lado com o percurso interior de Teresa. Mas às ocultas de suas companheiras.

Enquanto a família passa férias em La Musse, de 10 de junho a 27 de agosto, as carmelitas se desdobram para festejar sua priora, no dia 21 de junho. Sempre mendicante, Irmã Maria da Eucaristia pergunta à mãe se ela poderia mandar entre dezoito e

---

644. Ms B, 4r°-v°. Ver seu bilhete à Irmã Maria de São José (C 194). Podemos constatar aqui como uma corrente iconográfica inteira traiu o pensamento de Teresa ao representá-la lançando rosas diretamente sobre a terra.

vinte trutas no sábado, para o dia seguinte⁶⁴⁵. Isso não basta, "pois para a festa é preciso colocar tudo de pernas para o ar", escreve Maria aos pais. Seriam necessários "feijões, morangos, bolos (biscoitos genoveses para a data de 21 de junho), duas garrafas de vinho branco"⁶⁴⁶. "Devemos fazer uma festa de arromba." Leônia dará doze garrafas de água de Seltz e Joana La Néele, cerejas ou cerejas doces, sem esquecer as flores, "rosas em botão, cravos"⁶⁴⁷.

Nesse ano, é compreensível a urgência para a festa da priora. Desde as difíceis eleições de março, Madre Maria de Gonzaga sente com muita amargura a divisão da comunidade. Tudo é preparado, pois, para festejá-la de uma maneira excepcional e tentar consolá-la. No sábado, após o almoço — cujos provedores serão os Guérin —, uma pequena peça cômica será encenada às 15 horas. Maria da Eucaristia será Batista, um jardineiro inocente (com macacão e peruca); Irmã Genoveva, o Padre Jerônimo; e Irmã Maria da Trindade, o mestre⁶⁴⁸.

No domingo, porém, será encenada uma peça "mais séria". Mais uma vez, a autora das recreações entra em cena. Irmã Teresa compôs sua sétima peça: *O Triunfo da Humildade*⁶⁴⁹. A atualidade mais candente a inspirou. Irmã Maria da Eucaristia escreveu aos pais: "Foi Diana Vaughan que nos deu a ideia de compor essa peça…". Ela diz ainda que interpretará duas personagens contrastantes: "o arcanjo São Miguel e o demônio Asmodeu"⁶⁵⁰.

"A noiva de Lúcifer" (RP 17) [21 de junho de 1896]

A clausura não impediu que a história dessa misteriosa jovem chegasse ao conhecimento das carmelitas de Lisieux. É preciso esclarecer que seu estranho itinerário suscitou a atenção febril de uma parte do mundo católico, mobilizado em um grande combate contra a franco-maçonaria. O tio Isidoro se engajou com energia nessa luta, levada adiante no *Le Normand*⁶⁵¹. Tais combates foram evocados ao longo de numerosos locutórios. Eles ultrapassam o círculo regional e mesmo nacional, já que Leão XIII mandou publicar a

---

645. CD 1159, 13 (?) de junho de 1896, n. 125, janeiro 1992, p. 311.
646. CD 1161, 17 de junho de 1896, ibid., p. 315. Haverá mais duas de vinho tinto.
647. CD 1163, 19 de junho de 1896, ibid., p. 318.
648. Ver Maria do Sagrado Coração aos Guérin, 21 de junho de 1896, e Maria da Eucaristia à sua mãe, 15 de agosto de 1896. O texto será enviado à família Guérin (*Poésies*, II, p. 327).
649. RP 7.
650. CD 1161, 17 de junho de 1896, VT, n. 125, janeiro 1992, p. 315.
651. Artigo de 4 de abril de 1896, a propósito da *Revue maçonnique*; de 25 de abril de 1896, a respeito de um maçom italiano que está abjurando das doutrinas franco-maçônicas. Isidoro Guérin cessará de escrever no *Le Normand* a partir de junho de 1896.

encíclica *Humanum genus* em 24 de abril de 1884, sobre "a seita dos franco-maçons". Em 1886, ele fazia acrescentar ao final da missa a oração a São Miguel para sustentar o combate da Igreja contra as forças do mal. Podia-se ler no *Osservatore romano*: "A franco-maçonaria é *satânica* em todos os pontos: em sua origem, em sua organização, em sua ação, em sua finalidade, em seus meios, em seu código e em seu governo"[652].

Só se pode resumir a história — complicadíssima — de *miss* Diana Vaughan e, sobretudo, sublinhar o que Teresa pôde saber para escrever sua peça de teatro em maio-junho de 1896[653]. Diana, jovem americana, foi educada pelo pai na mais estrita ortodoxia luciferiana. Chegará a tornar-se a noiva do diabo e será protegida por um "anjo da guarda", o demônio Asmodeu. Encontra os maiores mestres do Grande-Oriente, tornando-se grã-mestra do paladismo (espiritismo luciferiano maçônico). Após rocambolescas aventuras acontecidas na América do Norte e na Europa (inclusive em Paris), Diana Vaughan publica, em 21 de março de 1885, sua revista *Le Palladium régénéré et libre, lien des Groupes lucifériens indépendants* (que reproduz a mensagem de La Salette), enviada gratuitamente a numerosas comunidades femininas na França, o que provoca um movimento de oração pela conversão de Diana[654]. No correio do jornal, em 8 de maio de 1895, um leitor pede para "rezar à Venerável Joana d'Arc pela conversão da franco-maçônica"[655].

Mudança inesperada! Em 13 de junho de 1895, Diana é vencida pela graça e lança ao fogo tudo o que tinha adorado. Em 21 de junho, *La Croix* se faz eco da história:

> A CONVERSÃO DE *MISS* DIANA VAUGHAN. Acabamos de ler as tribulações do primeiro capítulo das *Mémoires d'une ex-palladiste*, cuja publicação *Miss* Diana Vaughan vai iniciar muito em breve, e estamos ainda tomados por uma indizível emoção.

O jornal *Le Normand*, do tio Guérin, em 6 de julho, informou os leitores sobre a publicação iminente das *Memórias*, ao preço de 1 franco. A publicidade será feita regularmente. Em um artigo do *L'Univers*, com data de 27 de abril de 1896, Padre Pègues, dominicano, apoia a convertida. Na primavera de 1896, "o caso Diana Vaughan" chega ao auge da midiatização. A "convertida" fez a primeira Comunhão em 24 de agosto de 1895, aos trinta e um anos. Em seu fervor, ela compôs uma *Novena eucarística reparadora*, publicada em outubro, com uma tiragem de 5 mil exemplares. Paróquias rezam essa novena. Leão XIII a recebeu como homenagem e leu-a "com grande prazer"[656].

---

652. Reproduzido em *L'Écho de Rome*, 1º de janeiro de 1894.
653. Ver sigla TrH: o essencial encontra-se no tomo das *Poésies* da *Édition du Centenaire*, p. 411 s.
654. "Ela tem virtudes demais para não ser cristã", escreve o cônego Mustel na *Revue catholique de Coutances*.
655. TrH, p. 82.
656. TrH, p. 109.

É, pois, a esses eventos conhecidos de todos que Teresa se referirá para escrever sua recreação. Em maio, ela leu a revista *Le Palladium régénéré* (três números), certas partes das *Mémoires d'une ex-palladiste, parfaite initée, indépendante*, um *Hymne à Jeanne d'Arc* (setembro de 1895)[657]. O papel de Joana d'Arc na conversão de Diana só podia tocar a opinião católica e... a própria Teresa. Todos os documentos que lhe serviram para compor a peça devem ter sido fornecidos pelo tio Guérin, o jornalista ao corrente de todas essas publicações. Mas a preocupação essencial da autora do *Triunfo da Humildade* continua a ser o favorecimento da "união dos corações" da comunidade, ainda abalada pelas circunstâncias da eleição da priora.

Diálogo de carmelitas (RP 7)

Decepcionada com a experiência anterior, a autora tem o cuidado de não fazer algo muito longo. Ela mesma entra em cena com duas noviças na sala do aquecedor e evoca no texto a conversão de Diana Vaughan com a esperança de que um dia ela venha a entrar no Carmelo de Lisieux. A curiosidade das duas noviças[658] a respeito dos mistérios do inferno é satisfeita pelo arcanjo São Miguel. Estas ouvem os propósitos de Lúcifer e dos demônios Asmodeu, Belzebu, "amigos dos franco-maçons", que lamentam a deserção de Diana. Apesar de suas divisões — eles se odeiam uns aos outros —, decidem atacar os mosteiros, especialmente os do Carmelo, "a Ordem mais perfeita" (4rº). O objetivo dessa guerra é introduzir o amor-próprio nos conventos, pois "é o ponto fraco de todos os humanos" (3vº). mesmo que as carmelitas sejam virgens e pobres, isso não as impediria de cair na desobediência interior e no orgulho — o pecado por excelência, aquele dos anjos revoltados. Mas o arcanjo São Miguel, tomando na balança os votos religiosos e os vícios opostos, põe em fuga a tropa dos demônios.

Assustadas, as noviças não têm mais o que fazer, senão escutar Irmã Teresa concluir esse episódio pouco ordinário:

> Sabemos agora o meio de vencer o demônio [...] praticar a humildade, aquela de Maria... essas são nossas armas, nosso escudo; com essa força todo-poderosa, saberemos, quais novas Joana d'Arc, expulsar o estrangeiro do reino, isto é, impedir o orgulhoso Satã de entrar em nossos mosteiros (4vº)[659].

---

[657]. Ver o detalhe dessas leituras em TrH, p. 57-58.

[658]. Irmã Maria Madalena interpreta seu papel. Quanto à Irmã Maria do Espírito Santo, era uma postulante corista que devia entrar. Mas, muito tímida, renuncia. Irmã Marta de Jesus faz questão de ocupar seu lugar. Os demônios que se agitam ruidosamente atrás do biombo eram Lúcifer (Irmã Genoveva), Asmodeu (Irmã Maria da Eucaristia), Belzebu (Irmã Maria da Trindade).

[659]. A partir das leis de 1880 sobre as congregações, comunidades inteiras migraram para Bélgica, Inglaterra, Jersey etc.

Os anjos, ao apelo de Teresa, não se mostram, mas cantam em uma copla final:

> *Desejais, fervorosas carmelitas,*
> *Ganhar corações para Jesus, vosso Esposo;*
> *Pois bem, por Ele ficai sempre pequenas,*
> *A Humildade põe o inferno em fúria!... (5vº)*

Essa recreação insólita atinge um franco sucesso, mas as espectadoras veem nesta principalmente um divertimento, sem perceber a "mensagem" teresiana à comunidade. Ela não coloca um ponto final às aventuras de Diana Vaughan. Em uma longa carta aos Guérin, de 21 de junho, "a provisora" (Irmã Maria do Sagrado Coração) faz um relatório da grande festa do dia anterior, devida "à Providência" — disse a priora; "todo mundo compreendia bem de que delicada providência se tratava". O que importa aqui é a breve descrição do teatro:

> Hoje transformado em São Miguel[660] combatendo Satã e seus demônios, que bramavam atrás de um biombo com forquilhas e correntes e rufos de trovão. É o assunto do momento. Asmodeu estava lá, falando de Diana Vaughan etc. etc. Composto por Irmã Teresa do Menino Jesus. São Miguel — é oportuno dizê-lo — estava belo como um anjo[661].

Madre Maria de Gonzaga recebeu uma resposta cheia de gratidão do Padre Roulland pela escolha de Irmã Teresa do Menino Jesus para rezar por sua missão. Ele anuncia que vai entrar em retiro na segunda-feira, 22, até a ordenação, 28, e que poderia celebrar uma primeira missa no Carmelo na sexta-feira, 3 de julho[662].

Na França, Leão XIII concedeu um jubileu pelo décimo quarto centenário do batismo de Clóvis (496)[663]. Padre Godefroy Madelaine, prior dos premonstratenses da abadia de Mondaye, vem pregá-lo no Carmelo, de 22 a 24 de junho. Nessa ocasião, no confessionário, ele confundirá Teresa e Celina[664].

Que a pastora escute a verdade (C 190) [29 de junho de 1896]

Na sequência da festa da priora, que talvez a tenha consolado um pouco, Teresa vai escrever-lhe uma longa carta em forma alegórica, datada de 29 de junho de 1896.

---

660. Trata-se de Irmã Maria da Eucaristia — chamada mais acima de "Benjamim".
661. CD 1166, 21 de junho de 1896, VT, n. 125, janeiro 1992, p. 322.
662. CD 1164, 20 de junho de 1896, CG II, p. 855.
663. Na capa de seu primeiro caderno escolar, no qual escreve suas memórias, Teresa escreveu: "Viva o Deus dos francos"; ver DTLH, p. 8 (com um erro da autora, que transcreveu "Viva o Deus dos franceses").
664. Irmã GENOVEVA, *Souvenirs autobiographiques* (1909), p. 289.

Ela a intitula: *Lenda de um pequenino cordeiro*. Pois algumas vezes sua ajudante no noviciado recolheu os lamentos e as lágrimas de Madre Maria de Gonzaga, a qual, nos dias difíceis, chegou a pensar em pedir demissão ou partir para Saigon. Teresa vai tentar uma operação complicada: ajudar a priora a elevar-se e aceitar que essa provação venha do Senhor. Significa dizer que ela está usando de muita audácia, impelida pela preocupação de ser verdadeira — preocupação que jamais a abandonou.

Nessa alegoria, os papéis são fáceis de identificar: a Pastora é Maria de Gonzaga; o rebanho, as Irmãs professas; os cordeiros, as noviças; o cordeirinho, Teresa. Este fica desolado por ver sua Pastora triste, enquanto ela o toma muitas vezes em seus braços, acarinha-o, confia-lhe suas penas, chora algumas vezes com ele, "como se fosse seu igual". O cordeiro tem um sonho e se encontra diante do Bom Pastor, "que o toma no colo". O cordeiro vai resumir a situação e fazer uma série de perguntas ao Pastor: "Outrora a Pastora se acreditava amada pelo seu estimado rebanho" e, após uma ausência, não o reconhece mais. São necessários sete escrutínios para que ela retome seu cajado. Por quê?

O Bom Pastor responde que foi ele que quis — não permitiu — essa grande provação. Mas — objeta mais uma vez o cordeirinho — há ovelhas que fazem muito mal à sua Pastora, que "só ouve mentiras ao redor dela"[665]. Mas o cordeiro será escutado pela Pastora? Sim, diz Jesus, porque meus segredos são revelados "*aos mais pequeninos*" (Lc 10,21). Mas por que ter escolhido "*ovelhas estimadas*"[666] para provar a Pastora? Porque: "olha minhas chagas *recebidas na casa daqueles que me amavam*" (Zc 13,6 e Mq 6,3). "Que tua Madre querida se rejubile por tomar parte em minhas dores" e reencontre a paz, a alegria do cordeirinho. Este tem uma última oração a formular: "Não nos deixes enlanguescer muito tempo nesta terra de exílio…". Jesus responde:

> Querido cordeirinho, atenderei teu pedido *em breve*, sim, em breve[667] tomarei a Pastora e seu cordeiro; então, durante a eternidade, bendireis o feliz sofrimento que vos terá merecido tanta felicidade, e eu mesmo enxugarei todas as lágrimas de vossos olhos!…[668].

Pode-se pensar que nenhuma das carmelitas de Lisieux teria ousado tomar semelhante iniciativa. Com isso, vemos a que grau de confiança tinham chegado essas duas mulheres. Tal carta é uma etapa importante em suas relações. Lendo essas páginas, "Madre Maria de Gonzaga não ficou exasperada. No fundo, era somente em Teresa que ela tinha confiança. As outras lhe pareciam traidoras"[669]. Essa carta, de certa maneira, já anuncia

---

665. Ver CA 14.7.6: "Oh, que veneno de louvores vi servir à Madre priora!".
666. Alusão às três irmãs Martin?
667. Voltamos a encontrar o "em breve" do sonho com Ana de Lobera.
668. C 190, 29 de junho de 1896.
669. IJ/NPPA, "Reputação de santidade durante sua vida", p. 8.

o estilo do terceiro manuscrito (Ms C) que Teresa, enferma, escreverá por obediência em pouco mais de um ano, com a mesma liberdade apaixonada pela verdade.

Na sexta-feira seguinte, como previsto, Padre Roulland vai celebrar uma primeira missa. No locutório, tem a possibilidade de entreter-se com Madre Maria de Gonzaga e Irmã Teresa, que lhe oferece os presentes que preparou para ele. Por sua parte, ele lhe dá um volume intitulado *La Mission du Su-Tchuen au XVIIIème siècle. Vie et apostolat de Mgr Pottier, son fondateur*[670]. Mas a cortina não permite que o neossacerdote a veja. Ora, Roulland está se dirigindo à China para sempre (ao menos, é o que ele pensa). Não poderia ele ver sua irmã uma primeira e última vez? Abrir a cortina não é possível, responde a priora... Mas... durante a Comunhão da missa, "a última que comungar (porque ela tem a chave da pequena grade, que deve voltar a fechar), essa será a vossa irmã". Teresa acrescenta: "Se quereis ver nossa Madre, será a primeira a comungar". Assim, em um instante fugaz, o missionário terá visto sua irmã, antes da troca de correspondência que ligará o Carmelo de Lisieux ao Su-Thuen oriental[671].

"Não estou mais tossindo" (C 191) [12 de julho de 1896]

Após esses eventos comunitários, no calor do verão, Irmã Genoveva é solicitada a tirar fotos de todas as Irmãs. Assim, sucedem-se as imagens da comunidade ao redor da cruz do pátio (Teresa envolve a cruz, segurando um lírio na mão)[672], as Irmãs a colher feno no prado[673] ou de capa branca diante da estátua da Virgem, no lugar chamado do Coração de Maria[674]. Pede-se, ainda, à Irmã Genoveva que fotografe Teresa sozinha, ajoelhada, de capa branca, segurando seu terço, em frente a uma cruz de madeira[675]. Mas a fotógrafa não está satisfeita com o resultado. Sua irmã lhe parece "abatida, com uma expressão tímida e temerosa". Tira uma segunda fotografia de Teresa segurando um ramo de lírio[676]. Dessa vez, ela a acha boa, mas não Madre Inês, que deseja que a destruam (Irmã Genoveva não fez nada).

---

670. De L. Guiot, Paris, Téqui, 1892. Teresa será fotografada com esse livro (VTL 29), de pé junto ao claustro, no início de julho, trazendo uma folha na qual escreveu: "'Daria mil vidas para salvar uma única alma!...'. Santa Teresa [d'Ávila]".
671. Ver carta do Padre Roulland, 29 de outubro de 1926, CG II, p. 874, n.f.
672. VTL 34.
673. VTL 35.
674. VTL 36. Teresa, com o véu enviesado (como acontece muitas vezes), segura na mão o livro das *Máximas* de São João da Cruz.
675. VTL 37.
676. VTL 38.

Para quem conhece o fato, pode-se notar na foto algum sinal da doença que está minando Teresa. Aliás, sua saúde não cessa de inquietar Leônia, que se sente aborrecida em La Musse, enredada em seus escrúpulos, tendo sempre um fundo de tristeza que não consegue superar completamente. Ela não irá ao casamento de Hélène Maudelonde, que em 4 de agosto desposa Jules Houdayer, advogado em Lisieux. À Irmã Genoveva, Leônia pede: "Dá-me notícias exatas de minha Teresinha, não me escondas nada, peço-te, quero saber tudo"[677]. Na semana anterior, escrevera a Teresa, preocupada com seu estado: "Como estás? Minha irmãzinha, somente sobre esse assunto não tenho confiança em ti, pois me dizes sempre que vais bem ou estás melhor, mas não acredito de jeito nenhum. Quando me escreveres, diz-me a verdade com exatidão..."[678]. Teresa lhe responde e começa desculpando-se por estar em atraso, mas não é culpa sua, pois a carta de Leônia (que lhe fora dirigida em 1º de julho em La Musse) só chegou a ela... na sexta-feira, 10. A razão é simples: "Somos cinco, e sabes que sou a menor... por isso, sou eu que estou exposta a ver as cartas somente muito depois das outras ou de modo algum..."[679].

O que vem a seguir pode trazer muita luz à irmã, desolada com sua fraqueza:

> Eu te garanto que o Bom Deus é melhor do que tu acreditas. Ele se contenta com um olhar, um suspiro de amor... Quanto a mim, acho a perfeição muito fácil de praticar, porque entendi que só temos que pegar Jesus pelo coração... Vê uma criancinha que acaba de irritar sua mãe, encolerizando-se ou desobedecendo-lhe. Se ela se esconde em um canto com uma cara amarrada e grita com medo de ser punida, a mãe certamente não perdoará sua falta. Mas, se ela estende seus bracinhos, sorrindo e dizendo: "Dá-me um abraço, não farei mais". Poderá sua mãe não estreitá-la ao coração com ternura e esquecer suas malícias infantis?... No entanto, ela sabe bem que sua queridinha recomeçará na próxima ocasião, mas isso não importa. Se ela a tomar pelo coração, jamais haverá punição...
>
> No tempo da lei do temor, antes da vinda de Nosso Senhor, o profeta Isaías já dizia, falando em nome do Rei dos Céus: "Pode uma mãe esquecer seu filho?... Bem, mesmo que uma mãe esquecesse seu filho, eu nunca vos esquecerei". Que promessa encantadora! Ah, nós que vivemos na lei do amor, como não tirar proveito das amorosas investidas que nos faz nosso Esposo? Como temer aquele que se deixa prender por um fio de cabelo que voa ao redor de nosso pescoço? Saibamos, pois, manter prisioneiro esse Deus que se torna mendigo de nosso amor. Dizendo-nos que é um

---

[677]. CD 1127, 9 de julho de 1896, VT, n. 126, abril 1992, p. 384.
[678]. CD 1177, 9 de julho de 1896, ibid., p. 384.
[679]. No mesmo sentido, uma Irmã antiga relatou que um dia viu Irmã Teresa "com o rosto enrubescido" saindo da cela de uma das irmãs Martin, afirmando com evidente contrariedade: "Eu não conto para nada na família"; ibid., p. 384, n. 45. Ver UC, p. 550, n.b.

fio de cabelo que pode operar esse prodígio, ele nos mostra que as menores ações feitas por amor são aquelas que encantam seu coração... Ah, se fosse preciso fazer grandes coisas, quanto teríamos a lamentar... Mas como somos felizes porque Jesus se deixa prender pelas menores... [...]

Tu me pedes notícias de minha saúde. Bem, minha querida irmãzinha, não estou mais tossindo. Estás contente?... Isso não impedirá o bom Deus de me tomar quando ele quiser, porque faço todos os meus esforços para ser uma criancinha, não tenho preparativos a fazer. Jesus mesmo deverá pagar todas as despesas da viagem e o preço da entrada no Céu...[680].

Nesse mês de julho, Teresa é submetida a um regime à base de carne (é Francis La Néele que envia coelhos abatidos em La Musse) e deve beber vinho de cola:

Isso lhe faz muito bem e, se pudessem mandá-lo mais uma vez, nossa Madre ficaria muito contente, mas não sei se poderíeis proporcioná-lo a nós. Ela [Teresa] está melhor, mas muitas vezes não apresenta uma cara boa. Não sente mais dor no peito, não está mais tossindo. Há uma verdadeira melhora. Nossa Madre está cuidando tão bem dela, que não é de espantar[681].

Querendo superalimentá-la, a provisora — sua irmã, Maria do Sagrado Coração — provoca-lhe indigestões.

Cinco dias mais tarde, na festa de Nossa Senhora do Carmo, Teresa responde à tia, que pedia notícias de sua saúde, sempre em tom de brincadeira:

Se vos disser que estou em excelentes condições de saúde, não acreditareis em mim. Por isso, vou deixar a palavra ao célebre doutor de Cornière, ao qual tive a insigne honra de ser apresentada ontem no locutório[682]. Depois de ter-me honrado com um olhar, o ilustre personagem declarou que eu estava "com uma cara boa!...". Tal proclamação não me impediu de pensar que em breve me seria permitido "ir ao Céu com os anjinhos",

---

[680]. C 191, 12 de julho de 1896, CG II, p. 865-867.

[681]. CD 1175 — Irmã Maria da Eucaristia à sua mãe, 3 de julho de 1896, VT, n. 26, abril 1992, p. 381.

[682]. Sem nunca ter entrado na clausura, até aqui o doutor Francis La Néele dera alguns conselhos sobre a saúde da prima. Em 15 de julho de 1896, o doutor Alexandre de Cornière, médico oficial do Carmelo, não sabe nada das hemoptises do anterior mês de abril. Nascido em Bonnebosq em 1841, casado em 1871, teve oito filhos (entre os quais Joseph, que se tornou sacerdote). Cirurgião adjunto do hospital de Lisieux em 1874 ao lado do doutor Notta, depois médico-chefe em 1891. Ele cuidava gratuitamente das Irmãs do Carmelo (desde 1886), da Providência, do Refúgio. Tratou das carmelitas durante trinta anos. Sua família morava no *boulevard Carnot*, 28. A senhora de Cornière tinha relações estreitas com Madre Maria de Gonzaga e com a família Guérin. O médico morreu em 25 de junho de 1922 (ver Dom THIRON, *Le Docteur de Cornière et le monde de Lisieux*, p. 1-5).

não por causa de minha saúde, mas por causa de uma outra declaração feita hoje na capela do Carmelo pelo Padre Lechêne... Depois de nos ter mostrado as ilustres origens de nossa santa Ordem, depois de nos ter comparado ao profeta Elias lutando contra os sacerdotes de Baal, ele declarou "que tempos semelhantes àqueles da perseguição de Acab iam recomeçar". Parecia-nos já estar voando para o martírio...[683].

Enquanto continuam sem notícias do seminarista Maurice Bellière, o encontro com Padre Adolphe Roulland tocou fortemente Teresa e acentuou sua preocupação missionária.

No Su-Tchuen oriental

Para a festa de Nossa Senhora do Carmo, ela compõe uma poesia dedicada a *Nossa Senhora das Vitórias, Rainha das Virgens, dos Apóstolos e dos Mártires*[684] para seu irmão que estava partindo em direção à China. O título não deve causar espanto: conhecemos sua devoção à Virgem do célebre santuário parisiense. Mas acrescenta-se a isso o seguinte fato: as Missões Estrangeiras de Paris colocaram seus missionários do Extremo Oriente sob seu patrocínio. Foi por isso que, conforme o costume, Padre Roulland celebrou aí uma de suas primeiras missas. Maria era mencionada muitas vezes pelos missionários das Missões Estrangeiras sob os títulos de "Rainha das Virgens, Rainha dos apóstolos, Rainha dos mártires". Algumas coplas ressaltam a união apostólica do missionário e da carmelita:

> *Às obras de um missionário*
> *Vós me unistes para sempre,*
> *Pelos laços da oração,*
> *Do sofrimento e do amor.* (2)
>
> *A ele toca atravessar a terra*
> *Pregar o nome de Jesus.*
> *A mim, na sombra e no mistério,*
> *Cabe praticar humildes virtudes.* (3)
>
> *O sofrimento, eu o reclamo,*
> *Amo e desejo a Cruz...*
> *Para ajudar a salvar uma alma,*
> *Gostaria de morrer mil vezes!...* (4)

---

683. C 192, CG II, p. 868-869. O segundo ministério Bourgeois (outubro de 1895 — 21 de abril de 1896), sob a presidência de Félix Faure, é mais anticlerical: de onze membros, nove são franco-maçons.

684. P 35.

> *Ah, pelo Conquistador das almas*
> *Quero imolar-me no Carmelo.*
> *E por Ele espalhar o fogo*
> *Que Jesus trouxe do Céu.* (5)
>
> *Por Ele, que encantador mistério,*
> *Até o Su-Tchuen oriental*
> *Poderia de minha terna Mãe*
> *Fazer amar o nome virginal!...* (6)

Padre Roulland vai receber não somente esse poema, mas uma dezena de outros, selecionados por Teresa em suas obras. Ele foi informado da data de sua partida: quarta-feira, 29 de julho. No dia 23, em uma carta à sua irmã, contou os momentos comoventes do adeus à família — na sexta-feira, 17 — depois de ter dado a bênção a todos os familiares, ajoelhados na sala comum. De Paris, no dia 29, agradece a Teresa pela carta (perdida) e a foto que Madre Maria de Gonzaga permitiu enviar-lhe[685]. Em troca, ele lhe envia a sua — de batina, sentado, segurando seu crucifixo. Roulland embarcará para Marseille no domingo, 2 de agosto, às 4 horas, depois de ter celebrado uma missa em *Notre-Dame-de-la-Garde*. São vinte missionários de partida no transatlântico *Natal*, em direção a Shangai[686].

O que deixa Teresa encantada é o final da carta: "Hoje, quarta-feira, eu disse em minha última missa no seminário: 'Meu Deus, abrasai minha irmã com vosso amor', e continuarei a fazê-lo por toda a minha vida"[687]. Teresa pedira que ele fizesse essa oração todos os dias. Doravante, a carmelita e o missionário rezarão diariamente um pelo outro. A resposta de Teresa — do dia 30 de julho — inaugura uma correspondência importante com o irmão de além-mar. Ela guarda a fotografia dele em sua escrivaninha, mas tem a preocupação de anotar: "Esta fotografia não me pertence, nossa Madre me disse para guardá-la em nossa escrivaninha, ela pegará quando tiver necessidade. Teresa do Menino Jesus, rel.carm.ind"[688]. A princípio, aparece o destinatário "Meu Irmão", não mais "meu Reverendo Padre". Ei-los "unidos pelos laços do apostolado". O engajamento de Teresa na missão recebida a compromete profundamente:

> Tudo o que me cerca faz-me lembrar de vós. Fixei o mapa do Su-Tchuen na parede do ofício em que trabalho e a imagem que me destes repousa sempre sobre meu coração,

---

685. VTL 37, Teresa "com o terço".
686. CD 1186 — a Madre Maria de Gonzaga, 1º de agosto de 1896, VT, n. 127, julho 1992, p. 458.
687. CCor 166, 29 de julho de 1896, CG II, p. 874-875.
688. CG II, p. 878, n.b. "religiosa carmelita indigna", de acordo com a fórmula habitual, depois da assinatura.

no livro dos Evangelhos que nunca sai do meu lado. Colocando-a ao acaso, eis sobre qual passagem ela caiu: "Aquele que tiver deixado tudo para me seguir, receberá o cêntuplo neste mundo e a vida eterna no mundo futuro". As palavras de Jesus já se realizaram para vós, porque me dizeis: "Estou partindo feliz". Compreendo que essa alegria deve ser toda espiritual; é impossível deixar seu pai, sua mãe e sua pátria sem experimentar todos os sofrimentos da separação... Oh, meu irmão, estou sofrendo convosco, convosco ofereço vosso grande sacrifício e suplico a Jesus que derrame suas abundantes consolações sobre vossos queridos pais, esperando a união celeste onde os veremos alegrar-se com vossa glória que, secando para sempre suas lágrimas, os cumulará de alegria durante a bem-aventurada eternidade... Esta noite, durante minha oração, meditei passagens de Isaías que me pareceram tão apropriadas a vós, que não posso deixar de vo-las copiar[689] [...].
A Deus, meu Irmão... a distância nunca poderá separar as almas, até mesmo a morte tornará nossa união mais íntima. Se eu for em breve para o Céu, pedirei a Jesus permissão para ir visitar-vos no Su-Tchuen e continuaremos juntos nosso apostolado. Enquanto isso, estarei sempre unida a vós pela oração e peço a Nosso Senhor que nunca me deixe gozar enquanto estiverdes sofrendo. Gostaria mesmo que meu Irmão tivesse sempre as consolações e eu, as provações. É egoísmo, talvez?... Não, porque minha única arma é o amor e o sofrimento, e vosso gládio é aquele da palavra e dos trabalhos apostólicos.

Madre Maria de Gonzaga acrescentou algumas linhas, desculpando-se por causa da saúde deficiente: "Tendes uma auxiliar muito fervorosa, que não negligenciará nada pela salvação das almas, a querida pequena é toda de Deus!..."[690]. O missionário recebeu a segunda edição da circular de Madre Genoveva de Santa Teresa, publicada em 21 de junho, com dedicatória de sua irmã. Em páginas virgens, esta recopiou-lhe onze de suas poesias. Deram-lhe também uma vida de Santa Teresa d'Ávila, que ele pedira para a longa travessia. Por sua parte, Adolphe oferecerá um livro à sua irmã — *L'Âme d'un missionnaire. Vie du Père Nempon, missionnaire apostolique du Tonkin occidental*, de G. Monteuuis[691], pois Teresa continua a sonhar com uma possível partida para o Carmelo de Saigon — ou para o de Hanói.

Por uma impressionante coincidência, no momento em que Padre Roulland está indo embora, Padre Maurice Bellière volta a aparecer, após um longo silêncio. No dia 21 de julho, ele ainda é soldado na 4ª Companhia do 5º Batalhão de Linha em Caen.

---

689. Nesse verão, Teresa está lendo passagens do profeta Isaías copiadas em seu caderno de anotações da Sagrada Escritura. O que ela copia para seu irmão corresponde a Is 54, 2-3; 60, 4-5; 61, 1.10.11.9.

690. C 193, CG II, p. 875-878.

691. Desclée de Brouwer et Cie., 50 gravuras, 1894.

Continua acreditando que está escrevendo à priora (Madre Inês), sem saber que Madre Maria de Gonzaga sucedeu a esta. Sua carta é um pedido de socorro:

> Sou soldado, minha Madre, e esse tempo não valeu para o seminarista. — Tive muitas quedas, fiz bobagens inacreditáveis no meio desse mundo que voltava a tomar conta de mim. Acabo de fazer a mais bela de todas — mas é tão forte, que será a última, pois ela me corrige. Estou mergulhado em uma situação deplorável — e é preciso, a qualquer preço, que minha querida irmã, Teresa do Menino Jesus, me tire dela —, é necessário que ela faça violência ao Céu, que se deixará tocar por suas orações e sua penitência. Minha Madre, é preciso, ou estou perdido — especialmente porque será para um grande bem — Dizei-lhe que é necessário — Perdão por minha insistência; vós mesma, minha bondosa Madre, rezai por mim — mandai vossa comunidade rezar por mim, minhas necessidades são grandes e urgentes[692].

No dia da partida do Padre Roulland, Teresa fica devastada ao saber que Madre Maria de Gonzaga estava pensando em mandar Madre Inês de Jesus para o Carmelo de Hanói (Ms C, 9vº). Ela não quer tentar nada para opor-se ao projeto, mas a tempestade se faz sentir dentro dela. A priora renuncia à iniciativa. Alguns meses depois, sua escolha recairá sobre Irmã Genoveva e Maria da Trindade. As inquietações íntimas de Teresa redobrarão... mas, ainda dessa vez, o projeto não chegará a termo, para grande alívio da "submestra" de noviças.

Consagradas à Santa Face (O 12) [6 de agosto de 1896]

Para a Confraria da Santa Face (na qual Luís Martin e quatro de suas filhas se inscreveram em 26 de abril de 1885), a festa da Transfiguração é de máxima importância. Conhecemos os vínculos do Carmelo de Lisieux com Irmã Maria de São Pedro, a carmelita de Tours que difundiu essa devoção. A comunidade recita frequentemente as "Litanias da Santa Face". No noviciado, três Irmãs levam esse nome: Teresa do Menino Jesus da Santa Face, Irmã Genoveva da Santa Face (Celina) e Irmã Maria da Trindade da Santa Face. Teresa vai propor-lhes uma consagração à Sagrada Face (Irmã Maria da Eucaristia não quererá unir-se a elas) e compor um texto[693] que será assinado pelas três Irmãs e solenizado por uma estampa ilustrada, trazendo sua fotografia sob a reprodução da Santa Face de Tours, com a seguinte oração: "Senhor, escondei-nos no segredo de vossa Face". Nenhuma dúvida quanto à importância que Teresa atribui à iniciativa, no mesmo

---

[692]. CD 1182, 21 de julho de 1896, CG II, p. 871.
[693]. O 12, 6 de agosto de 1896.

sentido de seu Ato de oferecimento do dia 9 de junho de 1895, feito também pelas duas noviças. Teresa escreveu primeiramente um texto de seu mestre, São João da Cruz:

> O menor movimento de puro Amor é mais útil à Igreja que todas as outras obras reunidas... É mais importante que nossas almas se exercitem muito no Amor, para que, consumindo-se rapidamente, não se detenham nesta terra e cheguem prontamente a ver Jesus Face a Face...[694].

A consagrada contempla com amor o rosto de Cristo, sua beleza, suas "Lágrimas", sua "Boca adorada", que tem sede. A cada etapa, as três carmelitas rezam para receber e difundir o amor expresso pela "Face Adorável":

> Esposo Bem-Amado de nossas almas, se tivéssemos o amor de todos os corações, todo esse amor seria vosso... Pois bem, dai-nos esse amor e vinde dessedentar-vos em vossas pequenas esposas...
> Almas, Senhor, precisamos de almas... principalmente almas de apóstolos e mártires, a fim de que, por meio delas, abrasemos com vosso Amor a multidão dos pobres pecadores. Ó Face adorável, saberemos obter de vós essa graça! [...]
> Ó Face querida de Jesus, enquanto não chega o dia eterno no qual contemplaremos vossa Glória infinita, nosso único desejo é encantar vossos divinos Olhos, escondendo também nosso rosto, para que ninguém possa reconhecer-nos na terra... vosso Olhar velado, eis aí o nosso Céu, ó Jesus!
> Teresa do Menino Jesus e da Santa Face — Maria da Trindade e da Santa Face — G. de Santa T. Maria da Santa Face

As três assinaram com tinta vermelha. Essa consagração à Santa Face continua a ser "um ato marcante do itinerário teresiano"[695]. Na noite da fé, pressentindo que morrerá "em breve", contemplando a Santa Face do Servo Sofredor de Isaías, Teresa aspira a morrer de amor para salvar almas e ajudar sacerdotes e missionários. Ela quer associar "discípulas" — suas noviças — a essa consagração solene.

Em uma estrutura cartonada que permanecerá em seu breviário até a morte, Teresa escreveu, nesse verão de 1896, uma oração à Santa Face para si mesma, que mantém o mesmo tom, acentuando o desejo de semelhança — que vai além da imitação:

> *Ó Face adorável de Jesus, única Beleza que encanta meu coração, digna-te imprimir em mim tua Divina Semelhança, para que não possas contemplar a alma de tua pequena esposa sem contemplar a Ti mesmo.*

---

694. *Cântico espiritual B*, anotação sobre a estrofe XXIX.
695. Jean CLAPIER, *Aimer jusqu'à mourir d'amour*, p. 321.

Ó meu Bem-Amado, por amor a ti aceito não ver na terra a doçura de teu Olhar, não sentir o inexprimível beijo de tua Boa, mas suplico-te que me abraces com teu amor, para que ele me consuma rapidamente e me faça em breve comparecer diante de ti:

Teresa da Santa Face[696].

Na semana seguinte, festejando Irmã Maria da Eucaristia no dia 15 de agosto, Teresa compõe para a prima *Jesus só*[697], sua trigésima sexta poesia, querendo também evocar o primeiro aniversário da entrada de sua noviça no Carmelo. Mais uma vez, o poema pode ser lido segundo uma dupla interpretação: a da destinatária e a da autora. Pois esse canto de amor também convém perfeitamente a Teresa no verão de 1896:

Meu ardente coração quer dar-se sem cessar,
Ele precisa dar provas de sua ternura.
Ah, quem poderá compreender meu amor?...
Mas em vão reclamo essa resposta.
Jesus, só tu podes contentar minha alma.
Nada poderia me encantar nesta terra,
A verdadeira felicidade não se encontra aqui...
Minha única paz, minha única felicidade,
Meu único Amor és Tu, Senhor!... (1)
É só a ti, Jesus, que eu me apego,
É para teus braços que corro e neles me escondo.
Quero amar-te como uma criancinha,
Quero lutar como um valente guerreiro.
Como uma criança cheia de delicadezas,
Quero, Senhor, encher-te de carícias.
E no campo do meu apostolado
Como um guerreiro, lanço-me no combate!... (3)
Em ti, Senhor, repousa minha esperança.
Após o exílio, no Céu irei ver-te...
Quando em meu coração se levanta a tempestade,
Para ti, Jesus, ergo a cabeça.
Em teu olhar misericordioso
Eu leio: "Filha, para ti eu fiz os Céus." (4)

Maria da Eucaristia, celebrada no Carmelo nesse dia, vai enviar *Jesus só* aos pais e juntar a ele *Viver de amor*, recebido há exatamente um ano[698].

---

696. Oração 16.
697. P 36, 16 de agosto de 1896. Ver o fac-símile em DLTH, p. 222.
698. CD 1187, 15 de agosto de 1896, VT, n. 127, p. 460-461.

"O martírio… o sonho de minha juventude" (Ms B, 3rº)

Os laços entre os Carmelos de Lisieux e Compiègne foram tecidos por intermédio de Irmã Febrônia da Santa Infância (falecida durante a epidemia de influenza do inverno de 1892), que encontrara as carmelitas por ocasião de seu mútuo exílio em Rennes, durante a guerra de 1870. Em 23 de abril de 1896, Madre Maria de Gonzaga escrevera ao Carmelo de Compiègne o relato de duas curas atribuídas às carmelitas mártires da Revolução. Ela lhes recordava "a união fraterna cimentada" graças a Irmã Febrônia. Em 7 de setembro de 1896, Irmã Maria dos Anjos do Sagrado Coração pedia uma relíquia das mártires para alcançar a cura de Irmã Marie Antoinette, veleira, atingida pela tuberculose[699]. "Voltando de Lourdes sem ser curada, não passa de um pobre esqueleto ambulante, que impressiona todos aqueles que já a veem carregando a morte em seus traços."[700]

Acontece que o Padre Roger de Teil (1848-1922), postulador das mártires de Compiègne, entre outras Causas de canonização, vai ministrar uma conferência sobre a Causa no Carmelo de Lisieux. Teresa fica muito impressionada, tocada pela eloquência do sacerdote. "A partir dessa data, ela sentiu uma maior veneração [pelas mártires]."[701] Esse encontro deve ter reativado em Teresa o que ela vai escrever dentro de alguns dias a Maria do Sagrado Coração: "O martírio, eis o sonho de minha juventude. Esse sonho cresceu comigo nos claustros do Carmelo…"[702] (Ms B, 3rº).

Com efeito, na segunda-feira, 7 de setembro, Teresa começa seu retiro pessoal, que vai durar até sábado, 18. Momento capital que vai permitir-lhe escrever cartas entre as mais fundamentais de sua vida espiritual e que vão tornar-se o que bem mais tarde se chamará o Manuscrito B[703].

---

699. Ela morrerá em 4 de novembro seguinte, aos trinta e seis anos. Segunda porteira entre 1893 e 1896, Teresa esteve em relações com ela.

700. CD 1190, 7 de setembro de 1896, VT, n. 127, julho 1992, p. 464-465.

701. Carta de Madre Marie-Ange a Monsenhor de Teil, de 22 de janeiro de 1909, para pedir-lhe que seja o postulador da Causa de Irmã Teresa do Menino Jesus da Santa Face. Ele aceitará a pedido de Monsenhor Lemonnier, bispo de Bayeux e Lisieux, e exercerá um importante papel em seus processos.

702. Ver em Roma, no Coliseu: "Eu pedi a graça de também ser mártir por Jesus" (Ms A, 61rº).

703. Em *Le Poème de septembre. Lecture du manuscrit B de Thérèse de Lisieux*, é ele que Claude Langlois chama "o poema de setembro", Paris, Éd. du Cerf, 2002.

"O estatuto da pequena via"[704]

Irmã Maria do Sagrado Coração vai mais uma exercer aqui um papel, sem imaginar que provocará a eclosão de um texto de máxima importância de sua afilhada. Já se devia a ela a ideia original da redação de suas memórias de infância, o que resultou no caderno entregue a Madre Inês de Jesus em 21 de janeiro de 1896[705]. Dessa vez, uma conversa aconteceu, sem dúvida, entre Teresa e a madrinha e esta pediu que, durante seu retiro, lhe escrevesse em que consiste verdadeiramente a "pequena via" da qual Teresa fala no noviciado[706] e que aguçou sua curiosidade. Por quatro vezes nos dois processos de sua irmã, ela dirá — sob formas um pouco diferentes: "Eu mesma lhe pedi, durante seu último retiro [1896], que me colocasse por escrito o que eu chamava de sua pequena doutrina. Ela o fez..."[707], não sem ter pedido permissão à priora.

Carta a Jesus (Ms B, 2r°-5v°) [8 de setembro de 1896]

Acontece de o primeiro dia do retiro ser a terça-feira, 8 de setembro, festa da Natividade da Virgem (portanto, dia feriado, que lhe dava mais tempo) e, principalmente, sexto aniversário de sua profissão (8 de setembro de 1890). Ela escreveu, portanto, uma extensa carta a Jesus, seu "Bem-Amado", que conta oito folhas frente-verso de uma caligrafia apertada ("Ao escrever, é a Jesus que falo, isso é mais fácil para mim, para expressar meus pensamentos... O que, infelizmente, não impede que sejam muito mal expressos!": Ms B, 1v°).

Resumir semelhante texto só pode denunciar seu movimento espontâneo e apaixonado. É preciso reportar-se absolutamente a ele e acompanhar o elã, distinguindo várias partes. Em primeiro lugar, o relato do sonho com Ana de Lobera, do dia 10 de maio, que já conhecemos. Teresa reconhece que "a tempestade rugia com muita força" em sua alma na Páscoa (a provação da fé)[708]. Sabemos qual reconforto Teresa vai haurir nesse sonho, em meio à sua noite interior.

Ser *"Esposa de Jesus", "Carmelita"* e *"mãe das almas"* deveria ser suficiente para fazê-la feliz. Mas nesse verão de 1896, na oração, desejos estranhos a fazem sofrer: ela sente em

---

704. Expressão do Padre Conrad De Meester, *Dynamique de la confiance*, p. 314: "O manuscrito B é o verdadeiro estatuto da 'via de infância espiritual'".

705. Ms A. Veja acima, p. 380.

706. Sobre a complicada questão da datação das folhas do manuscrito B, ver Claude LANGLOIS, *Le Poème de septembre*, cap. III, "Le mystère du manuscrit B", p. 75-101.

707. PO, p. 237 e 245; PA, p. 246.

708. Seu texto é aqui escrito em três linhas rasuradas que faziam alusão ao sonho de Diana Vaughan, lido por Teresa. Isso será esclarecido em abril de 1897. Veja abaixo, p. 490.

si outras vocações, as de "Guerreiro, Sacerdote, Apóstolo, Doutor, Mártir..." e detalha todas as possibilidades, os desejos que chegam ao infinito:

> Ah, apesar de minha pequenez, gostaria de iluminar as almas como os profetas, os doutores. Sinto a vocação de apóstolo... gostaria de percorrer a terra, pregar teu nome e plantar no solo infiel a tua Cruz gloriosa, mas, ó meu Bem-Amado, uma única missão não bastaria. Gostaria, ao mesmo tempo, de anunciar o Evangelho nas cinco partes do mundo e até nas ilhas mais distantes... Gostaria de ser missionária, não somente durante alguns anos, mas gostaria de tê-lo sido desde a criação do mundo e sê-lo até à consumação dos séculos... Mas gostaria, acima de tudo, ó meu Bem-Amado Salvador, de derramar meu sangue por ti até à última gota... (Ms B, 3rº).

Apesar do tom apaixonado, a redatora permanece lúcida: "Ó meu Jesus, o que vais responder a todas as minhas loucuras?". Como acontece muitas vezes, diante de uma incerteza, Teresa interroga a Palavra de Deus, que é "luz para iluminar seus passos"[709]. "Sorteia"[710] uma passagem em seu Novo Testamento, que nunca sai de perto dela, e cai na primeira carta de São Paulo aos Coríntios, capítulo 12: "Nem todos podem ser apóstolos, doutores, profetas". É o bom senso.

Teresa, sem perder a coragem, continua a leitura e o capítulo 13 será um *Eurêka*, fonte de uma alegria que ela diz ser "delirante" antes de voltar a ler: "antes, uma paz tranquila e serena". A luz brota do hino à caridade, vai iluminar Teresa e revelar-lhe, enfim, sua verdadeira vocação:

> O Apóstolo explica como todos os dons mais perfeitos nada são sem o Amor... Que a Caridade é o caminho excelente que conduz a Deus com segurança. Tinha, enfim, encontrado o repouso... Considerando o Corpo Místico da Igreja, não me reconhecera em nenhum dos membros descritos por São Paulo, ou melhor, queria reconhecer-me em todos... A caridade me deu a chave de minha vocação. Entendi que, se a Igreja tinha um corpo, composto por diferentes membros, não lhe faltaria o mais necessário, o mais nobre de todos. Compreendi que a Igreja tinha um Coração e que esse Coração era ardente de Amor. Entendi que só o Amor fazia agir os membros da Igreja; que, se o Amor viesse a apagar-se, os apóstolos não anunciariam mais o Evangelho, os mártires recusariam derramar seu sangue... Entendi que o Amor encerrava todas as vocações, que o Amor era tudo, abraçava todos os tempos e todos os lugares... em uma palavra, que ele é eterno!
> Então, no excesso de minha alegria delirante, exclamei: Ó Jesus, meu Amor... minha vocação, enfim, eu a encontrei, minha vocação é o Amor!...

---

709. Sl 118,105. Ver Ms C, 4rº.
710. Abre-a ao acaso.

> Sim, encontrei meu lugar na Igreja e esse lugar, ó meu Deus, fostes vós que me destes... no coração da Igreja, minha Mãe, serei o Amor... assim, serei tudo... assim meu sonho será realizado!!!... (Ms B, 3vº)

Aos vinte e três anos, Teresa finalmente encontrou sua verdadeira vocação. Enraizada no Carmelo, vivendo o amor de Jesus tão intensamente quanto possível (na noite), ela atinge a universalidade. Em seguida, retorna ao Oferecimento ao Amor que fizera, sendo "fraca e imperfeita criatura", querendo "retribuir Amor com Amor". Comparando-se à criança, vê sua vida habitual como um jogo, aquele de "lançar flores" ao Amado. Mas Teresa explicita o lado sério dessa brincadeira no texto já citado[711].

Segue a parábola do passarinho que gostaria de voar em direção ao Sol divino, que é a Trindade! Essa passagem expressa em detalhes o que é a vida diária de Teresa: sua fraqueza, suas distrações, seu sono, sua noite. Com insistência imperturbável (a palavra "pequeno" aparece trinta e oito vezes na passagem), Teresa descreve sua pequena via. O passarinho, incapaz de voar, será levado para "a Eterna Fornalha da Trindade Bem-aventurada" nas asas da Águia, o Verbo Divino[712].

> Ó Verbo Divino, tu és a Águia adorada que amo e que me atrai. Foste tu que, lançando-te em direção à terra de exílio, quiseste sofrer e morrer para atrair as almas ao seio da Eterna Morada da Trindade Bem-aventurada; és tu que, voltando a subir em direção à inacessível Luz que será doravante tua morada, permaneces ainda no vale de lágrimas, escondido sob a aparência de uma branca hóstia... Águia Eterna, queres alimentar-me com tua divina substância, a mim, pobre pequeno ser que voltaria ao nada se teu divino olhar não me desse a vida a todo instante... Ó Jesus, no excesso de minha gratidão, deixa-me, deixa-me dizer-te que teu amor chega à loucura... Como queres, diante dessa loucura, que meu coração não se lance em direção a ti? Como minha confiança teria limites?... Ah, por ti, eu sei, os santos também fizeram loucuras, eles fizeram grandes coisas, porque eram águias...
>
> Jesus, sou pequena demais para fazer grandes coisas... e minha loucura é esperar que teu Amor me aceite como vítima... Minha loucura consiste em suplicar às Águias, minhas irmãs, que me obtenham o favor de voar em direção ao Sol do Amor com as próprias asas da Águia Divina...
>
> Por tanto tempo quanto quiseres, ó meu Bem-Amado, teu passarinho ficará sem forças e sem asas, continuará sempre com os olhos fixos em ti, ele quer ser fascinado por teu olhar divino, quer tornar-se a presa do teu Amor... Um dia — espero —, Águia adorada, virás buscar teu passarinho e, levando-o contigo à Fornalha do Amor, tu o mergulharás eternamente no ardente Abismo desse Amor ao qual ele se ofereceu como vítima...

---

711. Veja acima, p. 443.
712. Vimos que ela tem outra imagem para expressar isso: a do elevador (Ms C, 3rº).

O final se amplia em um apelo universal a que se levante uma "legião de pequenas almas" vivendo desse segredo revelado por Teresa, segredo "oculto aos sábios e inteligentes"[713]:

> Ó Jesus, como não dizer a todas as pequenas almas o quanto a tua condescendência é inefável? Sinto que, por impossível que fosse, se encontrasses uma alma mais fraca e menor que a minha, tu te agradarias em cumulá-la de favores ainda maiores se ela se abandonasse com inteira confiança à tua misericórdia infinita. Mas por que desejar comunicar teus segredos de amor, ó Jesus? Não foste somente tu que mos ensinaste? E não posso revelá-los aos outros?... Sim, eu sei e conjuro-te a fazê-lo, suplico-te que reclines teu olhar divino sobre um grande número de pequenas almas... Eu te suplico que escolhas uma legião de pequenas vítimas dignas de teu AMOR!...
> A pequenina Irmã Teresa do Menino Jesus da Santa Face
> rel.carm.ind. (Ms B, 5vº)

O dia 8 de setembro de 1896 é uma data de máxima importância na espiritualidade de Teresa. Até aqui, ela nunca produziu um texto dessa profundidade, expressando sua vida mais secreta com Jesus, seu único Amor, e convocando discípulos a viver seu "pequeno caminho de confiança e de amor". O que acaba de escrever vai acompanhá-la ao longo de seu retiro de dez dias. No quinto — domingo, 13 de setembro —, Irmã Maria do Sagrado Coração volta à carga com um pedido escrito:

> Eu vos escrevo [...] para ter alguma coisa de vós, de vós que estais tão perto do bom Deus, de vós que sois sua pequena esposa privilegiada a quem ele revela todos os seus segredos... São muito delicados os segredos de Jesus para Teresa e gostaria de ouvi-los mais uma vez. Escrevei-me uma palavrinha, talvez seja vosso último retiro, pois o *cacho dourado* de Jesus deve suscitar nele a vontade de colhê-lo...[714]

Consultada por Irmã Maria do Sagrado Coração, Madre Maria de Gonzaga permite que Teresa, em retiro, responda à irmã "devolvendo a carta que recebeu". É o que ela faz no dia 13 de setembro:

> Ó minha irmã querida, vós me pedis que vos dê uma lembrança do meu retiro, retiro que talvez será o último... Como nossa Madre o permite, para mim é uma alegria poder vir entreter-me convosco, que sois duas vezes minha irmã, convosco que me emprestastes vossa voz, prometendo em meu nome que eu só queria servir a Jesus, quando ainda não me era possível falar... Querida madrinhazinha, é a criança que

---

713. Lucas 10,21. Teresa cita duas vezes esse texto em suas obras.
714. CCor 169, 13 de setembro de 1896, CG II, p. 887-888.

ofertastes ao Senhor que vos fala esta noite, é ela que vos ama como uma filha sabe amar sua mãe...

Teresa só responde à irmã "para dar-lhe prazer", pois preferiria manter o silêncio, de tal modo "as palavras terrestres" são impotentes para expressar "os segredos do Céu". Mas Maria do Sagrado Coração lhe pediu para "escrever" seu sonho e sua "pequena doutrina", como ela a chama. Teresa vai dar-lhe aquilo que escreveu a Jesus em 8 de setembro. No entanto, nessa carta do dia 13, vai confiar-lhe o essencial da "pequena via". Teresa confessa "não estar nadando em consolações", mas ambiciona "a ciência do Amor", a única ciência que deseja. Apoiando-se em quatro textos do Antigo Testamento (encontrados na caderneta que Celina levou para o Carmelo), vai enunciar o coração de sua descoberta:

> Compreendo tão bem que há somente o amor que nos possa tornar agradáveis a Deus, que esse amor é o único bem que ambiciono. Jesus se apraz em mostrar-me o único caminho que conduz a essa fornalha divina. Esse caminho é o abandono da criancinha que dorme sem temor nos braços de seu pai... "Se alguém for pequenino, venha a mim", disse o Espírito Santo pela boca de Salomão [Pr 9,4], e esse mesmo Espírito de Amor declarou ainda que "A misericórdia é concedida aos pequenos" [Sb 6,7]. Em seu nome, o profeta Isaías nos revela que, no último dia, "o Senhor conduzirá seu rebanho às pastagens, reunirá os cordeirinhos e os estreitará ao seu regaço" [Is 40,11]. E, como se todas essas promessas não bastassem, o mesmo profeta, cujo olhar inspirado já mergulhava nas profundezas eternas, exclama em nome do Senhor: "Como uma mãe acaricia seu filho, assim eu vos consolarei, carregar-vos-ei em meio seio e vos acarinharei em meu colo" [Is 66,13.12]. Ó madrinha querida, depois de semelhante linguagem, só resta calar-se, chorar de gratidão e amor... Ah, se todas as almas fracas e imperfeitas sentissem o que sente a menor de todas as almas, a alma de vossa Teresinha, nem uma só delas perderia a esperança de chegar ao cume da montanha do amor, já que Jesus não pede grandes ações, mas somente o abandono e a gratidão... (Ms B, 1rº-vº; C 196).

O essencial está dito. Teresa põe juntas a carta a Jesus e a carta à madrinha, entrega-lhe tudo e volta ao silêncio do retiro.

"Nada além da confiança..." (C 197) [17 de setembro de 1897]

Mas como receber semelhante texto sem reagir? Maria do Sagrado Coração responde no dia 17. Sua reação espontânea mostra que ela tem consciência de ter recebido um "tesouro". Maria entrevê a profundidade da vida de sua afilhada:

> Irmãzinha querida, li vossas páginas ardentes de amor por Jesus. Vossa madrinhazinha está muito feliz por possuir esse tesouro e muito agradecida à sua filhinha querida, que lhe revelou assim os segredos de sua alma. Oh, quantas coisas teria a dizer-vos sobre essas linhas marcadas pelo selo do amor [...] Oh, eu sentia muita vontade de chorar ao ler essas linhas que não são da terra, mas um eco do Coração de Deus... Quereis que eu vos diga uma coisa? Bem, estais possuída pelo bom Deus, mas possuída daquilo que se chama... absolutamente como os malvados o estão do maligno.

Mas ela olha para si mesma com certa tristeza, pois está tão longe desses desejos, tão longe dessa "privilegiada": "Não amo Jesus como vós. Tenho medo de tudo o que amais". Ela formula, então, uma nova exigência: "Gostaria que dissésseis por escrito à vossa madrinhazinha se ela pode amar Jesus como vós"[715]. A pergunta vai muito além do caso de Maria do Sagrado Coração: a "pequena via" é para todos?

No último dia de retiro, Teresa, sempre disponível, responde com uma carta tão importante quanto as duas anteriores, pois vai explicitar o que é difícil em sua pequena via[716]. Mas é obrigada a responder muito rapidamente, justamente antes das matinas dessa quinta-feira, que soarão às 21 horas. A caligrafia apressada, os erros de ortografia e pontuação mostram a urgência da resposta que ela, seguramente, não releu.

> O que agrada [a Deus] é ver-me amar minha pequenez e minha pobreza, é a esperança cega que tenho em sua misericórdia... Esse é meu único tesouro. Madrinha querida, por que esse tesouro não seria vosso?... [...] Ó minha Irmã querida, por favor, compreendei vossa filhinha; compreendei que, para amar Jesus, ser sua vítima de amor, mais se é fraco, sem desejos nem virtudes, mais se é próprio às operações desse Amor consumidor e transformante... Só o desejo de ser vítima basta, mas é preciso consentir em permanecer sempre pobre e sem força. E aí está a dificuldade, pois "o verdadeiro pobre de espírito[717], onde encontrá-lo? É preciso buscá-lo muito longe", diz o salmista...[718]. Ele não diz que se deve procurá-lo entre as grandes almas, mas "muito longe", isto é, na baixeza, no nada... Ah, permaneçamos bem longe de tudo o que brilha, amemos nossa pequenez, amemos nada sentir. Seremos, então, pobres de espírito e Jesus virá nos procurar; por mais longe que estejamos, ele nos transformará em chamas de amor... [...] É a confiança — e nada mais que a confiança — que

---

715. CCor 170, 17 de setembro de 1896, CG II, p. 893.

716. A carta 197, de 17 de setembro de 1896, deveria ter sido integrada ao Manuscrito B, pois o completa e conclui. CG II, p. 894-896.

717. Teresa se conforma à tradução equívoca de Mateus 5,3, conhecida em sua época: "Os pobres de espírito" trata-se dos pobres "em espírito".

718. Ela comete um erro. Trata-se de um texto da *Imitação de Cristo* (II, 1, 4) que cita Provérbios 31,10.

deve nos conduzir ao Amor... O temor não conduz à Justiça (1)?... Como vemos o caminho, corramos juntas. Sim, eu sinto: Jesus quer dar-nos as mesmas graças, quer dar-nos gratuitamente seu Céu [...].

À justiça severa, tal como a representam aos pecadores, mas não à Justiça que Jesus fará aos que o amam[719].

A partir do dia seguinte, Irmã Teresa do Menino Jesus da Santa Face retoma a vida comum, o jejum e as mortificações ordinárias. Volta a encontrar Irmã Maria de São José na rouparia e lhe escreve pequenos bilhetes para reanimar seu temperamento, frequentemente debilitado[720].

Assim que sai do retiro que favoreceu essa correspondência extremamente importante com Irmã Maria do Sagrado Coração, Teresa entra novamente no silêncio para o retiro comunitário anual (de 8 a 15 de outubro) pregado por Padre Godefroy Madelaine, prior dos premonstratenses da abadia de Mondaye. Ele tem cinquenta e quatro anos e é muito conhecido da comunidade, à qual pregou retiro em 1882, em 1890 e o tríduo do anterior mês de junho. Nos Processos, dará testemunho de seu encontro com Teresa, que lhe revelou suas tentações contra a fé. Amigo de infância do Padre Delatroëtte, assistira à vestição de Irmã Maria do Sagrado Coração e de Teresa e conhecia bem a família Martin.

> Fui o confidente de sua alma, particularmente nas provações por meio das quais Deus purificava sua alma. Sei perfeitamente que ela está dizendo a verdade quando se expressa deste modo em seu manuscrito: "Pronunciei mais atos de fé em um ano que durante toda a minha vida". Fiquei comovido com a paz que reinava na parte superior de sua alma, em meio a todas as angústias, e me recordo muito bem que ela não perdia nada na época, nem de sua animação ou expansividade habituais[721].
>
> Deus a provou durante dezoito meses. Sua alma atravessou uma crise de trevas espirituais nas quais se acreditava condenada, e era então que multiplicava seus atos de confiança, de abandono a Deus. Ela diz, em sua biografia, ter feito na época mais atos de fé, de confiança e de abandono que durante todo o resto de sua vida: exteriormente, ninguém podia imaginar suas penas interiores. E, como lhe perguntasse como conseguia esconder seus sofrimentos, ela me respondeu: "Esforço-me para que ninguém sofra com meus sofrimentos". Somente a priora e o confessor estavam em condições de ter conhecimento deles[722].

---

719. C 197, 17 de setembro de 1896, CG II, p. 894-896.
720. Essa Irmã guardou seis, de setembro a dezembro de 1896 (C 194, 195, 199, 200, 205, 209).
721. PO, p. 518, 23 de maio de 1911.
722. PA, p. 559. Ele é a única testemunha a referir-se a um temor de condenação. Nenhum texto teresiano fala do assunto.

"Meus dois irmãos" (Ms C, 33vº)

No sábado, 31 de outubro, chegam duas longas cartas postadas em "Shan-Haï — China" pelo Padre Roulland, que finalmente atingiu sua meta: uma para Madre Maria de Gonzaga, outra para sua irmã Teresa. À primeira, ele conta em detalhes a longa travessia, bastante extenuante. Ele respondeu ao seu pedido: visitar o Carmelo por ocasião da escala em Saigon. A priora o recebeu no locutório, pedindo Irmãs europeias, cuja necessidade se faz fortemente sentir para formar as noviças originárias do país. A Teresa, ele conta o que está descobrindo: as pessoas, lugares, costumes, religiões. Visita uma missão católica na zona rural. Em 15 de outubro, adotou os modos e o aspecto dos chineses — cabeça raspada, trança de cabelos falsos, vestuário, longo charuto — antes de chegar ao Su-Tchuen oriental, lugar de seu apostolado. Como Teresa pediu, ele lhe envia as principais datas de sua vida[723].

Teresa vai responder a essa extensa missiva no dia 1º de novembro com uma carta igualmente grande. Ela ficou vivamente comovida com a data de 8 de setembro de 1890, que une irmão e irmã: com efeito, naquele dia ela fazia profissão, rezando de modo especial por um sacerdote. E Adolphe via confirmada sua vocação no santuário de *Notre-Dame-de-la-Délivrande*.

> Eu não sabia que há seis anos eu tinha um irmão que se preparava para tornar-se missionário; agora que esse irmão é verdadeiramente seu apóstolo, Jesus me revela esse mistério para, sem dúvida, fazer crescer mais uma vez em meu coração o desejo de amá-lo e fazê-Lo amar.

Em seguida, com uma audácia "infantil", ela lhe pede uma pequena mecha de seus cabelos, que foram cortados, como relíquia de seu futuro martírio!

Segue um resumo biográfico de sua história e vocação: a noite de Natal de 1886, "decisiva para sua vocação", a iniciativa que tomou em Roma, a recusa em acompanhar o pai a Jerusalém, os combates por causa de sua jovem idade. Deus queria fazê-la "conquistar a fortaleza do Carmelo à ponta de espada". Todas essas peripécias, porém, só "deram a uma criança uma vitória ainda mais estrondosa". Finalmente, evocando suas orações um pelo outro, Teresa retoma uma imagem bíblica: "Como Josué, vós combateis na planície; eu sou vosso pequeno Moisés e meu coração não cessa de elevar-se ao Céu para alcançar a vitória"[724].

---

723. A carta para Madre Maria de Gonzaga é do dia 24 de setembro de 1896 — CCor 1192, VT, n. 127, julho 1992, p. 466-469. A carta a Teresa data de 25-26 de setembro de 1896 — CCor 171, CG II, p. 898-901.

724. Ver Ex 17,8-13. Essa imagem retornará muitas vezes para expressar sua missão junto aos sacerdotes.

A missão ocupa muito o espírito de Teresa nessas semanas. Ela leu a vida do Padre Nempon, missionário morto no Tonkin aos vinte e sete anos (13 de dezembro de 1889), que lhe foi dado pelo Padre Roulland: "Este livro me deixou fortemente interessada". O apelo reiterado da priora de Saigon, transmitido por seu irmão, voltou a apresentar-lhe a já aludida questão da partida para a Cochinchina. É nesse mês de novembro que ela descobre a vida de outro jovem mártir de trinta e um anos — Teófano Vénard, decapitado em 2 de fevereiro de 1861. Ela lê sua correspondência; é um verdadeiro amor à primeira vista. Ele tem tudo para agradá-la: é jovem, ama muito sua família, é um missionário cheio de ardor, apaixonado por Jesus e... mártir. Em 21 de novembro de 1896, Teresa copia passagens dos escritos de Teófano. Como sua saúde volta a suscitar preocupações, uma novena nessa intenção é feita ao mártir. Na enfermaria, ela se recordará:

> No momento em que estava projetada a minha partida para o Tonkin, por volta do mês de novembro, lembrais que, para ter um sinal da vontade do bom Deus, começaram uma novena a Teófano Vénard[725]? Nessa ocasião, eu estava retornando a todos os atos da comunidade, até mesmo às matinas. Pois bem, justamente durante a novena voltei a tossir e depois fui piorando cada vez mais[726].

Enquanto Teresa se envolve profundamente na relação com o segundo irmão missionário, o primeiro reaparece. A crise do fim do serviço militar se acalmou, escreve o seminarista Bellière à Madre Maria de Gonzaga[727]. Ele retornou ao seminário em Sommervieu, perto de Bayeux. Mas uma questão de orientação se apresenta: Bellière pensa em ser missionário, não padre diocesano. Pede outra vez a oração de sua irmã. Em 21 de outubro, Teresa lhe dirige sua primeira carta, chamando-o "senhor seminarista", recordando a tempestade que passou, mas sublinhando que a tentação e a provação são necessárias para firmar-se na vocação:

> Porque Ele vos deu a graça de sair vitorioso da luta, tenho esperança, senhor seminarista, de que nosso doce Jesus realizará vossos grandes desejos. Peço a ele que sejais, não somente um bom missionário, mas um santo abrasado de amor a Deus e às almas; eu vos suplico que alcanceis também para mim esse amor, para que eu possa ajudar-vos em vossa obra apostólica. Vós sabeis, uma carmelita que não fosse apostólica se afastaria da finalidade de sua vocação e deixaria de ser filha da seráfica Santa Teresa, que desejava dar mil vidas para salvar uma única alma[728].

---

725. No dia 21. A novena prosseguiu até o dia 30 de novembro.
726. CA 27.5.10.
727. CD 1195, 14 de outubro de 1896, CG II, p. 902-903.
728. No recreio do precedente 15 de outubro, dia da festa de Santa Teresa d'Ávila, Teresa tirou um bilhete que continha essa frase de sua patrona. C 198, 21 de outubro de 1896, CG II, p. 904-905.

De agora em diante, Teresa se vê responsável por seus dois irmãos. Ela percebe suas diferenças. Padre Roulland, vinte e seis anos, já está em plena atividade, nas condições dificílimas que a encantam. O seminarista Bellière, vinte e um anos, continua sua formação, revelando-se muito mais frágil. Teresa vai ajudá-los com todas as forças, adaptando-se a cada um, pois não os coloca no mesmo plano.

Ela percebeu que Padre Roulland — a quem viu celebrar a missa, a quem deu presentes muito pessoais — tem uma real maturidade, que será exercitada na China. Um vínculo particular os une: o dia 8 de setembro de 1890, no qual ela, com sua oração, reafirmou a vocação do missionário. O que lhe permite, a partir da segunda carta, chamá-lo seu "irmão" e narrar-lhe a própria vocação.

Ela havia se dedicado fortemente em favor do seminarista Bellière, mas ele desaparecera durante um ano. Quando este volta a escrever-lhe, de Langrune-sur-Mer, em 28 de novembro de 1896, ela lhe responde em 26 de dezembro, chamando-o "senhor seminarista". Só passará a "Meu querido irmão" em sua quarta carta, de 25 de abril de 1897 (C 224).

Teresa reconhecerá, então, que seus dois irmãos "ocupam agora um espaço muito grande em minha vida", que se sente responsável por eles, assim como por suas cinco noviças (Ms C, 33rº-vº).

"O pobre mendigo" (CCor 1201) [4 (?) de dezembro de 1896]

A tuberculose entrou no Carmelo. Dissemos que no dia 7 de setembro de 1896 Irmã Maria dos Anjos do Sagrado Coração pediu a intercessão das carmelitas de Compiègne em favor de Irmã Marie-Antoinette, veleira, cuja enfermidade pulmonar chegou à fase terminal. Apesar de várias novenas, Irmã Marie-Antoinette vai falecer em 4 de novembro, aos trinta e três anos e oito meses de idade[729]. Alguns dias mais tarde, começará a já mencionada novena a Teófano Vénard pela saúde de Irmã Teresa do Menino Jesus da Santa Face. No início de dezembro, o médico ordena a aplicação de um vesicatório[730]. Sem dúvida, é ao longo do inverno desse ano que Irmã Genoveva faz-lhe fricções com um cinturão de cerdas, o que é muito doloroso para uma pele fragilizada pelos vesicatórios. "Ah, ser 'escovada' como eu fui é muito pior que qualquer outra coisa!"[731].

---

[729]. Teresa esteve em relação com ela de 1893 a 1896, como segunda porteira.

[730]. Medicamento popular na época, aplicado sobre a pele, que provoca uma secreção sorosa ao levantar a epiderme. Doloroso, aplicado durante doze horas ou mais, deixa uma queimadura. Ver UC, p. 797-798.

[731]. CA 27.7.17.

Nesse inverno, Madre Maria de Gonzaga impôs à enferma que tivesse um fogareiro em brasa. Irmã Genoveva, segunda enfermeira, deve ocupar-se do assunto, mas lamenta que sua irmã não use mais o objeto quando faz menos frio. A finalidade era aquecer suas alpargatas. Teresa comentou: "As outras se apresentarão ao Céu com seus instrumentos de penitência e eu, com um braseiro, mas só o amor e a obediência é que contam..."[732].

Nos dias em que recebe a aplicação de um vesicatório, Irmã Teresa permanece na cela e nela faz as refeições. Irmã Maria da Eucaristia, que se improvisa no papel de "pequena doutora do mosteiro", em uma carta ao pai dá conta de sua visita a "um pobre mendigo" (Teresa), que comeu a "carne com cogumelos" enviada por sua mãe[733]. Tem-se direito à descrição miserável (em forma humorística) da "riqueza" da cela de uma carmelita enferma:

> Imagina uma verdadeira espelunca, as paredes de gesso desgastadas e enegrecidas, um pobre catre — pois esse é seu nome —, composto por um colchão de palha mais mole que as melhores camas de plumas, e recoberto com seus andrajos, que lhe servem de cobertores. Não entrarei em detalhes sobre as vestes, *requimpettes* e *petits corps*[734] etc., que ficam largadas em um canto no chão.

Tal é o estado da "miserável choupana" do "pobre indigente"[735].

Esse estado não impede as Irmãs de continuar a encomendar poesias à enferma. Assim, Irmã Maria da Cruz pede "alguma coisa", certamente para sua festa (24 de novembro) ou para seus vinte anos de profissão (8 de dezembro). Ela receberá um poema de três estrofes, intitulado *Como quero amar*[736]:

> *Divino Salvador, ao final de minha vida*
> *Vem buscar-me, sem sombra de atraso.*
> *Ah, mostra-me tua ternura infinita*
> *E a doçura de teu divino olhar.*

---

732. CLG, p. 57-58. Ver C 207, 208, 209, 210 e CCor 172 *bis* (encontrada em 1976, "Une course de géant", *Lettres*, Paris, Éd. du Cerf, 1983, p. 481), bilhetes para Irmã Genoveva ("Senhorita Lili") da parte do "Senhor Toto" (Teresa), que deseja ser despertado(a) pela manhã para ir ao Ofício das 7 horas, o que mostra que a enferma tem permissão para descansar mais.

733. Não se lembrando mais que cogumelos são esses, Teresa não os comeu. Após as explicações, comeu-os à noite.

734. Neologismo. *Se requinquer*: vestir-se de maneira mais apurada, usar "roupas de domingo". "Petits corps": espécie de blusa usada por baixo da túnica, feita de tecido grosseiro ou burel de lã.

735. CD 1201, 4 (?) de dezembro de 1896, CG II, p. 920-921. A visita deve ter acontecido na quinta-feira, 3 de dezembro.

736. P 41.

> *Com amor, oh, que tua voz me chame,*
> *Dizendo-me: Vem, tudo está perdoado;*
> *Repousa, minha esposa fiel,*
> *Vem ao meu coração, tu me amaste muito.* (3)

Mais uma vez, é Irmã Maria de São José, com quem Teresa quis trabalhar na rouparia, que solicita uma poesia. Sabemos como Teresa fará tudo o que pode para ajudar e tranquilizar essa Irmã maníaco-depressiva. Os seis bilhetes que lhe escreverá visam também a essa finalidade. Isolados de seu contexto, podem parecer pueris, inclusive estranhos. Na verdade, testemunham a caridade fraterna que — escreverá Teresa — dirige-se "a *todos* aqueles que estão na casa, sem exceção de ninguém" (Ms C, 12r°). Assim, o bilhete de dezembro (C 205) — que pede à "criancinha" que "se abandone" e "feche os olhos" para "não lutar contra as quimeras da noite" — está muito próximo do poema *Menino, tu conheces meu nome*[737]:

> *Menino, tu conheces meu nome*
> *E teu doce olhar me chama.*
> *Ele me diz: Simples abandono,*
> *Quero guiar teu barquinho.* (1)
>
> *Com tua mãozinha de criança*
> *— Ó, que maravilha! —*
> *Com tua vozinha de criança*
> *Acalmas a onda bravia*
> *E o vento!...* (2)[738]

"Mestra de noviças" até o final

O Natal está chegando. Nenhuma recreação é pedida a Teresa, tendo em vista o seu estado de saúde. Mas durante um recreio, por ocasião da entrada dos operários, que trazem ramos de árvores para o presépio, Teresa sente vontade de acompanhar Irmã Teresa de Santo Agostinho para abrir o portão. No entanto, vendo que isso agradaria Irmã Maria de São José, ela se "apressa lentamente" a desfazer seu avental. A outra, mais rápida, acompanha Irmã Teresa de Santo Agostinho, que caçoa da lentidão de Teresa. Mais uma vez, a comunidade julga que "Teresinha" agiu "segundo a natureza"[739].

---

737. P 42.
738. Irmã Maria de São José será hospitalizada no *Bon-Sauveur* de Caen em 1909. Não voltará mais ao Carmelo, mas entregará os bilhetes de Teresa quando for informada de que estão juntando todos os escritos de sua companheira de rouparia em vista de um processo de beatificação. Faleceu em 1936.
739. Ms C, 13r°. Teresa relatará o episódio à Madre Inês de Jesus nos *Últimos Colóquios*, CA 6.4.3, UC, p. 387-388, mas revelando os nomes das Irmãs.

Na noite de Natal, Irmã Genoveva recebe uma carta da "Santíssima Virgem", *via* sua irmã Teresa. A noviça está desolada com seu "caráter impetuoso", que muitas vezes provoca "algumas reações não tão boas diante das Irmãs [...]. Parecer imperfeita aos olhos das criaturas parecia-me uma montanha a engolir"[740]. Daí a mensagem "da Virgem":

> Dar-me-ás um doce abrigo se quiseres suportar em paz a provação de não ser agradável a ti mesma. É verdade que sofrerás por estares à porta de tua própria casa, mas não tenhas medo: quanto mais pobre fores, mais Jesus te amará. Ele irá longe, muito longe para buscar-te, se algumas vezes te afastares um pouco. Ele prefere ver-te chocar à noite contra as pedras do caminho a caminhar em pleno dia em uma estrada esmaltada de flores que poderiam retardar teu caminho. Eu te amo, ó minha Celina, eu te amo mais do que conseguirias compreender... Alegro-me por ver-te desejar grandes coisas e preparo-te ainda maiores... Um dia, virás com tua Teresa ao belo Céu, tomarás lugar no colo de meu Jesus bem-amado e eu também te tomarei em meus braços e te cumularei de carícias, pois sou tua Mãe, tua Mãezinha querida[741].

Sem inquietar-se com seu estado, Teresa continua a ocupar-se das noviças. No mesmo dia, escreve a Irmã Maria da Trindade com o desejo de adaptar-se a cada uma, sem impor uma via comum[742]. Bem mais tarde, essa noviça escreverá que, sendo então "muito criança no caráter", "servia-se de um método bastante original para praticar a virtude: alegrar o Menino Jesus, brincando com Ele de toda espécie de folguedos espirituais". Isso a levava a realizar "sérios progressos"[743]. Daí a carta recebida na noite de Natal de 1896, da parte de seu "Irmãozinho Jesus":

> Minha esposinha bem-amada, tenho algo a te pedir. Vais recusar-me?... Oh, não, tu me amas demais para fazer isso. Pois bem, vou confessar-te que gostaria de mudar de jogo; as conchas me divertem muito, mas agora gostaria de brincar de pião e, se quiseres, tu serás meu pião. Dou-te um por modelo: vês que ele não é belo, quem não souber servir-se dele o afastará com o pé, mas uma criança saltará de alegria ao vê-lo. Ela dirá: "Ah, como é divertido, posso ficar assim o dia inteiro sem parar". Eu, o pequeno Jesus, te amo, embora não tenhas encantos, e te peço que sempre caminhes para divertir-me... Mas, para fazer girar o pião, são necessárias chibatadas... Pois bem, deixa que tuas Irmãs prestem esse serviço e sê grata àquelas que forem as mais assíduas em não te

---

740. *Souvenirs autobiographiques*, 1909, CG II, p. 930, n.a.
741. C 211, 24 de dezembro de 1896, CG II, p. 931.
742. "Sente-se que é preciso esquecer seus gostos, suas concepções pessoais e conduzir as almas pelo caminho que Jesus traçou para elas, sem tentar fazê-las caminhar por seu caminho" (Ms C, 22v°-23r°). O que não a impedirá de falar-lhes de sua "pequena via".
743. CG II, p. 932.

deixar perder a velocidade em teu caminho. Quando tiver me divertido muito contigo, eu te levarei para o alto e poderemos brincar sem sofrer…[744].

Essa pedagogia teresiana se apoiava no fato de que, entre os bibelôs oferecidos ao Carmelo para uma árvore de Natal em favor das missões, achava-se um pião. Diante das Irmãs que nunca tinham visto um, Irmã Maria da Trindade fez uma demonstração: "Isso poderia durar um dia inteiro sem parar, mediante boas chibatadas!"[745].

Com Irmã Maria Madalena, a relação se mostra bem mais difícil, a julgar pela carta secreta de Madre Inês de Jesus aos Guérin, que apadrinhavam a noviça. Esta demonstra repugnância a abrir-se com Irmã Teresa do Menino Jesus. Irmã Maria da Eucaristia tentou convencê-la a ir até a mestra e acreditou por um momento que a ganhara. Mas, no dia seguinte, a resolução de Irmã Maria Madalena é "irrevogável": "Não sendo obrigada pela autoridade, não irei, não me faleis mais do assunto. Quando Nossa Madre no-la der abertamente como mestra, então irei, mas não antes". Uma das razões para tal recusa é que ela se sentia "adivinhada até ao fundo da alma e obrigada a fazer uma guerra considerável contra a natureza"[746].

É nessa situação ambígua em relação à Madre Maria de Gonzaga, mestra de noviças titular, que Teresa deve exercer sua missão. Mas, fiel ao princípio de tirar proveito de tudo, ela vê uma vantagem na situação. Sendo igual às noviças, recebe suas confidências e estas podem dizer-lhe tudo — o bem e o mal —, o que jamais fariam com sua priora[747]. Pouco lhe importa ser amada ou não. Só conta seu dever: apresentar a Jesus esposas tão belas e santas quanto for possível. Com esse objetivo, para cada uma Teresa põe em ação, como vimos, meios pedagógicos inéditos. Ela alimenta no noviciado uma atmosfera alegre e dinâmica.

Nesse Natal (que é o décimo aniversário de sua "conversão"), Teresa não compôs peça, mas, mesmo assim, escreve um pequeno poema que será cantado pelo noviciado na véspera: *O Viveiro do Menino Jesus*[748]. Seu viveiro é o Carmelo ("pomba, cotovia, *roitelet*, tentilhão, passarinho"…). Todos (todas) cantam os louvores do divino Menino e rezam pelos pecadores antes de voar para os céus.

---

744. C 212, 24 de dezembro de 1896, CG II, p. 933.
745. Ibid., n.c., p. 933-934.
746. CD 1203, 6 de dezembro de 1896, CG II, p. 932-934. Esse detalhe é confirmado por Teresa: "Nada escapa aos meus olhos; muitas vezes fiquei impressionada por enxergar com tanta clareza…" etc. (Ms C, 23rº).
747. Ver Ms C, 26vº. Sobre a complexidade canônica e afetiva dessa situação, ver UC, p. 488-491.
748. P 43, 25 de dezembro de 1896.

Deram a Teresa um novo hábito (o segundo desde sua entrada), que não lhe cai muito bem. Ela fica tão preocupada com isso "como se fosse a roupa de um chinês a 2 mil léguas de nós" (CA 15.5.4).

No dia seguinte ao Natal, Teresa escreve ao seminarista Bellière. Ela preparou um esboço com o sumário das ideias que quer expor. Insiste muito sobre o sofrimento a oferecer pela salvação das almas. O conjunto é bastante impessoal, salvo ao final, onde quer desenganar o jovem seminarista: ela não é "um anjo", como ele acredita, mas "uma pobre pequena carmelita muito imperfeita e que, no entanto, apesar de sua pobreza, tem [como ele] o desejo de trabalhar pela glória do bom Deus"[749].

O ano não termina sem que Teresa escreva espontaneamente, no dia dos Santos Inocentes, um poema que é muito significativo para ela: *A meus irmãozinhos do Céu*[750]. Sua lembrança está muito presente nela. Durante seu retiro de setembro, a carmelita pintou, em um duplo exemplar, uma imagem-recordação dos quatro irmãozinhos e irmãzinhas que morreram ainda bebês (com exceção da pequena Helena, aos cinco anos e meio). No verso, escreveu a seguinte citação:

> Felizes aqueles que Deus tem por justos sem as obras, pois, para aqueles que fazem obras, a recompensa não é vista como uma graça, mas como coisa devida... É, portanto, gratuitamente, que aqueles que não fazem as obras são justificados pela graça em virtude da redenção, cujo autor é Jesus. Epístola de São Paulo aos Romanos[751].

Outros textos a inspiraram: a liturgia do dia, Dom Guéranger (*L'Année liturgique*) etc., que caminham todos no sentido da valorização da gratuidade da salvação.

> *[...] Sem combate, chegastes à glória*
> *Dos conquistadores* (1)
> *Ousareis acarinhar sua Adorável Face...*
> *Que favor!...* (8)

Após essas descrições, Teresa se envolve:

> *Fostes vós que o Senhor me deu por modelo,*
> *Santos Inocentes!*
> *Quero ser na terra vossa imagem fiel,*
> *Pequeninos.*
> *Ah, dignai-vos alcançar-me as virtudes da infância.*

---

749. C 213, 26 de dezembro de 1896, CG II, p. 934-936.
750. P 44, 28 de dezembro de 1896.
751. Romanos 4,6.4 e 3,34 (trad. Glaize).

Vossa candura,
Vosso abandono perfeito, vossa amável inocência
Encantam meu coração. (9)
Como eles, quero no Céu beijar tua doce Face,
Ó meu Jesus!... (11)

Nesse dia em que, de acordo com o costume (era dia de licença), as noviças dirigem a jornada, as Irmãs desejam ouvir cantar o poema no recreio da noite. Madre Maria de Gonzaga o permitiu e "toda a comunidade estava encantada". Mas ao final, a priora, encolerizada, disse a Madre Inês de Jesus, em voz suficientemente alta para ser ouvida por Teresa: "que ela estava muito descontente porque se puseram a cantar suas poesias em comunidade, que isso só podia servir para alimentar seu orgulho etc."[752]

Assim começa 1897. Teresa completará vinte e quatro anos no segundo dia desse ano.

Naquele dia, o doutor de Cornière redigiu uma receita que prescreve um vesicatório de doze centímetros, à base de cânfora[753]. A quem seria destinado, senão à Irmã Teresa? Para esta, é claro que agora ela contempla sua morte. Na primeira carta que redige à sua irmã Inês em 1897, escreve: "Espero ir logo para o Céu. Já que 'Se há *um Céu, ele é para mim*', serei rica, terei todos os tesouros do bom Deus e Ele mesmo será *meu bem*. Então, poderei retribuir-vos cem vezes mais tudo o que vos devo. Oh, mal posso esperar..."[754]. É a primeira alusão à sua morte em um escrito. "Se há um Céu..." pode ser também uma referência velada à provação contra a fé e a esperança, que não dá tréguas.

Escrevendo ao Irmão Simeão em Roma para pedir-lhe uma bênção apostólica por ocasião do jubileu de ouro de Irmã Santo Estanislau (que a desejou fortemente), Irmã Genoveva lhe transmite informações sobre a saúde da irmã e envia sua poesia *Viver de Amor*. "O amor consome sua vida e seu peito delicado nos causa sérias preocupações."[755]

---

752. NPPA, "Humildade". Ver *Poésies* II, p. 249.
753. Receita médica n. 98665.
754. C 216, 9 de janeiro de 1897, CG II, p. 639. Encontra-se com muita frequência a expressão "em breve".
755. 10 de janeiro de 1897, CD 1209, VT, n. 129, janeiro 1993, p. 66-67. Irmão Simeão responderá: "Acabo de reler mais uma vez a esplêndida poesia de vossa admirável Irmã. É um canto sublime que ficaria bem nos lábios da grande Santa Teresa! Meus Irmãos a disputam e fazem cópia. Vou enviá-la a uma de minhas sobrinhas, superiora do *Bon-Pasteur* em Lyon, que a apreciará e tirará muito proveito dela" (CD 1213, 25 de janeiro de 1897, VT, n. 129, janeiro 1993, p. 71). Esse fato confirma que os primeiros escritos de Teresa conhecidos fora do mosteiro foram suas poesias.

"Que me importam a morte ou a vida?" (P 45) [21 de janeiro de 1897]

O dia 21 de janeiro testemunha a chegada da festa de Madre Inês de Jesus e, a seu pedido, Teresa lhe oferece um poema autobiográfico: *Minha Alegria*[756], rico em confidências veladas que sua Irmã não necessariamente decifrou. Essa alegria não deve nada a uma sensibilidade fácil, é completamente voluntária. Se crermos nos *Souvenirs d'une sainte amitié*, de Irmã Teresa de Santo Agostinho, depois que teve um sonho que a convenceu de que Teresa ia morrer, esta lhe teria respondido (por volta de 15 de janeiro de 1897):

> Como é belo! Não é um sonho qualquer, é um terno sonho, e foi comigo que o tivestes! [...] Se soubésseis o bem que me estais fazendo; eu vos falei do estado de minha alma? [...] Não creio na vida eterna, parece-me que não há mais nada depois desta vida. Não consigo descrever as trevas nas quais estou mergulhada. O que acabais de contar-me é exatamente o estado de minha alma. A preparação que me fizeram e, principalmente, a porta escura são a imagem do que se passa em mim. Vós só vistes a cor vermelha nessa porta tão sombria, isto é, tudo desapareceu para mim e não me resta mais nada além do amor[757].

O conjunto do poema está centrado no sofrimento (físico e espiritual), no combate apostólico na obscuridade da vida escondida e na perspectiva de uma morte próxima:

> *Na verdade, estou sumamente feliz,*
> *Faço sempre minha vontade...*
> *Poderia não estar feliz*
> *E não mostrar minha satisfação?...*
> *Minha alegria é amar o sofrimento,*
> *Eu sorrio, lágrimas vertendo,*
> *Aceito com gratidão*
> *Os espinhos misturados às flores.* (2)
>
> *Quando o céu se torna sombrio*
> *E parece abandonar-me,*
> *Minha alegria é permanecer na sombra,*
> *Esconder-me, abaixar-me.*
> *Minha alegria é a vontade santa*
> *De Jesus, meu único amor.*
> *Assim vivo sem nenhum temor;*
> *Amo tanto a noite quanto o dia.* (3)
>
> *Minha alegria é permanecer pequena.*
> *Por isso, quando caio no caminho,*

---

756. P 45.
757. UC, p. 786.

Posso levantar-me depressa
E Jesus me toma pela mão.
Então, enchendo-o de carinhos,
Digo-Lhe que Ele é tudo para mim
E redobro de ternuras
Quando Ele se esconde à minha fé. (4)

Se às vezes derramo lágrimas,
Minha alegria é escondê-las.
Oh, como o sofrimento tem encantos
Quando com flores sabemos escondê-lo!
Para que Jesus seja consolado,
Minha alegria é vê-lo sorrir
Quando meu coração está exilado... (5)

Minha alegria é lutar sem cessar
Para dar à luz aos eleitos.
É, com o coração ardente de ternura,
Muitas vezes repetir a Jesus:
"Por ti, meu Divino Irmãozinho,
Fico feliz por sofrer.
Minha única alegria nesta terra
É poder te alegrar. (6)

Por muito tempo ainda quero viver,
Senhor, se for teu querer,
Ao Céu gostaria de seguir-te
Se isso te desse prazer.
O amor, esse fogo da Pátria,
Não cessa de me consumir.
Que me importam a morta ou a vida?
Jesus, minha alegria é amar a ti!" (7)

Dando esse poema à sua irmã, Teresa lhe diz: "Toda a minha alma está aí"[758]. Irmão Simeão, tendo respondido a todos os pedidos de Irmã Genoveva, recebe os agradecimentos de Madre Maria de Gonzaga, bem como de Teresa e sua irmã. Referindo-se à saúde do ancião de oitenta e três anos, que foi fortemente abalada por um ataque de paralisia, Teresa lhe revela: "Creio que minha carreira nesta terra não será longa...". Quem será o primeiro no Céu: o velho senhor ou a jovem carmelita? Ela acrescenta: "A única coisa que vos peço que soliciteis em favor de minha alma é a graça de amar Jesus e fazê-lo amado tanto quanto isso for possível"[759].

---

[758]. *Poésies*, "Um cântico de amor", p. 207.
[759]. C 218, 27 de janeiro de 1897, CG II, p. 947.

No poema *Ao meu anjo da guarda*[760] (composto espontaneamente e oferecido posteriormente a Irmã Maria Filomena de Jesus)[761], o tom continua o mesmo:

> *Quero, durante minha curta vida,*
> *Salvar meus irmãos, os pecadores.* (4)
> *Espero em paz da outra vida*
> *As alegrias que durarão para sempre.* (5)

Estando a serviço no refeitório na segunda-feira, 2 de fevereiro, Teresa quebra com o canto da bandeja um dos vidros do postigo por onde são servidos os alimentos. Ela chora. Indo ajudá-la a recolher os cacos de vidro após a refeição, Irmã Genoveva a ouve dizer:

> Eu tinha pedido ao bom Deus para ter hoje um grande sofrimento a oferecer-lhe em honra de meu querido irmãozinho, Teófano Vénard, do qual é o aniversário de martírio[762]. Pois bem, aí está! Eu não a teria escolhido, pois é uma falta contra a pobreza, mas é involuntária, apresento-a ao bom Deus como um sacrifício de agradável odor[763].

Com efeito, "o pequeno Teófano" continua muito presente em seu pensamento: nesse mesmo dia de aniversário, ela lhe oferece um poema escrito espontaneamente[764]. Em 21 de novembro do ano anterior, copiara em sua caderneta de citações três páginas de "Trechos das cartas escritas ao Tong-King pelo angélico mártir Jean-Théophane Vénard". Teresa lera, principalmente, sua *Vie et correspondance*[765]. Em breve, escreverá ao Padre Roulland que essa leitura a deixou "muito interessada e tocada, mais do que eu saberia dizer; sob a impressão provocada por essa obra, compus algumas coplas que me são totalmente pessoais, mas eu vo-las envio. Nossa Madre me disse que achava que esses versos agradariam a meu irmão do Su-Tchuen"[766]. Ela dirá às suas irmãs: "Minha alma se parece com a sua"[767]. Os dois jovens partilham muitos pontos comuns.

---

760. P 46, janeiro de 1897.
761. Essa Irmã (1839-1924) trinta e quatro anos mais velha que Teresa fora noviça com ela durante um ano (1888-1889). Tal atraso explica-se porque, entrando no Carmelo em 1876, quis voltar à sua casa para cuidar da mãe. Teve que esperar nove anos antes de voltar à comunidade, em 7 de novembro de 1884: completara quarenta e cinco anos. Madre Maria de Gonzaga intercedera por seu retorno junto à inflexível Madre Genoveva.
762. Decapitado em 2 de fevereiro de 1861.
763. CLG, p. 149-150.
764. P 47, *A Teófano Venard*. Teresa escreve sempre "Vénard".
765. "Prêtre de la Société des missions étrangères, écrite par son frère" (Poitiers, Oudin frères, 7ᵉ éd., 1888).
766. C 221, 19 de março de 1897, CG II, p. 962.
767. UC, p. 442.

Soldado de Cristo, ah, empresta-me tuas armas.
Pelos pecadores, gostaria de na terra
Lutar, sofrer à sombra de tuas palmas.
Protege-me, vem firmar meus braços.
Quero por eles, não cessando a guerra,
Tomar de assalto o Reino de Deus.
Pois o Senhor trouxe à terra,
Não a paz, mas a espada e o fogo!... (5)

Amo também essa plaga infiel
Que foi o objeto de teu ardente amor.
Com alegria, voaria em direção a ela
Se o bom Deus ali me chamasse um dia...
Mas, a seus olhos, não há distâncias
Todo o universo, diante dele, é apenas um ponto.
Meu fraco amor, meus pequenos sofrimentos,
Abençoados por Ele, fazem-no amado ao longe!... (6)

Ah, se eu fosse uma flor de primavera
Que o Senhor quisesse colher em breve!
Desce do Céu em minha última hora,
Eu te imploro, ó bem-aventurado mártir!
De teu amor nas virginais chamas
Vem abrasar-me nesta morada mortal
E poderei voar com as almas
Que formarão teu cortejo eterno!... (7)

O cansaço não impedirá Teresa de escrever uma nova recreação. Como não poderia fazer novamente um esforço diante do pedido de sua priora, querendo festejar o jubileu de ouro de Irmã Santo Estanislau dos Sagrados Corações? Cinquenta anos de profissão é um acontecimento para o Carmelo de Lisieux. Lexoviense, essa Irmã entrara no Carmelo aos 21 anos, em 6 de abril de 1845, logo depois de sua irmã Caroline (que se tornou Irmã João da Cruz). Fizera profissão em 8 de fevereiro de 1847. Consideravam-na como "uma das pedras da fundação" (Irmã Genoveva). Teresa — recordamo-nos — foi sua auxiliar na sacristia de 10 de fevereiro de 1891 a 20 de fevereiro de 1893. Uma amizade as unia e Irmã Santo Estanislau a chamava de sua "filhinha".

"Trabalhar ainda no Céu pela salvação das almas" (RP 80)
[8 de fevereiro de 1897]

A festa foi bonita e Irmã Genoveva fará um relatório detalhado ao Irmão Simeão: "Nossa jubilanda estava radiante e rejuvenescida". Para uma circunstância tão excepcional, após a celebração todas as pessoas presentes puderam ir ao locutório e *ver* aquela que estava escondida há cinquenta anos[768]. Ela recebeu muitos presentes. O claustro estava engalanado. "À noite, as noviças representaram uma pequena peça composta por minha irmã Teresa do Menino Jesus; era a entrada de Santo Estanislau na Companhia de Jesus."[769] E também não faltou a bênção de Leão XIII, anunciada a todos pelo celebrante, Padre Maupas, superior do Carmelo. Foi o nome da jubilanda que orientou a escolha do tema da recreação. A primeira cela de Teresa estava sob o patrocínio do jovem jesuíta, morto (certamente por tuberculose) depois de nove meses de noviciado, aos dezoito anos[770]. Ela ocupou essa cela durante cinco anos. Para criar a peça, Teresa leu a *Vie de saint Stanislas Lotska* (sic), *Lettres d'un frère à ses sœurs*[771].

Até aqui, não parece que Teresa tenha sentido particular atração pelo jovem santo. Mas, no ponto em que se encontra no início de 1897, ela só pode sentir-se tocada por certas analogias entre o noviço jesuíta e a própria Teresa: curado pela Virgem — que ele considera sua Mãe —, animado pelo desejo de tornar-se santo, Estanislau recebeu a Eucaristia das mãos de uma mulher, morreu jovem, sem ter tido tempo para fazer nada...

É na sala do aquecedor, na noite de 8 de fevereiro, por ocasião do recreio, que a peça (composta unicamente por diálogos) é interpretada. Pela primeira vez, a autora não pode interpretar, estando sua saúde muito fragilizada. Teresa segue de perto sua fonte, colocando em cena São Francisco de Borja, Geral dos jesuítas, Frei Étienne Augusti, jovem noviço, Estanislau e... a Virgem Maria com o Menino Jesus. Estanislau solicita ardorosamente sua entrada no noviciado dos jesuítas e o Geral o prova duramente (finge tomá-lo por um mendigo) antes de admiti-lo.

Notam-se dois traços teresianos, entre outros: Estanislau, doente, recebeu a Comunhão de Santa Bárbara. Frei Augusti fica espantado: "Uma santa que segura em suas mãos a Divina Eucaristia. Que mistério!..." (cena 5). Resposta de Estanislau: "Talvez ela também tenha desejado na terra partilhar as sublimes funções dos sacerdotes e o Senhor

---

[768]. Segundo as Constituições de Santa Teresa d'Ávila, coros e locutórios tinham grade dupla e cortinas pretas. Estas eram tiradas no locutório apenas para os pais, irmãos e irmãs e em circunstâncias excepcionais, como esse jubileu de ouro.

[769]. Santo Estanislau Kostka.

[770]. De nobre família polonesa, Estanislau (28 de outubro de 1550 – 15 de agosto de 1568) foi beatificado em 1670, canonizado por Bento XIII em 1726. É patrono da Polônia, junto com São Casimiro.

[771]. Autor: A. de Blanche, Paris, 1845. Teresa adota essa ortografia, que varia de acordo com os autores.

quis realizar esse desejo"772. O outro desejo de Teresa, um dos mais fortes, seria "fazer o bem após sua morte". A última oração do jovem jesuíta se dirige à Virgem Maria:

> ...Minha Mãe Bem-Amada, logo vos verei em vosso trono imortal!... (Depois de uma pausa) Nada lamento na terra, mas tenho um desejo... um desejo tão grande, que não poderia ser feliz no Céu se não fosse realizado. Ah, minha Mãe querida, dizei-me que os bem-aventurados ainda podem trabalhar pela salvação das almas... Se eu não puder trabalhar no paraíso pela glória de Jesus, prefiro permanecer no exílio e combater ainda por Ele!...

E a Virgem responde:

> *Sim, meu filho, os Bem-aventurados*
> *Ainda podem salvar almas.*
> *De seu amor as doces chamas*
> *Atraem corações aos Céus...*

Santo Estanislau:

> Oh, como sou feliz... Doce Rainha do Céu, eu vos peço: quando estiver ao vosso lado na Pátria, permiti-me voltar à terra para proteger almas santas, almas cuja longa carreira na terra completará a minha; assim, por meio delas, poderei apresentar ao Senhor uma abundante colheita de méritos.

A Santa Virgem:

> *Querido Filho, tu protegerás*
> *Almas que lutarão neste mundo.*
> *Mais sua colheita será fecunda*
> *E mais no Céu (bis) brilharás!...*773.

Assim se conclui a representação. Embora bastante surda, a jubilanda ficou, sem dúvida, satisfeita. Mas a comunidade não podia imaginar que acabava de assistir ao testamento teatral de sua Irmã e que esta lhes expusera seu desejo de "passar o Céu a fazer o bem na terra até ao fim do mundo"774, desejo que se intensificará à medida que progredir a enfermidade mortal. E sempre o desejo de exercer prerrogativas sacerdotais... ao menos no Céu.

Em breve, durante a quaresma, Irmã Teresa vai fazer a "novena da graça" (de 4 a 12 de março, conforme o costume) nessa intenção. Essa novena tinha a reputação de ser

---

772. Ver "Sinto em mim a vocação de *Sacerdote*. Com que amor, ó Jesus, eu te traria em minhas mãos quando, por minha voz, tu descerias do Céu... Com que amor eu te daria às almas!..." (Ms B, 2vº).
773. Cena 8, 6rº-vº.
774. CA 17.7.

sempre atendida. Dirigia-se a São Francisco Xavier, o jesuíta morto às portas da China, aos quarenta e seis anos (1552). Contudo, em 19 de março, na festa de São José, ela também reza a esse santo diante de sua estátua no jardim. Irmã Maria do Sagrado Coração também está ali e, vendo-a doente, aconselha-a a ir para a cela. Mas Teresa responde: "Acabo de pedir a São José que me alcance do bom Deus a graça de passar meu Céu a fazer o bem na terra". "Eu lhe respondi [diz a madrinha]: 'Não precisais pedir isso a São José', mas ela me disse: 'Oh, sim', com um gesto que queria dizer: 'Preciso que ele apoie meu pedido'"[775].

Em sua terceira carta ao Padre Bellière[776] (que lhe escreveu em 31 de janeiro e agradece o envio do poema *Viver de Amor*), ela se mostra muito mais pessoal que antes. Logicamente, começa ainda com "senhor seminarista", mas, no corpo da carta, ele se torna "meu querido irmãozinho". É assim que o chamará a partir de agora[777].

> Verdadeiramente, só no Céu sabereis o quanto sois caro a mim. Sinto que nossas almas são feitas para entender-se. [...] Ah, o que Lhe pedimos é trabalhar por sua glória, amá-lo e fazê-lo amado... Como nossa união e nossa oração não seriam abençoadas?

Sem nada dizer de sua saúde (nunca tocará no assunto com os dois irmãos, salvo quando estiver perto do fim), orienta o seminarista para sua própria partida:

> Vós me prometestes rezar por mim durante toda a vossa vida. Sem dúvida, será mais longa que a minha. E não vos é permitido cantar como eu: "Tenho a esperança de que meu exílio será curto!...", mas também não vos é permitido esquecer vossa promessa. Se o Senhor me levar com Ele em breve, eu vos peço que continueis todos os dias a mesma oraçãozinha, pois desejarei no Céu a mesma coisa que na terra: amar Jesus e fazê-lo amado.
> Senhor seminarista, deveis achar-me muito estranha, talvez lamenteis ter uma irmã que parece querer ir gozar do repouso eterno e deixar-vos trabalhando sozinho... mas ficai tranquilo, a única coisa que desejo é a vontade do bom Deus e confesso que, se no Céu não pudesse mais trabalhar por sua glória, preferiria o exílio à pátria[778]. Não conheço o futuro, mas, se Jesus realizar meus pressentimentos, prometo-vos continuar a ser vossa irmãzinha no Céu. Nossa união, longe de ser rompida, tornar-se-á mais íntima. Então, não haverá mais clausura ou grades e minha alma poderá voar

---

775. Caderneta de Irmã Maria da Encarnação, p. 134. Diálogo recolhido em 10 de julho de 1934. CG II, p. 966, n.k. Teresa a Irmã Marta: "O que me agradou ao compor essa peça é que expressei minha certeza de que, depois da morte, ainda se pode trabalhar na terra pela salvação das almas. Santo Estanislau, falecido tão jovem, foi-me admiravelmente útil para exprimir meus pensamentos e aspirações a esse respeito" (PO, p. 469-470 e RP, p. 268).
776. C 220, 24 de fevereiro de 1897, CG II, p. 951.
777. C 224, 25 de abril de 1897, CG II, p. 974.
778. Voltamos a encontrar o desejo de Santo Estanislau Kostka ao final da RP 8.

convosco para as missões distantes. Nossas missões continuarão as mesmas: a vós, as armas apostólicas; a mim, a oração e o amor…

Em seguida, segundo seu costume, pede-lhe que envie as "datas memoráveis" de sua vida[779]. Por sua parte, ela lhe oferece, com o consentimento da priora, dezesseis de suas poesias e um fragmento de sua recreação *O Triunfo da Humildade*.

"Cantando, morrerei… com as armas na mão" (25 de março de 1897)

Na quinta-feira, 26 de fevereiro, Irmã Maria da Eucaristia deixa explodir sua alegria em uma carta aos pais: "Podeis adivinhar a grande notícia!… Fui aceita para a profissão!!! Que graça!"[780]. É verdade que ela ficara preocupada — diz — por causa de sua saúde, muitas vezes deficiente[781], e/ou com sua vivacidade e espontaneidade, desconcertantes para algumas Irmãs[782].

A cerimônia está marcada para a quinta-feira, 25 de março, festa da Anunciação. É mais uma vitória para Teresa, que exerce o ofício de mestra de noviças: ela acompanhou (às vezes, com muita dificuldade) sua prima de primeiro grau — três anos mais velha que ela — até essa etapa decisiva. É, evidentemente, ainda uma grande festa das famílias Guérin e Martin, estando Leônia a viver com o tio e a tia.

A alegria espiritual não impede de regrar os problemas materiais. Os Guérin foram benfeitores permanentes do Carmelo, muito pobre. Sua filha não se privou de solicitar numerosos dons *in natura* que incrementaram o regime habitual das carmelitas, principalmente nas festas. Dessa vez, trata-se do dote[783] da filha, ao qual acrescenta-se uma contribuição para a decoração da capela na cerimônia (na ordem de 1500 francos). Maria ousa pedir a possibilidade de receber 1500 francos todos os anos. Para a profissão, o costume é também de dar uma peça de tecido (para confeccionar toucas). Ela pede duas e uma baixela de prata[784].

---

779. C 220, 24 de fevereiro de 1897, CG II, p. 951-953.

780. CD 1221, 26 de fevereiro de 1897, VT, n. 129, janeiro 1993, p. 80.

781. A abundante correspondência da família Guérin menciona com frequência a fragilidade de sua saúde.

782. Em seus *Souvenirs intimes*, 1909, p. 89, Madre Inês de Jesus escreveu: "Irmã Maria da Eucaristia causou-me muitos problemas. Ela me amava com demasiada exclusividade. Sua natureza extremamente sensível causou muitas lutas e fadigas para ela, para mim e nossa Teresinha. E, contudo, ela era tão inteligente, tão doce, tão piedosa! Creio que sua saúde tinha muito peso em todas as suas sensibilidades exageradas!".

783. O de Teresa fora de 10 mil francos. Ignora-se o valor do de Maria da Eucaristia. No mínimo, deve ter sido igual ao da prima.

784. É provável que esses pedidos tenham sido sugeridos por Madre Inês de Jesus, ecônoma.

Na noite de domingo, 14 de março, Irmã Maria da Eucaristia entra em retiro de solidão por dez dias. Não falará mais com ninguém (salvo com a priora e a mestra de noviças), participará dos ofícios, estará presente ao refeitório, assumirá seu trabalho ordinário na medida do tempo, pois acrescentará duas horas de oração às duas horas regulamentares. Será dispensada das recreações. O retiro acontece em plena quaresma, que começou na quarta-feira, 3 de março.

Teresa está determinada a vivê-la integralmente. Contudo, seu estado é tal que lhe dão, para fortalecê-la pela manhã, um pedacinho de chocolate cru. Mas ela acha que "é bom demais para uma carmelita". Toma-o com um pouco de genciana, que deforma o gosto[785]. De 4 a 12 de março, faz a novena da qual falamos. Em uma longa resposta ao Padre Roulland, que, escrevendo da China, contara-lhe numerosas histórias exóticas sobre seu ministério (entre outras, a desventura de um cozinheiro chinês que caiu em uma marmita, o que fez Teresa rir muito), ela relata, por sua vez, para não deixar por menos, a história da "lagosta endiabrada" a fugir da cozinheira do Carmelo.

"Mais seriamente", Teresa informa seu irmão do desejo de partir para o Tonkin e juntar-se à nova fundação. A situação por lá não é fácil. Os ladrões agem até na cela da priora enquanto esta está dormindo, porque não há muro de clausura. Ela transmite verdadeiramente o fundo de seu coração:

> Não me preocupo de modo algum com o futuro, tenho certeza de que o bom Deus fará sua vontade, é a única graça que desejo, não se deve ser mais monarquista que o rei... Jesus não precisa de ninguém para fazer sua obra e, se me aceitasse, seria por pura bondade. Mas, para dizer a verdade, meu irmão, acredito mais que Jesus me tratará como uma pequena preguiçosa. Não o desejo, pois eu ficaria muito feliz por trabalhar e sofrer por Ele durante muito tempo; por isso, peço-Lhe que encontre contentamento em mim, isto é, não preste nenhuma atenção aos meus desejos, quer de amá-Lo sofrendo, quer de gozar d'Ele no Céu. Tenho esperança, meu irmão, de que, se eu deixasse o exílio, não esqueceríeis vossa promessa de rezar por mim. Sempre acolhestes meus pedidos com uma bondade tão grande que ainda ouso fazer um. Não desejo que peçais a Deus para livrar-me das chamas do purgatório; Santa Teresa dizia às suas filhas, quando estas queriam rezar por ela: "Que me importa ficar até o fim do mundo no purgatório se, por minhas orações, eu salvar uma só alma?" Essa palavra encontra eco em meu coração, eu gostaria de salvar almas e esquecer-me de mim por elas; gostaria de salvá-las até mesmo depois de minha morte. Por isso, ficaria feliz se dissésseis, então, em lugar da oraçãozinha que estais fazendo e que será para sempre realizada: "Meu Deus, permiti que minha irmã ainda vos faça amar". Se Jesus vos atender, saberei muito bem testemunhar-vos minha gratidão...[786].

---

785. CV, CG II, p. 1189.
786. C 221, 19 de março de 1897, CG II, p. 964-965.

Na semana seguinte, Irmã Maria da Eucaristia faz profissão na intimidade do Carmelo. Antes, passara seu exame canônico. Na alocução à "querida filhinha", Madre Maria de Gonzaga encoraja a neoprofessa a seguir Jesus no presépio, na Eucaristia e no calvário. Ela evoca o sacrifício em relação à família e menciona seu padrinho, o venerável patriarca (Luís Martin), que entrou na alegria do Céu. "Vítima pura, vítima de agradável *odor*, subi com Ele [Jesus] ao altar do sacrifício"[787].

De tom completamente diferente é o poema que Teresa oferece à prima: *Minhas armas*[788]. Este será cantado em comunidade na mesma noite. Certamente, a autora pensou na neoprofessa, mas também em sua irmã Genoveva que, no ano anterior, em razão de circunstâncias difíceis, não recebera o belo poema que estava esperando. É agora que ela lhe diz: "Era este que eu queria dar-vos, vede-o como se fosse feito para vós…"[789]. Bem mais tarde, Irmã Genoveva dirá: "O cântico *Minhas armas* aliava-se, com efeito, às ideias de cavalaria, que me entusiasmavam"[790].

Mas o poema revela principalmente o estado de espírito da autora. Ela está vivendo um duro combate entre a doença e a provação interior. É a última vez que as Irmãs, reunidas na sala do aquecedor, ouvem uma poesia de Teresa ser cantada. Com o distanciamento do tempo, ela desponta como um testamento poético. Pouco depois, Teresa escreverá à Madre Maria de Gonzaga:

> [...] se julgardes de acordo com os sentimentos que expresso nas pequenas poesias que compus este ano, devo parecer-vos uma alma cheia de consolações e para a qual o véu da fé quase se rasgou. Contudo… não é mais um véu para mim, é uma parede que se eleva até aos céus e cobre o firmamento estrelado… Quando canto a felicidade do Céu, a eterna posse de Deus, não sinto nenhuma alegria, pois canto simplesmente o que QUERO CRER (Ms C, 7vº).

Na epígrafe, Teresa cita São Paulo: "Revesti-vos das armas de Deus, para que possais resistir às ciladas do inimigo"[791] e o Cântico dos Cânticos: "A Esposa do Rei é terrível como um exército em ordem de batalha, é semelhante a um coro de música em um campo de guerra"[792]. Após a primeira estrofe, outras três cantam os votos de pobreza, castidade e obediência. A última faz alusão à morte (final convencional em muitos poemas, mas aqui se trata de uma realidade):

---

787. DCL.
788. P 48, 25 de março de 1897.
789. CMG IV, p. 340, ver *Poésies*, p. 153.
790. Carta de 17 de março de 1936, à Madre Inês de Jesus. Ver *Poésies*, p. 153.
791. Efésios 6,11. Citado na Regra do Carmelo, lida toda semana.
792. Cântico dos Cânticos 6,3 e 7,1 (Vulgata).

Do Todo-poderoso revesti as armas,
Sua mão divina se dignou adornar-me.
Doravante, nada me causa sobressaltos;
De seu amor quem me pode separar?
Ao seu lado, lançando-me à arena,
Não temerei nem o ferro nem o fogo.
Meus inimigos saberão que sou rainha,
Que sou a esposa de um Deus!
Ó meu Jesus, guardarei a armadura
Que revisto sob teus olhos adorados.
Até a noite da vida, minha mais bela libré
Serão meus sagrados votos! (1)
Se do Guerreiro tenho as armas potentes,
Se o imito e luto com valentia
Como a Virgem de graças encantadoras,
Quero também cantar combatendo.
Fazes vibrar de tua lira as cordas
E essa lira, ó Jesus, é meu coração!
Então posso de tuas Misericórdias
Cantar a força e a doçura.
Sorrindo, enfrento a metralha
E em teus braços, ó meu Esposo Divino,
Cantando morrerei no campo de batalha
Com as armas na mão!... (5)

A neoprofessa ("o Benjamim") escreve sua alegria aos pais e conta:

> Para festejar-me, cantaram para mim "Minhas Armas", composto por Irmã Teresa do Menino Jesus... [...] Peço que me devolvas "Minhas Armas" o mais cedo possível. Eu copiarei para ti, se quiseres. Enviei-te o original para agradar-te, mas várias Irmãs mo pedem para copiá-lo, é por isso que te solicito que mos devolvas logo. Presta grande atenção, por favor, faço questão disso como de meus dois olhos[793].

O final é assinado por aquela que trabalha em conexão com a enfermeira: "Minha irmã Teresa do Menino Jesus tem seu vesicatório de 12 a 15. Não vai muito mal, deu muito certo".

À enferma (pode-se chamá-la assim daí por diante), Irmã Maria da Trindade, em retiro anual, pede mais uma vez um poema. Muito pequena, ela se sentira atraída pelo ícone de Nossa Senhora do Perpétuo Socorro, difundido na França desde 1866 pelos

---

793. CD 1235, fim de março — início de abril de 1897, VT, n. 130, abril 1993, p. 143.

padres redentoristas[794]. Essa devoção tinha continuado no Carmelo. Teresa não pode recusar nada a essa noviça que ela ama muito. Serão alguns versos — *A Nossa Senhora do Perpétuo Socorro*[795]. O texto está muito longe do grande elã marial de maio seguinte. A razão é também o estado de Teresa.

Antes de considerar essa obra, notemos que, com os votos perpétuos da prima de primeiro grau, Teresa cumpriu sua missão de formação das noviças, tendo todas elas chegado à profissão. Quaisquer que sejam as dificuldades, tanto do lado das noviças quanto daquele de Madre Maria de Gonzaga, mestra oficial do noviciado, Teresa, no momento em que ficar doente, terá concluído sua missão. Alguns anos mais tarde, Madre Maria de Gonzaga o reconhecerá ao escrever a seguinte apreciação à margem do bilhete de profissão de Irmã Teresa do Menino Jesus da Santa Face: "Modelo acabado de humildade, obediência, caridade, prudência, desapego e regularidade, ela cumpriu a difícil obediência de mestra de noviças com uma sagacidade e perfeição que só se igualam ao seu amor por Deus"[796].

"Gravemente doente" (CG II, p. 1189)

Ao cumprimentar o pai, Isidoro, por sua festa — em 3 de abril —, Irmã Maria da Eucaristia transmite más notícias da prima: "Irmã Teresa do Menino Jesus não está muito forte. O vesicatório lhe caiu bem, mas agora ela tem indigestões todos os dias, suas refeições não passam. O doutor de Cornière virá hoje". Todas as irmãs Martin acrescentam votos ao tio. Teresa escreve: "Teresa do Menino Jesus, que é a menor, mas que não tem menos amor!" (seguem uns trinta pontos de exclamação). E uma frase relativa à sua saúde: "Não é verdade, é a febre que sinto militarmente todos os dias, às 3h. A p.[equena] Teresa"[797]. Ninguém, entre os conhecidos de Teresa, pode agora ter ilusões. Desde novembro de 1896, ela não estava bem[798]. A partir de agora, ela entra na última fase da enfermidade: febre regular que dá cor ao seu rosto, ausência de apetite, tosse frequente, esgotamento geral.

---

794. Ícone pintado em Creta no século XIV ou XV (tipo "*Hodiguitria* bizantina"). Diz-se que há uma reprodução na catedral São Pedro de Lisieux.

795. P 49. Assinado: "Lembrança de um retiro abençoado. Março 1897. Teresa".

796. Ver CG II, p. 844, com uma data retificada em VT, n. 125, janeiro 1992, p. 303, que situa essa citação "provavelmente" em 1902, enquanto a 1ª edição de CG II atribui-lhe a data de setembro de 1897.

797. CD 1237, 3 de abril de 1897, CG II, p. 967. Ver o texto integral da carta de Maria da Eucaristia em VT, n. 130, abril 1993, p. 143-145. "O horário militar" faz referência a uma expressão de seu pai.

798. A doença começou em junho de 1894.

Para Teresa, não é mais questão de assumir suas tarefas comuns. Pouco a pouco, ela é dispensada destas. Evidentemente, Irmã Teresa não pode participar da lavagem de roupa ao fundo do jardim, tarefa muito cansativa. Final de abril: é preciso renunciar ao Ofício recitado no coro. Pouco a pouco, não pode mais ajudar Irmã Maria de São José na rouparia, é obrigada a contentar-se com alguns trabalhos de costura na cela. Em sua resposta aos cumprimentos da filha, Isidoro Guérin escreve: "Que Ele [Deus] me conserve minha pequena Teresa, a pérola preciosa de toda a minha família. Estou muito triste por saber que ela está tão doente"[799]. A situação é assaz preocupante para que Madre Inês de Jesus, na terça-feira, 6 de abril, comece a tomar notas das palavras de sua irmã[800].

Irmã Teresa recebe uma carta do seminarista Bellière, que lhe escreveu no sábado santo ou no dia da Páscoa, 18 de abril. Ele lhe agradece por todas as poesias que Teresa lhe enviou. Em *Viver de Amor*, na estrofe 9, Bellière percebeu: "Tenho a esperança de que meu exílio será curto"; e na estrofe 14: "*Sinto que meu exílio vai terminar*". Ele lhe envia as principais datas de sua vida, como Teresa lhe pedira[801].

A impostura do século (19 de abril de 1897)

Na segunda-feira de Páscoa, 19 de abril de 1897, acontece em Paris uma conferência de imprensa no salão da Sociedade de geografia (*boulevard Saint-Germain*). Recordamo-nos da misteriosa personagem Diana Vaughan, que fez falar muito dela desde que Teresa compôs a peça *O Triunfo da Humildade*, em 21 de junho de 1896. É ela que vai finalmente manifestar-se depois de muitas peripécias que deixaram em suspense um vasto público. Pois, após sua retumbante conversão, Diana teme mostrar-se, por medo de ser assassinada pelos franco-maçons, furiosos com sua deserção. Ela continua a ser ardorosamente defendida por seu amigo Léo Taxil, ex-franco-maçom que voltou à fé cristã.

Mas, em 25 de agosto de 1896, Padre Grüber, jesuíta, pretende demonstrar em um jornal alemão que os escritos de Léo Taxil, de Diana Vaughan e do doutor Bataille[802] não passam de um grandioso engodo[803]. Em 1896, outro jesuíta — Padre Portalié, um francês — vai no mesmo sentido em *Études* (1º de novembro de 1896 e depois em

---

799. CD 1238, VT, n. 130, abril 1993, p. 146.
800. Isso virá a ser os *Últimos Colóquios*. Ver a introdução a esse volume, p. 32-46. Sua leitura se impõe. Reportar-se-á também ao Diário, p. 147-186. Ver Claude LANGLOIS, *Les Dernières Paroles de Thérèse de Lisieux*, Paris, Salvator, 2000. Sobre detalhes da doença, ver meu livro *La Passion de Thérèse de Lisieux*, Paris, Éd. du Cerf-Desclée De Brouwer, 1972.
801. CCor 177, 17-18 de abril de 1897, CG II, p. 971-973.
802. Autor de *Diable au XIXème siècle* (1892-1895).
803. Em *Kölnische Volkszeitung*.

20 de janeiro de 1897). Em dezembro, o cardeal-vigário Parrochi declara que *miss* Vaughan parece ser uma personagem fictícia e que não se pode confiar em Léo Taxil[804]. Só resta permanecer na incerteza. Roma decide constituir uma comissão, presidida por Monsenhor Lazzareschi, que deverá investigar três pontos: — Existe uma mulher chamada Dianna Vaughan? — Se ela existe, qual é a realidade de sua conversão? — Qual é a autenticidade dos escritos que lhe são atribuídos? Em 22 de janeiro de 1897, a comissão apresenta suas conclusões: nas três questões propostas, não pode responder nem contra nem a favor[805].

Como inúmeros católicos, o Carmelo de Lisieux acompanhou essas peripécias. Tendo Diana Vaughan declarado que desejava retirar-se a um convento, Madre Inês de Jesus pensou que esse poderia ser o Carmelo de Lisieux. Ela sugeriu, pois, à irmã que enviasse um poema à mulher convertida por Joana d'Arc. Teresa quis obedecer, mas sua inspiração foi de tal modo nula que ela não conseguiu escrever um único verso: "Não entendo o que está acontecendo comigo, é a primeira vez que sou obrigada a confessar minha completa impotência"[806].

Que importa? Madre Inês de Jesus sugere enviar uma foto de sua irmã representando Joana d'Arc, porque foi graças a essa heroína que Diana se converteu. Ela mesma retoca a foto[807] e a transforma em um quadro, de acordo com o costume da época. O envio data, sem dúvida, de julho de 1896, acompanhado de algumas linhas de Teresa, que não demorará a receber uma resposta calorosa, conservada em sua escrivaninha. É também nesse verão que Teresa vai ler um exemplar da *Novena eucarística reparadora*, escrita por Diana Vaughan após sua primeira Comunhão de 25 de agosto de 1895. Durante nove dias, trata-se de reparar a incredulidade na presença real, a indiferença mundana, as blasfêmias, os sacrilégios etc. Teresa copia várias passagens que chamaram particularmente sua atenção[808].

Madre Inês de Jesus acompanha os acontecimentos do Congresso antimaçônico de Trento (final de setembro de 1896). Em 6 de dezembro, pergunta ao tio Guérin (sempre

---

[804]. Essa posição é publicada em *Revue catholique de Coutances*, de 18 de dezembro de 1896, quando até então este tomara partido em favor de Diana.

[805]. Deve-se notar que o *Le Normand* — jornal de Lisieux — de 30 de janeiro de 1897 informa seu público sobre essa conclusão. A comissão (sob a presidência de honra do cardeal Parocchi) "identifica, contudo, os fatos e procedimentos repreensíveis do senhor Léo Taxil".

[806]. IJ/NPPA, "Dons sobrenaturais", p. 8, TrH, p. 106; *Récréations*, p. 444.

[807]. VTL 14: Teresa (Joana) e Genoveva (Santa Catarina) na prisão. A foto será enviada também ao *Musée historique de l'Orléanais* para honrar Joana d'Arc, mas esse museu será destruído em junho de 1940 no incêndio da cidade.

[808]. Ver TrH, p. 110; *Récréations*, p. 448.

a par de tudo, como ex-jornalista): "Tendes novos documentos sobre D. Vaughan?"[809]. Teresa tem outras preocupações. Sua saúde está se degradando, seus irmãos espirituais a solicitam. Mas quando Diana, em seis números de suas *Memórias* de 10 de janeiro a 31 de março de 1897, volta-se violentamente contra Monsenhor Lazzareschi e sua comissão romana, ela reage: "Não é possível que isso venha de Deus"[810]. E não quer mais ouvir falar do caso[811].

E, no entanto... no dia 19 de abril, em Paris, acontecerá o desfecho da história. Diana Vaughan finalmente vai mostrar-se e ministrar uma conferência: "O paladismo derrotado", depois que Léo Taxil contou: "Doze anos sob o estandarte da Igreja". Poder-se-á ver projeções luminosas. Quatrocentas pessoas lotam a sala: jornalistas franceses e estrangeiros, sacerdotes, religiosos, livres-pensadores, amigos de Léo Taxil... a impaciência é grande. Espera-se uma jovem: surge em cena um homenzinho calvo e barbudo, o próprio Léo Taxil! Ele declara: "Chego à mais grandiosa fraude da minha existência, aquela que hoje chega ao fim e que será, evidentemente, a última". Foi ele o instigador e o ator da "fenomenal mistificação da diabrura contemporânea"[812]. Tudo (o paladismo, o doutor Bataille, Diana Vaughan e seus escritos) foi inventado por ele há doze anos. À medida que Taxil fala, apresentando provas de sua enorme impostura, a sala se agita. Tudo termina em um vasto tumulto, a polícia tem que escoltar sua saída, sob as injúrias mais variadas. Só resta a projeção de uma representação de Joana d'Arc.

O escândalo é imenso e dura muito tempo. Todos os jornais — sejam eles cristãos, anticlericais ou franco-maçons — dão notícia desse dia 19 de abril. Em 21 de abril, a notícia chega a Lisieux por um recorte do jornal *Le Normand* denunciando "a declaração cínica do falso convertido", autor de "um complô de mistificação que começou em 19 de abril de 1885". No sábado, 24 de abril, o jornal traz como título na primeira página, em letras de imprensa: "As confissões de Léo Taxil". A pluma de Eugène Tavernier narra em detalhes as declarações do impostor e as reações indignadas dos ouvintes: "A *Novena eucarística reparadora*, fui eu que a compus", exclama ele, zombeteiro.

Pode-se imaginar o espanto envergonhado das carmelitas de Lisieux ao saber da novidade. Particularmente de Madre Inês de Jesus, que tanto se envolvera nessa aventura. Mas que tapa na cara quando ela pôde ler o seguinte parágrafo do *Le Normand*:

---

809. TrH, p. 111; *Récréations*, p. 449.
810. TrH, p. 112; *Récréations*, p. 450.
811. Ver os testemunhos de Madre Inês de Jesus e Irmã Genoveva nos Processos (PO, p. 298), TrH, p. 112; *Récreations*, p. 450.
812. Ver a integralidade do longo discurso de Léo Taxil em Eugen WEBER, *Satan franc-maçon. La mystification de Léo Taxil*, Paris, Julliard, coll. "Archives", 1964, p. 155-183.

O que dizer ainda dessa sessão? Devia haver projeções às centenas[813]: só há uma, uma fotografia representando a aparição de Santa Catarina a Joana d'Arc, de acordo com um quadro que teria sido feito em honra de Diana Vaughan num convento de carmelitas. Qual convento? A casa de Taxil, provavelmente![814].

O redator do jornal *Le Normand* não podia imaginar que esse convento era o de sua cidade. Ao menos uma vez Léo Taxil não tinha mentido: foram as Irmãs Teresa do Menino Jesus da Santa Face e Genoveva de Santa Teresa que presidiram essa sessão histórica!

"A farsa acabou", conclui Tavernier. Sua marca ficaria na história[815], mas no Carmelo de Lisieux não restou praticamente nenhum documento nos arquivos retraçando o choque provocado pela notícia da impostura de Gabriel Jogand-Pagès, vulgo Léo Taxil.

Podem-se encontrar alguns resquícios da história na carta de Irmã Genoveva ao Irmão Simeão, escrita no dia seguinte: "A terra é tão triste, veem-se tantas baixezas, tantas deserções no mundo, que o desgosto se apodera da alma"[816]. Um boletim de saúde de sua irmã aparece nesta carta, nos seguintes termos:

> A saúde de vossa pequena carmelita Irmã Teresa do Menino Jesus está muito comprometida. Agora ela está um pouco melhor, mas a tosse não cedeu. Aplicam-lhe vesicatórios e o médico está prescrevendo outro hoje. Mesmo que a doença no peito ainda não se tenha declarado, cada um de nós espera ver o divino Mestre colher essa flor tão bela. Ela está madura para o Céu e, contudo, a terra a reclama: Teresa só tem vinte e quatro anos e, por causa de sua capacidade, de sua precoce santidade, nossa Madre já a tomou por ajudante no cargo das noviças.

Quanto a Teresa, atingida em cheio, suas reações são muito discretas, porém reveladoras. Se fala tranquilamente de Joana d'Arc ao seminarista Bellière em sua carta de 25 de abril, é talvez porque ainda não leu o artigo do *Le Normand* do dia 24, sendo sempre a última das Martin a receber notícias. Mas, quando for posta ao corrente, lançará a carta recebida de "Diana Vaughan" no esterco do jardim, depois de tê-la rasgado[817]. Ela não dirá nada a mais, senão algumas alusões veladas à provação contra a fé na qual está se debatendo. Depois de ter sido enganada desse jeito (com toda a Igreja), seu combate

---

[813]. Foi o mesmo aparelho de projeção que pôs fogo no *Bazar de la charité* em Paris no dia 4 de maio, fazendo 121 vítimas em dez minutos — entre as quais a duquesa de Alençon — e mais de 200 feridos. A emoção foi durável e persistente.

[814]. TrH, p. 91; *Récréations*, p. 429. Trata-se da fotografia VTL 14.

[815]. Veja a Bibliografia abaixo, p. 609.

[816]. CD 142, 25 de abril de 1897, VT, n. 131, julho 1993, p. 213.

[817]. As passagens rasuradas do *Triunfo da Humildade* e do Ms B a respeito de Diana não são de Teresa, mas posteriores à sua morte. Ver TrH, p. 35-37.

só se reforçaria. Pode-se ver uma alusão a isso no poema sobre Joana d'Arc que ela vai escrever em maio?

> *Ao fundo de um sombrio calabouço, carregando pesadas cadeias,*
> *O cruel estrangeiro encheu-te de dores.*
> *Nenhum de teus amigos tomou parte em tuas penas*
> *Nenhum se aproximou para enxugar tuas lágrimas.* (3)
>
> *Joana, tu me pareces mais brilhante e mais bela*
> *Que na sagração de teu rei, em tua escura prisão.*
> *O celeste reflexo da glória eterna,*
> *Quem o trouxe a ti? Foi a traição.* (4)
>
> *Ah, se o Deus de amor no vale de lágrimas*
> *Não tivesse vindo buscar a traição, a morte,*
> *O sofrimento para nós teria sido sem encantos.*
> *Agora nós o amamos, ele é nosso tesouro.* (5)

Ela mesma não acaba de ser cruelmente "traída"? Do mesmo modo, haverá uma alusão a Léo Taxil quando Teresa escrever em 9 de junho: "Nos dias tão alegres do tempo pascal, Jesus me fez sentir que existem verdadeiramente almas que não têm fé; almas que, por abusar das graças, perdem esse precioso tesouro..."[818]. Sentada à mesa dos pecadores, Teresa reza por eles:

> Senhor, vossa filha compreendeu vossa divina luz, ela vos pede perdão por seus irmãos, também aceita comer o pão da dor por tanto tempo quanto quiserdes e não quer se levantar dessa mesa cheia de amargura, na qual comem os pobres pecadores, antes do dia que marcastes... Mas também não pode ela dizer em seu nome, em nome de seus irmãos: "Tende piedade de nós, Senhor, pois somos pobres pecadores!"?... Oh, Senhor, mandai-nos embora justificados... Que todos aqueles que não são esclarecidos pela luminosa chama da fé a vejam finalmente luzir... Ó Jesus, se for preciso que a mesa manchada por eles seja purificada por uma alma que vos ame, quero comer sozinha o pão da provação até que seja de vosso agrado introduzir-me em vosso luminoso reino (ibid.).

---

818. Ms C, 5vº. Nos Processos, os juízos não insistirão sobre o tema, sabendo que numerosos bispos, cardeais e o próprio Papa foram enganados. As testemunhas sublinharão que Teresa abandonara "Diana Vaughan" quando a viu opor-se à Igreja (TrH, p. 112). Ver G/PO, p. 298.

"Meu querido irmãozinho" (C 224) [25 de abril de 1897]

É a partir de 25 de abril de 1897 que Teresa abandona o protocolar "senhor seminarista" ao dirigir-se a Maurice Bellière para substituí-lo por "Meu querido irmãozinho"[819]. Ela não hesita em evocar a amizade entre a Bem-aventurada Margarida Maria Alacoque (1647-1690) e o Venerável Cláudio de La Colombière (1641-1681), ambos apóstolos do Sagrado Coração em Paray-le-Monial. Agora, Irmã Teresa se permite fazer confidências: "Não me conheceis tal como sou na realidade". Ela não é "uma *grande alma*", mas "uma *pequenina* e muito imperfeita".

> Não acrediteis que seja a humildade que me impede de reconhecer os dons de Deus, sei que Ele fez em mim grandes coisas e o canto todos os dias com alegria. Recordo-me que deve amar mais aquele a quem mais foi perdoado, por isso me esforço para fazer com que minha vida seja um ato de amor e não me preocupo mais por ser uma pequena alma; ao contrário, me rejubilo por isso. Eis por que ouso esperar que "meu exílio será curto", mas não porque estou pronta; sinto que nunca estarei, se o próprio Senhor não se dignar transformar-me. Ele pode fazê-lo em um instante; depois de todas as graças com que me cumulou, ainda espero essa de sua misericórdia infinita.

Um passo acaba de ser dado. O seminarista Bellière se uniu — de modo diferente — ao Padre Roulland na oração e na preocupação de Irmã Teresa, que vai ajudar os dois até ao limite de suas forças.

A correspondência familiar, sempre numerosa, contém em abril algumas breves alusões à saúde de Teresa. Mas na quarta-feira, 28 de abril, passa-se a uma nova fase da doença. Celina Guérin dá à filha Joana uma notícia decisiva: "Teresa está sempre muito adoentada. Recebeu a aplicação do vesicatório ontem. O doutor de Cornière a vê doente. Ela escarra sangue pela manhã. Estamos com medo de que isso se torne muito grave, suas irmãs não sabem quais elogios fazer dela"[820]. Esta é a primeira menção à longa série de hemoptises que voltarão a aparecer mais tarde.

Começa o mês de maio, consagrado à Virgem Maria. É aquele dos últimos abandonos da vida comunitária: Teresa não vai mais ao recreio, não se ocupa mais das noviças. O doutor de Cornière a submeteu ao leite maternizado, o que lhe é muito doloroso, pois ela não o suporta. Ele também prescreve em receita médica a utilização da *Bola Maravilhosa*, "brinquedo higiênico para o cuidado dos pulmões". É uma espécie de cachimbo no qual se deve soprar para levantar uma bolinha. Mas, fraca demais para fazê-lo, Teresa se servirá muito pouco dele.

---

[819]. C 224, 25 de abril de 1897, CG II, p. 974-977.
[820]. CD 1245, 28 de abril de 1897, VT, n. 131, julho 1993, p. 217.

Em 1º de maio, ela fica muito comovida com o anúncio da morte de um jovem missionário de vinte e seis anos, Padre Frédéric Mazel, morto a tiros por bandidos em Lo-Ly (China) em 1º de abril de 1897[821]. O jovem sacerdote das Missões Estrangeiras de Paris embarcara com Padre Roulland. Teresa diz à Madre Inês de Jesus, em 1º de maio: "O jovem missionário tinha comungado no vaso com as hóstias que o Carmelo deu ao Padre Roulland... E agora ele morreu... sem ter feito nenhum apostolado, sem ter tido nenhum sofrimento... o bom Deus lhe deu a palma do desejo". Em uma folha avulsa, ela anotou todas as datas desse mártir, falecido aos vinte e seis anos, e conclui: "Bem-aventurado mártir, rogai por mim!..."[822] (1º de maio de 1897). Vivamente impressionada por essa morte, Teresa fala do assunto na longa carta que escreve ao Padre Roulland em 9 de maio:

> Afirmais: "Sou ainda uma criança que não sabe falar". Padre Mazel, que foi ordenado sacerdote no mesmo dia que vós, também não sabia, mas já colheu a palma... Oh, como os pensamentos divinos estão acima dos nossos!... Ao saber da morte desse jovem missionário, do qual ouvia falar pela primeira vez, senti-me impelida a invocá-lo, parecia-me vê-lo no Céu, no glorioso coro dos mártires. Eu sei: aos olhos dos homens seu martírio não traz esse nome, mas aos olhos do bom Deus esse sacrifício não é menos fecundo que o dos primeiros cristãos que confessaram sua fé diante dos tribunais.

Seu correspondente manifestou alguns temores a respeito da própria morte em condições perigosas. A resposta de Teresa deve ser citada, tão importante é para explicitar as relações entre a misericórdia e a justiça de Deus (debate ardente em sua época e em seu Carmelo), tal como ela os concebe:

> Não entendo, meu irmão, que pareçais duvidar de vossa entrada imediata no Céu se os infiéis vos tirassem a vida. Sei que é preciso ser muito puro para comparecer diante do Deus de toda santidade, mas sei também que o Senhor é infinitamente justo e é essa justiça, que assusta tantas almas, que constituiu a minha alegria e a minha confiança. Ser justo não é somente exercer a severidade para punir os culpados, é ainda reconhecer as intenções retas e recompensar a virtude. Espero tanto da justiça do bom Deus quanto de sua misericórdia. É porque Ele é justo que "Ele é compassivo e cheio de doçura, lento para punir e abundante em misericórdia. Pois Ele conhece nossa fragilidade, Ele se lembra de que somos apenas pó. Como um pai é terno com seus filhos, assim o Senhor tem compaixão de nós"... Ó meu irmão, ao ouvir essas belas e consoladoras palavras do Profeta-Rei, como duvidar que o bom Deus possa

---

821. Ver a narração dos fatos em CD 1241 — carta de Padre Renault a Padre Delpech, superior das Missões Estrangeiras de Paris (pró-prefeito apostólico de Kouang-si), 21 de abril de 1897, VT, n. 131, p. 209-212.

822. UC, p. 417, n.c.

abrir as portas de seu Reino aos seus filhos que o amaram até sacrificar tudo por Ele, que não somente deixaram sua família e sua pátria para dá-Lo a conhecer e amar, mas ainda desejam dar sua vida por Aquele a quem amam… Jesus tinha razão de dizer que não há amor maior que esse!

Como, pois, Ele se deixaria vencer em generosidade? Como Ele purificaria nas chamas do purgatório almas consumidas pelas chamas do amor divino? É verdade que nenhuma vida humana está isenta de faltas, somente a Virgem Imaculada se apresenta absolutamente pura diante da Majestade Divina. Que alegria pensar que essa Virgem é nossa mãe! Já que ela nos ama e conhece nossa fraqueza, o que temos nós a temer? [...] Eu queria dizer simplesmente que me parece que todos os missionários são mártires pelo desejo e a vontade e, por consequência, nenhum deles deveria ir ao purgatório. Se, no momento de comparecer diante de Deus, restar em sua alma algum sinal da fraqueza humana, a Virgem Santa lhes obtém a graça de fazer um ato de amor perfeito e lhes dá a palma e a coroa que eles tão bem mereceram. É isso, meu irmão, o que penso da justiça do bom Deus. Meu caminho é todo de confiança e de amor, não entendo as almas que têm medo de um tão terno Amigo.

Ela acrescentará que seus pais (que Teresa acredita estar no Céu) desejavam um filho missionário e que foram atendidos por meio dela, graças ao zelo da filha. Enfim, ela se considera como "um pequeno zero", mas que, bem localizado — após a unidade —, assume todo o seu valor[823].

Por volta de meados de maio, Teresa é dispensada de todos os ofícios. Vai deixar pouco a pouco todos os atos da vida comunitária: orações no coro, refeitório… Este deve ter-lhe sido difícil: ela estava indo para lá quando foi tomada por um acesso de tosse incontrolável. Cansada de ouvi-la, Madre Maria de Gonzaga falou, irritada: "Mas, enfim, saí, Irmã Teresa do Menino Jesus!"[824]. Em 26 de maio, dia da procissão das rogações — que Teresa não consegue acompanhar —, ela permanece no eremitério São José e contempla a comunidade em oração. Vendo Madre Inês sorrir-lhe, pensa na acolhida que os santos lhe darão no Céu e chora de alegria, "com doces lágrimas" (CA 26.5).

Dar-se "para desaparecer" (P 51) [19 de maio de 1897]

Sabe-se que as poesias de Teresa foram, às vezes, enviadas a outros Carmelos, aos seus dois irmãos espirituais, ao Irmão Simeão em Roma. No Carmelo da *rue de Messine*,

---

823. C 226, 9 de maio de 1897, CG II, p. 982-986. Essa carta, na qual Teresa explicita sua concepção da justiça e da misericórdia de Deus, foi entregue ao Carmelo pelo Padre Roulland quando este regressou à França, como fez com todas as outras (seis ao todo).
824. Irmã Teresa de Santo Agostinho, PO, p. 402.

em Paris (onde Irmã Maria da Trindade viveu por dois anos), Madre Henriette, antiga priora, enferma, temerosa da morte, ouviu falar da jovem carmelita de Lisieux que compõe belos poemas. Lança-lhe o desafio de escrever um para ela. A Irmã propôs o tema? Teresa envia-lhe cinco estrofes contando a história de *Uma rosa desfolhada*:

> *Jesus, quando te vejo, sustentado por tua Mãe,*
> *Deixar seus braços,*
> *Ensaiar, tremendo sobre nossa triste terra,*
> *Teus primeiros passos,*
> *Diante de ti eu quisera desfolhar uma rosa*
> *Em seu frescor,*
> *Para que teu pezinho repouse docemente*
> *Sobre uma flor!...*
>
> *Essa rosa desfolhada é a fiel imagem,*
> *Divino Menino,*
> *Do Coração que quer por ti se imolar sem partilha*
> *A todo instante.*
> *Senhor, em teus altares, mais de uma fresca rosa*
> *Gosta de brilhar.*
> *Ela se dá a ti... mas sonho com outra coisa:*
> *"Desfolhar-me!"*
>
> *A rosa em seu brilho pode embelezar tua festa,*
> *Amável Menino,*
> *Mas a rosa desfolhada, lançam-na simplesmente*
> *Ao sabor do vento.*
> *Uma rosa desfolhada, sem procurar-se, se dá*
> *Para desaparecer.*
> *Como ela, com alegria a ti me abandono,*
> *Pequeno Jesus.*
>
> *Caminha-se sem medo sobre folhas de rosa*
> *E esses despojos*
> *São um simples ornamento que, sem arte, são dispostos:*
> *Eu entendi.*
> *Jesus, por teu amor prodigalizei minha vida,*
> *Meu futuro.*
> *Aos olhos dos mortais, rosa para sempre murcha,*
> *Eu devo morrer!...*
>
> *Por ti, devo morrer, Menino, Beleza Suprema.*
> *Que feliz sorte!*
> *Desfolhando-me, quero provar que te amo,*
> *Ó meu Tesouro!...*

> *Sob teus passos infantis, quero misteriosamente*
> *Viver na terra*
> *E gostaria ainda de suavizar no Calvário*
> *Teus últimos passos!...*[825]

Madre Henriette não pode imaginar que aquela que escreveu esses versos está, sem ilusão, caminhando para a morte. Ela reage, achando que o poema está inconcluso; falta uma estrofe: "Na morte, o bom Deus recolheria essas pétalas desfolhadas para delas voltar a formar uma bela rosa que brilharia por toda a eternidade!". O pedido chega à autora, que responde sem rodeios: "Que a bondosa Madre faça, ela mesma, essa copla como entender; quanto a mim, não estou de modo algum inspirada a fazê-lo. Meu desejo é ser desfolhada para sempre para alegrar o bom Deus. E ponto final!..."[826]. Na metade de maio, ela revela a Madre Inês: "Depois de tudo, não me importa viver ou morrer. Não vejo o que eu teria a mais após a morte que já não tenha nesta vida. Verei a Deus, é verdade, mas estar com Ele, já o estou na terra" (CA 15.5.7).

Ao final do mês de maio, um incidente insignificante revela a atitude de Teresa. Muito cansada, ela ainda circula pelo convento, no jardim. Certas Irmãs podem pensar que ela não está verdadeiramente doente. Irmã São João Batista pede, portanto, que Teresa a ajude no ofício de pintura. Madre Inês de Jesus, passando por ali, flagra a primeira reação de Teresa, surpresa, e intervém para que a deixem. Voltando à sua cela, Teresa chora "lágrimas de arrependimento [ela cedeu a um primeiro movimento de recusa], mas ainda mais de gratidão e de amor". Em uma carta a Madre Inês, cheia de uma sutil psicologia, ela mostra sua maneira de julgar esse "pequeno acontecimento": "Estou tão feliz por ter sido imperfeita quanto se, sustentada pela graça, eu tivesse sido um modelo de doçura... Faz-me muito bem ver que Jesus é sempre tão terno comigo!..."[827].

"Mãe, chegou a noite..." (P 54) [maio de 1897]

O mês de Maria vai terminar. Teresa escreve seu mais importante poema — *Por que te amo, Maria*[828] —, seu testamento marial: "Ainda tenho alguma coisa a fazer antes de morrer: sempre sonhei em expressar num canto à Santíssima Virgem tudo o que penso dela", disse ela a Irmã Genoveva[829]. Aqui, trata-se de espontaneidade, mesmo que

---

825. P 51, 19 de maio de 1897.
826. Bilhete de Irmã Maria da Trindade a Madre Inês de Jesus, 17 de janeiro de 1935, *Poésies*, p. 228.
827. C 230, 28 de maio de 1897, CG II, p. 991.
828. P 54.
829. PA, p. 268.

Irmã Maria do Sagrado Coração lhe tenha pedido que escrevesse o que pensava de Nossa Senhora[830].

O desejo de Teresa é explicitado nas importantes confidências que esta fará à Madre Inês de Jesus em agosto. Apaixonada pela verdade[831], Teresa sentiu dificuldade para suportar numerosos sermões ouvidos em sua vida, mais especialmente no Carmelo, Ordem mariana. "Não haveria necessidade de dizer coisas inverossímeis ou que não se sabe". "Mostram-na inabordável, deveriam mostrá-la imitável [...] dizer que, como nós, ela vivia de fé, dar provas disso pelo Evangelho [...]. Ela é mais Mãe que rainha..."[832]. "Enfim, eu disse em *Por que te amo, Maria?* tudo o que pregaria sobre ela". Pois Teresa "gostaria de ter sido padre para pregar sobre a Santíssima Virgem. Uma única vez me bastaria para dizer o que penso sobre o assunto". É o que ela faz em seu poema de vinte e cinco estrofes (duzentos versos alexandrinos) em maio de 1897. É absolutamente necessário reportar-se a ele como a um texto de máxima importância[833].

O que chama a atenção é o espírito crítico que quer reconduzir ao Evangelho, nem mais nem menos. É preciso ver "a vida real" de Maria, "não sua vida suposta"[834]. Os pregadores de seu tempo fizeram de Maria de Nazaré um ser de tal modo à parte, tão distante do cotidiano, que os católicos chegaram a ter medo de sua "Mamãe", assim como temem habitualmente Deus Pai. Ora, Maria viveu "a via comum", sem "êxtases" nem "arrebatamentos". Seguindo seu Filho da Anunciação ao Calvário, ela conheceu "a provação da fé". No fundo, Maria foi a primeira a viver, na humildade e no silêncio da vida escondida, a "pequena via da confiança e do amor". Na última estrofe, Teresa, que vai morrer em breve, se implica. Começara evocando uma atitude de temor que ela não suportava, porque Maria é sua "Mãezinha" desde a cura do dia 13 de maio de 1883.

> [...] *Se eu te contemplasse em tua sublime glória*
> *E ultrapassando o esplendor de todos os bem-aventurados,*
> *Que sou tua filhinha não poderia crer;*
> *Ó Maria, diante de ti eu baixaria os olhos!...* (1)

---

830. UC, p. 649, *Varia* I. Destaquemos o lugar de Maria a suscitar os escritos importantes de sua irmã.

831. CA 5.8.4.

832. CA 21.8.3, UC, p. 389-391.

833. "Entre os capítulos mais originais de sua ciência espiritual, deve-se recordar a sábia pesquisa que Teresa empreendeu do mistério e do itinerário da Virgem Maria, chegando a resultados muito próximos da doutrina do Vaticano II, no capítulo VIII da Constituição *Lumen Gentium* e do que eu mesmo propus em minha encíclica *Redemptoris Mater*, de 25 de março de 1987" (JOÃO PAULO II, *A ciência do Amor divino, Carta apostólica por ocasião do doutorado de Santa Teresa*, 19 de outubro de 1997, n. 8).

834. UC, p. 390.

Depois de ter seguido Maria ao longo do Evangelho como no rosário, ela pode concluir:

> *Logo ouvirei essa doce harmonia,*
> *Logo no belo Céu vou te ver.*
> *Tu, que vieste sorrir-me na manhã de minha vida,*
> *Vem sorrir-me de novo... Mãe... chegou a tarde!...*
> *Não temo o brilho de tua glória suprema,*
> *Contigo sofri e quero agora*
> *Cantar em teu colo, Maria, por que te amo,*
> *E repetir para sempre que sou tua filha!...* (25)

No Céu, Teresa, com sua habitual audácia nascida da confiança, vê-se "nos braços de Jesus" e "no colo" de Maria[835].

No domingo, 23 de maio, o doutor de Cornière visitou Teresa, deixando três receitas. Prescreveu vesicatórios, mas também pontadas de fogo, que ele aplica pessoalmente em várias sessões. Irmã Genoveva foi testemunha:

> Vejo-a ainda recebendo mais de quinhentas pontadas de fogo nas costas (eu mesma as contei). Enquanto o médico agia, conversando com nossa Madre sobre coisas banais, a angélica paciente estava de pé, apoiada a uma mesa. Oferecia — disse-me depois — seus sofrimentos pelas almas e pensava nos mártires. Depois da sessão, subia à sua cela sem esperar que lhe dissessem uma palavra de compaixão; sentava-se, trêmula, à beira de seu pobre colchão de palha e ali sofria sozinha o efeito do penoso tratamento. Chegando a noite, como ainda não era reconhecida como doente grave, não se falava em colchão. Por isso, eu não tinha outro recurso senão dobrar nosso lençol em quatro e colocá-lo sobre o colchão de palha, o que minha pobre Irmãzinha aceitava com gratidão, sem que escapasse de seus lábios uma única palavra de crítica a respeito do modo primitivo com que os doentes eram tratados na época[836].

O mês de maio seria rico em composições poéticas (cinco), apesar da enfermidade e de diferentes sofrimentos físicos e espirituais. Ela responde a dois pedidos de poesias: um vem de sua noviça, que terá recebido, assim, oito poemas de sua mestra. À Irmã Maria da Trindade, Teresa oferece *Um lírio no meio dos espinhos*[837], que se aplica bem à história de sua vocação, tendo chegado ao Carmelo depois de ter "flertado, por ignorância, com o perigo" (3). Apesar de tudo, o lírio, por graça, permaneceu puro, "porque guardo o tesouro da virgindade!..." (4). É, sem dúvida, a última contribuição de Teresa às suas noviças.

---

835. Ver Ms C, 3rº; 34vº; 36vº; C 143; 149; 264 etc.
836. CLG, p. 164-165, ver CA 29.5 e Irmã Marta de Jesus, UC, p. 427-438 em 29 de maio, n.a.
837. P 53.

O outro pedido vem de Irmã Teresa de Santo Agostinho. Curiosamente, fora ela que solicitara a primeira poesia de Teresa em fevereiro de 1893[838]. A noção de abandono lhe era cara. Teresa vai compor *O Abandono é o delicioso fruto do Amor*[839]. Nesse momento, ao final de maio, Irmã Teresa de Santo Agostinho talvez não tenha consciência, ao ler essas estrofes, de que o abandono de sua Irmã é aquele de uma enferma diante da morte:

> *E se me abandonares,*
> *Ó meu Divino tesouro,*
> *Privada de teus carinhos*
> *Quero sorrir outra vez.* (14)
>
> *Não, nada me inquieta,*
> *Nada pode me perturbar,*
> *Mais alto que a cotovia*
> *Minha alma sabe voar.* (16)
>
> *Acima das nuvens,*
> *O céu é sempre azul,*
> *Tocam-se as margens*
> *Onde reina o Bom Deus.* (17)

Nos últimos dias de maio, Teresa e sua irmã Inês de Jesus trocam vários bilhetes que mostram a preocupação cada vez mais forte da irmã mais velha. Mas o que vai chocá-la de modo especial é a revelação, na noite de domingo — 30 de maio —, que Teresa lhe faz de suas hemoptises de abril de 1896, ocultadas para não preocupá-la. Com isso, a irmãzinha manteve oculto esse segredo por mais de um ano[840]! O golpe é muito duro para Inês. A enferma tenta consolá-la, respondendo-lhe no mesmo dia[841]. Os bilhetes se cruzaram, Madre Inês escreve-lhe mais uma vez nesse dia: dessa vez, considera a morte de Teresa com serenidade, pois quer, em primeiro lugar, sua felicidade[842]. Para que tudo fique claro, a caçula escreve ainda uma segunda palavrinha: "Mais que vós, eu desejava nada esconder-vos, mas achava que era preciso esperar. Se fiz mal, perdoai-me e acreditai que *nunca* deixei de ter confiança em vós!... Ah, eu vos amo demais para isso!... Estou muito contente que tenhais adivinhado comigo"[843].

---

838. P 1. Claude Langlois contesta essa datação e a reporta "no mínimo, para fevereiro de 1894" (*L'Autobiographie de Thérèse de Lisieux*, p. 37-38).
839. P 52, 31 de maio de 1897.
840. Ver CCor 180, 30 de maio de 1897, p. 993.
841. C 231, 30 de maio de 1897, CG II, p. 994.
842. Ver CCor 181, 30 de maio de 1897, p. 995.
843. C 232, 30 de maio de 1897, CG II, p. 996.

As duas irmãs não só trocaram toda essa correspondência: elas falaram sobre um assunto importante. Teresa não tinha que completar seu primeiro manuscrito? Mas seria preciso pedir permissão à priora. Ora, esta não sabe nada do caderno. Madre Inês sugere que a própria Teresa faça o pedido, sem deixar de ficar preocupada:

> Não quero nem mesmo ficar aflita se nossa Madre vos recusar [...]. Mesmo que nossa Madre, depois de vossa morte, rasgasse vossa pequena vida, parece-me que, se eu estiver como nesta noite, não sentirei outra coisa senão uma atração mais poderosa pelo Céu. [...] Não fiqueis triste por mim, nossa união nunca foi mais íntima[844].

Mas por ora há algo mais urgente: a prima vai receber o véu preto na quarta-feira, 2 de junho. Para Teresa, é o fim de sua missão no noviciado, uma alegria familiar mesclada à sua alegria carmelitana. Alguns dias antes, ela pôde falar com Irmã Maria da Eucaristia para pedir que lhe fizesse uma promessa: que ela se torne uma grande santa. "O bom Deus vo-lo pede". Maria considera que esse era o "testamento" de sua prima para ela[845]. No dia da cerimônia, Teresa lhe escreve. 2 de junho é também o aniversário da primeira Comunhão de Maria (1881). É por isso que se pode ler:

> Não é mais o gracioso véu de longas dobras brancas que deve envolver Maria da Eucaristia, é um escuro véu que recorda à Esposa de Jesus que ela está exilada, que seu Esposo não é um Esposo que vai conduzi-la às festas, mas à montanha do Calvário. De agora em diante, Maria não deve olhar mais *nada* na terra, *nada* além do *Deus Misericordioso*, O *Jesus* da EUCARISTIA!...[846].

A homilia da tomada de véu é proferida por Padre Levasseur, pároco de Navarre, perto de Évreux, diretor da carmelita, amigo de sua família. Ele prega longamente sobre a missão da jovem Irmã: ser "serva"[847]. Mais uma vez, os Guérin fizeram um agrado à comunidade, para festejar esse grande dia no refeitório[848].

---

844. CCor 182, 31 de maio de 1897, CG II, p. 997.
845. A seu pai — 12 de julho de 1897, UC, p. 695-696.
846. C 234, 2 de junho de 1897, CG II, p. 1000. Ela acrescenta uma estampa do Menino Jesus (C 235). Ver DLVI, p. 149.
847. ACL.
848. CD 1248 — Irmã Maria da Eucaristia aos seus pais, 3 de junho de 1897, VT, n. 131, julho 1993, p. 220.

Um caderninho preto (3 de junho – 8 de julho de 1897)

Madre Inês de Jesus retorna ao projeto de fazer a irmã continuar o que ela chama sua "pequena via". Como acontece muitas vezes, Teresa "titubeia"[849].

> Incomodo se peço à nossa Madre a continuação da pequena vida? Temo que, se ela quiser, isso vos canse, mesmo que vos seja impossível fazê-lo. Vosso estado está se agravando tanto! Então, eu teria feito uma bobagem. Falar-me-eis isso amanhã [...]. Quando penso que ides morrer. Ah, eu ficaria muito feliz por ter alguma coisa de vós este ano. Quero dizer, a continuação da pequena vida[850].

Teresa, por conselho de sua enfermeira, passeia por um jardim durante quinze minutos todos os dias. Daí a alusão de Madre Inês às suas caminhadas "sem destino"[851]. Teresa responde: "Preciso caminhar até meu último instante"[852]. Irmã Maria do Sagrado Coração, que a encontrou nesse lugar, vendo-a "no fim de suas forças", aconselha-a a ir repousar na cela, pois essa caminhada só serve para esgotá-la:

> É verdade — responde Teresa —, mas sabeis que é isso que me dá forças? Pois bem, estou caminhando por um missionário. Penso que lá, muito longe, um deles possivelmente está esgotado em suas caminhadas apostólicas e, para diminuir suas fadigas, ofereço as minhas ao bom Deus[853].

A partir de 7 de junho, ela renunciará aos passeios e utilizará a cadeira de rodas de seu pai, levada para o Carmelo.

Sempre preocupada com as noviças, Teresa lhes escreve pequenos bilhetes: a Irmã Maria da Trindade (C 236, 240, 242), Irmã Marta (C 241), Irmã Genoveva (C 243). À primeira, recorda seu ensinamento mais uma vez:

> Minha querida Irmãzinha, vossa linda cartinha alegra minha alma, vejo que não me enganei ao pensar que o bom Deus vos chama a ser uma grande santa, permanecendo pequena e tornando-vos cada dia menor. — Entendo muito bem vosso sofrimento por não mais poder me falar, mas tende certeza de que também estou sofrendo com minha impotência e que nunca senti tanto que ocupais um lugar imenso em meu

---

849. CA 2.8.1.
850. CCor 183, 2 (?) de junho de 1897, CG II, p. 1001-1002. O desejo de "ter alguma coisa" de sua irmã explica as notas que Madre Inês toma (*Últimos Colóquios*). A priora lhe deu permissão de cuidar da irmã à noite, durante matinas, a partir de 5 de junho.
851. CCor 184, 3 (?) de junho de 1897, CG II, p. 1004.
852. C 239, 3 (?) de junho de 1897, ibid.
853. UC, p. 650. *Varia* 2. Trata-se, evidentemente, do Padre Roulland, na China (o que sua irmã não sabe).

coração!… […] Quereis saber se sinto alegria por estar indo para o Paraíso? Sentiria muita se eu fosse para lá, mas… não conto com a doença, é uma condutora muito lenta. Só conto com o amor. Pedi ao bom Jesus que todas as orações que estão sendo feitas por mim sirvam para aumentar o Fogo que deve me consumir…[854].

À Irmã Genoveva, que tirou uma foto sua na segunda-feira de Pentecostes, 7 de junho, Teresa envia algumas linhas de consolação. É um retrato testamentário que a fotógrafa quis tirar para dar de presente a Madre Maria de Gonzaga no dia de sua festa (21 de junho)[855]. Ela teve que fazer três clichês, estando insatisfeita com as duas primeiras poses. Nessas fotos, Teresa aparece muito cansada. O jardineiro a ouviu dizer: "Oh, fazei depressa, estou me sentindo exausta"[856]. De joelhos, com capa branca, ela segura nas mãos duas estampas que compôs e que ficam em seu breviário: o Menino Jesus e a Santa Face, que expressam sua vocação. Tendo-se impacientado durante a longa sessão, Irmã Genoveva pediu desculpas à irmã. Esta lhe escreveu:

> A única coisa que não é invejada é o último lugar; só há o último lugar que não seja vaidade e aflição de espírito… Mas "o caminho do homem não está em seu poder" [Jr 10,23] e às vezes nos surpreendemos a desejar o que brilha. Coloquemo-nos, então, humildemente entre os imperfeitos, acreditemos que somos pequenas almas que o bom Deus precisa sustentar a todo instante; assim que nos vê convencidas de nosso nada, Ele nos estende a mão. Se ainda quisermos tentar fazer alguma coisa grandiosa, mesmo sob pretexto de zelo, o bom Jesus nos deixa sós. Mas, assim que eu disse: "Meu pé vacilou; vossa misericórdia, Senhor, me firmou!… Sl. XCIII". Sim, basta humilhar-se, suportar com doçura suas imperfeições. Essa é a verdadeira santidade! Tomemo-nos pela mão, irmãzinha querida, e corramos para o último lugar… ninguém virá disputá-lo conosco…[857].

Madre Inês de Jesus finalmente se resolveu a ir ver Madre Maria de Gonzaga para pedir-lhe que sua irmã continuasse a escrever. Situação delicada, pois a priora não sabe nada desse caderno e fica irritada com a influência do "clã Martin". Uma certa diplomacia se impõe. Foi na noite de quarta-feira, 2 de junho, muito tarde ("por volta da meia-noite"), que ela tentou dar esse passo, com muitas precauções:

> "Minha Madre — disse-lhe eu —, é-me impossível dormir antes de confiar-vos um segredo. Enquanto eu era priora, Irmã Teresa escreveu, para agradar-me e por obediência, algumas lembranças de sua infância. Reli isso outro dia; é bonito, mas não podereis tirar

---

[854]. C 242, 6 de junho de 1897, CG II, p. 1008-1009.
[855]. Irmã Maria da Eucaristia ao pai, 5 de junho de 1897.
[856]. VTL 41, 42, 43. Ver VTL II, p. 75.
[857]. C 243, 7 de junho de 1897, CG II, p. 1009-1010.

daí grande coisa para ajudar-vos a fazer a circular após sua morte, pois não há quase nada sobre sua vida religiosa. Se lhe pedísseis, ela poderia escrever algo mais sério, e não tenho dúvida de que o que teríeis seria incomparavelmente melhor do que o que eu tenho". O bom Deus abençoou minha iniciativa e no dia seguinte, pela manhã, nossa Madre ordenou à Irmã Teresa do Menino Jesus que continuasse seu relato[858].

A diplomacia de Madre Inês logra pleno êxito. A priora pede somente que o texto seja dirigido a ela. No outro dia, Maria de Gonzaga manda chamar a enferma para ordenar-lhe que continue a escrever. Prevenida por sua irmã, Teresa obedece. Madre Inês de Jesus dá-lhe um caderno de qualidade muito melhor que aqueles que ela utilizou para o primeiro manuscrito (formato 19,4 cm × 15,3 cm; capa de veludo preto). Por pobreza, Teresa propõe estreitar as linhas ao máximo. Madre Inês de Jesus a dissuade:

> Dá-me muita pena ter-vos levado a fazer o que vós sabeis [a redação do segundo caderno], mas se soubésseis como isso me dá prazer!... [...] Pois bem, serei vosso pequeno arauto, proclamarei vossas façanhas, esforçar-me-ei por fazer amar e servir o bom Deus com todas as luzes que ele vos deu e que nunca se apagarão[859].

Ela calcula mal os esforços que pede à irmã no estado em que esta está. Teresa vai escrever ora em sua cela, ora no jardim, às vezes sentada em sua cadeira de doente. Nesse caso, fica entregue à curiosidade das Irmãs, que muitas vezes a veem escrevendo. Ela responde à Irmã Maria da Trindade: "Ah, é assim que zombais de mim? E quem vos falou de *minhas escrituras*? A quais folhas vos estais referindo? Vejo bem que estais jogando verde para colher maduro. Bem, sabereis um dia: se não for na terra, será no Céu"[860].

Irmã Teresa perguntou à Madre Inês de Jesus:

> "Sobre qual assunto quereis que eu escreva? Eu lhe respondi: sobre a caridade, as noviças..."[861]. Ela reagiu: "Vou falar da caridade fraterna. Oh, faço questão, recebi luzes muito grandes sobre isso, não quero guardá-las só para mim; eu vos garanto que a caridade não é compreendida na terra e, contudo, é a principal das virtudes"[862].

A diferença do primeiro caderno é que ela sabe agora, não que ele será publicado tal qual, mas que ao menos o utilizarão[863]. Teresa vai obrigar-se praticamente todos os dias a essa tarefa imposta, sem plano preconcebido: "Para escrever minha 'pequena' vida,

---

858. PO, p. 146-147.
859. CCor 185, 4 (?) de junho de 1897, CG II, p. 1007.
860. CCor 242, 6 de junho de 1897, CG II, p. 1008-1009.
861. PO, p. 148.
862. PA, p. 173.
863. PA, p. 314.

não quebro a cabeça, é como se estivesse pescando com linha; escrevo o que aparece na ponta"[864]. Ao longo do mês de junho, ela vai escrever, quer em sua cadeira de rodas no jardim, quer em sua cela.

Em várias circunstâncias nessas semanas, Teresa faz alusão ao caderno, que poderia ser útil para redigir sua circular necrológica: "Quero muito uma circular"[865].

> Depois de minha morte, não será necessário falar a ninguém sobre meu manuscrito antes que ele seja publicado; será preciso falar disso somente à Nossa Madre. Se fizerdes de outro modo, o demônio armará mais de uma armadilha para pôr a perder a obra do bom Deus... uma obra muito importante![866].

"O que estou relendo nesse caderno é muito a minha alma!... Minha Madre, essas páginas farão muito bem. Depois disso, conhecerão melhor a doçura do bom Deus..."[867].

Na quinta-feira, 3 de junho, Teresa começou a redação do caderninho preto, unindo-o ao primeiro caderno, retomando seu tema central:

> Minha Madre bem-amada, vós me testemunhastes o desejo de que eu termine de cantar convosco as Misericórdias do Senhor. Esse doce canto, eu o tinha começado com vossa filha querida, Inês de Jesus, que foi a mãe encarregada por Deus para guiar-me nos dias de minha infância; era com ela que eu devia cantar as graças concedidas à florzinha da Santíssima Virgem, quando ela estava na primavera da vida, mas é convosco que devo cantar a felicidade dessa florzinha agora que os tímidos raios da aurora deram lugar aos ardentes calores do meio-dia. Sim, é convosco, Madre bem-amada, é para responder ao vosso desejo que vou tentar repetir os sentimentos de minha alma, minha gratidão para com o bom Deus e para convosco, que mo representais visivelmente; não foi em vossas mãos maternais que me entreguei inteiramente a Ele? (Ms C, 1rº).

Amar "todos os que estão em casa" (Ms C, 12rº)

Início de junho (7, 8 ou talvez entre 9 e 13?): Teresa se despede das três irmãs na cela de Irmã Genoveva, deitada em seu colchão de palha, em uma espécie de testamento sereno.

---

864. CA 11.6.2. Claude Langlois editou o manuscrito C recortando-o em 27 cartas a Madre Maria de Gonzaga, com o título *Lettres à ma Mère bien-aimée, juin 1897. Lecture du Manuscrit C de Thérèse de Lisieux*, Paris, Éd. du Cerf, 2007, com uma minuciosa leitura comentada. É interessante confrontar as datações das "cartas" com os *Últimos Colóquios* (ver Claude LANGLOIS, *Les Dernières Paroles de Thérèse de Lisieux* e a correspondência de Teresa nos últimos meses).
865. CA 27.5.1.
866. CA 1.8.2.
867. NV, p. 108.

Oh, minhas irmãzinhas, como estou feliz! Vejo que vou morrer logo, agora tenho certeza. Não vos espanteis se eu não vos aparecer depois de minha morte e se não virdes nenhuma coisa extraordinária como sinal de minha felicidade. Vós vos recordareis que é "minha pequena via" não desejar ver nada. Sabeis bem o que eu disse a Deus, aos anjos e aos santos: Que meu desejo não é/Vê-los na terra... [...]

Não sei se irei ao purgatório, não me preocupo com isso de modo algum; mas, se eu for para lá, não lamentarei por não ter feito nada para evitá-lo. Nunca me arrependerei de ter trabalhado unicamente para salvar almas. Como fiquei feliz por saber que nossa Santa Madre Teresa pensava assim! [...]

Eu disse tudo, particularmente à minha mãezinha, para mais tarde... Não sofrais, minhas irmãzinhas, se eu sofrer muito e se não virdes em mim, como já vos falei, nenhum sinal de felicidade no momento de minha morte. Nosso Senhor morreu Vítima de Amor e vede qual foi sua agonia!... Tudo isso não quer dizer nada[868].

Teresa escrevera em setembro de 1896: "A Caridade me deu a chave de minha vocação..." (Ms B, 3r°). Seu caderninho vai consagrar longas páginas à vida fraterna, tão importante no cotidiano de uma vida claustral. Mais uma vez, foi um acontecimento que a fez progredir nesse caminho, em concomitância com uma palavra do Evangelho. Ela escreve que "nesse ano" recebeu "a graça de compreender o que é a caridade". Antes, Teresa certamente a entendia (e vivia), mas "de uma maneira imperfeita" (Ms C, 11v°). A palavra que se encontra no Evangelho de São João: "Amar seu próximo como a si mesmo" (Mt 22,29) não é mais suficiente. No Novo Testamento, é preciso amar o próximo como Jesus o amou (Jo 13,34-35).

O acontecimento se refere a Irmã Maria de São José[869], que entrou no Carmelo em 1881, aos trinta e três anos. Seu caráter neurastênico, que a isola da comunidade, e seus ataques de cólera não lhe permitem encontrar colaboradoras para trabalhar com ela na rouparia. A priora renunciou impor esse "pesado fardo"[870] a alguma Irmã. Como sabemos, ao final de 1896 Teresa se ofereceu voluntariamente para trabalhar com ela. Não sem dificuldades, pois Irmã Maria de São José poderia criar "espantosas cenas temperadas por repreensões e até mesmo por injúrias[871]. Tal situação explica os bilhetes desconcertantes que Teresa dirigiu a essa Irmã"[872]. Estes são, de fato, a expressão de uma caridade concreta.

---

868. CA 4.6.1. Datação, sem dúvida, equivocada. Ela citou seu poema *Jesus, meu Bem-Amado, lembra-te!...* (P 34, 21 de outubro de 1895, estrofe 27).
869. 1858-1936.
870. IJ/PA, p. 188.
871. G/PA, p. 307.
872. C 194, 195, 199, 200, 205, 206, 219. Ver P 28.

Em 5 de junho, Irmã Maria da Eucaristia informa a situação ao pai:

> Nossa Irmãzinha Teresa do Menino Jesus está verdadeiramente muito doente e nós, profundamente inquietas. O doutor de Cornière deve vir esta manhã. Ela se levantou, mas é principalmente um estado geral que ela experimenta. Agora Teresa se dá conta de que está muito doente. Sente dores fortíssimas no lado, quase não consegue mais comer, ontem vomitou seu jantar. Muitas vezes, vomita durante os acessos de tosse. Estamos muito preocupadas... Nossa Madre cuida de um modo que não poderia ser melhor. Ela não sabe que vos estou escrevendo; por isso, peço-vos, por favor, que não deis conselhos para tratá-la, porque Nossa Madre é muito boa para ela e faz tudo o que pode. Pedi-lhe a permissão para vos escrever porque queremos fazer-lhe uma surpresa. Como minha Irmã Teresa do Menino Jesus muda muito e em breve, possivelmente, não poderá manter-se em pé, gostaríamos de fotografá-la para a festa de Nossa Madre; se isso continuar, ao final da semana ela não estaria com uma cara boa, seria impossível sonhar com isso...
>
> Tenho medo de preocupar-te, meu querido paizinho, mas estamos verdadeiramente muito apreensivas. Quando vemos os progressos que isso está fazendo há oito dias e até mesmo depois da minha tomada de véu... Ela está em um estado de grande prostração e algumas vezes sente — diz-nos ela — angústias como se fosse morrer, sente a vida abandonando-a. Mamãe poderia agora enviar-nos pequenos pratos, com frequência carne, cordeiro, principalmente frango (isso mudará seu estado), enfim, todos os tipos de coisas boas: ela dormirá até mais tarde todos os dias. Ficaríamos muito felizes se ela pudesse preparar caldos para nós e comprar-nos algumas cerejas a cada dois ou três dias; nada de cereja doce, mas cerejas comuns, uma dúzia de cada vez, não mais, estas se perderiam. Enfim, ela saberá encontrar coisas muito boas para fazer bem ao nosso querido Anjinho que, creio eu, vai voar para o Céu[873].

Efetivamente, o doutor de Cornière visita Teresa[874]. A comunidade começa nesse dia uma novena a Nossa Senhora das Vitórias e Madre Maria de Gonzaga manda dizer missas na igreja parisiense de mesmo nome[875]. As famílias Guérin e La Néele são associadas à iniciativa[876]. Põe-se água de Lourdes em tudo o que a enferma toma.

---

873. CD, 5 de junho de 1897. Ver UC, p. 673-674. A partir de junho, Irmã Maria da Eucaristia será uma testemunha preciosa da evolução da enfermidade da prima em sua correspondência com a família. É preciso, pois, completar os "Arquivos de família" com as "Cartas das testemunhas", UC, p. 669-774. Também se recomenda consultar o "Diário médico dos Últimos Colóquios" (UC, p. 147-186).

874. Receita médica n. 9768, prescrevendo: atropina, agárico branco, vinho de Séguin, cuidados com a garganta.

875. Recordamo-nos que uma novena a Nossa Senhora das Vitórias fora feita na época da doença de infância nos *Buissonnets*, em maio de 1883 (ver Ms C, 8rº) e que Teresa visitara o santuário parisiense em companhia do pai e de Celina por ocasião da partida para Roma (ver Ms A, 29vº e 56vº).

876. CD 251 — Madre Inês aos Guérin, 7 de junho de 1897, UC, p. 677.

Sem suspeitar do estado de sua irmã, Maurice Bellière solicita da priora que Teresa possa escrever-lhe mais durante suas férias de seminarista, pois suas cartas o tornam "bom, forte, mais piedoso, mais humilde, mais desapegado"[877]. Ele não tem como dar-se conta do esforço que está pedindo a Teresa, que já pena para escrever, por obediência, algumas linhas diárias em seu caderninho preto. Ela lhe enviará ainda cinco cartas depois que tiver deixado a redação de seu manuscrito.

No mesmo dia, Maurice lhe escreve, anunciando sua partida para os Padres Brancos de Argel em 1º de outubro seguinte. Ele desabafa longamente sobre a própria biografia[878], enumera todos os santos de sua preferência (a lista é próxima dos santos amados por Teresa), agradece as datas enviadas da vida de sua irmã[879]. Na quarta-feira, 9 de junho, Teresa lhe responde... para anunciar-lhe sua morte. Essa carta deve ser lida integralmente, pois é seu testamento para o jovem irmão:

> Meu querido irmãozinho, recebi vossa carta essa manhã e aproveito um momento em que a enfermeira está ausente para escrever-vos uma última palavra de adeus. Quando a receberdes, terei deixado o exílio... Vossa irmã estará unida a Jesus para sempre; então, ela poderá alcançar-vos graças e voar convosco às missões distantes.
>
> Ó meu querido irmãozinho, como estou feliz por morrer!... Sim, estou feliz, não porque serei libertada dos sofrimentos da terra (o sofrimento, ao contrário, é a única coisa que me parece desejável neste vale de lágrimas), mas porque sinto que essa é a vontade de Deus. Nossa bondosa Madre gostaria de reter-me na terra; neste momento, estão dizendo em minha intenção uma novena de missas em Nossa Senhora das Vitórias. Ela já me curou em minha infância, mas acredito que o milagre que ela fará não será outro senão consolar a Madre que me ama com tanta ternura.
>
> Querido irmãozinho, no momento de comparecer diante do bom Deus, compreendo mais que nunca que há uma só coisa necessária: trabalhar unicamente para Ele e nada fazer por si nem pelas criaturas. Jesus quer possuir completamente vosso coração, ele quer que sejais um grande santo. Para isso, tereis que sofrer muito, mas também quanta alegria inundará vossa alma quando chegardes ao momento feliz de vossa entrada na Vida Eterna!... Meu irmão, em breve oferecerei o vosso amor a todos os vossos amigos do Céu, pedindo-lhes que vos protejam. Gostaria de dizer-vos, meu querido irmãozinho, mil coisas que entendo estando às portas da eternidade. Mas não morro, entro na vida; e tudo o que não consigo dizer-vos na terra, vo-lo farei compreender do alto dos Céus...

---

[877]. CD 1252 — à Madre Maria de Gonzaga, 7 de junho de 1897, VT, n. 66, abril 1977, p. 147-148.

[878]. Escreve: "Meu pai também morreu". Órfão de mãe, ele foi abandonado pelo pai (falecido em 10 de agosto de 1897). Mas é exato que seu pai adotivo — senhor Barthélemy — morreu no mar, em 12 de junho de 1877.

[879]. CCor 186, 7 de junho de 1897, CG II, p. 1011-1013.

A Deus, irmãozinho, rogai por vossa irmãzinha que vos diz: Até breve, até à vista, até o Céu!...[880].

No entanto, a carta de Teresa não será enviada. Por quê? Teresa tem certeza de sua morte. Será que Madre Maria de Gonzaga, achando esse anúncio brutal demais, não quis alarmar o jovem e sensibilíssimo Maurice? No mesmo dia, Teresa faz a seguinte reflexão: "Com que paz deixo comentar ao meu redor que estou melhor! Na semana passada, eu estava de pé e me achavam muito doente. Esta semana, não consigo mais me apoiar, estou esgotada e eis que me julgam salva! Mas que importa?"[881]. É verdade que ela disse também: "Como estou feliz hoje! — Vossa provação passou? — Não, mas é como algo suspenso. As más serpentes não estão mais soprando aos meus ouvidos..."[882].

É precisamente nesse dia, 9 de junho, que Teresa termina de falar à priora sobre a provação contra a fé. Nota-se que é a única vez no Manuscrito C (7vº) que Teresa registra o dia em que está escrevendo. Trata-se, evidentemente, do segundo aniversário de seu Oferecimento ao Amor Misericordioso. Quanto caminho feito em dois anos, quando ela está diante da morte, na noite da fé e da esperança!

Na noite, "sentada à mesa dos pecadores" (Ms C, 6rº)

Mergulhada há quatorze meses em uma noite interior[883], Teresa contará novamente sua "provação" à priora. Ela já lhe falou do assunto[884] e se abriu também com o confessor — Padre Youf —, mas este respondeu: "Não vos detenhais nisso, é muito perigoso". Teresa reconhece que é algo "não muito consolador de ouvir, mas não me impressiono"[885]. Parece-lhe inútil escrever ao Padre Pichon, tão distante e que quase nunca dá resposta. Aliás, "é impossível compreender essa provação da alma"[886]. Ela dirá ainda: "Como é estranho e incoerente!"[887].

---

880. C 244, 9 de junho de 1897, CG II, p. 1014-1015.
881. CA 9.6.3.
882. Adotando o recorte de Claude Langlois, ela começou a escrever sobre sua provação da fé na segunda-feira, 7 de junho. Não se sabe em que data Madre Inês pode ter ficado sabendo, pois Teresa só falou do assunto à priora, ao Padre Youf — seu confessor — e ao Padre Godefroy Madelaine.
883. Que teve início na Páscoa de 1896.
884. Ms C, 4vº.
885. CA 6.6.2. Doente, Padre Youf "não podia suportar que lhe pedissem a mínima direção de consciência fora da confissão" (Irmã MTr/PO, p. 466).
886. CA 21/26.5.
887. CA 3.7.3.

Por obediência, portanto, ela tentará, como nunca o fez, exprimir o que sente. Mas não desabafa com sua "Mãezinha", já que esta não é mais sua priora. É possível que Madre Maria de Gonzaga, constatando que Teresa não pode encontrar socorro na clausura, tenha feito gestões junto ao abade da Trapa de Aiguebelle, Dom Marie Alric. Mas nada se produziu[888]. Teresa permanece solitária em sua noite. Por ocasião do tríduo pregado por Padre Godefroy Madelaine, de 22 a 24 de junho, e do retiro entre 8-15 de outubro de 1896, a retirante falou ao padre premonstratense, que deu seu testemunho nos Processos[889].

Sobre o que está dirigida a provação? Sobre "o Céu". Algumas confidências nos *Últimos Colóquios* são reveladoras[890]: "Minha alma está exilada, o Céu está fechado para mim"[891]. "É ao Céu que tudo se refere"[892]. "Admiro o céu material, a outra vida está cada vez mais fechada para mim"[893]. "E dir-se-ia que ele [Deus] quer me fazer 'cair na ilusão' de que não há Céu"[894].

Aproximando-se de sua morte, parece-lhe que ela vai "perder" Deus e perder-se no "nada":

---

888. Na notícia escrita por um monge de Aiguebelle, intitulada *Le Révérend Père dom Marie Alric, abbé de N. D. d'Aiguebelle (1884-1931). Essai de biographie spirituelle*, lê-se isto (p. 85): "A fama do pobre abade de Aiguebelle chegou até mesmo, ao que parece, ao Carmelo de Lisieux, onde se santificava uma jovem religiosa que o mundo conhecera sob o nome de Teresa Martin. A Reverenda Madre Priora — na época, Madre Maria de Gonzaga — tendo tido por um momento a ideia de proporcionar um diretor particular a essa alma excepcional, sem que esta soubesse, pressentiu Dom Marie. Como e por quê? Eis o que o abade de Aiguebelle nunca conseguiu compreender, espantado com o fato de que pensassem nele e, aliás, totalmente desconhecido nesse longínquo convento. Ele agradeceu à Reverenda Madre, mas acreditou ser seu dever declinar de uma oferta tão honrosa por causa de seu distanciamento e de suas múltiplas ocupações". A iniciativa da madre priora, cuja data exata não se conhece, e a perda das cartas que trocaram, não foi conhecida nem em Lisieux nem em Aiguebelle e permaneceria ignorada se o R. P. Martin — antigo abade de *Notre-Dame-des-Neiges*, que foi durante muito tempo secretário e confidente de Dom Marie — não o tivesse revelado antes de sua morte, quando se ocuparam em recolher documentos para a presente biografia. Seu testemunho não tem outro valor, mesmo que não se possa rejeitá-lo, além daquele que se dá à palavra de um ancião de seu estado e com seu caráter. Ao seu testemunho deve-se acrescentar o de Dom Bernard Barbaroux, procurador-geral da Ordem em Roma, a quem Dom Marie fez a mesma confidência. Dom Bernard Delauze, sucessor de Dom Marie Alric como abade em 1922, não acreditava na autenticidade de tal iniciativa (carta do arquivista de Aiguebelle, 26 de abril de 2006).

889. Veja acima, p. 466.

890. O que mostra que, depois de meses de silêncio, a enferma Teresa falou da provação à Madre Inês de Jesus, ao menos "vagamente" (UC II, p. 472).

891. CA 29.6.

892. CA 3.7.3.

893. CA 8.8.2.

894. CA 15.8.7.

Quando quero repousar meu coração cansado das trevas que o cercam com a lembrança do país luminoso pelo qual aspiro, meu tormento redobra; parece-me que as trevas, tomando de empréstimo a voz dos pecadores[895], dizem-me, zombando de mim: — Sonhas com a luz, com uma pátria embalsamada pelos mais suaves perfumes, sonhas com a posse eterna do Criador de todas essas maravilhas, acreditas sair um dia das névoas que te cercam! Avança, avança, alegra-te com a morte que te dará, não o que esperas, mas uma noite mais profunda ainda, a noite do nada (Ms C, 6v°).

Talvez espantada com o que acaba de escrever, Teresa recorda à priora:

Madre bem-amada, a imagem que quis dar-vos das trevas que obscurecem minha alma é tão imperfeita quanto um esboço comparado ao modelo; contudo, não quero escrever mais longamente a respeito, temeria estar blasfemando... Tenho medo até mesmo de ter falado demais...

Como Teresa reagiu? Na provação, multiplica os atos de fé: "Creio ter feito mais atos de fé desde um ano que durante toda a minha vida" (Ms C, 7r°). "Repeli muitas tentações... Ah, realizei muitos atos de fé"[896].

Padre Godefroy Madelaine a aconselhou a copiar o *Credo*, trazê-lo sobre o coração e tocá-lo nos momentos difíceis. Ela vai escrevê-lo com seu sangue. As tentações devem ser tão fortes que Teresa ousou gravar na madeira da porta de sua cela: "Jesus é meu único Amor"[897]. No meio das trevas, ela se esforça por continuar a viver sua "pequena via de confiança e de amor": "E redobro de ternura quando ele se oculta à minha fé"[898].

Mas qual interpretação Irmã Teresa dá dessa provação da fé e da esperança? Dirigindo-se à Madre Maria de Gonzaga, escreve: "Considero-a como uma grande graça que recebi sob vosso priorado abençoado!" (Ms C, 4v°). Essa graça (que é também uma última purificação)[899] parece-lhe ser, em primeiro lugar, apostólica. Ela que, desde o caso Pranzini

---

895. "Se soubésseis que horríveis pensamentos me perseguem! Rezai muito por mim, para que eu não dê ouvidos ao demônio, que quer convencer-me de tantas mentiras. É o raciocínio dos piores materialistas que se impõe a meu espírito: Mais tarde, fazendo incessantes e novos progressos, a ciência explicará tudo naturalmente, ter-se-á a razão absoluta de tudo o que existe e que ainda representa um problema, porque restam muitas coisas a descobrir... etc." (ver IJ/NPPA, "Sua provação contra a fé", UC II, p. 471-472). Constata-se que as tentações de Teresa estão em consonância com as ideias correntes em sua época (cientificismo, materialismo, ateísmo...). A clausura não a impedia de estar a par dos combates entre clericais e anticlericais, dos quais participa o tio, jornalista polemista. O caso Léo Taxil-Diana Vaughan também marcou a carmelita.

896. CA 6.8.1.

897. G/PO, p. 280. Ainda é possível ler essa inscrição na cela de Teresa. Ver P 15, 4 e P 45, 3.

898. P 45, 21 de janeiro de 1897, estrofes 3 e 4.

899. A provação "tira tudo que se poderia encontrar de satisfação natural no desejo que eu sentia do Céu..." (Ms C, 7v°).

(seu "primeiro filho"), não cessa de rezar pelos "pobres pecadores", vê-se agora sentada à sua mesa (como Jesus no Evangelho — Mc 2,16), comendo sozinha com eles "o pão da dor", intercedendo por eles, identificando-se com eles: "Tende piedade de nós, Senhor, pois somos pobres pecadores... Oh, Senhor, despedi-nos justificados...". Teresa aceita permanecer na noite para que a "luminosa chama da Fé" finalmente os ilumine (Ms C, 6rº).

Ela quis seguir seu Esposo até o fim e ele a atendeu. Teresa se encontra com Jesus no Getsêmani, onde ele porta o pecado do mundo antes de estar também com ele no Calvário. É por isso que, na enfermaria, ela não larga seu crucifixo. "Nosso Senhor morreu na cruz, nas angústias e, contudo, essa é a mais bela morte de amor. Foi a única que se viu, não se viu a da Virgem Santa. Morrer de amor não é morrer em transportes. Eu vo-lo confesso francamente, parece-me que é isso que experimento"[900].

Teresa também vive essas antinomias[901]: "Sim, que trevas! Mas nelas estou na paz"[902]. Aquela que se ofereceu como vítima de holocausto ao Amor Misericordioso, há exatamente dois anos, reza desta forma: "Por isso, apesar dessa provação que tira de mim *todo gozo*, posso, contudo, exclamar: — Senhor, vós me cumulais de *alegria* por *tudo* o que fazeis (Sl XCI)". A conclusão dessas páginas se dirige a Madre Maria de Gonzaga: "Madre bem-amada, parece-me agora que nada me impede de voar, pois não tenho mais grandes desejos, senão aquele de amar até morrer de amor... (9 de junho)" (Ms C, 7rº). Como Jesus.

Nos dias que sucedem, ela continua a escrever em seu caderno, especialmente sobre a caridade fraterna, da qual tem consciência de ter recebido a graça de explorar "as misteriosas profundezas" (Ms C, 18vº). O doutor de Cornière vai examiná-la na sexta-feira, 11. Desde o dia 9, Teresa está um pouco melhor. Isso a espanta, mas ela se abandona[903]. Teresa está escrevendo fora, "em uma linda poltroninha branca" (Ms C, 8rº), e lança flores à estátua de São José, ao fundo da alameda dos castanheiros[904].

Ela continua a sofrer por estar privada da Comunhão[905]. A novena a Nossa Senhora das Vitórias termina na segunda-feira, 14. De fato, a enferma vai muito melhor, o que a leva a dizer: "Sou uma menininha curada!"[906]. Em 9 de junho, Teresa acreditou que sua morte fosse iminente. Agora — afirma — "acabou! A esperança da morte se desfez [...].

---

900. CA 4.7.2.
901. Expressão do Padre Maria-Eugênio do Menino Jesus, OCD (1894-1967): coexistência na alma de realidades aparentemente opostas, sinal da ação do Espírito Santo (ver *Je veux voir Dieu*, Index, p. 1083).
902. CA 28.8.3; ver 8.9.1; 11.7.8; 14.7.9; etc.
903. CA 10.6.
904. CA 11.6.1.
905. CA 12.6.1 e 2.
906. CA 14.6.

O bom Deus quer que eu me abandone como uma criancinha que não se preocupa com o que vão fazer dela"[907]. Os altos e baixos da enfermidade desconcertam os próprios médicos. O mês de junho é o da espera dolorosa. Até o dia 15, a doente evoca muitas vezes sua morte próxima. Depois, a situação se estabiliza.

Se a datação do "Caderno amarelo" de Madre Inês for exata, foi no sábado, 5 de junho, que Teresa releu sua peça (sendo incomodada com muita frequência) (Ms C, 17rº) sobre Joana d'Arc (RP 3) e declarou à irmã: "Vereis aqui os meus sentimentos sobre a morte, eles estão todos expressos"[908]. Podendo comungar apenas uma parcela da hóstia[909], ela será em breve privada da Comunhão. Algumas carmelitas ficarão escandalizadas com isso.

Ao longo do mês de junho, Teresa está totalmente dedicada ao seu dever de escrita[910]. Dispensada de todas as atividades, consagra-se a essa com as forças que lhe restam. Escreve à Madre Maria de Gonzaga todos os dias. Dá-se uma pausa na segunda-feira, 21 de junho, festa de sua correspondente, e na sexta-feira, 25 de junho, festa do Sagrado Coração, dia feriado no Carmelo de Lisieux[911].

É porque não redige seu manuscrito em 21 de junho que Teresa tira tempo para escrever uma longa carta a Maurice Bellière. Até o fim, ela fará tudo para ajudá-lo, pois intuiu que ele tem muita necessidade de apoio. A relação com o seminarista é muito diferente da que ela mantém com o missionário Roulland, que está exercendo seu ministério na China, encarando todos os riscos da missão. Com Maurice, Teresa também percebeu, considerando as datas de sua vida, que uma "proximidade a mais" une suas almas: no dia de Pentecostes de 1887, ele recebeu uma grande graça; nesse mesmo dia, nos *Buissonnets*, Luís Martin dava à filha a permissão para "fazer-se apóstola no Carmelo". Mas, sobretudo, ela confia o que traz no coração a respeito das misericórdias do Senhor, em um texto importante:

> Não acrediteis assustar-me ao falar-me de "vossos belos anos desperdiçados". Eu agradeço a Jesus, que olhou para vós com um olhar de amor, como outrora contemplou o jovem do Evangelho. Mais feliz que ele, vós respondestes fielmente ao chamado do Mestre, deixastes tudo para segui-Lo, e isso na mais bela idade da vida, aos 18 anos. Ah, meu irmão, como eu, podeis cantar as misericórdias do Senhor, elas revelam em

---

907. CA 15.6.1.
908. CA 5.6.2.
909. CA 6.6.1.
910. "Considero meu caderno [sua vida] como meu *pequeno* dever" (CA 25.6.2).
911. Erigido sob o vocábulo "Mosteiro do Sagrado Coração de Jesus e da Imaculada Conceição". Quanto às datas, partilhamos a opinião de Claude Langlois (*Lettres à ma Mère bien-aimée, juin 1897*, p. 84-85).

vós em todo o seu esplendor… Amais Santo Agostinho, Santa Madalena, essas almas às quais "muitos pecados foram perdoados porque elas muito amaram". Eu também os amo, amo seu arrependimento e, principalmente… sua amorosa audácia! Quando vejo Madalena avançar diante dos numerosos convivas, regar com suas lágrimas os pés do Mestre adorado, que ela está tocando pela primeira vez, sinto que seu coração entendeu os abismos de amor e misericórdia do Coração de Jesus e que, por mais pecadora que ela fosse, esse Coração de amor está não somente disposto a perdoá-la, mas ainda a prodigalizar-lhe os benefícios de sua intimidade divina, está disposto a elevá-la aos mais altos cumes da contemplação.

Ah, meu querido irmãozinho, desde que me foi dado compreender também o amor do Coração de Jesus, eu vos confesso que ele expulsou do meu coração todo temor. A lembrança de minhas faltas me humilha, me leva a nunca me apoiar em minha força, que é apenas fraqueza, mas, mais ainda, essa lembrança me fala de misericórdia e de amor. Como, quando lançamos nossas faltas com confiança filial no braseiro devorador do Amor, como não seriam elas consumidas para sempre? Sei que há santos que passaram sua vida a praticar espantosas mortificações para expiar seus pecados. Mas o que quereis? "Na casa do Pai celeste há muitas moradas". Jesus o disse e é por isso que sigo o caminho que ele traça para mim. Faço o esforço de não me ocupar de mim mesma em mais nada e abandono a Jesus o que ele se digna operar em minha alma, pois não escolhi um caminho austero parra expiar minhas faltas, mas as dos outros[912].

Na quarta-feira, 30 de junho, Isidoro Guérin encontra a sobrinha em um último locutório antes de partir a La Musse com sua esposa e Leônia. Teresa não fala quase nada.

> Como eu estava intimidada no locutório com meu tio! Ao voltar, repreendi muito uma noviça. Eu não me reconhecia. Que contrastes há em meu caráter! Minha timidez vem de um constrangimento extremo que sinto quando se ocupam de mim[913].

Depois de algumas pausas durante os últimos dias de junho, uma degradação vai produzir-se no início de julho.

Em 30 de junho, ela deixa de lado o porta-pluma e continua a redigir seu manuscrito a lápis. É certamente no dia seguinte que escreve uma última página e se interrompe, estando ao final de suas forças. A última frase permanece em suspenso…

> Sim, sinto que, mesmo que tivesse na consciência todos os pecados que se podem cometer, eu iria, com o coração partido de arrependimento, lançar-me nos braços de Jesus, pois sei o quanto Ele aprecia o filho pródigo que retorna a Ele. Não é porque o

---

912. C 247, 21 de junho de 1897, CG II, p. 1020-1021.
913. CA 30.6.2.

bom Deus, em sua *previdente* misericórdia, preservou minha alma do pecado mortal, que me elevo a Ele pela confiança e o amor (Ms C, 36vº-37rº).

Esperava-se uma sequência. Esta virá oralmente alguns dias mais tarde, nos *Últimos Colóquios*:

> Poder-se-ia crer que é porque não pequei que tenho uma confiança tão grande no bom Deus. Dizei bem, minha Mãe, que, se tivesse cometido todos os crimes possíveis, eu teria sempre a mesma confiança, sinto que toda essa multidão de ofensas seria como uma gota d'água lançada em um braseiro ardente[914].

As últimas palavras do caderninho preto são, portanto, "a confiança e o amor"[915], coração da pequena via. No dia seguinte, primeira sexta-feira do mês, a enferma se encontra esgotada. Arrasta-se, porém, até ao oratório para adorar o Santíssimo Sacramento pela última vez. O doutor de Cornière prescreveu outra vez leite maternizado, não podendo o leite comum ser absorvido. No dia 5, declara-se uma forte febre e, no dia seguinte, as hemoptises retornam e só cessarão em 3 de agosto. Os diferentes documentos indicam umas vinte. O médico a visita todos os dias e na quarta-feira, 7, ele aparece de manhã e à noite. Dessa vez, os que a cercam manifestam uma grande preocupação. Irmã Maria da Eucaristia descreve a situação médica com precisão ao pai farmacêutico:

> Venho dar-te notícias da saúde de tua Rainhazinha. Elas são cada vez mais inquietantes... Ontem, doutor de Cornière veio duas vezes durante o dia, ele está excessivamente apreensivo. Não é tuberculose[916], é um acidente que aconteceu aos pulmões, uma verdadeira congestão pulmonar. Ela vomitou sangue duas vezes ontem; são pedaços de sangue, como se estivesse vomitando fígado, e escarrou sangue durante o resto do dia. Ontem pela manhã, o senhor de Cornière lhe proibiu fazer qualquer movimento, não permite sequer que a desçam à enfermaria até que a chaga feita no pulmão direito esteja cicatrizada. Ela toma gelo constantemente, uma poção para parar o sangue (cataplasmas sinapizados, creio) e maços de farinha de mostarda. Ela é admiravelmente cuidada, aplicaram-lhe também duas ventosas secas. A noite foi muito ruim. Ela nos dizia essa manhã que não se deve queimar mais no Purgatório, de tal modo a febre estava forte. Cada vez mais ela era tomada por sufocamentos. Hoje estava um pouco

---

914. CA 11.7.6.
915. Ms C, 37rº. Os três manuscritos (A, B, C) terminam com a palavra "amor".
916. Erro de diagnóstico ou recusa de pronunciar a palavra tão temida na época? Por que os cuidados prodigalizados pelo doutor de Cornière à Irmã Teresa correspondem àqueles que davam — frequentemente em vão — aos tuberculosos naquele tempo? Em 17 de agosto, o doutor Francis La Néele dirá à família que "a tuberculose chegou ao último grau" (carta de Irmã Maria da Eucaristia ao pai, 17 de agosto de 1897, UC, p. 745).

melhor; a febre caiu, mas está sentindo um abatimento muito grande. Teresa não consegue nem mesmo levar a mão à boca, sua mão volta a cair por si mesma. O senhor de Cornière veio essa manhã e encontrou um pouco mais de respiração no pulmão, mas ele continua achando o lado direito congestionado; diz que não há grande estrago no peito, mas que há um ponto de congestão no pulmão. A grande fraqueza o preocupa muito e essa manhã ele disse à nossa Madre que, no estado em que Teresa está, só escapam 2 em 100. Se ela pudesse alimentar-se — disse–, poderiam prolongar sua vida, mas a cura é impossível e, se ela não digerir bastante o leite, ele só lhe dá alguns dias. Quando vão vê-la, ela está muito mudada, muito emagrecida, mas sempre a mesma calma e uma palavra para fazer rir[917].

Teresa evoca, com efeito, uma história de sua infância: "Sou como um pobre 'lobinho cinza' que tem muita vontade de voltar à sua floresta e que é forçado a morar nas casas"[918]. Seu amor à verdade permanece intacto. Madre Inês:

> Eu lhe pedia que dissesse algumas palavras de edificação e amabilidade ao doutor de Cornière. — Ah, minha mãezinha, não é o meu pequeno tipo… Que o senhor de Cornière pense o que quiser. Amo somente a simplicidade, sinto horror ao "fingimento". Eu vos garanto que, fazendo como desejais, seria mau de minha parte[919].

---

917. CD 1259, carta 11, 8 de julho de 1897, em UC, p. 682-683.
918. CA 7.7.7.
919. CA 7.7.4.

VII
NA ENFERMARIA DA SANTA FACE
(8 de julho – 30 de setembro de 1897)

> *Viver de amor [...]*
> *Com Jesus, é subir a montanha do Calvário.*
> *Morrer de amor, eis a minha grande esperança*
> (P 17, 4 e 15).
>
> *Como farei para morrer?*
> (CA 6.6.3)
>
> *Não morro, entro na vida*
> (C 244).

Teresa pediu o sacramento da extrema-unção. Padre Youf foi confessá-la na manhã de quinta-feira, 8 de julho. Dia decisivo: vômitos de sangue, febre forte, sufocamentos, sede intensa, sofrimentos diversos. Toma-se a decisão de descê-la à enfermaria dedicada à Santa Face, no claustro, o que é feito nessa quinta-feira, levando-a em uma enxerga. Ao mesmo tempo, instalaram a Virgem do Sorriso em frente à sua cama, sobre um aparador. Irmã Maria do Sagrado Coração recita-lhe os seguintes versos de seu poema:

> *Tu, que vieste sorrir-me na manhã da vida*
> *Vem sorrir-me de novo... Mãe... chegou a tarde*[1]!

Sua irmã chora abundantemente ao contemplar a estátua e diz: "Ela nunca me pareceu tão bela..."[2]. Tal será o cenário dos últimos três meses de Teresa: um quarto de 5 metros por 3,50 metros (4,20 metros do lado da chaminé), 3,35 metros de altura; uma cama de ferro cercada por cortinas marrons; à direita da cama (que a princípio fica no canto), uma janela que dá para o jardim, uma mesa e um cofre de madeira, uma poltrona.

---

1. *Por que te amo, Maria?* — P 54, estrofe 25.
2. Irmã Maria do Sagrado Coração, "Caderneta A", p. 7.

Uma saída de gás ilumina o ambiente, a lampadazinha Pigeon de sua cela também foi levada. Na primeira noite, Irmã Genoveva, que desempenha o ofício de auxiliar da enfermeira, dorme no quarto vizinho, ainda menor.

No dia seguinte, opera-se uma reviravolta. Teresa se mostra alegre, tagarela e graceja[3]: "Sou uma garotinha contraditória; creem-me agonizante, ainda não estou revirando os olhos... creem-me viva, estou quase morrendo. Sou pura contradição"[4]. Ela evoca muitas vezes com alegria "o Ladrão" que virá buscá-la[5]. De tal modo que o doutor de Cornière, ao anúncio de uma extrema-unção, replica: "Oh, mas felizmente ela ainda não chegou a esse ponto, poderiam acontecer-lhe ainda alguns acidentes de vômito de sangue sem que esteja inteiramente perdida"[6].

Quanto ao superior do Carmelo, o cônego Maupas, vendo-a tão alegre, diz-lhe: "Oh, mas vós quereis nos enganar, não estais às portas da morte e logo estareis correndo no jardim, não tendes cara de agonizante. Dar-vos a Extrema Unção? Mas o sacramento não seria válido, não estais suficientemente doente". Reação de Teresa, muito decepcionada:

> Da próxima vez, não farei tanto esforço; para ser educada, sentei-me em nossa cama, fui amável, educada, e ele me recusa o que lhe peço! Da próxima vez, usarei de *falsidade*, tomarei uma taça de leite antes de sua chegada, porque assim fico com uma cara pior depois, responderei dizendo-lhe apenas que estou em agonia (*ela encenava positivamente a comédia para nós*). Sim, vejo que não conheço meu ofício, não sei como proceder[7].

Os boletins de saúde que Irmã Maria da Eucaristia envia regularmente a La Musse só alimentam a preocupação dos Guérin e de Leônia:

> Nossa doentinha está sempre no mesmo estado; a inquietação persiste e acredito que, sem acontecer acidentes, ela pode durar ainda algumas semanas. Essa noite, teve um novo vômito de sangue, que foi interrompido dando-lhe muito gelo. O doutor de Cornière diz que não está surpreso com isso e que ela terá ainda mais de um ano. Mas a fraqueza aumenta de um dia para o outro e ela está emagrecendo sensivelmente. Quanto à alimentação, é sempre a mesma coisa, ela vomita sempre duas ou três taças de leite durante o dia. Hoje o senhor de Cornière tentou dar-lhe gemada; ela não a vomitou, mas sofreu muito do estômago, da cabeça, teve muitas cólicas; enfim, a digestão foi muito difícil.

---

3. Naquele dia, Madre Inês de Jesus anota dezoito palavras de sua irmã, entre as quais várias brincadeiras e jogos de palavras.
4. Carta de Irmã Maria da Eucaristia a seu pai, 9 de julho de 1897, UC, p. 687.
5. CA 3.7.3; 6.7.3; 7.7.1; 10.7.4; 10.7.5; 10.7.10... alusões frequentes ao "Ladrão".
6. UC, p. 687-688. Corroborado por Madre Inês de Jesus, ver CA 9.7.3.
7. Carta de Irmã Maria da Eucaristia a seu pai, 9 de julho de 1897, UC, p. 688.

Teresa está tão fraca que não consegue sequer lavar as mãos sozinha; é um verdadeiro trabalho para ela, que a faz sofrer em todos os seus membros. Essa noite, antes de seu vômito, teve um suor tão abundante que atravessou os travesseiros e fomos obrigados a trocá-la. Mas, quanto ao ânimo, é sempre a mesma coisa, a mesma animação, fazendo rir a todos aqueles que se aproximam dela e falando com alegria do Ladrão (o bom Deus), que vai chegar em breve[8].

Os dias seguintes manifestam um estado estacionário, senão uma melhora bastante relativa. Teresa não voltará ao seu manuscrito inconcluso, mas relê os dois cadernos. Ela aproveita essa calma para despedir-se dos que a cercam.

O tempo dos "a Deus!" e dos *Últimos Colóquios*

Adeus, em primeiro lugar, à sua noviça, Irmã Maria da Trindade, muito triste por ter sido proibida de entrar na enfermaria e que se lamentou disso com sua mestra. Esta a censurou e escreveu-lhe na mesma noite, a lápis: "Não quero que fiqueis triste. Sabeis a perfeição que sonho para vossa alma [...]. Adeus, pobre bonequinha que precisarei levar rapidinho para o Céu"[9]. Um bilhete para Irmã Maria de São José, a roupeira deprimida, também impossibilitada de encontrar aquela que tanto a apoiou:

> Espero que Irmã Genoveva vos tenha consolado, é o pensamento de que não estais mais sofrendo que faz desaparecer o meu sofrimento!... Ah, como seremos felizes no Céu. Então participaremos das perfeições divinas e poderemos dar a todo o mundo sem estar obrigados a privar nossos mais queridos amigos!...[10].

Outro bilhete a Irmã Marta, colega de noviciado desde abril de 1888:

> A esposinha de Jesus não deve ficar triste, pois Jesus também ficaria; ela deve cantar sempre em seu coração o cântico do amor. Ela deve esquecer seus pequenos sofrimentos para consolar os grandes sofrimentos de seu Esposo. Irmãzinha querida, não sejais uma menininha triste quando virdes que não vos compreendem, que vos julgam mal, que vos esquecem, mas cativai todo mundo, esforçando-vos por fazer como os outros ou, antes, fazendo por vós mesma o que os outros fazem por vós. Ou seja: esquecei tudo o que não é Jesus, esquecei-vos por amor a Ele!... Irmãzinha querida, não faleis que é difícil. Se falo assim, a culpa é vossa, vós me dissestes que amáveis muito a

---

8. 10 de julho de 1897, UC, p. 688-689.
9. C 249, meados de julho (?) de 1897, CG II, p. 1023-1024. A assinatura encontra-se em dez fragmentos mutilados.
10. C 250, julho (?) 1897, CG II, p. 1025.

Jesus, e nada parece impossível à alma que ama... Acreditai que vossa palavrinha me agradou muito!...[11].

Sabemos que, no princípio de junho, na cela de Irmã Genoveva, deitada em sua enxerga, Teresa se despedira das três irmãs. Para elas, compusera e caligrafara uma estampa-lembrança feita de textos de São João de Cruz e de Teófano Vénard, adaptadas ao seu caso: "Mais um pouco e minha alma deixará a terra, terminará seu exílio, concluirá seu combate... Estou subindo ao Céu... toco a pátria, alcanço a vitória!... [...] Eu, pequena efêmera, sou a primeira a partir!"[12]. Sem dúvida em 11 de julho, ela fez a seguinte reflexão: "Infelizmente, como vivi pouco! A vida sempre me pareceu muito curta. Parece que meus dias de infância foram ontem"[13].

Teresa reservou todas as suas forças para escrever a Maurice Bellière, de férias em Langrune-sur-Mer e que solicitou cartas de sua irmã[14], sempre desconhecendo seu verdadeiro estado. Em 13 de julho, Teresa retoma algumas ideias da carta de despedida de 9 de junho, que não foi enviada, anunciando sua morte próxima. Ela insiste muito sobre sua missão póstuma — o maior desejo de sua vida, "que a tornará próxima de seu caro irmãozinho":

> Ó meu querido irmãozinho, como estou feliz por morrer! Sim, estou feliz, não por ser libertada dos sofrimentos da terra (o sofrimento unido ao amor é, ao contrário, a única coisa que me parece desejável neste vale de lágrimas). Estou feliz por morrer porque sinto que tal é a vontade de Deus e que, bem mais que na terra, serei útil às almas que me são caras, particularmente à vossa. Em vossa última carta à nossa Madre, pedíeis que vos escrevesse muitas vezes durante as férias. Se o Senhor quiser ainda prolongar por algumas semanas minha peregrinação e nossa Madre o permitir, ainda poderei esboçar-vos palavrinhas como esta, mas o mais provável é que farei mais que escrever ao meu querido irmãozinho, até mais que falar-lhe a linguagem cansativa da terra. Estarei muito perto dele, verei tudo o que lhe é necessário e não darei descanso

---

11. C 251, junho-julho (?) de 1897, CG II, p. 1025-1026. Percebe-se o quanto Teresa insiste para que ninguém fique "triste" ao seu redor. Daí as troças e "brincadeiras". Ela também utiliza palavras do dialeto normando e uma linguagem pueril ("Lolo", "mimir", bebê"...). Suas irmãs compreenderam claramente que se tratava de um esforço para atenuar suas dores. Teresa fez a seguinte reflexão, que descarta toda regressão infantil, relatada por Irmã Maria do Sagrado Coração: "'*Deixai agir Papai, o bom Deus. Ele sabe bem o que é necessário ao seu bebezinho*'. Eu lhe disse: 'Sois, portanto, um bebezinho?' Ela fez uma cara muito séria e me respondeu: '*Sim... mas um bebê que pensa muito... Um bebê que é um ancião*'" (PA, p. 231). Ver UC, p. 434-435.
12. C 245, junho (?) de 1897, CG II, p. 1016-1017. Ver a reprodução da imagem, DLTH, p. 249.
13. CA 11.7.5.
14. A Madre Maria de Gonzaga, 7 de junho de 1897.

ao bom Deus antes que Ele me tenha dado tudo o que eu quiser!... Quando meu querido irmãozinho partir para a África, eu o acompanharei, não mais pelo pensamento e pela oração; minha alma estará sempre com ele e sua fé saberá identificar a presença de uma irmãzinha que Jesus lhe deu, não para ser um apoio durante dois anos, mas até ao último dia de sua vida.

Todas essas promessas, meu irmão, talvez vos pareçam um pouco quiméricas; contudo, deveis começar a saber que o bom Deus sempre me tratou como menina mimada. É verdade que sua cruz me acompanhou desde o berço, mas Jesus me fez amar essa cruz com paixão. Ele sempre me fez desejar o que queria me dar. Ele começará no Céu a não mais realizar os meus desejos? Verdadeiramente, não posso acreditar e vos digo: "Em breve, irmãozinho, estarei ao vosso lado"[15].

Na terça-feira, 13 de julho, dia de Comunhão, ela compôs uma estrofe poética, o que a surpreende: "Eu a compus com muita facilidade, é extraordinário, achava que não podia mais compor versos"[16].

Tu, que conheces minha extrema pequenez,
Não temes abaixar-te a mim!
Vem ao meu coração, branca Hóstia que amo.
Vem ao meu coração, ele aspira por ti!
Ah, gostaria que tua bondade me deixasse
Morrer de amor após esse favor.
Jesus, ouve o grito de minha ternura.
Vem ao meu coração[17]*!*

Na enfermaria, antes da Comunhão de Teresa, Irmã Maria da Eucaristia canta essa copla e a encadeia com a estrofe 14 de *Viver de Amor*:

Morrer de Amor é um martírio muito doce
E é aquele que eu gostaria de sofrer.
Ó querubins, afinai vossas liras,
Pois sinto que meu exílio vai terminar!...
Chama de Amor, consome-me sem trégua.
Vida de um instante, teu fardo é muito pesado para mim!
Divino Jesus, realiza meu sonho:
Morrer de Amor!... [18]

---

15. C 253, 13 de julho de 1897, CG II, p. 1027-1028.
16. CA 13.7.4. Foram os últimos versos que ela compôs.
17. PS 8.
18. P 17.

É nesse mesmo dia que a enferma fala a Madre Inês de Jesus: "O bom Deus precisará fazer todas as minhas vontades no Céu, porque nunca fiz minha vontade na terra"[19].

Às três irmãs Martin que cercam seu leito, ela declara:

> Não acrediteis que, quando eu estiver no Céu, farei cair cotovias assadas sobre vossa boca… Não é o que tenho nem o que desejo ter. Possivelmente tereis muitas provações, mas vos mandarei luzes que vos farão apreciá-las e amá-las. Sereis obrigadas a falar como eu: "Senhor, vós nos cumulais de alegria por tudo que fazeis"[20].

Em 14 de julho, visita do médico: este constata que a congestão subiu ao alto do pulmão. Se a enferma não estivesse tão fraca, ele teria esperança de salvá-la, como salvou outros. "Mas o terreno está muito ruim…"[21]. Mesmo assim, esse dia permite que Teresa escreva ao Padre Roulland pela última vez. Os "a Deus" continuam.

> Quando receberdes esta carta, com certeza terei deixado a terra. O Senhor, em sua infinita misericórdia, terá aberto o seu reino para mim e poderei haurir em seus tesouros para prodigalizá-los às almas que me são caras. Acreditai, meu irmão, que vossa irmãzinha cumprirá suas promessas e — com alegria — sua alma, liberta do peso do invólucro mortal, voará para as regiões que estais evangelizando. Ah, meu irmão, eu o sinto, ser-vos-ei muito mais útil no Céu que na terra, e é com alegria que venho anunciar-vos minha entrada próxima nessa bem-aventurada cidade, convicta de que partilhareis minha alegria e agradecereis ao Senhor por dar-me o meio de ajudar-vos mais eficazmente em vossas obras apostólicas.
>
> Estou contando que não ficarei inativa no Céu, meu desejo é trabalhar ainda pela Igreja e as almas. Estou pedindo-o a Deus e tenho certeza de que Ele me atenderá. Os anjos não estão continuamente ocupados conosco sem jamais deixar de contemplar a Face divina, de perder-se no Oceano sem limites do Amor? Por que Jesus não me permitiria imitá-los? Meu irmão, vós vedes que, se já estou deixando o campo de batalha, não é com o desejo egoísta de repousar, o pensamento da beatitude eterna quase não faz meu coração estremecer, faz muito tempo que o sofrimento se tornou meu Céu na terra e sinto verdadeiramente muita dificuldade para conceber como poderei aclimatar-me a um País onde reina a alegria sem nenhuma mescla de tristeza. Jesus precisará transformar minha alma e dar-lhe a capacidade de gozar; de outro modo, não conseguirei suportar as delícias eternas. O que me atrai à Pátria dos Céus é o chamado do Senhor, é a esperança de finalmente amá-lo como tanto desejei e

---

19. CA 13.7.2.
20. CA 13.7.16. Sl 91, 5 (Vulgata). Versículo frequentemente citado por Teresa, ver Ms C, 7r°; UC, p. 735; CLG, p. 53.
21. Carta de Irmã Maria da Eucaristia à sua mãe, 17 de julho de 1897; UC, p. 704.

o pensamento de que poderei fazê-lo amar por uma multidão de almas que o bendirão eternamente[22].

"Minha missão vai começar…" (CA 17.7)

No Carmelo, a festa de 16 de julho — Nossa Senhora do Carmo — é celebrada com fervor, tanto mais que o Padre Paul Troude (nascido em Langrune em 30 de janeiro de 1873), sobrinho de Irmã Maria Filomena (que saiu para fundar em Saigon), vai celebrar uma primeira missa na comunidade[23]. A seguir, levará a Comunhão a Teresa na enfermaria, ornamentada para a ocasião. Madre Inês sugere à irmã que ela talvez morrerá nesse dia de grande festa. A resposta é imediata: "Oh, isso não seria parecido com minha pequena via. Eu sairia dela para morrer? Morrer de amor após a Comunhão é bonito demais para mim; as pequenas almas não poderiam imitar isso"[24]. Nesse mesmo dia, Teresa consegue escrever, a lápis e com mão trêmula, uma longa carta de adeus aos Guérin, agradecendo-lhes pelas flores que enviaram para decorar a enfermaria. Esta será sua última missiva:

> Eu sei que minhas irmãs vos falaram de minha alegria; é verdade que sou como um tentilhão, menos quando tenho febre; felizmente, ela só vem visitar-me ordinariamente à noite, à hora em que os tentilhões estão dormindo, com a cabeça escondida debaixo das asas. Eu não seria tão feliz quanto sou se o bom Deus não me mostrasse que a única alegria na terra é fazer sua vontade. Um dia, acho que estou à porta do Céu por causa do ar consternado do sr. de C.[25], e no dia seguinte ele vai embora todo feliz, dizendo: "Eis que estais a caminho da cura"… "O que julgo (eu, bebezinho de 'lolo')[26] é que não sararei, mas que poderia arrastar-me ainda por muito tempo". — A Deus, meus queridos pais, só no Céu vos expressarei minha afeição; enquanto eu estiver me arrastando, meu lápis não poderá vo-la traduzir[27].

---

22. C 254, 14 de julho de 1897, CG II, p. 1029-1030. Ver "Penso em todo o bem que gostaria de fazer depois de minha morte: fazer batizar as criancinhas, ajudar os sacerdotes, os missionários, toda a Igreja…" (CA 13.7.17).

23. Ele morre de tuberculose em 14 de março de 1900, aos vinte e sete anos.

24. CA 15.7.1.

25. O doutor de Cornière, que ela apelida de "Clodion, o Cabeludo", por causa de sua abundante cabeleira. Ver UC, p. 856 e p. 708, lembrança de seu "Cahier d'histoire de France": "428: Clodion, o cabeludo". Ver CETL, p. 284.

26. Desde que foi colocada sob a dieta do leite maternizado (que ela detesta), Teresa emprega essa fórmula (ver C 254 etc.).

27. C 255, 16 de julho de 1887, CG II, p. 1033-1034.

Ademais, Teresa não esquece o aniversário de Irmã Marta (trinta e dois anos) e oferece-lhe uma *Oração para obter a humildade*, manifestando a preocupação que ela continua a ter por suas noviças. Depois de meditar sobre a humildade de Jesus, que se abaixa até a "branca hóstia", ela conclui com uma fórmula incisiva:

> Mas, Senhor, minha fraqueza vos é conhecida; todas as manhãs tomo a resolução de praticar a humildade e à noite reconheço que mais uma vez cometi muitas faltas de orgulho. Vendo isso, sou tentada a desanimar, mas sei que o desânimo também é orgulho. Quero, pois, ó meu Deus, fundar somente sobre Vós a minha esperança; como podeis tudo, dignai-vos fazer nascer em minha alma a virtude que desejo. Para obter essa graça de vossa infinita misericórdia, eu vos repetirei muitíssimas vezes: "Ó Jesus, doce e humilde de coração, tornai meu coração semelhante ao vosso!"[28].

Ao longo dos dias na enfermaria, Teresa multiplicou as palavras de ternura para com sua "pequena" mãe, que as anotou com cuidado. Mas naquele dia sua irmã lhe dá um susto, declarando: "Quero dar-vos um testemunho de amor que ninguém jamais vos deu...". Madre Inês está sentada em uma cadeira baixa aos pés do leito da enferma e Teresa, com o pé descoberto, faz-lhe um carinho no rosto[29].

Na noite seguinte, por volta das duas da manhã, declara-se uma hemoptise. No sábado, 17 de julho, Madre Inês de Jesus recolhe uma confidência importante, conforme ao desejo — já expresso em outra parte[30] — de cumprir sua dupla missão póstuma:

> Sinto que vou entrar no repouso... Mas sinto principalmente que minha missão vai começar, minha missão de fazer amar o bom Deus como eu o amo, de comunicar minha pequena via às almas. Se o bom Deus realizar meus desejos, meu Céu se passará na terra até ao fim do mundo. Sim, quero passar meu Céu a fazer o bem na terra. Isso não é impossível, porque no próprio seio da visão beatífica os anjos velam por nós. Não posso fazer-me uma festa por gozar, não posso repousar enquanto houver almas para salvar... Mas quando o anjo tiver dito: "O tempo acabou!", então repousarei, poderei gozar, porque o número dos eleitos estará completo e todos terão entrado na alegria e no repouso. Meu coração estremece ao pensar nisso...[31].

Teresa rezou muitas vezes nessa intenção e também refletiu muito. As missões dos anjos — no Céu e na terra — a iluminaram: por que não poderia fazer como eles depois de sua morte?

---

28. O 20, 16 de julho de 1896.
29. CA 16.7.5 e UC, p. 478, n.a.
30. RP 8 (ver MTr/PO, p. 469-470), C 220, 221, 244, 254; CA 18,7,1; UC, p. 657.
31. CA 17.7.

No mesmo dia, ela escreve a Leônia, desejosa de receber uma carta da enferma, em La Musse: "O bom Deus parece querer prolongar um pouco o meu exílio. Não me aflijo com isso, pois não gostaria de entrar no Céu um minuto mais cedo por minha própria vontade. A única felicidade na terra é aplicar-se a sempre achar encantadora a parte que Jesus nos dá". Ela conclui, garantindo a Leônia que no Céu rezará para que ela se torne uma "grande santa"[32]. É a última carta que Leônia receberá da irmã. No dia seguinte, ela pede a Irmã Genoveva que "coloque por escrito tudo o que [Teresa] diz, para mim seria consolador ter tudo isso"[33].

Tendo recebido o anúncio da morte próxima de sua irmã, Maurice Bellière, consternado, escreve a Madre Maria de Gonzaga e a Teresa (a esta, uma carta de "A Deus!"). Sua tristeza se manifesta longamente: ele ficará só. Mas se apoiará a Teresa, que vai tornar-se sua "santa de predileção"[34]. No domingo, 18 de julho, Teresa declara que "suporta incômodos, não sofrimentos"[35]. Ela pode, pois, dedicar-se a responder longamente a Maurice — a lápis — para "consolar" o "pobre e *querido* irmãozinho". Teresa não pode fazer nada melhor que legar-lhe o essencial de sua "pequena via de confiança e de amor":

> Sim, tenho certeza, depois de minha entrada na vida, a tristeza de meu querido irmãozinho se transformará em uma alegria serena, que nenhuma criatura poderá tirar-lhe. Eu sinto que devemos ir ao Céu pelo mesmo caminho: o do sofrimento unido ao amor. Quando eu estiver no porto, ensinar-vos-ei, querido irmãozinho de minha alma, como devereis navegar no mar tempestuoso do mundo com o abandono e o amor de uma criança que sabe que seu Pai a ama e não poderia deixá-la sozinha na hora do perigo. Ah, como eu gostaria de fazer-vos entender a ternura do Coração de Jesus, o que Ele espera de vós. Em vossa carta do dia 14, fizestes meu coração vibrar docemente, entendi mais que nunca a que ponto vossa alma é irmã da minha, já que ela é chamada a elevar-se a Deus pelo ELEVADOR do amor, não a escalar a rude escadaria do temor… Não me espanto absolutamente que a prática da familiaridade com Jesus vos pareça um pouco difícil de realizar; não se pode chegar a ela em um dia, mas tenho certeza de que vos ajudarei muito mais a caminhar por essa via encantadora quando eu estiver liberta de meu invólucro mortal. E como Santo Agostinho, direis em pouco tempo: "O amor é o peso que me arrasta".

Ela reitera as promessas de acompanhá-lo após sua morte, seguindo seu desejo: "Meu querido irmãozinho, tentai persuadir-vos de que, em vez de perder-me, vós me

---

32. C 257, 17 de julho de 1897, CG II, p. 1036.
33. CD 1276, 18 de julho de 1897, UC, p. 712-713. As irmãs não esperaram esse pedido para anotar as palavras da enferma. Mas a afeição familiar favoreceu a redação dos *Últimos Colóquios*.
34. CCor 189, 17 de julho de 1897, CG II, p. 1037-1038.
35. CA 18.7.2

encontrareis e eu não vos deixarei mais". Teresa lhe promete, como ele pediu à priora, enviar sua fotografia, tirada em 21 de junho[36] "em vista da [sua] morte próxima".

> Ao ver-me, as noviças exclamaram, dizendo que eu tinha assumido uma expressão mais séria. Parece que sou comumente mais sorridente, mas crede, meu irmãozinho, que, se minha fotografia não vos sorri, minha *alma* não cessará de *sorrir-vos* quando ela estiver perto de vós. A Deus, meu *querido e muito amado irmão*. Acreditai que serei por toda a eternidade vossa *verdadeira irmãzinha*[37].

Uma certa agitação em torno de sua cama a afadiga. Celina — que Teresa chama frequentemente de *Bobonne*[38] — parece não se dar conta de que, confeccionando flores de papel, está provando sua irmã esgotada. Esta falará à Irmã Maria do Sagrado Coração: "Ela fará flores até em meu leito de morte!"[39]. Mas as outras irmãs, Inês (principalmente) e Maria, também a cansam com suas interrogações: "Acossam-me com perguntas, isso me faz pensar em Joana d'Arc diante do tribunal! Parece-me que respondo com a mesma sinceridade"[40]. Ela sofre também — sem reclamar — com o excesso de palavras, de questionamentos indiscretos das próprias irmãs, com suas incompreensões. Ao que se pode acrescentar a percepção de que Madre Inês de Jesus toma nota de suas palavras.

Teresa tem agora hemoptises a cada três dias. Em quinze minutos, vomita "um copo de sangue". O pulmão direito está comprometido, inchado; o mal chega aos ombros. Dessa vez, o doutor de Cornière conta apenas com um milagre para salvar sua paciente[41]. Sem dúvida, em 24-25 de julho, ela escreve uma última carta aos Guérin em La Musse, acompanhada de flores entregues a Auguste Acard, sacristão do Carmelo que conduz Padre Youf até lá para passar alguns dias. O capelão do Carmelo está muito mal. Irmã Maria da Eucaristia o descreve como "irreconhecível". "Todos são unânimes em dizer que é um cadáver ambulante". Ela sugere aos pais que lhe proporcionem uma última alegria, convidando-o a La Musse[42]. Ao voltar, os Guérin mandam uvas para Teresa, que as come com gosto[43]. Todos os dias, ela ainda se levanta por duas horas.

Maurice Bellière, sempre ávido por notícias, escreveu a Teresa em 21 de julho, feliz por constatar que sua irmã continua viva. Ele não gostaria que a correspondência a

---

36. VTL 43.
37. C 258.
38. CA 23.9.3.
39. DCL.
40. CA 20.7.6.
41. CD 1277 — Irmã Maria da Eucaristia ao pai, 20 de julho de 1897, UC, p. 715.
42. Carta ao pai, 20 de julho de 1897, UC, p. 715. Padre Youf morre em 7 de outubro de 1897, aos cinquenta anos.
43. CA 25.7.3, 10, 12.

cansasse. Recomeçando várias vezes, a carmelita vai mais uma vez responder-lhe longamente na segunda-feira, 26 de julho. Teresa começa a renovar as afirmações precedentes acerca de sua ação póstuma junto ao "querido irmãozinho":

> Ah, meu irmão, deixai-me dizer-vos: o bom Deus reserva surpresas muito ternas à vossa alma. Ela está, vos mo escrevestes, "pouco habituada às coisas sobrenaturais"; e eu, que não por acaso sou vossa irmãzinha, prometo fazer-vos experimentar, depois de minha partida para a vida eterna, o que se pode achar de alegria em sentir perto de si uma alma amiga. Não será essa correspondência mais ou menos espaçada, sempre muito incompleta, que pareceis lamentar, mas um diálogo fraterno que encantará os anjos, um diálogo que as criaturas não poderão censurar, porque lhes será oculto. Ah, como me parecerá bom ser liberta desse despojo mortal que me obrigaria se, por impossível que fosse, eu me encontrasse com várias pessoas em presença de meu querido irmãozinho, a vê-lo como um estrangeiro, um indiferente!...

Em seguida, Teresa o tranquiliza a respeito de suas "faltas" recorrentes:

> Deveis conhecer-me apenas imperfeitamente para temer que um relato detalhado de vossas culpas possa diminuir a ternura que sinto por vossa alma! Ó meu irmão, crede, eu não precisarei "colocar a mão na boca de Jesus"! Há muito tempo Ele esqueceu vossas infidelidades, só vossos desejos de perfeição estão presentes para alegrar seu coração. Eu vos suplico, não vos arrasteis mais a seus pés, segui o "primeiro impulso que vos leva a seus braços". Ali é vosso lugar. E constatei, ainda mais que em vossas outras cartas, que estais proibido de ir ao Céu por outro caminho que não seja o de vossa pobre irmãzinha [...].
>
> Para aqueles que o amam e vão, após cada indelicadeza, pedir-Lhe perdão, lançando-se em seus braços, Jesus exulta de alegria. Ele diz aos seus anjos o que o pai do filho pródigo dizia aos seus empregados: "Revesti-o com sua primeira roupa, ponde-lhe um anel no dedo, alegremo-nos". Ah, meu irmão, como a bondade e o amor de Jesus são pouco conhecidos!... É verdade que, para gozar desses tesouros, é preciso humilhar-se, reconhecer seu nada, e é isso que muitas almas não querem fazer; mas não é assim que agis, meu irmãozinho; por isso, o caminho da confiança simples e amorosa é feito para vós[44].

Em sua carta, Maurice comentava ter sido informado sobre a família Martin de Lisieux, da qual quatro filhas estão no Carmelo. Não seria ela Genoveva? Teresa vai tirá-lo do equívoco, contando-lhe a história de sua família. Ei-la, portanto, com mão trêmula, relendo uma última vez a impressionante saga familiar e sua vocação:

---

44. C 261, 26 de julho de 1897, CG II, p. 1051.

O bom Deus deu-me um pai e uma mãe mais dignos do Céu que da terra. Eles pediram ao Senhor que lhes desse muitos filhos e os tomasse para Ele. Esse desejo foi atendido: quatro anjinhos voaram para os Céus e as cinco filhas que ficaram na arena tomaram Jesus por Esposo. Foi com uma coragem heroica que meu pai, como um novo Abraão, subiu três vezes a montanha do Carmelo para imolar a Deus o que tinha de mais caro. A princípio, foram as duas filhas mais velhas; depois, a terceira de suas filhas, com o parecer de seu diretor e conduzida por nosso incomparável pai, fez uma experiência em um convento da Visitação (o bom Deus se contentou com a aceitação, mais tarde ela voltou ao mundo, onde vive como no claustro). Só restavam duas filhas ao Eleito de Deus: uma com dezoito anos e a outra com quatorze. Esta, a "pequena Teresa", pediu-lhe para voar ao Carmelo, o que obteve sem dificuldade de seu bondoso Pai, que levou a condescendência até conduzi-la primeiramente a Bayeux, em seguida a Roma, para superar os obstáculos que retardavam a imolação daquela que ele chamava sua rainhazinha. Quando a conduziu ao porto, ele disse à única filha que lhe restava: "Se quiseres seguir o exemplo de tuas irmãzinhas, eu permito, não te preocupes comigo". O anjo que devia socorrer a velhice de tal santo respondeu-lhe que, depois de sua partida para o Céu, também voaria para o claustro, o que encheu de alegria aquele que só vivia para Deus. Mas uma vida tão bela devia ser coroada por uma provação digna dela. Pouco tempo depois que parti, o pai que amávamos a tão justo título foi tomado por um ataque de paralisia nas pernas, que se renovou várias vezes. Mas esse ataque não podia parar ali, a provação teria sido suave demais, pois o heroico patriarca se oferecera a Deus como vítima. Assim, mudando seu curso, a paralisia fixou-se na cabeça venerável da vítima que o Senhor tinha aceitado... Falta-me espaço para dar-vos detalhes tocantes, quero somente dizer-vos que tivemos que beber até a última gota do cálice e separar-nos de nosso venerado pai durante três anos, entregando-o a mãos religiosas, mas estranhas. Ele aceitou essa provação, da qual compreendia toda a humilhação, e levou o heroísmo ao ponto de não querer que pedissem sua cura.

Extenuada depois desse relato, ela consegue assinar: "Vossa irmãzinha, não '*Genoveva*', mas '*Teresa*' do Menino Jesus da Santa Face".

Pouco depois, Teresa dirá, contemplando uma foto do militar Bellière: "A esse soldado, que tem uma cara de esperto, dou conselhos como a uma menininha! Indico-lhe o caminho do amor e da confiança"[45].

O estado estacionário da segunda quinzena de julho chega ao fim nos dias 28 e 29 desse mesmo mês. O doutor de Cornière, que foi ao Carmelo na quarta-feira, 28,

---

45. CA 12.8.2. Ela escreveu, porém: "Não me acho capaz de instruir missionários, felizmente não sou orgulhosa o bastante para isso!" (Ms C, 35r°).

constata "grandes sofrimentos"[46]. Teresa sente sufocamentos, escarra sangue, a febre se intensifica. Proíbem-lhe de escrever. Mas na quinta-feira, 29[47], festa de Santa Marta — das Irmãs conversas, portanto —, ela ainda rabisca uma palavra para Irmã Marta e lhe dá uma estampa[48].

Vão relatar-lhe o que uma Irmã referiu no recreio: "Por que se fala de Irmã Teresa do Menino Jesus como de uma santa?! Ela praticou a virtude, é verdade, mas não era uma virtude adquirida pelas humilhações e, principalmente, pelos sofrimentos". Madre Inês de Jesus registra a reflexão de sua irmã: "E eu, que tanto sofri desde minha mais terna infância! Ah, como me faz bem ver a opinião das criaturas no momento da minha morte!"[49]. Após um pequeno incidente, no qual manifesta descontentamento, ela pede perdão chorando. Em seguida, desabafa: "Oh, como sou feliz por me ver imperfeita e ter tanta necessidade da misericórdia do bom Deus no momento de minha morte!"[50]. E acrescenta: "Muitas vezes, quando posso, repito meu Oferecimento ao Amor"[51].

O dia 29 de julho marca uma etapa no processo de piora, bem sublinhada por Irmã Maria da Eucaristia:

> As notícias não são boas. Desde ontem (29 de julho), o senhor de Cornière acha que a doença se agravou muito. Ela escarra sangue diariamente, agora 2 e 3 vezes por dia. Nessa manhã, era algo contínuo, depois ficou muito sufocada e apresenta dificuldade para respirar; em alguns momentos, fica realmente sufocada, aspira éter continuamente. Em alguns momentos, a opressão é tão forte que nem mesmo o éter faz efeito algum. Essa manhã Nossa Madre falou sobre extrema-unção ao doutor de Cornière. Ele respondeu que talvez fosse prudente, pois não se sabe o que pode acontecer; ele acha que houve uma grande mudança desde ontem. Não temos nenhuma ilusão e vemos que não deve durar muito tempo; assim, ontem à noite ela tinha uma febre tão intensa que suas costas ardiam como fogo e ela mesma dizia que acreditava estar "no purgatório", de tal modo a febre a queimava. Creio que nosso Padre virá ministrar o sacramento hoje ou amanhã[52].

---

46. CA 3.8.8. Ele visitou Teresa ao menos dezesseis vezes em julho.
47. Terceiro aniversário da morte de Luís Martin.
48. Escrito perdido. Por sua parte, Madre Inês de Jesus compõe um cântico para as "Marta". A última copla, dirigida à priora, faz referência à mestra das noviças na enfermaria: "De vossa filha [Teresa], quando brilha a auréola/Quando de sua vida enfim se rompe o nó/Não choreis, pois sua alma está voando/Ao seio de Deus" (CDL).
49. CA 29.7.2.
50. CA 29.7.3.
51. CA 29.7.9.
52. Carta ao seu pai, 28 de julho de 1897, UC, p. 728-729.

A extrema-unção, finalmente... (30 de julho de 1897)

Dessa vez, nem o médico nem o cônego Maupas diferirão o último sacramento. Não se tem certeza de que Teresa possa passar dessa noite. No quarto ao lado, diante da cama da moribunda, depositaram o colchão de palha, vela e água benta, em previsão de seu falecimento...[53]. É, portanto, na sexta-feira, 30, que ela recebe finalmente a extrema-unção. Teresa pede que Madre Inês de Jesus a prepare para a morte, acrescentando com um sorriso: "*Eu* não penso em nada! Pedi ao bom Deus que eu a acolha tão bem quanto se pode acolhê-la"[54]. O superior lhe diz que ela será "como uma criancinha que acaba de receber o batismo". Depois, este lhe fala "só de amor". Ela fica comovida. Diante da comunidade, que se acotovela na enfermaria, Irmã Teresa pede perdão às Irmãs. Mais de uma prorrompe em lágrimas[55].

Mais tarde, levaram-lhe fotografias de Maurice Bellière e Adolphe Roulland: "Sou mais amável que eles!"[56]. No dia seguinte, ela conversa muito e faz algumas brincadeiras. Fazem notar a Teresa que, se ela ainda viver por muito tempo, ninguém entenderá nada: "O que importa? Todo mundo pode me desprezar, foi o que sempre desejei; eu o terei ao final de minha vida!"[57]. Esse dia é cheio de alegria. "Creio que ela morrerá rindo, de tal modo é alegre", testemunha a prima[58].

Nesse ano, as férias dos Guérin, dos La Néele e de Leônia em La Musse foram, evidentemente, perturbadas pela preocupação. A própria tia ficou doente. Na terça-feira, 3 de agosto, o doutor Francis e a esposa retornam a Caen; em seguida, os Guérin retornam a Lisieux no dia 6. O tio, que pensa em ir cuidar de suas crises de gota com um tratamento em Vichy, hesita muito, visto o estado de saúde da sobrinha. No locutório do Carmelo, ele vai buscar notícias em companhia da esposa. Encontram o doutor de Cornière, que partirá de férias para Plombières, onde sua mulher vai fazer um tratamento. Este lhes assegura que não há perigo imediato. No domingo, 8 de agosto, os Guérin viajam, portanto, para Vichy.

Antes de partir, o médico indica alguns "remedinhos". Desde o dia 3 de abril, ele visitou Irmã Teresa ao menos vinte e três vezes[59]. As hemoptises param em 5 de agosto.

---

53. Vendo-os, ela dirá no dia seguinte: "Ah, nosso colchão de palha! Ele está sendo arrumado para receber meu cadáver... Meu narizinho sempre teve sorte!" (CA 31.7.3). Teresa acha o candelabro "muito feio" (UC, p. 731).
54. CA 30.7.16.
55. Carta de Irmã Maria da Eucaristia ao seu pai, 31 de julho de 1897, UC, p. 731.
56. CA 30.7.4.
57. CA 31.7.15.
58. Carta de Irmã Maria da Eucaristia ao seu pai, 31 de julho de 1897, UC, p. 732.
59. Sem dúvida, vinte e sete vezes, mas quatro visitas não são registradas (em 25 de abril, 22 e 23 de julho, 8 de agosto).

Por uma semana, a partir de 8 de agosto, o estado da enferma vai estabilizar-se, o que explica a abundância das palavras anotadas nos *Últimos Colóquios* e os esforços que faz para festejar Irmã Genoveva com uma palavra em 3 de agosto. Teresa, porém, dissera: "Agora não escreverei mais"[60]. Mas ela volta a pegar o lápis para comentar o salmo 22, do qual gosta muito e que é muito adaptado à sua situação:

> Ó meu Deus, como sois doce com a pequena vítima de vosso Amor Misericordioso! Agora que unis o sofrimento exterior às provações de minha alma, não posso dizer: "As angústias da morte me cercaram", mas exclamo em minha gratidão: "Desci ao vale da sombra da morte, mas não temo nenhum mal, pois estais comigo, Senhor!" (à minha bem-amada Irmã Genoveva de Santa Teresa) 3 de agosto de 1897 — Sl XXII, 4[61].

É nesse dia (ou em outro mais próximo?) que ela escreve pela última vez ao Padre Pichon, comentando esse mesmo salmo, "dizendo-lhe tudo o que o bom Deus fizera por ela, tudo o que ela pensava de seu Amor e de sua Misericórdia e seu desejo de fazer o bem na terra"? Irmã Maria do Sagrado Coração, juntando essa longa carta à sua em um correio para o Canadá, leu-a e, achando-a muito bonita, desejou copiá-la. Mas o correio partiu antes. Informada disso, Teresa disse simplesmente: "Ah!... era toda a minha alma..."[62].

Os assuntos das breves conversações vão em todos os sentidos. A enferma fica desolada com as diferenças de tradução das Escrituras: "Se eu tivesse sido padre, teria aprendido o hebraico e o grego, não me contentaria com o latim. Desse modo, teria conhecido o verdadeiro texto ditado pelo Espírito Santo"[63]. Ela evoca seu estado sem se queixar, mas com realismo: "Como é fácil perder a coragem quando estamos doentes! Oh, como sinto que me desanimaria se não tivesse fé ou, antes, se não amasse o bom Deus"[64]. "Minha pequena via é sofrer, e aí está"[65]. "Não, não acredito que eu seja uma grande santa! Acredito ser uma santa pequenina, mas penso que aprouve ao bom Deus colocar em mim coisas que fazem bem a mim e aos outros"[66].

Para a festa da Transfiguração, em 6 de agosto, honra-se a Santa Face de Jesus. Tiram aquela do coro das carmelitas, enfeitam-na com flores e a colocam na enfermaria. "Oh, como essa Santa Face me fez bem em minha vida!" E, como acontece muitas

---

60. CA 1.8.3.
61. C 262, 3 de agosto de 1897, CG II, p. 1058.
62. CG II, p. 1056, n.a.
63. CA 4.8.5.
64. CA 4.8.4.
65. CA 4.8.8.
66. CA 4.8.2.

vezes, Teresa recorda o passado, a composição de *Viver de Amor* em fevereiro de 1895[67]. A noite foi difícil. Ela teve que "rechaçar muitas tentações", sem deixar de contemplar essa Santa Face[68].

Várias vezes nesses dias ela se refere aos seus cadernos: "Haverá para todos os gostos, exceto para as vias extraordinárias"[69]. A uma Irmã que lhe dizia que ela "era uma santa", Teresa responde: "Não, não sou uma santa; nunca realizei as ações dos santos. Sou uma alma pequenina a quem o bom Deus cumulou de graças: é isso que sou. O que digo é a verdade, vós o vereis no Céu"[70].

Em 5 de agosto, o seminarista Bellière, ocupadíssimo com seus projetos de partida para a África, reclama novamente uma carta de sua irmã. Ele sabe agora que sua correspondente se chama Teresa Martin e que é "a querida irmãzinha de sua alma"[71]. Em um último esforço, ela lhe responde em 10 de agosto (é sua décima primeira — e última — carta a Maurice):

> Meu querido irmãozinho, agora estou pronta para partir, recebi meu passaporte para o Céu e foi meu pai querido que me deu essa graça. No dia 29, ele me deu a garantia de que irei unir-me a ele em breve; no dia seguinte, o médico, espantado com os progressos que a doença fizera em dois dias, disse à nossa bondosa Madre que era tempo de realizar meus desejos, fazendo-me receber a extrema-unção. Tive, pois, essa felicidade no dia 30 e também aquela de ver Jesus-Hóstia deixar o tabernáculo por mim, [Jesus-Hóstia] que recebi como viático de minha longa viagem!... Esse Pão do Céu me fortaleceu. Vede, minha peregrinação parece não poder se acabar. Bem longe de lamentar, alegro-me que o bom Deus me permita ainda sofrer por seu amor. Ah, como é doce abandonar-se em seus braços, sem temores nem desejos.
>
> Eu vos confesso, meu irmãozinho, que não entendemos o Céu da mesma maneira. Parece-vos que, participando da justiça e da santidade de Deus, não poderei perdoar vossas faltas como na terra. Estais esquecendo que participarei também da misericórdia infinita do Senhor? Creio que os Bem-aventurados sentem uma grande compaixão de nossas misérias: eles se recordam que, sendo frágeis e mortais como nós, cometeram as mesmas faltas, enfrentaram os mesmos combates e sua ternura fraterna se torna ainda maior do que era na terra. É por isso que eles não cessam de nos proteger e rezar por nós.

A seguir, Teresa detalha a "herança" que lhe deixa: um relicário que recebeu em sua tomada de hábito; um pequeno crucifixo que tocou as relíquias durante sua viagem à Itália, abençoado pelo Papa Leão XIII, aquele que tem nas mãos todos os dias em sua

---

67. CA 5.8.7.
68. CA 6.8.1.
69. CA 9.8.2.
70. CA 9.8.4.
71. CCor 193, 5 de agosto de 1897, p. 1060.

enfermaria; finalmente, a última estampa que ela pintou. Teresa conclui: "A Deus, querido irmãozinho, que Ele nos dê a graça de amá-Lo e salvar-lhe almas. É o desejo de vossa indigna irmãzinha Teresa do Menino Jesus da S.F. r.c.i."[72].

No mesmo dia, na enfermaria, Teresa fala de seu grande amigo, o missionário mártir Teófano Vénard. Com um alfinete, fixou o retrato deste em suas cortinas, entre outras imagens[73]. Mostram-lhe uma de suas fotos como Joana d'Arc[74]. Ela comenta: "Os santos também me encorajam em minha prisão. Eles me dizem: enquanto estiveres em correntes, não podes realizar tua missão; mais tarde, porém, depois de tua morte, será o tempo de teus trabalhos e de tuas conquistas"[75].

A provação da fé continua subjacente: "É possível amar tanto o bom Deus e a Santíssima Virgem e ter esses pensamentos?... Mas não me detenho neles"[76]. "Eu desejei mais não ver o bom Deus e os santos e permanecer na noite da fé do que outros desejam ver e compreender."[77] Ela suspira: "Oh, como o bom Deus é pouco amado na terra!... mesmo pelos sacerdotes e religiosos... Não, o bom Deus não é muito amado..."[78].

Teresa também se preocupa em dar apoio às suas irmãs em sua dor. Jogos de palavras, trocadilhos frequentes[79], expressões da Normandia, gírias, piadas, "brincadeiras", "imitações". Impressionante situação onde duas irmãs Martin, como há quatorze anos nos *Buissonnets*, voltam a encontrar-se à cabeceira de sua irmãzinha[80]. Mas dessa vez é para acompanhá-la em direção à morte. Sua alegria — nos dias 12, 13, 15 e 17 de agosto — é poder comungar. Na quinta-feira, 12, quando recita o *Confiteor* com toda a comunidade reunida na enfermaria, diz estar recebendo uma grande graça:

> Eu via o bom Jesus pronto a dar-se a mim e essa confissão me parecia uma humilhação muito necessária. "Confesso a Deus, à Bem-aventurada Virgem Maria, a todos os

---

72. C 263, 10 de agosto de 1897, CG II, p. 1060-1062. Por uma impressionante coincidência, em 10 de agosto morre em Paris Alphonse Louis Bellière, o verdadeiro pai de Maurice, aos quarenta e nove anos de idade. Sabe-se que ele abandonara o filho duas vezes (ver VT, n. 69, janeiro 1978, p. 56-66).
73. CA 10.8.1, com a Santa Face (CA 5.8.9 + b), a Virgem Maria amamentando o Menino Jesus (CA 10.7.3), o Menino Jesus chamado "de Messina" (CA 25.7.4).
74. VTL 14, com Irmã Genoveva interpretando Santa Catarina.
75. CA 10.8.4.
76. CA 10.8.7.
77. CA 11.8.5.
78. CA 7.8.2.
79. "Agonir" [lançar] e "agoniser" [agonizar] (CA 8.7.9); "dates" [datas] e "dattes" [tâmaras] (9.7.5); "semper" [sempre] e "Saint-Père" [Pai Santo] (CA 10.7.2); "à la terre" [à terra] e "Alaterre" [sobrenome Alaterre] (CA 21.9.7); "none" [nenhum] e "nonne" [freira] (G/DE 5.8.2) etc.
80. Ver meu livro *La Passion de Thérèse de Lisieux*, p. 223-225. Em maio de 1883, Paulina já estava no Carmelo.

santos, que pequei…" Oh, sim — pensava eu —, fazem bem nesse momento em pedir perdão por mim a Deus, a todos os santos… Como o publicano, eu me sentia uma grande pecadora. Achava o bom Deus tão misericordioso! Achava tão tocante dirigir-me a toda a corte celeste para obter, por sua intercessão, o perdão de Deus. Ah, quase chorei e, quando a santa hóstia tocou meus lábios, eu estava muito emocionada.

…Como é extraordinário ter experimentado isso no Confiteor! Eu creio que é por causa de minha disposição presente; sinto-me tão miserável! Minha confiança não diminuiu, ao contrário; e a palavra "miserável" não está correta, pois estou rica de todos os tesouros divinos, mas é justamente por isso que me humilho mais. Quando penso em todas as graças que o bom Deus me fez, detenho-me para não derramar continuamente lágrimas de gratidão[81].

"Sou uma menininha muito doente…" (CA 17.8.2)

Depois desses poucos dias, um agravamento súbito acontece justamente na festa da Assunção, considerada um momento crucial da doença. Muito sufocamento (que às vezes a impede de falar), fortes dores no lado esquerdo. As pernas incham, a febre aumenta. Demasiadamente fraca, ela não consegue mais se levantar sozinha. Até aqui, ainda saía da cama duas horas por dia.

Tendo partido o doutor de Cornière, põe-se a questão de substituí-lo. Antes de ausentar-se, ele propusera o nome de um colega. Mas, na urgência de seu estado, Irmã Teresa se vê sem médico. Ora, seu primo — Francis La Néele —, que em 17 de agosto viajou de Caen a Lisieux para examinar a avó Fournet, vai ver Irmã Maria da Eucaristia no locutório do Carmelo. Pede-lhe que obtenha licença da priora para que ele possa visitar Teresa, pois tem que partir para a peregrinação internacional de Lourdes, em 19 de agosto. Ele poderá ir? Examinando Teresa, acha-a muito mal e pensa que ela não tem mais que quinze dias de vida. O segundo pulmão está comprometido. "Ele nos disse que a tuberculose chegara ao último grau", relata sua cunhada ao senhor Guérin[82]. Eis aí, finalmente pronunciada, a palavra tão temida[83]. Alguns dias mais tarde, em uma carta ao sogro, ele dá seu diagnóstico, o único escrito por um médico:

---

81. CA 12.8.3. Ela fez alusão ao "publicano" ao final do Ms C, 36rº.
82. 17 de agosto de 1897, UC, p. 745.
83. No século XIX e início do século XX, essa palavra espalhava o terror. Não somente havia uma conotação sugerindo a morte (150 mil franceses por ano morriam da doença), mas implicava uma vergonha, uma angústia. Era habitualmente a doença dos pobres (mas os ricos também morriam disso). Sobre a questão difícil apresentada pelo diagnóstico do doutor de Cornière: "Não é tuberculose" (7 de julho) e o do doutor La Néele: "É tuberculose" (17 de agosto), consultar a bibliografia, p. 609 ss.

> O pulmão direito está absolutamente perdido, cheio de tubérculos em via de amolecimento. O esquerdo está comprometido em seu terço inferior. Ela está muito emagrecida, mas seu rosto ainda lhe faz honra. Teresa estava sofrendo muito com nevralgias intercostais; foi isso que me proporcionou a alegria de vê-la. Voltei ao Carmelo na quarta-feira seguinte, com muita esperança de ainda voltar, mas Maria e a priorazinha não ousaram pedir a Madre Maria de Gonzaga a permissão para que eu entrasse uma segunda vez. Eu lhe passei uma receita para acalmar as dores, pois ela estava sofrendo muito naquele dia, e mandei chamar Celina para dar-lhe alguns conselhos [...][84].

Ele narra seu encontro com a enferma, que "o emocionou até às lágrimas" e relata algumas de suas palavras; no dia 19, vai à peregrinação de Lourdes com a esposa e Leônia[85]. A partir de então, Teresa se verá sem médico durante treze dias, quando seu estado se agravará consideravelmente. Por que Madre Maria de Gonzaga não mandou chamar o médico substituto que o senhor de Cornière havia indicado[86]? Consultado por escrito em Plombières, ele enviou uma receita em 25 de agosto. Mas sua ausência será mais longa que o previsto.

O período de 15 a 27 de agosto é aquele dos grandes sofrimentos de todos os tipos. As hemoptises cessaram desde o dia 5, mas a obstrução dos pulmões provoca sufocamentos angustiantes e tosses exaustivas. Sem alimentar-se, o emagrecimento é espetacular. A febre é constante; as dores no peito e nas articulações, quase incessantes. Madre Inês fez esta descrição:

> Ela não consegue se mover em consequência da fraqueza; tosse durante horas, o que lhe ocasiona grandes dores de cabeça. Suas pernas estão inchadas; ela está emagrecendo muito, aliás. A magreza ocasiona-lhe chagas com as quais sofre muito, os ossos espetam a pele. Está sofrendo também nas articulações e fica fraca a ponto de não poder ouvir, sem sentir-se mal, a salmodia do *Miserere* quando lhe levam a santa Comunhão. O farfalhar de um papel, caminhar com toda a precaução possível na enfermaria, falar-lhe — mesmo em voz baixa —, cansam-na extremamente[87].

Mas, principalmente a partir do dia 22, o mal atingirá os intestinos a ponto de fazer temer uma gangrena — o que provoca um máximo de sofrimentos durante uma semana. Teresa não pode impedir-se de gritar. Ela apresenta escaras na pele[88]. Em uma carta

---

84. 26 de agosto de 1897, UC, p. 756-758.
85. Por sua parte, o Padre Bellière anunciou a Teresa que participará dessa peregrinação com sua "mãe" (a tia) (CCor 194, 17 de agosto de 1897, CG II, p. 1064).
86. Madre Inês de Jesus testemunhou que ela não queria "fazer entrar nenhum médico de Lisieux" (CV 30.8.3, p. 105-107; UC, *Anexos*, p. 350). Ver a carta de Celina Guérin à filha Joana, 1º de setembro de 1897, UC, p. 765.
87. UC, p. 508-509.
88. 24 de agosto de 1897, UC, p. 755.

muito realista para informar o genro, Celina Guérin descreve a situação em detalhes[89]. Intensificam-se as lavagens intestinais e os supositórios.

"É de perder a razão", diz a enferma[90]. Ela resiste a ataques demoníacos[91] em momentos nos quais ressurge a provação da fé: "Tomai, vede o buraco negro [sob os castanheiros perto do cemitério] onde não se distingue mais nada; é em um buraco assim que estou, na alma e no corpo. Ah, sim, que trevas! Mas nelas estou na paz"[92]. Teresa recomenda que Madre Inês de Jesus não deixe medicamentos venenosos ao lado dos enfermos. Quando se sofre assim, "seríamos capazes de nos envenenar"[93]. "Infelizmente, como é engraçado ter medo de morrer!... Enfim, quando se é casado, quando se tem um marido e filhos, é compreensível; mas eu, que não tenho nada!..."[94].

Outro grande sofrimento provém da impossibilidade de comungar. Ela pode fazê-lo em 19 de agosto. Será a última vez. Na quinta-feira, durante a salmodia do *Miserere* feita pela comunidade reunida, Teresa quase passa mal. Na época, o cerimonial da Comunhão dos doentes requer procissões e cantos. Extremamente fraca, Teresa não suporta mais nenhum barulho, confirma Irmã Maria da Eucaristia[95]. Mas comunga e oferece essa Comunhão pela conversão do ex-padre Hyacinthe Loyson, cuja festa se celebra[96].

No dia seguinte, grandes angústias a assaltam. Ela teme "acidentes" durante a Comunhão, por causa de sua fraqueza e dos vômitos. Teresa não ousa confessar que seria melhor renunciar a levar-lhe a Comunhão. Sufocada, angustiada, ela desata em lágrimas e pede que façam silêncio ao seu redor. Apenas algumas horas depois é que confessa esse sofrimento a Madre Inês. Tinham previsto uma Comunhão por semana. Na verdade, não haverá mais nenhuma até sua morte[97]. No anterior mês de junho, Teresa dissera a

---

[89]. 27 de agosto de 1897, UC, p. 760-761. Ver a carta de Irmã Maria da Eucaristia a seu pai, 27 de agosto de 1897, UC, p. 759.

[90]. CV, Introdução, p. 8 (ACL); ver CA 19.8.1; 27.5.2.

[91]. CA 18.8.5; CV 25.8.4, UC, *Anexos*, p. 330.

[92]. CA 28.8.3.

[93]. CV 30.8.3, UC, *Anexos*, p. 348-350. Ver IJ/NPPA.

[94]. CA 27.8.1.

[95]. Ao seu pai, 27 de agosto de 1897, UC, p. 759.

[96]. CV 20.8.4, UC, *Anexos*, p. 304: "Essa conversão a ocupara durante toda a sua vida", acrescenta Madre Inês de Jesus.

[97]. CV 20.8.4, UC, *Anexos*, p. 302-303, e CA 20.8.10. Irmã Maria da Cruz, enferma durante trinta e três anos, falecida em 1882, não comungava mais. Padre Delatroëtte dissera a Madre Genoveva: "Vais deixá-la morrer sem sacramentos? Mas é espantoso para uma carmelita!" (*La Fondation du carmel de Lisieux*..., p. 79). Ver VT, n. 73, janeiro 1979, p. 74, n. 10. Recordamos que Teófano Venard não pudera comungar no momento de sua morte, CA 15.7.2: "Algum tempo antes de sua morte, Teresa disse a Madre Maria de Gonzaga: 'Minha Madre, quando eu estiver no Céu, vos farei mudar de opinião'"

Madre Inês: "Sem dúvida, é uma grande graça receber os sacramentos; mas, quando o bom Deus não o permite, está bem do mesmo jeito. Tudo é graça"[98].

Alguns raros ecos da vida exterior chegam à enfermaria. Na quinta-feira, 26 de agosto, Monsenhor Hugonin foi às beneditinas da Abadia consagrar o novo altar. No dia seguinte, a antiga aluna de *Notre-Dame-du-Pré* faz a seguinte reflexão: "Como eu gostaria que Monsenhor viesse ver-me… Enfim, é uma graça a bênção de um bispo". Rindo: "Se somente fosse São Nicolau, que ressuscitou três criancinhas!"[99]. Em 3 de setembro, Madre Inês de Jesus faz-lhe um relatório das festas que acompanharam a viagem do presidente da República, Félix Faure, à Rússia (18-31 de agosto), e a Aliança franco-russa com o tsar Nicolau II. Teresa comenta: "Ah, isso não me fascina! Falai-me do bom Deus, do exemplo dos santos, de tudo o que é verdade…"[100].

No sábado, 18 de agosto, antes de partir para Lourdes, Francis deu, no locutório, alguns conselhos a "Celina" para cuidar de sua irmã. No dia 25, ele está de volta a Caen. Diante dos sofrimentos intensificados da irmã, Madre Inês de Jesus conjura a priora a chamar o doutor La Néele em Caen. Enviam-lhe um telegrama em 30 de agosto. Recebendo-o tarde demais, Francis não pôde pegar o trem da manhã. Chegando às 19h, volta a encontrar a prima na enfermaria. Constata os progressos que a tuberculose fez em quinze dias: metade do pulmão esquerdo está tomado[101]. Não lhe resta nada mais que meio pulmão para respirar. De linguagem direta, ele diz a Madre Maria de Gonzaga: "Sabei, minha Madre, que essa pobrezinha está sofrendo um verdadeiro martírio e que, em seu estado, ela deve ver um médico todos os dias. Aliás, ontem eu estava em Lisieux; como não me chamastes?". Não há empatia entre a priora e o jovem médico La Néele. Ele é claro e franco[102], enquanto o doutor de Cornière, mais velho, é apenas doçura. Entre os dois homens também existe, sem dúvida, um conflito de gerações. Madre Maria de Gonzaga, da velha geração, apoia-se mais no doutor de Cornière, conhecido há tanto tempo e reconhecido como bom e devotadíssimo médico. Depois da partida de Francis, a priora chora, se enfurece contra a família da enferma, contra esta também. Teresa conserva a calma e diz à irmã: "Fizestes vosso dever, não vos perturbeis. O doutor tem razão: quando se está doente do jeito que estou, com complicações a todo instante, seria

---

(a respeito da Comunhão diária). De fato, o novo capelão, Padre Hodierne, sucedendo o Padre Youf, dará a Comunhão à comunidade todos os dias (MA, p. 154, nota).

98. CA 5.6.4. "A Serva de Deus costumava dizer que 'tudo é graça'" (IJ/PA, p. 293).
99. CA 27.8.2.
100. CA 3.9.1.
101. Carta de Celina Guérin ao seu marido em Vichy, 30 de agosto de 1897, UC, p. 762.
102. Por ocasião da primeira visita à enfermaria, em 17 de agosto, a primeira coisa que fez foi abraçar Teresa. Pedindo a permissão *pro forma* à priora, ele não esperara a resposta (carta ao sogro, 26 de agosto de 1897, UC, p. 757)!

preciso mandar chamar um médico todos os dias. De outro modo, expõem-se os pobres doentes a perder a paciência"[103].

No dia seguinte, depois de uma noite mais tranquila, Teresa é transportada em uma cama dobrável e com rodas até a porta do coro das carmelitas, no claustro. O mês de agosto de 1897 é bonito e quente em Lisieux. Ela permanece ali sozinha durante um longo tempo, depois lança pétalas de rosa ao Santíssimo Sacramento. Irmã Genoveva tira uma foto sua: será a última em sua vida[104]. Bastante emagrecida, ela segura o crucifixo na mão, rosas são esparramadas sobre sua cama. Padre Youf vai vê-la e lhe diz: "Sofrestes mais do que sofrereis agora... estamos terminando juntos o nosso ministério: vós, como carmelita; eu, como sacerdote"[105]. Encontro de dois doentes graves, aos quais resta viver quatro e cinco semanas[106].

Na terça-feira, 31 de agosto, o doutor La Néele retorna. A priora chorou outra vez depois de sua visita, vendo que ele ficara magoado. Francis tinha dito a Celina Guérin: "Tenho certeza de que elas não estão cumprindo minhas receitas". Sua família — principalmente a sogra —, temendo os conflitos, tenta acalmá-lo e minimizar os "imbróglios"[107]. A Teresa, diz que ela está perto de sua morte, que poderia "morrer de repente, virando-se em sua cama"[108].

Curiosamente, a enferma é tomada por uma forte vontade de comer: "Tenho apetite por toda a minha vida. Sempre comi como uma mártir e agora devoraria tudo. Parece-me que estou morrendo de fome"[109]. Os Guérin vão fazer tudo para satisfazer seus "desejos de doente". No outro dia, come assado e purê. Início de setembro: Teresa ousa pedir à Irmã Genoveva "um bolinho de chocolate, é mole por dentro... é longo, estreito, acredito que é o que chamavam de bomba de chocolate". Deve-se dizer que Madre Maria de Gonzaga ordenou-lhe pedir tudo o que ela desejasse[110].

Teresa se diz "obcecada" por essas tentações, "mergulhada na matéria". Contudo, declara:

> Ah, é incrível como todas as minhas esperanças se realizaram. Quando eu estava lendo São João da Cruz, implorava ao bom Deus que operasse em mim o que ele diz,

---

103. CV 30.8.3, UC, *Anexos*, 350: sobre as interpretações desses acontecimentos, ver meu livro *La Passion de Thérèse de Lisieux*, p. 219-220.
104. VTL 45.
105. CA 30.8.3.
106. Padre Youf morre uma semana depois de sua penitente, em 7 de outubro de 1897, DE, p. 765.
107. Carta de Celina à filha Joana, 1º de setembro de 1897, UC, p. 765.
108. CA 5.9.4.
109. CA 31.8.5. Ver UC, p. 545-546.
110. De Irmã Genoveva à sua tia Guérin, início de setembro de 1897, UC, p. 766.

isto é, a mesma coisa que que se eu chegasse à velhice; enfim, que me consumisse rapidamente no Amor. E fui atendida!"[111].

Uma calma muito relativa sucederá aos duros sofrimentos do final de agosto. A febre sobe por volta das 10 da manhã até à noite. Madre Inês continua a anotar as palavras da irmã, mais raras e também mais variadas: "Ofereci principalmente minha provação contra a fé por um membro associado de nossa família que não tem fé"[112].

O doutor La Néele retorna para uma visita no domingo, 5 de setembro, depois das 17 horas. Diante de sua reflexão: "Sois como um navio que não avança nem recua", ela fica estupefata. Madre Maria de Gonzaga oferece ao médico o retrato de Teresa deitada sob o claustro, tirado recentemente. Será sua última visita (quatro ao todo), porque o doutor de Cornière volta das férias pouco depois, sem dúvida no dia 9.

A quarta-feira — 8 de setembro, sétimo aniversário de sua profissão — concede à enferma uma certa calmaria. Pede para rever a estampa de Nossa Senhora das Vitórias, onde colou a florzinha branca que seu pai lhe dera quando permitiu que ela entrasse no Carmelo, em 1887. No verso, escreveu com mão trêmula as últimas linhas traçadas na terra[113]: "Ó Maria, se eu fosse a Rainha do Céu e vós fôsseis Teresa, eu gostaria de ser Teresa para que vós fôsseis a Rainha do Céu!!!... 8 de setembro de 1897"[114].

O doutor de Cornière retoma as visitas na sexta-feira, 10 de setembro, e não esconde sua consternação[115]. O que desencadeia na enferma uma esperança de morrer em breve é a seguinte reflexão a respeito dos médicos: "Eles dizem e desdizem"[116]. Sua alegria desses dias vem da realização de um desejo: possuir uma relíquia de seu grande amigo Teófano Venard. É o que acontece na tarde de 6 de setembro, quando a relíquia é afixada às cortinas de sua cama, frequentemente ornamentada com flores do campo trazidas pelas Irmãs[117]. Ela a acolhe com lágrimas de alegria. Acaricia-a e beija-a muitas vezes. Teresa

---

111. CA 31.8.9.

112. CA 2.9.7. René Tostain, que se casou com Marguerite-Marie Maudelonde em 14 de outubro de 1889. Ele era substituto do procurador da República em Lisieux. Teresa rezou por ele a partir do casamento.

113. O 21.

114. Essa espantosa troca de identidade poderia ter sido inspirada à enferma por uma palavra atribuída a Santo Agostinho (ver *Prières*, p. 147-148).

115. CA 10.9.1.

116. Ibid.

117. Essa relíquia foi emprestada ao Carmelo de Lisieux para Teresa pelas Irmãs da Imaculada Conceição de Nogent-le-Routrou. Estas tinham fundado em Lisieux uma escola, uma oficina de trabalho e um escritório para os pobres. Irmã Santo Inácio foi bastante atuante ali. Ela frequentava os Martin nos *Buissonnets*. Foi procurar para a enferma uma relíquia de Teófano Venard, que foi entregue às irmãs após a morte de Teresa. Irmã Santo Inácio morreu em Nogent-le-Routrou em 31 de janeiro de 1930 (ACL).

tinha dito: "Teófano Venard me agrada mais que São Luís Gonzaga, porque a vida de São Luís Gonzaga é extraordinária e a sua, toda ordinária"[118].

Teresa sempre venerou as relíquias. Trouxe de Roma uma colheita delas e carrega sempre consigo um saquinho de couro bege, onde dispôs o pergaminho de sua profissão do dia 8 de setembro de 1890[119], relíquias[120] e medalhas[121]. Ela recolhera a última lágrima de Madre Genoveva (Ms A, 78vº-79rº) e ao Padre Roulland pedira os seus cabelos "como relíquias"[122]. No Carmelo de Lisieux, é Irmã Amada de Jesus que se ocupa do "Ofício das Relíquias"[123].

O medo da morte a atinge: "O que é essa separação misteriosa da alma e do corpo? Foi a primeira vez que senti isso, mas abandonei-me imediatamente ao bom Deus"[124]. Algumas palavras misteriosas surgem de tempos em tempos. Ela desfolhou uma rosa sobre seu crucifixo, acariciando as chagas do Crucificado com cada pétala e citando a própria poesia, *Lançar flores*: "Desfolhando por Ti a rosa primaveril/ Gostaria de enxugar tuas lágrimas!"[125]. As pétalas caem no chão da enfermaria. Teresa fala seriamente: "Juntai bem essas pétalas, minhas irmãzinhas, mais tarde eles vos servirão para dar alegrias... Não percais nenhuma..."[126].

Outra palavra estranha: "Depois de minha morte, ireis até a caixa de correios, ali encontrareis consolações"[127]. E outra vez à Madre Inês de Jesus: "Mais tarde, um grande número de jovens sacerdotes, sabendo que ela fora dada como irmã espiritual a dois missionários, pedirão o mesmo favor"[128]. "Irei proximamente [a Saigon]; se soubésseis como farei rapidamente minha volta!"[129] etc.

---

118. CA 21-26.5.1.
119. Teresa fala dele em Ms A, 79rº. Dimensões: 78 cm × 62 cm.
120. Um relicário da Bem-aventurada Margarida Maria, de Paray-le-Monial; cabelos de Irmã São Pedro, de Tours; uma relíquia de Madre Genoveva de Santa Teresa; uma pedra do Coliseu, recolhida em Roma; terra do túmulo de Santa Cecília, vinda das catacumbas.
121. Medalha milagrosa da *rue du Bac*, em Paris; medalha de São Bento.
122. C 201, 1º de novembro de 1896, CG II, p. 910; em sua tomada de hábito, Teresa recebera um relicário que, após sua morte, será dado ao Padre Bellière (C 263, 10 de agosto de 1897, CG II, p. 1061).
123. Circular de Irmã Amada de Jesus, 17 de janeiro de 1930, p. 3.
124. CA 11.9.4.
125. P 34, 1, de 28 de junho de 1896.
126. CA 14.9.1. É a festa da Exaltação da Santa Cruz.
127. IJ/PA, p. 200. Ver MSC/PO, p. 255.
128. CA 8.7.16. Mas Teresa previne a irmã. Essa correspondência deve ser "muito rara" e proibida a certas religiosas que "acreditariam estar fazendo maravilhas e, na realidade, só estariam ferindo sua alma".
129. CA 2.9.5. Sobre essas palavras misteriosas, ver meu livro *La Passion de Thérèse de Lisieux*, p. 175-182.

O doutor de Cornière a visita na sexta-feira, 17, e constata que seus pés ainda estão inchando: mau sinal, diz ele. O médico não lhe dá quinze dias de vida. A noite foi ruim, pontuada por acessos de tosse. Contudo, ela ainda se alimenta com pratos dados pela família: *charlotte*, alcachofras, queijo branco...

Domingo, 19 de setembro: Padre Denis celebra uma primeira missa no Carmelo. Após a celebração, Teresa pede para ver o cálice, contemplando seu rosto no fundo[130].

Retornando na segunda-feira, 20, o doutor de Cornière constata que seus sofrimentos são "um verdadeiro martírio". Ele fala da "heroica paciência" de Teresa. A enferma não partilha seu ponto de vista: "Como ele pode dizer que sou paciente? É mentira! Não paro de gemer, suspiro, grito o tempo todo. Oh, não, não, não. E depois: 'Meu Deus, não posso mais! Tende piedade, tende piedade de mim!'"[131].

À tarde, mudam-na de posição. Sua magreza é impressionante. Querem mostrá-la à priora que, depois de ter-se feito esperar, exclama: "O que é uma menininha tão magra?" A resposta brota: "Um *queleto*!"[132].

"O que é a agonia?" (CA 21.9.6)

Nova etapa da doença e dos sofrimentos em 21 de setembro. Teresa se interroga sobre a agonia. "*Bobonne*" se lamenta: "Quando penso que ela vai morrer..." "Ah, pois sim, eu acredito!", responde Teresa[133]. Mas a irmãzinha faz troça outra vez. No dia seguinte, sente dificuldade para falar[134]. Ela volta a comentar sobre a tentação do suicídio: "Que graça ter fé! Se eu não tivesse tido fé, ter-me-ia dado a morte sem hesitar um só instante..."[135]. O dia 24 de setembro recorda o sétimo aniversário de sua tomada de véu (1890). A missa comunitária é celebrada nessa intenção: "Obrigada pela missa!"

Voltando a atender Teresa, o doutor de Cornière diz a Madre Maria de Gonzaga: "É um anjo! Ela tem uma cara de anjo, seu rosto não se alterou, apesar dos grandes sofrimentos. Nunca vi isso. Com seu estado de emagrecimento generalizado, é sobrenatural"[136]. Depois de sua visita, Teresa ironiza: "Eu tinha vontade de dizer ao senhor de Cornière:

---

130. CA 19.9. O Padre Joseph Denis de Maroy foi ordenado em Bayeux no dia anterior, vira no locutório as três irmãs Martin — Paulina, Maria e Teresa (ver UC, p. 562, n.b.).
131. CA 20.9.1.
132. CA 20.9.2.
133. CA 21.9.2.
134. CA 22.9.2.
135. CA 22.9.6.
136. CA 24.9.3.

estou rindo porque não pudestes impedir-me de ir ao Céu; mas, para vossa desolação, quando eu estiver lá, vos impedirei de chegar cedo demais"[137].

Várias vezes, suas irmãs fizeram uma alusão insistente ao dia de sua morte. Teresa tem alguma intuição a respeito? "Ah, minha mãe, intuições! Se soubésseis em que pobreza estou! Não sei nada do que vós sabeis; não adivinho nada, senão por aquilo que vejo e sinto. Mas minha alma, malgrado as suas trevas, está em uma paz impressionante"[138]. Madre Inês lhe relata os propósitos levantados pelas Irmãs no recreio a respeito de Padre Youf, seu capelão, muito doente e temeroso da morte. Teresa comenta:

> ...Quanto aos pequenos, eles serão julgados com extrema doçura. E podemos permanecer pequenos, mesmo nas responsabilidades mais temíveis, mesmo vivendo por muito tempo. Se eu tivesse morrido aos oitenta anos, se tivesse estado na China, em toda parte, sinto que teria morrido tão pequena quanto hoje. E está escrito que "ao final, o Senhor se erguerá para salvar todos os mansos e humildes da terra". Ele não diz julgar, mas salvar[139].

Alguns dias antes, ela declarara à sua irmã, durante seus terríveis sofrimentos: "Ó minha mãe, é muito fácil escrever belas coisas sobre o sofrimento, mas escrever não é nada! É preciso estar nele para saber!...". Nesse dia, Teresa completa: "Sinto agora que o que disse e escrevi é verdade em todos os pontos... É verdade que eu queria muito sofrer pelo bom Deus, é verdade que ainda o desejo"[140].

Nos três dias que seguem, Irmã Teresa se sente muito oprimida e quase não fala mais. Sua respiração é muito curta. Ela pede para beber da água de Lourdes trazida pelos La Néele[141]. Em 28 de setembro leem-lhe o Ofício de São Miguel Arcanjo.

"Nunca saberei morrer" (CA 29.9.2)

Na quarta-feira, 29 de setembro, Teresa entra em agonia. A comunidade é convocada à enfermaria e recita em latim as "orações de recomendação da alma", compreendendo a ladainha dos santos, salmos, orações, leituras da Sagrada Escritura (Evangelho de São João, cap. 17)[142]. Tudo dura uma hora; a seguir, a comunidade se retira para ir à missa.

---

137. CA 24.9.5. O doutor de Cornière morreu em 25 de junho de 1922, aos 80 anos.
138. CA 24.9.10.
139. CA 25.9.1.
140. CA 25.9.2.
141. CA 27.9.
142. Sobre esse ritual, ver UC, p. 845. Com os sacerdotes, as monjas recitaram os textos que iam da página 9 à página 85.

Padre Youf, muito doente, não está disponível para confessar Teresa. Chamam Padre Faucon, confessor extraordinário das carmelitas entre 1886 e 1891[143]. Bastante lúcida, Teresa se confessou e pediu-lhe sua bênção. Ele a achou "bela e calma", inspirando-lhe respeito. Ao sair da enfermaria, disse à Madre Inês de Jesus: "Que formosa alma! Ela parece confirmada em graça"[144].

Ao meio-dia, Teresa interroga a priora: "Minha Madre, é a agonia?... Como vou fazer para morrer? Nunca vou saber morrer!..."[145].

O doutor de Cornière prescreve injeções de morfina. Madre Maria de Gonzaga, porém, não as permite, tendo reservas contra esse medicamento, segundo certos preconceitos da época. A enferma receberá apenas algumas colheradas de xarope de morfina[146]. Naquela noite, apesar das recusas de Teresa, Irmã Maria do Sagrado Coração e Irmã Genoveva se revezarão para velá-la enquanto Madre Inês de Jesus dorme na cela próxima à enfermaria.

Pela manhã — o dia estava cinza e chuvoso —, a priora mantém a doente com as duas irmãs durante a missa, das 7 às 8 horas. Perguntam a Teresa como passou a noite. Ela contempla a estátua de Maria e diz: "Oh, eu rezei a ela com um fervor! Mas é a pura agonia, sem nenhuma mescla de consolação"[147].

Curiosamente, na ocasião em que vai sofrer muito o dia todo, Teresa consegue mover-se e sentar na cama: "Vede que hoje estou com forças! Não, não vou morrer! Ainda tenho meses, talvez anos!..." "Eu o quero muito!"[148].

Palavras pontuam a agonia de Teresa. Escutemos o que as testemunhas anotaram entre 14 e 17 horas.

> Não creio mais na morte para mim... Só creio no sofrimento... Pois bem, tanto melhor! Ó meu Deus!... Eu amo o bom Deus! Ó minha bondosa Santíssima Virgem, vinde em meu socorro!
>
> Se isso é a agonia, o que é a morte?
>
> [Olhando para a Santíssima Virgem:] Oh, sabeis que estou sufocando! [Para mim (Madre Inês de Jesus)]: Se soubésseis o que é estar sufocando!

---

143. 15 de fevereiro de 1842 – 3 de maio de 1918. Originário do Calvados, ordenado sacerdote em 29 de junho de 1868, vigário de São Tiago de Lisieux em 1870, pároco decano de Ryes em 1883, Padre Faucon testemunhará no Processo apostólico de Teresa (PA, p. 422-424).

144. UC, p. 772-773.

145. CA 29.9.2.

146. Sobre essa questão, ver UC, p. 555-556. Ver CV, 30.9, UC, *Anexos*, p. 418. Vítima de um câncer na língua em 1904, Madre Maria de Gonzaga recusará a morfina.

147. UC, p. 380.

148. CA 30.9, UC, p. 381.

[— O bom Deus vai ajudar-vos, minha pobrezinha, e em breve isso terá acabado.]
— Sim, mas quando?... Meu Deus, tende piedade de vossa pobre filhinha! Tende piedade!
[À Madre Maria de Gonzaga:] Ó, minha Madre, eu vos garanto que o cálice está cheio, até à borda!... Mas com certeza o bom Deus não vai me abandonar... Ele nunca me abandonou... Sim, meu Deus, tudo o que quiserdes, mas tende piedade de mim!... Minhas irmãzinhas! Minhas irmãzinhas, rezai por mim!
...Meu Deus, meu Deus, vós que sois tão bom!!!... Oh, sim, sois bom, eu o sei...
[Depois de Vésperas, a priora pôs em seu colo uma estampa de Nossa Senhora do Carmo. Ela a contemplou por um instante e disse, quando Nossa Madre lhe afirmou que em breve ela faria carícias à Santíssima Virgem como o Menino Jesus na estampa:] Ó minha Madre, apresentai-me bem depressa à Santíssima Virgem, sou um bebê que não aguenta mais!... Preparai-me para morrer bem.
[Nossa Madre respondeu-lhe que, tendo sempre entendido e praticado a humildade, sua preparação estava feita. Ela refletiu por um instante e pronunciou humildemente as seguintes palavras:] Sim, parece-me que sempre só procurei a verdade; sim, entendi a humildade de coração... Parece-me que sou humilde.
[Ela repetiu mais uma vez:] Tudo o que escrevi sobre meus desejos de sofrer. Oh, é realmente muito verdadeiro!... E não me arrependo de ter-me entregado ao Amor. Oh, não, não me arrependo, ao contrário!
[Um pouco mais tarde:] Nunca acreditaria que é possível sofrer tanto! Nunca! Nunca! Só posso compreender isso pelos ardentes desejos que tive de salvar almas[149].

Muito emocionada com o último combate de sua afilhada, Irmã Maria do Sagrado Coração hesita em voltar à enfermaria. Por sua parte, Madre Inês de Jesus vai rezar diante da imagem do Sagrado Coração no primeiro andar, para que a irmãzinha não perca a esperança em seus últimos momentos.

À tarde, Madre Inês e Irmã Genoveva estão à sua cabeceira. "Trêmula e desfeita", a agonizante as chama e põe seus braços sobre os ombros de suas irmãs, uma à esquerda da cama, a outra à direita. Ela fica assim por um momento, os braços em cruz: o toque do sino anuncia que são três da tarde[150].

> 17h: seu rosto muda repentinamente. A comunidade é convocada à enfermaria. Teresa segura seu crucifixo e o contempla fixamente: rosto inflamado, estertores, tremores, mãos violáceas, sudoreses abundantes.
>
> 18h: toque do Angelus: ela olha longamente para a estátua da Virgem do Sorriso.

---

149. CA 30.9; UC, p. 381-383.
150. CLG, p. 185.

19h: a priora despede as Irmãs. A agonizante se dirige a Madre Maria de Gonzaga: "Minha Madre, ainda não é a agonia?... Não vou morrer?... — Sim, minha pobre pequena, é a agonia, mas talvez o bom Deus queira prolongá-la por algumas horas". [Ela retorquiu com coragem:] — Pois bem... vamos! Vamos!... Oh, não gostaria de sofrer menos tempo...
[Contemplando o seu crucifixo:] — Oh, eu o amo!... Meu Deus... eu vos amo!... Com a cabeça inclinada para a direita, ela volta a cair sobre seu travesseiro.
Madre Maria de Gonzaga manda tocar o sino da enfermaria, as Irmãs regressam às pressas, ajoelham-se ao redor da cama: "Abri todas as portas!", ordena ela.
O rosto da agonizante recupera sua beleza, seus olhos estão fixos no alto. Sua cabeça se move lentamente. Irmã Maria da Eucaristia faz passar uma vela diante de seus olhos. Ela expira por volta das 19h20. A comunidade se retira[151].

Durante todo esse tempo, os Guérin estão em oração na capela do Carmelo com Leônia, que voltou de Caen, onde tinha passado alguns dias com os primos La Néele. Madre Inês de Jesus faz chegar às suas mãos o seguinte bilhete: "Meus bem-amados parentes, minha Leônia querida, nosso Anjo está no Céu. Ela exalou seu último suspiro às 7 horas, estreitando seu crucifixo ao coração e dizendo: 'Oh, eu vos amo!' Ela acabava de levantar os olhos para o Céu. O que estava vendo?"[152].

A chuva tinha cessado. Os Guérin voltaram para casa debaixo de um céu limpo, no qual as estrelas cintilavam. No claustro do mosteiro, Irmã Genoveva, em lágrimas, fazia a mesma constatação.

Madre Inês de Jesus e Irmã Amada de Jesus procedem ao "sepultamento". "Ela estava encantadora e parecia não ter mais que entre treze e quinze anos."[153]

Teresa é exposta no coro, em seu colchão de palha, tendo em mãos seu crucifixo, seu terço e uma palma. Sobre uma mesinha puseram a Virgem do Sorriso. Irmã Genoveva tirou uma fotografia na sexta-feira, 1º de outubro[154]. O transporte do corpo acontece sob o claustro, à porta da enfermaria. De acordo com o costume, Teresa é exposta no coro das carmelitas da tarde de sexta-feira à noite de domingo, em seu caixão aberto, florido. No domingo, 3 de outubro, à tarde, Irmã Genoveva tira uma última foto, mas sua irmã já está muito mudada[155]. "Nós a achávamos majestosa, mas não a reconhecíamos mais"[156].

---

151. CA 30.9, UC, p. 381-385.
152. UC, p. 773.
153. CV, 30.9. Para a defunta, Irmã São João Batista tirou da gaveta a touca mais feia (IJ/CV, p. 125 [ACL] e AL, n. 616, setembro 1983, p. 5).
154. VTL 46.
155. VTL 47.
156. CLG, p. 190.

As famílias Martin, Guérin, La Néele, Maudelonde, de Cornière, amigos, sacerdotes, fiéis desfilam diante do corpo, fazendo tocar terços, medalhas, segundo o costume da época.

Na noite de domingo, 3, "fecharam o caixão depois que começaram a manifestar-se alguns sinais de decomposição"[157]. Por falta de lugar e de autorização municipal, Teresa não pode ser sepultada no pequeno cemitério do Carmelo. O tio Guérin comprou um jazigo para o Carmelo no cemitério que domina Lisieux[158].

No cemitério de Lisieux (4 de outubro de 1897)

Irmã Teresa do Menino Jesus da Santa Face é a primeira a ser enterrada ali, na segunda-feira, 4 de outubro de 1897, ao final da manhã, após a missa de exéquias no Carmelo, que aconteceu às 9 horas. As carmelitas enviaram o seguinte convite obituário:

> Sois humildemente solicitado pelas religiosas carmelitas a lembrar-vos, em vossas fervorosas orações, da alma de sua querida Irmã TERESA DO MENINO JESUS, que adormeceu no Senhor em 30 de setembro de 1897, com a idade de 24 anos, dos quais 9 passados em religião.
> Elas vos convidam igualmente a assistir à Missa de sepultamento que será dita em sua capela na segunda-feira, 4 de outubro, às 9 horas.
> REQUIESCAT IN PACE
> De nosso mosteiro do Sagrado Coração de Jesus e da Imaculada Conceição das carmelitas de Lisieux[159].

Na segunda-feira, um carro fúnebre puxado por dois cavalos sobe lentamente para o lado da *rue des Champs-Rémouleux*, que conduz ao cemitério da cidade e domina o vale *de l'Orbiquet*. Preso à cama por uma crise de gota, o tio Guérin não pode assistir às

---

157. IJ/PO, 495.
158. Ver Madre Inês de Jesus: "Um dia, a madre priora falou ao doutor, na presença de Teresa, da compra que acabavam de fazer de um novo terreno no cemitério da cidade, porque não havia mais lugar no antigo. Ela acrescentava que doravante cavariam as valas muito profundamente para que fosse possível nelas sobrepor três caixões. Irmã Teresa do Menino Jesus disse, rindo: 'Então serei eu que estrearei o novo cemitério?'. Espantado, o médico lhe disse que não pensasse ainda em seu sepultamento. 'Mas é um pensamento muito alegre — retorquiu Teresa. Mas, se o buraco é profundo, isso me preocupa, por causa do que poderia acontecer de ruim àqueles que me descerão'. E continuando em tom de brincadeira: 'Já estou ouvindo o papa-defuntos a gritar: Não puxeis tanto a corda desse lado!'. E outro que lhe responde: 'Puxai do outro lado! Ei! Atenção!'. Enfim, aí está! Lançam terra sobre meu caixão e todo mundo vai embora" (NPPA, "Humildade", citado em UC, p. 661).
159. Por sua vez, os Guérin enviaram um convite obituário em nome das famílias La Néele e Macé.

exéquias. Leônia conduz o desfile, cercada pela tia e o casal La Néele, acompanhados por um pequeno cortejo.

A tumba é um túmulo de terra encimado por uma cruz, na qual se pode ler: "Irmã Teresa do Menino Jesus, 1873-1897". Nela tinham sido pintados os seguintes versos: "De que eu quero, ó meu Deus,/ Levar ao longe o teu Fogo: lembra-te"[160]. Mas o operário que levou a cruz ao cemitério apagou a pintura, ainda fresca. Alguns dias depois, a cruz trará esta frase: "Quero passar o meu Céu a fazer o bem na terra"[161].

No dia seguinte, as carmelitas limpam e arrumam a enfermaria. A enxerga da defunta é queimada, assim como suas alpargatas. Irmã Maria do Sagrado Coração teria gostado de ficar com elas, mas Irmã Marta se opôs: "Vós não guardareis essas imundícies!"[162]. A roupa de Teresa, conforme o costume, devia ser atribuída a outra carmelita. Madre Inês de Jesus sugeriu que Leônia a comprasse, assim como a capa branca, os véus e um par de alpargatas, ao preço de 90 francos. Madre Maria de Gonzaga aceitou[163]. O Carmelo de Lisieux retoma a vida normal. Em 2 de outubro, o jornal *Le Normand* publicara este artigo:

> Necrologia. É com um vivo sentimento de tristeza que fomos informados, na quinta-feira à noite, do falecimento no mosteiro de Nossa Senhora do Carmo de uma jovem que passou os mais belos anos de sua juventude em uma vida de oração e sacrifício.
>
> A senhorita Maria Francisca Teresa Martin renunciou ao mundo com a idade de quinze anos e, consagrando-se a Deus, tornou-se Irmã Teresa do Menino Jesus. Ela desaparece depois de dez anos de uma vida angélica à sombra do claustro, e a morte, que acaba de ceifá-la na flor da idade, pondo um termo a longos e cruéis sofrimentos, já depositou sobre sua fronte — temos a doce confiança — a coroa da imortalidade, objeto de suas contínuas aspirações nesta terra.
>
> As exéquias serão celebradas na manhã de segunda-feira, às 9 horas, na capela do Carmelo.
>
> *Le Normand* apresenta à família de Irmã Teresa do Menino Jesus, à senhora priora e às religiosas do Carmelo, a homenagem de suas respeitosas condolências[164].

Assim terminava a "carreira de gigante" (Ms A, 44v°) de uma jovem carmelita desconhecida em um pequeno Carmelo do interior da França, onde vivera "escondida" e "ignorada". Quinze dias antes de morrer, ela dissera: "Sou como um viajante cansado,

---

[160]. P 24, 17.

[161]. CLG, p. 200. Ver PO, p. 320-321.

[162]. PO, p. 432.

[163]. UC, p. 419. As despesas do sepultamento de Teresa, de acordo com o caderno de contas do Carmelo: "Carpinteiro para um caixão e duas cruzes: 42 francos. Sepultamento: 41,55 francos. Missas por Irmã Teresa do Menino Jesus: 33 francos" (ACL).

[164]. Escrito, sem dúvida, por Isidoro Guérin.

extenuado, que cai ao chegar ao final de sua viagem... Sim, mas é nos braços do bom Deus que caio"[165].

Os 3462 dias que passara na vida religiosa foram resumidos por uma apreciação de Irmã São Vicente de Paulo, que declarara pouco tempo antes: "Irmã Teresa do Menino Jesus vai morrer em breve e me pergunto verdadeiramente o que nossa Madre poderá dizer dela após sua morte. Ela ficará muito embaraçada, pois, por mais amável que seja, essa Irmãzinha nada fez que valha a pena ser contado"[166].

---

[165]. CA 15.9.2.
[166]. G/PO, p. 312 e a nota do Processo citando HA 1910, p. 232-233.

Ao final desse percurso, uma reflexão de Teresa à sua noviça Irmã Genoveva (Celina) nos convida à lucidez e, mais ainda, à modéstia:

> E se os santos voltassem para nos dizer o que pensam sobre o que se escreveu deles, ficaríamos muito surpresos... Sem dúvida, eles confessariam que não se reconhecem no perfil que traçaram de sua alma... De quem somos perfeitamente conhecidos na terra e por quem somos perfeitamente amados? Quanto a mim, só desejo ser amada no Céu. Minha alegria é pensar que lá todos me amarão, mesmo aqueles que menos me amam neste mundo... [...] Todos os santos são meus parentes no Céu. Chegando ao Céu, irei fazer-lhes uma pequena reverência e lhes pedirei que me contem sua vida. Mas não precisará ser longo! Em um piscar de olhos[1]!

Só podemos fazer nossa a conclusão do eminente teresiano que foi o Padre François de Sainte-Marie (1910-1962), carmelita, ao final de seu estudo *L'Ineffable chez sainte Thérèse de Lisieux*:

> É, pois, com modéstia que precisamos estudar sua mensagem; com mais modéstia ainda precisamos tentar interpretá-la. Era, certamente, legítimo desejar possuir suas "memórias" e cartas em seu teor exato. Mas não acreditemos que agora Teresa não tem mais segredos para nós e que podemos construir sobre os textos autênticos um monumento que se pretendesse definitivo [...].
> Também o estudo dos santos não está jamais concluído. Pois a santidade não é somente uma vida, mas uma continuação da vida. Ela não fica imóvel na literalidade dos escritos e das palavras conservadas. Não devemos ficar congelados na contemplação do santo tal como este foi, mas tentar reencontrá-lo tal como ele se inclina sobre nosso tempo. Um certo conhecimento afetuoso e concreto dos santos, haurido na oração e no contato espiritual, permite reencontrá-los e viver com eles como com amigos muito próximos e misteriosos.

---

1. CLG, p. 156. Ver CA 13.7.10.

Finalmente, foi para chegar a uma tal intimidade conosco que eles nos dirigiram uma mensagem da qual, melhor que ninguém, perceberam os limites[2].

---

2. *Carmel*, 1957/4, p. 253-265.

ETAPAS DA HISTÓRIA PÓSTUMA

A partir dos manuscritos de Teresa, as irmãs Martin, sob a responsabilidade de Madre Maria de Gonzaga, comporão uma notícia necrológica, a qual se tornou um livro de 496 páginas publicado em 21 de outubro de 1898, acrescido por cartas e poesias (*Imprimerie Saint-Paul* em Bar-le-Duc), ao preço de 4 francos. Título: *Sœur Thérèse de l'Enfant-Jésus et de la Sainte-Face, religieuse carmélite (1873-1897). Histoire d'une âme écrite par elle-même.* As carmelitas deram um título, organizaram o livro em quatorze capítulos, corrigiram os erros de ortografia, omitiram algumas passagens, realizaram "soldagens", sem imaginar sequer por um instante o sucesso fulminante que o livro alcançaria em pouco tempo.

O tio Guérin pagou a tiragem (2 mil exemplares). Padre Godefroy Madelaine, prior da abadia de Mondaye, escreveu o prefácio. Ele pedira o *Imprimatur* a Monsenhor Hugonin, que o deu sem ler o livro, dizendo ao padre, em quem depositava toda a confiança: "Desconfiai da imaginação das mulheres". Sem os modernos meios de publicidade, o sucesso foi imediato. Reeditado em 4 mil exemplares em 1899, atingirá, somando todas as edições, 377.832 exemplares em 1955. A partir de 1902, *História de uma alma* é publicado em formato menor, com o título *Une rose effeuillée*, ao preço de 1,50 francos, que atingirá a tiragem de 485264 exemplares. Ao todo: 961396 exemplares (pois *Rose effeuillée*, em formato grande, chegou aos 98300 exemplares). Suas traduções ultrapassaram 60 línguas e dialetos[1]. A leitura da *História de uma alma* levou numerosos leitores a pedir a intercessão da jovem Irmã e muitos foram atendidos. De 1911 a 1926, as carmelitas de Lisieux publicaram sete volumes relatando mais de 3500 milagres de toda sorte através do mundo, totalizando 3200 páginas.

---

1. Ver Conrad DE MEESTER, OCD, "De la cellule de Thérèse à l'atelier de l'imprimeur", em *Thérèse et ses théologies*, colóquio do Instituto Católico de Toulouse (17-19 de novembro de 1997), Paris, Saint-Paul — Éd. du Carmel, 1998, p. 13-51, e Guy GAUCHER, *L'Histoire d'une âme de Thérèse de Lisieux*. Os números são, sem dúvida, inferiores à realidade, pois os arquivos do *Office central* de Lisieux foram destruídos em 6 de junho de 1944, por ocasião do desembarque na Normandia.

CRONOLOGIA PÓSTUMA

1898

7 de março	Monsenhor Hugonin, bispo de Bayeux, dá a permissão para imprimir a *História de uma alma*.
2 de maio	Morte de Monsenhor Hugonin.
20 (21) de outubro	Publicação da *História de uma alma* (HA), *Imprimerie Saint-Paul*, 496 páginas, 2 mil exemplares.
	Favores e graças recebidos pelas carmelitas de Lisieux.
	Monsenhor Léon Amette, bispo de Bayeux e Lisieux.

1899

28 de janeiro	Leônia Martin entra na Visitação de Caen pela terceira vez.
	Favores, curas, primeiros peregrinos ao túmulo de Irmã Teresa do Menino Jesus da Santa Face.
13 de fevereiro	Morte de Celina Guérin (53 anos).
19 de março	Em Roma, o cardeal Gotti faz alusão a uma possível Causa a ser aberta.
Páscoa	Prepara-se uma segunda edição de HA (4 mil exemplares).
	Primeiro ex-voto oferecido ao Carmelo.
16 de outubro	Monsenhor Gendreau, bispo no Tonkin, pede para entrar na clausura e rezar na cela de Teresa.
26-28 de outubro	Dois padres das Missões Estrangeiras de Paris vão celebrar no Carmelo uma primeira missa antes de partir em missão. Eles foram rezar no túmulo de Irmã Teresa no cemitério, aonde peregrinos começam a afluir.

1901

Tradução de HA em polonês, inglês, alemão e italiano.

1902

19 de abril	Madre Inês é reeleita priora.
	Primeira tiragem de *La Rose effeuillée* (5 mil exemplares)

1903   No locutório do Carmelo, Padre John Taylor, escocês, defende a ideia de uma Causa de beatificação diante de Madre Maria de Gonzaga e das irmãs Martin.

1904
17 de dezembro   Madre Maria de Gonzaga morre de um câncer da língua (71 anos).

1905
14 de abril   Morte de Irmã Maria da Eucaristia, de tuberculose (34 anos e meio).
Tradução da HA em holandês.
Madre Inês de Jesus reeleita priora.

1906   Monsenhor Thomas Lemonnier, bispo de Bayeux e Lisieux.
9 de julho   Louis Veuillot, no jornal *L'Univers*, revela que as carmelitas de Lisieux estão pensando em introduzir a Causa de Teresa em Roma. Madre Inês de Jesus desmente.
HA traduzida em italiano e português.

1907
15 de março   Padre Eugène Prévost entrega a Pio X um exemplar de HA.
14 de julho   Morte do Padre Bellière (33 anos).
15 de outubro   Monsenhor Lemonnier pede às carmelitas que recolham suas lembranças sobre Teresa.

1908
8 de maio   Madre Maria dos Anjos do Menino Jesus, priora, escreve a seu bispo em favor da Causa.
26 de maio   Reine Fauquet, quatro anos, cega, é curada diante do túmulo de Teresa.

1909
Janeiro   Padre Rodrigue de Saint-François-de-Paule é nomeado postulador da Causa e Monsenhor François Roger de Teil, cônego de *Notre-Dame* de Paris, vice-postulador.
22 de maio – 12 de junho   "Pequeno Processo" (sete sessões).
28 de setembro   Morte de Isidoro Guérin (68 anos).

1910
4 de abril   O bispo pede que recolham todos os escritos de Teresa.
23 de maio   Início do Processo dos Escritos.
Julho   Em um ano, o Carmelo recebeu 9.741 cartas dos cinco continentes e enviou 183.348 estampas e 36.612 *souvenirs*.

3 de agosto	Instituição do tribunal diocesano para abrir o Processo informativo diocesano (Processo do Ordinário) em Caen.
12 de agosto	Primeira sessão no Carmelo.
	Interrogatório das testemunhas. Até 28 de agosto de 1911, quarenta e oito serão interrogadas em noventa sessões.
6 de setembro	Primeira exumação dos restos de Teresa, examinados pelos médicos de Cornière e La Néele, em presença de cerca de oitenta pessoas. Os restos são realocados em outra cripta, com caixão duplo.
1911	Tradução de HA em espanhol e japonês.
30 de agosto – 16 de setembro	Processo de não culto (onze sessões).
12 de dezembro	Fim do Processo informativo diocesano em Bayeux, após cento e nove sessões.
1912	Publicação do primeiro volume intitulado *Pluie de roses*, relatando milagres de Teresa (curas, conversões, aparições, diversas graças). Até 1926, sete volumes serão publicados, totalizando uma seleção de 3.552 milagres. O volume V (publicado em 1920, 592 páginas) relata as curas e conversões ocorridas durante a guerra de 1914-1918.
6 de fevereiro	Entrega dos Processos diocesanos a Roma.
6 de março	Em Roma, início do estudo dos Processos diocesanos.
10 de dezembro	Aprovação dos escritos, fim do Processo dos Escritos.
1913	
Agosto	Primeira peregrinação de trem a Lisieux.
1914	
10 de janeiro	O Papa Pio X concede uma dispensa de dez anos para acelerar o Processo.
10 de junho	Pio X assina o decreto da Introdução da Causa. Ele chama Teresa "a maior santa dos tempos modernos".
Julho	O Carmelo recebe em média duzentas cartas por dia.
19 de agosto	Cartas de Roma delegam ao bispo de Bayeux a faculdade de constituir um Processo Apostólico.
3 de agosto	Início da Grande Guerra. As cartas mencionadas acima só chegam a Bayeux em 26 de dezembro de 1914.
20 de agosto	Morte de Pio X.
3 de setembro	Bento XV é eleito Papa.
1915	
17 de março	Na sacristia da catedral de Bayeux, abertura do Processo Apostólico. Haverá cinquenta e oito sessões até fevereiro de 1916 (primeira parte).

1916	As peregrinações de soldados e feridos se sucedem em Lisieux.
19 de março	Morte do doutor Francis La Néele (58 anos).
22 de março	De Roma chega a dispensa para fazer um Processo Apostólico sobre a reputação de santidade.
4 de setembro	Morte de Irmã Marta (51 anos).
22 de setembro	Para interrogar outras testemunhas, são necessárias dezessete sessões (segunda parte).
25 de dezembro	O cardeal Vico, prefeito da Congregação dos ritos, escreve a Madre Inês de Jesus, expressando o desejo que há em Roma de ver a Causa chegar rapidamente a êxito.
1917	
9-10 de agosto	Segunda exumação dos restos de Teresa no cemitério de Lisieux pelos doutores de Cornière e Loisnel.
30 de outubro	Em Bayeux, encerramento solene da instrução do Processo Apostólico.
1918	
10 de dezembro	Bento XV ratifica a validade do Processo.
1919	
22 de setembro	Em Roma, decreto autorizando a abertura dos debates sobre a heroicidade das virtudes antes de chegar aos cinquenta anos desde a morte de Teresa.
Outubro	O cardeal Vico visita discretamente o Carmelo de Lisieux.
1920	
18 de fevereiro – 1º de outubro	Objeções e respostas da defesa sobre a heroicidade das virtudes.
1921	
25 de janeiro – 15 de março	Continuação das objeções e respostas.
2 de agosto	Em Roma, fim do Processo sobre a heroicidade das virtudes, em presença do Papa.
14 de agosto	Bento XV assina o Decreto sobre a heroicidade da Venerável Serva de Deus. O pontífice pronuncia um discurso sobre a infância espiritual.
Final de setembro	Três milagres propostos, com o parecer de seis médicos.
1922	
22 de janeiro	Morte de Bento XV.
6 de fevereiro	Eleição de Pio XI.
7-15 de março	Objeções e defesa de três (depois dois) milagres propostos.
1923	Teresa, patrona dos noviciados do Carmelo.

11 de fevereiro	Promulgação da sentença papal e do Decreto afirmando a realidade dos milagres propostos.
19 de março	Decreto *De tuto*: pode-se, com toda a segurança, proceder à beatificação.
26 de março	Terceira exumação no cemitério de Lisieux.
27 de março	Trasladação das relíquias à capela do Carmelo, na presença de 50 mil pessoas.
29 de abril	**Em São Pedro de Roma, promulgação por Pio XI do breve de beatificação da Venerável Serva de Deus Irmã Teresa do Menino Jesus.**
28 de maio	Pio XI nomeia Madre Inês priora *as vitam*.
22 de junho	Padre Charles Germain nomeado diretor da peregrinação. Retomada da Causa em vista da canonização.

1924

25 de julho	Teresa patrona das missões dos carmelitas descalços.
12 de agosto	Discussão a propósito de dois novos milagres propostos.

1925

19 de março	Promulgação do decreto de aprovação de dois milagres propostos.
17 de maio	**Pio XI canoniza Teresa**. 500 mil pessoas na Praça São Pedro, duzentos e cinquenta arcebispos e bispos, trinta e três cardeais. Repercussão mundial da canonização. O Carmelo recebe cerca de mil cartas por dia.
4-12 de julho	Novena solene em Lisieux. Teresa patrona da Obra de São Pedro Apóstolo.

1927

Janeiro	Publicação dos *Novissima Verba* (*Últimos Colóquios*). A festa litúrgica de Santa Teresa do Menino Jesus é estendida à Igreja universal em 3 de outubro.
21 de setembro	Monsenhor Lemonnier, bispo de Bayeux e Lisieux, aprova o plano de uma basílica pedida por Roma.
14 de dezembro	Pio XI proclama Santa Teresa patrona principal, em pé de igualdade com São Francisco Xavier, de todos os missionários, homens e mulheres, e das missões existentes em todo o universo.

1928

11 de fevereiro	Em Roma, lançamento da primeira pedra do *Russicum*, seminário católico para formar padres com destino à Rússia soviética. Teresa é a patrona da instituição.

1929

Setembro	Pio XI propõe Teresa como patrona da Juventude Operária Católica (JOC).
30 de setembro	Monsenhor Emmanuel Suhard, bispo de Bayeux-Lisieux, lança a primeira pedra da basílica de Lisieux.
3 de outubro	O México, que está vivendo perseguições anticristãs, é consagrado a Santa Teresa de Lisieux.

1932

26 de junho – 3 de julho	Congresso teresiano para a inauguração da cripta, presidido por Monsenhor Picaud, bispo de Bayeux e Lisieux. Padre Desbuquois, jesuíta, pede o doutorado de Teresa. Patrona da Juventude Marítima Cristã (JMC).

1933

Abril	Padre Gabriel Martin funda as Oblatas de Santa Teresa.

1934

12 de junho	Morte do Padre Roulland (64 anos).

1937

11 de julho	Inauguração e bênção da basílica pelo cardeal Pacelli (futuro Pio XII), legado do Papa. Radiomensagem de Pio XI (de Roma).

1938

25 de abril	Morte de Joana La Néele (70 anos).

1940

19 de janeiro	Morte de Irmã Maria do Sagrado Coração, irmã e madrinha de Teresa (80 anos).

1941

16 de junho	Morte de Irmã Francisca Teresa (Leônia) na Visitação de Caen (78 anos).
24 de julho	Fundação da *Mission de France* em Lisieux pelo cardeal Suhard, arcebispo de Paris, sob o patrocínio de Santa Teresa.

1944

16 de janeiro	Morte de Irmã Maria da Trindade da Santa Face (70 anos).
3 de maio	Pio XII nomeia Teresa patrona secundária da França, em pé de igualdade com Santa Joana d'Arc.
6 de junho	Lisieux é bombardeada. A Abadia (escola de Teresa) desaparece.

1945 — As relíquias de Teresa percorrem a França até outubro de 1947.

27 de fevereiro – 8 de março	Em Paris, 50 mil jovens veneram as relíquias no *Parc des Princes*, sob a presidência do cardeal Suhard.

1947
50º aniversário da morte de Teresa.

13 de julho	Congresso teresiano no Instituto Católico de Paris.

1948

Setembro	Primeira edição das *Cartas* de Teresa pelo Padre André Combes, professor no Instituto Católico de Paris, onde ministrou um curso sobre ela em 1947.

1951

28 de julho	Morte de Madre Inês de Jesus (90 anos).

1954

11 de fevereiro	Consagração da basílica de Lisieux por Monsenhor Martin, arcebispo de Rouen, sob a presidência do cardeal Maurice Feltin, legado do Papa.

1956

	Edição em fac-símile dos cadernos originais de HA, chamados pelo Padre François de Sainte-Marie, carmelita, de *Manuscritos autobiográficos* (*Office central de Lisieux*).

1957

	Edição corrente dos *Manuscritos autobiográficos* (OCL).

1959

25 de fevereiro	Morte de Irmã Genoveva de Santa Teresa [Celina] (90 anos).

1961

	Publicação de *Visage de Thérèse de Lisieux* (quarenta e sete fotografias autênticas) pelo Padre François de Sainte-Marie (OCL).

1971

Julho	Início da *Édition du Centenaire* (Irmã Cécile e uma equipe). *Derniers Entretiens* (e *Dernières Paroles*). Em seguida, *Correspondance générale* (1972-1974), *Poésies* (1979), *Théâtre au Carmel* (1985), *Prières* (1988). O conjunto é coroado pela Academia francesa (*grand prix Cardinal-Grente*) em 1º de junho de 1989 pela edição crítica.

1973

	Centenário do nascimento de Teresa, celebrado no mundo. Seis conferências em *Notre-Dame* de Paris.

1980

2 de junho	João Paulo II, peregrino em Lisieux. Fala às contemplativas da diocese, vai ao Carmelo de Lisieux e reza na enfermaria.

1992

	Publicação da *Nouvelle Édition du Centenaire* (caixa com 8 volumes) e das *Œuvres complètes* em um só volume.

1994	Início das viagens das relíquias de Teresa pela França, Europa e os cinco continentes.
26 de março	Luís e Zélia Martin declarados Veneráveis por João Paulo II.
1997	
30 de setembro	Centenário da morte de Teresa, celebrado no mundo.
Agosto	As relíquias de Teresa presentes na Jornada Mundial da Juventude em Paris.
19 de agosto	**Em Roma, João Paulo II declara Teresa doutora da Igreja — 36º Doutor, a 3ª mulher, a mais jovem.**
2008	
19 de outubro	**Beatificação de Luís e Zélia Martin em Lisieux.**
2015[1]	
2 de julho	**Abertura do processo de beatificação e canonização de Irmã Francisca Teresa (Leônia) no mosteiro da Visitação de Caen.**
18 de outubro	**Canonização de Luís e Zélia Martin em São Pedro de Roma.**
2020	
22 de fevereiro	Encerramento da fase diocesana do processo de beatificação de Irmã Francisca Teresa (Leônia). Toda a documentação recolhida é enviada à Congregação para as Causas dos Santos, em Roma.

Mais de 1.800 capelas, igrejas, basílicas e catedrais são consagradas a Teresa no mundo.

Até 2010, suas relíquias visitaram uma boa parte das dioceses francesas e aproximadamente cinquenta países nos cinco continentes a partir de 1994.

Em 2001, cinquenta e seis Institutos teresianos no mundo estabeleceram suas Regras e Constituições a partir da espiritualidade teresiana[2].

Os *Manuscrits autobiographiques* (1956) foram traduzidos em trinta línguas (até 1996).

---

1. As informações da Cronologia relativas a 2015-2020 foram acrescentadas pelo tradutor. [N. do E.]

2. Treze na África, dois na América do Norte, vinte na Ásia, dezenove na Europa, dois na Oceania.

MAPA DO CARMELO DE LISIEUX EM 1897

MAPAS DO CARMELO

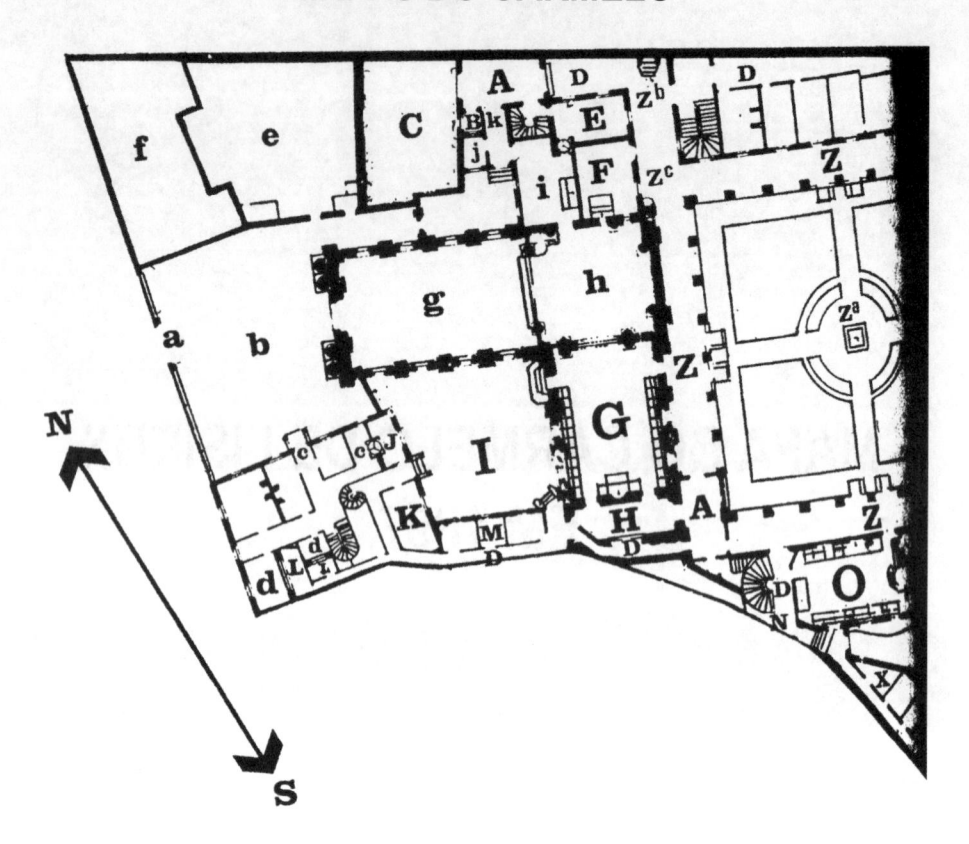

Escala ⊢——⊣ = 10 m
0,16

NA CLAUSURA
A Vestíbulos
B Confessionário das religiosas
C Pátio da sacristia
D Passagens
E Sacristia
F Oratório
G Coro
H Antecoro
I Pátio de Lourdes
J Torno interno
K Ofício do torno
L Locutórios internos
M Depósito
N *Saint-Alexis*
O Refeitório
P Provisoria

Q Cozinha
R Aquecedor
Sa Eremitério de São José
Sb Eremitério do Sagrado Coração
T Ofício dos pães do Carmelo
U ENFERMARIA DA SANTA FACE
V Cela da enfermaria
W Enfermaria de Nossa Senhora
X Ofício das lâmpadas (??)
Y Sótão
Z Claustros
Za Cruz do pátio
Zb Estátua da Virgem Imaculada
Zc Menino Jesus de Irmã Teresa
Zd Estátua de Nossa Senhora do Carmo
Ze Estátua de Santa Teresa d'Ávila

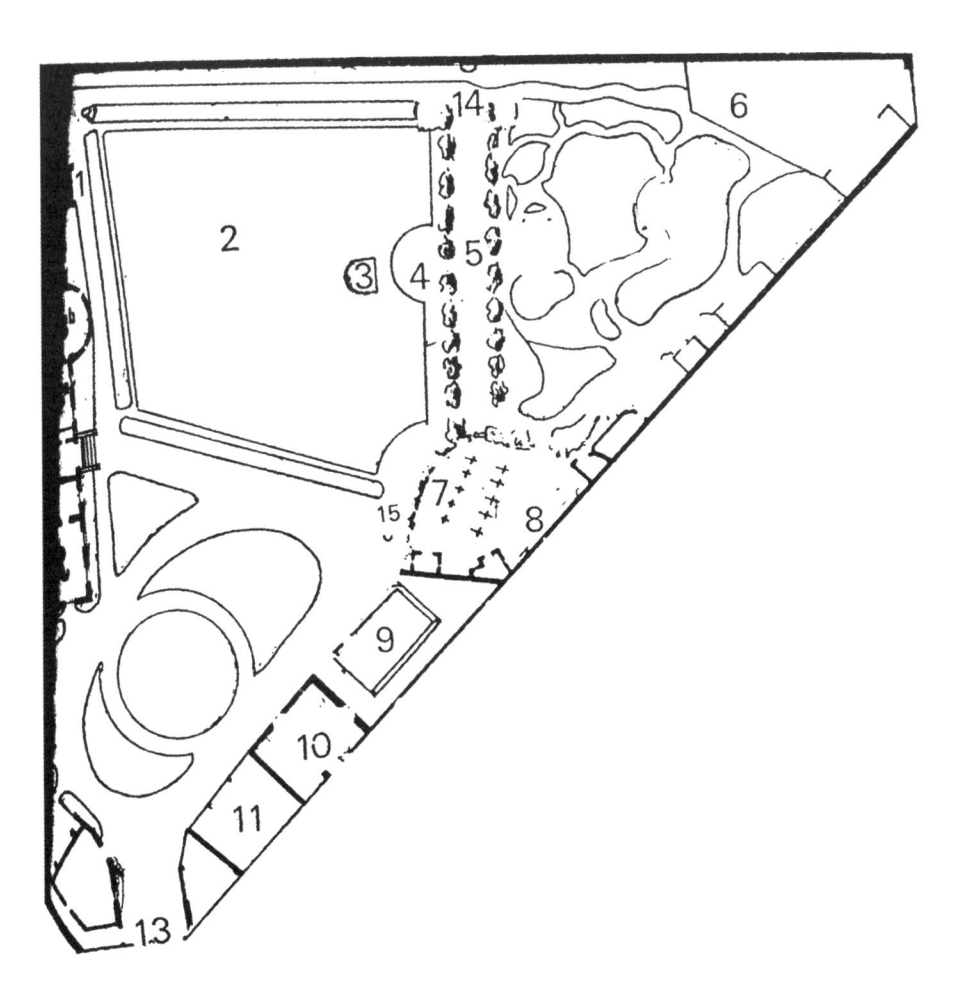

FORA DA CLAUSURA
a Porta de entrada
b Corredor da capela
c Casa das Irmãs veleiras
d Locutórios externos
e Jardim do capelão
f Casa do capelão
g Capela
h Santuário
i Sacristia
j Confessionário do padre
k Porta da clausura

JARDIM
1 Escadaria da enfermaria
2 Prado
3 Pequeno reservatório de água
4 Eremitério da Santa Face
5 Alameda dos castanheiros
6 Galinheiro
7 Antigo cemitério
8 Gruta de Santa Madalena
9 Área de serviço
10 Lavanderia
11 Galpão de ferramentas
12 Estátua do Coração de Maria
13 Porta dos veículos
14 Estátua de São José
15 Arbusto (nespereiro)

Mapa do Carmelo de Lisieux em 1897

CRONOLOGIA GERAL

1873	TERESA	FAMÍLIA – CARMELO	HISTÓRIA GERAL
ALENÇON (2 de janeiro de 1873 – novembro de 1877)			
2 de janeiro	23h30 nascimento de Maria Francisca Teresa Martin – *rue Saint-Blaise*, 36 (Alençon)		
4 de janeiro	Batismo na igreja *Notre-Dame*, ministrado por Padre Lucien Dumaine		7 de janeiro: nascimento de Charles Péguy em Orléans
12 de janeiro	Zélia não pode amamentá-la		
14 de janeiro	Primeiro sorriso à mãe		9 de janeiro: morte de Napoleão III
17-19 de janeiro	Crise de enterite Melhora	18: Isidoro Guérin chega a Alençon	
28 de fevereiro	Recaída		
10 de março	O quadro se agrava		Criação do jornal *Le Pèlerin*
11 de março	Zélia em Semallé Zélia conduz Rose Taillé à sua casa Ama de leite – Cura		Júlio Verne: *A volta ao mundo em oitenta dias* A. Rimbaud: *Une saison en enfer* Tolstoï: *Ana Karenina*
15-16 de março	Rose Taillé leva Teresa para Semallé		Guizot: *Histoire de France* E. Renan: *L'Antichrist*
27 de março		Incêndio da drogaria dos Guérin	Início de uma crise econômica mundial
28 de março	Nova crise		Supressão dos Seminários menores na Alemanha
30 de março	Melhora de Teresa		Demissão de Thiers. Eleição de Mac-Mahon como presidente da República
5 de abril		Maria retorna de Mans: febre tifoide	
20 de abril	Rose Taillé em Lisieux com Teresa		Tomada de Hanói
5 de maio		Luís Martin em peregrinação a pé a Chaumont pela cura de Maria	

15 de maio	Teresa no mercado de Alençon		
22 de maio	Teresa pesa 14 libras		
24 de maio		Luís em peregrinação a Chartres (40 mil pessoas) As Martin em Semallé	24 de julho: lei declarando de utilidade pública a ereção de um santuário em Montmartre
20 de julho	"Um bebê grande [...] queimado pelo sol"		15 de agosto: peregrinação de três paróquias de Alençon a *Nossa Senhora do Loreto* pela restauração de Henrique IV
8 de outubro		Maria e Paulina voltam à Visitação de Mans	
27 de outubro		Luís em peregrinação a Lourdes	20 de setembro: final da ocupação alemã. O conde de Chambord renuncia
27 de novembro	Teresa em visita a Alençon		Setembro-outubro: tentativa de Restauração
13 de dezembro	Caminha quase sozinha		20 de novembro: lei do Septênio
1874	**Um ano**		Lei contra os bispos na Alemanha Expedições coloniais de Stanley e Savorgnan de Brazza
5 de janeiro		Leônia vai juntar-se a Maria e Paulina na Visitação de Mans	G. Flaubert: *La tentation de saint Antoine*
8 de janeiro	Teresa caminha sozinha		César Franck: *Rédemption* Moussorgski: *Boris Godounov* Wagner: *O crepúsculo dos deuses*
4 de março		Fundação da Conferência São Vicente de Paulo em Lisieux	
2 de abril	Teresa sai da casa da ama de leite		
6 de abril		Leônia é despedida da Visitação	
12 de abril		Isidoro é nomeado para o Conselho de fábrica de São Pedro em Lisieux	Maio: abertura do Processo diocesano de Joana d'Arc
01 de junho	"Forte, inteligente, bela…"		
24 de junho	"Começa a falar quase tudo"		
25 de junho	Brinca no balanço Preservada de uma queda grave		

9 de agosto	Sente dores de dente por uma semana		
30 de agosto	Passeio em *Saint-Léonard-des-Bois*		
8 de novembro	"Gorjeia, faz sua oração"		
1875	**Dois anos** **"Eu também serei religiosa"**		Inauguração do *Opéra* de Paris 30 de janeiro: a IIIª República é votada por uma maioria de 353 votos. Emenda Wallon
Janeiro		Zélia liberta Armandine de duas falsas religiosas	
16 de janeiro	Fere o crânio, até o osso		Fundação dos Institutos católicos de Lyon, Paris e Angers
? fevereiro	Teresa dá uma escapada para ir à missa		Primeiro automóvel a vapor Descoberta dos cromossomos (Flemming)
29 de março	Primeira viagem de trem a Mans Locutório na Visitação		*Kulturkampf* na Alemanha (Bismarck) Friedrich Nietzsche: *Humano, demasiado humano*
19 de maio	Sarampo?		G. Bizet: *Carmen*
23 de maio		Primeira Comunhão de Leônia em *Notre-Dame* de Alençon	C. Saint-Saens: *Danse macabre* Nascimento de Rilke, Ravel 12 de julho: votação sobre a
4 de julho	Frequentemente gripada		liberdade de ensino superior P. Verlaine: *Romances sans paroles*
2 de agosto		Maria deixa a Visitação	
14-18 de agosto		Zélia, Maria, Paulina, Celina em Lisieux	
20 de agosto		Luís entra em retiro na Trapa	
30 de agosto – 3 de setembro		Peregrinação dos Guérin a Lourdes	
8-14 de outubro	Febre, dente perfurado, estômago cansado		
24 de outubro	"Curada... engraçadinha, maliciosa e lindinha"		
5 de novembro	Não quer dormir sem ter feito sua oração		Fundação do Círculo católico em Alençon
14 de novembro	No ofício de Vésperas		

5 de dezembro	Brigas com Celina: "põe-se em fúrias espantosas", "muito nervosa... inteligente"		
20 de dezembro	Reconhece todas as letras "Inteligência precoce"		
1876	**Três anos**		Invenção do telefone (Bell) Primeiro motor a explosão (Otto) St. Mallarmé: *L'Après-midi d'un faune* Eleições senatoriais e legislativas Início da construção da basílica de Montmartre Primeiro Congresso operário em Paris
Janeiro	Grande alegria pelos presentes de ano-novo		
30 de janeiro	Vésperas no *Hospice*		
5 de março	Progressos rápidos com as lições de Maria		
12 de março	Imita o jardineiro		
25 de março	"Feriu a cabeça" na cama		
14 de maio	"Nada pode fazê-la ceder" Teimosia invencível "Coração de ouro... e muito franca" Esmola a um ancião		
22 de maio		Confirmação de Leônia	
4-11 de junho		Episódio do cão raivoso	8 de junho: morte de George Sand
16 de julho	Fotografia (VTL 1)	Zélia confessa sua enfermidade ao irmão	
8 de novembro Meados de novembro	Faz "práticas" Muito sufocada Ameaças de sarampo Curada ao final de quatro dias		
23-26 de dezembro		Doutor Notta em Lisieux: tarde demais para operar Zélia	12 de dezembro: ministério Jules Simon

1877	Quatro anos		E. Renan: *Les Évangiles*
8 de janeiro	Gripes frequentes Sufocamento durante dois dias		G. Flaubert: *Trois contes* É. Zola: *L'Assommoir* Mac-Mahon demite Jules Simon Os ingleses anexam o Transvaal A rainha Victoria, imperatriz das Índias Em Paris, Palácio da Indústria
13 de fevereiro	Entediada durante o sermão		
24 de fevereiro		Morte de Irmã Maria Dositeia em Mans	
4 de março	"Só fala do bom Deus" "Faz questão de saber o dia em que está"		
22 de março	"Não mentiria por todo o ouro do mundo" "Tem muita personalidade"		
3 de abril	Quer entrar no "claustro"		Abril: guerra russo-turca
4 de abril	1ª carta de Teresa – C 1		
9 de abril		Passeio em Semallé	4 de maio: discurso de Gambetta contra o clericalismo Crise de 10 de maio
10 de maio	Explica a Celina o significado de "Todo-poderoso"		
18 de junho		Peregrinação de Zélia, Maria, Paulina e Leônia a Lourdes	
23 de junho		Retorno	
1º de agosto		Paulina conclui seus estudos	
9 de agosto	Distribuição dos prêmios para Celina e Teresa		
26 de agosto		Zélia recebe o viático	
28 de agosto		Morte de Zélia às 00h30, em presença dos Guérin	
29 de agosto	Teresa escolhe Paulina como segunda mãe	Enterro de Zélia	
9 de setembro		As filhas Martin no túmulo da mãe Isidoro Guérin encontra os *Buissonnets*	

LISIEUX – OS BUISSONNETS (15 de novembro de 1877 – 9 de abril de 1888)			3 de setembro: morte de Thiers 14 de outubro: eleições republicanas
15 de novembro		Chegada das cinco filhas aos *Buissonnets*	
17 de novembro		Lanche na casa dos Guérin	
30 de novembro		Chegada do pai Luís vendeu o comércio de ponto de Alençon	
1878	**Cinco anos**		9 de janeiro: morte de Vittorio Emmanuele II 7 de fevereiro: morte de Pio IX 20 de fevereiro: eleição de Leão XIII Lâmpada elétrica incandescente (Edison e Swan) Utilização da hulha negra Liquefação dos gases (Cailletet) Fundação do Exército da Salvação Claude Bernard: *La Science expérimentale* A. Rodin: *Saint Jean Baptiste*
Janeiro	Paulina e Maria ensinam Teresa	Leônia, pensionista e Celina, semipensionista na abadia das beneditinas Victoire Pasquer, criada (7 anos)	
19 de abril	Teresa entende um sermão sobre a Paixão		
17 junho – 2 de julho	Na casa dos Guérin. Muito alegre, Teresa se mostra sorridente	Luís vai com Maria e Paulina à Exposição universal de Paris	
1º de agosto	Poema para a festa de São Luís		
8 de agosto	Teresa conhece o mar	Estada em Trouville (*Maison Leroux*)	
1879	**Seis anos**		30 de janeiro: demissão de Mac-Mahon, eleição de Jules Ferry Março: fim da *Kulturkampf* na Alemanha 22 de junho: morte do príncipe imperial no combate 14 de julho: festa nacional – Anistia dos partidários da Comuna 4 de agosto: Constituição concedida à Alsácia-Lorena Ministério Freycinet Encíclica *Aeterni Patris*, sobre a filosofia cristã
	Cólera contra Victoire		
Verão 1879 ou 1880?	Visão profética do pai		
29 de maio		Primeira Comunhão de Joana Guérin	
Setembro		Luís, Maria e Paulina em Alençon	
Fim de 1879 (?)	Primeira confissão ao Padre Ducellier		
	Nesse ano, primeira visita à capela do Carmelo		

				Princípio das vacinas (L. Pasteur) Procedimento de preparação do aço (Thomas e Gilchrist)
1880	**Sete anos**			Fundação de *La Croix*, revista mensal Ensino primário obrigatório Fundação da Companhia do canal do Panamá 29 de março: decreto contra as congregações Partida de 261 comunidades, 9.643 religiosos expulsos Abril: expedição de Brazza ao Congo Guerra anglo-bôer Elevador elétrico (Siemens) Invenção da bicicleta Bacilo da febre tifoide (Ebert) G. de Maupassant: *Boule de Suif* A. Rodin: *O pensador* Dostoïevski: *Os Irmãos Karamazov*
	Escreve sozinha			
13 de maio	Teresa se prepara para a primeira Comunhão	Primeira Comunhão de Celina	
4 de junho		Confirmação de Celina	
9 de agosto	Lê *La Sœur de Gribouille*, da condessa de Ségur		
Novembro		Luís e Paulina em Alençon	
1º de dezembro	C 6 – a Paulina		
1881	**Oito anos**			Primeiro Congresso eucarístico internacional Primeiros automóveis elétricos 13 de março: assassinato de Alexandre II (Rússia) G. Flaubert: *Bouvard et Pécuchet* P. Verlaine: *Sagesse* A. France: *Le Crime de Sylvestre Bonnard* Offenbach: *Les Contes d'Hoffmann* 29 de julho: lei sobre a imprensa 12 de maio: expedição francesa à Tunísia: protetorado 16 de junho: gratuidade do ensino primário Novembro: queda de Jules Ferry após os incidentes tunisianos 14 de novembro: ministério Gambetta Paz anglo-bôer (Pretória)
	Foto com Celina (VTL 2)		
2 de junho		Primeira Comunhão de Maria Guérin na Abadia	
4 de julho	C 7 – a Paulina		
10 de julho	Luís dá um periquito australiano a Teresa		
3 de outubro	Entrada na abadia *Notre-Dame-du-Pré* (semipensionista) na turma verde (4ª)		
1882	**Nove anos**			26 de janeiro: queda do ministério Gambetta 29 de março: lei sobre o ensino obrigatório e a laicidade do ensino Wagner: *Parsifal*
12 de janeiro	Inscrita na Obra da Santa Infância		

16 de fevereiro		Paulina decide entrar no Carmelo	20 de maio: a Tríplice Aliança (Alemanha, Áustria, Rússia) 11 de julho: os ingleses ocupam o Cairo para proteger o canal de Suez Criação do museu Grévin 15 de outubro: terceiro centenário da morte de Santa Teresa d'Ávila Início da construção do canal de Corinto 31 de dezembro: morte de Gambetta O bacilo da tuberculose (Koch)
17 de abril		Maria toma Padre Pichon como diretor	
23 de abril	C 8 – a Celina		
31 de maio	Teresa é recebida como Filha dos Santos Anjos		
Verão	Fica sabendo da partida de Paulina Conhece o Carmelo Fala com Madre Maria de Gonzaga		
2 de outubro	Volta às aulas na classe violeta (3ª)	Entrada de Paulina no Carmelo	
Outubro	Madre Maria de Gonzaga propõe-lhe o nome "Teresa do Menino Jesus"		
Dezembro	Degradação da saúde: bolhas e cataplasmas		
12 de dezembro		Celina é recebida como Filha de Maria	
1883	**Dez anos**		19 de janeiro: ministério Fallières Expedição francesa ao Tonkin Guerra franco-chinesa A França ocupa Madagáscar Dom Bosco percorre a França até 31 de maio Primeiro transporte de energia elétrica à distância (Deprez) Primeiro arranha-céu em Chicago G. de Maupassant: *Une vie* Fr. Nietzsche: *Assim falava Zaratustra* Balão dirigível (Tissandier) Fundação do partido marxista na Rússia Morte de Karl Marx 7 de abril: morte de Louis Veuillot
31 de janeiro		Madre Genoveva de Santa Teresa é eleita priora	
18 de fevereiro		Morte de Paul-Albert Boul (20 anos), padrinho de Teresa	
25 de março Páscoa	Celina e Teresa na casa dos Guérin	Luís e as três filhas mais velhas em Paris (Semana Santa)	
	Início da doença na residência dos Guérin	Retorno dos Martin	
6 de abril	Teresa no locutório	Tomada de hábito de Paulina	
7 de abril	Recaída nos *Buissonnets*	Novena a Nossa Senhora das Vitórias	
8 de abril		Morte da avó Martin em Valframbert (Orne)	
29 de abril	C 10 – a Celina		

13 de maio Pentecostes	**Curada pelo sorriso da Virgem**		10 de junho: Charles de Foucauld parte incógnito para explorar o Marrocos
Maio	Locutório no Carmelo em presença de toda a comunidade, o que será motivo de muitos sofrimentos de alma		16 de junho: fundação do jornal quotidiano *La Croix* pelos Assuncionistas
20 de agosto – 30 de setembro	"Entrada no mundo" Reza no túmulo da mãe	Férias em Alençon	
22 de agosto	Primeiro encontro com Padre Pichon em Alençon		24 de agosto: morte do conde de Chambord E. Renan: *Souvenirs d'enfance et de jeunesse*
1º de outubro	Volta às aulas (3ª turma, segunda divisão – classe violeta)		
1º de novembro		Fechamento da drogaria Guérin	
	Ano preparatório à primeira Comunhão		
1884	**Onze anos**		8 de fevereiro: encíclicas *Nobilissima gallicum gens* e *Humanus genus* (20 de abril), contra os franco-maçons e a laicização da França 21 de março: lei Waldeck-Rousseau sobre os sindicatos Balão dirigível (irmãos Renard) Negociações franco-alemãs contra a Inglaterra (encontro Bismarck-Jules Ferry) Leconte de Lisle: *Poèmes tragiques* A. Daudet: *Sapho* J. Massenet: *Manon* Aparelho fotográfico Kodak e película (Eastman) Salão dos Independentes Agosto: expedição francesa à China (muito impopular) Retorno progressivo e discreto dos religiosos à França Verão: numerosos mártires em Annan
Janeiro		Henri Chéron manipulador na farmácia Guérin	
Fevereiro – maio	Preparação à Comunhão com o livrinho de Irmã Inês de Jesus		
1-6 de março	C 11 – a Paulina		
2 de abril	Aprovada no exame de catecismo		
26 de abril		Inscrição dos Martin na Arquiconfraria da Santa Face	
4 de maio 5-8 de maio	Retiro na Abadia Pensionista Instruções do Padre Domin		
7 de maio	Confissão geral		
8 de maio	**Primeira Comunhão**	Profissão de Irmã Inês de Jesus no Carmelo Locutório em família	

22 de maio Ascensão	Segunda Comunhão		
14 de junho	**Confirmação por Monsenhor Hugonin**		
26 de junho		O cão Tom nos *Buissonnets*	
Julho-agosto	Coqueluche		22 de julho: lei Noquet autorizando o divórcio
16 de julho		Tomada de véu preto de Irmã Inês	
Agosto	Férias com os Guérin em Saint-Ouen-le-Pin		
8 de agosto	Desenho da fazenda		
25 de setembro	Inscrita na Confraria do Santo Rosário		
4 de outubro		Luís e Maria em Havre: Padre Pichon parte para o Canadá	
6 de outubro	Volta às aulas (2ª classe, laranja)		
14 de dezembro	Conselheira da Associação dos Santos Anjos		
1885	**Doze anos**		30 de março: queda de Jules Ferry 23 de abril: "conversão" de Léo Taxil Protetorado francês sobre Madagáscar, Annam e o Tonkin 22 de maio: morte de Victor Hugo. Funerais nacionais 1º de novembro: encíclica *Immortale Dei* (sobre a constituição cristã dos Estados) 28 de dezembro: Jules Grévi reeleito presidente da República É. Zola: *Germinal* G. de Maupassant: *Bel Ami* Vacina contra a raiva (Pasteur) *Bec Auer* (iluminação incandescente) Invenção da metralhadora (Maxim) Fr. Nietzsche: *Par-delà le bien et le mal*
26 de abril	Inscrição na Confraria da Santa Face de Tours		
29 de abril	Interrupção dos cadernos escolares		
3-10 de maio	Férias em Deauville Desenha o *chalet des Roses* (rue de la Touque, 17) Dores de cabeça		
17-21 de maio	Retiro preparatório à renovação da primeira Comunhão na Abadia (Padre Domin) Início dos escrúpulos		
21 de maio	Renovação solene da comunhão		
Julho	Teresa ganha um *linot* Férias em Saint-Ouen-le-Pin		

4 de agosto		Celina conclui sua escolarização na Abadia	
22 de agosto		Luís Martin parte em viagem pela Europa central	
20-30 de setembro	Férias em Trouville com Celina (*Villa Rose, rue Charlemagne*)		
5 de outubro	Teresa volta sozinha para a Abadia (2ª classe, vermelha)		
8 de outubro	Retomada dos cadernos escolares		
10 ou 17 (?) de outubro		Retorno de Luís Martin	
15 de outubro	Admitida no "Apostolado da Oração"		
1886	**Treze anos**		7 de janeiro: terceiro ministério Freycinet
2 de fevereiro	Aspirante a Filha de Maria		O general Boulanger ministro da Guerra
	Dores de cabeça. Ausente das aulas		Mártires de Uganda Albert de Mun funda o ACJF
3 de fevereiro		Madre Maria de Gonzaga eleita priora	Greve de Decazeville Ondas eletromagnéticas (Hertz) Fabricação eletrolítica do alumínio (Héraultr) Primeiras luminárias elétricas em Paris Ligação telefônica Paris-Bruxelas Conclusão do *Canadian Pacific* (Estados Unidos) E. Drumont: *La France juive*
Fevereiro-março	Sai da Abadia Lições particulares na residência da senhora Papinau Volta à Abadia duas vezes por semana para ser Filha de Maria VTL 3		
5 de junho – 31 de julho		Férias dos Guérin no *Chalet des Lilas* em Trouville	A. Rimbaud: *Les Illuminations* P. Loti: *Pêcheurs d'Islande* G. Courteline: *Les Gaîtés de l'Escadron*
Agosto	Fica sabendo da partida próxima de Maria para o Carmelo		

21 de setembro	Retoma as aulas na residência da senhora Papinau		
29 de setembro		Luís e Maria em Calais, Douvres e Paris para acolher o Padre Pichon, que está voltando do Canadá	
3 de outubro		Retorno a Lisieux	
5-(?) de outubro		Luís Martin, Maria, Leônia (e Teresa?) em Alençon por alguns dias	30 de outubro: lei que laiciza os funcionários das escolas públicas
7 de outubro		Leônia entra nas clarissas de Alençon	
15 de outubro		Maria entra no Carmelo de Lisieux	
Final de outubro (?)	Curada dos escrúpulos: oração aos quatro irmãos e irmãs		
1º de dezembro		Leônia retorna aos *Buissonnets*	Conversão de Paul Claudel em *Notre-Dame* de Paris
Noite de Natal 25 de dezembro	**"Conversão"** Início da "corrida de gigante" (Ms A, 44vº)		Primeira missa de Natal de Charles de Foucauld
1887	**Quatorze anos**		Agitação nacionalista (general Boulanger, Déroulède) General Boulanger em Lisieux Fundação dos primeiros sindicatos cristãos Peregrinação operária de Léon Harmel No mundo da imprensa: invenção do monotipo E. Renan: *Histoire du peuple d'Israël* V. van Gogh: *Autorretrato* O disco O biciclo (Rudge)
Janeiro-maio	Aulas de desenho ministradas por Celina		
16 de janeiro		Maria Guérin ganha um piano	
19 de março	Tomada de hábito de Irmã Maria do Sagrado Coração. Sermão do Padre Pichon	17 de março: três mulheres assassinadas em Paris	
	Volta à Abadia duas tardes por semana		
12 de abril	Desenha a igreja de Ouilly-le-Vicomte		
1º de maio		Ataque de paralisia de Luís Martin	
Maio-junho	Leitura das conferências do cônego Arminjon		

29 de maio Pentecostes	Luís autoriza Teresa a entrar no Carmelo		
31 de maio	Teresa é recebida como Filha de Maria		
16 de junho	Passeio em Touques		
	Exposição marítima internacional do Havre com o pai *Notre-Dame-des-Grâces* em Honfleur		
21 de junho		Irmã Inês de Jesus deixa o noviciado	
20-26 de junho	Férias em Trouville (*rue de la Cavée*)		
Verão	Conversas com Celina no belvedere		
Um domingo de julho	Graça apostólica diante de Cristo Crucificado, na catedral São Pedro		
16 de julho		Leônia entra na Visitação de Caen	
1º de setembro	Lê a execução de Pranzini no jornal *La Croix*		13 de julho: Pranzini condenado à morte 31 de agosto: Pranzini guilhotinado
6 de outubro	Visita Leônia em Caen		
6-15 de outubro		Padre Pichon prega retiro no Carmelo	
8 de outubro	Pede ao tio Guérin permissão para entrar no Carmelo		
12 de outubro	Pede ao Padre Pichon que seja seu diretor de consciência	Celina toma Padre Pichon como diretor de consciência	
18-21 de outubro	"Três dias de martírio"		
22 de outubro	O tio Guérin consente na entrada de Teresa		
24 (?) de outubro	Visita ao Padre Delatroëtte, que se opõe à entrada de Teresa		

31 de outubro	Em Bayeux, visita a Monsenhor Hugonin		
4 de novembro – 2 de dezembro	Partida para a peregrinação a Roma		
4-7 de novembro	Em Paris (*Notre-Dame-des-Victoires*)		
8 de novembro	Milão		
11 de novembro	Veneza-Pádua		
12 de novembro	Bolonha		
13 de novembro	Loreto		
14-21 de novembro	Roma		
20 de novembro	Audiência de Leão XIII		
22 de novembro	Nápoles – Pompeia – Roma		
24 de novembro	Assis		
26 de novembro	Florença		
27 de novembro	Pisa		
28 de novembro	Gênova – Nice		
29 de novembro	Marseille		
1º de dezembro	Lyon		2 de dezembro: demissão de Grévy (escândalo das condecorações) 3 de dezembro: eleição de Sadi-Carnot
2 de dezembro	Paris – Lisieux		
16 de dezembro	C 38 – a Monsenhor Hugonin C 39 – a Monsenhor Révérony		
28 de dezembro	Resposta favorável de Monsenhor Hugonin		
1888	**Quinze anos**		Charles de Foucauld: *Reconnaissance au Maroc* Abolição da escravidão no Brasil Inauguração do Instituto Pasteur Primeiro motor a combustível (Forest) Pneus para bicicletas Campanha antiescravagista do cardeal Lavigerie Fr. Nietzsche: *O Anticristo*
1º de janeiro	Informada do consentimento do bispo Espera de três meses		
6 de janeiro		Leônia sai da Visitação de Caen	
15 de fevereiro Quarta-feira de Cinzas		Morte do cordeiro oferecido pelo pai	

Março	"Três meses muito ricos em graças"		G. de Maupassant: *Pierre et Jean* Rimsky-Korsakov: *Schéhérazade* P. Gauguin: *Les Alyscamps*
Abril	Foto VTL 4 ("com o coque")		
9 de abril Anunciação	Entrada no Carmelo	Celina é pedida em casamento	
NO CARMELO (9 de abril de 1888 – 30 de setembro de 1897)			
POSTULANTADO (9 de abril de 1888 – 10 janeiro de 1889)			
Abril	Trabalho na rouparia Varre um dormitório		
20 de maio		Marie Cosseron, criada nos *Buissonnets*	
22 de maio		Profissão de Irmã Maria do Sagrado Coração	
23 de maio		Tomada de véu de Irmã Maria do Sagrado Coração. Sermão do Padre Pichon	
24-28 de maio	Retiro do Padre Pichon	Cinquentenário da fundação do Carmelo (1838)	
28 de maio	Confissão geral ao Padre Pichon	Maio-junho: Luís perde 50 mil francos no caso do Panamá	
16 de junho		Celina anuncia ao pai sua vocação ao Carmelo	
21 de junho	Teresa interpreta o papel de Santa Inês em uma peça para a festa de Madre Maria de Gonzaga		Junho: Guilherme II, imperador da Alemanha
23 de junho		Fuga de Luís Martin	
26 de junho (?)		Incêndio da casa vizinha aos *Buissonnets*	

27 de junho		Luís é reencontrado em Havre por Isidoro Guérin e Celina	
Meados de junho		Luís aluga uma casa em Auteuil (Paris), passa ali quinze dias com Leônia e Celina	
6 de agosto		Luís, Leônia e Celina em Alençon	
12 de agosto		Recaída de Luís nos *Buissonnets*	
22 de agosto		Morte de M. David, primo dos Guérin, que herdam La Musse	
8-15 de outubro	Retiro pregado (pelo Padre Blino?)		
25 de outubro	O bispo permite que Teresa solicite a tomada de hábito ao capítulo conventual		
31 de outubro – 2 de novembro		Luís e Celina em Havre por ocasião da partida de Padre Pichon ao Canadá Recaída de Luís Retorno por Paris	
Novembro	Tomada de hábito adiada		
8 de dezembro		Venda da farmácia Guérin a M. Lahaye	
Dezembro (?)		Luís doa 10 mil francos para o altar da catedral São Pedro	
1889	**Dezesseis anos**		Fundação da segunda Internacional
	Retiro de tomada de hábito (C 74 a 79)		
10 de janeiro	**Tomada de hábito** Acréscimo de "da Santa Face" ao nome religioso (C 80)	Neve em Lisieux	27 de janeiro: Boulanger eleito em Paris 30 de janeiro: em Mayerling, suicídio do arquiduque Rodolphe e da baronesa Maria Wetsera

	NOVICIADO (10 de janeiro de 1889 – 24 de setembro de 1890)		H. Bergson: *Essai sur les données immédiates de la conscience* P. Bourget: *Le Disciple* Puvis de Chavannes: afrescos da Sorbonne e da prefeitura de Paris Instituição da festa do Sagrado Coração Liberdade religiosa no Japão Obra missionária de São Pedro Apóstolo (Jeanne Bégard em Caen) Exposição universal
Janeiro	No refeitório com Irmã Inês de Jesus VTL 5 e 6		
Final de janeiro		Estado inquietante de Luís	
2 de fevereiro		Crise de Luís Hospitalização no *Bon Sauveur* de Caen	
13 de fevereiro		Madre Maria de Gonzaga reeleita priora por três anos	
19 de fevereiro		Leônia e Celina junto ao pai	
25 de março – 7 de junho		Os Guérin na *rue Condorcet*, 16 (*Maison Sauvage*), depois nos *Buissonnets*	31 de março: inauguração da Torre Eiffel 1º de abril: fuga de Boulanger para Bruxelas 5 de maio: centenário da convocação dos Estados Gerais P. Gauguin: *Autoportrait au Christ jaune*
20 de abril		Os Guérin compram uma casa (*rue de la Chaussée*, 19, que se tornou *rue Paul-Banaston*)	
2 de maio		Tomada de hábito de Irmã Marta de Jesus	
Maio		Trabalhos no torno do Carmelo Um ano sem "ver" as carmelitas no locutório	
14 de maio		Retorno de Leônia e Celina aos *Buissonnets*	
25-31 de maio		Os Guérin, Leônia e Celina na Exposição em Paris	
30 de maio	C 92 – a Maria Guérin, sobre a Comunhão		
7 de junho		Os Guérin habitam os *Buissonnets* por algumas semanas	

18 de junho		Luís perde a administração de seus bens	15 de julho: lei militar dos três anos, inclusive para os clérigos
6-20 de julho		Os Guérin em La Musse com Leônia e Celina	
Julho	Graça mariana de Teresa, durante uma semana		
12 de julho		Marcelline Husé, a serviço dos Guérin, entra nas beneditinas de Lisieux. Marie Cosseron a substitui	
20 de julho		Leônia e Celina moram na casa dos Guérin	14 de agosto: o general Boulanger condenado à prisão perpétua por contumácia
27 de agosto	Teresa varre a capela dos fiéis durante algumas semanas	Morte do sacristão do Carmelo, Victor Bonaventure	
15 de setembro	Morte de Pauline Romet, madrinha de Paulina Exéquias em Alençon, no dia 17		
Outubro		Sem retiro pregado (trabalhos)	
4 de outubro	Padre Pichon proíbe Teresa de duvidar de seu estado de graça (CCor 117)	Os móveis dos *Buissonnets* são dados ao Carmelo (Tom entra na clausura)	
14 de outubro		Casamento de Marguerite Maudelonde com M. Tostain	
8 de dezembro		Celina faz voto privado de castidade	
25 de dezembro	Teresa interpreta o papel da Virgem Maria na peça de Irmã Inês	Encerramento do contrato de aluguel dos *Buissonnets*	
1890	**Dezessete anos**		
	Nesse ano, Teresa lê São João da Cruz e os		

		textos de Isaías sobre o Servo Sofredor	
Janeiro	A profissão de Teresa é adiada Ela medita *Les Fondements de la vie spirituelle* do Padre Surin	Epidemia de influenza na Normandia	20 de março: Guilherme II revoga Bismarck
1º de abril		O doutor Francis La Néele pede Joana Guérin em casamento	
4 de abril Sexta-feira santa		Madre Genoveva recebe a extrema-unção	
6-17 (18?) de maio		Viagem dos Guérin, Leônia, Celina: Le Mans, Tours, Bordeaux, Lourdes, Gavarnie, Pau, Bayonne, Saint-Sébastien, Biarritz, Bordeaux, La Rochelle, Angers	1º de maio: primeira festa do trabalho
27 de maio		Monsenhor Hugonin consagra o altar da catedral São Pedro, oferecido por Luís	
8 de junho		Noivado de Francis La Néele-Joana	
Julho		Fim dos trabalhos do torno Noviciado no primeiro andar Entrada de duas Irmãs veleiras	11 de agosto: morte do cardeal Newman P. Claudel: *Tête d'or* E. Renan: *L'Avenir de la science* P. Valéry: *Narcisse* É. Zola: *La Bête humaine*
10-31 de fevereiro		Estadia dos Guérin em La Musse com Leônia e Celina Francis compra um hotel em Caen (*rue de l'Oratoire*, 26)	Morte de César Franck Padre Lagrange funda a Escola bíblica de Jerusalém A. Loisy: *Histoire du canon de l'Ancien Testament* Avião a vapor (Ader) Metrô em Londres Primeiro submarino *La Gymnote* P. Cézanne: *Les Joueurs de cartes*

18 de julho	C 108: primeira citação de João da Cruz		
28 de agosto	Entrada em retiro de profissão		
30 de agosto	Recebe a absolvição		
2 de setembro	Exame canônico Bênção de Leão XIII a Teresa e a seu pai		
5 de setembro		Celina pede ao pai que abençoe o crucifixo e a coroa de Teresa	
7 de setembro	Escreve seu bilhete de profissão (O 2) Vigília e tentação		
8 de setembro	**Profissão na Natividade de Maria** (paz)	Vocação salva do seminarista A. Roulland (C 201)	
23 de setembro		Profissão de Irmã Marta de Jesus	
24 de setembro	**Tomada de véu preto** (lágrimas)	Maria Guérin segura de sua vocação ao Carmelo	
1º de outubro		Casamento La Néele	
Outubro	Retiro pregado pelo Padre Godefroy Madelaine, premonstratense	Problemas cardíacos de Celina	
8-16 de outubro		Peregrinação de Leônia e Celina a Paray-le-Monial	12 de novembro: encontro de Argel, promovido pelo cardeal Lavigerie em favor da Adesão
Dezembro	Irmã Maria do Sagrado Coração passa a Teresa as notas de retiro do Padre Pichon no Carmelo (1887-1888)		
1891	**Dezoito anos**		Encíclica *Rerum novarum*, de Leão XIII, sobre a questão operária A. Gide: *Les Cahiers d'André Walter*
Por volta do dia 10 de fevereiro	Sacristã auxiliar de Irmã Santo Estanislau	Inverno extremamente rigoroso	
			1º de maio: 9 mortos em Fourmies (Norte)

A partir de abril	Oração pelo ex-padre carmelita Hyacinthe Loyson (C 127, 129)		
27 de junho		Leônia e Celina em Caen	23 de julho: a frota francesa em Cronstadt
		Verão muito chuvoso	
29 de julho – 3 de agosto		Os Guérin, Leônia e Celina em La Musse	
5 de julho		Irmã Maria do Sagrado Coração deixa o noviciado	
22 de julho		Bodas de diamante de Madre Genoveva	
23 de julho		Celina recusa casar-se com Henry Maudelonde (C 130)	
11 de setembro	Teresa em retiro pessoal	Bodas de prata dos Guérin	Setembro: congresso das Lojas maçônicas
17 de setembro		Primeiro artigo de Isidoro Guérin no *Le Normand* contra Henry Chéron	Pneu Michelin
7-15 de outubro	Retiro pregado pelo Padre Alexis Prou, capuchinho: "nas ondas da confiança e do amor…" (Ms A, 80vº)		
10 de outubro		Morte de Padre Révérony, vigário-geral	
24 de novembro		Tricentenário da morte de São João da Cruz Pregação: Padre Déodat de Basly Monsenhor Hugonin na clausura	
25 de novembro		Madre Genoveva recebe a extrema-unção pela terceira vez	

26 de novembro		Francis La Néele vende sua farmácia em Caen Continua a exercer a medicina	
5 de dezembro		Morte de Madre Genoveva	
23 de dezembro		Sepultamento da fundadora na capela	
28 de dezembro		Início da epidemia de influenza	
1892	**Dezenove anos**		Influenza: milhares de vítimas na Europa 20 de fevereiro: encíclica *Inter Sollicitudines* em favor da Adesão L. Bloy: *Le Salut par les Juifs* P. Verlaine: *Liturgies intimes* Morte de E. Renan Descoberta dos elétrons (Lorentz) Escândalo do Panamá 11 de julho: execução do anarquista Ravachol após diversos atentados Conversão de J.-K. Huysmans
	Leitura privilegiada do Evangelho e de São João da Cruz		
2 de janeiro	Aniversário de Teresa	Morte de Irmã São José	
4 de janeiro		Morte de Irmã Febrônia, subpriora	
7 de janeiro		Morte de Irmã Madalena do Santíssimo Sacramento	
Janeiro		Padre Baillon nomeado confessor extraordinário	
Fevereiro		Eleições adiadas em um ano por causa da saúde das monjas: Madre Maria de Gonzaga permanece priora	
Abril	Memorial sobre Madre Genoveva		
20 de abril		Casamento de Henry Maudelonde Dança fracassada de Celina	
10 de maio		Luís Martin, doente, retorna a Lisieux	
12 de maio	Último encontro com o pai no locutório: "Até o Céu!"		

Julho		Leônia, Celina, o pai e domésticos moram na *rue Labbey*, 16	
22 de julho		Entrada de Irmã Maria Madalena do Santíssimo Sacramento no Carmelo	
3 de agosto		Padre Pichon pensa secretamente em Celina para uma fundação no Canadá	
11-23 de agosto		Férias de Celina em La Musse Leônia fica com o pai em Lisieux	17 de agosto: convenção militar franco-russa
16-29 de setembro		Visita canônica do Padre Delatroëtte, superior do Carmelo	
Outubro	Retiro pregado pelo Padre Déodat de Basly, franciscano		
Por volta de 8 de dezembro	Teresa fala com Irmã Marta sobre suas relações com Madre Maria de Gonzaga		
1893	**Vinte anos**		Encíclica *Providentissimus Deus*, sobre os estudos bíblicos Processo do Panamá. Condenação de Lesseps a cinco anos de prisão. Início do genocídio dos armênios pelos turcos A célula fotoelétrica
20 de janeiro	Padre Pichon tranquiliza-a sobre seu estado de graça (CCor 151)		
2 de fevereiro	Primeira poesia – *O orvalho divino* (P 1) – para Irmã Teresa de Santo Agostinho		
20 de fevereiro	Teresa deixa a sacristia Ofício da pintura Ajuda Madre Maria de Gonzaga no noviciado	Eleição de Madre Inês de Jesus como priora Madre Maria de Gonzaga mestra de noviças	
25 de abril – 2 de agosto	Série de cartas importantes a Celina (C 141 a 145)		Março: processo de parlamentares envolvidos no caso Panamá

Abril-maio	Ocupa a cela "Santa Ana"	Irmã Maria dos Anjos, subpriora, faz o retrato das Irmãs da comunidade	
Junho	Pinta o afresco do oratório das doentes Torna-se terceira da ecônoma		
24 de junho		Leônia entra na Visitação pela segunda vez	
27 de junho – 18 de agosto		Estada dos Guérin em La Musse com Luís, Celina e Tom	
Julho (?)	O 3		3 de julho: motim em Paris – um morto, vários feridos Primeiro projetor cinematográfico (Marly) O motor Diesel M. Blondel: *L'Action* St. Mallarmé: *Vers et prose* É. Zola: *Au bonheur des dames* G. Courteline: *Messieurs les ronds-de-cuir* Dvorak: *La Symphonie du nouveau monde*
7 de setembro	Tomada de hábito de Irmã Maria Madalena		
15 de setembro	Celina tem aulas com o pintor Krug		
Setembro	Teresa pede para continuar no noviciado com as Irmãs Marta e Maria Madalena. Segunda porteira		
7-15 de outubro	Retiro orientado por padre Lemonnies de la Déliverande		3 de outubro: o Ceilão cede a margem esquerda do Mekong à França
Dezembro		Leitura da vida de Santa Joana de Chantal no refeitório	17 de novembro: protetorado da França ao Dahomey Loisy deixa sua cátedra do Instituto católico de Paris 3 de dezembro: ministério Casimir Perrier 31 de dezembro: convenção militar franco-russa ratificada pelo tsar A esquadra russa chega a Toulon
25 de dezembro		Retomada da peça de Inês de Jesus: *As Virtudes no berço de Jesus*	
1894	**Vinte e um anos**		Ano Joana d'Arc na França
2 de janeiro	Maior de idade, começa a jejuar Adota a caligrafia reta Pinta *O sonho do Menino Jesus* (C 156)		

21 de janeiro	*A missão de Joana d'Arc* (RP 1) para a festa da priora Inês		27 de janeiro: Leão XIII declara Joana d'Arc Venerável
27 de janeiro			
20 de fevereiro	P 2 para Madre Maria de Gonzaga (60 anos)		
Fevereiro	O 4 – à Trindade Início das dores de garganta		
6 de abril		Leônia toma hábito na Visitação de Caen (Irmã Teresa Dositeia)	
26 de abril	P 3 (Santa Cecília) e C 161 – para Celina (25 anos)		
8 de maio	P 4 (cântico para obter a canonização de Joana d'Arc)	Grandes festas em honra de Joana d'Arc em Lisieux Participação dos Martin e dos Guérin	8 de maio: festa nacional de Joana d'Arc
27 de maio		Luís recebe a extrema-unção (paralisia)	
1º de junho Sagrado Coração	P 5 e 6 para Irmã Maria do Sagrado Coração		Em Lyon, assassinato de Sadi Carnot por um italiano, Caserio Eleição de Casimir Perrier Guerra sino-japonesa
5 de junho		Grave crise cardíaca de Luís	
8 de junho		Os Guérin recebem os Martin em sua casa (*rue Paul-Banaston*)	Os italianos ocupam a Abissínia
16 de junho		Entrada de Irmã Maria da Trindade, vinda do Carmelo parisiense da *rue de Messine*	
18 de junho	Cuidados com a garganta		
20 de junho		Padre Pichon explica a Celina a fundação do Canadá	
1º de julho	Doutor La Néele é consultado pelas dores no peito de sua prima		

4 de julho		Os Guérin em La Musse com Luís e Celina	
16 de julho	Canto de gratidão a Nossa Senhora do Carmo (P 7)		
17 de julho	Teresa fabricou auriflamas para o...	Centenário do martírio das 16 carmelitas de Compiègne	
29 de julho		**Morte de Luís Martin em La Musse, às 8h15**	29 de julho: votação das "leis celeradas" contra os anarquistas e sobre a imprensa
2 de agosto		Sepultamento em Lisieux	
		Celina revela às irmãs o projeto do Padre Pichon Protesto das irmãs Martin	
Agosto	*Oração da filha de um santo* (P 8)		
7 (ou 8?) de agosto	Ocupa sua terceira cela: "Santo Eliseu"	Celina pede ao Padre Delatroëtte permissão para entrar no Carmelo	M. Barrès: *Du sang, de la volupté et de la mort* A. Rodin: *Les Bourgeois de Calais* E. Massenet: *Thaïs*
20 de agosto		Padre Pichon deixa Celina entrar no Carmelo	Claude Debussy: *Prélude à l'après-midi d'un faune* Kipling: *Le Livre da la jungle*
14 de setembro		Entrada de Celina no Carmelo (Irmã Maria da Santa Face) Leva consigo o aparelho de fotografia e as cadernetas bíblicas	Nascimento do Sulco de Marc Sangnier Fundação da Democracia cristã (Padre Six)
7-15 de outubro	Retiro pregado pelo Padre Lemonnier, de *la Délivrande*		
11 de outubro		Transferência dos restos de Zélia Martin, dos quatro filhos, do pai e da sogra de Alençon ao cemitério de Lisieux	15 de outubro: processo do capitão Dreyfus até sua condenação em 22 de dezembro

20 de outubro	Conselhos do Doutor La Néele e à Teresa, muito enrouquecida		
Novembro	VTL 7 e 8		
20 de novembro	P 10 para a... VTL 9 e 10	Profissão de Irmã Maria Madalena	
Outono	Ela faz um inventário dos cadernos escriturários de Celina e neles encontrará textos para sua "pequena via de confiança e de amor"		
18 de dezembro	P 11 e 12 para a...	Tomada de hábito de Irmã Inês da Santa Face (futura Irmã Maria da Trindade)	
25 de dezembro	*Os anjos no presépio de Jesus* (RP 2) P 13 para Celina		Péguy inicia *Joana d'Arc* Descoberta do bacilo da peste (Yersin) Soro antidiftérico (Roux) G. Lanson: *Histoire de la littérature française* É. Durkheim: *Règles de la méthode sociologique* Dreyfus condenado à deportação na Ilha do Diabo
Dezembro	Durante uma recreação, Madre Inês de Jesus ordena a Teresa que escreva suas lembranças de infância, por sugestão de Irmã Maria do Sagrado Coração		
1895	**Vinte e dois anos**		13 de janeiro: demissão de Casimir Perrier 17 de janeiro: Félix Faure presidente da República 26 de janeiro: ministério Ribot
	Redação do **Manuscrito A** Descoberta da "pequena via"		
21 de janeiro	*Joana d'Arc cumprindo sua missão* (RP 3) Incêndio VTL 11, 12, 13, 14, 15		
5 de fevereiro	P 16	Profissão de Irmã Genoveva de Santa Teresa (Celina)	Fundação da CGT Fundação do prêmio Nobel da Paz
26 de fevereiro	*Viver de Amor* (P 17, espontânea)		Trabalhos sobre a radiodifusão (Branly)

15 de abril (de Páscoa)	VTL 18, 19, 20		Raios X (Röntgen) Primeiro aparelho cinematográfico (irmãos Lumière) P. Valéry: *La Soirée avec M. Teste* Ch. Maurras: *Le Chemin du Paradis* T. Herzil: *L'État juif*
19 de abril	VTL 24, 25 (lavagem da roupa)		
20 de abril	VTL 16, 17 (alameda dos castanheiros)		
25 de abril	P 18 VTL 21, 22, 23		
9 de junho Santíssima Trindade	**Oferecimento ao Amor Misericordioso**		
11 de junho	Pronuncia o Ato de Oferecimento com Celina (O 6)		
13 de junho			"Conversão" de Diana Vaughan
14 de junho	Ferida de amor durante a via-sacra		
21 de junho	P 23 – *Ao Sagrado Coração de Jesus*		
27 de junho		Os Guérin em La Musse	
16 de julho	O 7, para Irmã Marta		
20 de julho		Leônia deixa a Visitação pela segunda vez	
29 de julho	*Jesus em Betânia* (RP 4)	Irmã Ana do Sagrado Coração retorna ao Carmelo de Saigon	
6 de agosto		Retorno dos Guérin a Lisieux	
12 de agosto	P 20 pelos...	21 anos de Maria da Trindade	
15 de agosto	P 21 pela...	Entrada no Carmelo de Maria Guérin (Irmã Maria da Eucaristia)	
24 de agosto			Primeira Comunhão de Diana Vaughan
7 de setembro	P 22 (34 anos de Madre Inês de Jesus)		

7-15 de outubro	Retiro pregado pelo Padre Lemonnier		G. Rouault: *Christ pleuré par les saintes femmes*
28 de setembro: morte de Pasteur (funerais nacionais em 4 de outubro)
8 de outubro		Morte de Padre Delatroëtte	
10 de outubro	Maurice Bellière confiado por Madre Inês de Jesus a Teresa		
17-21 de outubro	O 8 (por Bellière)		
15 de outubro		Fundação do Carmelo de Hanói pelo de Saigon	1º de novembro: ministério Léon Bourgeois
10 de novembro		Morte de Irmã São Pedro	
1º de dezembro		Irmã Maria da Trindade faz o Ato de Oferecimento	
25 de dezembro	*O Pequeno Mendigo do Natal* (RP 5)
O 9 (para Celina)		
1896	**Vinte e três anos**		Encíclica *Satis Cognitum* (sobre a unidade da Igreja)
Telefone sem fio (Marconi)
M. Blondel: *Lettre sur les exigences de la pensée contemporaine*
Itália: o ministro Crispi cai com a derrota militar na Etiópia
Sinkiewicz: *Quo vadis?*
		Inverno rigorosíssimo	
Janeiro	Pinta suas armas (Ms A, 86rº)	Padre Maupas, novo superior do Carmelo
Discussões a respeito da profissão de Irmã Genoveva	
20 de janeiro	Entrega o Ms A a Madre Inês de Jesus por sua festa		
21 de janeiro (Santa Inês)	*A fuga para o Egito* (RP 6), interrompida
P 26 (parra Madre Inês)		
7 de fevereiro		Irmã Maria da Eucaristia admitida pelo capítulo	
23 de fevereiro	C 182 (a Celina)		
24 de fevereiro	C 183 e P 27 pela…	Profissão de Irmã Genoveva (Celina)	
1º de março	P 28 (para Irmã Maria de São José)		

14 de março		Irmã Margarida Maria do Sagrado Coração no *Bon Sauveur* de Caen	
17 de março	VTL 26, 27, 28, 30, 31	Tomada de véu de Irmã Genoveva Tomada de hábito de Irmã Maria da Eucaristia	
21 de março	Confirmada em sua missão de mestra auxiliar de noviças Sacristia, pintura, rouparia com Irmã Maria de São José	Eleição de Madre Maria de Gonzaga (7 escrutínios)	
3 de abril (Sexta-feira santa)	Primeira hemoptise		
4 de abril	Segunda hemoptise		
5 de abril (Domingo de Páscoa)	Entrada na provação da fé e da esperança		
30 de abril	P 29 e 30 pela…	Profissão de Irmã Maria da Trindade	29 de abril: ministério Méline
7 de maio	VTL 32	Tomada de véu de Irmã Maria da Trindade	
10 de maio	Sonho com a Venerável Madre Ana de Jesus		24 de maio: congresso operário cristão em Reims
30 de maio	Madre Maria de Gonzaga confia-lhe o seminarista Roulland como segundo irmão espiritual		
31 de maio	P 31 (festa de Irmã Maria da Trindade)		
10 de junho – 26 de julho		Os Guérin e Leônia em La Musse	
7 de junho	P 32 (para Irmã São Vicente de Paulo)		
12 de junho	P 33 (para Irmã Maria do Sagrado Coração)		

21 de junho	*Triunfo da humildade* (RP 7), para a festa de Madre Maria de Gonzaga		
23 de junho	Primeira carta ao Padre Roulland (C 189)		
22-24 de junho	Tríduo pregado pelo Padre Godefroy Madelaine		
28 de junho	P 34	Ordenação do Padre Roulland	
29 de junho	C 190 – a Madre Maria de Gonzaga (lenda do cordeirinho)		
3 de julho	Primeira missa do Padre Roulland no Carmelo. Locutório		
Início de julho	VTL 29, 35 (feno) VTL 36, 37, 38		
15 de julho	"Apresentada" ao doutor de Cornière		
16 de julho	P 35 (*A Nossa Senhora das Vitórias*)		
Julho-agosto	Lê Isaías, São Paulo		Agosto: o sultão Abdul-Hamid massacrou 6 mil cristãos em Constantinopla. Ele fez perecer 250 mil armênios em dois anos.
2 de agosto		Partida do Padre Roulland para a China	
6 de agosto	Consagração à Santa Face (O 12), com as Irmãs Genoveva e Maria da Trindade		
15 de agosto	P 36 (para Irmã Maria da Eucaristia)		
21 de agosto	P 37, 38, 39 (para o casal La Néele)		
Início de setembro	Conferência de Monsenhor de Teil sobre as mártires de Compiègne		Setembro: Nicolau II e a tzarina acolhidos triunfalmente em Paris Primeiros Jogos Olímpicos em Atenas (Pierre de Coubertin) Gallieni governador de Madagáscar Congresso antimaçônico em Trento
7-18 de setembro	Retiro pessoal		

8 de setembro	**Manuscrito B** (a Jesus)		
13 de setembro	**Manuscrito B** (= C 196, à Irmã Maria do Sagrado Coração)		30 de setembro: acordo franco-italiano sobre a Tunísia
17 de setembro	**C 197**, completa o Ms B		H. Bergson: *Matière et mémoire* S. Freud: primeira teoria psicanalítica
8-15 de outubro	Retiro pregado pelo Padre G. Madelaine Escreve o *Credo* com o sangue		14º centenário do batismo de Clóvis Morte de Verlaine Radioatividade (H. Becquerel)
21 de outubro	C 198 – a primeira carta ao seminarista Bellière		
1º de novembro	C 201 – ao Padre Roulland		
4 de novembro		Morte de Irmã Marie-Antoinette, veleira, de tuberculose	
Novembro	P 40 (às sacristãs) Leitura da vida de Teófano Venard e da vida de vários missionários (C 221)		
21 de novembro	Cópia das cartas de Teófano Venard Novena a esse mártir por sua cura		
Dezembro	P 41 e 42		
3 (?)	Vesicatório		
25 de dezembro	*O Viveiro do Menino Jesus* (P 43)		
28 de dezembro	P 44 Recebe um hábito novo		
1897	**Vinte e quatro anos**		Guerra greco-turca
9 de janeiro	C 216 (alusão à proximidade de sua morte)		M. Barrès: *Les Déracinés* A. Gide: *Les Nourritures terrestres* H. G. Wells: *L'Homme invisible*
21 de janeiro	P 45 (*Minha alegria*), para festejar Madre Inês de Jesus		

Janeiro	P 46 (para Irmã Maria Filomena)		
2 de fevereiro	P 47 (*A Teófano Venard*)		
8 de fevereiro	*Santo Estanislau Kostka* (RP 8) para o jubileu de Irmã Santo Estanislau dos Sagrados Corações		
3 de março (Quarta-feira de Cinzas)	Início da quaresma		
4-12 de março	Novena a São Francisco Xavier para fazer o bem após a sua morte		4 de março: Charles de Foucauld nas clarissas de Nazaré
19 de março (São José)	Mesmo pedido a São José		Charles Péguy: *Jeanne d'Arc* L. Bloy: *La Femme pauvre*
25 de março	P 48 pela...	Profissão de Irmã Maria da Eucaristia	E. Rostand: *Cyrano de Bergérac* Francis James: *De l'Angelus de l'aube à l'Angelus du soir*
Início abril[1]	Final da quaresma		P. Claudel: *La Ville*
3 de abril	Teresa "gravemente doente"		P. Loti: *Ramuntcho* St. Mallarmé: *Un coup de dés...*
6 de abril	Início dos *Últimos Colóquios* com Madre Inês de Jesus		P. Cézanne pinta a montanha Sainte-Victoire P. Gauguin no Taiti
Maio	Dispensada de todo ofício Não vai mais ao Ofício no coro P 50 (*A Joana d'Arc*) P 53 (*A Irmã Maria da Trindade*) P 54 (*Por que te amo, ó Maria*), testamento mariano		A. Renoir: *La Dormeuse* 19 de abril: em Paris, Léo Taxil confessa suas imposturas

---

1. A partir dessa data, poder-se-á reportar ao *Diaire médical des Derniers Entretiens. Thérèse au jour le jour, du samedi 3 avril au jeudi 20 septembre*, UC, p. 146-186.

9 de maio	P 51 (*Uma rosa desfolhada*)		3 de maio: em Roma, início do processo de beatificação de Joana d'Arc 4 de maio: incêndio do *Bazar de la charité* (129 mortos, 200 feridos) 9 de maio: encíclica *Divinum illud* (sobre o Espírito Santo) Maio: P. Dukas – *L'Apprenti sorcier* A. Rodin: *Monument à Victor Hugo* Cl. Debussy: *Chansons de Bilitis* Georges Harot realiza um filme sobre Joana d'Arc (produção Pathé)
Final de maio	Cessa sua missão junto às noviças		
27 de maio		Leitura da vida de São Luís Gonzaga no refeitório	
28 de maio	Incidente com Irmã São João Batista (C 230)		
30 de maio	Revela a Madre Inês as hemoptises de abril de 1896		
31 de maio	P 52 (para Irmã Teresa de Santo Agostinho)		
2 de junho	C 234	Tomada de véu de Irmã Maria da Eucaristia	
3 de junho	Madre Maria de Gonzaga ordena-lhe continuar o manuscrito		
4 de junho – 8 de julho	**Redação do Manuscrito C**		
5 de junho		Início da novena da comunidade a Nossa Senhora das Vitórias	
6 de junho Pentecostes	No jardim (na cadeira de rodas do pai)		
7 de junho	Sessão exaustiva de fotos (VTL 41, 42, 43)		
9 de junho	Escreve sobre a provação da fé (Ms C, 7vº) C 244 – ao seminarista Bellière "Não morro, entro na vida"		

11 de junho	No jardim, lança flores à estátua de São José	
13 de junho (Santíssima Trindade)	Fim da novena Apresenta sinais de melhora Vai ao jardim	
21 de junho	PS 6 (para Madre Maria de Gonzaga) C 247 – ao seminarista Bellière	
25 de junho (Sagrado Coração)	Pausa na escrita do Manuscrito C Vai à biblioteca	Festa patronal do Carmelo de Lisieux
30 de junho	Último locutório com o tio Guérin e Leônia	
6 de julho	Retorno das hemoptises (quase diárias até 5 de agosto)	
7 de julho	Sufocamento. Parece agonizar Forte febre Duas visitas do doutor de Cornière[2]	

NA ENFERMARIA
(8 de julho – 30 de setembro de 1897)

8 de julho	Fraqueza extrema Forte febre Ms C inacabado, a lápis	Irmã Genoveva na cela vizinha Virgem do Sorriso em frente à cama
9 de julho	Extrema-unção adiada	
13 de julho	Comunhão C 253 – ao seminarista Bellière	
14 de julho	C 254 – última carta ao Padre Roulland	Roma envia uma bênção *in articulo mortis*

---

2. O doutor de Cornière visitou Teresa nos dias 3, 6, 7, 8 (duas vezes), 9, 10, 11, 13, 14, 19, 20, 22 (?), 23 (?), 25, 28, 30 (duas vezes), 31 de julho; 6, 8 (?), 17, 30 de agosto; 14, 17 (?), 20, 24, 29 de setembro. Durante as férias do doutor de Cornière, o doutor La Néele visitou a enferma nos dias 30 e 31 de julho, 5 e 10 de setembro.

16 de julho (Nossa Senhora do Carmo)	Comunhão	Primeira missa do Padre Troude	
17 de julho	"Quero passar o meu Céu a fazer o bem na terra, até ao fim do mundo" (CA 17.7) O 20 C 257 – última carta a Leônia Compõe PS 8		
22 de julho	Confissão ao Padre Youf		
24-25 de julho	C 260 – último bilhete aos Guérin		
25 de julho	Ainda se levanta duas horas por dia	Padre Youf em La Musse	Julho: expedição sueca ao Polo Norte
26 de julho	C 261 – ao Padre Bellière		
28 de julho	Início dos "grandes sofrimentos" (CA 3.8.8)		
30 de julho	Hemoptises contínuas, sufocamentos Recebe a extrema-unção e a Comunhão como viático do Padre Maupas		
31 de julho	Preparativos fúnebres		
3 de agosto	Grandes sofrimentos físicos e morais	Os La Néele retornam de La Musse	
5 de agosto	Fim das hemoptises Cansaço extremo Estado estacionário	Instalam a Santa Face na enfermaria até o dia 15 de agosto	
8 de agosto	Estado estacionário	O doutor de Cornière parte de férias	
9 de agosto		Tratamento dos Guérin em Vichy	
10 de agosto	C 263 – última carta ao seminarista Bellière		
12 de agosto	Chora no *Confiteor* da Comunhão		

15 de agosto (Assunção)	Ponto crucial da enfermidade Opressão, angústias		
17 de agosto	Visita do doutor La Néele Pulmão direito perdido, 1/3 do pulmão esquerdo comprometido "É tuberculose" Comunhão		
19 de agosto	Última Comunhão por Hyacinthe Loyson		
22 de agosto	Dores intestinais, gangrena Sofrimentos intensos, emagrecimento, lavagens estomacais		
23 de agosto	Má noite Compreende a tentação do suicídio		23-26 de agosto: Félix Faure na Rússia 20-23 de agosto: 25º aniversário das aparições de Lourdes (enormes multidões)
24 de agosto	Dores intestinais "de gritar"		
25 de agosto		Leônia e o casal La Néele retornam de Lourdes	
28 de agosto	Alívio A cama é colocada no centro da enfermaria		Congresso internacional pela proteção operária
30 de agosto	Noite tranquila VTL 45 no claustro, em sua cama Visita do doutor La Néele Metade do pulmão esquerdo comprometido		Congresso sionista (Théodore Herzl) em Basileia
5 de setembro	Quarta e última visita do doutor La Néele		
6 de setembro	Empréstimo de uma relíquia de Teófano Venard		
8 de setembro	Último autógrafo sobre Maria (O 21)		

10 de setembro	Visita do doutor de Cornière, que voltou das férias no dia 9		
11 de setembro	Trança duas coroas de centáureas para a estátua da Virgem		
12 de setembro	Pés inchados		13 de setembro: encíclica *Augussimae Virginis Mariae*, sobre o rosário
14 de setembro	Desfolha uma rosa sobre seu crucifixo	Padre Youf recebe a extrema-unção	
18 de setembro	Pela manhã, teme-se que sua morte seja imediata		
19 de setembro		Primeira missa do Padre Denis no Carmelo	Construção do *Grand* e do *Petit Palais* em Paris Telegrafia sem fio através da Mancha (Marconi)
22 de setembro	Não consegue falar		
26 de setembro	Crises de sufocamento		
27 de setembro	Sofrimentos extremos		
29 de setembro	Confissão ao Padre Faucon Entra em agonia Última visita do doutor de Cornière	O seminarista Bellière embarca em Marseille com destino a Argel A comunidade presente na enfermaria Oração pelos agonizantes	
30 de setembro	Agonia "Meu Deus... eu vos amo" 19h20: **morte**		Batismo de João Batista Montini, futuro Papa Paulo VI
1º de outubro	Exposta no coro (VTL 46)		
4 de outubro	Sepultamento no cemitério de Lisieux		

GLOSSÁRIO DOS TERMOS RELIGIOSOS UTILIZADOS

Alpargatas: sandálias de corda usadas pelas carmelitas desde a Reforma de Santa Teresa d'Ávila.

Antífona: versículo que precede a recitação de um salmo.

Aquecedor: único aposento aquecido do mosteiro (salvo as enfermarias); lugar de recreação.

Breviário: livro que contém o conjunto de textos do Ofício Divino. À época de Teresa, em latim.

Camareiro secreto: dignitário eclesiástico ou leigo ligado à pessoa do Papa.

Capítulo: sala onde a comunidade se reúne se reúne para atos importantes (profissão, eleições, reunião para escutar a priora…). Por extensão, a própria reunião: "participar do capítulo".

Cela: aposento onde a carmelita dorme, reza, trabalha.

Corista: Irmã que participa da oração no coro, parte da capela reservada às carmelitas.

Completas: Ofício cantado, recitado ou lido após a refeição da noite.

Confessor extraordinário: religioso sacerdote encarregado de ouvir as confissões quatro vezes por ano, à parte os confessores ordinários. É designado pelo bispo do lugar.

Conversa: religiosa designada prioritariamente ao serviço do mosteiro (cozinha, limpeza etc.), na clausura. Assiste ao Ofício recitando, não o breviário, mas orações (*Pater*). Não tem voz ativa nem passiva no capítulo. Continua a usar o véu branco depois da profissão.

Depositária: Irmã encarregada das questões materiais (ecônoma).

Dormitório: corredor onde ficam as celas das monjas.

Laudes: Ofício Divino celebrado normalmente pela manhã. Nessa época, era recitado à noite, depois de matinas.

Licença: possibilidade dada pela priora — quer para algumas monjas, quer para a comunidade inteira — para falar em dias de festa, por um dia inteiro. Pode-se, então, entrar nas celas umas das outras, o que é excepcional.

Locutório: lugar de encontro com as pessoas fora da clausura, com grades e cortinas.

Marta: assim eram chamadas as Irmãs conversas. Sua festa era em 29 de julho.

Matinas: ofício noturno fixado às 21h pelas Constituições: 9 salmos, 9 leituras. À noite, no refeitório, lia-se a tradução francesa das leituras.

Ofício: tarefa a cumprir, designada pela priora (= trabalho). A "primeira de ofício" é responsável. A "segunda de ofício" a ajuda (muitas vezes, é uma noviça ou uma jovem professa). O ofício é também o lugar onde se exerce a função: rouparia, lavanderia, fabricação de hóstias, torno, pintura etc.

Ofício divino: oração comunitária (salmos e leituras) que compreende as orações a serem feitas durante o dia: Prima (hoje, Laudes), Terça, Sexta, Noa, Matinas, Laudes, Vésperas e Completas; ou seja, as oito horas canônicas.

Pala: pedaço quadrado de tecido rígido posto sobre o cálice durante a missa.

Pantufas: calçados usados pelo Papa.

Pátio: centro do claustro.

Postulantado: primeiro período, após a entrada no mosteiro, para o estudo da vocação. Na época, dura habitualmente seis meses para as Irmãs coristas e um ano para as Irmãs conversas.

Profissão: após seis meses de postulantado (um ano para as Irmãs conversas), a noviça pronuncia seus votos perpétuos (obediência, pobreza, castidade). Cerimônia na clausura, na sala do capítulo. Alguns dias depois acontece a tomada de véu preto para as Irmãs coristas, em cerimônia pública, presidida habitualmente pelo bispo da diocese.

Provisora: religiosa encarregada da organização das refeições, da alimentação em geral.

Reto tom: salmodia do Ofício Divino com uma única nota.

Repositório: altar ornamentado com flores e velas, sobre o qual repousa o Santíssimo Sacramento, dentro ou fora de uma igreja.

Responsório: breve oração que sucede uma leitura.

Rogações: procissão que acontece três dias antes da Ascensão, suplicando a bênção dos bens da terra.

Rouparia: lugar onde se fabricam as vestes das religiosas (hábitos, capas, véus...).

Sobrepeliz: veste litúrgica de mangas estreitas posta sobre a túnica.

Terceira: religiosa que acompanha a depositária ao conduzir os operários pela clausura. Designa também a religiosa que acompanha uma Irmã ao locutório.

Tércia: hora breve do Ofício Divino, recitada pela manhã.

Torno: armário cilíndrico giratório que permite introduzir objetos na clausura sem ver o interior. Há tornos na sacristia, na portaria e nos locutórios. Por extensão, aposento onde fica esse armário. A "casa do torno" designa o conjunto dos locais habitados pelas Irmãs veleiras.

Touca: tecido de fazenda branca que envolve toda a cabeça e cai sobre as costas.

Tríduo: série de pregações dadas durante três dias para honrar um santo, uma santa ou preparar uma festa.

Veleira (Irmã): religiosa não claustral encarregada das relações com o mundo exterior e com a responsabilidade de introduzir no torno aquilo que as pessoas de fora trazem. Sai do mosteiro para as compras e serviços externos.

Versicular: religiosa que canta ou recita os versículos no Ofício Divino.

Véu: véu branco que contorna o rosto.

Viático: Comunhão dada a alguém em perigo de morte.

Vigário-geral: sacerdote designado pelo bispo para ser seu delegado na administração da diocese.

BIBLIOGRAFIA/FONTES

As edições da *História de uma alma*

Primeira edição de 1898 pelo Carmelo de Lisieux, Saint-Paul.

Padre FRANÇOIS DE SAINTE-MARIE, OCD, *Manuscrits autobiographiques*, OCL, 1956 (edição fototípica acompanhada de três volumes introdutórios, com notas etc.).

Histoire d'une âme/Manuscrits autobiographiques, Paris, Éd. du Cerf-Desclée De Brouwer, 1992.

Thérèse de Lisieux par elle-même, 3 vol., apresentação de Jean-François Six, Paris, Grasset-Desclée De Brouwer, 1997 (os escritos teresianos em ordem cronológica, de 1888 a 1897).

Manuscrits autobiographiques, Paris, Éd. du Cerf-Desclée De Brouwer, Nouvelle Édition du Centenaire, 2005.

Padre Conrad DE MEESTER, OCD, *Histoire d'une âme*, Paris, Presses de la Renaissance, 2005 (a ordem dos manuscritos está restabelecida de acordo com a primeira *História de uma alma*: A, C [G], B [M]).

Claude LANGLOIS, *Le Poème de septembre. Lecture du Manuscrit B de Thérèse de Lisieux*, Paris, Éd. du Cerf, 2002; *Lettres à ma Mère bien-aimée, juin 1897. Lecture du Manuscrit C de Thérèse de Lisieux*, Paris, Éd. du Cerf, 2007; *L'Autobiographie de Thérèse de Lisieux. Edition critique du Manuscrit A (1895)*, Paris, Éd. du Cerf, 2009.

Obras de Santa Teresa do Menino Jesus da Santa Face

Nouvelle Édition du Centenaire (NEC), Paris, Éd. du Cerf-Desclée De Brouwer, 1992: *Manuscrits autobiographiques; Histoire d'une âme*, 1898; *Correspondance générale; Poésies; Théâtre (Récréations pieuses) et Prières; Derniers Entretiens*, recueillis par ses sœurs; *Dernières Paroles* (sinopse das versões de Madre Inês).

Œuvres complètes. Textes et Dernières Paroles (OC), Paris, Éd. du Cerf-Desclée De Brouwer, 1992. Encontrar-se-ão aqui "Escritos diversos": I, redigidos nos *Buissonnets* entre 1880 e 1888; II, redigidos no Carmelo entre 1888 e 1897, p. 1193-1244.

Cadernetas de Teresa menina (descrição em Mss I, p. 22 e 24). Publicação em VT, n. 74, abril 1979, p. 129-137: caderneta de infância (1880?), caderneta bege (1884-1886), caderneta azul, notas de retiro (1884-1885), agenda vermelha (1885-1887), caderneta das cidades (geografia), caderneta de lições e tarefas (1885-1887).

Les Cahiers d'école de Thérèse de Lisieux. 1877-1882 (CETL), introdução e notas de Monsenhor Guy Gaucher, em colaboração com o Carmelo de Lisieux, Paris, Éd. du Cerf, 2008.

Documentos

A revista *Vie Thérésienne* (VT) publicou os *Archives de famille*, do n. 36 (outubro de 1969) ao n. 133 (janeiro 1994), trabalho de Irmã Cécile da Imaculada, carmelita de Lisieux, sem o qual não poderíamos ter escrito nossa biografia.

O período que a família Martin viveu em Alençon (morte de Zélia — 28 de agosto de 1877) se encerra em VT, n. 55 (julho de 1984). Em seguida, os documentos vão até a morte de Teresa (30 de setembro de 1897), VT, n. 133, janeiro de 1974.

Tudo o que traz a assinatura DCL é de Irmã Cécile, que escreveu uma "Nota crítica" ao final de seu trabalho de mais de trinta anos:

> Convinha que a publicação dos *Archives de famille* fosse levada a cabo com o mesmo rigor crítico que a *Édition du Centenaire*, quer no estabelecimento do texto – às vezes muito complicado – quanto na *datação* dos documentos. No que diz respeito ao essencial, a pesquisa foi conduzida de 1963 a 1966. Os *Últimos colóquios*, a *Correspondência geral*, assim como as *Poesias, Recreações piedosas, Orações* foram, pois, beneficiados por esse ambiente histórico – sobretudo familiar – de um valor inestimável.
>
> Ao contrário, o aprofundamento dos escritos de Teresa, em curso de edição, permitiu enriquecer a anotação das CD (Cartas diversas). A partir de agora, todos os fios foram reconectados de uma publicação a outra. Graças a tais referências internas, os historiadores dispõem de um todo coerente para aprimorar sempre mais seu conhecimento de Teresa, de sua família, de seu Carmelo (VT, n. 133, janeiro de 1994, p. 68)

Ao todo, 1340 documentos foram classificados e anotados.

La Bible avec Thérèse de Lisieux, introdução de Guy Gaucher, Paris, Éd. du Cerf-Desclée De Brouwer, 1979. Todos os textos em que Teresa cita e comenta a Bíblia.

Les Mots de sainte Thérèse de l'Enfant-Jésus, concordância geral estabelecida por Irmã Geneviève, OP, de Clairefontaine, Irmã Cécile, OCD, do Carmelo de Lisieux e Jacques Lonchampt, Paris, Éd. du Cerf, 1996.

Padre FRANÇOIS DE SAINTE-MARIE, *Visage de Thérèse de Lisieux*, OCL, 1956 (um volume de 47 fotografias e um volume de Introdução e de notas).

CARMELO DE LISIEUX, *Les Musiques de Thérèse*, Paris, Éd. du Cerf-Desclée De Brouwer, 1967.

Processo de beatificação e canonização de Santa Teresa do Menino Jesus e da Santa Face: I. *Procès Informatif ordinaire* (PO), Roma, *Teresianum*, Piazza S. Pancrazio 5/A, 1973; II. *Procès apostolique* (PA), 1976.

Beatos Luís e Zélia Martin, *Correspondance familiale, 1863-1888*, Paris, Éd. du Cerf, 2004.

Irmã Genoveva da Santa Face, *Conseils et souvenirs*, Carmelo de Lisieux, 1952, diversas reedições (Paris, Éd. du Cerf, 1973).

_____, *Le Père de sainte Thérèse de l'Enfant-Jésus*, Carmelo de Lisieux, 1953.

_____, *Carnets manuscrits* (CMG I, II, III, IV) (descrição em UC, p. 837); seis pequenos cadernos (1, 2, 3, 4, 5, 6); *Cahier autobiographique de Céline*, escrito em 1909 a pedido de Madre Maria dos Anjos, priora, caderno em formato escolar, 353 p.; encontram-se aí acréscimos posteriores; a NEC cita-o indicando: "Souvenirs, 1909" (ACL).

_____, *La Mère de sainte Thérèse de l'Enfant-Jésus (1831-1877)*, OCL, 1954.

Stéphane-Joseph Piat, OFM, *Histoire d'une famille*, OCL, 1946, reed. Paris, Téqui 1997.

_____, *Céline, sœur et témoin de sainte Thérèse de l'Enfant-Jésus*, OCL, 1964.

_____, *Léonie, une sœur de sainte Thérèse à la Visitation*, OCL, 1966.

_____, *Une âme libre, Marie, sœur aînée et marraine de sainte Thérèse de l'Enfant-Jésus*, OCL, 1967.

_____, *Marie Guérin, cousine et novice de sainte Thérèse de l'Enfant-Jésus, 1870-1905*, Carmelo de Lisieux, 1953.

La "Petite Mère" de sainte Thérèse de Lisieux, Mère Agnès de Jésus, 1861-1951, circular de Madre Inês, Carmelo de Lisieux, 1953.

Jean Vinatier, *Mère Agnès de Jésus*, Paris, Éd. du Cerf, 1993.

Dr. Robert Cadéot, *Louis Martin, "Père incomparable" de sainte Thérèse de l'Enfant-Jésus, témoin de notre temps*, VAL, 1985.

_____, *Zélie Martin, "Mère incomparable" de sainte Thérèse de l'Enfant-Jésus, Une "femme forte" pour notre temps*, VAL, 1990.

Marie Baudouin-Croix, *Léonie Martin. Une vie difficile*, Paris, Éd. du Cerf, 1989.

Coletivo (Conrad de Meester, Guy Gaucher, Stéphane-Marie Morgain, Geneviève Devergnies, Tomás Álvarez, Federico Ruiz, Roberto Fornara, Pierre Descouvemont, Camillo Genaro, François-Marie Léthel, Emmanuel Renault, Raymond Zambelli, Cardeal Ballestrero, Cardeal Danneels), *Thérèse de Lisieux, sa vie, son message*, Paris, Médiaspaul, 1996.

Pierre Descouvemont, *Une novice de sainte Thérèse, sœur Marie de la Trinité, carmélite de Lisieux*, Paris, Éd. du Cerf, 1986.

_____ e Helmuth Nils Loose, *Thérèse et Lisieux*, álbum ilustrado, OAA-OCL-Novalis-Éd. du Cerf, 1991.

_____, *Sainte Thérèse de Lisieux. La vie en images*, OAA-OCL-Novalis-Éd. du Cerf, 1995.

Isidoro Guérin, *Livre de Raison et Mémorial de Famille — Guérin-Fournet* (CrG), 133 páginas manuscritas contendo uma cronologia de 1843 a 1900 e genealogias das famílias. Ao final, 4 páginas de Irmã Genoveva da Santa Face sobre a história de La Musse (25 de abril de 1941) (DCL).

Jean CLAPIER, *Louis et Zélie Martin. Une sainteté pour tous les temps*, prefácio de P. Descouvemont, Paris, Presses de la Renaissance, 2009.

Alençon

Marius DARGAUD, *L'Enfance alençonnaise de Thérèse Martin. Alençon en 1873*, s.d. [1973].

André DEROO, "Alençon comme la famille Martin le voyait il y a cent ans", AL, n. 5, maio 1977, p. 14-19.

Lisieux

S. PIAT, "Lisieux à la fin du XIXème siècle", VT, n. 47, julho 1972, p. 183-206.

Jean-François SIX, *La Véritable enfance de Thérèse de Lisieux. Névrose et sainteté*, Paris, Éd. du Seuil, 1972, p. 145-172.

_____, *Lisieux au temps de Thérèse*, Paris, Desclée De Brouwer, 1997 (ilustrações).

Art de Basse-Normandie, n. 89, 90, 91, 1984-1985 (ilustrações).

Société historique de Lisieux, 1, rue Paul-Banaston, Lisieux. Periódico.

Daniel DESHAYES, *Lisieux. Mémoire en images*, Saint-Cyr-sur-Loire, Alan Sutton, 1997 (com bibliografia sobre Lisieux).

Le Pays d'Auge, 59º ano, 14, rue Verdun, 14100 Lisieux.

Pierre-Jean PENAULT, "Lisieux couleur de temps perdu (1877-1897)", *Le Pays d'Auge*, julho-agosto de 1997, p. 8-25.

O Carmelo de Lisieux

La Fondation du carmel de Lisieux et sa fondatrice, la révérende mère Geneviève de sainte Thérèse, Carmelo de Lisieux, circular, 1892; reed. corrigida em 1896.

Le Centenaire de la fondation du Carmel de Lisieux (1838-1938), brochura, Carmelo de Lisieux, 1938.

PIAT S., *Sainte Thérèse de Lisieux à la découverte de la voie d'enfance*, Paris, Éd. franciscaines, 1964, p. 75 s.

CARMEL DE LISIEUX, "La fondation du carmel de Lisieux", AL do n. 666 ao n. 674, 1988.

François DE SAINT-LOUVENT, "Fondation du carmel de Lisieux", *Le Pays d'Auge*, julho-agosto 1997, p. 34-41.

Irmã CÉCILE, "L'arbrisseau des origines", VT, n. 134, abril 1994, p. 131-145; VT, n. 135, julho 1994, p. 217-228; VT, n. 136, outubro 1994, p. 274-287; VT, n. 138, abril 1995, p. 51-69.

O. LECABLE, "Les carmélites de Lisieux, 1838-1938", dissertação de licenciatura em história, 1993 (estudo sociológico sobre o recrutamento geográfico, social, as faixas etárias etc.).

Emmanuel RENAULT, *Thérèse de Lisieux carmélite. La Règle, la liberté et l'amour*, Paris, Éd. du Cerf, 1998.

A doença da infância (1883)

Dr. Louis Gayral, *Une maladie nerveuse dans l'enfance de sainte Thérèse de Lisieux*, Carmel, 1959, II, p. 13-34.

Dr. Alain Assailly, "Thérèse, sœur des hommes dans les épreuves", AL, n. 2, fevereiro 1973, p. 7-12.

Jacques Maître, *L'Orpheline de la Bérésina, Thérèse de Lisieux (1873-1897)*, Paris, Éd. du Cerf, 1996, p. 194-202 (de acordo com sua perspectiva de psicanálise socio-histórica).

Dr. Robert Masson, *Souffrance des hommes. Un psychiatre interroge Thérèse de Lisieux*, Paris, Saint-Paul, 1997, p. 13-34.

Dr. Bernard Dubois, *Guérir en famille*, Nouan-le-Fuzelier, Éd. des Béatitudes, 2001, p. 178-218.

Dr. Pierre-Jean Thomas-Lamotte, *Guérir avec Thérèse. Essai sur la maladie intérieure*, Paris, Téqui, 2001, p. 91-101.

O caso Pranzini

Revue des grands procès contemporains, t. V, ano 1887, p. 336-406, Chevalier, Marescq et Cie éditeurs.

Padre Faure, *Souvenirs de la Roquette. Au pied de l'échafaud*, Maurice Dreyfus e M. Dalsace, s.d. [1893?], p. 134-138.

André Pascal [Henry De Rothschild], *Pranzini, le crime de la rue Montaigne*, Paris, Émile-Paul Frères, 1933, traduzido em inglês.

Pierre Bouchardon, *L'Affaire Pranzini*, Paris, Albin Michel, 1934.

Paul Lorenz, *L'Affaire Pranzini*, Paris, Presses de la Cité, 1971.

André Deroo, "Thérèse Martin et Pranzini", *Lumières sur sainte Thérèse de l'Enfant-Jésus et la famille Martin*, Paris, Téqui, 1973, p. 201-224.

Marcel Moré, "Crime et sainteté", *Dieu vivant*, n. 14, 1949.

_____, "La table des pécheurs", *Dieu vivant*, n. 24, 1953, p. 13-103.

Jean-François Six, "La jeune fille et le criminel", cap. IX de *La Véritable Enfance de Thérèse de Lisieux. Névrose et sainteté*, Paris, Éd. du Seuil, 1972, p. 232-249.

Guy Gaucher, "Thérèse Martin et l'affaire Pranzini", VT, n. 48, outubro 1972, p. 272-286.

Roger Normand, "La courtisane et le rasta", *La Vie judiciaire*, 1º-7 de julho de 1991, p. 9-11.

Bibliografia completada por Jacques Maître, *L'Orpheline de la Bérésina, Thérèse de Lisieux (1873-1897)*, Paris, Éd. du Cerf, 1996, p. 91, n. 20.

No teatro

Henri Pascal e Henri Robert, *Pranzini*, três atos, *théâtre des Ambassadeurs* (Paris), 1933.

Henri Ghéon, *La Complainte de Pranzini et de Thérèse de Lisieux*, quatro atos, *théâtre des Mathurins* (Paris), 1933, com Ludmilla e Georges Pitoeff.

A viagem à Itália (1887)

Journal du pèlerinage de Bayeux à Rome, lettres de M. l'abbé Huet... à la direction de la Semaine religieuse de Bayeux, Caen, Chénel, 1887.

Almanach des Annales de sainte Thérèse de Lisieux, 1932, p. 74-95.

Irmã GENOVEVA DA SANTA FACE, *Souvenirs du voyage de Rome en septembre 1887* (ver VT, n. 60, outubro 1975, p. 310-316).

Guy GAUCHER, "Ah! quel voyage que celui-là", VT, n. 81, janeiro 1981, p. 28-42 e VT, n. 83, julho 1981, p. 213-225.

Padre FRANÇOIS DE SAINTE-MARIE, Mss II, bibliografia detalhada, p. 36.

Le voyage de Rome (4 de novembro – 2 de dezembro de 1887), quadro cronológico, CG I, p. 589-594.

Padre Almire Pichon (1843-1919)

S. PIAT, *Le Père Pichon guide et discipline de sainte Thérèse*, Études et documents (suppl. aux AL), 1957, p. 61-64.

Mgr André COMBES, *Retraite du père Pichon (17-26 juillet 1902)*, Paris, Vrin-Latran, 1967, Introdução, p. 7-93.

Irmã CÉCILE, *Le Père Pichon et la famille Martin (1882-1897)*, suplemento a VT, abril 1968.

Marie-Louise GUILLAUMIN, "Pichon", *Dictionnaire de spiritualité*, fasc. 81-82-83 (1985), col. 1416-1419 (com bibliografia).

Monsenhor Hugonin e Padre Révérony

François DE SAINT-LOUVENT, *L'Évêque de Thérèse de Lisieux, Mgr Flavien Hugonin (1823-1898)*, Paris, Parole et Silence, 2000 (com bibliografia).

"M. J. M. Révérony (1836-1891)", *Semaine religieuse de Bayeux*, 18 e 25 de outubro de 1891 e 8 de novembro de 1891.

[Anônimo] *Vie de l'abbé J. M. Révérony, vicaire général du diocèse de Bayeux*, Imp. La Chapelle-Montligeon, 1900.

Paul PERCERF, "Maurice Révérony, vicaire général de Bayeux au temps de sainte Thérèse de l'Enfant-Jésus", VT, n. 8, outubro 1962, p. 19-23.

Hyacinthe Loyson (1827-1912)

A. HOUTIN, *Le Père Hyacinthe Loyson*, Paris, E. Nourry, 3 vol., 1920, 1922, 1924 (Loyson delegou Houtin para escrever sua vida).

_____ e P. L. COUCHOUD, *Du sacerdoce au mariage*, Paris, Rieder, 1927, 2 vol.

L. PORTIER, *Le Dossier Hyacinthe Loyson (1827-1912). Contribution à l'histoire de l'Église de France et à l'histoire des religions*, Louvain-la-Neuve, col. "Cerfaux-Lefort", n. 4, 1982 (com bibliografia).

S. Piat, "Sainte Thérèse de Lisieux et Hyacinthe Loyson", VT, n. 18, 1965, p. 99-107.

Jean-François Six, *Thérèse de Lisieux au Carmel*, Paris, Éd. du Seuil, 1973, p. 106-112.

Padre Godefroy (ou Godefroid) Madelaine (1842-1932)

Padre Godefroy Madelaine, "Mes souvenirs", AL, 15 de janeiro de 1926, p. 16-18; AL, 1º de fevereiro de 1926, p. 27-29; AL, 15 de fevereiro de 1926, p. 40-42.

_____, "Le parrain de l'*Histoire d'une âme*", AL, novembro 1932, p. 333-336 (Padre Godefroy Madelaine ditou suas lembranças aos 84 anos. Seu valor histórico deve ser verificado).

Michel Degroult, "Le père de l'*Histoire d'une âme*, le R. P. Godefroy Madelaine", *Le Courrier de Mondaye*, n. 68-69, 1961-1965, p. 1-9 (contém correspondências do Padre com Madre Inês de Jesus e Madre Maria de Gonzaga, p. 10-40).

D. M., "Sainte Thérèse de Lisieux et l'Abbaye de Mondaye. Le père Godefroid Madelaine parrain de l'*Histoire d'une âme*", *Courrier de Mondaye*, n. especial 178, março 1997, p. 3-37.

Guy Gaucher, "Le père Godefroy Madelaine et sainte Thérèse de Lisieux", VT, n. 142, abril 1996, p. 28-35.

Padre Maurice Bellière (1874-1907)

Padre Destombes, "Sainte Thérèse de l'Enfant-Jésus et ses 'Frères spirituels'", VT, n. 9, janeiro de 1963, p. 25-43;

_____, "Sainte Thérèse de l'Enfant-Jésus et ses 'Frères missionnaires'", VT, n. 10, abril 1963, p. 77-86; VT, n. 11, julho 1963, p. 103-114; VT, n. 12, outubro 1963, p. 174-185; VT, n. 13, janeiro 1964, p. 21-44; VT, n. 14, abril 1964, p. 75-86.

DCL [Irmã Cécile], "Maurice Bellière, premier frère de Thérèse (1874-1907)", VT, n. 66, abril 1977, p. 134-159; VT, n. 67, julho 1977, p. 206-237; VT, n. 68, outubro 1977, p. 283-317; VT, n. 69, janeiro 1978, p. 56-66.

Suzanne Vrai, *Thérèse de Lisieux et ses frères missionnaires*, Paris, Médiaspaul, 1992.

Patrick Ahern, *Maurice et Thérèse. L'histoire d'un amour*, Paris, Plon-Desclée De Brouwer, 1999 (traduzido do americano).

Irmã Cécile, "Un inédit du frère de Thérèse", VT, n. 142, abril 1996, p. 36-50.

Padre Adolphe Roulland (1870-1934)

Reportar-se aos artigos do Padre Destombes, mencionados acima.

Padre Destombes, "Les frères spirituels de Sainte Thérèse de l'Enfant-Jésus", AL, n. 1, janeiro 1963, p. 19-21 (com ilustrações).

Guy Gaucher, *Thérèse de Lisieux. Lettres à mes frères prêtres*, Paris, Éd. du Cerf, 1997 (o conjunto da correspondência de Teresa com Padre Bellière e Padre Roulland).

Caso Léo Taxil (Gabriel Jogand-Pagès) (1854-1907)

Enorme bibliografia sobre esse célebre caso que abalou a Igreja até o século XX. Podemos limitar-nos a:

Eugen WEBER, *Satan franc-maçon. La mystification de Léo Taxil*, Paris, Julliard, col. "Archives", 1964, com bibliografia.

Michel BERCHMANS, *Le Diable ao XIXème siècle. La mystification du Dr. Bataille*, Paris, Bibliothèque Marabout, 1973.

Irmã CÉCILE, "Thérèse mystifiée et à l'épreuve (1896-1897)", em *Le Triomphe de L'Humilité*, Paris, Éd. du Cerf-Desclée De Brouwer, 1975, p. 73-142.

_____, *Récréations*, Paris, Éd. du Cerf-Desclée De Brouwer, 1992, p. 411-455.

Fabrice HERVIEU, "Catholiques contre francs-maçons, L'extravagante affaire Léo Taxil", *L'Histoire*, n. 145, junho 1991.

Ato de oferecimento ao Amor Misericordioso (9 de junho de 1895)

"L'Offrande à l'Amour miséricordieux, 9 juin 1895 – 9 juin 1995, p. 5-64", número especial VT, n. 139, 1995, p. 5-64.

Para o estabelecimento do texto, sua história, reportar-nos-emos ao livro das *Prières*, Paris, Éd. du Cerf-Desclée De Brouwer, 1988 ou à NEC (id. 1992), volume *Prières* com as importantes notas, p. 551-576.

Irmã GENOVEVA, "Pourquoi sainte Thérèse de l'Enfant-Jésus s'est offerte en victime à l'Amour. Le sens exact de cette Offrande", *Conseils et souvenirs*, p. 206-213, somente na edição de 1952 (OCL); ver CLG, p. 60-63: "l'Offrande à l'Amour Miséricordieux"; nas edições seguintes, Paris, Éd. du Cerf, col. "Foi vivante", ver p. 66-69.

_____, *Petit catéchisme de l'Acte d'offrande...*, Carmelo de Lisieux (OCL), 1932 (numerosas edições, esgotado).

André COMBES, *Notes sur la signification historique de l'Offrande thérésienne à l'Amour miséricordieux (16 février 1949)*, retomado em *Theresiana*, Paris, Vrin, 1970, p. 43-56.

_____, *Introduction à la spiritualité de sainte Thérèse de l'Enfant-Jésus*, Paris, Vrin, ²1948, p. 182-195.

S. PIAT, *Sainte Thérèse de Lisieux à la découverte de la voie d'enfance*, Paris, Éd. franciscaines, 1964, p. 152-163.

J. LAFFRANCE, *Ma vocation c'est l'Amour*, Paris, Médiaspaul, 1990, cap. IV, p. 61-75.

Padre MARIE-EUGÈNE DE L'ENFANT-JÉSUS, *Je veux voir Dieu*, Éd. du Carmel, 1949, p. 836-939.

Conrad DE MEESTER, *Dynamique de la confiance*, Paris, Éd. du Cerf, 1969, reedição revista e corrigida, 1995, p. 293-304.

_____, *Je m'offre à ton amour, Présence du Seigneur*, n. 11.

M. D. MOLINIÉ, *Je choisis tout*, Tours, CLD, 1992, P. 131-135. *Vives flammes*, n. 214, 1995/3.

Emmanuel RENAULT, *L'Offrande à l'Amour miséricordieux de sainte Thérèse de l'Enfant-Jésus*, Uzès, Carmelo de Uzès, 1996.

Marie-Dominique Philippe, *L'Acte d'Offrande. Retraite avec la petite Thérèse*, Paris, Saint-Paul, 1997, p. 31-84.

A provação da fé e da esperança (1896-1897)

Marcel Moré, "La table des pécheurs", *Dieu vivant*, n. 24, 1953, p. 13-103.

Emmanuel Renault, *L'Épreuve de la foi. Le combat de Thérèse de Lisieux, avril 1896-30 septembre 1897*, Paris, Éd. du Cerf-Desclée De Brouwer, 1974 (com bibliografia, p. 124-126).

Guy Gaucher, "La passion de Thérèse ou l'épreuve de la foi", Conferências do centenário, 1873-1973, *Nouvelles de l'Institut catholique de Paris*, maio 1973, p. 53-82.

Jean-François Six, "Thérèse de Lisieux et les incroyants", ibid., p. 151-165.

Guy Gaucher, "La Foi à l'épreuve ou la nuit de Thérèse de Lisieux", VT, n. 76, outubro 1979, p. 245-255.

Dominique Fontaine, "Thérèse, La Mission de France et l'incroyance", VT, n. 113, janeiro 1989, p. 17-27.

Paul Poupard, "Sainte Thérèse de l'Enfant-Jésus, docteur de l'Amour, et le monde de l'incroyance", VT, n. 122, abril 1991, p. 69-83.

Jean-François Six, *Lumière de la nuit. Les dix-huit derniers mois de Thérèse de Lisieux*, Paris, Éd. du Seuil, 1995.

A última enfermidade

Frei Joseph [Tiron], "Le docteur de Cornière, médecin du carmel", VT, n. 127, julho 1992, p. 449-454; VT, n. 128, outubro 1992, p. 527-545; VT, n. 129, janeiro 1993, p. 41-64; VT, n. 130, abril 1993, p. 103-126.

Frei Joseph Thiron, monge de Saint-Wandrille, "Le docteur de Cornière et le carmel de Lisieux. Le médecin de Thérèse de l'Enfant-Jésus", 1991, cerca de 100 páginas, não numeradas (trabalho inédito fotocopiado, referente também às relações entre as famílias de Cornière [da qual ele era membro], Martin e Guérin e as ligações com o Carmelo de Lisieux).

"La maladie de Thérèse", em André Combes (dir.), *La petite Sainte Thérèse de Maxence Van Der Meersch devant la critique et devant les textes*, Paris, Saint-Paul, 1950, p. 378-406.

Guy Gaucher, *La Passion de Thérèse de Lisieux*, Paris, Éd. du Cerf-Desclée De Brouwer, 1972.

Jean-François Six, *Thérèse de Lisieux au Carmel*, Paris, Éd. du Seuil, 1973, p. 305-329.

Brigitte Blatanis, "Le dossier médical de sainte Thérèse de Lisieux", 1983, tese de doutorado em medicina, *université Pierre-et-Marie-Curie*, faculdade de medicina *Broussais-Hôtel-Dieu*, fotocopiado.

Colette e Guy Heraud, "Le développement d'une maladie sociale", *Le Pays d'Auge*, julho-agosto 1997, p. 61-70.

Irmãs contemporâneas de Teresa

Quadro de conjunto em Mss II, p. 130-132, em ordem de profissão.
Ver Circulares necrológicas (ACL), em particular *Mère Geneviève de Sainte-Thérèse (1805-1891), Fondatrice du Carmel de Lisieux*. Sua circular foi mencionada.
Irmã Teresa Do Menino Jesus, *Mémoire sur Mère Geneviève* (primavera 1892), OC, p. 1220-1231.

Artigos de Irmã Cécile (DCL) em AL:
— "Sœur Saint-Joseph de Jésus (1809-1892)", AL, n. 609, janeiro 1983, p. 4-5 e 14.
— "Sœur Fébronie de la Sainte-Enfance (1819-1892)", AL, n. 610, fevereiro 1983, p. 4-5.
— "Sœur Madeleine du Saint-Sacrement (1817-1892)", AL, n. 611, março 1983, p. 4-5.
— "Sœur Saint-Stanislas des Saints-Cœurs (1824-1914)", AL, n. 612, abril 1983, p. 4-6.
— "Sœur Marie de l'Incarnation (1828-1911)", AL, n. 613, maio 1983, p. 6-7.
— "Sœur Hermance du Cœur de Jésus (1834-1898)", AL, n. 600, março 1982, p. 6-8.
— "Mère Marie de Gonzague (1834-1904)", AL, n. 640, novembro 1985, p. 6-7; AL, n. 641, dezembro 1985, p. 6-7; AL, n. 642, janeiro 1986, p. 4-5; AL, n. 646, maio 1986, p. 4-5; AL, n. 647, junho 1986, p. 4-5; AL, n. 648, julho-agosto 1986, p. 4-6; AL, n. 651, novembro 1986, p. 4-6; AL, n. 662, novembro 1987, p. 4-5; AL, n. 663, dezembro 1987, p. 4-5.
— "Sœur Saint-Vincent-de-Paul (1841-1905)", AL, n. 605, setembro 1982, p. 6-7 e 14.
— "Sœur Marie des Anges et du Sacré-Cœur (1845-1924)", AL, n. 596, novembro 1981, p. 12-13.
— "Sœur Saint-Pierre de Sainte-Thérèse (1830-1895)", AL, n. 601, abril 1982, p. 6-7 e 14.
— "Sœur Saint-Raphaël du Cœur de Marie (1840-1918)", AL, n. 614, junho 1983, p. 4-5 e 14.
— "Sœur Saint-Jean-Baptiste du Cœur de Jésus (1847-1917)", AL, n. 616, setembro 1983, p. 4-5 e 14.
— "Sœur Aimée du Cœur de Marie (1851-1930)", AL, n. 603, junho 1982, p. 6-7 e 14.
— "Sœur Thérèse de Jésus du Cœur de Marie (1839-1918)", AL, n. 618, novembro 1893, p. 4-5 (deixou o Carmelo em 1909, aos setenta anos).
— "Sœur Marguerite-Marie du Sacré-Cœur de Jésus (1850-1926)", AL, n. 619, dezembro 1983, p. 4-5 (hospitalizada em fevereiro de 1896, morreu nas Irmãzinhas dos Pobres de Caen).
— "Sœur Anne du Sacré-Cœur (1850-1920)", AL, n. 622, março 1984, p. 4-5 (eurasiática, fez profissão em Saigon em 8 de setembro de 1876. Passou doze anos no Carmelo de Lisieux antes de retornar ao Carmelo de Saigon).
— "Sœur Thérèse de Saint-Augustin (1856-1929)", AL, n. 620, janeiro 1984, p. 8-9.
— "Sœur Saint-Jean-de-la-Croix (1851-1906)", AL, n. 604, julho-agosto 1982, p. 6-7.
— "Sœur Marie-Emmanuel (1828-1904)", AL, n. 608, dezembro 1982, p. 4-5 (viúva, perdera também os três filhos).
— "Sœur Marie de Saint-Joseph (1858-1936)", teve que deixar o Carmelo por problemas psíquicos em junho de 1909, AL, n. 607, novembro 1982, p. 6-7.
— "Mère Agnès de Jésus (1861-1951)" (Paulina Martin, irmã e priora de Teresa).
— "Sœur Marie de Jésus (1862-1938)", AL, n. 621, fevereiro 1984, p. 4-5.

— "Sœur Marie-Philomène de Jésus (1839-1924)", AL, n. 597, janeiro 1982, p. 8-9 e 18.
— "Sœur Marie du Sacré-Cœur (1860-1940)" (Maria Martin, irmã e madrinha de Teresa).
— "Sœur Marthe de Jésus et du Bienheureux-Perboire (1865-1916)", AL, n. 599, fevereiro 1982, p. 6-7.
— "Sœur Geneviève de Sainte-Thérèse (puis de la Sainte Face) (1869-1959)" (Celina Martin, irmã e noviça de Teresa).
— "Sœur Marie-Madeleine du Saint-Sacrement (1817-1892)", AL, n. 611, março 1983, p. 4-5.
— "Sœur Marie de la Trinité et de la Sainte Face (1874-1944)", VT, n. 72, outubro 1978, p. 293-302; VT, n. 73, janeiro 1979, p. 51-68; VT, n. 74, abril 1979, p. 138-157; VT, n. 75, julho 1979, p. 216-240; VT, n. 77, janeiro 1980, p. 47-67; VT, n. 78, abril 1980, p. 137-145; VT, n. 85, janeiro 1982, p. 63-79; VT, n. 87, julho 1982, p. 224-244; VT, n. 88, outubro 1982, p. 295-309; VT, n. 89, janeiro 1983, p. 63-78 (noviça de Teresa).
— "Sœur Marie de l'Eucharistie (1870-1905)" (Maria Guérin, prima e noviça de Teresa).
— "Sœur Marie-Élisabeth de Sainte-Thérèse (1860-1935)", AL, n. 630, dezembro 1984, p. 8-9 (Irmã veleira).

Poder-se-á reportar também às *Vie Thérésienne*, n. 100, outubro-dezembro 1985, que apresenta as "Tables générales" de 1961 a 1984 (autores, matérias, bibliografias referentes a Teresa); n. 141, janeiro-março, 1996 (para as "Tables" de 1985 a 1995), e o n. 193, janeiro 2009 ("Tables" de 1996 a 2008).

Para ver o interior do Carmelo de Lisieux e a vida no tempo de Teresa, ver o filme de Fabrice Maze, *Thérèse au Carmel*, em DVD (1998).

Obras históricas

Adrien Dansette, *Histoire religieuse de la France contemporaine. L'Église catholique dans la mêlée politique et sociale*, Paris, Flammarion, 1965 (com bibliografia p. 858 s.).

Jean-Marie Mayeur, *Les Débuts de la IIIème République, 1871-1898*, Paris, Éd. du Seuil, 1973, col. "Points-Histoire", 1974.

René Rémond, *Introduction à l'histoire de notre temps*, t. II: *Le XIXe siècle, 1815-1914*, Paris, Éd. du Seuil, coll. "Points-Histoire" 1974.

Roger Aubert, David Knowles e Ludovicus Jacobus Rogier (dir.), *Nouvelle Histoire de l'Église*, Paris, Éd. du Seuil, 1975, t. V, *De 1848 à nos jours*.

René Rémond e Yves Le Goff, *Histoire de la France religieuse*, t. III: *Du Roi Très Chrétien à la laïcité républicaine. XVIIIème-XIXème siècle*, Paris, Éd. du Seuil, 1991.

Gérard Cholvy e Yves-Marie Hilaire, *Histoire religieuse de la France*, I: *1800-1880*, Paris, Privat, 2000; II: *1800-1914*, 2002 (com bibliografia em cada volume).

Christian Sorrel, *La République contre les congrégations. Histoire d'une passion française, 1899-1904*, Paris, Éd. du Cerf, 2003 (a bibliografia, p. 241-253, antecipa largamente o ano 1899).

www.**loyola**.com.br   vendas@loyola.com.br

A mais completa obra sobre a vida e espiritualidade de
Santa Teresinha

Obras completas
de
SANTA TERESINHA DO MENINO JESUS
Teresa de Lisieux

ISBN 9788515013999

EXCLUSIVO PARA VENDAS:
11 3385.8585

Edições Loyola
Jesuítas

TELEVENDAS:
11 3385.8500

www.**loyola**.com.br   vendas@loyola.com.br

Santos Luís e Zélia Martin
pais de Santa Teresinha

"O bom Deus me deu um pai e uma mãe
MAIS DIGNOS DO CÉU DO QUE DA TERRA"
Santa Teresinha do Menino Jesus

ISBN 9788515046003

ISBN 9786555042528

EXCLUSIVO PARA VENDAS:
11 3385.8585

Edições Loyola
Jesuítas

TELEVENDAS:
11 3385.8500